Saint Augustin. La Correspondance avec Nebridius (Lettres 3-14)

Philosophia Antiqua

A SERIES OF STUDIES ON ANCIENT PHILOSOPHY

Editorial Board

F.A.J. de Haas (*Leiden*)
K.A. Algra (*Utrecht*)
J. Mansfeld (*Utrecht*)
C.J. Rowe (*Durham*)
D.T. Runia (*Melbourne*)
Ch. Wildberg (*Pittsburgh*)

Previous Editors

J.H. Waszink†
W.J. Verdenius†
J.C.M. Van Winden†

VOLUME 165

The titles published in this series are listed at *brill.com/pha*

Saint Augustin.
La Correspondance avec Nebridius
(Lettres 3-14)

*Texte latin et traduction française avec un commentaire
par Emmanuel Bermon*

par

Emmanuel Bermon

BRILL

LEIDEN | BOSTON

Library of Congress Cataloging-in-Publication Data

Names: Bermon, Emmanuel, translator, writer of added commentary. | Augustine, of Hippo, Saint, 354–430. Correspondence Selections. | Augustine, of Hippo, Saint, 354–430. Correspondence Selections. French. | Nebridius. Correspondence. Selections. | Nebridius. Correspondence. Selectios. French.
Title: La correspondance avec Nebridius (lettres 3–14) : texte latin et traduction française avec un commentaire par Emmanuel Bermon.
Other titles: Saint Augustin, la correspondance avec Nebridius (lettres 3–14)
Description: Leiden ; Boston : Brill, 2022. | Series: Philosophia antiqua, 0079-1687 ; volume 165 | Includes bibliographical references.
Identifiers: LCCN 2022004875 (print) | LCCN 2022004876 (ebook) | ISBN 9789004512504 (hardback) | ISBN 9789004513532 (ebook)
Subjects: LCSH: Augustine, of Hippo, Saint, 354–430. | Nebridis. | Plato—Criticism and interpretation—Early works to 1800. | Christian literature, Early.
Classification: LCC BR65 .A78 2022 (print) | LCC BR65 (ebook) | DDC 270.2092—dc23/eng/20220406
LC record available at https://lccn.loc.gov/2022004875
LC ebook record available at https://lccn.loc.gov/2022004876

Typeface for the Latin, Greek, and Cyrillic scripts: "Brill". See and download: brill.com/brill-typeface.

ISSN 0079-1687
ISBN 978-90-04-51250-4 (hardback)
ISBN 978-90-04-51353-2 (e-book)

Copyright 2022 by Emmanuel Bermon. Published by Koninklijke Brill NV, Leiden, The Netherlands.
Koninklijke Brill NV incorporates the imprints Brill, Brill Nijhoff, Brill Hotei, Brill Schöningh, Brill Fink, Brill mentis, Vandenhoeck & Ruprecht, Böhlau and V&R unipress.
Koninklijke Brill NV reserves the right to protect this publication against unauthorized use. Requests for re-use and/or translations must be addressed to Koninklijke Brill NV via brill.com or copyright.com.

This book is printed on acid-free paper and produced in a sustainable manner.

Table des matières

Remerciements ix

Introduction 1
1 Néoplatonisme et christianisme 1
2 Aspects littéraires et philosophiques 9
3 La vie de Nebridius 14
4 État du corpus et chronologie 35
5 Le texte latin des *Lettres* 3-14 44

Epistulae 3-14 (texte latin) 52

Lettres 3-14 (traduction française) 53

La finitude du monde et l'immortalité de l'âme (*Lettre* 3) 96
1 Augustin est-il heureux (§1-2) ? 96
2 Trois connaissances élémentaires en physique (§2) 101
3 Pourquoi le monde a-t-il la taille qu'il a (§2) ? 114
4 Pourquoi le monde est-il là où il est (§2) ? 137
5 La comparaison des miroirs (§3) 144
6 Une démonstration de l'immortalité de l'âme (§4) 145
7 Ce qui doit « être désiré » : *cupi* ou *cupiri* ? (§5) 165

Le progrès dans la distinction entre le sensible et l'intelligible (*Lettre* 4) 168
1 Le progrès (§1-2) 168
2 L'élévation vers Dieu (§2) 181

L'hypothèse d'un quasi-corps qui serait le véhicule de l'âme (*Lettre* 13) 195
1 Un ancien sujet de conversation (§1-2) 195
2 Le πνεῦμα-ὄχημα 196
3 Le problème de l'existence du « véhicule » de l'âme (§2-4) 202
4 Le maintien du refus du « véhicule » de l'âme 212

L'attachement à Dieu et l'engagement dans la vie publique (*Lettre* 5 de Nebridius) 222
1   La fondation à Thagaste d'une communauté religieuse   222
2   Une exhortation à revenir au loisir   223
3   La situation à Thagaste   229

Deux questions sur la *phantasia* (*Lettre* 6 de Nebridius)   234
1   Le prologue (§1)   234
2   La mémoire peut-elle exister sans la *phantasia* ? (§1)   235
3   La *phantasia* tient-elle d'elle-même ses images ? (§2)   244

L'imagination, la mémoire et l'intellection (*Lettre* 7)   248
1   « Il peut y avoir une mémoire de certaines choses sans aucune imagination » (§1-2)   248
2   L'âme ne peut pas former d'images avant d'avoir usé des sens (§3-7)   258

Comment les « puissances supérieures » font-elles voir des images en rêves (*Lettre* 8 de Nebridius) ?   282
1   La suite des questions de Nebridius sur la *phantasia*   282
2   Une question suscitée par la *Lettre à Anébon* ?   283
3   Trois hypothèses sur le mode opératoire des « puissances supérieures »   286

Une explication du mode d'action des « puissances supérieures » sur l'âme (*Lettre* 9)   296
1   La chronologie de l'échange sur les rêves (§1-2)   296
2   Une explication « probable » fondée sur l'interaction de l'âme et du corps (§3-5)   300
3   Un problème demeuré irrésolu   308

L'individualité (*Lettre* 14)   320
1   Les questions les plus récentes de Nebridius (§1-2)   320
2   Des astres et des hommes (§2-3)   321
3   Dieu contient-il la forme des différents individus humains ou seulement celle de l'homme (§4) ?   342

Pourquoi est-ce le Fils qui s'est incarné (1) (*Lettre* 12) ?   355
1   La gestion de la correspondance avec Nebridius   355
2   Une nouvelle question de Nebridius sur le Christ   356

L'assimilation à Dieu dans le loisir (*Lettre* 10)   359
1   Comment vivre ensemble (§1) ?   359
2   Le loisir et l'assimilation à Dieu (§2)   364
3   Il est possible de connaître le bonheur *dans cette vie* (§3)   379

Pourquoi est-ce le Fils qui s'est incarné (II) (*Lettre* 11) ?   385
1   Un nouveau point sur les échanges en cours (§1)   385
2   Reformulation de la question théologique de Nebridius (§2)   385
3   La formation de l'ontologie trinitaire   389
4   Comment est comprise l'inséparabilité de la Trinité (§3)   398
5   La « manence »   402
6   Le rôle du Fils (§4)   416
7   Développements ultérieurs du problème de Nebridius : l'inséparabilité de la Trinité et l'Incarnation du Fils   427

Conclusion   432

Bibliographie   439
Sommaire   470
Index des Auteurs Modernes   481
Index des Sujets   486
Index Locorum   494

Remerciements

Il y a une quinzaine d'années, j'ai commencé à travailler sur la correspondance entre Augustin et Nebridius grâce à Richard Goulet, qui m'a confié l'article « Nebridius » du *Dictionnaire des Philosophes antiques*. Cornelius Mayer m'a ensuite demandé de rédiger le lemme « Nebridius » pour l'*Augustinus-Lexikon* et Isabelle Bochet m'a proposé de publier un article sur les *Lettres* 6-7 dans un numéro des *Archives de philosophie* paru sous sa direction en 2009. Ma collaboration au premier volume de la correspondance d'Augustin dans la « Bibliothèque Augustinienne », dirigé par Serge Lancel et édité après sa mort par Jean-Marie Salamito en 2011, m'a permis de rédiger sous forme de notes un premier commentaire des *Lettres* 3-14.

Par la suite, j'ai fait cours sur ce corpus en Master de philosophie à l'Université Bordeaux Montaigne et de nombreux collègues m'ont offert l'occasion de partager mes recherches : Scott MacDonald et Charles Brittain (Cornell University), Christophe Erismann (Université de Lausanne), Angelos Chaniotis (Institute for Advanced Study), Christian Tornau (Universität Würzburg), Volker Hennung Drecoll (Universität Tübingen), Christof Müller (Zentrum für Augustinus-Forschung an der Universität Würzburg), Efthymios Nicolaidis (National Hellenic Research Foundation), Moacyr Novaes (Universidade do São Paulo), Jonathan Teubner (Australian Catholic University), Deborah Black, Peter King et Martin Pickavé (University of Toronto), Paula Oliveira e Silva, José Meirinhos et José Higuera (Universidade do Porto). Je les en remercie vivement.

Durant ces années, j'ai eu la chance de travailler dans des conditions idéales sous l'égide de plusieurs institutions : l'Institut universitaire de France, dont j'ai été membre junior en 2007-2012, l'*Institute for Advanced Study* de Princeton, où j'ai bénéficié d'une « membership » en 2011, le CNRS, qui m'a accueilli en délégation en 2017-2019 auprès du Centre Jean Pépin dirigé par Pierre Caye, et l'*Alexander von Humboldt-Stiftung*, qui m'a décerné en octobre 2020 le prix de la Recherche Carl Friedrich von Siemens et invité à effectuer des recherches en collaboration avec Therese Fuhrer à la *Ludwig-Maximilians-Universität München* (2021-2022).

En mai 2018, Scott MacDonald, Charles Brittain et moi avons organisé un Workshop international à Villejuif sur la correspondance avec Nebridius, avec la participation de Philippe Hoffmann (École Pratique des Hautes-Études), Nate Bulthuis (Colgate University), Karin Schlapbach (Université de Fribourg), Matthew Drever (University of Tulsa), Christian Tornau (Universität Würzburg) et Lenka Karfíková (Charles University Prague). Mon travail a profité de cette rencontre. Il s'est enrichi également d'« éléments de critique textuelle » sur les *Lettres* 3-14 que Dominique Poirel (IRHT-CNRS) a bien voulu rédiger pour ce livre et qu'on trouvera à la fin de l'introduction.

J'exprime aussi ma gratitude à Frans de Haas et aux membres du comité éditorial de « Philosophia Antiqua » d'avoir accueilli cet ouvrage dans la collection qu'ils dirigent après l'avoir fait bénéficier de l'expertise d'un lecteur anonyme.

Enfin, je remercie vivement de leur soutien mes amis Marie-José Delage, Guillaume Barrera et Olivier Peterschmitt, et mon épouse, Pascale, et tous les miens, pour l'affection dont ils m'ont entouré pendant la rédaction de ce livre.

Introduction

1 Néoplatonisme et christianisme

1.1 *Augustin et le néoplatonisme latin*

« C'est à Rome que fleurit l'école de Plotin » (*Ep.* 118, 5, 33). Son premier disciple fut un latin d'Étrurie, Amelius Gentilianus (*Vita Plot.* 3, 38), qui joua un rôle fondamental auprès du maître et permit à la philosophie néoplatonicienne de pénétrer le monde romain[1]. Des Romains et des Romaines issus de la haute société furent auditeurs et amis de Plotin, tels Castricius, surnommé Firmus, et plusieurs sénateurs, dont Marcellus Orontius, Sibinillus et Rogatianus (cf. *Vita Plot.* 7)[2]. Porphyre resta en contact avec eux[3]. Après sa mort, « nous perdons la trace de la *diadoché* néoplatonicienne. Mais nous retrouvons de nombreux vestiges littéraires de l'influence de Porphyre en milieu latin »[4], chez des païens et des chrétiens, comme Cornelius Labo, Tiberianus, Firmicus Maternus, Calcidius, Victorinus, Macrobe, les membres du « Cercle de Milan » … Au IVe siècle, Porphyre était devenu, comme le dit Courcelle, « le maître des esprits en Occident »[5] et la doctrine de Plotin s'était transmise, par des voies qui nous sont malheureusement très mal connues[6].

---

1 Cf. P. Henry, *Plotin et l'Occident*, Louvain, Specilegium Lovaniense, 1934, p. 6. Amelius s'intéressait au christianisme, comme l'atteste le fait qu'il rapprochait le prologue de l'Évangile de Jean et la doctrine d'Héraclite (Eusèbe, *Praep. euang.* XI, 19, 1, p. 45, 3-10 Mras). Le rapprochement avec le christianisme devait caractériser le « courant dominant » du néoplatonisme latin.

2 Cf. Porphyre, *La vie de Plotin*, L. Brisson et M.-O. Goulet-Cazé (éd.), Paris, Vrin, vol. 1, 1982 ; vol. 2, 1992.

3 Il dédie à Firmus Castricius le *De abst.* pour le ramener au vegetarisme (1, 1). Chrysaorius, dédicataire de l'*Isagogé* et de deux traités *Sur le libre arbitre* et *Sur le dissentiment de Platon et d'Aristote* (cf. J. Barnes, Porphyry, *Introduction*, Oxford, Clarendon Press, 2003, p. 23-24), Gedalius, à qui est dédié le grand commentaire sur les *Catégories*, Nemertius, également dédicataire d'un traité, et Rogatius semblent avoir été eux aussi sénateurs ou haut-fonctionnaires romains, mais nous sommes mal renseignés sur eux.

4 P. Hadot, *Porphyre et Victorinus*, Paris, Études Augustiniennes, 1968, vol. 1, p. 82.

5 P. Courcelle, *Les Lettres grecques en Occident de Macrobe à Cassiodore*, Paris, De Boccard, 1943, p. 394. Sur l'importance de Porphyre dans le monde romain après la mort de Plotin, cf. P. Hadot, *Porphyre et Victorinus*, vol. 1, p. 80-86 (« Porphyre et l'Occident latin »).

6 Sur la connaissance et l'état des textes néoplatoniciens disponibles au IVe siècle, cf. P. Henry, *Plotin et l'Occident*, p. 222 sq.

Dans des pages inoubliables, Augustin a décrit sa découverte à Milan des « libri platonicorum »[7] : « Voici que certains livres substantiels répandirent sur nous les parfums de l'Arabie et distillèrent sur cette petite flamme [sc. ce qui restait de son amour pour la sagesse] quelques gouttes de leur précieuse essence ; ce fut une chose incroyable, Romanianus, incroyable que l'incendie qui en résulta » (*Cont. Acad.* II, 2, 5). L'incendie ne s'est jamais éteint ... À Mallius Theodorus, le dédicataire du *De beata uita*, il déclare : « Ayant lu très peu de livres de Plotin, dont je sais que tu es un très grand connaisseur, et ayant mis en parallèle avec ces livres l'autorité de ceux qui nous ont transmis les divins mystères, j'ai été à ce point enflammé que j'aurais voulu rompre toutes mes attaches, si la prise en compte de certaines personnes ne m'avait pas ému » (1, 4)[8].

Dans les *Confessions*, il rappelle comment il entra en possession de ces livres, traduits du grec en latin : il lut là (*ibi*) en substance sinon littéralement : « Au commencement était le Verbe et le Verbe était auprès de Dieu et le Verbe était Dieu (Jn 1, 1) ... » (*Conf.* VII, 9, 13)[9], établissant ainsi une identification pure et simple entre l'Un et l'Intellect plotiniens d'une part et le Père et le Fils d'autre part[10]. Et après une longue diatribe antipaïenne, il écrit : « Averti par ces livres (*inde*) de revenir à moi-même, j'entrai dans l'intimité de mon être sous ta conduite » (VII, 10, 16).

L'intérêt assez exceptionnel de la correspondance avec Nebridius (ap. Aug., *Ep.* 3-14) réside dans le fait qu'elle témoigne, elle aussi, de l'« effet-choc »

---

7   L'identification de ces « livres » a suscité de nombreuses études. Voir la mise en point de G. Madec, « Augustin et Porphyre. Ébauche d'un bilan des recherches et des conjectures », in Σοφίης μαιήτορες, *« Chercheurs de sagesse ». Hommage à Jean Pépin*, Paris, IEA, 1992, p. 367-382.

8   Augustin songe à sa famille et à ses amis (voir le témoignage concordant de *Cont. Acad.* III, 2, 4).

9   Sur ce célèbre passage, qui dresse le « bilan des concordances et des discordances » entre ces textes néoplatoniciens et le prologue johannique ainsi que l'hymne aux Philippiens, cf. P. Courcelle, *Recherches sur les* Confessions *de saint Augustin*, Paris, De Boccard, 1950, p. 168-174.

10 Comme l'écrit justement P. Henry, ce passage des *Confessions* doit être éclairé par le passage parallèle du *De beata uita* (précédemment cité), dans lequel « Augustin nous fait remarquer qu'il ne s'est pas contenté de lire les écrits de Plotin, mais qu'il les a comparés de son mieux – il n'était pas encore très versé dans les Écritures – avec la parole pleine d'autorité "de ceux qui nous ont transmis les divins mystères". C'est une allusion nette aux sources de la révélation chrétienne. Ainsi, quelques mois à peine après son premier contact avec la philosophie néoplatonicienne, il reconnaissait avoir lu les *Ennéades* à la lumière des *Évangiles* » (*Plotin et l'Occident*, p. 90). La découverte d'Augustin avait donc été préparée par la foi de sa mère, ses premiers contacts avec les Écritures et la catéchèse d'Ambroise (*Conf.* VI, 3, 4).

produit sur Augustin par la découverte du néoplatonisme[11] et qu'elle nous renseigne très précisément sur les préoccupations intellectuelles et spirituelles qui le passionnaient au lendemain de sa conversion à la philosophie et au christianisme, durant la brève période allant de Cassiciacum (automne 386) à Thagaste (388-390).

L'exorde de la *Lettre* 6 est révélateur du climat intellectuel de tout l'échange et de l'esprit dans lequel travaillaient les deux correspondants : Nebridius déclare qu'il garde les lettres de son correspondant comme la prunelle de ses yeux et que « certaines [lui] feront entendre le Christ, d'autres Platon et d'autres Plotin » (« illae mihi Christum, illae Platonem, illae Plotinum sonabunt ») (p. 12, 1-2[12]). Cette affirmation met clairement en évidence l'existence d'un *double lien* constitutif de la pensée augustinienne : un lien d'une part entre Augustin et le platonisme (Platon et Plotin sont les seuls philosophes mentionnés[13]) et d'autre part un lien entre le platonisme et le christianisme (Platon, Plotin et le Christ sont mis sur le même plan).

1.2 *Questions sur le monde, l'âme et Dieu*

Le premier lien, qui unit fortement Augustin et le platonisme, est clairement illustré dans notre correspondance. On y trouve un « concentré » de thèmes ou de problèmes platoniciens (au sens large), comme un bref passage en revue de ces lettres le montre.

---

11 Cf. R. Lane Fox, « Movers and Shakers », in A. Smith (ed.), *The Philosopher and Society in Late Antiquity*, Swansea, The Classical Press of Wales, 2005, p. 19-50 : p. 25-30.

12 La pagination indiquée est celle de Goldbacher.

13 On note l'absence de Porphyre dans une telle compagnie. Ce témoignage confirme le fait que « de tous les philosophes néo-platoniciens, Plotin seul est cité dans les documents qui nous reportent à l'époque de la conversion d'Augustin » (P. Henry, *Plotin et l'Occident*, p. 94) (ce qui n'implique pas que ce dernier n'ait pas lu aussi du Porphyre à cette époque). En *De beat. uit.* 1, 4, il est question de la lecture de quelques rares livres de Plotin (*lectis autem Plotini paucissimis libris*) ; en *Cont. acad.* III, 18, 41, Plotin est en quelque sorte présenté comme un *Plato rediuiuus* ; Platon et Plotin sont encore associés en *Sol.* I, 4, 9. Augustin cite pour la première fois Porphyre explicitement dans le *De consensu euangelistarum* (I, 15, 23) (*ca* 400) (cf. P. Henry, *op. cit.*, p. 70). En *Conf.* VII, 9, 13 ; 20, 26 et VIII, 2, 3, il n'est question que de « Platonici ». Plus tard, dans la *Cité de Dieu*, Porphyre est à la fois critiqué et élogieusement appelé « philosophus nobilis » (VII, 25) ou « doctissimus philosophorum, quamuis christianorum acerrimus inimicus » (XIX, 22). Dans la grande doxographie sur la théologie des Platoniciens, au livre VIII (12), il est mentionné comme un célèbre disciple de Platon, au même titre que Plotin et Jamblique (qu'Augustin ne semble connaître que de nom) (« ex quibus sunt ualde nobilitati Graeci Plotinus, Iamblichus, Porphyrius »). Sur l'ambivalence du jugement d'Augustin sur Porphyre, cf. G. Catapano, « Nobilissimus philosophus paganorum / falsus philosophus : Porphyry in Augustine's Metaphysics », *Studia graeco-arabica*, 8, 2018, p. 49-65.

La *Lettre* 3 soulève un problème cosmologique : pourquoi l'univers a-t-il la grandeur qu'il a précisément ? Car il pourrait être plus grand et même croître *à l'infini*, tout en conservant les mêmes proportions entre ses constituants ... Un raisonnement qui oppose les propriétés du « nombre sensible » et celles du « nombre intelligible » permet d'affirmer l'infinité de l'intelligible et la *finitude de l'univers*, mais il laisse ouverte la possibilité que celui-ci soit plus grand ou plus petit qu'il n'est. Cette dernière hypothèse conduit elle-même à se demander si l'univers ne pourrait pas être en un autre lieu que celui qu'il occupe. Dans la seconde partie de la lettre, Augustin prouve l'immortalité de l'âme. Il expose la démonstration qu'il vient de formuler dans les *Soliloques* et qui sera reprise au début du *De immortalitate animae*.

La *Lettre* 4 porte sur la distinction « entre la nature sensible et la nature intelligible » et sur le progrès intellectuel. Augustin y présente un « petit raisonnement » (*ratiuncula*) repris de Platon, qui permet à la fois de se guérir des « coups » reçus du sensible et de s'élever jusqu'à Dieu.

Dans la *Lettre* 5, Nebridius se plaint que les citoyens de Thagaste accaparent tout le temps libre d'Augustin et il invite ce dernier à venir jouir dans son domaine carthaginois du loisir auquel il aspire. Ce billet illustre à sa façon le problème traditionnel de la conciliation de la vie contemplative et de la vie pratique en vue de la vie bonne, le bonheur étant ici défini comme le fait de « s'attacher à Dieu » (*adhaerere deo*), selon une expression d'origine à la fois platonicienne (*Rép.* x, 611e) et biblique (Ps 72, 28).

Dans la *Lettre* 6, Nebridius interroge son ami sur la « phantasia ». Ayant sans doute à l'esprit la célèbre thèse d'Aristote selon laquelle jamais l'âme ne pense sans image (*DA* III, 7, 431a16-17), il lui demande si la mémoire peut exister sans l'imagination, puis il formule l'hypothèse étrange que l'imagination tire toutes ses représentations d'elle-même plutôt que de la sensation. Dans sa réponse (qui contient l'exposé le plus complet sur l'imagination que l'on trouve chez lui), Augustin invoque la théorie platonicienne de la réminiscence et s'oppose à la thèse d'une dépendance de l'intellect humain par rapport à l'imagination : nous comprenons *en dépit* des images générées par notre esprit lorsque nous raisonnons. Dans un second temps, il nie fermement que l'âme ait la faculté *a priori* d'imaginer quelque chose sans avoir fait usage des sens (*Lettre* 7).

L'échange sur les rêves inspirés (*Lettres* 8-9) a lui aussi trait à l'imagination. Sans doute influencé par certaines doctrines post-plotiniennes, Nebridius demande par quels moyens les « démons » (au sens platonicien du terme) parviennent à agir sur la *phantasia* de quelqu'un pour lui faire voir en rêves les images qu'ils veulent précisément lui montrer. Augustin avance une explication fondée sur le principe de l'interdépendance de l'âme et du corps : les « démons » affectent indirectement l'âme du rêveur *en agissant sur son corps*.

INTRODUCTION

La *Lettre* 10 cherche à réconforter Nebridius, qui souffre de la solitude et de la maladie. Augustin invite son ami à « trouver en [son] esprit un séjour agréable » pour « être déifié dans le loisir » (*deificari in otio*). Ces exhortations se comprennent à la lumière de l'idéal de « l'assimilation à Dieu » formulé dans le *Théétète* et de la découverte de l'intériorité initiée par la lecture des « livres des Platoniciens ».

Les *Lettres* 11 et 12 répondent à la question de savoir pourquoi c'est le Fils, plutôt que le Père ou le Saint-Esprit, qui s'est incarné, alors que tous trois sont inséparables et agissent inséparablement. En lui soumettant ce problème théologique, Nebridius offrit à Augustin l'occasion de présenter ses premiers développements substantiels sur l'Incarnation et la Trinité. Ceux-ci sont fondamentaux pour réexaminer la question débattue de savoir dans quelle mesure les hypostases plotiniennes ont servi de modèle théorique pour penser les hypostases chrétiennes.

Dans la *Lettre* 13, Augustin rappelle à son correspondant leurs conversations « enfiévrées » sur l'existence « d'un quasi-corps de l'âme que certains appellent aussi son véhicule (*uehiculum*) ». Il s'agit évidemment du fameux *ochèma*, c'est-à-dire le « char » de l'âme qui apparaît dans le mythe du *Phèdre* (246a-248c) et que les Néoplatoniciens considéraient comme un corps subtil impliqué dans tous les processus sensitifs et imaginatifs. Augustin explique pour quelles raisons il convient de « donner son congé » à ce philosophème.

La *Lettre* 14 répond à deux questions sur l'individualité qui lui avaient été posées par Nebridius dans une lettre perdue. La première met en jeu le principe hellénistique de « l'identité des indiscernables » ; la seconde pose un problème ancien, soulevé par Platon, puis repris par Plotin : celui de savoir s'il existe des formes des individus, et non pas seulement des espèces et des genres. La réponse d'Augustin est assez obscure. En un mot, elle consiste à dire que tout être humain participe à la fois d'une idée individuelle et d'une idée générique et que la « raison » de l'individualité ne dépend pas, paradoxalement, de ce qu'un individu est en lui-même mais de son appartenance à une communauté.

1.3   *L'appropriation des textes philosophiques*

Toutes les questions que nous venons d'évoquer sont traitées avec une grande « technicité ». La haute tenue intellectuelle de notre correspondance tient pour une large part à la personnalité singulière de Nebridius, dont Augustin « partage » « les pensées divines » (*Ep.* 11, 1, p. 25, 23-24). Les problèmes qu'il pose montrent qu'il avait indubitablement la « tête » philosophique[14] et font

---

14   « His bent of mind was definitely philosophical » (J. Gavigan, « St. Augustine's friend Nebridius », *The Catholic Historical Review*, 32, 1946, p. 47-58 : p. 53). L'intelligence

comprendre pourquoi Augustin disait de lui qu'il « scrutait avec la plus grande pénétration les questions les plus difficiles » (*Conf.* VI, 10, 17), « recherchait avec la plus grande ardeur la vérité » (*Conf.* IX, 3, 6) et « s'occupait avec le plus grand zèle et la plus grande pénétration de sujets obscurs » (*Ep.* 98, 8). « De tous les contemporains d'Augustin, c'est celui que Plotin aurait pu le mieux accueillir »[15].

Augustin dut mettre ses amis (au moins les plus doués d'entre eux) au contact des textes néoplatoniciens qu'il avait découverts et à partir desquels il travaillait lui-même, comme ont notamment tenté de le montrer les travaux de H. Dörrie et de J. Pépin sur son utilisation des *Summikta zètèmata* de Porphyre[16]. On peut former l'hypothèse selon laquelle une source d'inspiration majeure de cette correspondance consiste en des textes néoplatoniciens que les deux correspondants connaissaient et qu'ils avaient examinés ensemble. Augustin dit lui-même à Nebridius qu'il traite de problèmes qui ont trait à « [leurs] études » (*studia nostra*) (*Ep.* 11, 1, p. 25, 10) ; il évoque les sujets qu'ils avaient l'habitude de discuter entre eux (« ea quae inter nos quaerere solemus ») (*Ep.* 13, 1, p. 30, 6), notamment celui du « véhicule » de l'âme (*Ep.* 13, 2).

Si elle ne permet pas de rouvrir de façon décisive la *quaestio uexata* du contenu exact des *libri platonicorum* qu'a lus Augustin, notre correspondance livre d'intéressants indices à ce sujet. Dans la *Lettre* 6, l'hypothèse que l'objet de la *phantasia* soit une « passion » de l'intellect, lorsque nous nous souvenons que nous avons compris, et celle qu'il existe des images *a priori* ont dû être suscitées par certains textes néoplatoniciens, connus de première main[17]. La *Lettre* 8 qui porte sur l'influence des « puissances supérieures » se réfère sans doute à la *Lettre à Anébon* de Porphyre[18]. La question de Nebridius concernant

---

remarquable de Nebridius fut sans doute éveillée à la philosophie par sa formation en grammaire. Le fait qu'Augustin ait lui-même d'abord enseigné la grammaire à Thagaste (*Conf.* XI, 17, 22) puis la rhétorique à Carthage et à Milan, qu'il ait dédicacé son premier ouvrage philosophique *De pulchro et apto* à l'orateur Hierius (cf. *Conf.* IV, 14, 21), qu'il ait entendu parlé des catégories d'Aristote par son professeur de rhétorique à Carthage (*Conf.* IV, 16, 28), tout cela atteste la porosité qui existait alors entre les disciplines. C'est d'ailleurs cette porosité qu'Augustin mit à profit dans son encyclopédie, conçue comme une *reductio ad philosophiam* des disciplines.

15   R. Lane Fox, « Movers and Shakers », p. 30.
16   Cf. H. Dörrie, *Porphyrios' "Symmikta Zetemata" : Ihre Stellung in System und Geschichte des Neuplatonismus nebst einem Kommentar zu den Fragmenten*, München, C. H. Beck, 1959 ; J. Pépin, « Une nouvelle source de saint Augustin : le ζήτημα de Porphyre "*Sur l'union de l'âme et du corps*" », *Revue des Études Anciennes*, 1964, 66, p. 53-107, repris dans *Ex persona Platonicorum : Études sur les lectures philosophiques de saint Augustin*, Amsterdam, A. M. Hakkert, 1977, p. 211-268.
17   Cf. *infra* « Un problème aristotélicien repris par Plotin » (*Lettre* 6).
18   Cf. *infra* « Une question suscitée par la *Lettre à Anébon* ? » (*Lettre* 8).

l'existence de formes individuelles (*Ep.* 14, 4) doit elle aussi reposer sur des textes néoplatoniciens auxquels il avait accès car Augustin ne la discute nulle part ailleurs.

Augustin semble familier des doctrines évoquées par son ami. Les discussions ne sont pourtant pas érudites. En fait, plus que du savoir d'Augustin, elles témoignent de sa *pratique*, c'est-à-dire de la façon dont il faisait de la philosophie à partir de tels matériaux. Cette pratique se caractérise par un travail d'appropriation très libre. Tout en reprenant à son propre compte de nombreux éléments fondamentaux du platonisme, comme l'infinité de l'intelligible, l'immortalité de l'âme, l'opposition porphyrienne entre la richesse et la pauvreté (*Ep.* 3), la distinction entre le sensible et l'intelligible (*Ep.* 4) ou la théorie de la réminiscence (*Ep.* 7), Augustin affirme son originalité par rapport aux autres Néoplatoniciens en considérant que la mémoire ne met pas nécessairement en jeu l'imagination (*Ep.* 7, 2) ou en n'hésitant pas à « prendre congé » de la question du « véhicule » de l'âme (*Ep.* 13). Il lui arrive de réutiliser dans un contexte théorique nouveau certains éléments platoniciens, comme le concept de « manence », qui caractérise à la fois la personne du Saint-Esprit et l'effet de son action créatrice sur les êtres (*Ep.* 11, 3). Ou encore, s'il affirme comme Plotin qu'il existe des formes des individus, c'est pour des raisons très différentes de celles avancées par son prédécesseur.

1.4   *Philosophie et religion en théorie et en pratique*

En déclarant que les lettres d'Augustin lui feront entendre le Christ, Platon ou Plotin, Nebridius indique aussi quelle idée originale de la philosophie il partageait avec son correspondant. Là où nous sommes tentés de voir une claire distinction – entre philosophie et théologie ou religion –, tous deux voyaient quant à eux une *continuité*[19].

Dans la *Véritable religion*, qui date de la même époque, on lit : « Nous croyons et nous enseignons comme un point essentiel du salut des hommes que la philosophie, c'est-à-dire le désir de la sagesse, n'est pas une chose et la religion une autre » (*De uera relig.* 5, 9). On connaît, d'autre part, la théorie qu'Augustin avait élaborée au sujet de l'histoire de la philosophie et plus particulièrement de l'Académie dans le *Contra Academicos* (III, 17, 37-20, 43)[20]. Il s'agit en un

---

19   Cf. R. J. Teske, « Augustine's *Epistula* X : Another Look at *deificari in otio* », *Augustinianum*, 32, 1992, p. 289-299 : p. 298. Une telle conception des rapports entre la religion et la philosophie est devenue étrangère à notre époque. Pour la comprendre, il faut tenir compte du fait que les Anciens n'avaient pas la même idée de la philosophie que nous et que, pour beaucoup d'entre eux, cette dernière était une recherche de la sagesse et du salut.

20   Voir aussi l'*Ep.* 1 à Hermogenianus et le début du *De uera relig.* Sur ces textes, cf. E. Bermon, « Contra Academicos uel de Academicis » (*Retract.* I, 1) : Augustin et les *Academica* de

mot d'une histoire qui est celle du scellement et du descellement du vrai, d'une histoire dont le *telos* est l'avènement du néoplatonisme et du christianisme, qui en est l'accomplissement. Platon est le fondateur de la véritable philosophie, qui devient ésotérique à l'époque hellénistique ; Plotin, le nouveau Platon, révèle au grand jour cette doctrine, que le Christ avait entre-temps affermie de son autorité.

Il était donc naturel pour Nebridius de mêler dans ses lettres des questions purement philosophiques – notamment sur « ce monde » (cf. *Ep.* 3, 2 ; *Ep.* 11, 2 ; *Ep.* 14, 2) – et des questions théologiques, auxquelles Augustin consacre des développements approfondis et très économes de données scripturaires (cf. *Ep.* 11-12 ; 14).

L'identité de la philosophie et de la religion postulée par Augustin et Nebridius n'est pas seulement établie sur le plan théorique. Elle est clairement perceptible dans l'affirmation de l'idéal pratique de l'*otium*, qui constitue un fil directeur de leur correspondance ainsi que de leur vie commune, telle qu'elle est présentée dans les *Confessions*. Cet idéal ancien qui visait selon Platon à s'assimiler à Dieu, et qui fut repris par de nombreux philosophes antiques (péripatéticiens, stoïciens, néoplatoniciens), consiste chez Augustin dans une forme de vie à la fois philosophique et chrétienne.

Dès son séjour en Italie, Augustin s'était interrogé, aux côtés de Nebridius et d'Alypius, sur les moyens de s'assurer les conditions d'une vie de loisir. C'est même dans une telle perspective qu'il en vint à envisager pour lui-même le mariage, s'il trouvait une épouse assez fortunée pour subvenir aux besoins de tous ceux qu'il pourrait réunir pour vivre avec lui dans le désir de la sagesse (*uiuere studiose*) (*Sol.* I, 11, 18). À la question de la Raison : « Pourquoi veux-tu vivre avec ceux que tu aimes ? », il répondait alors : « Pour mener ensemble, d'un seul cœur (*concorditer*), notre recherche sur l'âme et Dieu. Car ainsi, le premier qui fait une découverte y achemine les autres sans labeur » (*Sol.* I, 12, 20). Les *Confessions* et la correspondance avec Nebridius témoignent de la façon dont s'est progressivement élaboré ce projet de vie commune.

Comme nous allons le voir, Nebridius fut tout d'abord associé au projet de « phalanstère philosophique » à Milan. Il suivit ensuite par lettres l'expérience originale de Cassiciacum, où le « loisir de philosopher » (*otium philosophandi*)

Cicéron », *Revue des Études Anciennes*, T. 111, 2009, n°1, p. 75-93. Augustin a sans doute adhéré à la thèse d'un enseignement ésotérique de l'Académie sous l'influence de Porphyre et plus particulièrement de son *Histoire philosophique* (cf. P. Hadot, « Le "Contra Academicos" de saint Augustin et l'histoire de l'Académie », *Annuaire de l'École pratique des Hautes Études, Section des Sciences religieuses*, 77, 1969-1970, p. 291-297 : p. 293 ; J. Glucker, *Antiochus and the Late Academy*, Göttingen, Vandenhoeck & Ruprecht, 1978, p. 311-322).

(*Cont. Acad.* II, 2, 4) s'identifie au « loisir d'une vie chrétienne » (*christianae uitae otium*) (*Retract.* I, 1, 1). Après le départ de Nebridius pour l'Afrique, Augustin fait évoluer sa « sainte résolution » (*placitum sanctum*) de vivre avec les siens au service de Dieu, en s'inspirant de plus en plus du monachisme chrétien, dont la découverte, grâce à Ponticianus, avait provoqué sa conversion dans le jardin à Milan (*Conf.* VIII, 6, 15-16 ; *De mor.* I, 33, 70)[21]. Comme il l'écrit : « Nous vivions ensemble, saintement résolus à habiter ensemble (*simul eramus simul habitaturi placito sancto*). Nous cherchions en quel lieu nous pourrions plus utilement te servir : les uns comme les autres, nous retournions en Afrique » (*Conf.* IX, 8, 17). La fondation du « monastère » de Thagaste, à laquelle font allusion les *Lettres* 5 et 10, marque un aboutissement des projets de vie communautaire formés par Augustin. Il était parvenu à faire coïncider, en théorie et en pratique, l'idéal platonicien de l'assimilation à Dieu dans le loisir avec cette forme de vie qui était nouvelle en Occident et qu'il introduisait en Afrique, à savoir le monachisme[22].

Après ce premier aperçu, nous pouvons tenter de caractériser le style de notre correspondance (2) ; nous présenterons ensuite les données prosopographiques disponibles sur Nebridius (3) et examinerons enfin l'état du corpus et sa chronologie (4).

2   Aspects littéraires et philosophiques

2.1   *Nebridius écrivain*

Plusieurs passages de notre correspondance témoignent de la compétence de Nebridius dans le domaine des lettres. Augustin le consulte sur trois points de grammaire très techniques (*Ep.* 3, 5). La *Lettre* 7 multiplie à son intention les exemples de fictions littéraires. Nebridius mentionne le géant Naevius (connu par l'intermédiaire de Cicéron) (*Ep.* 14, 3) ; Augustin lui répond en faisant allusion aux jumeaux de Daucus, sans éprouver le besoin de lui signaler la provenance virgilienne de son exemple. L'utilisation du terme très rare de « manganum », avec le sens de « machination » (*Ep.* 8, p. 19, 4), la forme

---

21   Cf. A. Zumkeller, *L'Idéal monastique de saint Augustin*, Paris, Régnier, 1995, p. 31. J. Kannengiesser voit dans l'influence exercée par Ponticianus sur Augustin un écho de la propagande d'Athanase auprès de ses amis latins en faveur du monachisme (« La Bible dans les controverses ariennes en Occident », in J. Fontaine et Ch. Pietri [éd.], *Le Monde latin antique et la Bible*, Paris, Beauchesne, 1985, p. 543-564 : p. 544).

22   Il faut souligner l'originalité de cette synthèse : comme l'indique G. Lawless, la valorisation de l'« otium » par Augustin ne se trouve pas chez Jean Cassien ou Benoît (*Augustine of Hippo and his Monastic Rule*, Oxford, Clarendon Press, 1987, p. 52).

accusative grecque « phantasian » (en *Ep.* 8, p. 19, 20) (Goldbacher), le fait qu'il appelle l'imagination le « phantasticum » (*Ep.* 8, p. 19, 14) sont peut-être des indices qu'il connaît le grec.

Notre correspondance nous livre trois échantillons de sa prose. Ceux-ci font apparaître un contraste entre le ton passionné de la *Lettre* 5 et le caractère très réfléchi des *Lettres* 6 et 8. D'un point de vue stylistique, on a fait remarquer que Nebridius maniait bien le *cursus*, comme le montrent certaines clausules de la *Lettre* 8 (« plácet exórdium », « sómnia demonstráre », « ófferunt et osténdunt », « ípse formáui », « sómnia generáre » ...[23]).

Nebridius montre aussi qu'il sait composer un préambule épistolaire. Celui de la *Lettre* 6 contient une belle période à trois membres (p. 12, 2-5)[24]. Cela n'empêche pas son auteur de s'excuser, sans doute par « coquetterie », de mal écrire : « Je t'ai dit cela sans réflexion et sans ordre, comme à mon habitude » (*Ep.* 6, 1, p. 12, 18-20) ; « Ne t'étonne pas si mes explications manquent d'élégance et de subtilité, étant donné leur obscurité et notre manque d'expérience » (*Ep.* 8, p. 19, 24-25). Augustin lui répond dans un style travaillé, qui rend son latin souvent difficile. La *Lettre* 3, dont le thème général est présenté « d'une manière extrêmement raffinée »[25], en est la meilleure illustration, bien qu'Augustin dise qu'il y « divague » (cf. « ineptiam », §5, p. 9, 2). Au début de la *Lettre* 13, il déclare : « T'écrire des choses ordinaires, je n'en ai pas le goût ... » (p. 30, 1). On perçoit que sur le plan de la forme aussi, il ne veut pas décevoir son ami.

2.2 *Une rhétorique de l'effervescence*

De façon caractéristique, l'écriture des deux correspondants est marquée par l'*effervescence*. Celle-ci animait déjà leurs conversations, comme en témoigne l'allusion, dans la *Lettre* 13, à « ce sujet de conversation que nous avons fréquemment agité et qui nous a agités en nous tenant en haleine et en nous mettant en effervescence (*anhelantes et aestuantes*) ... » (*i.e.* celui du « véhicule » de l'âme) (§2, p. 30, 14-15). Dans ses lettres, Nebridius fait part à Augustin de ce qui le trouble. « Mouere » est employé quatre fois à son propos : « quod sane te mouet ... acute mouet ... » (*Ep.* 7, 3, p. 15, 1-2) ; « fortasse te iam non mouebit ... » (*Ep.* 9, 5, p. 22, 19) ; « nunc accipe quo modo possit non mouere

---

23   F. Di Capua, « Il ritmo prosaico in S. Agostino », in *Miscellanea Agostiniana*, Roma, 1931, vol. 2, p. 607-764 ; repris dans *Scritti minori*, I, Roma, Parigi, Desclée et Cie, 1959, p. 189-352 : p. 321. Sur « la prose rythmée des Lettres augustiniennes », cf. S. Lancel, BA 40/A, p. 128-30.
24   Cf. « Le prologue » (*Lettre* 6).
25   P. Hadot, « "Numerus intelligibilis infinite crescit", Augustin, *Epistula* 3, 2 », in *Miscellanea André Combes*, *Divinitas*, t. XI, 1967, p. 181-191 : p. 182.

INTRODUCTION 11

animum illud quod mouet » (*Ep.* 11, 4, p. 27, 19-20) ; « si autem te mouet quod praeter solem nullius sideris lemen implet diem ... » (*Ep.* 14, 3, p. 34, 4-5).

Ce « trouble » est à l'origine de la prolifération des questions : « quaestiones » (*Ep.* 3, 2 ; 9, 2 ; 11, 2 ; 14, 4), « inquisitiones » (10, 1), « rogationes » (12, 1), « quaesita » (14, 1 ; 14, 3). Celles-ci soumettent Augustin à une « pression » (cf. *Ep.* 4, 2) d'autant plus grande qu'elles abordent des sujets importants[26] (sauf celle du « véhicule » qui, en dépit de l'emphase avec laquelle elle a été introduite, s'avère une « quaestiuncula »). Augustin se dit rempli d'effroi par un problème qui lui est soumis (« uehementer me illa terruit ») (*Ep.* 9, 2, p. 20, 15) ou mis en ébullition (« me in cogitando tenuit aestuantem ») (*Ep.* 10, 1, p. 22, 25).

Cette rhétorique de l'effervescence ne doit pas nous conduire à minorer l'importance des problèmes soulevés par Nebridius. Si certains d'entre eux, comme celui de l'existence de formes des individus, ne réapparaîtront pas dans l'œuvre d'Augustin, d'autres en revanche resteront au cœur de ses préoccupations. Tel est le cas de la question du mode d'action des démons et de celle de l'attribution au Fils de l'Incarnation.

2.3   *Philosopher vite*

Conséquence de l'effervescence, la *rapidité* des échanges, qui frappe le lecteur. Augustin et Nebridius philosophent vite, et pas forcément parce qu'ils sont pressés par le temps (Nebridius ne semble pas l'avoir jamais été). Augustin nous apprend que la longue *Lettre* 3 (de Cassiciacum) contient les réflexions qu'il a faites le soir, dans son lit, avant de dormir (p. 5, 8-11). Dans la *Lettre* 13, il écrit : « Écoute ce que la dernière partie de la nuit a pu retirer de moi pendant tout le temps qu'elle a duré et que cette lettre a été écrite » (p. 30, 11-13). Ces deux lettres témoignent de la facilité qu'Augustin avait en philosophie : elles ont dû être écrites en moins de temps qu'il ne faut pour les traduire. Si l'on peut risquer une comparaison, Augustin et Nebridius philosophent vite, un peu comme en France, au XIXe siècle, les Impressionnistes ont peint vite[27] : ces artistes savaient aussi peindre en suivant des procédés lents, mais en peignant dans le frais, ils faisaient le choix d'une autre manière, dont le rendu est caractéristique. Dans les deux cas que nous comparons, l'observateur perçoit mieux

---

26   « Sunt enim magnae non quantitate sed rebus, et magnarum rerum magnas continent probationes » (*Ep.* 6, à propos des lettres d'Augustin).

27   Cf. R. R. Bretell, *Impression : Painting Quickly in France, 1860-1890*, New Haven, Yale University Press, 2000 (tr. fr. Paris, Hazan, 2000). Voir en particulier le chap. sur Manet. Sur cette pratique picturale et ses dangers, cf. M. Grosser, *The Painter's Eye*, tr. fr. *L'Œil du peintre*, Verviers, Marabout, 1965, p. 73-82.

la façon de travailler de l'auteur que lorsqu'il a affaire à une œuvre patiemment élaborée et dans laquelle le travail a effacé le travail.

On trouve diverses manifestations de cette rapidité dans nos lettres. Dans la *Lettre* 3, Augustin semble s'aviser d'un argument se rapportant au problème cosmologique qu'il vient de traiter (la comparaison avec les miroirs, *Ep.* 3, 3). Dans la *Lettre* 7, il « saute » à dessein le prologue pour en arriver au vif du sujet. Nebridius fait comme lui : « Dans ma hâte (*festinanti mihi*) d'en venir au fait même, je ne veux aucun préambule, aucun exorde » (*Ep.* 8, p. 18, 21-22)[28]. La rapidité est aussi marquée d'un point de vue stylistique par l'emploi fréquent, notamment à la fin des lettres de Nebridius – qui révèlent son impatience – du futur avec la valeur d'un subjonctif d'exhortation[29] : « ... tu explorabis et falso reiecto ueritatem in litteris conferes » (*Ep.* 6, 1, p. 12, 19-20) ; « de hac re quoque quid sentias respondebis » (*Ep.* 6, 2, p. 13, 3) ; « tu id facere, quantum poteris, laborabis » (*Ep.* 8, 1, p ; 19, 25-26).

Sur le « fond », Augustin ne vise pas l'exhaustivité ; il indique plutôt des « pistes ». Dans la *Lettre* 9, il se contente d'apporter sur l'étiologie des rêves inspirés « quelques lumières » (*quaedam lumina*) (§2, p. 20, 21) que Nebridius pourra développer lui-même. Une question théologique traitée « en passant » est elle aussi laissée au jugement de son ami, qui saura suppléer à cette ellipse (*Ep.* 14, 3, p. 34, 12 ; *Ep.* 12, p. 29, 11). La *Lettre* 11 en appelle à l'intelligence de Nebridius pour qu'il trouve tout seul d'autres paradigmes trinitaires que celui des trois questions de la rhétorique ancienne et poursuive lui-même l'explication qui lui est apportée sur l'Incarnation du Fils (*Ep.* 11, 4)[30]. Les « abrégés » (*compendia*) qui lui sont proposés (*Ep.* 12, p. 29, 13) sont des « canevas » qui l'invitent à réfléchir par lui-même. Sur le problème de l'existence de formes individuelles, il doit se contenter d'une analogie géométrique (*Ep.* 14, 3).

Les raisonnements eux-mêmes, qui sont nombreux dans ces lettres, sont souvent très succincts. Nebridius lui-même a un style de pensée et d'argumentation « augustinien », comme le montrent le « dilemme » qu'il opposait aux Manichéens (*Conf.* VII, 2, 3), sa tripartition des explications possibles des rêves inspirés (*Ep.* 8) ou la façon dont il règle le problème de l'éloignement qui le

---

28   Les *Lettres* 3, 6, 11 et 13, contiennent en revanche un prologue en bonne et due forme.
29   Sur cet usage, cf. A. Sizoo, « Augustiniana », *Mnemosyne*, New Series, 57/2, 1929, p. 125-130 : p. 125.
30   On retrouve la même attitude dans un passage du *De dialectica* : « Itaque locum ipsum hactenus notasse suffecerit, ingenio praesertim tuo » (x, p. 118, 14-15) (à propos des ambiguïtés liées à l'usage d'un mot).

sépare de son ami (cf. *Ep.* 11, p. 25, 11-14). Comme Augustin, il mentionne pour les éliminer aussitôt des objections possibles à la thèse qu'il avance[31].

Du côté d'Augustin, dans la *Lettre* 3, la preuve de l'immortalité de l'âme est réduite à sa plus simple expression. Le « petit raisonnement » (*ratiuncula*) qui doit prouver la supériorité de l'intelligible sur le sensible dans la *Lettre* 4 est d'une concision parfaite (*Ep.* 4, 2). Dans plusieurs cas, on a le sentiment qu'en progressant, l'explication se resserre encore : dans les *Lettres* 7, 11 et 14, le dernier paragraphe est plus difficile. Augustin peut cependant revenir au besoin sur une explication, soit dans un deuxième temps, comme par exemple dans la *Lettre* 9, qui explicite la comparaison (*simile*) qui livre la clef du problème, soit dans une autre lettre (l'*Ep.* 11 reprend le sujet de l'*Ep.* 12).

La rapidité n'exclut bien sûr pas la sûreté et la maîtrise de l'exécution. On note en particulier la grande attention d'Augustin au « degré de certitude » atteint par ses raisonnements. Cette attention s'explique sans doute par l'influence de Cicéron et de la Nouvelle Académie sur Augustin[32] ; mais elle est aussi authentiquement platonicienne et vise à conjurer le danger de la misologie[33]. Dans l'*Ep.* 3, Augustin affirme que le fait que le sensible et l'intelligible aient des propriétés contraires explique *peut-être* la limitation qu'il pense être celle du monde, tandis qu'il *prouve* l'immortalité de l'âme. Dans la *Lettre* 9, il affirme son espoir qu'une « investigation probable » (*probabilem inuestigationem*) (p. 20, 24) puisse être menée sur les rêves inspirés. Dans la *Lettre* 10, c'est un raisonnement très plausible (*perprobabilis ratio*) qui doit permettre d'arrêter une ligne de conduite concernant le mode de vie qu'il faut adopter (*Ep.* 10, 1, p. 23, 3). Enfin, la *Lettre* 11 pose elle aussi la question du degré de certitude de l'explication qui a été apportée (*Ep.* 11, 2 ; 4).

---

31 Comparer *Ep.* 6, 1 : « Sed dices : quid cum recordamur nos intellexisse aut cogitasse aliquid ? Contra haec ego respondeo ... » (p. 12, 10-11) et *Ep.* 13, 3 : « Hic forsitan dicas ... » (p. 31, 6).

32 Cette ligne de pensée « probabiliste » préside à la discussion du *Contra academicos* (cf. G. Kendeffy, « Pourquoi Augustin a-t-il écrit le *Contra Academicos* ? », *Acta Antica Hungariana,* 36, 1995, p. 177-183).

33 Voir sur ce point L. Castagnoli, « The *Phaedo* on Philosophy and the Soul », in G. Fine (ed.), *The Oxford Handbook of Plato*, Oxford, Oxford University Press, 2019², p. 183-206 : p. 200-201. Sur la misologie chez Augustin, cf. E. Bermon, *La Signification et l'enseignement*, Paris, Vrin, 2007, p. 353-57 (« La haine et la crainte de la raison »).

3 La vie de Nebridius

3.1 *Un ami de jeunesse*

La vie de Nebridius nous est connue par la correspondance d'Augustin[34] et par les *Confessions*, qui le nomment quatorze fois[35]. C'est le seul ami d'Augustin qui soit nommé dans cette œuvre avant le départ pour Rome (cf. *Conf.* V, 8, 14)[36].

3.1.1 Une origine carthaginoise aisée

Nebridius est né près de Carthage, où son père possédait un « excellent domaine » (*Conf.* VI, 10, 17)[37]. Par sa position sociale, il faisait donc partie des

---

[34] On déplore qu'Augustin n'ait pas eu le temps de relire sa correspondance pour achever ses *Rétractations* car il n'aurait sans doute pas manqué de reparler de Nebridius.

[35] La première étude prosopographique sur Nebridius est due à S. Lenain de Tillemont (*Mémoires pour servir à l'histoire ecclésiastique des six premiers siècles*, Paris, 1710, vol. XIII, p. 108-111 ; p. 126-134). À l'époque contemporaine, les meilleurs monographies sont celles de J. Gavigan (« St. Augustine's friend Nebridius ») et de G. Folliet (« La Correspondance entre Augustin et Nébridius », in *L'Opera letteraria di Agostino tra Cassiciacum e Milano. Agostino nelle terre di Ambrogio*, Palermo, Ed. Augustinus, 1987, p. 191-215 et « La Correspondance entre Augustin et ses amis à Thagaste », in « *De magistro* » *di Agostino d'Ippona, commento di Frederick J. Crosson, Giuseppe Balido, Georges Folliet, Antonio Pieretti*, Città Nuova, Ed. Augustinus, 1993, p. 73-107. Cf. aussi E. Bermon, « Nebridius », *Dictionnaire des Philosophes antiques*, IV, p. 595-601 ; Id., « Nebridius », *Augustinus-Lexikon*, 4, 191-194.

[36] F. Crosson fait remarquer que jusqu'à ce moment, les *Confessions* ne nous donnent aucun nom des personnes qu'Augustin a rencontrées et qui l'ont entouré, pas même celui de sa mère. Ce silence traduit « un mouvement général de séparation par rapport à Dieu et par rapport à l'homme » (« Structure and Meaning in St. Augustine's *Confessions* », in G. B. Matthews (ed.), *The Augustinian Tradition*, Berkeley/Los Angeles/London, University of California Press, 1999, p. 27-38 : p. 30). Augustin est séparé par la mort de son ami d'enfance au livre IV ; il s'est éloigné de ses amis Manichéens ; il a fui la maison de sa mère et sa patrie en partant pour Rome (IV, 7, 12). À le lire, personne ne l'accompagne. « La deuxième moitié [des *Conf.*] n'est pas seulement une ascension vers Dieu, c'est un retour vers la communauté humaine, marqué par l'arrivée de Monique, d'Alypius, de Nebridius et des amis qui se rassemblent à Milan et à Cassiciacum » (*ibid.*, p. 30). Selon Crosson, la mention du Manichéen Faustus serait la seule exception à un tel processus de nomination, celle qui « confirme la règle ». Il faut en ajouter une autre : Nebridius, nommé en IV, 3, 6.

[37] L'allusion au « paternum rus optimum » est peut-être inspirée des vers d'Horace, bien connus d'Augustin (cf. *De mus.* V, 9, 19) : « Beatus ille, qui procul negotiis / ut prisca gens mortalium, / paterna rura bubus exercet suis, / solutus omni faenore » (« Heureux celui qui, loin des affaires, comme la race des mortels de jadis, travaille le domaine de ses pères avec ses bœufs, libre de tout prêt à intérêt ») (*Epod.* 2, 1-4). Selon J. O'Donnell, ce passage évoquerait l'*otium* auquel Nebridius s'adonna chez lui dans les derniers temps de sa vie (*Augustine : Confessions*, Oxford, The Clarendon Press, 1992, vol. 2, p. 369).

INTRODUCTION   15

Carthaginois aisés[38]. Du point de vue de la religion, ses parents n'étaient pas chrétiens puisque tous les siens se convertirent plus tard au christianisme (cf. *Conf.* IX, 3, 6)[39].

Carthage, qui avait été la deuxième ville d'Occident sous les Sévères (après sa reconstruction sous Auguste), et qui pouvait s'enorgueillir d'avoir accueilli Porphyre un siècle plus tôt[40], était encore selon Ausone la troisième ville de l'Empire après Rome et Constantinople (*Opuscula*, XI, « Ordo urbium nobilium », 286, 1-14, p. 144-45 Peiper). Elle constituait un grand centre intellectuel[41]. « Un contemporain d'Augustin un peu plus jeune que lui, Salvien de Marseille, dans son *De gubernatione Dei*, décrit Carthage comme la Rome de l'Afrique du Nord : "Là se trouvaient rassemblés tout l'appareil des fonctions publiques, les écoles des arts libéraux, les officines des philosophes, en un mot, tous les lieux d'exercice des paroles ou des mœurs" [*De gub. Dei*, VII, 16, 67-68, CSEL 8, p. 177-180 ; SC 220, p. 479-81 Lagarrigue]. Nous pouvons être certains qu'une telle ville entretenait à ses frais plusieurs grammairiens pour la littérature latine et grecque, de même que de nombreux rhéteurs et philosophes, sans parler d'une quantité sûrement considérable de maîtres privés »[42]. Nebridius dut y recevoir

---

38 S. Lancel, *Saint Augustin*, Paris, Fayard, 1999, p. 78. Nebridius était plus riche qu'Augustin, qui mentionne quant à lui en *Ep.* 126, 7 « les petits champs de [son] héritage paternel » (cédés plus tard à l'Église de Thagaste).

39 Il doit s'agir de sa mère (mentionnée en *Conf.* VI, 10, 17 et en *Ep.* 10, 3), de son frère Victor (cf. *Ep.* 10, 3) et de leur maisonnée.

40 Sur le conseil de Plotin, Porphyre quitta Rome en 268 et partit pour la Sicile pour une longue période. Il séjourna ensuite à Carthage (*De abst.* III, 4, 7) ; cf. Porphyre, *Lettre à Anébon l'Égyptien*, texte établi, traduit et commenté par H. D. Saffrey et A.-P. Segonds, Paris, Les Belles Lettres, 2012, p. XIX. Voir aussi J. Bidez, *Vie de Porphyre, le philosophe néoplatonicien*, Gand-Leipzig, Teubner, 1913.

41 Sur Carthage à l'époque de Nebridius et d'Augustin, cf. G. Lapeyre, « Saint Augustin et Carthage », *Miscellanea Agostiniana*, 2, Rome, 1931, p. 91-148 ; J. Ferron et G. Lapeyre, « Carthage », *Dictionnaire d'Archéologie chrétienne et de Liturgie*, vol. 2/2, 1149-1233 ; G. Charles-Picard, *La Carthage de saint Augustin*, Paris, Fayard, 1965 ; C. Lepelley, *Les Cités de l'Afrique romaine au bas-empire*, vol. 2, Paris, Les Études Augustiniennes, 1981, p. 11-53 (« Kartago ») ; S. Lancel, « Carthago », *Augustinus-Lexikon*, 1, 759-771 ; Th. Fuhrer, « Augustine's Rhetorics of Theology. Religious debates in late antique Carthage », in J. R. Stenger (ed.), *Learning Cities in Late Antiquity : The Local Dimension of Education*, London, Routledge, 2019, p. 70-86.

42 I. Hadot, *Arts libéraux et philosophie dans la pensée antique*, Paris, Vrin, 2005, p. 380 ; cf. en particulier p. 377-390 (« La formation d'Augustin. Le cursus d'études d'Augustin et la question des arts libéraux »). Dès la fin du premier siècle, les empereurs y avaient envoyé des intellectuels distingués (Dion Cassius, Avienus, Symmaque, Vindicianus, Macrobe, etc.) (G. Lapeyre, *op. cit.*, « Saint Augustin et Carthage », p. 92). Sur l'« université » de Carthage, cf. P. Monceaux, *Les Intellectuels carthaginois*, Carthage, Éditions carthaginoiseries, 2009 (1894), p. 64 sq.

une solide formation, qui lui permit d'acquérir en grammaire la compétence d'un professionnel[43].

3.1.2 La rencontre avec Augustin

C'est à Carthage, « où il était très souvent » (*ubi frequentissimus erat*) (*Conf.* VI, 10, 17)[44], que Nebridius dut faire la connaissance d'Augustin. Leur rencontre ne peut pas être datée avec certitude. Elle remonte soit au temps où Augustin y poursuivait lui-même ses études, entre 370 et 373[45] – auquel cas elle eut sans doute lieu sur les bancs de l'école[46] –, soit au moment de son retour dans la capitale comme professeur de rhétorique, deux ans plus tard, lorsqu'il quitta à nouveau Thagaste, pour échapper à la douleur d'avoir perdu un ami (*Conf.* IV, 4, 7 ; IV, 7, 12). Dans cette seconde hypothèse, rien ne permet d'affirmer que Nebridius ait été l'élève d'Augustin à Carthage[47], comme Alypius l'avait été à Thagaste, avant de rejoindre son ami à Carthage (*Conf.* VI, 7, 11). Il semble plutôt, qu'à la différence d'Alypius, qui avait neuf ans de moins qu'Augustin[48], Nebridius ait été du même âge que ce dernier[49]. En effet, « en présentant Alypius et Nebridius en *Conf.* VI, 7, 11, Augustin présente le premier comme son ancien étudiant, "me minor natu", une expression dont le choix serait étrange si la même chose était vraie de Nebridius »[50].

Quoi qu'il en soit, c'est sans doute en pensant à ses deux amis qu'Augustin écrit, dans le passage où il évoque la façon dont il reprit goût à la vie après

---

43   Cf. *Conf.* VIII, 6, 13 (voir *infra* « Assistant du grammairien Verecundus »).
44   L'expression laisse entendre qu'à l'instar des Romains aisés de son temps, Nebridius partageait son temps entre la ville et sa « maison de campagne ». Cf. aussi *Ep.* 10, 1 : « En ce qui nous concerne, nous pouvons mener ici plutôt qu'à Carthage ou même que dans ton domaine (*in rure*) une vie conforme à notre souhait » (p. 23, 3-4).
45   Selon A. Mandouze, la rencontre date de la période manichéenne, inaugurée en 373 (« Nebridius », *Prosopographie chrétienne du Bas-Empire*, vol. 1 : *Afrique (303-533)*, Paris, 1982, p. 774).
46   Le fait que, dans les *Confessions*, Nebridius apparaisse pour la première fois *après* le retour d'Augustin à Carthage, en *Conf.* IV, 3, 6, n'infirme sans doute pas cette hypothèse.
47   *Pace* G. Folliet, « La correspondance entre Augustin et Nébridius », p. 191-192.
48   Selon le calcul d'A. Sizoo, dans « The year of Alypius' birth », *Vigiliae christianae*, 2, 1948, p. 106-108.
49   Les commentateurs le considèrent habituellement comme plus jeune qu'Augustin. L'hypothèse est sans fondement (cf. J. O'Donnell, *Augustine : Confessions*, vol. 2, p. 359). Il est difficile de tirer une indication précise du mot « adulescens » utilisé en *Conf.* IV, 3, 6 et en *Ep.* 98, 8. En principe, on l'est de 17 ans à 30 ans (Cens. 14, 2) et parfois même au-delà.
50   N. McLynn, « Disciplines of Discipleship in Late Antique Education : Augustine and Gregory Nazianzen », in K. Pollmann et M. Vessey (ed.), *Augustine and the Disciplines. From Cassiciacum to Confessions*, Oxford, Oxford University Press, 2005, p. 25-48 : p. 42, n. 50.

INTRODUCTION 17

l'épreuve du décès de son ami anonyme : « Ce qui me réconfortait et me faisait revivre, c'était surtout la consolation d'autres amis, avec qui j'aimais ce que j'aimais au lieu de toi » (*Conf.* IV, 8, 13)[51]. À partir de ce moment, Nebridius et Alypius sont souvent mentionnés ensemble, dans les *Confessions*, comme les deux amis les plus intimes d'Augustin.

La présence de Nebridius aux côtés d'Augustin n'avait pas seulement un effet consolateur ; « par son indépendance d'esprit, par la pertinence de ses observations, par la rigueur morale que lui reconnaissait son ami, il allait jouer un rôle actif dans l'évolution intellectuelle d'Augustin »[52]. Il exerça de fait sur lui l'influence bénéfique d'un « mentor »[53] en tentant de l'éloigner d'une part de l'astrologie et d'autre part du manichéisme. Comme on l'a fait remarquer, Augustin semble avoir eu en Nebridius et Alypius deux amis qui, par leurs ascendants respectivement intellectuel et moral, l'ont incité à se libérer de la « concupiscentia oculorum » et de la « concupiscentia carnis »[54]. Nebridius fut indéniablement l'ami d'Augustin qui fut le plus proche de lui intellectuellement et le seul, parmi ses intimes, qui ait eu une véritable compétence en philosophie.

3.1.3   « Adulescens ualde castus » : la critique de l'astrologie
Aux côtés de Vindicianus, Nebridius tenta d'abord de persuader Augustin de la vanité de la divination, sans grand succès[55], comme ce dernier le dit lui-même :

[51]   Augustin critique l'idéal (cicéronien) de l'amitié qui était alors le sien. Sur Augustin et l'amitié, cf. M. A. McNamara, *L'Amitié chez saint Augustin*, Paris, Lethielleux, 1961 ; J. T. Lienhard, « Friendship, Friends », in A. D. Fitzgerald (ed.), *Augustine through the Ages. An Encyclopedia*, William B. Eerdmans Publishing Company, Grand Rapids, Michigan/Cambridge, U.K., 1999, p. 372-373 ; J. Follon et J. McEvoy, *Sagesses de l'amitié II*, Paris/Fribourg, Le Cerf, Éditions Universitaires de Fribourg, 2003, p. 177-207 (avec biblio. p. 206-207) ; G. O'Daly, « Friendship and Transgression : *luminosus limes amicitiae* (Augustine, Confessions 2.2.2) and the themes of *Confessions* 2 », in S. Stern-Gillet et K. Corrigan (ed.), *Reading Ancient Texts, volume II : Aristotle and Neoplatonism. Essays in Honour of Denis O'Brian*, Leiden-Boston, Brill, 2007, p. 211-223 ; J.-F. Petit, *Saint Augustin et l'amitié*, Paris, DDB, 2008.
[52]   S. Lancel, *Saint Augustin*, p. 78.
[53]   Sur ce rôle joué par Nebridius, cf. E. L. Smither, *Augustine as Mentor : A Model for Preparing Spiritual Leaders*, Nashville, B&H Academic, 2009, p. 102.
[54]   Cf. J. O'Donnell, *op. cit.*, vol. 2, p. 406.
[55]   Dans les *Confessions*, l'épisode est daté de façon imprécise : « Il y avait à cette époque (*eo tempore*) un homme de jugement [Vindicianus], très expert dans l'art de la médecine et très renommé dans ce domaine » (IV, 3, 5) (sur Vindicianus, cf. *Les Confessions I-VII*, Paris, 1962, La « Bibliothèque Augustinienne » [BA], vol. 13, p. 413, n. 2). Avec bienveillance, il conseilla à Augustin de rejeter les livres des « tireurs d'horoscopes » (*genethliaci*). Comme le passage précède immédiatement la mort de l'ami anonyme, l'épisode semble dater du professorat à Thagaste (cf. BA 13, « Chronologie », p. 202). Mais la mention faite à

« À ce moment, ni lui ni mon très cher Nebridius, jeune homme d'une grande valeur et d'une grande pureté (*adulescens ualde bonus et ualde castus*) qui se moquait de la divination en tout genre, ne purent me persuader de renoncer à ces pratiques » (*Conf.* IV, 3, 6)[56]. Leurs avertissements firent pourtant leur chemin. En effet, lorsqu'il relate plus loin comment sa rencontre avec Firminus l'arracha définitivement aux prestiges de l'astrologie, Augustin rappelle l'obstination qui l'opposait à Vindicianus et à Nebridius, « jeune homme d'une âme admirable (*adulescenti mirabilis animae*) », tout en précisant qu'il « penchait » « désormais du côté de l'avis de Nebridius » et était à peu près « persuadé » du ridicule et de la vanité de ces pratiques (*Conf.* VII, 6, 8)[57].

3.1.4   Le dilemme de Nebridius contre le manichéisme

On s'accorde à considérer que Nebridius adhéra un temps au manichéisme, comme bien d'autres amis de jeunesse d'Augustin (Alypius, Honoratus, Cornelius, Romanianus[58] ...) (cf. *Conf.* IV, 1, 1)[59]. En fait, la seule indication sur laquelle nous pouvons nous appuyer sur ce point est l'affirmation, en *Conf.* IX, 3, 6, selon laquelle, au moment de la conversion d'Augustin, Nebridius était encore attaché au « docétisme » (c'est-à-dire qu'il considérait que la chair du

---

Vindicianus indique plutôt que l'événement appartient aux années carthaginoises d'Augustin (cf. J. O'Donnell, *op. cit.*, vol. 2, p. 216). Voir aussi sur ce point M. Testard, *Saint Augustin et Cicéron*, Paris, Études Augustiniennes, 1958, vol. 1, p. 101, n. 2.

56   Dans ce passage, le terme de « castus » désigne « la pureté religieuse qui se refuse à toute compromission avec la superstition », plutôt que la chasteté des mœurs (A. Solignac, BA 13, p. 417, n. 2). Cf. G. Madec, « Ex tua castitate (*Confessiones* IV, II, 3). Adulescens ... valde castus (*Ibid.* IV, III, 6) », *Revue des Études Augustiniennes*, 7, 1961, p. 245-7. La « pureté » va de pair avec l'éloignement de la magie (cf. *De ciu. Dei*, VIII, 18). En *Conf.* IX, 3, 6, Augustin rend derechef hommage à la « pureté parfaite » de Nebridius.

57   Pour des passages qui ridiculisent l'astronomie comme le faisait peut-être Nebridius, cf. *De gen. ad litt.* XII, 22, 46 sq. ; *En. in ps.* 73, 18 ; *Adn. Iob*, 38 ; *Ep.* 246, 2 sq. (D. Pingree, « Astrologia, astronomia », *Augustinus-Lexikon*, 1, 482-490 : 482, n. 3).

58   Cornelius et Romanianus sont peut-être une seule et même personne (cf. A. Gabillon, « Romanianus, alias Cornelius. Du nouveau sur le bienfaiteur et l'ami de saint Augustin », *Revue des Études Augustiniennes*, 24, 1978, p. 58-70).

59   Selon F. Decret, qui lui consacre une brève biographie, Nebridius devint « auditeur » en même temps qu'Augustin (*L'Afrique manichéenne (IVe-V siècles). Étude historique et doctrinale*, Paris, Études Augustiniennes, 1978, vol. 1, p. 371). S. N. C. Lieu suppose qu'il faisait partie, avec Honoratus, de cette catégorie d'adeptes qui s'étaient convertis directement du paganisme au manichéisme et qui préféraient le « christianisme purifié » des Manichéens à celui de l'Église catholique, qu'ils considéraient comme une « erreur juive » (*Manichaeism in the Later Roman Empire and Medieval China*, Tübingen, J. C. B. Mohr, 1992, second ed. revised, p. 158).

INTRODUCTION   19

Christ n'était qu'une apparence)[60]. Si donc il fut lui aussi « auditeur », son esprit critique fit toutefois vite de lui une sorte de dissident, si bien qu'il s'attaqua également à certaines convictions manichéennes de son ami. Augustin rappelle comment, à Milan encore, il concevait Dieu comme une grandeur corporelle qui, bien qu'elle fût incorruptible et immuable, pénétrait entièrement la masse du monde (*Conf.* VII, 1, 2). Il laisse entendre qu'il subissait toujours l'influence manichéenne[61], puisqu'il ajoute que « ce que Nebridius avait l'habitude d'établir, depuis longtemps déjà, dès Carthage (*illud quod iam diu ab usque Carthagine a Nebridio proponi solebat*) », eut pu suffire à lui faire percevoir la radicale distinction de nature entre Dieu et les corps (*Conf.* VII, 2, 3)[62]. Nebridius demandait ce que pouvait la « race des ténèbres » contre Dieu si celui-ci refusait à engager le combat avec elle ; et il enfermait son adversaire dans ce dilemme sans échappatoire : soit la « race des ténèbres » peut nuire à Dieu, et dans ce cas Dieu n'est pas incorruptible (contrairement à ce qu'admettaient les Manichéens) ; soit elle ne peut pas lui nuire, et alors Dieu n'a aucune raison d'engager le combat avec elle en laissant une partie de lui-même, l'âme, se mêler à des puissances adverses et se dégrader jusqu'à ce que le Verbe vienne à son secours (*Conf.* VII, 2, 3)[63]. « Autour d'Augustin, on considérait que l'"argument de Nebridius" avait fait mouche »[64]. De fait, écrit Augustin, « nous tous, qui écoutions, avons été ébranlés » (*Conf.* VII, 2, 3). Par la suite, il reconnut qu'il ne trouva pas la réponse à cet argument et que ce fut par là qu'il fut « divinement averti » de quitter cette erreur et de se tourner vers la foi catholique (*Cont. Fort.* 37).

Le *De moribus* (388-89) témoigne des premières tentatives de réponse de la part des Manichéens à l'argument de Nebridius[65]. Par la suite, Augustin fit

---

60   A. Pincherle a cependant nié que le docétisme de Nebridius puisse être attribué à une survivance de foi manichéenne (« Quelques remarques sur les *Confessions* de saint Augustin », *La Nouvelle Clio*, 7-9, 1955, p. 189-206 : p. 202).

61   « Parce qu'une sorte de piété m'obligeait à croire qu'un Dieu bon n'a créé aucune nature mauvaise, je dressais l'une contre l'autre deux masses, infinies toutes les deux, mais la mauvaise plus étroitement, la bonne plus largement, et de ce point de départ pernicieux découlaient pour moi toutes les autres erreurs sacrilèges » (*Conf.* V, 10, 20). Augustin se réfère à la doctrine manichéenne du « cuneus » (cf. A. Solignac, BA 13, p. 501, n. 1 et « Note complémentaire » 18, p. 674).

62   L'épisode se situe entre l'entretien d'Augustin avec l'évêque manichéen Faustus de Milev (*Conf.* V, 3, 3 ; V, 6, 10 sq.), qui eut sans doute lieu en compagnie d'Alypius et de Nebridius (BA 13, p. 135), et le départ pour Rome.

63   Cf. A. Solignac, BA 13, p. 133.

64   S. Lancel, *Saint Augustin*, p. 86.

65   D'après *De mor. man.* II, 12, 25, un Manichéen répondit que Dieu n'avait pas voulu se soustraire au mal parce qu'il voulait mettre de l'ordre dans la nation des Ténèbres, mais cette réponse était contraire aux livres de Mani (cf. P. Courcelle, *Recherches sur les* Confessions

grand usage de ce dernier dans ses controverses anti-manichéennes, notamment dans la « disputatio » contre Fortunatus (392)[66].

3.2 *Le séjour en Italie*

3.2.1 « Trois bouches affamées » à Milan

Suite au départ d'Augustin pour l'Italie, Nebridius quitta sa maison et sa mère – qui ne suivit pas son fils, à la différence de Monique[67] – et rejoignit son ami à Milan à seule fin de vivre avec lui et Alypius « dans le désir le plus ardent de la vérité et de la sagesse (*in flagrantissimo studio ueritatis atque sapientiae*) » (*Conf.* VI, 10, 17)[68]. « Comme moi », écrit Augustin, « il soupirait, et comme moi il hésitait, recherchant ardemment le bonheur et scrutant avec la plus grande acuité les questions les plus difficiles. Il y avait là trois bouches affamées qui se communiquaient leur faim et attendaient de toi que tu leur donnes *leur nourriture au temps opportun* (Ps 103, 27) ».

Partageant les mêmes aspirations au bonheur et les mêmes doutes (*Conf.* VI, 10, 17), Nebridius et Alypius firent certainement partie des amis qui accompagnaient Augustin lors de sa rencontre avec le mendient joyeux de Milan et qui

---

     de saint Augustin, p. 72-73). Un autre Manichéen avança l'hypothèse que le royaume du bien pouvait être envahi (« regnum habuisse quosdam fines suos, qui possent inuadi a gente contraria ») (*De mor. Man.* II, 12, 26), lorsqu'Augustin lui soumit à Carthage l'argument de Nebridius (après sa conversion).

66 L'argument est introduit en *Cont. Fort.* 7. Dans l'*Ep.* 79, Augustin prévient le destinataire (inconnu) de sa lettre qu'il devra résoudre la question que Fortunatus avait laissée sans réponse (cf. *Cont. Fort.* 37) : pourquoi Dieu a-t-il envoyé les âmes ici-bas si rien ne peut lui nuire ? « Sinon », dit-il, « retire-toi et ne corromps pas les voies du Seigneur ! » (cf. F. Decret, *Aspects du manichéisme dans l'Afrique romaine*, Paris, Études Augustiniennes, 1974, p. 75 et 85). Pour une critique de l'argument de Nebridius, cf. J. D. Beduhn, « Did Augustine win his debate with Fortunatus ? », in J. A. van den Berg (ed.), '*In Search of Truth*' : *Augustine, Manichaeism and other Gnosticism. Studies for Johannes van Oort at Sixty*, Leiden-Boston, Brill, 2011, p. 463-479 : p. 470 sq. [« Answering Nebridius »]). Selon Beduhn, Fortunatus répond à l'argument au moins six fois (*Cont. Fort.* 7, 8, 16, 20, 22, 28) ; d'autre part, le dilemme de Nebridius ne se posait en fait pas pour les Manichéens, qui n'en acceptaient pas les prémisses, notamment celle qui définit Dieu en termes de puissance.

67 « … relicta domo et non secutura matre … » (*Conf.* VI, 10, 17). Il est probable que Monique, qui rejoignit en juin 385 son fils (cf. *Conf.* VI, 1, 1), ait voyagé en compagnie de Nebridius (cf. P. Courcelle, *Recherches sur les Confessions*, p. 86, n. 5).

68 Augustin partait en Italie pour y trouver des étudiants plus disciplinés (*Conf.* V, 8, 14). En V, 8, 14, il n'évoque plus que l'argent et les honneurs. La motivation de Nebridius pour entreprendre ce voyage semble avoir été plus désintéressée. Sur l'entourage d'Augustin pendant son séjour milanais, cf. Th. Fuhrer, « Augustin in Mailand », in Ead. (ed.), *Die christlich-philosophischen Diskurse der Spätantike : Texte, Personen, Institutionen*, Stuttgart, Franz Steiner, 2008, p. 63-79 : 71-75 (« Ein Netzwerk von Persönlichkeiten »).

recueillirent ses réflexions sur la vanité de ses ambitions temporelles. Augustin écrit en effet : « Je parlai longuement dans ce sens à ceux qui m'étaient chers » (*Conf.* VI, 6, 10) ; et il ajoute quelques lignes plus loin : « Nous en gémissions ensemble, nous qui partagions la même vie, et je parlais tout particulièrement et très intimement de ces choses avec Alypius et Nebridius » (*Conf.* VI, 7, 11)[69].

3.2.2   Le premier projet de vie commune à Milan

Nebridius fit ensuite partie du groupe d'amis qui formèrent avec Augustin le projet « de mener loin de la foule une vie de loisir » (*remoti a turbis otiose uiuere*) (*Conf.* VI, 14, 24). On peut légitimement le compter parmi les dix membres environ (*decem ferme homines*) qui devaient mettre tous leurs biens en commun dans ce but[70] et les confier pendant la durée d'une année à deux d'entre eux qui les géreraient « comme des magistrats » (*tamquam magistratus*) afin de laisser les autres sans soucis matériels.

Ce projet a suscité beaucoup d'interrogations et demeure énigmatique. P. Courcelle[71] a émis l'hypothèse qu'il avait été inspiré à Augustin par ce qu'il savait d'un « monastère » manichéen récemment fondé à Rome par son hôte et ami l'« auditeur » Constantius[72]. M. Testard objecta qu'Augustin était déjà trop détaché du manichéisme à ce moment et qu'un tel projet ne pouvait guère se concilier avec l'état de mariage ou les intentions de se marier des futurs ascètes (cf. *Conf.* VI 14, 24) ; à ses yeux, l'entreprise était suscitée par la lecture de l'*Hortensius*[73]. Courcelle répondit qu'on ne trouve pas chez Cicéron d'incitation à une vie communautaire où les biens seraient partagés et réaffirma qu'Augustin suivait des amis Manichéens, dont la fondation « a pu être influencée par leurs lectures philosophiques »[74].

---

69   Ces derniers mots suggèrent que le cercle des amis était large et que cette intimité n'incluait pas des amis publics comme Zenobius et Mallius Theodorus (cf. J. O'Donnell, *op. cit.*, vol. 2, p. 360).

70   A. Mandouze propose une liste de noms pour ces membres : Augustin, Nebridius, Alypius, Romanianus, Verecundus et les futurs participants à la retraite de Cassiciacum, à savoir le fils, le frère et les deux cousins d'Augustin, Licentius (le fils de Romanianus) et Trygetius (*Saint Augustin, l'aventure de la raison et de la grâce*, Paris, Études Augustiniennes, 1968, p. 193, n. 1). Je doute que ce second groupe de personnes ait été « pressenti » pour ce projet, qui s'adressait notamment à des personnes très riches (*praediuites*) et sans doute plus aguerries intellectuellement.

71   Cf. *Recherches sur les* Confessions *de Saint Augustin*, p. 178-81.

72   Cf. *De mor. man.* II, 20, 74, qui précise que l'entreprise tourna mal du fait d'un manque de discipline. Constantius devint par la suite catholique (cf. *Cont. Faust.* V, 5).

73   *Saint Augustin et Cicéron*, vol. 1, p. 99.

74   P. Courcelle, *Les* Confessions *de saint Augustin dans la tradition littéraire*, Paris, Études Augustiniennes, 1963, p. 24.

Si l'hypothèse d'un truchement manichéen n'est guère convaincante, l'idée que le projet d'Augustin ait une origine philosophique est très plausible. Celui-ci évoque en effet « la "vie pythagoricienne", qui comportait aussi le lien amical, la mise en commun des biens et l'élection de "magistrats" pour leur gestion »[75]. Le cas échéant, cet idéal de vie qui remontait à un régime introduit par Pythagore dans la cité italienne de Crotone à la fin du VIe siècle avant J.-C., et qui avait inspiré la Kallipolis de Platon[76] et par son intermédiaire la Platonopolis que le cercle de Plotin souhaitait fonder (cf. Porphyre, *Vit. Plot.*, 12), inspirait encore lointainement Augustin et ses amis : « des modèles pris à l'antiquité païenne » « suggéraient » le choix de vie que ceux-ci s'apprêtaient à faire[77].

Ce choix paraît si proche de celui qui serait bientôt adopté à Cassiciacum[78] puis à Thagaste que l'on peut se demander si le modèle auquel Augustin se

---

75   P. Courcelle, *op. cit.*, p. 24. La référence faite aux « magistrats », qui correspondent aux οἰκονομικοί du *De vita Pyth.* de Jamblique (17, 72, p. 41, 9 Deubner), est le meilleur argument de Courcelle en faveur de son hypothèse. On peut lui ajouter la précision « ut per amicitiae sinceritatem non esset aliud huius et aliud illius », qui évoque le précepte d'origine pythagoricienne que tout soit commun entre amis. « Amicorum omnia communia » (*De off.* I, 16, 51) est un principe attribué par Cicéron à Pythagore en *De leg.* I, 12, 33. L'hypothèse de Courcelle est reprise par A. Solignac, qui estime que Varron a pu être la source intermédiaire (« Doxographies et manuels dans la formation philosophique de saint Augustin », *Recherches Augustiniennes*, 1, 1958, p. 113-148 ; Id., *Les Confessions*, BA 13, 566-567, n. 1). J. O'Donnell se rallie aussi à cette explication et renvoie aux passages où Augustin fait l'éloge de Pythagore (*De ord.* II, 20, 53 et *Retract.* I, 3, 3 ; *De cons. euang.* I, 7, 12 (*op. cit.*, vol. 2, p. 379-80).

76   Le κοινὰ φίλων est mentionné en *Rép.* IV, 424a et V, 449c, où il joue un rôle fondamental pour l'organisation de la vie des gardiens. Cf. P. Garnsey, *Thinking about Property From Antiquity to the Age of Revolution*, Cambridge, Cambridge University Press, 2007, p. 17-18. On note que Théophraste, fondateur du *Peripatos* et ancien élève de l'Académie, prévoyait dans son testament l'instauration d'une communauté de *dix membres* (DL V, 53) partageant des biens pour mener une « vie scolastique » (DL V, 37).

77   A. Zumkeller, *L'Idéal monastique de saint Augustin*, Paris, Régnier, 1995, p. 15. Comme l'écrit P. Hadot, « depuis des siècles, de telles communautés d'allure conventuelle existaient déjà et semblaient offrir les conditions idéales pour pratiquer la vie philosophique. Il y avait eu, par exemple, les communautés pythagoriciennes ou les couvents esséniens. D'une manière générale, l'attrait d'un loisir studieux, d'une vie totalement contemplative, dont le plaisir pur de l'amitié spirituelle rehausserait encore l'agrément, s'exerce sur toute l'Antiquité et semble s'accroître à la fin de l'Empire romain. Cent ans après Plotin, Augustin rêvera, lui aussi, avant sa conversion, d'un phalanstère de philosophes, où dans le loisir et la communauté totale des biens, il aurait, avec ses amis, "fui les tracas et les embarras de la vie humaine" (*Confessions*, VI 14, 24) » (*Plotin ou la simplicité du regard*, 3e éd., Paris, Études Augustiniennes, 1989, p. 140).

78   À Cassiciacum, « l'activité d'Alypius (et de Navigius) pourrait bien traduire dans les faits la reprise du projet conçu à Milan et visant à désigner par roulement deux "chargés

réfère n'était pas déjà aussi chrétien. Dans les *Mœurs de l'Église catholique*, il évoque des moines cénobites qui, après avoir « déserté les séductions du monde », ne possèdent plus rien en propre et confient le fruit de leur travail « à ceux qu'ils appellent des dizeniers (*decanos*), du fait que ceux-ci sont préposés à dix hommes, afin qu'aucun d'entre eux ne soit préoccupé du souci de son corps, ni pour la nourriture ni pour le vêtement » (*De mor. cath. eccl.* 31, 67)[79]. Ce mode de vie structuré par groupes de dix fait penser au projet milanais de vivre à une dizaine environ, à cette différence près qu'il préconise le travail manuel, qui semble se substituer à l'*otium*[80]. Pourtant, le fait qu'Augustin dise avoir tout appris de la vie monastique de la bouche de Ponticianus (jusqu'à l'existence d'un monastère aux portes mêmes de Milan), le jour même de sa conversion (*Conf.* VIII, 6, 15), contraint à abandonner cette hypothèse, sauf à admettre que quelqu'un d'autre qu'Augustin – l'un des dix membres pressentis – se soit inspiré d'une telle organisation.

Quoi qu'il en soit, le projet fut abandonné dans l'idée qu'il ne serait pas adopté par les épouses (*Conf.* VI, 14, 24) et aussi du fait qu'Augustin y aspira « avec moins d'ardeur » (*minus acriter*) une fois que Romanianus, qui était l'« élément moteur » du projet, s'en désengagea en raison de son départ pour l'Afrique, où ses affaires le rappelaient[81]. L'expérience communautaire se réalisa plus tard, sous une autre forme et de façon éphémère, à Cassiciacum[82], puis à Thagaste sous une forme encore différente.

3.2.3 Les discussions « de finibus »

Pour lors, « même si provisoirement l'idéal d'une vie philosophique menée en commun se révélait chimérique, Augustin avait du moins le réconfort de ses discussions avec ses deux plus solides amis »[83]. Il écrit en effet : « Je soutenais

---

d'affaires" de la communauté d'amis » (A. Mandouze, *Saint Augustin, l'aventure de la raison et de la grâce*, p. 126, n., qui se réfère à J. Navarre-Domerc, *Alypius de Thagaste, évêque africain*, Mémoire de diplôme d'études supérieures, Alger, 1953, p. 19).

79   Sur le terme de « dizenier », emprunté au vocabulaire militaire et que l'on retrouve chez Jérôme (*Ep.* 22, 35, 1), cf. J. K. Coyle, *Augustine's "De moribus ecclesiae catholicae". A Study of the Work, its Composition and its Sources*, Fribourg Switzerland, The University Press, 1978, p. 407.

80   Sur les quatre rudiments de la vie monastique selon Augustin – travail manuel, lecture, prière et étude des Écritures (*De oper. mon.* 29, 37) – et sur la substitution de l'*otium* au travail manuel chez le jeune Augustin, cf. G. Lawless, *Augustine of Hippo and his Monastic Rule*, p. 50.

81   Cf. E. Bermon, « Romanianus de Thagaste », in *Dictionnaire des philosophes antiques*, V, p. 1798-1810.

82   Cf. J. O'Donnell, *op. cit.*, vol. 2, p. 380.

83   S. Lancel, *Saint Augustin*, p. 116.

(*disputabam*) en présence de mes amis Alypius et Nebridius qu'en ce qui concernait les termes extrêmes des biens et des maux, Épicure aurait remporté la palme dans mon esprit si je n'avais pas cru, quant à moi, que la vie de l'âme et l'étendue de ses mérites (*tractus meritorum*) perdurent après la mort, ce qu'Épicure n'a pas voulu croire » (*Conf.* VI, 16, 26 ; cf. aussi VI, 11, 19)[84]. Le passage signifie peut-être qu'ils discutaient ensemble du *De finibus* de Cicéron[85].

Il se poursuit immédiatement avec le souvenir d'une « expérience de pensée », qui offre à Augustin l'occasion de rendre hommage à ses deux compagnons : tandis que, dans son incapacité à percevoir « la lumière de la vertu (*honestatis*) et de la beauté », il se plaisait à imaginer égoïstement une vie de plaisirs corporels qui aurait été sans fin et qui aurait été le bonheur, il ne considérait pas d'où lui venait la douceur même de s'entretenir avec eux[86] ; or, dit-il, « ces amis, vraiment, je les aimais de façon désintéressée et je sentais qu'en retour j'étais aimé d'eux de façon désintéressée » (*Conf.* VI, 16, 26).

Le point de vue féministe sur le développement qui clôt le livre VI des *Confessions* est intéressant : Augustin a évoqué successivement ses premiers projets de vie commune avec ses amis, la répudiation de sa concubine, rapidement remplacée pour la satisfaction de sa passion (15, 25), que seule « la crainte de la mort » (*metus mortis*) pouvait contenir (16, 26), et enfin ses discussions sur « les termes extrêmes » avec Alypius et Nebridius, dont l'amitié est célébrée. « La sérénité, l'échange, la communion d'esprit dont ils ont fait l'expérience constituent un vif contraste avec ce qu'il a appelé le "débordement du plaisir physique" [*uoluptatum carnalium gurges* : VI, 16, 26], c'est-à-dire son activité sexuelle avec sa concubine »[87]. Le récit est ainsi structuré par l'alter-

---

84   Sur Augustin et l'épicurisme, cf. Th. Fuhrer, « Zwischen Skeptizismus und Platonismus : Augustins Auseinandersetzung mit der epikureischen Lehre in *conf.* 6 », in M. Erler (ed.), *Epikureismus in der späten Republik und der Kaiserzeit*, Stuttgart, F. Steiner, 2000, p. 231-242 ; M. Erler, « Epicurei, Epicurus », *Augustinus-Lexikon*, 2, 858-861.

85   Cf. M. Testard, *Saint Augustin et Cicéron*, vol. 1, p. 99-101 (« Une discussion entre amis »). Selon Courcelle, l'entretien aurait repris l'exposé du système épicurien par Torquatus au livre I du *De finibus* (*Les* Confessions *de saint Augustin dans la tradition littéraire*, p. 98, n.). Pourtant la *doxa* d'Épicure qui est ici rapportée sur la disparition des mérites *post mortem*, et qui a été retenue par Usener (407, p. 277), ne se trouve pas chez Cicéron. Elle pourrait venir des doxographes par l'intermédiaire du manuel de Celsus car on la trouve dans les *Placita* d'Aétius (*Dox. graec.*, 393a, 8-9) et les *Philosophoumena* d'Hippolyte (*Dox. graec.* 572, 14-19) (A. Solignac, BA 13, p. 572-573, n. 1).

86   Cf. J. McEvoy, « Liberty, Finitude and Transcendance. An Augustinian Hypothesis », in F. O'Rourke (ed.), *At the Heart of the Real. Philosophical Essays in Honour of the Most Reverend Desmond Connell, Archbishop of Dublin*, Blackrock (Co. Dublin), Irish Academic Press, 1992, p. 373-380.

87   J. C. Stark, in ead., *Feminist Interpretations of Augustine*, University Park, The Pennsylvania State University Press, 2007, p. 16.

nance entre l'emprise du plaisir, qui « réduisait sa concubine à un moyen » et rendait aveugle à la lumière de la beauté, et d'autre part la recherche menée *entre hommes* d'une vie philosophique[88].

3.2.4   Assistant du grammairien Verecundus

La présence de Nebridius se fait ensuite plus discrète dans les *Confessions*, à la différence de celle d'Alypius, qui suit de près Augustin dans sa conversion et sur qui nous sommes mieux renseignés[89]. Rien ne nous est dit à son sujet, malheureusement, au moment de la découverte du néoplatonisme par Augustin et de ses visites à Simplicianus (cf. *Conf.* VIII, 2, 3 ; *De ciu. Dei*, X, 29)[90]. Nous apprenons seulement que, tandis que la vie à Milan se poursuivait, qu'Augustin « vendait » son enseignement et Alypius ses conseils d'homme de loi (*Conf.* VIII, 6, 13), Nebridius se mit au service de Verecundus, un grammairien de Milan proche d'Augustin, pour l'assister dans son enseignement. Il s'acquitta par amitié de l'humble tâche d'« assistant »[91], alors qu'il aurait pu tirer de plus grands avantages de sa connaissance des lettres (*Conf.* VIII, 6, 13). Il préférait en fait se garder des gens du siècle, « évitant tout ce qui pouvait de leur part inquiéter son esprit, qu'il voulait garder libre et disponible, le plus d'heures

---

[88]   J. C. Stark rappelle cependant qu'Augustin verra à Ostie la lumière de la beauté en compagnie de Monique.

[89]   Au livre VI, où Augustin présente ses deux amis, la « vie » d'Alypius (VI, 7, 11-10, 16) n'a pour pendant que quelques lignes sur Nebridius (VI, 10, 17). Ce déséquilibre tient peut-être au fait qu'Augustin emploie ici des éléments de la biographie d'Alypius qu'il avait promise à Paulin de Nole (cf. P. Courcelle, *Recherches sur les Confessions*, p. 31 ; J. O'Donnell, *op. cit.*, vol. 2, p. 360-362 [« Excursus : Alypius, Paulinus, and the Genesis of the *Confessions* »]). Sur Alypius, cf. A.-I. Bouton-Touboulic, « Alypius, l'ami sceptique d'Augustin ? », in I. Bochet (éd.), *Augustin philosophe et prédicateur. Hommage à Goulven Madec*, Paris, Institut d'Études Augustiniennes, 2013, p. 295-314.

[90]   Comme l'écrit A. Solignac, « sans nul doute, Augustin avait parlé avec Nebridius et Alypius de ses lectures des "libri Platonici" ; mais rien n'est dit des relations de ses amis avec Simplicianus, Ambroise, Theodorus. C'est donc seulement par l'intermédiaire d'Augustin que Nebridius peut être mis en relation avec le "cercle néoplatonicien" » (« Il circolo neoplatonico milanese al tempo della conversione di Agostino », in *Agostino a Milano. Il Battesimo. Agostino nelle terre di Ambroggio (22-24 aprile 1987)*, Palermo, Ed. Augustinus, 1988, p. 43-56 : p. 53).

[91]   Augustin emploie le verbe « subdocere ». Le poste de « subdoctor » (ou de « proscholus ») était peu lucratif (cf. J. O'Donnell, *op. cit.*, vol. 3, p. 37). Dans un sermon, Augustin dit qu'il connaissait un chrétien « si pauvre qu'il se fit assistant d'un grammairien » (*Serm.* 178, 7, 8). Comme le note R. A. Kaster, c'est à tort que cet homme a été identifié à Nebridius (*PLRE* I s.v. 4, p. 620) (*Guardians of Language : The Grammarian and Society in Late Antiquity*, Berkeley / Los Angeles / London, University of California Press, 1988, p. 314-315, notice n° 104).

possible, pour chercher ou lire ou entendre quelque chose qui ait trait à la sagesse (*ad quaerendum aliquid uel legendum uel audiendum de sapientia*) »[92].

Libre de l'*ambitio saeculi*, peut-être parce qu'il était « bien trop riche pour avoir besoin de travailler ou de gagner plus d'honneurs »[93], Nebridius tirait un meilleur parti de ses journées qu'Augustin. Celui-ci se plaignait, à la même époque, de manquer du loisir qui lui aurait permis de rechercher la vérité : « Pas de temps libre pour Ambroise ; pas de temps libre pour lire (*non uacat Ambrosio, non uacat legere*) (...). Les heures du matin sont prises par nos élèves. Que faisons-nous des autres ? Pourquoi ne les employons-nous pas à cette recherche ? Mais quand rendre visite à nos amis influents, dont l'appui nous est nécessaire ? » (*Conf.* VI, 11, 18). Dans le cas de Nebridius, on voudrait savoir plus précisément quelles étaient ces recherches, ces lectures et ces rencontres qui nourrirent sans doute ses futurs échanges épistolaires avec Augustin.

3.2.5   L'attachement au docétisme (*Conf.* IX, 3, 6)

Nebridius n'était pas là lors de la visite de Ponticianus qui provoqua la célèbre « scène du jardin » (*Conf.* VIII, 6, 14). « Non recolo causam », précise Augustin. Tandis que Verecundus apprit avec angoisse la conversion d'Augustin et d'Alypius (*Conf.* IX, 3, 5)[94], Nebridius partagea quant à lui leur joie, et cela « bien qu'il ne fût pas encore lui-même chrétien et qu'il fût tombé dans la fosse d'une erreur très pernicieuse qui le faisait croire que la chair de ton Fils, la Vérité, était une apparence (*phantasma*) » (*Conf.* IX, 3, 6)[95]. Les *Confessions* font sans doute ici allusion à la doctrine manichéenne sur ce sujet[96] (bien qu'on ne puisse

---

92   « Audiendum de sapientia » rappelle le début du livre VII – qui fait lui-même allusion à la lecture de l'*Hortensius* (III, 4, 7) – : « Je ne te concevais plus, Dieu, sous la forme d'un corps humain depuis que j'avais commencé à entendre parler de quelque chose qui avait trait à la sagesse (*ex quo audire aliquid de sapientia coepi*) » (VII, 1, 1). L'expression suggère-t-elle que Nebridius écoutait lui aussi la prédication d'Ambroise ?

93   R. Lane Fox, « Movers and Shakers », p. 29-30.

94   En *Conf.* IX, 4, 7, Augustin note pourtant qu'à Cassiciacum, Alypius « refusait d'abord avec dédain » de voir le nom du Christ inscrit dans les dialogues et qu'il préférait l'odeur des cèdres du Gymnase à celle des herbes salutaires de l'Église.

95   Il était « nondum christianus », comme Verecundus (*Conf.* IX, 3, 5) et comme Honoratus (*De ut. cred.* 1, 2).

96   Cf. A. Solignac, BA 14, p. 81, n. 1. Encore une fois, c'est la seule indication qui laisse supposer que Nebridius ait été manichéen (cf. *supra* « Le dilemme de Nebridius contre le manichéisme »). Le docétisme est une hérésie plus ancienne que la religion manichéenne. Ignace d'Antioche témoigne de sa diffusion en Asie au début du IIe siècle : « S'il [Jésus-Christ] n'a souffert qu'en apparence, comme le disent certains athées, c'est-à-dire certains incroyants, qui eux-mêmes ne sont qu'une apparence, pourquoi suis-je enchaîné ? C'est donc en vain que je meurs ! Ce que je dis du Seigneur est donc un mensonge ! » (*Trall.* 9, 1) (cf. J. Lebreton, *Histoire du dogme de la Trinité. Des origines au concile de Nicée*,

INTRODUCTION 27

pas exclure, me semble-t-il, que le docétisme de Nebridius ait été de nature philosophique[97]). Cette doctrine présentait le « Christ uniquement comme Dieu et ne voyait qu'apparence en son humanité : le Christ des Manichéens est un "Christ spirituel", non un "Christ selon la chair" (cf. *Sermo* 12, 10, 10 ; 37, 12, 10 ; 75, 7, 8 ; 116, 1, 4 ; 182, 1, 3 ; 238, 2) »[98].

Bien qu'il ne le rappelle pas ici, Augustin avait lui-même adhéré à cette hérésie. Dans sa période manichéenne, il craignait de croire Jésus né dans la chair, de peur de devoir le croire souillé par la chair (*Conf.* v, 10, 20)[99]. En *Conf.* v, 9, 16, il rapporte qu'il subit une grave maladie lors de son arrivée à Rome en 383 et qu'il faillit mourir sans avoir obtenu de Dieu le pardon de ses péchés, « car comment les aurait-il dénoués sur une croix de fantôme (*in cruce phantasmatis*) ? »[100].

Au docétisme, il opposa, dans l'une des *83 Questions*, intitulée « non fuisse corpus domini nostri Iesu Christi fantasma », un argument simple et fort[101] : « Si le corps du Christ fut une apparence (*fantasma*), le Christ a été trompeur (*fefellit*) et s'il a été trompeur, il n'est pas la vérité. Or il est la vérité. Son corps ne fut donc pas une apparence » (*De diu. quaest.* 83, 14)[102].

---

vol. II, Paris, Beauchesne, 1928, p. 82). Dans la tradition latine, l'idée que le corps du Christ n'était pas un *phantasma* est attaquée par Tertullien, par ex. en *Cont. Marc.* 3, 8. Elle sera condamnée par Anastase II en 497 dans la *Lettre à Laurentius de Lignido* (Denzinger 359).

97 On peut se référer au témoignage d'Eusèbe relatif à la lecture qu'Amelius, le disciple de Plotin, faisait du prologue de l'Évangile de Jean : selon le « barbare » (*i.e.* l'évangéliste), le Logos « est tombé parmi les corps et après s'être vêtu de chair a pris l'apparence d'un homme » (καὶ εἰς τὰ σώματα πίπτειν καὶ σάρκα ἐνδυσάμενον φαντάζεσθαι ἄνθρωπον) (*Praep. euang.* XI, 19, 3). Amelius corrige Jean en un sens docétiste pour le rendre crédible du point de vue du platonisme. Sur ce texte, cf. H. Dörrie, « Une exégèse néoplatonicienne du prologue de l'Évangile de saint Jean (Amélius chez Eusèbe, Prép. év. 11, 19, 1-4) », in J. Fontaine et Ch. Kannengiesser (éd.), *Epektasis : Mélanges patristiques offerts au cardinal Jean Daniélou*, Paris, Beauchesne, 1972, p. 75-87 : p. 79 sq.

98 A. Solignac, BA 13, « Note complémentaire 19 » : « La christologie manichéenne », p. 674-676 : p. 675. Sur le docétisme manichéen, cf. F. Decret, *Aspects du manichéisme dans l'Afrique romaine*, p. 236.

99 Faustus assurait : « Toujours, je regarderai comme indigne de croire que Dieu, le Dieu des chrétiens, est né du sein d'une femme » (*Cont. Faust.* III, 1)

100 La prédication d'Augustin revient souvent sur ce sujet ; cf. *Sermo* 12, 8, 8 ; 75, 7, 8 ; 116, 1, 1 ; 4, 4 ; 172, 2, 3 ; 238, 2 ; *In Ps.* 38, 26 ; *In Ps.* 93, 19 ; *C. Faust.* 14, 2 (A. Solignac, BA 13, p. 493, n. 1).

101 Il a la forme du « deuxième indémontrable » de Chrysippe (le « modus tollens ») (DL VII, 80 ; voir *De doct. christ.* II, 32, 50).

102 Le *De haer.* (46, 15) fustigera bien plus tard le docétisme manichéen dans des termes très proches de ceux de la question 14 : « Il ne fut pas dans une vraie chair, mais c'est, de la chair, une apparence feinte qu'il offrit aux sens des hommes en vue de se jouer d'eux (*simulatam speciem carnis ludificandis humanis sensibus praebuisse*) » (cf. J. Pépin, « De

Telle était donc la doctrine qui retenait Nebridius, au moment où il était donné à ses deux amis de mettre un terme à leurs propres errances en matière de christologie[103]. « Il était pourtant en train d'en sortir, sans avoir encore reçu aucun sacrement de Ton Église, lui qui recherchait la vérité avec la plus grande ardeur » (*Conf.* IX, 3, 6). Ses interrogations ultérieures sur le mystère de l'Incarnation devaient attester cette recherche (cf. *Ep.* 11-12). Aussi Augustin et Alypius attendaient-ils que Nebridius les suivît, ce qu'il semblait bien prêt de faire (*Conf.* IX, 3, 6) ; et il allait le faire, lorsque débutèrent les « vacances de vendanges » (*Conf.* IX, 2, 3).

3.2.6   Cassiciacum

Sans doute retenu par son enseignement, Nebridius n'accompagna pas Augustin et ses amis dans leur retraite à Cassiciacum (de l'automne 386 à avril 387)[104], suite à la démission d'Augustin de son poste de professeur de rhétorique (*Conf.* IX, 5, 13)[105]. Il ne put donc pas jouir de l'*otium philosophandi* (*Cont. Acad.* II, 2, 4) dans la villa de Verecundus[106] ni participer aux dialogues

---

        diversis quaestionibus LXXXIII : Les questions philosophiques (I-L) », in « *De diversis quaestionibus octoginta tribus* » « *De diversis quaestionibus ad Simplicianum* », Padova, Città Nuova Editrice, 1996, p. 45-66 : p. 63).

103   Cf. *Conf.* VII, 19, 25. Augustin avait aussi cru naguère, suivant l'erreur de Photius, que le Christ était un « homme d'une excellente sagesse », mais non pas le « Verbe fait chair » ; Alypius que le Dieu des chrétiens avait assumé un corps humain seulement, et non pas aussi une âme et une intelligence, jusqu'à ce qu'il se rendît compte que c'était là la croyance erronée des Apollinaristes (cf. A. Solignac, « Note complémentaire 27 » : « La christologie d'Augustin au temps de sa conversion », BA 13, p. 693-698 ; G. Madec, *Le Christ de saint Augustin. La Patrie et la voie*, nouvelle édition, Paris, Desclée, 2001, p. 41-44 [« Apollinarisme et photinianisme »]).

104   Cf. G. O'Daly, « Cassiciacum », *Augustinus-Lexikon*, I, 771-781 ; Th. Fuhrer, « Die Cassiciacumszeit », in V. H. Drecoll (ed.), *Augustin-Handbuch*, Tübingen, Mohr Siebeck, 2007, p. 164-68.

105   S. Lancel s'étonne de l'absence de Nebridius à Cassiciacum car « les vacances de vendanges devaient être pour lui aussi une période de liberté » (*op. cit.*, p. 148). Il estime qu'il « en subsiste une interrogation sur la chronologie augustinienne de cette fin de l'été 386 » (n. 5, p. 683). Lancel date en effet l'arrivée d'Augustin à Cassiciacum du début du mois de septembre, alors que les vacances avaient lieu du 22 août au 15 octobre (cf. BA 13, p. 73, n. 1). On peut pourtant supposer que Verecundus travaillait pendant les vacances ou bien qu'Augustin partit à Cassiciacum après les vacances, en novembre 386 (cf. BA 13, p. 206).

106   « Cette "retraite" est une vie en commun, où l'on pratique les actes normaux de l'*otium* : les entretiens philosophiques, comme Cicéron le faisait à Tusculum 400 ans plus tôt, sur des lieux communs, c'est-à-dire des problèmes fondamentaux tels que le bonheur et la sagesse ... » (G. Madec, *Petites Études augustiniennes*, Paris, IEA, 1994, p. 100).

INTRODUCTION 29

philosophiques qui s'y déroulèrent, à son regret et à celui de ses amis[107]. Il eut du moins la consolation de suivre de Milan, par le biais d'un échange de lettres, leurs travaux[108]. Les *Confessions* le rappellent, qui présentent la correspondance avec Nebridius comme une activité interférant avec celle des dialogues[109] : « Les livres dans lesquels je discute avec ceux qui étaient présents et avec moi-même, seul devant Toi, témoignent de ce qu'ai fait là-bas dans le domaine des lettres ; mes lettres témoignent quant à elles de ce que j'ai fait avec Nebridius, qui était absent » (*Conf.* IX, 4, 7). De cette époque date la première lettre conservée de leur correspondance, l'*Ep.* 3, et sans doute aussi les *Lettres* 4 et 13 (cf. *infra* « État du corpus et chronologie »).

3.3 L'otium *en Afrique*

3.3.1 Le retour de Nebridius en Afrique et son baptême

Nebridius n'était pas aux côtés d'Augustin, d'Adeodat et d'Alypius lors de leur baptême à Milan (avril 387) (*Conf.* IX, 6, 14). À ce moment, un autre Africain entre en scène : Evodius, qui adhère à son tour à leur projet de vie communautaire (*placitum sanctum*) (*Conf.* IX, 8, 17)[110]. La présence de Nebridius n'est pas mentionnée lors de la mort de Monique à Ostie (IX, 8, 17 sq.), ni non plus pendant le second séjour romain d'Augustin (fin 387-88). On peut penser qu'à ce moment, il était déjà retourné en Afrique, devançant sans doute ses amis pour des raisons familiales ou peut-être en raison d'une dégradation récente de son état de santé[111]. Il ne tarda pas à se convertir. Sans préciser ni lieu ni date exactes, Augustin écrit que « peu de temps » après son propre baptême, Nebridius entra lui aussi dans la foi catholique ; pratiquant la chasteté parfaite

---

107 Cf. *De ord.* I, 9, 27 : « Je voudrais que tous ceux qui participent habituellement avec nous à la discussion de ces problèmes soient là » ; *Sol.* I, 9, 16 : « Le fait que tes amis ne soient pas tous avec toi (…) produit du chagrin dans ton âme ».

108 On peut toutefois se demander quel rôle Nebridius aurait pu jouer, s'il est vrai que « les entretiens de Cassiciacum ont été conçus comme des exercices pratiques pour des débutants en philosophie qui venaient de lire l'*Hortensius* de Cicéron » (G. Madec, *Petites Études Augustiniennes*, Paris, IEA, 1994, p. 158). En *Ep.* 10, 1, Augustin déclare à Nebridius qu'il est aussi avancé que lui-même, à la différence de ses compagnons à Thagaste.

109 A. Mandouze, *Saint Augustin, l'aventure de la raison et de la grâce*, p. 126, n. 4.

110 Evodius, originaire de Thagaste lui aussi, est l'interlocuteur d'Augustin dans le *De quant. anim.* et dans le *De lib. arb.* Tous deux entretiendront une correspondance, qui comprend huit lettres (*Ep.* 158-164 et 169). Le premier échange (*Ep.* 158-159) aborde le thème du « véhicule de l'âme », déjà discuté avec Nebridius dans l'*Ep.* 13.

111 Cf. *Ep.* 10, 1 : « Mais je pense que ta mère, qui supportait déjà mal ton absence lorsque tu étais bien portant, la supportera encore beaucoup moins bien, maintenant que tu es malade ».

et la continence, il servait Dieu en Afrique auprès des siens, après avoir gagné toute sa maison au christianisme (*Conf.* IX, 3, 6)[112].

3.3.2   L'épreuve de la séparation et de la maladie

Après le départ de Nebridius, les deux amis firent l'épreuve de la séparation. Nous savons qu'Augustin quitta Rome fin août 388, après la mort de l'usurpateur Maximus (*Cont. litt. Pet.* III, 25, 30), qui mit fin au blocus de la navigation en Italie, et qu'avant de revenir à Thagaste d'où il était parti douze ans plus tôt, il passa à Carthage (*De ciu. Dei*, XXII, 8, 3), chez un ancien haut-fonctionnaire, Innocentius[113]. Il fit alors la connaissance d'Aurelius, son futur évêque. Peut-être eut-il le temps de revoir Nebridius[114]. Il n'est pas possible de savoir si les deux amis ont pu se revoir, passée cette date[115], ou s'ils durent se résoudre à communiquer uniquement par lettres, au regret de Nebridius, qui souffrait de l'isolement et aussi de la maladie (rien ne permet de savoir de quel mal il souffrait).

La correspondance laisse percevoir sur ce point une évolution. Après avoir invité sans succès son ami à le rejoindre chez lui pour y trouver le repos (*Ep.* 5, p. 11, 16), il se plaint « d'être seul et d'avoir été abandonné par [ses] amis, qui rendent la vie très douce » (*Ep.* 9, 1, p. 20, 6-è). Dans la *Lettre* 10, Augustin se défend de l'accusation de ne rien faire pour qu'ils puissent tous deux vivre ensemble et il propose à son ami d'utiliser, pour venir le rejoindre, un moyen de transport approprié à son état souffrant (*Ep.* 10, 1, p. 23, 6-8). L'incident semble clos à la date de la *Lettre* 11. En effet, Augustin s'apprêtait à envoyer à Nebridius une lettre à ce seul sujet, lorsque ce dernier lui écrivit qu'il ne fallait

---

112 Peut-être Augustin fait-il allusion au baptême de Nebridius, lorsqu'il mentionne, dans la *Lettre* 12, « le Fils de Dieu, par qui nous avons été unis » (*dei filius, quo coniuncti simus*) (*Ep.* 12, p. 29, 25). Sur cette leçon, voir cependant *infra* « Une nouvelle question de Nebridius sur le Christ » (*Lettre* 12).

113 Sur la chronologie de cette période, cf. O. Perler, *Les Voyages de saint Augustin*, Paris, Les Études Augustiniennes, 1969, p. 147.

114 C'est ce que Lancel conjecture (*op. cit.*, p. 188). Voir en sens contraire G. Lawless, *Augustine of Hippo and his Monastic Rule*, p. 47 (« Obvious haste did not permit a delay long enough to visit his dear friend Nebridius »).

115 En *Ep.* 9, 1, p. 20, 4-5, Augustin écrit qu'il a bon espoir que Dieu leur accorde de se revoir, un espoir partagé par Nebridius (cf. *Ep.* 11, 1, p. 25, 11-14). Les conversations théologiques auxquelles la *Lettre* 12 fait allusion (p. 29, 22-25) datent peut-être de la période milanaise. O. Perler suppose qu'Augustin écrivit le *De uera religione* et la *Lettre* 15 à Romanianus chez Nebridius (*Les Voyages de saint Augustin*, Paris, Les Études Augustiniennes, 1969, p. 149-150). C'est une pure supposition. Enfin, il est difficile de tirer parti de l'indication « ... ex quo abii abs te ... » (depuis que je t'ai quitté) (*Ep.* 13, 1, p. 30, 5) car la *Lettre* 13 a sans doute été écrite à Cassiciacum (cf. *infra* « La chronologie »).

plus s'en préoccuper et que chacun de son côté trouverait bien l'occasion d'aller voir l'autre (*Ep.* 11, 1, p. 25, 11-14).

Nebridius s'accommoda donc de sa situation, correspondant sans relâche avec son ami jusqu'à sa mort prématurée, qui fut contemporaine de celle d'Adéodat et qui survint certainement avant l'ordination sacerdotale d'Augustin (janvier 391). La précision selon laquelle il se convertit et mourut peu de temps après le baptême d'Augustin (*non multo post conuersionem nostram*) (*Conf.* IX, 3, 6) permet d'avancer cette date (malgré qu'on en ait) aux alentours de 389-390. Un autre indice milite en faveur d'une date haute : après l'*Ep.* 3, qui atteste que Nebridius a lu les dialogues de Cassiciacum, on ne trouve plus aucune référence dans notre correspondance aux ouvrages d'Augustin.

3.3.3   Le manque de disponibilité d'Augustin

Ces indications biographiques doivent être contextualisées. Tandis que Nebridius témoigne de son désir de vivre encore avec Augustin et ses amis, comme à Carthage et en Italie (cf. *Ep.* 9, 1), Augustin est quant à lui en train de « passer à autre chose ». Il fonde sa communauté à Thagaste et il écrit de plus en plus. On assiste à cette époque à l'« explosion » de son talent philosophique et littéraire. Le bilan de sa production pendant ses trois années passées à Thagaste est en effet très impressionnant : fin du *De musica*, *De moribus*, *De quantitate animae*, livre I du *De libero arbitrio*, *De genesi aduersus manichaeos*, *De magistro*, *De uera religione*.

Par ailleurs, Nebridius n'était pas le seul à le solliciter. Il commence à ce moment à composer des réponses à des questions philosophiques, théologiques et exégétiques que lui posaient ses « frères », lorsqu'ils voyaient qu'il était disponible (cf. *Retract.* I, 26, 1). Elles furent plus tard publiées sous le titre des *Quatre-vingt-trois questions*[116]. D'autre part, il exerce un ministère épistolaire (*officium litterarum*) (*Ep.* 23, 1) auprès d'autres correspondants, comme Caelestinus (*Ep.* 18), Gaius (*Ep.* 19), Antoninus (*Ep.* 20), qu'il prie de le consulter s'il a besoin d'aide (20, 3)[117]… Et il écrit des « livres » pour enseigner les absents (Possidius, *Vita*, 3)

On perçoit dans ses lettres à Nebridius qu'Augustin est débordé, qu'il gère de plus en plus difficilement le « zèle » mis par celui-ci à « multiplier » ses

---

116   Sur ce recueil, cf. « *De diversis quaestionibus octoginta tribus* » « *De diversis quaestionibus ad Simplicianum* », Padova, Città Nuova Editrice, 1996, p. 45-66. Certaines questions peuvent-être rapprochées de notre correspondance : q. 29 sur le haut et le bas dans l'univers (cf. *Ep.* 3, 2) ; q. 18 sur la Trinité (cf. *Ep.* 11-12) ; q. 14 (contre le docétisme).

117   « Sa correspondance était une sorte d'élargissement de la vie communautaire à ceux qui n'étaient pas physiquement présents » (E. Plumer, *Augustine's Commentary on Galatians*, Oxford, Oxford University Press, 2003, p. 74).

lettres (*Ep.* 12) et cherche à endiguer l'afflux de ses questions. Il est au regret de devoir lui demander de « cesser » jusqu'à nouvel ordre « de poser de nouvelles questions » et de se contenter de lui faire part de son avis (*Ep.* 11, 1). Il refuse de se laisser entraîner dans des digressions (*Ep.* 11, 1) et invite son épistolier à « réfréner son avidité » et à « accepter » « de bonne grâce quelques raccourcis (*compendia*) » (*Ep.* 12, 1, p. 29, 13-15). Le temps où il « provoquait » son ami à lui écrire une lettre plus longue est passé (*Ep.* 3, 5, p. 9, 16-17).

Dans cette correspondance dont un fil directeur est le « loisir », Augustin fait très souvent part de son manque de disponibilité. Dès la *Lettre* 4, il indique que Nebridius surestime son temps de loisir (*Ep.* 4, 1, p. 10, 2-3). Il le redira : « nous n'avons pas autant de loisir que tu l'imagines » (*Ep.* 14, 1, p. 32, 11-12). Nebridius sait pourtant qu'Augustin est accaparé par ses concitoyens (cf. *Ep.* 5). Augustin se plaint de manquer de temps pour écrire des nouveautés à son ami (*Ep.* 13, 1) ou pour répondre à des questions qui « excèderaient le loisir de quiconque » (*Ep.* 11, 1, p. 25, 18). Dès qu'il a du loisir, ce moment libre est occupé. C'est « structurel ». « Ne me demande pas pourquoi il en est ainsi ! Car il me serait plus facile de t'exposer tous mes empêchements que la raison pour laquelle je suis empêché (*Ep.* 14, 1, p. 32, 12-14). Ce n'était que le début : tout au long de sa vie, Augustin témoignera dans ses lettres du surmenage auquel il était soumis[118].

3.3.4 L'adieu des *Confessions* (IX, 3, 6)

L'adieu des *Confessions* à Nebridius rappelle son insatiable curiosité : « Et maintenant, il vit dans le sein d'Abraham. Quelle que soit la nature de ce que signifie ce "sein", c'est là que vit mon cher Nebridius, un doux ami pour moi mais pour toi, Seigneur, un ancien affranchi devenu un fils adoptif ; c'est là qu'il vit, car en quel autre lieu une telle âme pourrait-elle être ? C'est là qu'il vit, à l'endroit au sujet duquel il me posait de nombreuses questions (*multa interrogabat*)[119], à moi, un pauvre homme sans expérience. Il n'applique plus son oreille à ma bouche, mais la bouche de son esprit à ta source, et il boit autant qu'il peut la

---

118 Il s'en plaint dans au moins 34 lettres : *Ep.* 14, 1 ; 17, 2 ; 21, 3 ; 36, 2, 3 ; 40, 1, 1 ; 48, 1 ; 55, 1 ; 98, 8, etc. (cf. B. Buenacas Pérez, « El epistolario de Agustín como muestra de la extensa actividad pastoral de un obispo en el África tardoantigua (siglos IV-V) », in *Comunicazione e ricezione del documento cristiano in epoca tardoantica. XXXII Incontro di studiosi dell'antichità cristiana, Roma, 8-10 maggio 2003*, Institutum Patristicum Augustinianum, Roma, 2004, p. 455-481 : p. 457, n. 9).

119 « Interrogare » a ici le sens technique de « poser une question philosophique ». Sur cette acception, cf. Ph. Burton, « The Vocabulary of the Liberal Arts in Augustine's *Confessions* », in K. Pollmann et M. Vessey (ed.), *Augustine and the Disciplines. From Cassiciacum to Confessions*, p. 141-164 : p. 162.

INTRODUCTION 33

sagesse à la mesure de son avidité dans un bonheur sans fin ; mais je ne pense pas qu'il s'en enivre au point de m'oublier, puisque toi, Seigneur, qui lui donnes à boire, tu te souviens de nous » (*Conf.* IX, 3, 6)[120].

Il se peut que l'interrogation pressante de Nebridius sur le « sein d'Abraham » et l'au-delà ait été aiguisée par les spéculations néoplatoniciennes sur la destinée de l'âme après la mort[121]. Peut-être se demandait-il s'il se souviendrait d'Augustin et d'Alypius à la façon dont Plotin demandait : « Qu'en est-il du souvenir de nos amis, de nos enfants, de notre épouse ? Et de celui de notre patrie et de tout ce dont il n'est pas déplacé de se souvenir pour un homme cultivé ? » (*Enn.* IV, 3 [27], 32, 1-3).

À cette question, Plotin apportait une réponse complexe. Reprenant certaines indications du mythe du *Phèdre*, il affirmait qu'il ne peut pas y avoir de mémoire dans le monde intelligible (supra-céleste), puisque celui-ci est dépourvu de temporalité, mais qu'en revanche, lorsqu'elles sont au ciel, les âmes peuvent se rappeler soit du monde intelligible soit du monde terrestre, même si ces derniers souvenirs sont destinés à s'estomper[122]. Selon Richard Sorabji, Augustin aurait lui-même repris la position de Plotin : « Bien qu'en *Confessions*, 9, 3 [6], il espère que son ami mort [Nebridius] se souviendra de lui, il s'exprime respectivement en *Confessions*, IX, 10 [25 = la contemplation d'Ostie] et en *Confessions*, XII, 13 [16] comme si les saints et les habitants du ciel n'avaient pas de souvenir ni d'attente, et par conséquent, selon la théorie d'Augustin, pas de temps, parce que la contemplation de Dieu les ravit »[123].

---

120 Sur le « sein d'Abraham », voir BA 14, p. 549-550, BA 22, p. 845-846 et J. O'Donnell, *op. cit.*, vol. 3, p. 83. Le passage fait allusion à Ps 35, 10 : « apud te est fons uitae », cité en *Conf.* IX, 10, 23 à propos de la contemplation d'Ostie.

121 Cf. Plotin, *Enn.* IV, 3 [27], 24, 1 : « Où va l'âme quand elle est sortie du corps ? ». La *Lettre* 6 de Nebridius semble se référer à ce traité (cf. *infra* « Un problème aristotélicien repris par Plotin »).

122 Cf. *Enn.* IV, 3 [27], 32-IV, 4 [28], 1, 1-16. Voir les textes de Plotin et de Porphyre cités par R. Sorabji, in *The Philosophy of the Commentators*, vol. 1, Duckworth, 2004, p. 269-274 (« What is remembered ? »). Sur cette question, cf. aussi, Id., *Self. Ancient and Modern Insights about Individuality, Life, and Death*, Chicago, The University Press of Chicago, 2006, p. 100-104 ; p. 127. Plotin voit une illustration de sa pensée dans le passage de l'*Odyssée* (XI, 601-2) qui affirme que le reflet d'Héraclès se trouve dans l'Hadès, tandis que celui-ci est avec les dieux (*Enn.* IV, 3, 27) (cf. J. Pépin, « Héraclès et son reflet dans le néoplatonisme », in *Le Néoplatonisme*, Éd. du CNRS, Paris, 1971, p. 167-192 : p. 174-178). Dans l'Hadès, Héraclès a conservé ses souvenirs (IV, 3, 32), mais il ne peut ni ne veut se souvenir de ce qui s'est passé ici, lorsqu'il intellige (IV, 4, 1). La thèse d'une absence de tout souvenir dans l'intelligible est reprise chez Themistius (in *DA* 102, 18-24), qui l'explique en se référant à la formulation énigmatique d'Aristote, dans son exposé sur l'intellect : « mais nous ne nous souvenons pas » (*DA* III, 5, 430a23).

123 R. Sorabji, *op. cit.*, p. 274.

Cette affirmation s'accorde mal, cependant, avec le fait qu'Augustin soutienne explicitement que les élus se souviendront, dans la vie éternelle, de leur vie mortelle (*De Trin.* XIV, 2, 4), sans plus souffrir cependant des maux passés (*De ciu. Dei*, XXII, 30, 4). Ce qu'il nie, par conséquent, c'est que les défunts se fassent du souci pour les vivants chers à leur mémoire[124] et que par exemple ils leur apparaissent en rêve pour les aider, car dans cette hypothèse, écrit-il, Monique ne le quitterait pas une seule nuit (*De cura gerend. pro mort.* 13, 16)[125] ! Il faut donc penser que, si des défunts apparaissent en rêve, c'est à leur insu, en vertu de l'action des anges.

Il est remarquable qu'Evodius fit une quasi-citation de l'adieu des *Confessions* à Nebridius lorsqu'il interrogea Augustin, en 414, au sujet d'apparitions auxquelles il était confronté dans son diocèse (*Ep.* 158)[126]. Il écrit, au sujet de l'âme qui quitte le corps de chair : « Il lui suffit de jouir de la liberté même qu'elle a acquise en étant soustraite au monde et au corps ; car comme tu l'as dit avec sagesse, elle se nourrit d'intelligence et elle applique sa bouche spirituelle à la fontaine de la vie ; là elle est rendue joyeuse et heureuse par la possession de son esprit » (*Ep.* 158, 11)[127]. Evodius n'ajoute rien de personnel concernant Nebridius. Il n'est pas sûr qu'il l'ait connu[128].

3.3.5 Le dernier hommage (*Ep.* 98, 8)

Environ vingt ans après la rédaction des *Confessions*, Augustin adressa un dernier hommage à son ami dans une lettre à un collègue dans l'épiscopat, Bonifatius de Cataquas, qui, à la différence de Nebridius, exigeait de lui des réponses courtes : « Je me suis souvenu de mon ami Nebridius ; comme dans sa recherche, il s'occupait avec le plus grand zèle et la plus grande pénétration de sujets obscurs, et surtout de ceux qui touchaient à la doctrine de la piété, il détestait franchement les réponses brèves aux grandes questions. Il supportait très mal que quelqu'un fît cette demande et, si la personne le tolérait, il l'arrêtait, en laissant paraître sur son visage et dans sa voix son indignation, dans

---

124   Voir déjà à ce propos la position d'Aristote en *EN* I, 11, 1101a35-1101b5.

125   Sur ce point, cf. P. Courcelle, *Recherches sur les* Confessions, p. 103-104.

126   Le rapprochement est établi par Goldbacher dans son *apparatus fontium* (CSEL, 44, p. 496).

127   « … cui [animae] sufficit perfrui etiam ipsa libertate, quam adepta est, cum mundum et corpus caret ; nam intellectum eam pasci et *ponere os spiritale ad fondem* uitae prudenter dixisti, ubi est *felix* et beata proprietate mentis suae ». L'expression « intellectum eam pasci » n'est pas évidente. R. Teske comprend que c'est l'intellect qui se nourrit, mais il omet de traduire la suite du passage où l'on retrouve le féminin « eam [animam] » (*Letters*, vol. 3, p. 45). P. Courcelle écrit hardiment que les élus se nourrissent du νοῦς divin (*Les* Confessions *de saint Augustin dans la tradition littéraire*, p. 203).

128   *Pace* P. Courcelle, *op. cit.*, p. 203.

INTRODUCTION   35

l'idée qu'une telle demande, de la part de quelqu'un qui ignorait tout ce que l'on pouvait et devait dire sur un si grand sujet, était indigne » (*Ep.* 98, 8 [408]).

Ce souvenir, qui nous révèle un caractère et une physionomie passionnés, s'accorde bien avec la demande répétée de la part de Nebridius de réponses longues d'Augustin. Alors qu'il posait lui-même des questions très courtes, ne lui demande-t-il pas une fois une lettre « plus longue qu'une lettre très longue » (*Ep.* 14, 1, p. 32, 10) ? À ses yeux, les lettres d'Augustin « sont grandes, non par leur étendue, mais par les choses qu'elles contiennent » et « faciles à lire du fait de leur brièveté » (*Ep.* 6, 1, p. 12, 3-4). Il n'apprécie rien tant qu'un écrit de son ami qui le « transporte plus bavard » chez lui (*Ep.* 7, 3, p. 15, 4-5). La *Lettre* 12 mentionne sa plainte de n'avoir pas reçu de son correspondant plus de deux lettres qui soient relativement longues (*Ep.* 12, 1, p. 29, 7-8).

Les temps ont changé : le collègue d'Augustin n'a pas plus le temps de lire quelque chose de long que lui-même de l'écrire. Nebridius était jeune, quant à lui, « il avait le loisir de poser ses questions à quelqu'un qui avait le loisir de lui répondre » (*ab otiose quaerebat otiosus*) (*Ep.* 98, 8). Le poids de la « sarcina episcopalis » faisait sans doute oublier à Augustin qu'en fait il se plaignait déjà à Nebridius de manquer de loisir pour répondre à ses questions (cf. *Ep.* 4, 1 ; 13, 1 ; 14, 1)[129].

4   État du corpus et chronologie

4.1   *La constitution du corpus*

La correspondance avec Nebridius[130] contient les premières lettres conservées d'Augustin[131]. Le fait qu'Augustin indique dans les *Confessions* que ses lettres de

---

129   L'*Ep.* 132 apporte une indication sur la manière dont l'évêque d'Hippone tentait d'optimiser son temps. Il propose à Volusianus qu'ils communiquent par écrit plutôt que de vive voix, dans l'idée que ce mode de communication s'accorde mieux à des hommes aussi pris qu'eux. Sur les avantages de communiquer par lettre, cf. R. Toszko, « Debating through the Letters vs. Live Discussions. The Patterns of *ars disputandi* in Augustine's Correspondence », in P. Nehring, M. Stróżynski & R. Toczko (ed.), *Scrinium Augustini. The World of Augustine's Letters*, Turnhout, Brepols, 2017, p. 149-178.

130   *Ep.* 3-14, dans A. Goldbacher, *Sancti Aureli Augustini Hipponiensis episcopi Epistulae, Pars I. Ep. I-XXX*, « Corpus scriptorum ecclesiasticorum latinorum », 34, Vindobonae, Pragae, Tempsky, 1895, p. 8-35 et dans Kl.-D. Daur, *Sancti Aurelii Augustini Epistulae I-LV*, « Corpus christianorum, Series Latina », 31, Turnhout, Brepols, 2004, p. 6-35.

131   « Malheureusement, les lettres d'Augustin, l'étudiant ambitieux et le professeur de rhétorique, sont perdues. Seule sa correspondance datant d'après son retrait de la vie publique a survécu » (C. Köckert, « Augustine and Nebridius (Augustine, epp. 3-14) : Two Christian Intellectuals and Their Project of a Philosophical life », *Revue des Études Augustiniennes*,

Cassiciacum « témoignent de ses discussions avec Nebridius absent » (IX, 4, 7) a fait supposer qu'au moment où il écrivait ces lignes, il « avait déjà rassemblé les pièces de sa correspondance avec Nebridius, en ajoutant aux échanges du temps de Cassiciacum ceux du temps de Thagaste et qu'il en avait, en hommage à la mémoire de son ami disparu, constitué un dossier – celui qui figure dans l'Indiculum, X⁵.1 [de Possidius] – consultable à la bibliothèque épiscopale d'Hippone et probablement disponible en copie à la demande »[132]. La constitution du corpus fut rendue possible par le fait qu'Augustin gardait des copies des lettres de Nebridius, ainsi que de ses propres lettres[133].

4.2 *Un corpus lacunaire*

En dépit de ce soin, la correspondance, qui compte douze lettres dont trois de Nebridius (*Ep.* 5, 6 et 8), est malheureusement incomplète – ce qui n'empêche pas Nebridius d'être le correspondant d'Augustin qui a reçu de lui le plus de lettres conservées[134].

Possidius signale dix lettres d'Augustin, alors qu'il n'en reste que neuf (rien ne permet de deviner l'objet de la missive perdue). Ce nombre de dix est lui-même insuffisant. L'envoi à Nebridius des premiers dialogues de Cassiciacum, auquel fait allusion la *Lettre* 3 (§1), devait être accompagné d'une lettre. Augustin fait en outre mention, à la fin de la *Lettre* 4, d'une lettre de lui restée sans réponse (« quamuis te accepisse litteras meas non dubitem, quarum rescripta non

---

62, 2016, p. 235-62 : p. 235). Il n'est pas possible de dater les premières lettres à Nebridius par rapport aux deux précédentes dans le corpus des lettres. La *Lettre* 1, habituellement datée de Cassiciacum dans l'hiver 386-387, semble avoir été classée en tête de la correspondance d'Augustin parce qu'elle fait mention de sa première œuvre, le *Contra Academicos*. D'autre part, les Mauristes ont adopté le parti de grouper toutes les lettres de la correspondance avec Nebridius.

132 S. Lancel, BA 40/A, p. 150, qui reprend l'hypothèse de H. Lietzmann (« Zur Entstehungsgeschichte der Briefsammlung Augustins », in *Kleine Schriften* 1 (ed. K. Aland), Berlin, 1958, p. 260-304 : p. 282). Pour J. Ebbeler, en revanche, rien n'atteste qu'Augustin ait constitué de son vivant une collection de ses lettres (« The Letter Collection of Augustine of Hippo », in C. Sogno (ed.), *Late Antique Letter Collections. A Critical Introduction and Reference Guide*, Oakland, Ed. J. Watts, 2017, p. 239-53 : p. 241).

133 Dans la *Lettre* 12, Augustin indique qu'il met du zèle à conserver les lettres de Nebridius et d'autre part qu'il vient de consulter ses propres lettres (« recognitis exemplaribus ») pour savoir à quelles questions il avait déjà répondu.

134 Selon le décompte de Mandouze, en ce qui concerne les destinataires de ces lettres, « leur liste révèle que 1 d'entre eux présente à son dossier 9 lettres d'Augustin [Nebridius], 2 en ont chacun 8 [Jérôme et Paulin et son épouse], 4 en ont chacun 4 [Aurelius, Alypius, Marcellinus, Evodius], 5 chacun 3, 28 chacun 2 et 96 chacun 1 » (*Saint Augustin, l'aventure de la raison et de la grâce*, p. 554-6). On mettra à jour ces données en tenant compte des lettres Divjak (cf. S. Lancel, BA 40/A, p. 10, n. 5).

INTRODUCTION   37

habeo ») (§2, p. 11, 5-6) et qui ne semble pas être une de ses lettres conservées. Le fait enfin qu'il mentionne, dans les *Confessions* (IX, 4, 7), ses lettres de Cassiciacum à Nebridius laisse penser que celles-ci étaient assez nombreuses et importantes[135]. Durant sa seconde année romaine (387-88), Augustin dut certainement rester en relation avec Nebridius, qui était retourné en Afrique. Après son propre retour, Augustin écrivit peut-être à son ami qu'il était accaparé par ses concitoyens de Thagaste[136] et il dut répondre ne serait-ce qu'un billet à la *Lettre* 5 de Nebridius.

D'autre part, Augustin fait lui-même mention de nombreuses lettres de la part de son correspondant, dont certaines ne lui sont jamais parvenues (cf. *Ep.* 12, p. 29, 3-4). Selon J. Gavigan, Nebridius écrivit au moins 14 lettres à Augustin[137]. Son décompte est le suivant : chacune des 9 lettres d'Augustin se présente comme une réponse à une lettre de Nebridius ; plus exactement, les *Lettres* 4, 11, 12[138] et 14 d'Augustin répondent à *au moins* deux lettres de Nebridius ; en ajoutant la *Lettre* 5 de Nebridius (sans réponse d'Augustin), on compte ainsi 9 + 4 + 1 = 14 lettres. Cette estimation comprend sans doute une ou deux lettres de trop, dans la mesure où rien ne permet d'affirmer que l'*Ep.* 13 réponde à une lettre perdue de Nebridius et que celui-ci ait posé deux fois la question sur l'Incarnation dont traitent les *Lettres* 11 et 12. Cependant, cette « perte » est compensée par deux lettres perdues mentionnées dans la *Lettre* 9 et dont Gavigan ne tient pas compte : une réponse de Nebridius à l'*Ep.* 7 d'Augustin sur la *phantasia*, qui précède son *Ep.* 8, et une lettre sur sa solitude, qui s'intercale entre l'*Ep.* 8 et l'*Ep.* 9 d'Augustin[139] (voir *infra* notre « Essai de reconstitution de la correspondance »). Cela dit, comme dès la *Lettre* 4, où Augustin établit un premier bilan de sa correspondance (qui sera suivi par ceux des *Lettres* 11 et 12), il a peine à croire qu'il s'est acquitté de tous les « fardeaux » (*onera*) dont il a fait le compte (p. 11, 3-6), le nombre des lettres de Nebridius devait être sensiblement plus élevé que 15. Ainsi s'explique la difficulté d'Augustin à gérer l'afflux des questions, qui « s'amoncelaient » chez lui (il parle de « tas » [*aceruum*] en *Ep.* 11, 1, p. 25, 18, et en *Ep.* 12, p. 29, 19).

---

135   C'est du moins l'avis des Mauristes (PL 33, 63 ; 66), qui ne dataient de Cassiciacum que les *Epp.* 3 et 4.
136   On ne peut cependant pas exclure que Nebridius soit lui-même en relation avec d'autres amis à Thagaste, par ex. par Lucinianus, le fils de Romanianus. Augustin reçoit lui-même des nouvelles de son ami par l'intermédiaire de ce dernier, qui s'est rendu à Carthage (*Ep.* 10, 1).
137   « St. Augustine's friend Nebridius », *The Catholic Historical Review*, 32, 1946, p. 47-58 : p. 54.
138   Voir la précision « plures epistulas te scribis misisse, quam accepimus ».
139   Cf. *infra* « La *Lettre* 8 + 1 de Nebridius sur sa solitude » et « La *Lettre* 8 – 1 », dans le commentaire de la *Lettre* 9.

4.3 La chronologie

D'un point de vue chronologique, la *Lettre* 3 fut écrite à Cassiciacum (soit durant les mois d'hiver 386-87). Augustin y indique qu'il vient de finir les *Soliloques*, qui furent achevés début 387 (*Ep.* 3, 1, p. 5, 22). Nebridius ne les a pas encore lus, à la différence des trois premiers dialogues, écrits à la fin de 386.

Les problèmes commencent à se poser à partir de la *Lettre* 4. Celle-ci a été considérée comme datant elle aussi de Cassiciacum par les Mauristes (PL 33, 66), Lenain de Tillemont[140], Goldbacher (CSEL 34, Index III, p. 12) et tous les commentateurs, jusqu'à ce que ce consensus soit remis en cause par Francesco Navarro Coma, qui date cette lettre du printemps ou de l'été 389, en Afrique[141], pour des raisons qui tiennent à sa thématique et à sa transmission textuelle[142]. Cette datation est reprise par Serge Lancel et par Charlotte Köckert, qui soutiennent, eux aussi, que seule la *Lettre* 3 est de Cassiciacum, les onze autres datant d'Afrique (388-390 ?)[143]. Selon Ch. Köckert, « en ce qui concerne l'*ep.* 4, un passage en particulier doit être examiné. En *ep.* 4, 1, Augustin parle à Nebridius de "notre loisir, un loisir aussi grand que celui que tu penses avoir ou désires que nous ayons" (*our leisure, a leisure as great as you think you have or desire that we have*). Ce passage pourrait être lu comme se référant au fait que Nebridius est lui-même en un lieu où il a du loisir. Ce lieu doit clairement être identifié avec son domaine près de Carthage. L'*Ep.* 4 devrait donc être datée de la période qui suit le retour d'Augustin en Afrique du Nord, quand les deux amis vivaient une vie *in otio* »[144].

Cet argument textuel ne me paraît pas décisif. En effet, le sens de la phrase « petis ut tanto nostro otio, quantum esse arbitraris tecum aut nobiscum cupis, indicemus tibi quid in sensibilis atque intellegibilis naturae discernentia profecerimus » (p. 10, 2-4) n'est pas clair car on ne sait trop si « tecum » et « nobiscum » sont compléments d'« otium » ou bien d'« arbitraris » et « cupis » (respectivement). Ch. Köckert comprend comme R. Teske[145]. Mais on peut aussi traduire : « Tu demandes que, profitant du grand loisir que tu penses en

---

140   Cf. *Mémoires pour servir à l'histoire ecclésiastique des six premiers siècles*, vol. XIII, p. 111.
141   « La Correspondencia entre Agustín y Nebridio. La cronología de la *ep.* 4 », in G. Bosch Jiménez et al. (ed.), *Santos, obispos y reliquias*, Álcala de Henares, 1998, p. 267-280 : p. 277-78.
142   K. Daur date l'*Ep.* 4 de 387/388 (*Corpus christianorum* [= CC] 31, p. 10), comme J. Divjak (« Epistulae », *Augustinus-Lexikon*, 2, 893-1057 : 924. Ces auteurs ne se prononcent donc pas sur le lieu où elle a été écrite.
143   Ch. Köckert, « Augustine and Nebridius », p. 258-62 (« Appendix : Dating the correspondence between Augustine and Nebridius – some observations ») : p. 259 sq. ; S. Lancel, BA 40/A, p. 160.
144   Ch. Köckert, *op. cit.*, p. 259.
145   *The Works of Saint Augustine, Letters* 1-99, Hyde Park, New York, New City Press, p. 23.

INTRODUCTION   39

toi-même être le nôtre, ou que tu désires avec nous-même être le nôtre, nous t'indiquions quels progrès nous avons faits au sujet des critères distinctifs de la nature sensible et de la nature intelligible »[146].

S'agissant d'autre part de la thématique de cette lettre, elle est très proche de celle des dialogues. Plus précisément, comme nous le verrons, le « petit raisonnement » (*ratiuncula*) invoqué pour s'assurer de la distinction entre le sensible et l'intelligible se retrouve dans le *De immort. anim.* (10, 17) (et seulement là, à ma connaissance), qui fut écrit par Augustin à son retour à Milan (*Retract.* I, 5, 1).

De l'avis de Goldbacher, la *Lettre* 13 suivrait immédiatement la 4 et daterait elle aussi de Cassiciacum. L'éditeur invoque à l'appui de son hypothèse d'une part le sujet de cette lettre, qui touche elle aussi à la nature sensible et à la nature intelligible, et d'autre part son allusion aux « longues nuits de l'hiver » (*Ep.* 13, 1, p. 30, 7)[147]. On ajoutera en faveur de cette datation haute, que j'adopte à mon tour[148], le fait que, comme dans la *Lettre* 3, Augustin y ait l'initiative du sujet qu'il traite, à la différence des lettres suivantes, qui répondent bon gré mal gré aux questions qui lui sont soumises et dont il cherche à contenir l'afflux, et qu'il demande à Nebridius de lui faire connaître ses pensées (*Ep.* 13, 4, p. 32, 3-4).

---

146   J. H. Baxter traduit : « With the abundant leisure you think I have or wish, as I do, that I had ». Il s'en explique en ces termes : « I take *arbitraris tecum* to mean "think within yourself", on the analogy of *cogitare tecum* (...), and *nobiscum cupis* as "join me in wishing". But Nebridius's desire to share Augustine's life (...) makes it possible that *nobiscum cupis* means "desire to enjoy in my company" » (Saint Augustine, *Select Letters*, London, Heidemann, 1930, p. 6, n. a). Luc Wankenne comprend de la seconde façon : « Tu me demandes de profiter de tout le loisir qu'en toi-même tu crois être à notre disposition ou que tu souhaites partager avec nous » (BA 40/A, p. 241). En faveur de la *première*, on peut alléguer *Ep.* 14, 1 : « non tamen tantum habemus otii quantum existimas et quantum nos semper optasse nosti et optamus » (« Nous n'avons pourtant pas autant de loisir que tu l'imagines et que nous en avons toujours souhaité, comme tu le sais, et que nous en souhaitons encore »).

147   « Ex quo abii abs te *et* hiemales nimis longae noctes : Nebridium enim Mediolani reliquerat, cum ispe hiemem in rure Cassiciaco transigebat » (Index III, p. 12). (« St. Augustine's friend Nebridius », p. 55, n. 69). À l'appui de cet argument, J. Gavigan compare ce qu'Augustin dit ici des « très longues nuits » et ce qu'il dit en *De Ordine* 1, 3, 6 : « Sed nocte quadam cum evigilassem de more mecumque ipse tacitus agitarem quae in mentem nescio unde veniebant – nam id mihi amore inveniendi veri iam in consuetudinem verterat, ut aut primam, si tales curae inerant, aut certe ultimam, dimidiam tamen fere noctis partem pervigil quodcumque cogitarem ... » (« Saint Augustine's friend Nebridius », p. 55, n. 69).

148   L'hypothèse de Goldbacher est reprise notamment par O. Perler (*Les Voyages de saint Augustin*, p. 52, n. 2) et par G. O'Daly (« Cassiciacum », *Augustinus-Lexikon*, 1, 771-781 : 779).

La datation de Cassiciacum de la *Lettre* 13 (et celle de la *Lettre* 4, selon la façon dont on comprend la phrase « petis ut tanto nostro otio ... ») rencontre cependant une objection, à savoir le fait qu'Augustin s'y plaigne (déjà) de n'avoir pas assez de loisir, en écrivant : « Depuis que je t'ai quitté, je n'ai eu ni l'occasion ni le loisir de m'occuper et de traiter des questions que nous avons l'habitude de nous poser entre nous » (p. 30, 4-7)[149]. Se peut-il qu'Augustin ait manqué de loisir à Cassiciacum, au moment même où, de son propre aveu, il s'est réfugié dans le « giron de la philosophie » et que celle-ci le nourrit et le réchauffe, maintenant qu'il a du loisir (*nunc in otio*) (*Cont. Acad.* I, 1, 3)[150] ? Le fait cependant qu'Augustin ait eu là-bas un emploi du temps assez chargé pourrait expliquer un manque de disponibilité pour son ami[151].

Suivant l'ordre adopté par les Mauristes, la *Lettre* 5 marque clairement le retour d'Augustin à Thagaste, à l'automne 388. Passées les *Lettres* 6 et 7, que l'on peut faire remonter au début de la période africaine du fait de l'allusion à Verecundus, l'« ami d'autrefois » (*Ep.* 7, 4, p. 15, 10-11), mort au moment du second séjour d'Augustin à Rome (*Conf.* IX, 3, 5), puis l'échange des *Lettres* 8-9, qui lui fait immédiatement suite[152], les lettres écrites en Afrique sont difficilement datables avec précision, en raison de l'ignorance dans laquelle nous sommes de la date exacte de la mort de Nebridius[153]. Diverses datations ont été avancées pour ces lettres. Les éditeurs bénédictins proposent « circa initium an. 389 » (*PL* 33, col. 15-16) ; Goldbacher, l'automne 388 (*CSEL* 34, Index III, p. 12) ; J. Divjak et K. Daur, 387/388 et S. Lancel, 388/390 (BA 40/A, p. 160).

4.4 *L'ordre des lettres*

Les Mauristes ont classé ces lettres suivant un ordre qui « se déduit facilement des rapports qu'elles ont entre elles »[154]. Cet ordre n'est pourtant pas intangible. On note en effet une sorte d'anomalie qui invite à le modifier. Celle-ci est

---

149 Dans l'hypothèse où l'*Ep.* 13 date de Cassiciacum, la précision « ex quo abii abs te » en *Ep.* 13, 1 doit bien sûr être comprise en référence au départ récent d'Augustin de Milan, en 386 (et non pas à son départ de Carthage où il aurait revu Nebridius).

150 Tel est l'argument avancé par Christian Tornau lors du Workshop international *The Correspondence between Augustine and Nebridius* organisé au Centre Jean Pépin (Villejuif), les 17-18 mai 2018. Ch. Tornau plaide pour une datation de l'*Ep.* 13 à Thagaste entre 388 et 390.

151 Cf. par ex. *Cont. Acad.* II, 11, 25.

152 Cf. *infra* « Chronologie de l'échange sur les rêves » (*Lettre* 9).

153 Selon F. Navarro Coma, « la clef pour la date approximative de sa mort est l'*ep.* 11, postérieure au *De uera religione* parce que l'explication des mystères de la Trinité et l'Incarnation apparaissent plus nouveaux et profonds que dans ladite œuvre » (« La Correspondencia entre Agustín y Nebridio », p. 271).

154 *PL* 33, col. 16.

INTRODUCTION   41

visible dans la succession des *Lettres* 11 et 12 sur l'Incarnation. Il est étonnant qu'Augustin traite brièvement (*breuiter*) de l'Incarnation dans la *Lettre* 12 *après* en avoir longuement parlé dans la *Lettre* 11. S'étonnant de ce fait, G. Folliet proposa d'intervertir les deux lettres, afin que la *Lettre* 11 apparût comme un développement de la solution qui n'avait été qu'esquissée dans la *Lettre* 12[155]. Cette interversion pose cependant un problème du fait qu'elle supprime la continuité clairement perceptible entre les *Lettres* 10 et 11. Dans la *Lettre* 10, Augustin répondait au reproche que Nebridius lui avait adressé de négliger leur amitié. Au début de la *Lettre* 11, il lui fait savoir qu'il était sur le point de lui écrire à ce seul propos, lorsqu'il reçut, sans doute en réponse à sa précédente lettre, une réponse rassurante. Si donc la *Lettre* 12 précède la *Lettre* 11 et si les *Lettres* 10 et 11 se suivent, il faut intercaler la *Lettre* 10 entre la 12 et la 11[156].

Un autre changement doit intervenir si l'on tient compte d'un point de repère apporté au début de la *Lettre* 12. Faisant un nouveau point sur leurs échanges, Augustin déclare qu'à cette date, Nebridius n'a reçu de lui que deux lettres qui soient « relativement étendues » (*prolixiores*) mais qu'il a déjà répondu à environ cinq de ses questions (« quinque fere tuis rogationibus ») (p. 29, 7-10). Il apporte en outre cette précision : l'une d'entre elles a été « pour ainsi dire abordée en passant » (*quasi transeunter perstricta*) et a été laissée au jugement (*ingenium*) de Nebridius (10-12). Or dans la *Lettre* 14, Augustin fait précisément allusion à une question posée par Nebridius sur le Christ et qu'ils ont peut-être résolue « en passant », grâce à l'intelligence de Nebridius (« Fieri enim potest mente, qua excellis, ut quamdam quaestionem de homine Christo a te propositam transeuntes dissoluerimus ») (§3, p. 34, 10-12). Ce rapprochement textuel semble indiquer que la *Lettre* 14 est antérieure à la *Lettre* 12.

Les indications apportées par la *Lettre* 12 concordent-elles avec ce nouveau classement des *Lettres* ? En dépit des incertitudes qui entourent ce « bilan », on peut proposer le décompte suivant des questions de Nebridius[157] : la *Lettre* 6 contient deux questions sur l'imagination, auxquelles répond la *Lettre* 7 d'Augustin (la plus longue de ses lettres) ; la *Lettre* 8 de Nebridius pose une question

---

155 « La correspondance entre Augustin et Nébridius », p. 193, n. 18 et p. 212, n. 61. F. Navarro Coma maintient quant à lui que la *Lettre* 12 est postérieure à la 11 (*op. cit.*, p. 271, n. 47).

156 À la fin de la *Lettre* 10 (§3, p. 25, 2-3), on lit : « Je n'ai rien voulu t'écrire d'autre, de peur de te distraire de cette pensée ». La précision suggère que le cours des entretiens philosophiques a été provisoirement interrompu. D'autre part, Augustin écrit en *Ep.* 11, 1 : « ... j'étais profondément troublé par la question que tu m'as posée il y a quelque temps (*dudum*) ... » (p. 25, 6-7), ce qui semble indiquer que les *Lettres* 12 et 11 ne se suivent pas immédiatement.

157 Quelle que soit sa date, l'*Ep.* 13 ne compte pas car elle ne répond pas à une question précise de Nebridius. Il en va de même de l'*Ep.* 10.

sur les rêves inspirés, à laquelle répond la *Lettre* 9. Viendrait ensuite la *Lettre* 14, qui doit être considérée comme longue puisqu'Augustin la dit plus longue que le géant Naevius (*Ep.* 14, 4). Elle répond à deux questions (Pourquoi le soleil et les astres, à la différence d'Augustin et de Nebridus, ne font-ils pas les mêmes choses ? La Sagesse par qui toutes choses ont été créées contient-elle l'idée d'homme en général ou également celle de tout individu ?). Elle fait en outre allusion, comme on l'a dit, à une autre question posée par Nebridius sur l'humanité du Christ et qui a peut-être été résolue « en passant ». Dans la *Lettre* 12, après le « bilan » de leurs échanges, Augustin s'occupe d'une autre interrogation sur l'Incarnation, qui dut suivre immédiatement celle que la *Lettre* 14 a évoquée, à savoir : pourquoi est-ce le Fils qui a assumé la nature humaine, plutôt que le Père, alors qu'ils agissent tous deux inséparablement ? Augustin en traite cette fois en quelques mots. Enfin, après l'incident dont témoignent la *Lettre* 10 et les premières lignes de la *Lettre* 11, il explique de façon beaucoup plus développée pourquoi l'Incarnation incombait au Fils.

Selon notre hypothèse, l'ordre des *Lettres* serait en définitive le suivant : *Ep.* 3, 4, 13, 5, 6-7, 8-9, 14, 12, 10 et 11[158]. Les deux lettres « relativement étendues » signalées par la *Lettre* 12 sont la *Lettre* 7 et la *Lettre* 14. Les cinq questions sont les deux sur l'imagination de la *Lettre* 6, qu'Augustin compte pour une seule (comme le « quinque fere » de l'*Ep.* 12 nous autorise à le penser), celle sur les rêves de la *Lettre* 8, les deux de la *Lettre* 14, plus celle sur le Christ, traitée « en passant ».

Ce nouvel ordre chronologique met en évidence d'une part la montée de la maladie de Nebridius (et son courage puisqu'il décide de ne plus en parler) et d'autre part le fait qu'Augustin choisit de répondre en priorité aux questions théologiques, sans doute parce qu'il a de moins en moins de temps pour répondre aux autres, qu'il considère comme moins importantes[159].

4.5 *Essai de reconstitution de la correspondance*

Nous pouvons tenter de reconstituer la correspondance entre Augustin et Nebridius sur la base de l'ordre que nous proposons, en numérotant les lettres manquantes. *Ep.* 3 – 2 : Augustin envoie à Nebridius les premiers dialogues de Cassiciacum (cf. *Ep.* 3, 1) ; *Ep.* 3 – 1 : Nebridius décerne à son ami le titre d'homme « heureux » après avoir lu ces œuvres (cf. *Ep.* 3, 1, p. 5, 12) et il le remercie de

---

158 Cette hypothèse laisse ouverte la possibilité de dater de Thagaste les *Lettres* 4 et 13.
159 Cf. *Ep.* 11, 1 et *infra* « La science et le bonheur » (*Lettre* 3).

INTRODUCTION 43

ne rien dissimuler de ce qui lui « vient à la bouche » (cf. *Ep.* 3, 5, p. 8, 26)[160] ; *Ep.* 3 d'Augustin sur la finitude du monde et l'immortalité de l'âme ; *Ep.* 4 – 1 : Nebridius demande quels progrès Augustin a fait dans la distinction entre le sensible et l'intelligible (p. 10, 2-4) ; *Ep.* 4 sur le progrès intellectuel ; Augustin s'étonne de s'être acquitté de toutes les réponses dues à son ami (*Ep.* 4, 2, p. 11, 3-6) ; *Ep.* 13 d'Augustin sur le « véhicule » de l'âme ; *Ep.* 5 – 1 : Augustin se plaint d'être accaparé par ses concitoyens de Thagaste (?) ; *Ep.* 5 de Nebridius qui invite son ami à se retirer dans son domaine ; *Ep.* 6 de Nebridius sur *phantasia* ; *Ep.* 7 : réponse d'Augustin ; *Ep.* 8 – 1 de Nebridius en réponse à l'*Ep.* 7, qui témoigne qu'il n'a pas bien compris l'explication qui lui a été donnée (cf. *Ep.* 9, 5, p. 22, 15-16) ; *Ep.* 8 de Nebridius sur les rêves inspirés, immédiatement suivie de l'*Ep.* 8 + 1, dans laquelle il se plaint d'être abandonné par ses amis (cf. *Ep.* 9, 1, p. 20, 5-7) et revient peut-être sur sa question de l'*Ep.* 8 en disant qu'elle mériterait de faire l'objet d'un entretien ou d'une monographie (cf. *Ep.* 9, 2, p. 20, 18-20) ; *Ep.* 9 d'Augustin sur les rêves inspirés ; *Ep.* 14 – 1 de Nebridius qui pose deux questions sur l'individualité (cf. *Ep.* 14, 2 ; 4) et une question sur le Christ (cf. *Ep.* 14, 3, p. 10-12) (à moins que cette question n'ait été posée dans une lettre antérieure) ; il exige en réponse une lettre « plus longue que la plus longue des lettres » qu'il a jusque-là reçues (*longiorem, quam longissima est*) (cf. *Ep.* 14, 1, p. 32, 10) ; *Ep.* 14 d'Augustin, qui reconnaît que plusieurs lettres de Nebridius restent encore sans réponse mais choisit de répondre de préférence aux questions les plus récentes qui lui ont été posées (§1, p. 32, 7-9) ; *Ep.* 12 – 1 de Nebridius : pourquoi est-ce le Fils qui s'est incarné plutôt que le Père ? *Ep.* 12 d'Augustin, qui fait le point sur ses échanges (en signalant notamment que certaines lettres de son correspondant se sont perdues) et répond brièvement à la question posée en se référant à des conversations passées ; *Ep.* 10 – 1 : Nebridius accuse son ami de négliger de se soucier de la façon dont ils pourraient vivre ensemble (cf. *Ep.* 10, p. 22, 24-23, 2) ; *Ep.* 10 d'Augustin en réponse à ce grief ; *Ep.* 10 + 1 de Nebridius qui répond qu'il ne faut plus se soucier du problème (cf. *Ep.* 11, p. 25, 11-14) ; *Ep.* 11 – 1 de Nebridius, qui repose sa question sur l'Incarnation déjà soulevée dans son *Ep.* 12 – 1 (?) ; *Ep.* 11 d'Augustin qui fait un troisième bilan, demande à son ami de ne plus lui poser de nouvelles questions jusqu'à nouvel ordre et traite *ex professo* de l'Incarnation du Fils.

---

160   L'expression « quod in buccam uenerit » se trouve chez Cicéron, *Ad Att.* I, 12, 4 ; VII, 1 ; XIV, 7, 2) (C. Jenkins, « Augustine's Classical Quotations in his Letters », *The Journal of Theological Studies*, Vol. 39, n. 153, 1938, p. 59-66 : p. 59).

5 Le texte latin des *Lettres* 3-14

5.1 *Note sur le texte latin utilisé dans ce livre*

Nous disposons de deux éditions critiques de la correspondance d'Augustin, celle d'Aloysius Goldbacher, parue entre 1895 et 1923 à Vienne, dans la collection du « Corpus Scriptorum Ecclesiasticorum Latinorum » (vol. 34/1, 34/2, 44, 57 et 58, qui contient une introduction de l'éditeur et les index)[161], et celle (inachevée) de Klaus-Detlef Daur, publiée à partir de 2004 par Brepols (Turnhout) dans le « Corpus christianorum Series Latina » (vol. 31, 3l A, 3l B)[162]. L'édition Daur n'a fait jusqu'ici l'objet que d'un petit nombre de comptes rendus. De l'avis de Serge Lancel, l'un de ses apports les plus significatifs est l'utilisation d'une ponctuation modernisée par rapport à celle de Goldbacher ; cependant, « il apparaît très vite à la lecture – et ce n'est pas une surprise – qu'en dépit du renfort de quelques manuscrits les gains sont pratiquement nuls par rapport au texte de Goldbacher (…). D'une manière générale, et de façon délibérée, son apparat critique reflète moins que celui de son devancier la richesse de la tradition manuscrite. La nouvelle édition ne concurrencera pas celle du CSEL et il est trop tôt pour savoir si elle en sera complémentaire »[163].

La même interrogation transparaît dans le compte rendu d'un Workshop du *Zentrum für Augustinus-Forschung an der Universität Würzburg* qui visait précisément à comparer les deux éditions critiques : « En matière de critique textuelle, certaines des décisions de Daur, qui diffèrent de celles de Goldbacher, valent certainement la peine d'être prises en considération, de même que certaines de ses conjectures. Dans son édition des *Lettres* 3-15, Daur n'a atteint que partiellement son objectif d'améliorer la lisibilité de l'appareil critique par rapport à celui de Goldbacher »[164].

---

161 Le vol. 88 (1981), contenant les Lettres Divjak, complète la collection.

162 Signalons l'existence de *Saint Augustin, Lettres* 1-30/*Epistulae* I-XXX. Traductions, introductions et notes de Serge Lancel et collaborateurs. Introduction et notes des Lettres 1-14 par Emmanuel Bermon, Paris, IEA, « La Bibliothèque Augustinienne », vol. 40A, 2011. Le texte latin est repris de l'édition de Goldbacher « mais sans exclure des variantes empruntées à l'édition des Mauristes et, éventuellement, à l'édition en cours dans la collection du CCL par les soins de Kl. D. Daur » (*op. cit.*, p. 158).

163 S. Lancel, « Sancti Aurelii Augustini, Epistulae I-LV, cura et studio Kl. D. Daur, coll. "Corpus Christianorum, series latina", vol. XXXI (*Aurelii Augustini opera, pars* IV, 1), Turnhout, Brepols Publishers, 2004, XXXVIII-268 p. », *Revue des Études Augustiniennes*, 50/2, 2004, p. 453-55 : p. 455.

164 Ch. Müller, « Die kritischen Editionen der Epistulae Augustins – Philologische Analyse ausgewählter Briefe und ihrer Textausgaben », H-Soz-u-Kult, H-Net Reviews. February, 2013 (https://www.h-net.org/reviews/showpdf.php?id=38290). Selon Charlotte Köchert et Winrich Löhr, pour les *Lettres* 3 à 15, Daur a utilisé davantage de manuscrits que

INTRODUCTION   45

Mon travail sur la correspondance avec Nebridius m'a également convaincu que l'édition Daur n'était pas meilleure que la précédente, en dépit de son utilité. J'ai donc fait le choix de reprendre l'édition Goldbacher en la modifiant au besoin, parfois en reprenant certains choix de Daur et parfois ceux d'autres commentateurs, comme par exemple A. Sizoo, qui publia un compte rendu très intéressant de l'édition Goldbacher[165].

Pour la traduction, je me suis aidé plus particulièrement, parmi les traductions existantes[166], de celle de Luc Wankenne (BA 40A) et de celle de Roland Teske (*The Works of Saint Augustine, Letters* 1-99, Hyde Park, New York, New City Press, 2001). Sauf indication contraire, les textes anciens cités dans ce livre ont été retraduits. On lira les *Lettres* 3-14, en latin et en français, selon l'ordre canonique défini par les Mauristes. Pour le commentaire, en revanche, j'ai pris le parti de suivre l'ordre chronologique que j'ai proposé plus haut. Si le lecteur ne partage pas ce choix, il lui sera facile de lire le commentaire en suivant l'ordre traditionnel de ces lettres ou celui qui aura sa préférence.

5.2   *Éléments de critique textuelle par Dominique Poirel*

Pour améliorer méthodiquement le texte de Goldbacher et Daur, sans refaire tout leur travail de collation, une option commode était de s'appuyer sur leurs apparats critiques, en particulier celui de Daur plus complet, pour essayer, d'abord, de comprendre avec son aide quels sont les liens de filiation entre les manuscrits utilisés ; et de poser, ensuite, à partir de ces liens, des principes stemmatiques pour l'établissement du texte.

Une première difficulté vient de ce que tous les onze manuscrits utilisés par Daur pour la correspondance d'Augustin et Nebridius ne comportent pas tous les mêmes lettres, mais chaque lettre ou presque a sa propre tradition :

Goldbacher, mais sans toujours justifier ses choix. Ainsi pour les *Lettres* 3-6, 10, 14 et 15, il remonte au manuscrit de Durham Cath. Libr. Cod. B. II 21 (ms. 19 dans sa numérotation), qui est plus ancien que ceux utilisés par son prédécesseur ; d'autre part, à la différence de Goldbacher, il utilise pour les *Lettres* 9, 11 et 12 le Codex Cassiniensis (Cassino, Bibl. dell'Abazia cod. 16 I. = ms. 69 Daur). Goldbacher connaissait pourtant ces manuscrits (cf. CSEL [= *Corpus Scriptorum Ecclesiasticorum Latinorum*] 58, p. xix-xxiii), mais considérait que, pour les *Lettres* 5 , 6, 8, 9, 11, 12, il s'agissait d'une copie du Codex Parisinus, Bibl. Nat. nouv. acq. lat. 1672 (ms. 14 Daur), de sorte qu'il ne leur accorde aucune autonomie.

165   Dans A. Sizoo, « Augustiniana » (*Mnemosyne*, New Series, 57/2, 1929, p. 125-130). Ce compte rendu a échappé à Daur, qui ne cite que deux comptes rendus de la précédente édition (CC 31, p. XXIX) : W. Kroll, *Berliner Philologische Wochenschrift*, 1899, p. 718 ; J. Martin, *Gnomon*, 1926, p. 274 sq.

166   On en trouvera la liste dans *Saint Augustin, Lettres* 1-30/*Epistulae* I-XXX, vol. 40/A, p. 157-58 et dans la bibliographie de notre ouvrage.

Sigle	Cote de manuscrit	Lettres d'Augustin et Nebridius											
		III	IV	V	VI	VII	VIII	IX	X	XI	XII	XIII	XIV
1	München, Bayer. Staatsbibl. Clm 6266, S.X, (M)	x											
5	Paris, Bibl. Nat. nouv. acq. lat. 1443, s. IX/X, (M)	x											
9	Frankfurt/M., Stadt- und Universitätsbibl., ms. Barth III, s. XII ex./XIII					x	x	x					
10	Laon, Bibl. mun. 134, s. IX, (L)		x	x	x	x	x	x	x			x	x
14	Paris, Bibl. Nat. nouv. acq. lat. 1672, S. IX, (C, Nr. 50-92)			x	x	x	x	x			x	x	
15	Paris, Bibl. Nat. lat. 12210, s. X, (L)		x	x	x	x	x	x	x			x	x
16	London, Brit. Libr. Royal 5 D VI, s. XII	x	x	x	x	x			x	x			x
18	Bamberg, Staatsbibl. ms. Patr. II, s. XI/XII, (M)	x											
19	Durham, Cath. Libr. cod. B.II.21, s. XI ex., (M + L)	x	x	x	x	x			x	x			x
20	Salzburg, Erzabtei St.Peter, ms.a X 29, ss.IX in., (M)	x											
21	Saint-Omer, Bibl. mun. 76, s. X/XI, (M)	x											
22	Paris, Bibl. Nat. nouv. acq. lat. 1444, s. XI, (M)	x											
37	Paris, Bibl. Nat. lat. 1929, s. XIII											x	x
38	Città del Vaticano, Vat. lat. 495, s. XV		x								x	x	x	x
39	Città del Vaticano, Vat. lat. 499, s. XV		x								x	x	x	x
52	Paris, Bibl. Nat. lat . 1928, s. XII		x											
69	Cassino, Bibl. dell'Abbazia cod. 16 L, s. XI, (C)			x	x	x	x	x			x	x	

Lorsqu'en haut de son apparat critique, Daur énumère la *traditio textus*, c'est-à-dire la liste des manuscrits qu'il a utilisés lettre par lettre, lui-même fait état de césures qui font apparaître une division en familles :

III :   1.5.20.21/16.18.19.22 a m g
IV :   10.15.16.19.52/38.39 a m g
V :   10.15.16.19 /14.69 a m g
VI :   10.15.16.19/14.69 a m g
VII :   9.10.15.16.19/14.69 a m g
VIII :   9.10.15/14.69 m g
IX :   9.10.15.16.19/14.69 a m g
X :   10.15/16.19 a m g
XI :   14.69/38.39 m g
XII :   14.69/38.39 m g
XIII :   10.15/37.38.39 m g
XIV :   10.15 (s'interrompent à la ligne 15).16.19/37.38.39 a m g

Ces clivages sont confirmés par l'examen approfondi, tant quantitatif que qualitatif, des variantes recueillies dans l'apparat critique : de façon stable, d'une lettre à l'autre, on voit des groupes de manuscrits s'opposer à tous les autres :

– 14 et 69 dans les lettres V, VI, VII, VIII, IX, XI et XII.
– 38 et 39 dans les lettres IV, XI, XII, XIII et XIV (rejoints par 37 dans les deux dernières).
– 9, 10, 15, 16 et 19 dans les lettres VII et IX, auxquelles il faut en ajouter de nombreuses autres dans lesquelles un manuscrit manque, faute que la lettre y soit copiée. Ce sont les lettres IV, V, VI, X et XIV, où manque le manuscrit 9 ; la lettre VIII où manque le manuscrit 16 ; la lettre XIII où manquent les manuscrits 9, 16 et 19.

On notera que le groupe 9, 10, 15, 16 et 19 est rejoint par le manuscrit 52, dans l'unique lettre IV où il intervient ; que les manuscrits 16 et 19 sont rejoints par les manuscrits 18 et 22 dans l'unique lettre III où ils interviennent, face d'ailleurs à quatre manuscrits qu'on ne retrouve nulle part ailleurs dans la correspondance d'Augustin et Nebridius : 1, 5, 20 et 21 ; qu'enfin dans la lettre X les manuscrits 10, 15, 16 et 19 s'opposent deux à deux : 10 et 15 contre 16 et 19, c'est-à-dire dans la seule lettre qui soit transcrite par ces quatre témoins seulement, à l'exclusion de tous les autres manuscrits utilisés par Daur. Le duo 15 et 16 est d'ailleurs fréquent ailleurs, rejoint par 52 dans la lettre IV.

Si l'on récapitule tous ces jeux d'opposition sous la forme d'un schéma, on obtient ceci (en laissant de côté les témoins apparus pour une seule lettre) :

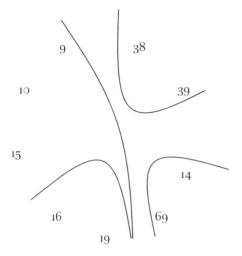

FIGURE 1

Quelques erreurs de copie manifestes aident ensuite à transformer ce schéma provisoire en un *stemma codicum*. En voici un petit choix pour chaque groupement de manuscrits :

10 15 16 19 (+ 52)

Dans la phrase ci-dessous, la leçon *deprecationem* introduit une rupture de construction. Il serait fort douteux que le verbe *coepero* eût à la fois pour compléments d'objet direct ce substantif d'une part, la proposition infinitive *et in ipsum et in ea quae uerissime uera sunt adtolli* de l'autre. On doit très probablement lire à la place cet ablatif absolu : *deo in auxilium deprecato* :

> Hac ego interim recreatus, cum deo in auxilium *deprecato* et in ipsum et in ea quae uerissime uera sunt adtolli coepero, tanta non numquam rerum manentium praesumptione compleor […].
> *epist.* IV, ligne 23

Le remplacement de l'adjectif *noster* par le pronom *nos* est contredit par un verbe à la troisième personne du singulier comme par la difficulté d'articuler grammaticalement *noster* avec *animus intellectualis*. L'expression *noster animus intellectualis* est d'autant plus requise qu'on vient de lire *noster intellectus* (lignes 19-20) :

INTRODUCTION   49

> Potest enim, quem ad modum *noster* animus intellectualis ad intellegibilia sua uidenda a sensu admonetur [...].
>> *epist.* VI, ligne 25

16 19 (+ 52)

S'il arrive que le verbe être soit sous-entendu sans dommage pour le sens, l'omission de *sumus* rend cette phrase d'autant moins compréhensible que les verbes conjugués de la précédente étaient à la seconde personne du singulier :

> Pueri enim *sumus* sed, ut dici adsolet, forsitan belli aut non mali.
>> *epist.* IV, ligne 16

La mélecture *conficit* pour *non facit* a pour effet de changer une négation en une affirmation que renforce encore le préfixe d'intensité *con-*. Or cette négation est indispensable : le contexte montre clairement qu'Augustin craint d'être encore en dette épistolaire envers son correspondant :

> Nam mihi *non facit* fidem tam multorum onerum quae aliquando numeraueram tam repentina depositio, quamuis te accepisse litteras meas non dubitem quarum rescripta non habeo.
>> *epist.* IV, ligne 30-31

14 69

Le nominatif masculin singulier *desiturus* est cohérent avec la grammaire et le sens de la phrase : Augustin se hâte d'autant plus de commencer qu'il sait ne pas devoir terminer de sitôt : *non cito desiturus*. En revanche, l'accusatif féminin pluriel *desituras* est tout à fait absurde à sa place :

> Prooemio supersidam et cito incipiam quod me iam iamque uis dicere, praesertim non cito *desituras*.
>> *epist.* VII, ligne 3

Une sorte de saut du même au même, commun aux témoins 14 et 69, a pour effet de déstructurer la phrase où il intervient. La ressemblance entre les mots *cogitauimus* et *genuimus* a en effet pour effet la chute des mots en italiques ci-dessous. Non seulement la phrase est ainsi privée de sa proposition principale, mais sans les mots *corporeum ac temporale* on ne voit pas en quoi la pensée, sans autre détermination, se rapporte à l'imagination : *quod ad phantasiam pertinet*.

> Contra haec ego respondeo et dico propterea hoc euenisse quia, cum intelleximus uel cogitauimus, *corporeum ac temporale aliquid genuimus quod ad phantasiam pertinet* ; nam aut uerba [...]
> *epist.* VI, ligne 15

38 39 (+ 37)

Une classique erreur de lecture *nolo/uolo* s'explique par la ressemblance entre les lettres *n* et *u*, toutes deux formées de deux jambages. Or qu'il faille lire *nolo* et non *uolo* est exigé par le contexte : Augustin tient si peu que son correspondant et lui soient parvenus à la maturité sur la question étudiée qu'il déclare aussitôt après que Nebridius et lui sont des enfants :

> Quod *nolo* in eam partem accipias ut nos in his rebus quasi ad quandam mentis iuuentutem firmioris intellegentiae robore peruenisse existimes. Pueri enim sumus [...]
> *epist.* IV, ligne 14-15

Un changement de temps, *est* pour *erat*, a pour effet une double erreur dans la concordance des temps. Si en effet le verbe de la principale est au présent, il n'est pas correct que les verbes des deux subordonnées, *inbuerentur* et *formarentur*, soient conjugués au subjonctif imparfait :

> Ergo disciplina hominibus *erat* necessaria, qua inbuerentur et qua ad modum formarentur.
> *epist.* XI, ligne 85

Puisque chacun de ces groupements transmet des erreurs de copie, il est clair qu'ils constituent tous des familles ou sous-familles textuelles, issues d'un premier témoin, perdu ou non, dans lequel un copiste a produit des erreurs de copie, qui se sont ensuite transmises à tous ses descendants. En soulevant le schéma initial entre ses trois branches principales, on l'« orientera » donc de la manière suivante :

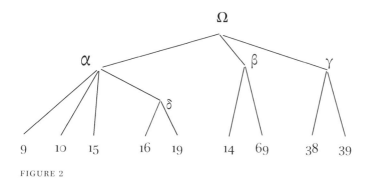
FIGURE 2

Les principes d'édition qui découlent de cette généalogie sont simples. En théorie, partout où les trois branches du *stemma* seront représentées, l'accord de deux branches quelconques contre la troisième permet de remonter vers la leçon originelle. Toutefois, dans notre corpus cette situation ne se produit jamais : jamais les familles α, β et γ ne se rassemblent toutes les trois pour transmettre une même lettre échangée entre Augustin et Nebridius, mais on rencontre toujours deux familles sur trois, α et β (V, VI, VII, VIII, IX), ou bien α et γ (IV, XIII, XIV), ou bien β et γ (XI, XII), ou même, dans un cas seulement, soit α face à un autre groupe de manuscrits (III), soit une partie d'α – en l'occurrence δ – contre une autre partie de cette famille (X). Dans tous ces cas, la tradition est alors bifide, laissant libre alors l'éditeur d'opter pour une branche contre l'autre. On est donc fondé à corriger conjecturalement ces leçons :

XII, ligne 22 : qui *scripsi cum 38.39 Goldbacher*] quid *14.69 Daur*

IX, 3, ligne 35 : agendis *scripsi cum 9.10.15.16.19 Goldbacher*] seu in tangendis *14.69 Daur*

XI, 2, ligne 30 : sed *scripsi cum 38' 39*] et *14 69 Daur*

XI, 3, ligne 50 : ipso *cum 14.69 Goldbacher*] om. *38.39 Daur*

XIII, 3, ligne 25 : corporea *scripsi cum 10.15 Goldbacher*] corpora *37.38.39 Daur*

Quand d'autre part une leçon s'appuie sur une famille et une partie de l'autre famille, la logique stemmatique est clairement en sa faveur. C'est ce qui permet de corriger stemmatiquement ces leçons :

X, 1, ligne 21 : non] *scripsi cum 10.16.19 Goldbacher*] om. *15 Daur*

C'est a fortiori le cas quand une leçon, présente dans tous les manuscrits, a été corrigée par Daur alors qu'elle peut, selon nous, être conservée :

III, 4, ligne 81 : intellegentia *scripsi cum codd. et Goldbacher*] in intellegentia *coni. Daur*

XI, 4, ligne 82 : utique *scripsi cum codd. et Goldbacher*] et hoc uel illud *add. Daur*.

Epistulae 3-14 (texte latin)

III.

Nebridio Augustinus [p. 4, 18 Goldbacher].

1. Utrum nescio quo, ut ita dicam, blandiloquio tuo factum 20 putem, an uere ita se res habeat, incertum apud me est. [p. 5] Nam repente accidit nec satis deliberatum est quatenus debeat committi fidei. Exspectas quid istuc sit. Quid censes? Prope persuasisti mihi non quidem beatum esse me, nam id solius sapientis praedium est, sed certe quasi beatum, ut dicimus 5 hominem quasi hominem in comparatione hominis illius quem Plato nouerat, aut quasi rotunda et quasi quadra ea quae uidemus, cum longe ab eis absint quae paucorum animus uidet. Legi enim litteras tuas ad lucernam iam cenatus. Proxime erat cubitio, sed non ita etiam dormitio; quippe diu 10 mecum in lecto situs cogitaui atque has loquelas habui Augustinus ipse cum Augustino: nonne uerum est, quod Nebridio placet, beatos nos esse? Non utique; nam stultos adhuc esse nec ipse audet negare. Quid si etiam stultis beata uita contingit? Durum! Quasi uero parua uel alia ulla miseria 15 sit quam ipsa stultitia. Unde ergo illi uisum est? An lectis illis libellis etiam sapientem me ausus est credere? Non usque adeo temeraria est laetitia gestiens praesertim hominis, cuius quanti ponderis consideratio sit bene nouimus. Illud igitur est: scripsit quod nobis putauit dulcissimum fore quia et 20 illi dulce factum est quicquid posuimus in illis litteris, et scripsit gaudens nec curauit quid committendum gaudenti calamo esset. Quid si *Soliloquia* legisset? Laetaretur multo exundantius nec tamen reperiret plus aliquid quod me appellaret quam beatum. Cito ergo summum nomen effudit in me [p. 6] nec sibi aliquid reseruauit, quod de me laetior adseueret. Vide, laetitia quid faciat!

2. Sed ubi est ista beata uita? Ubi? Ubinam? O si ipsa esset repellere atomos Epicuri! O si ipsa esset scire nihil deorsum 5 esse praeter mundum! O si ipsa esset nosse extrema sphaerae tardius rotari quam medium et alia similia quae similiter nouimus! Nunc uero quomodo uel qualiscumque beatus sum qui nescio cur tantus mundus sit, cum rationes figurarum per quas est nihil prohibeant esse quanto quis uoluerit 10 ampliorem? Aut non mihi diceretur,

Lettres 3-14 (traduction française)

Lettre 3

Augustin à Nebridius

1. Est-ce un effet de je ne sais quel doux langage (si je puis dire) que tu m'as tenu, ou bien en est-il bien ainsi, je n'en sais rien. Car cela s'est produit soudainement et je n'ai pas assez examiné dans quelle mesure je devais y croire. Tu veux savoir de quoi il s'agit. Que penses-tu que ce soit ? Tu m'as presque persuadé que j'étais, sinon heureux (car c'est là l'apanage du seul sage), du moins quasiment heureux, au sens où nous disons d'un homme qu'il est quasiment homme comparé à l'homme que connaissait Platon, ou que sont quasiment rondes ou carrées les choses que nous voyons, du fait qu'elles sont très éloignées de ce que voit l'esprit de quelques rares personnes. J'ai lu ta lettre, à la lueur de la lampe, après dîner ; l'heure de se coucher était très proche, mais non pas encore celle de dormir, et, après m'être mis au lit, j'ai longtemps réfléchi avec moi-même et voici l'entretien que j'ai eu, moi Augustin, avec Augustin : n'est-il pas vrai, comme le veut Nebridius, que nous soyons heureux ? Non, il n'en est rien ; car lui-même n'osera pas nier que nous sommes encore insensé. Eh quoi ? Et si le bonheur échoit aussi aux insensés ? Difficile à admettre ! Comme si le fait d'être insensé était lui-même une petite misère ou s'il existait une autre misère que lui. D'où cette idée lui est-elle donc venue ? Serait-ce à la lecture de mes livres qu'il a osé croire que j'étais même sage ? La joie ne peut pas être à ce point irréfléchie, lorsqu'elle est débordante, surtout chez un homme dont nous savons à quel point son jugement est pondéré. C'est donc cela : il a écrit ce qui, à son avis, nous ferait le plus plaisir parce qu'il a trouvé plaisant tout ce que nous avons mis dans ces livres, et, tout joyeux, il s'est mis à écrire sans se soucier de ce qu'il fallait confier à son joyeux stylet. Eh quoi ? Que se serait-il passé s'il avait lu les *Soliloques* ? Sa joie serait beaucoup plus débordante et pourtant il ne trouverait aucun qualificatif plus grand à me décerner que celui d'homme heureux. Il m'a donc rapidement gratifié du nom le plus élevé, sans rien garder par-devers lui pour me qualifier au cas où il deviendrait encore plus joyeux. Vois quels sont les effets de la joie !

2. Mais le bonheur, où est-il ? Où est-il ? Oui, où est-il donc ? Si seulement il consistait à rejeter les atomes d'Épicure ! Si seulement il consistait à savoir qu'il n'y a rien en bas en-dehors du monde ! Si seulement il consistait à savoir que les pôles de la sphère tournent plus lentement que son plus grand cercle, et d'autres choses semblables que nous connaissons également. Mais présentement, comment suis-je heureux ou quel type d'homme heureux suis-je, moi qui ne sais pas pourquoi le monde a la grandeur qu'il a, alors que les proportions des figures

immo non cogeremur confiteri corpora in infinitum secari, ut a certa uelut basi in quantitatem certam certus corpusculorum numerus surgeret? Quare cum corpus nullum esse minimum sinitur, quo pacto esse sinamus amplissimum quo amplius esse non posset, 15 nisi forte illud quod aliquando Alypio dixi occultissime habet magnam uim, ut quoniam numerus intellegibilis infinite crescit, non tamen infinite minuitur – nam non eum licet ultra monadem resoluere –, contra sensibilis – nam quid est aliud sensibilis numerus nisi corporeorum uel 20 corporum quantitas? – minui quidem infinite sed infinite crescere nequeat. Et ideo fortasse merito philosophi in rebus intellegibilibus diuitias ponunt, in sensibilibus egestatem [p. 7]. Quid enim aerumnosius quam minus atque minus semper posse fieri? Quid ditius quam crescere quantum uelis, ire quo uelis, redire cum uelis, quousque uelis, et hoc multum amare quod minui non potest? Quisquis namque intellegit 5 istos numeros nihil sic amat ut monadem; nec mirum cum per eam fiat ut ceteri amentur. Sed tamen cur tantus est mundus? Poterat enim esse uel maior uel breuior. Nescio; tale est enim. Et cur hoc loco potius quam illo? Nec in ea re debet esse quaestio ubi quicquid esset, quaestio esset. 10 Unum illud multum mouebat, quod infinite corpora secarentur, cui fortasse responsum est de ui contraria intellegibilis numeri.

3. Sed expecta! Videamus quid sit hoc nescio quid quod suggeritur menti. Certe sensibilis mundus nescio cuius intellegibilis imago esse dicitur. Mirum est autem quod in 15 imaginibus uidemus quas specula referunt; nam quamuis ingentia specula sint, non reddunt maiores imagines quam sunt corpora etiam breuissima obiecta. In paruis autem speculis sicut in pupillis oculorum, etsi magna facies sese opponat, breuissima imago pro modo speculi formatur. Ergo et imagines 20 corporum minui licet, si specula minuantur; augeri, si augeantur, non licet. Hic profecto aliquid latet. Sed nunc dormiendum est! Neque enim Nebridio beatus quaerendo uideor sed fortasse aliquid inueniendo. Id autem aliquid [p. 8] quid est? An illa ratiocinatio cui tamquam unicae meae blandiri soleo et ea me nimis oblectare?

qui constituent son extension n'empêchent aucunement qu'il soit plus grand, autant qu'on voudra ? Ou ne pourrait-on pas me dire – que dis-je ? comment ne serions-nous pas contraints d'admettre que les corps se divisent à l'infini, de sorte qu'à partir de ce que j'appellerais une base déterminée, on obtienne, pour une grandeur déterminée, un nombre déterminé de corpuscules ? C'est pourquoi, si l'on admet qu'il ne peut pas exister de corps minimum, comment admettre qu'il existe un corps maximum, tel qu'il ne puisse pas y en avoir de plus grand ? À moins que ce que j'ai dit un jour à Alypius n'ait très secrètement une grande force, à savoir que, puisque le nombre intelligible croît à l'infini sans pourtant diminuer à l'infini – car on ne peut pas le fractionner en deçà de la monade –, le nombre sensible en revanche – car qu'est-ce que le nombre sensible, si ce n'est la grandeur des choses corporelles ou des corps ? – peut bien diminuer à l'infini mais il ne peut pas croître à l'infini. C'est sans doute la raison pour laquelle les philosophes mettent à bon droit la richesse dans les choses intelligibles et la pauvreté dans les choses sensibles. Car qu'y a-t-il de plus misérable que de pouvoir devenir toujours de plus en plus petit ? Et quelle plus grande richesse que celle de croître autant qu'on veut, d'aller où l'on veut, de revenir quand on veut et jusqu'où l'on veut et d'aimer beaucoup ce qui ne peut pas diminuer ? Car quiconque comprend ces nombres n'aime rien tant que la monade ; et il n'y a rien d'étonnant à cela, puisque c'est par elle que tous les autres nombres sont aimés.

Et pourtant, pourquoi le monde a-t-il la grandeur qu'il a précisément ? Car il pourrait être plus grand ou plus petit. Je n'en sais rien. Il est tel qu'il est. Et pourquoi est-il en ce lieu-ci plutôt qu'en un autre ? Il ne faut pas poser de question en un domaine où, quoi qu'il en soit, une question se poserait. La seule chose qui me troublait beaucoup, c'était que les corps se divisent à l'infini. La réponse à cela se trouve sans doute dans la propriété contraire du nombre intelligible.

3. Mais attends ! Voyons quel est ce je ne sais quoi qui me vient à l'esprit. On dit, assurément, que le monde sensible est l'image de je ne sais quel monde intelligible. Or il y a quelque chose d'étonnant dans les images que nous voyons réfléchies par les miroirs. En effet, si grands soient-ils, les miroirs ne produisent pas d'images qui soient d'une taille plus grande que celle des corps en face d'eux, même lorsque ceux-ci sont très petits. En revanche, sur les petits miroirs, comme la pupille de l'œil, il se forme une très petite image, à la mesure du miroir, même en présence d'une grande figure. Il est donc possible que les images des corps diminuent, si les miroirs diminuent, mais il n'est pas possible qu'elles augmentent si les miroirs augmentent. Assurément, il y a là quelque chose qui nous échappe. Mais maintenant, il faut dormir. Car ce n'est pas en cherchant que je semblerai heureux, même aux yeux de Nebridius, mais peut-être en trouvant quelque chose. Mais ce quelque chose, quel est-il ? Serait-ce ce raisonnement que je ne laisse de caresser comme mon unique et auquel je prends beaucoup de plaisir ?

4. Unde constamus? Ex animo et corpore. Quid horum melius? Videlicet animus. Quid laudatur in corpore? Nihil aliud uideo 5 quam pulchritudinem. Quid est corporis pulchritudo? Congruentia partium cum quadam coloris suauitate. Haec forma ubi uera melior an ubi falsa? Quis dubitet ubi uera est esse meliorem? Ubi ergo uera est? In animo scilicet. Animus igitur magis amandus quam corpus. Sed in qua parte animi 10 est ista ueritas? In mente atque intellegentia. Quid huic aduersatur? Sensus. Resistendum ergo sensibus totis animi uiribus liquet. Quid si sensibilia nimium delectant? Fiat ut non delectent. Unde fit? Consuetudine his carendi appetendique meliora. Quid si moritur animus? Ergo moritur ueritas 15 aut[1] non est intellegentia ueritas aut intellegentia non est in animo aut potest mori aliquid in quo aliquid inmortale est. Nihil autem horum fieri posse Soliloquia nostra iam continent satisque persuasum est; sed nescio qua consuetudine malorum territamur atque titubamus. Postremo etiam si moritur animus, 20 quod nullo modo fieri posse uideo, non esse tamen beatam uitam in laetitia sensibilium hoc otio satis exploratum est. His rebus fortasse atque talibus Nebridio meo si non beatus at certe quasi beatus uideor. Videar et mihi! Quid inde perdo aut cur parcam bonae opinioni? Haec mihi dixi; deinde oraui, ut solebam, atque dormiui.

5. 25 Haec placuit scribere tibi. Delectat enim me quod mihi gratias agis si nihil te quod in buccam uenerit celem, et [p. 9] gaudeo, quia sic tibi placeo. Apud quem igitur libentius ineptiam quam cui displicere non possum? At si in potestate fortunae est ut hominem amet homo, uide quam beatus sim, qui de fortuitis tam multum gaudeo et talia bona, fateor, 5 desidero mihi ubertim adcrescere. Fortunae autem bona uerissimi sapientes, quos solos beatos fas est uocari, nec timeri uoluerunt nec cupi – an cupiri? Tu uideris. Et belle accidit. Nam uolo me declinationis huius gnarum facias. Cum enim adiungo uerba similia, incertior fio. Nam ita est cupio ut 10 fugio, ut sapio, ut iacio, ut capio; sed utrum fugiri an fugi, utrum sapiri an sapi sit modus infinitus, ignoro. Possem adtendere iaci et capi, ni uererer ne me caperet et pro ludibrio iaceret

---

[1] aut ... ueritas *Goldbacher*] aut non est in intellegentia ueritas *Daur* (sans garant paléographique).

4. De quoi sommes-nous constitués ? D'une âme et d'un corps. Lequel des deux est-il le meilleur ? L'âme, évidemment. Que loue-t-on dans le corps ? Rien d'autre que la beauté, à ce que je vois. Qu'est-ce que la beauté d'un corps ? La convenance de ses parties accompagnée d'une certaine douceur de la couleur. Cette belle forme est-elle meilleure là où elle est véritable ou là où elle est fausse ? Qui douterait que c'est là où elle est véritable qu'elle est meilleure ? Où donc est-elle véritable ? Dans l'âme bien sûr. L'âme doit donc être plus aimée que le corps. Mais dans quelle partie de l'âme est cette vérité ? Dans l'esprit et dans l'intelligence. Qu'est-ce qui s'oppose à elle ? Les sens. Il faut donc résister aux sens avec toutes les forces de l'âme. Et si les choses sensibles nous plaisent trop ? Il faut faire en sorte qu'elles ne nous plaisent pas. Comment cela peut-il se faire ? En s'habituant à en être privé et à désirer des choses meilleures. Et si l'âme meurt ? Alors la vérité meurt ; ou bien l'intelligence n'est pas la vérité ; ou bien l'intelligence n'est pas dans l'âme ; ou bien quelque chose dans lequel réside quelque chose d'immortel peut mourir. Or, qu'aucun de ces cas ne peut se produire, c'est ce dont nos *Soliloques* ont déjà traité et nous ont suffisamment persuadé ; mais je ne sais quelle habitude des malheurs nous effraie et nous fait chanceler. Enfin, même si l'âme meurt – ce qui ne saurait en aucun cas se produire, à ce que je vois –, le bonheur ne se trouve pas pour autant dans la joie que procurent les choses sensibles : mon loisir m'en a déjà apporté une preuve suffisante. Pour cela peut-être, et pour d'autres choses similaires, je semble, sinon heureux, du moins quasiment heureux aux yeux de mon cher Nebridius. Puissé-je le sembler à mes propres yeux ! Qu'ai-je à y perdre ? Pourquoi me refuserais-je cette bonne opinion ? Voilà ce que je me suis dit. Ensuite, j'ai fait ma prière, comme à l'accoutumé, et je me suis endormi.

5. J'ai pris plaisir à t'écrire ces choses. Car le fait que tu me remercies de ne rien dissimuler de ce qui me vient à la bouche me fait plaisir et je me réjouis de te plaire ainsi. Devant qui divaguerais-je plus volontiers que devant celui à qui je ne saurais déplaire ? Mais s'il dépend de la fortune qu'un être humain en aime un autre, vois combien je suis heureux, moi qui me réjouis tant de mon sort et qui souhaite, je l'avoue, voir de tels biens s'accroître abondamment. Or, s'agissant des biens de la fortune, ceux qui sont très véritablement sages, et qui seuls peuvent être légitimement appelés heureux, n'ont pas voulu qu'ils fussent craints, *timeri*, ni désirés, *cupi* – ou *cupiri* ? Je te laisse juge. Et cela tombe bien car je voudrais que tu m'instruises au sujet de cette déclinaison. Car lorsque j'adjoins à ces formes des verbes du même type, je suis encore plus dans le doute. Car *cupio*, je désire, est comme *fugio*, je fuis, *sapio*, je goûte, *iacio*, je lance, *capio*, j'attrape. Mais l'infinitif est-il *fugiri* ou *fugi* ? Est-ce *sapiri* ou *sapi* ? Je l'ignore. Je pourrais prendre les exemples de *iaci*, être lancé, et *capi*, être attrapé, si je ne craignais pas d'être attrapé et de me voir lancer des railleries

quo uellet, qui[2] iactum et captum aliud, aliud fugitum, cupitum, sapitum esse conuinceret. Quae item tria 15 utrum paenultima longa et inflexa an graui breuique pronuntianda sint similiter nescio. Prouocauerim te ad epistulam longiorem. Peto ut paulo diutius te legam. Nam non queo tantum dicere, quantum uolupe est legere te.

IV.

Nebridio Augustinus [p. 9, 20].

1. Mirum admodum est quam mihi praeter spem euenerit quod, cum requiro quibus epistulis tuis mihi respondendum [p. 10] remanserit, unam tantum inueni, quae me adhuc debitorem teneret, qua petis ut tanto nostro otio, quantum esse arbitraris tecum aut nobiscum cupis, indicemus tibi quid in sensibilis atque intellegibilis naturae discernentia profecerimus. 5 Sed non arbitror occultum tibi esse, si falsis opinionibus tanto quisque inseritur magis quanto magis in eis familiariusque uolutatur, multo id facilius in rebus ueris animo accidere, ita tamen paulatim ut per aetatem proficimus, quippe cum plurimum inter puerum et iuuenem distet, nemo a pueritia 10 cotidie interrogatus se aliquando iuuenem dicet.

2. Quod nolo in eam partem accipias ut nos in his rebus quasi ad quandam mentis iuuentutem firmioris intellegentiae robore peruenisse existimes. Pueri enim sumus sed, ut dici adsolet, forsitan belli aut[3] non mali. Nam plerumque 15 perturbatos et sensibilium plagarum curis refertos illa tibi notissima ratiuncula in respiratione[4] leuat, mentem atque intellegentiam oculis et hoc uulgari aspectu esse meliorem. Quod ita non esset nisi magis essent illa quae intellegimus quam ista quae cernimus. Cui ratiocinationi utrum nihil ualide inimicum 20 sit, peto mecum consideres. Hac ego interim recreatus, cum deo in auxilium deprecato et in ipsum et in ea quae uerissime uera sunt adtolli

---

2　qui iactum et captum aliud, *aliud* fugitum *Goldbacher* (*aliud duplicauit Goldbacher*)] qui aliud iactum et captum, aliud fugitum *Daur*.
3　aut non mali *Migne, Daur*] et non male *Goldbacher*.
4　respiratione *Daur*] respirationem *Goldbacher*.

à souhait par celui qui me convaincrait que *iactum* et *captum* sont une chose et *fugitum*, *cupitum* et *sapitum* en sont une autre. De même, les pénultièmes de ces trois formes sont-elles longues et non-accentuées ou bien doivent-elles être prononcées avec un accent et comme des brèves ? Je l'ignore également. Puissé-je t'avoir provoqué à m'écrire une lettre plus longue. J'espère te lire un peu plus longuement. Car je ne peux pas te dire à quel point il m'est agréable de te lire.

Lettre 4

Augustin à Nebridius

1. Voici qui m'étonne grandement : il s'est trouvé contre toute attente qu'en cherchant à quelles lettres il me restait à répondre parmi celles que tu m'as envoyées, je n'en ai trouvé qu'une seule qui fasse de moi ton débiteur, celle dans laquelle tu demandes que, profitant du grand loisir que tu penses en toi-même être le nôtre, ou que tu désires avec nous-même être le nôtre, nous t'indiquions quels progrès nous avons faits au sujet des critères distinctifs de la nature sensible et de la nature intelligible. Mais je ne pense pas que tu sois sans savoir que, si les opinions fausses s'implantent d'autant plus en chacun qu'on les roule davantage dans son esprit et qu'elles deviennent plus familières, la même chose se produit beaucoup plus facilement lorsque l'âme a affaire aux choses vraies, mais que néanmoins cela se produit petit à petit, comme lorsque nous progressons en âge, puisque, bien qu'il y ait loin de l'enfant à l'adulte, personne qui serait interrogé chaque jour depuis son enfance ne dirait à un moment précis qu'il est un adulte.

2. Mais je ne veux pas que tu entendes par là que nous soyons nous-mêmes parvenus en cette matière à une certaine maturité d'esprit grâce à la force d'une intelligence assez ferme. Car nous sommes un enfant, un bel enfant peut-être, comme on dit, ou un enfant qui n'est pas mauvais. En effet, souvent troublé et rempli de soucis qui viennent des coups du sensible, ce petit raisonnement qui t'est très bien connu nous permet de reprendre haleine : l'esprit et l'intelligence sont meilleurs que les yeux et la vision ordinaire, ce qui ne pourrait pas être le cas si les choses que nous comprenons avec notre intelligence n'étaient pas plus que celles que nous voyons. N'y a-t-il rien qui soit sérieusement en conflit avec ce raisonnement ? Je te demande d'examiner la question avec moi. En ce qui me concerne, lorsque grâce à lui, j'ai refait mes forces pour un temps, et qu'après avoir imploré le secours de Dieu, j'ai commencé à m'élever à la fois vers lui et vers les choses qui sont très véritablement vraies, je suis parfois rempli d'une telle anticipation des choses qui demeurent qu'il m'arrive

coepero, tanta non numquam rerum manentium praesumptione compleor ut mirer interdum illa mihi opus esse ratiocinatione ut haec esse credam, quae [p. 10] tanta insunt praesentia quanta sibi quisque ipse sit[5] praesens. Recole tu quoque, nam te fateor huius rei esse diligentiorem, ne quid forte nesciens rescriptis adhuc debeam! Nam mihi non facit fidem tam multorum onerum quae aliquando numeraueram 5 tam repentina depositio, quamuis te accepisse litteras meas non dubitem quarum rescripta non habeo.

V.

Augustino Nebridius [p. 11, 8].

Itane est, mi Augustine? Fortitudinem ac tolerantiam negotiis 10 ciuium praestas necdum tibi redditur illa exoptata cessatio? Quaeso, qui te tantum bonum homines interpellant? Credo qui nesciunt, quid ames, quid concupiscas. Nullusne tibi est amicorum qui eis amores referat tuos? Nec Romanianus nec Lucinianus? Me certe audiant. Ego clamabo, ego 15 testabor te deum amare, illi seruire atque inhaerere cupere. Vellem ego te in rus meum uocare ibique adquiescere. Non enim timebo me seductorem tui dici a ciuibus tuis, quos nimium amas et a quibus nimium amaris.

VI.

Augustino Nebridius [p. 11, 20].

1. Epistulas tuas perplacet ita seruare ut oculos meos. Sunt enim magnae non quantitate sed rebus et magnarum rerum [p. 12] magnas continent probationes. Illae mihi Christum, illae Platonem, illae Plotinum sonabunt. Erunt igitur mihi et ad audiendum propter eloquentiam dulces et ad legendum propter breuitatem faciles et ad intellegendum propter sapientiam 5 salubres. Curabis ergo quod tuae menti sanctum bonumque fuerit uisum, me docere. His autem litteris respondebis cum de phantasia et memoria subtilius aliquid disputaris. Mihi enim ita uidetur quod, quamuis non omnis phantasia cum memoria sit, omnis tamen memoria sine phantasia esse non 10 possit. Sed dices: "Quid, cum recordamur nos intellexisse aut cogitasse aliquid"? Contra haec ego respondeo et dico propterea hoc euenisse quia, cum intelleximus uel

---

5 sit *Migne*] fit *Goldbacher, Daur.*

de m'étonner d'avoir besoin de ce raisonnement pour croire que ces choses existent, qui sont aussi présentes en nous que chacun est présent à soi-même.

Refais toi-même le compte – car je dois dire que tu fais plus attention que moi à cela – de peur que, sans le savoir, je ne te doive encore des réponses. Car un allègement si soudain de poids si nombreux que j'avais auparavant comptés ne me semble pas croyable, bien que je ne doute pas que tu aies reçu de moi des lettres auxquelles tu n'as pas répondu.

Lettre 5

Nebridius à Augustin

Est-ce vrai, mon cher Augustin ? Tu consacres ton énergie et ta patience aux affaires de tes concitoyens sans que le repos auquel tu aspires te soit encore accordé en retour ? Quels sont ces hommes qui te dérangent, toi qui es si bon, je te le demande ? Je crois que ce sont des hommes qui ignorent ce que tu aimes, ce que tu convoites. N'y a-t-il personne, parmi tes amis, qui leur fasse connaître tes amours ? Ni Romanianus, ni Lucinianus ? Qu'ils m'entendent, moi, au moins. Car moi, je clamerai, je témoignerai que tu aimes Dieu, que tu désires le servir et t'attacher à lui. Je voudrais, moi, t'inviter dans mon domaine et que tu te reposes ici-même. Car je ne craindrai pas d'être appelé ton ravisseur par tes concitoyens que tu aimes trop et desquels tu es trop aimé.

Lettre 6

Nebridius à Augustin

1. J'ai grand plaisir à conserver tes lettres comme la prunelle de mes yeux. Car elles sont grandes, non pas par leur étendue, mais par les choses qu'elles contiennent, et elles renferment de grandes preuves de grandes choses. Certaines me feront entendre le Christ, d'autres Platon et d'autres Plotin. Elles me seront donc douces à entendre du fait de leur éloquence, faciles à lire du fait de leur brièveté et salutaires à comprendre du fait de leur sagesse. Tu auras donc soin de m'enseigner ce qui aura semblé saint et bon à ton esprit. S'agissant de cette lettre, tu y répondras en entrant dans une discussion assez subtile sur la *phantasia* et la mémoire. Car il me semble que, bien que toute *phantasia* ne soit pas accompagnée de mémoire, il ne peut pas y avoir de mémoire en revanche sans *phantasia*. Mais, me diras-tu : « Eh quoi ? Et lorsque nous nous souvenons d'avoir compris ou d'avoir pensé quelque chose ? ». À quoi je réponds en affirmant que cela s'est produit parce que, lorsque nous avons compris ou pensé,

cogitauimus, corporeum ac temporale aliquid genuimus quod ad phantasiam pertinet; nam aut uerba intellectui cogitationibusque nostris 15 adiunximus, quae uerba sine tempore non sunt et ad sensum uel phantasiam pertinent, aut tale aliquid noster intellectus cogitatioue passa est, quod in animo phantastico memoriam[6] facere potuisset. Haec ego inconsiderate ac perturbate, ut soleo, dixi; tu explorabis et falso reiecto ueritatem in litteris 20 conferes.

2. Audi aliud! Cur, quaeso te, non a se potius quam a sensu phantasiam habere omnes imagines dicimus? Potest enim, quem ad modum noster animus intellectualis ad intellegibilia sua uidenda a sensu admonetur potius quam aliquid accipit, 25 ita et phantasticus animus ad imagines suas contemplandas a sensu admoneri potius quam aliquid adsumere. Nam forte [p. 13] inde contingit ut ea, quae sensus non uidet, ille tamen aspicere possit; quod signum est in se et a se habere omnes imagines. De hac re quoque quid sentias respondebis.

VII.

Nebridio Augustinus [p. 13, 5]

I 1. Prooemio supersidam et cito incipiam quod me iam iamque uis dicere, praesertim non cito desiturus. Memoria tibi uidetur nulla esse posse sine imaginibus uel imaginariis uisis, quae phantasiarum nomine appellare uoluisti. Ego aliud existimo. 10 Primum ergo uidendum est non nos semper rerum praetereuntium meminisse sed plerumque manentium. Quare cum sibi memoria praeteriti temporis uindicet tenacitatem, constat eam tamen partim eorum esse quae nos deserunt, partim eorum quae deseruntur a nobis. Nam cum recordor patrem 15 meum, id utique recordor quod me deseruit et nunc non est; cum autem Carthaginem, id quod est et quod ipse deserui. In utroque tamen horum generum praeteritum tempus memoria tenet. Nam et illum hominem et istam urbem ex eo quod uidi, non ex eo quod uideo memini.

2. 20 Hic tu fortasse quaeris: "Quorsum ista?", praesertim cum animaduertas utrumlibet horum non posse in memoriam uenire nisi uiso illo imaginario. At

---

6 memoriam *Goldbacher*] memoria *Daur*.

nous avons fait naître quelque chose de corporel et de temporel qui relève de la *phantasia*. En effet, soit nous avons adjoint des mots à notre intellection et à nos pensées – lesquels mots ne sont pas dépourvus de temporalité et relèvent de la sensation ou de la *phantasia* –, soit notre intellect ou notre pensée ont éprouvé quelque chose de tel qu'il a pu laisser un souvenir dans l'âme imaginative. Je t'ai dit cela sans réflexion et sans ordre, comme à mon habitude ; quant à toi, tu l'examineras et, après avoir rejeté ce qui est faux, tu me communiqueras dans une lettre la vérité.

2. Écoute autre chose ! Pourquoi, je te le demande, ne disons-nous pas que la *phantasia* tient toutes ses images d'elle-même plutôt que de la sensation ? Car il se pourrait que, de même que notre âme intellective est avertie par la sensation de voir des intelligibles qui lui appartiennent plutôt qu'elle ne les reçoit, de même l'âme imaginative soit avertie par la sensation de contempler des images qui lui appartiennent, plutôt que d'acquérir quelque chose. Car c'est peut-être de là que vient le fait que, ce que la sensation ne voit pas, l'âme imaginative peut pourtant l'observer, ce qui est le signe qu'elle a en elle-même et qu'elle tient d'elle-même toutes ses images. Sur ce point aussi tu me diras dans ta réponse ce que tu penses.

Lettre 7

Augustin à Nebridius

1 1. Je me passerai de préambule et j'en viens aussitôt à ce dont tu veux impatiemment que je parle, d'autant que je n'aurai pas fini de sitôt. Il te semble qu'il ne peut pas y avoir de mémoire sans images ou sans représentations imaginaires, auxquelles tu as voulu donner le nom de *phantasiae*. En ce qui me concerne, je suis d'un autre avis. Tout d'abord, il faut bien voir que ce n'est pas toujours de choses passées mais très souvent de choses qui demeurent que nous nous souvenons. C'est pourquoi, bien que la mémoire revendique comme sienne la rétention du temps passé, il se trouve qu'elle se rapporte pour une part à des choses qui nous ont quittés et pour une autre part à des choses que nous avons quittées. En effet, lorsque je me souviens de mon père, je me souviens assurément de ce qui m'a quitté et qui n'est plus maintenant ; mais lorsque je me souviens de Carthage, je me souviens de ce qui existe et que j'ai moi-même quitté. Dans les deux cas pourtant, la mémoire retient le temps passé. Car cet homme et cette ville, je m'en souviens du fait que je les ai vus et non pas du fait que je les vois.

2. Là, tu te demandes sans doute : « À quoi cela tend-il ? », d'autant que tu te rends bien compte que dans l'un et l'autre cas rien ne peut venir à la mémoire,

mihi satis est sic interim ostendisse posse dici earum etiam rerum quae nondum interierunt memoriam. Verum quid me adiuuet, facito intentius accipias [p. 14]! Nonnulli calumniantur aduersus Socraticum illud nobilissimum inuentum quo adseritur non nobis ea quae discimus, ueluti noua inseri, sed in memoriam recordatione reuocari, dicentes memoriam praeteritarum rerum esse, haec autem quae 5 intellegendo discimus, Platone ipso auctore, manere semper nec posse interire, ac per hoc non esse praeterita. Qui non adtendunt illam uisionem esse praeteritam qua[7] haec aliquando mente uidimus; a quibus quia defluximus et aliter alia uidere coepimus, ea nos reminiscendo reuisere, id est per memoriam. 10 Quam ob rem si, ut alia omittam, ipsa aeternitas semper manet nec aliqua imaginaria figmenta conquirit quibus in mentem quasi uehiculis ueniat, nec tamen uenire posset nisi eius meminissemus, potest esse quarundam rerum sine ulla imaginatione memoria.

11 3. 15 Iam uero quod tibi uidetur anima, etiam non usa sensibus corporis, corporalia posse imaginari, falsum esse conuincitur isto modo: si anima, priusquam corpore utatur ad corpora sentienda, eadem corpora imaginari potest et melius, quod nemo sanus ambigit, affecta erat antequam his fallacibus 20 sensibus implicaretur, melius afficiuntur animae dormientium quam uigilantium, melius phreneticorum quam tali peste carentium; his enim afficiuntur imaginibus quibus ante istos sensus uanissimos nuntios afficiebantur, et aut uerior erit sol quem uident illi quam ille quem sani atque uigilantes, 25 aut erunt ueris falsa meliora. Quae si absurda sunt, sicuti sunt, nihil est aliud illa imaginatio, mi Nebridi, quam plaga inflicta per sensus, quibus non, ut tu scribis, commemoratio quaedam fit ut talia formentur in anima, sed ipsa huius falsitatis inlatio siue, ut expressius dicatur, inpressio. Quod [p. 15] sane te mouet, qui fiat ut eas facies formasque cogitemus quas numquam uidimus, acute mouet. Itaque faciam quod ultra solitum modum hanc epistulam porrigat, sed non apud te, cui nulla est pagina gratior quam quae me loquaciorem 5 adportat tibi.

---

7   qua *Daur*] quia *Goldbacher*.

si ce n'est à l'aide de cette représentation de l'imagination dont nous parlons. Mais pour moi, il me suffit pour lors d'avoir montré de la sorte que l'on peut parler de mémoire même dans le cas de choses qui n'ont pas encore disparu. Maintenant, à quoi cela m'avance-t-il ? Concentre-toi bien pour le voir ! Certains s'en prennent à cette très noble découverte de Socrate, qui lui fait dire que les choses que nous apprenons ne s'implantent pas en nous comme si elles étaient nouvelles, mais qu'elles sont rappelées par le souvenir dans notre mémoire ; ils disent que la mémoire se rapporte à des choses passées, alors que les choses que nous apprenons en les comprenant, de l'autorité même de Platon, demeurent toujours, qu'elles ne peuvent pas disparaître et qu'elles ne sont donc pas passées. C'est qu'ils ne se rendent pas compte que c'est la vision par laquelle nous les avons vues un jour par notre esprit qui est passée, et que, comme nous nous sommes laissés entraîner loin d'elles et que nous avons commencé à voir d'une autre façon d'autres choses, nous les revisitons en nous en souvenant, c'est-à-dire par le moyen de la mémoire. C'est pourquoi, si l'éternité elle-même (pour ne pas parler du reste) demeure toujours, si elle ne requiert pas de représentations imaginaires qui, comme des véhicules, lui permettraient de venir à l'esprit, et si pourtant elle ne pourrait pas y venir à moins que nous nous en souvenions, alors il peut y avoir une mémoire de certaines choses sans aucune imagination.

11 3. S'agissant maintenant de ton idée selon laquelle l'âme peut former des images des choses corporelles sans même avoir usé des sens corporels, on peut montrer de la façon suivante qu'elle est fausse : si, avant d'user du corps pour sentir les corps, l'âme peut imaginer ces mêmes corps et si – ce dont personne de sain d'esprit ne doutera – la façon dont elle était affectée avant d'avoir affaire à ces sens trompeurs était préférable, alors la façon dont sont affectées les âmes de ceux qui dorment est préférable à la façon dont sont affectées les âmes de ceux qui veillent et celle dont sont affectées les âmes des frénétiques est préférable à celle dont sont affectées les âmes de ceux qui sont exempts d'un tel mal car ces âmes sont affectées par des images, qui les ont affectées avant ces sens qui sont des messagers très vains ; et soit le soleil qu'elles voient est plus vrai que celui que voient les personnes en bonne santé et celles qui veillent, soit des représentations fausses seront préférables à des représentations vraies. Si toutefois cela est absurde, comme c'est bien le cas, l'imagination n'est rien d'autre, mon cher Nebridius, qu'un coup infligé par les sens, en vertu desquels il se produit, non pas, comme tu l'écris, un rappel grâce auquel de telles images se formeraient dans l'âme, mais l'introduction même de cette fausseté ou, pour le dire plus exactement, son impression. Assurément, la question qui te trouble, à savoir comment il se fait que nous pensions à des visages ou à des formes que

4. Omnes has imagines, quas phantasias cum multis uocas, in tria genera commodissime ac uerissime distribui uideo, quorum est unum sensis rebus inpressum, alterum putatis, tertium ratis. Primi generis exempla sunt, cum mihi tuam 10 faciem uel Carthaginem uel familiarem quondam nostrum Verecundum et si quid aliud manentium uel mortuarum rerum, quas tamen uidi atque sensi, in se animus format. Alteri generi subiciantur[8] illa quae putamus ita se habuisse uel ita se habere uel cum disserendi gratia quaedam ipsi 15 fingimus nequaquam impedientia ueritatem, uel qualia figuramus, cum legitur historia, et cum fabulosa uel audimus uel componimus uel suspicamur. Ego enim mihi, ut libet atque ut occurrit animo, Aeneae faciem fingo, ego Medeae cum suis anguibus alitibus iunctis iugo, ego Chremetis et alicuius 20 Parmenonis. In hoc genere sunt etiam illa quae siue sapientes aliquid ueri talibus inuoluentes figuris siue stulti uariarum superstitionum conditores pro uero adtulerunt, ut est tartareus Phlegethon et quinque antra gentis tenebrarum et stilus septentrionalis continens caelum et alia poetarum atque haereticorum 25 mille portenta. Dicimus etiam inter disputandum: "Puta esse tres super inuicem mundos, qualis hic unus est" [p. 16] et: "Puta quadrata figura terram contineri" et similia. Haec enim omnia, ut se cogitationis tempestas habuerit, fingimus et putamus. Nam de rebus quod ad tertium genus adtinet imaginum, numeris maxime atque dimensionibus agitur, quod 5 partim est in rerum natura, cum totius mundi figura inuenitur et hanc inuentionem in animo cogitantis imago sequitur, partim in disciplinis tamquam in figuris geometricis et rhythmicis musicis et infinita uarietate numerorum. Quae quamuis uera, sic ut ego autumo, comprehendantur, gignunt tamen 10 falsas imaginationes, quibus ipsa ratio uix resistit, tametsi nec ipsam disciplinam disserendi carere hoc malo facile est, cum in diuisionibus et conclusionibus quosdam quasi calculos imaginamur.

---

8   subiciantur *Goldbacher*] subiciuntur *Migne, Daur.*

nous n'avons jamais vus, te trouble de façon pénétrante. C'est pourquoi je vais faire que cette lettre s'allonge au-delà de la longueur habituelle d'une lettre, sauf quand elle t'est adressée à toi, qui n'apprécies rien tant qu'un écrit qui me transporte plus bavard chez toi.

4. À ce que je vois, toutes ces images que tu appelles avec beaucoup de personnes des *phantasiae* peuvent être distinguées de façon très commode et très vraie en trois genres : l'un est imprimé à partir de choses qui ont été senties, l'autre à partir de choses que l'on s'est figuré, le troisième à partir de choses sur lesquelles on a raisonné. On a des exemples du premier genre lorsque l'âme forme en elle ton visage, ou Carthage, ou notre ami de jadis, Verecundus, et tout ce qui fait partie des choses qui demeurent ou qui sont mortes et que j'ai cependant vues et perçues. Au deuxième genre, rattachons ce que nous nous figurons avoir été tel ou être tel, lorsque par exemple nous imaginons nous-mêmes certaines choses pour les besoins de l'argumentation, sans qu'elles ne fassent aucunement obstacle à la vérité, ou bien ce qui est tel que ce que nous nous figurons à la lecture d'un récit historique, ou lorsque nous entendons ou que nous composons des fictions ou que nous avons l'idée de fictions. Ainsi, je me représente moi-même comme il me plaît et comme cela me vient à l'esprit, le visage d'Énée, celui de Médée avec ses serpents ailés attelés à son char, celui de Chrémès ou celui d'un certain Parménon. Ce genre inclut aussi tout ce qu'ont fait passer pour véritable soit des sages qui enveloppent de telles figures quelque chose de vrai soit des insensés qui créent toutes sortes de fictions, comme par exemple le Phlégéton du Tartare, les cinq antres de la races des ténèbres, le pivot du nord qui maintient le ciel et mille autres affabulations des poètes et des hérétiques. Nous disons également au milieu d'une discussion : « Suppose qu'il y ait trois mondes semblables à ce monde unique, empilés les uns sur les autres » et « Suppose que la terre soit contenue dans les limites d'un cube » et d'autres choses du même type. Or toutes ces choses, nous les imaginons et nous nous les figurons au gré des dispositions dans lesquelles se trouve notre pensée. Maintenant, s'agissant des choses qui concernent le troisième genre d'images, on en traite surtout par les nombres et les dimensions ; et cela pour une part dans la nature, lorsqu'on trouve la forme du monde tout entier et qu'une image s'ensuit de cette découverte dans l'esprit de celui qui pense, et pour l'autre part dans les disciplines libérales, comme par exemple dans les figures géométriques et les rythmes musicaux et l'infinie diversité des nombres. Ces choses ont beau être appréhendées en toute vérité, comme je l'affirme quant à moi, elles font pourtant naître de fausses images, auxquelles la raison elle-même s'oppose difficilement, même si ce n'est pas sans peine que l'art du raisonnement s'exempte lui-même de ce mal lorsque, dans les divisions et les conclusions, nous imaginons comme des jetons.

5. In hac tota imaginum silua credo tibi non uideri primum 15 illud genus ad animam, priusquam inhaereat sensibus, pertinere; neque hinc diutius disserendum. De duobus reliquis iure adhuc quaeri posset, nisi manifestum esset animam minus esse obnoxiam falsitatibus nondum passam sensibilium sensuumque uanitatem. At istas imagines quis dubitauerit 20 istis sensibilibus multo esse falsiores? Nam illa quae putamus et credimus siue fingimus, et[9] ex omni parte omnino falsa sunt et certe longe cernis ueriora esse quae uidemus atque sentimus. Iam in illo tertio genere quodlibet spatium corporale animo figurauero, quamquam id rationibus 25 disciplinarum minime fallentibus cogitatio peperisse uideatur, ipsis rursum rationibus arguentibus falsum esse conuinco. Quo fit, [p. 17] ut nullo pacto animam credam nondum corpore sentientem, nondum per sensus uanissimos mortali et fugaci substantia uerberatam, in tanta falsitatis ignominia iacuisse.

III 6. Unde igitur euenit, ut, quae non uidemus[10], cogitemus? Quid 5 putas, nisi esse uim quandam minuendi et augendi animae insitam quam, quocumque uenerit, necesse est adferat secum? Quae uis in numeris praecipue animaduerti potest. Hac fit ut uerbi gratia corui quasi ob oculos imago constituta, quae uidelicet aspectibus nota est, demendo et addendo quaedam 10 ad quamlibet omnino numquam uisam imaginem perducatur. Hinc[11] euenit ut per consuetudinem uoluentibus sese in talibus animis figurae huiusce modi uelut sua sponte cogitationibus inruant. Licet igitur animae imaginanti ex his quae illi sensus inuexit, demendo, ut dictum est, et addendo ea gignere quae 15 nullo sensu adtingit tota; partes uero eorum in aliis atque aliis rebus adtigerat. Ita nos pueri apud mediterraneos nati atque nutriti uel in paruo calice aqua uisa iam imaginari maria poteramus, cum sapor fragorum et cornorum, antequam in Italia gustaremus, nullo modo ueniret in mentem. Hinc 20 est quod a prima aetate caeci, cum de luce coloribusque interrogantur, quid respondeant non inueniunt; non enim coloratas ullas patiuntur imagines, qui senserint nullas.
7. Nec[12] mirere quo pacto ea quae in rerum natura figurantur et fingi possunt, non primo anima quae omnibus inest secum ista [p. 18] uoluat, cum

9 [et] ex omni ... sentimus *Daur*] et ex omni parte omnino falsa sunt et certe longe, ut cernis, ueriora [esse], quae uidemus atque sentimus *Goldbacher*.
10 uidemus *Goldbacher, Daur*] uidimus *Amerbach, Migne*.
11 hinc *Daur*] hoc *Goldbacher*.
12 Nec ... senserit] Nec mirere quo pacto ea, quae in rerum natura figurantur et fingi possunt, non primo in anima quae omnibus inest commista volvantur, cum ea numquam extrinsecus senserit *Migne*; Nec mirere, quo pacto ea, quae in rerum natura figurantur,

5. Dans toute cette forêt d'images, je ne crois pas qu'il te semble que le premier genre appartienne à l'âme avant qu'elle ne se lie aux sens. Il n'y a donc pas à en discuter plus longtemps. Dans le cas des deux autres genres, on pourrait à bon droit s'interroger, s'il n'était pas évident que l'âme est moins sujette aux faussetés lorsqu'elle n'a pas encore fait l'épreuve de la vanité des choses sensibles et des sens. Or qui douterait que ces images sont beaucoup plus fausses que ces choses sensibles ? Car les choses que nous nous figurons et que nous croyons ou que nous imaginons sont entièrement fausses, de part en part, et sans nul doute tu perçois que celles que nous voyons et que nous sentons sont de loin plus vraies. Et s'agissant maintenant de n'importe quel espace corporel que je me représente mentalement, bien que ma pensée semble l'avoir engendré à partir de principes scientifiques qui ne sont nullement trompeurs, je montre en raisonnant encore à partir de ces mêmes principes qu'il est faux. Par conséquent, je ne crois pas du tout que l'âme se trouve dans une fausseté aussi infamante sans qu'elle ait encore senti par le corps, c'est-à-dire sans qu'elle ait encore été frappée, par l'intermédiaire des sens très vains, par une substance mortelle et passagère.

III 6. D'où vient-il donc que nous pensions des choses que nous ne voyons pas ? D'où cela vient-il, à ton avis, si ce n'est du fait qu'il y a dans l'âme un certain pouvoir de diminuer et d'augmenter, qu'elle emporte nécessairement avec elle, où qu'elle aille ? Ce pouvoir peut être remarqué surtout dans les nombres. C'est grâce à lui que l'image d'un corbeau, par exemple, qui est pour ainsi dire sous nos yeux et qui est assurément familière à notre vue, est transformée à volonté, par la soustraction et par l'addition d'éléments, en une image que l'on n'a jamais vue du tout. De là vient que des figures de ce type envahissent pour ainsi dire spontanément les pensées des âmes qui ont l'habitude de retourner en elles de telles représentations. À l'âme qui imagine il est donc possible de faire naître, à partir de ce que les sens lui ont amené, par soustraction, comme on l'a dit, et par addition, des choses qu'elle n'a jamais atteintes tout entières par aucun des sens ; mais elle avait atteint leurs parties dans telle ou telle chose. Ainsi, nous-mêmes qui sommes nés et qui avons grandi au milieu des terres, nous avons pu imaginer dès ce moment des mers en voyant de l'eau dans une petite coupe, alors que le goût des fraises et des cornouilles ne pouvait aucunement nous venir à l'esprit avant que nous en ayons dégusté en Italie. De là vient que les aveugles de naissance ne savent que répondre quand on les interroge sur les couleurs et sur la lumière : ils ne font jamais l'expérience d'aucune image colorée ceux qui n'en ont perçu aucune.

7. Et ne t'étonne pas si les choses qui sont figurées dans la nature et qui peuvent être forgées, l'âme qui est présente en tout ne les retourne pas d'emblée en elle, puisqu'elle ne les a jamais senties extérieurement. Car il n'est pas vrai non plus que dans notre cas, lorsque nous formons sur notre corps de nombreuses

ea numquam extrinsecus senserit. Non enim etiam nos cum indignando aut laetando ceterisque huiusce modi animi motibus multos in nostro corpore uultus coloresque formamus, prius nostra cogitatio quod facere 5 possimus tales imagines concipit. Consequuntur ista miris illis modis et committendis cogitationi tuae, cum in anima sine ulla corporalium figura falsitatum numeri actitantur occulti. Ex quo intellegas uelim, cum tam multos animi motus esse sentias expertes omnium de quibus nunc quaeris imaginum, 10 quolibet alio motu animam sortiri corpus quam sensibilium cogitatione formarum, quas eam, priusquam corpore sensibusque utatur, nullo modo arbitror pati posse. Quam ob rem pro nostra familiaritate et pro ipsius diuini iuris fide sedulo monuerim, carissime mihi ac iucundissime, nullam cum istis 15 infernis umbris copules amicitiam neue illam quae copulata est cunctere diuellere. Nullo modo enim resistitur corporis sensibus, quae nobis sacratissima disciplina est, si per eos inflictis plagis uulneribusque blandimur.

VIII.

Augustino Nebridius [p. 18, 20].

Festinanti mihi ad rem peruenire nullum prooemium, nullum placet exordium. Qui fit, mi Augustine, uel qui modus est [p. 19] ille quo utuntur superiores potestates, quas caelestes intellegi uolo, cum eis placet nobis dormientibus aliqua somnia demonstrare? Qui, inquam, modus est? id est, quomodo id faciunt, qua arte, quibus manganis quibusque instrumentis 5 aut medicamentis? Animumne nostrum per cogitationes suas inpellunt ut nos etiam ea cogitando imaginemur? An ipsa in suo corpore uel in sua phantasia facta nobis offerunt et ostendunt? Sed si in suo corpore ea faciunt, sequitur ut et nos alios oculos corporeos intrinsecus habeamus cum dormimus 10, quibus ea uideamus quae illi in suo corpore formauerunt. Sin uero ad istas res non corpore adiuuantur suo, sed in phantastico suo ista disponunt atque ita phantastica nostra contingunt et fit uisum quod est somnium, cur, quaeso

---

effingi possint non primo anima, quae omnibus inest, secum ista uoluente, cum ea numquam extrinsecus senserit *Goldbacher*; Nec mirere quo pacto ea quae in rerum natura figurantur et fingi possunt, non primo anima, quae omnibus inest, commista uoluat, cum ea numquam extrinsecus senserit *Daur*; Nec mirere quo pacto ea quae in rerum natura figurantur et fingi possunt, non primo anima, quae omnibus inest, commista uoluantur, cum ea numquam extrinsecus senserit *Lancel*.

mimiques et que nous passons par toutes les couleurs du fait que nous nous indignons ou que nous nous réjouissons, ou du fait de tous les autres mouvements semblables de notre âme, notre pensée conçoive d'abord que nous puissions produire de telles images. Ces images font suite à ces mouvements, selon ces modes étonnants que je recommande à ta réflexion, lorsque, dans notre âme, sont activés, sans aucune figure de faussetés corporelles, des nombres secrets. Par conséquent, puisque tu perçois que tant de mouvements de l'âme sont exempts de toutes ces images au sujet desquelles tu m'interroges maintenant, je voudrais que tu comprennes que l'âme a en partage le corps en vertu d'un autre mouvement que celui de la pensée de formes sensibles, formes dont elle ne saurait aucunement faire l'expérience, à mon avis, avant de se servir du corps et des sens. C'est pourquoi, au nom de notre intimité et de notre foi sincère dans la loi divine, je t'avertis, mon très cher et très plaisant ami, de ne contracter aucune amitié avec ces ombres d'en bas et de ne pas hésiter à briser celle qui a été contractée. Car il n'y a pas moyen de résister aux sens du corps, selon la discipline très sacrée qui est la nôtre, si nous nous complaisons aux coups et aux blessures qui nous sont infligés par eux.

Lettre 8

Nebridius à Augustin

Pressé d'en venir au fait, je ne veux aucun préambule, aucun exorde. De quelle façon, mon cher Augustin, ou quel est au juste le moyen qu'utilisent les puissances supérieures (j'entends par là celles qui sont célestes), lorsqu'elles veulent nous faire voir des rêves pendant que nous dormons ? Quel est ce moyen, je te le demande ? C'est-à-dire comment font-elles, par quel art, par quelles machinations, par quels instruments ou quels artifices ? Ébranlent-elles notre âme par leurs propres pensées de sorte que nous imaginions nous aussi ces rêves en pensant ? Ou bien est-ce qu'elles nous présentent et nous montrent ces rêves eux mêmes une fois qu'ils ont été produits sur leur propre corps ou dans leur propre imagination ? Mais si elles produisent ces rêves sur leur corps, il s'ensuit que nous avons aussi d'autres yeux corporels, internes, lorsque nous dormons, qui nous permettent de voir ce qu'elles ont formé sur leur corps. Si en revanche elles ne se servent pas dans ce cas de leur corps, mais disposent les rêves dans leur faculté imaginative et influencent ainsi nos facultés imaginatives, et si se produit ainsi la représentation en laquelle consiste le rêve, pourquoi, je te le demande, pourquoi est-ce que je ne force pas, moi, à l'aide de ma faculté imaginative, ta faculté imaginative à faire naître des rêves que j'ai formés le premier pour moi dans ma propre faculté ?

te, non ego phantastico meo tuum phantasticum ea somnia 15 generare compello, quae mihi primo in eo ipse formaui? Certe et mihi est phantasia et quod uolo potis est fingere, cum omnino nullum tibi facio somnium, sed ipsum corpus nostrum uideo in nobis somnia generare. Nam cum se male habuerit, per affectum quo animae copulatur, cogit nos id 20 ipsum miris modis per phantasian[13] assimulare. Saepe dormientes cum sitimus bibere somniamus et esurientes quasi comedentes uidemur et multa talia quae quasi commercio quodam a corpore in animam phantastice transferuntur. Haec pro sui obscuritate pro nostraque inperitia ne mireris si 25 minus eleganter minusque subtiliter explicata sunt; tu id facere, quantum poteris, laborabis.

IX.

Nebridio Augustinus [p. 20].

1. Quamquam mei animi cognitor sis, fortasse tamen ignoras quantum uelim praesentia tua frui. Verum hoc tam magnum 5 beneficium deus quandoque praestabit. Legi recentissimam epistulam tuam, in qua de solitudine questus es et quadam desertione a familiaribus tuis, cum quibus uita dulcissima est. Sed quid aliud hic tibi dicam, nisi quod te non dubito facere? Confer te ad animum tuum et illum in deum leua 10 quantum potes! Ibi enim certius habes et nos, non per corporeas imagines quibus nunc in nostra recordatione uti necesse est, sed per illam cogitationem qua intellegis non loco esse nos simul.

2. Epistulas tuas cum considerarem quibus nondum[14] tibi 15 quaerenti magna respondi, uehementer me illa terruit qua percontaris quomodo fiat ut nobis a superioribus potestatibus uel a daemonibus et cogitationes quaedam inserantur et somnia. Magna enim res est, cui tu quoque pro tua prudentia perspicis non epistula sed aut praesenti conlocutione aut 20 aliquo libello respondendum esse. Temptabo tamen callens ingenium tuum quaedam quaestionis huius lumina praeseminare ut aut cetera tecum ipse contexas aut posse ad rei tantae probabilem inuestigationem perueniri minime desperes.

3. 25 Arbitror enim omnem motum animi aliquid facere in corpore; [p. 21] id autem usque ad nostros exire sensus tam hebetes tamque tardos, cum sunt

---

13   phantasian *Goldbacher*] phantasiam *Daur*.
14   nondum *Daur*] non dubium *Goldbacher*.

Assurément, j'ai une imagination, et elle peut forger ce que je veux, sans que je puisse aucunement produire chez toi un rêve, alors que notre corps lui-même, à ce que je vois, peut faire naître en nous des rêves. En effet, lorsque le corps se trouve mal, en vertu de l'affection qui l'unit à l'âme, il nous force, de façon étonnante, à représenter cela même par le moyen de l'imagination. Souvent, lorsque nous dormons et que nous avons soif, nous rêvons que nous buvons, et lorsque nous avons faim, nous apparaissons comme en train de manger, et il en va de même pour de nombreuses choses qui sont transférées en imagination, en vertu d'une sorte de commerce, du corps jusque dans l'âme. Ne t'étonne pas si mes explications manquent d'élégance et de subtilité étant donné l'obscurité de ces choses et notre manque d'expérience ; quant à toi, tu t'efforceras de faire selon tes capacités.

Lettre 9

Augustin à Nebridius

1. Quoique tu sois juge de mon âme, tu ignores sans doute combien je voudrais jouir de ta présence. Mais ce bienfait si grand, Dieu l'accordera un jour. J'ai lu ta lettre très récente dans laquelle tu t'es plaint de ta solitude et d'un abandon de tes amis, dont la compagnie rend la vie très douce. Mais que te dirai-je d'autre dans cette lettre, si ce n'est de faire ce que tu fais, j'en suis sûr ? Réfugie-toi dans ton âme et élève-la vers Dieu autant que tu le peux ! Là, en effet, tu es en possession de nous aussi de façon plus sûre, non pas grâce à ces images corporelles dont nous devons maintenant user dans notre souvenir, mais grâce à la pensée qui te fait comprendre que ce n'est pas par le lieu que nous sommes ensemble.

2. Alors que j'examinais tes lettres auxquelles je n'avais pas encore répondu et dans lesquelles tu me posais des questions importantes, celle dans laquelle tu t'enquiers de savoir de quelle façon des pensées et des songes sont introduits en nous par des puissances supérieures ou par des démons m'a causé un profond effroi. C'est un grand problème auquel il faudrait répondre, comme tu t'en avises toi-même avec la prudence qui est la tienne, non par une lettre, mais soit par un entretien de vive voix soit par un petit traité. Je tenterai pourtant, connaissant bien ton intelligence, de jeter comme des semences quelques lumières sur cette question, de façon que soit tu les complètes toi-même soit tu ne désespères aucunement de parvenir à mener une investigation probable sur un si grand problème.

3. Je pense que tout mouvement de l'âme produit un effet dans le corps. Cet effet aboutit à nos sens, qui sont si engourdis et si lents, lorsque les mouvements

maiores animi motus, uelut cum irascimur aut tristes aut gaudentes sumus. Ex quo licet conicere, cum etiam cogitamus aliquid neque id nobis in nostro corpore apparet, apparere tamen posse aeriis aetheriisue animantibus, quorum est sensus acerrimus et in cuius comparatione noster ne sensus quidem putandus est. Igitur ea quae, ut ita dicam, uestigia sui motus animus figit in corpore possunt et manere et quendam quasi habitum facere; quae latenter cum agitata fuerint et contrectata secundum agitantis et contrectantis uoluntatem, ingerunt nobis cogitationes et somnia atque id fit mira facilitate. Si enim nostrorum corporum terrenorum et tardissimorum excitationes agendis[15] organis musicis seu in funiambulo ceterisque huiusce modi spectaculis innumerabilibus ad quaedam incredibilia peruenisse manifestum est, nequaquam est absurdum eos qui aerio uel aetherio corpore aliquid in corporibus agunt, quae naturali ordine penetrant, longe maiore uti facilitate ad mouendum, quicquid uolunt, non sentientibus nobis et tamen inde aliquid perpetientibus. Neque enim etiam quomodo fellis abundantia nos ad iram crebriorem cogat sentimus et tamen cogit, cum haec ipsa quam dixi abundantia facta sit irascentibus nobis.

4. Sed[16] hoc simile noli praetereunter accipere! Versa id cogitatione quantum potes! Nam si animo [p. 22] existat assidue aliqua difficultas agendi atque implendi quod cupit, assidue irascitur. Ira est autem, quantum mea fert opinio, turbulentus appetitus auferendi ea quae facilitatem actionis impediunt. Itaque plerumque non hominibus tantum sed calamo irascimur in scribendo eumque conlidimus atque frangimus et aleatores tesseris et pictores penicillo et cuique instrumento quilibet ex quo difficultatem se pati arbitratur. Hac autem assiduitate irascendi fel crescere etiam medici adfirmant; cremento[17] autem fellis rursus et facile ac prope nullis causis existentibus irascimur. Ita quod suo motu animus fecit in corpore ad eum rursus commouendum ualebit.

5. Possunt latissime ista tractari et multis rerum testimoniis ad certiorem plenioremque perduci notitiam. Sed huic epistulae adiunge illam quam tibi

---

15   agendis *Goldbacher*] seu in tangendis *Daur*.
16   Sed ... potes *Daur*] Sed hoc aut*em* si non uis simile a nobis praetereunter accipere, uersa id cogitatione, quantum potes *Goldbacher*.
17   cremento ... irascimur *Goldbacher*] incremento autem fellis rursus effici, ut facile ac prope nullis causis exsistentibus irascamur *Daur*.

de l'âme sont assez importants, comme par exemple lorsque nous nous mettons en colère ou lorsque nous sommes tristes ou lorsque nous sommes joyeux. On peut conjecturer à partir de là que, dans le cas également où nous pensons quelque chose, sans que cette chose soit perceptible pour nous sur notre corps, elle est pourtant perceptible pour les êtres vivants de l'air ou de l'éther, dont le sens est très aiguisé et en comparaison duquel le nôtre ne saurait même pas être considéré comme un sens. Par conséquent, ce que l'âme fixe dans le corps comme des traces de ses mouvements, si je puis dire, peut aussi persister et produire comme une disposition habituelle. Lorsque ces traces ont été remuées et maniées sans qu'on s'en rende compte, au gré de celui qui les remue et les manie, elles produisent les pensées et les rêves, et cela se produit avec une étonnante facilité. En effet, si de toute évidence l'exercice de nos corps terrestres et très lents parvient à des résultats incroyables dans le maniement des instruments de musique ou chez le funambule ou dans les innombrables spectacles de ce genre, il n'est pas du tout absurde que ceux qui agissent avec leur corps d'air ou d'éther sur les corps qu'ils pénètrent en vertu de l'ordre naturel jouissent d'une bien plus grande facilité pour mettre en mouvement ce qu'ils veulent, sans que nous nous en rendions compte, alors même que nous subissons l'effet de leur action. Car nous ne sentons pas non plus de quelle façon l'abondance de bile nous pousse à des accès de colère plus fréquents, et pourtant elle ne nous pousse pas moins à de tels accès, lorsque l'abondance dont j'ai parlé s'est produite en nous du fait de notre colère.

4. Mais n'accepte pas en passant cette comparaison ! Prête-lui, autant que tu peux, ton attention ! De fait, si une difficulté se présente continuellement à l'âme pour l'empêcher d'agir et de faire ce qu'elle veut, elle se met continuellement en colère. Or la colère, pour autant que j'en juge, est un désir passionné de supprimer ce qui entrave la facilité d'agir. C'est pourquoi bien souvent ce n'est pas seulement contre des hommes que nous nous mettons en colère, mais aussi contre un stylet, lorsque nous écrivons et que nous le brisons et le mettons en pièces ; et les joueurs se mettent en colère contre les dés, et les peintres contre leur pinceau, et tout un chacun contre l'instrument, quel qu'il soit, dont il pense qu'il est cause du fait qu'il éprouve de la difficulté. Or les médecins affirment aussi que le fait de se mettre continuellement en colère fait monter le taux de bile et que cette montée de bile fait en retour que nous nous mettons en colère facilement et presque sans avoir aucune raison de le faire. De la même façon, ce que l'âme produit par son mouvement dans le corps pourra en retour la mettre en mouvement.

5. On pourrait traiter de ce sujet très longuement et atteindre à une connaissance plus certaine et plus complète grâce à de nombreux témoignages venus des faits. Mais ajoute à cette lettre celle que je t'ai récemment envoyée au sujet

nuper de imaginibus et de 15 memoria misi et eam diligentius pertracta. Nam minus plene a te intellecta rescripto tuo mihi apparuit. Huic ergo quam nunc legis cum adiunxeris de illa quod ibi dictum est de naturali quadam facultate animi minuentis et augentis cogitatione quodlibet, fortasse te iam non mouebit unde fiat ut 20 etiam formae corporum quas numquam uidimus, uel cogitando apud nos uel somniando, figurentur.

X.

Nebridio Augustinus [p. 22, 22].

1. Numquam aeque quicquam tuarum inquisitionum me in 25 cogitando tenuit aestuantem atque illud quod recentissimis [p. 23] tuis litteris legi, ubi nos arguis quod consulere neglegamus ut una nobis uiuere liceat. Magnum crimen et, nisi falsum esset, periculosissimum. Sed cum perprobabilis ratio demonstrare uideatur hic nos potius quam Carthagini uel etiam in 5 rure ex sententia posse degere, quid tecum agam, mi Nebridi, prorsus incertus sum. Mittaturne ad te accommodissimum tibi uehiculum? Nam basterna innoxie te uehi posse noster Lucinianus auctor est. At matrem cogito, ut quae absentiam sani non ferebat inbecilli multo minus esse laturam. Veniamne 10 ipse ad uos? At hic sunt qui neque uenire mecum queant et quos deserere nefas putem. Tu enim potes et apud tuam mentem suauiter habitare; hi uero ut idem possint, satagitur. Eamne crebro et redeam et nunc tecum nunc cum ipsis sim? At[18] hoc neque simul ex sententia uiuere est. 15 Non enim breuis est uia, sed tanta omnino, cuius peragendae negotium saepe suscipere non sit ad optatum otium peruenisse. Huc accedit infirmitas corporis, qua ego quoque, ut nosti, non ualeo quod uolo, nisi omnino desinam quicquam plus uelle quam non[19] ualeo.

2. 20 Profectiones ergo, quas quietas et faciles habere nequeas, per totam cogitare uitam non est hominis de illa una ultima, quae mors uocatur, cogitantis, de qua uel sola intellegis uere esse cogitandum. Dedit quidem deus paucis quibusdam, quos ecclesiarum gubernatores esse uoluit, ut et illam non solum 25 expectarent fortiter, sed alacriter etiam desiderarent et

---

18 At ... est *Daur*] At hoc neque simul neque ex sententia uiuere est *Goldbacher*.
19 non *Goldbacher*] om. *Daur, Migne*.

des images et de la mémoire et examine-la avec plus d'attention car ta réponse m'a montré que tu ne l'avais pas entièrement comprise. Si donc tu ajoutes à la lettre que tu es en train de lire ce qui est dit dans l'autre au sujet de la faculté naturelle qu'a l'âme de diminuer et d'augmenter par la pensée ce qu'elle veut, tu ne seras sans doute plus troublé par la question de savoir comment il se fait qu'il se forme même des formes corporelles que nous n'avons jamais vues, soit du fait que nous pensons en nous-mêmes, soit du fait que nous rêvons.

Lettre 10

Augustin à Nebridius

1. Jamais aucune de tes requêtes n'a autant agité ma pensée que ce que j'ai lu dans ta dernière lettre, où tu nous accuses de négliger de nous soucier de la façon dont nous pourrions vivre ensemble. C'est un grief grave et, s'il n'était pas faux, il serait très dangereux. Mais puisqu'un raisonnement très plausible semble démontrer qu'en ce qui nous concerne, nous pouvons mener ici plutôt qu'à Carthage, ou même que dans ton domaine, une vie conforme à notre résolution, s'agissant de ce que je dois faire avec toi, mon cher Nebridius, je n'ai aucune certitude.

Faut-il t'envoyer le véhicule qui te serait le plus approprié ? Car notre cher Lucinianus se porte garant du fait que tu peux être transporté sans risque en chaise à porteurs. Mais je pense à ta mère ; comme elle supportait déjà mal ton absence lorsque tu étais bien portant, elle la supportera encore beaucoup moins bien maintenant que tu es malade. Faut-il que je vienne moi-même à vous ? Mais il y a ici des personnes qui ne peuvent pas venir avec moi et qu'il serait coupable, à mon avis, d'abandonner. Car toi, tu peux aussi habiter agréablement dans ton esprit ; dans leur cas, il y a fort à faire pour qu'ils puissent y arriver. Faut-il que je fasse des allers-retours et que je sois tantôt avec toi tantôt avec eux ? Mais même cela ce n'est pas vivre ensemble conformément à notre résolution. Car le chemin n'est pas court, mais si long en vérité qu'entreprendre souvent de le parcourir – ce qui est toute une affaire –, ce ne serait pas être parvenu au loisir que nous désirons. À cela s'ajoute ma faiblesse corporelle, qui fait que moi non plus, comme tu le sais, je ne peux pas ce que je veux, à moins de cesser entièrement de vouloir plus que ce que je peux.

2. Par conséquent, penser à faire toute sa vie des voyages qu'on ne saurait faire en toute quiétude ni aisément n'est pas le fait d'un homme qui pense à ce dernier voyage qu'on appelle la mort, le seul, tu le comprends, auquel il faille vraiment penser. Certes, Dieu a donné à un petit nombre d'hommes, dont il a voulu faire les pilotes des Églises, non seulement d'attendre courageusement

harum obeundarum labores sine ullo angore susciperent. Sed neque his qui ad huius modi administrationes temporalis honoris [p. 24] amore raptantur, neque rursum his qui, cum sunt priuati, negotiosam uitam appetunt, hoc tantum bonum concedi arbitror, ut inter strepitus inquietosque conuentus atque discursus cum morte familiaritatem quam quaerimus faciant; deificari 5 enim utrisque in otio licebat. Aut si hoc falsum est, ego sum omnium ne dicam stultissimus, certe ignauissimus, cui nisi proueniat quaedam secura cessatio, sincerum illud bonum gustare atque amare non possum. Magna secessione a tumultu rerum labentium, mihi crede, opus est ut non duritia, non 10 audacia, non cupiditate inanis gloriae, non superstitiosa credulitate fiat in homine nihil timere. Hinc enim fit illud etiam solidum gaudium nullis omnino laetitiis ulla ex particula conferendum.

3. Quod si in natura humana talis uita non cadit, cur 15 aliquando euenit ista securitas? Cur tanto euenit crebrius quanto quisque in mentis penetralibus adorat deum? Cur in actu etiam humano plerumque ista tranquillitas manet, si ex illo adyto ad agendum quisque procedat? Cur interdum et cum loquimur mortem non formidamus, cum autem non 20 loquimur etiam cupimus? Tibi dico – non enim hoc cuilibet dicerem –, tibi, inquam, dico cuius itinera in superna bene noui; tune, cum expertus saepe sis quam dulce uiuat, cum amori corporeo animus moritur, negabis tandem totam hominis uitam posse intrepidam fieri ut rite sapiens nominetur? 25 Aut hanc affectionem qua[20] ratio nititur tibi accidisse umquam, nisi cum in intimis tuis egeris[21], asserere audebis? Quae cum ita sint, restare unum uides ut tu quoque in commune consulas quo uiuamus simul. Quid enim cum matre agendum [p. 25] sit, quam certe frater Victor non deserit, tu multo melius calles quam ego. Alia scribere, ne te ab ista cogitatione auerterem, nolui.

---

20 qua *Daur*] quam *Goldbacher*; ad quam *Souter* (cf. *J. Baxter, Augustine, Selected Letters, p. 12*).
21 egeris] *conieci*; ageris *Goldbacher, Daur*; ageres *Baxter*; angeris *Migne, Lancel*.

ce voyage, mais même de le désirer ardemment et de supporter sans aucune angoisse les peines des voyages qu'ils doivent entreprendre. Mais, à mon avis, ni ceux qui se jettent sur de telles charges par amour des honneurs temporels ni ceux d'autre part qui recherchent une vie affairée en étant de simples particuliers ne se voient accorder un si grand bien, à savoir de créer au milieu de l'agitation et d'incessants allers-retours cette familiarité avec la mort que nous recherchons. Or dans le loisir, il était permis aux uns et aux autres de devenir semblables à Dieu. Ou alors, si c'est faux, c'est que je suis, je ne dis pas le plus insensé des hommes, mais le plus paresseux, moi qui ne peux ni goûter ni aimer ce bien pur, si un repos hors d'atteinte ne s'offre pas à moi. Crois-moi, un grand retrait loin du tumulte des choses qui passent est nécessaire pour que ce ne soit pas par dureté, ni par intrépidité, ni par amour d'une vaine gloire, ni par une crédulité superstitieuse que se produise dans un homme l'absence de crainte. C'est de là aussi que naît cette joie stable et qu'on ne saurait aucunement comparer à absolument aucun plaisir.

3. Mais si pareille vie est inaccessible à la nature humaine, pourquoi cette sécurité survient-elle parfois ? Pourquoi survient-elle d'autant plus fréquemment qu'on adore davantage Dieu dans le sanctuaire de son esprit ? Pourquoi cette tranquillité demeure-t-elle la plupart du temps même dans l'action humaine, si c'est de ce lieu sacré que l'on s'avance pour agir ? Pourquoi nous arrive-t-il parfois, lorsque nous parlons de la mort, de ne pas la craindre et, lorsque nous n'en parlons pas, d'aller jusqu'à la désirer ? Je te dis cela à toi – car je ne le dirais pas à n'importe qui –, oui, je te le dis à toi, dont je connais bien les chemins vers les hauteurs ; toi qui as souvent fait l'expérience de la douceur de la vie de l'âme lorsqu'elle meurt à l'amour du corps, nieras-tu donc que toute la vie d'un homme puisse devenir libre de toute crainte, de sorte qu'on puisse à juste titre lui donner le nom de sage ? Ou bien oseras-tu affirmer que tu as jamais atteint cet état sur lequel la raison prend appui à un autre moment que lorsque tu t'es tenu au plus intime de toi-même ?

Puisqu'il en est ainsi, tu vois que la seule chose qu'il te reste à faire, c'est de te soucier toi aussi, dans notre intérêt commun, de savoir où nous pouvons vivre ensemble. Car que devons-nous faire avec ta mère, que ton frère Victor n'abandonne pas en tout cas ? tu le sais beaucoup mieux que moi. Je n'ai rien voulu t'écrire d'autre, de peur de te distraire de cette pensée.

XI.

Nebridio Augustinus [p. 25, 5].

1. Cum me uehementer agitaret quaestio a te dudum cum quadam etiam familiari obiurgatione proposita, quonam pacto una uiuere possemus, et de hoc solo statuissem et rescribere tibi et rescripta flagitare, neque ad aliud aliquid quod ad 10 nostra studia pertinet stilum auertere, donec inter nos istuc ipsum terminaretur, cito me securum fecit recentis epistulae tuae breuissima et uerissima ratio, propterea scilicet hinc non esse cogitandum, quia uel nos cum potuerimus ad te uel tu cum potueris ad nos necessario uenturus sis. Hinc ergo, 15 ut dixi, securus effectus, consideraui omnes epistulas tuas ut uiderem quarum responsionum debitor sim. In quibus tam multas quaestiones repperi ut, etiam si facile dissolui possent, ipso aceruo cuiusuis ingenium otiumque superarent. Tam uero difficiles sunt ut, etiam si una earum mihi esset inposita, non 20 dubitarem me onustissimum confiteri. Hoc autem prooemium ad id ualet ut tantisper desinas noua quaerere donec toto aere alieno liberemur et de solo iudicio tuo mihi rescribas; quamquam scio quam sit aduersum me, qui tuarum diuinarum cogitationum uel tantisper particeps esse differo.

2. 25 Accipe igitur quid mihi uideatur de susceptione hominis [p. 26] mystica, quam propter salutem nostram factam esse religio qua inbuti sumus credendum cognoscendumque commendat. Quam quaestionem non facillimam omnium elegi cui potissimum responderem; sed ea mihi dignior ceteris uisa est cui 5 operam cogitationis inpenderem. Illa namque quae de hoc mundo quaeruntur nec satis ad beatam uitam obtinendam mihi uidentur pertinere et, si aliquid adferunt uoluptatis cum inuestigantur, metuendum est tamen ne occupent tempus rebus inpendendum melioribus. Quam ob rem quod ad hoc 10 pertinet susceptum in praesentia prius miror te esse commotum cur[22] non Pater sed Filius dicatur hominem suscepisse; sed etiam spiritus sanctus! Nam ista trinitas catholica fide ita inseparabilis commendatur et creditur, ita etiam a paucis sanctis beatisque intellegitur, ut, quicquid ab ea fit simul 15 fieri sit existimandum et a patre et a filio et ab spiritu sancto nec quicquam patrem facere quod non et filius et spiritus sanctus faciat, nec quicquam filium quod non et pater et spiritus sanctus, nec quicquam spiritum sanctum quod non et pater et filius. Ex quo uidetur esse consequens

---

22   cur ... Filius *Migne*] cur non pater et filius *Goldbacher, Daur.*

Lettre 11

Augustin à Nebridius

1. Alors que la question que tu m'as posée il y a quelque temps, non sans un reproche amical, au sujet de la façon dont nous pourrions vivre ensemble me troublait profondément et que j'avais décidé de te répondre et de te réclamer une réponse à ce seul propos, sans laisser ma plume digresser vers un autre sujet qui ait trait à nos études jusqu'à ce que nous ayons vidé cette affaire, le raisonnement très bref et très vrai de ta dernière lettre m'a vite rassuré, à savoir qu'il ne fallait plus y penser pour la raison que, forcément, soit nous viendrons nous-mêmes à toi, lorsque nous le pourrons, soit tu viendras toi-même à nous, lorsque tu le pourras. Étant donc rassuré de la sorte, comme je te l'ai dit, j'ai examiné toutes tes lettres pour voir de quelles réponses j'étais ton débiteur. J'y ai trouvé tant de questions que, même s'il était possible d'y répondre facilement, elles formeraient un tel tas qu'elles excèderaient l'intelligence et le loisir de quiconque. Mais en fait, elles sont si difficiles que, même si une seule d'entre elles m'avait été soumise, je confesserais sans hésitation que j'en suis tout accablé. L'objet de ce préambule est de faire en sorte que tu cesses de poser de nouvelles questions jusqu'à ce que nous ayons acquitté toutes nos dettes et que tu me répondes seulement pour me faire part de ton sentiment. Je sais pourtant combien j'agis à mon détriment en différant de partager tes pensées divines, même si c'est seulement de façon provisoire.

2. Écoute donc ce que je pense du mystère de l'assomption de l'homme qui s'est accomplie pour notre salut, comme la religion dont nous avons été imprégnés le déclare pour que nous le croyions et le comprenions. Je n'ai pas choisi de répondre de préférence à cette question parce qu'elle serait la plus facile de toutes ; c'est qu'elle m'a paru plus digne que les autres que je lui consacre l'effort de ma pensée. Car les questions qui portent sur ce monde ne me semblent pas assez se rapporter à l'obtention du bonheur et, si elles procurent du plaisir lorsqu'on s'en occupe, il est pourtant à craindre qu'elles n'accaparent le temps qui permettrait de se consacrer à des choses plus importantes. C'est pourquoi, en ce qui concerne le sujet dont nous nous occupons présentement, je m'étonne tout d'abord que tu aies été troublé en te demandant pourquoi ce n'est pas le Père mais le Fils qui est dit avoir assumé l'homme ; mais pourquoi pas aussi le Saint-Esprit ? Car la foi catholique déclare et croit – et quelques rares individus saints et bienheureux le comprennent même – que cette Trinité est tellement inséparable que tout ce qui est fait par elle, il faut aussi estimer qu'il est fait à la fois par le Père et par le Fils et par le Saint-Esprit, et que le Père ne fait rien que le Fils et le Saint-Esprit ne fassent pas aussi, et que le Fils ne fait rien que le Père et le Saint-Esprit ne fassent pas

ut hominem 20 trinitas tota susceperit; nam si filius suscepit, pater autem et spiritus sanctus non susceperunt, aliquid praeter inuicem faciunt. Cur ergo in mysteriis et sacris nostris hominis susceptio filio tributa celebratur? Haec est plenissima quaestio ita difficilis et de re tam magna ut nec sententia hic satis expedita 25 nec eius probatio satis secura esse possit. Audeo tamen, si quidem ad te scribo, significare potius quid meus animus habeat quam explicare, ut cetera pro ingenio tuo et familiaritate nostra, qua fit ut me optime noueris, per te ipse coniectes.

3. Nulla natura est, Nebridi, et omnino nulla substantia, quae 30 non in se habeat haec tria et prae se gerat: primo ut sit, [p. 27] deinde ut hoc uel illud sit, tertio ut in[23] eo ipso quod est maneat quantum potest. Primum illud causam ipsam naturae ostentat ex qua sunt omnia; alterum[24] speciem per quam fabricantur et quodammodo formantur omnia; 5 tertium manentiam quandam, ut ita dicam, in qua sunt omnia. Quod si fieri potest ut aliquid sit et non hoc uel illud sit[25] neque in genere suo maneat, aut hoc quidem aut[26] illud sit, sed non sit neque in suo genere maneat quantum potest, aut in suo genere quidem 10 pro ipsius sui generis uiribus maneat, sed tamen nec sit neque hoc uel illud sit, fieri etiam potest ut in illa trinitate aliqua persona praeter alias aliquid faciat. At si cernis necesse esse ut quicquid sit, continuo et hoc uel illud sit et in suo genere maneat quantum potest, nihil tria illa praeter inuicem 15 faciunt. Video adhuc partem me egisse huius quaestionis qua fit difficilis solutio. Sed breuiter tibi aperire uolui, si tamen egi quod uolui, quam subtiliter et quanta ueritate in catholica intellegatur huiusce inseparabilitas trinitatis.

4. Nunc accipe quo modo possit non mouere animum illud 20 quod mouet. Species quae proprie filio tribuitur ea pertinet etiam ad disciplinam et ad artem quandam, si bene hoc uocabulo in his rebus utimur, et ad intellegentiam qua ipse animus rerum cogitatione formatur. Itaque quoniam per illam

---

23   in ... est *Goldbacher*] in eo quod est *Daur*.
24   alterum ... omnia *Daur*] alterum speciem per quam fabricantur et quodam modo....... formanturque omnia *Goldbacher*.
25   sit ... maneat *Migne, Daur*] sit et tam diu sit atque id sit quam diu in genere suo manet *Goldbacher*.
26   aut *Goldbacher*] uel *Daur*.

aussi, et que le Saint-Esprit ne fait rien que le Père et le Fils ne fassent pas aussi. Il en découle, semble-t-il, que la Trinité toute entière a assumé l'homme. Car si le Fils l'a assumé, sans que le Père et le Saint-Esprit l'aient assumé, ils font quelque chose indépendamment les uns des autres. Pourquoi, par conséquent, dans nos mystères et dans nos rites, l'assomption de l'homme est-elle célébrée en étant attribuée au Fils ? Voilà une question très substantielle, si difficile et portant sur une chose si grande qu'aucun avis ne saurait ici être suffisamment à propos ni aucune preuve suffisamment sûre. J'ose pourtant, puisque c'est à toi que j'écris, te signifier plutôt que t'expliquer ce que j'ai dans l'esprit, afin que tu conjectures toi-même le reste, autant que tu le pourras, grâce à ton intelligence et à notre amitié, qui fait que tu me connais parfaitement.

3. Il n'existe aucune nature, mon cher Nebridius, et absolument aucune substance qui n'ait en elle et qui ne présente ouvertement ces trois propriétés : premièrement qu'elle est ; ensuite qu'elle est ceci ou cela ; troisièmement qu'elle demeure dans ce qu'elle est autant qu'elle le peut. La première propriété fait voir la Cause même de cette nature, de laquelle viennent toutes les choses ; la seconde, la Forme par laquelle toutes les choses sont fabriquées et en quelque sorte formées ; la troisième, une certaine Manence, pour ainsi dire, dans laquelle sont toutes les choses. S'il pouvait arriver que quelque chose soit, sans être ceci ou cela, et sans demeurer dans son espèce ; ou qu'il soit ceci ou cela, mais sans être et sans demeurer dans son espèce autant qu'il le peut ; ou qu'il demeure dans son espèce selon les forces qui appartiennent à son espèce, sans pourtant être, ni être ceci ou cela, alors il pourrait aussi arriver que, dans cette Trinité, une personne fasse quelque chose indépendamment des autres. Mais si tu vois qu'il est nécessaire que tout ce qui est soit aussi par là même ceci ou cela, et qu'il demeure dans son espèce autant qu'il le peut, ces Trois ne font rien indépendamment les uns des autres. Je vois que jusqu'à présent j'ai traité de la partie de la question qui rend difficile sa solution. Mais j'ai voulu te montrer brièvement (si toutefois j'ai réussi à faire ce que j'ai voulu) avec quelle subtilité et quelle vérité l'inséparabilité de la Trinité est comprise dans l'Église catholique.

4. Écoute maintenant comment ce qui trouble ton esprit peut ne plus le troubler. La Forme, qui est attribuée en propre au Fils, a aussi trait à la Discipline et à un certain Art (si nous pouvons employer correctement ce terme en cette matière) et à l'Intelligence, grâce auxquels l'esprit lui-même est formé par la pensée des choses. C'est pourquoi, puisque ce qui était visé à travers cette assomption de l'homme, c'était que nous soient présentés une discipline de vie et un exemple de ce qui nous est commandé, revêtus de la majesté et de l'éclat de certaines paroles, ce n'est pas sans raison que tout cela est attribué au Fils. Car dans de nombreux cas, que je confie à ta réflexion et à ta sagesse, bien qu'on soit en présence d'une pluralité de choses, il y a pourtant quelque chose

susceptionem hominis id actum est ut quaedam nobis disciplina 25 uiuendi et exemplum praecepti sub quarundam sententiarum maiestate ac perspicuitate insinuaretur, non sine ratione hoc totum filio tribuitur. In multis enim rebus, quas cogitationi et prudentiae committo tuae, quamuis multa insint, aliquid tamen eminet et ideo sibi proprietatem quandam [p. 28] non absurde uindicat; uelut in illis tribus generibus quaestionum, etiam si quaeratur an sit, ibi est et quid sit; esse enim non potest profecto, nisi aliquid sit; ibi etiam probandum inprobandumne sit; quicquid enim est nonnulla 5 aestimatione dignum est. Ita cum quaeritur quid sit, necesse est ut et sit et aliqua aestimatione pendatur. Hoc modo etiam cum quaeritur quale sit, et aliquid est utique[27]. Ita cum sibi inseparabiliter iuncta sunt omnia, nomen tamen quaestio non ex omnibus accipit, sed ut sese habuerit 10 quaerentis intentio. Ergo disciplina hominibus erat necessaria, qua inbuerentur et qua[28] ad modum formarentur. Non[29] tamen id ipsum, quod per hanc disciplinam fit in hominibus, aut non esse possumus dicere aut non appetendum. Sed scire prius intendimus et per quod coniciamus aliquid et in quo 15 maneamus. Demonstranda igitur prius erat quaedam norma et regula disciplinae. Quod factum est per illam suscepti hominis dispensationem quae proprie filio tribuenda est, ut esset consequens et ipsius patris, id est unius principii, ex quo sunt omnia, cognitio per filium et quaedam interior et 20 ineffabilis suauitas atque dulcedo in ista cognitione permanendi contemnendique omnia mortalia, quod donum et munus proprie spiritui sancto tribuitur. Ergo cum agantur omnia summa communione et inseparabilitate, tamen distincte demonstranda erant propter inbecillitatem nostram, qui ab 25 unitate in uarietatem lapsi sumus. Nemo enim quemquam erigit ad id in quo ipse est nisi aliquantum ad id in quo est ille descendat. Habes epistulam, non quae tuam curam de hac re finierit, sed quae cogitationes tuas certo fortasse aliquo fundamento inchoauerit, ut cetera ingenio quod mihi 30 notissimum est persequaris et pietate cui maxime standum est consequaris.

XII.

Nebridio Augustinus [p. 29, 2].

Plures epistulas te scribis misisse quam accepimus; sed neque tibi possum non credere neque mihi tu. Etsi[30] enim 5 rescribendo par esse non ualeo, tamen non minore a me diligentia seruantur litterae tuae quam frequentantur abs te.

---

27   utique] et hoc uel illud est *add. Daur.*
28   qua ... modum *Goldbacher*] quodammodo *Daur.*
29   Non *Migne, Daur*] Num *Goldbacher.*
30   Etsi *Daur*] Tametsi *Goldbacher.*

qui se distingue et qui peut légitimement revendiquer pour lui un certain caractère propre ; comme par exemple dans le cas des trois types de questions, si l'on demande « Est-ce que ... ? », la question « Qu'est-ce que ... ? » est là, elle aussi, car assurément une chose ne peut pas être sans être quelque chose ; la question de savoir s'il faut ou non l'approuver est là, elle aussi, car tout ce qui est est susceptible d'un jugement de valeur. Pareillement, lorsqu'on demande « Qu'est-ce que ... ? », il est nécessaire que la chose soit aussi et qu'elle soit évaluée par un jugement de valeur. Et de la même manière, lorsqu'on demande « Quelle est-elle ... ? », la chose est aussi quelque chose, assurément. Ainsi, chaque fois tous ces éléments sont liés entre eux inséparablement ; pourtant une question ne tire pas son nom de tous, mais de l'intention qu'a eue celui qui l'a posée.

Une discipline était donc nécessaire aux hommes, pour qu'ils s'en imprègnent et qu'ils soient formés par elle dans une certaine mesure. Pourtant, nous ne pouvons pas dire que ce qui advient aux hommes par cette discipline n'est pas ou qu'il ne doit pas être désiré. Mais tout d'abord nous cherchons à savoir ce par quoi nous conjecturons quelque chose et dans quoi nous demeurons. Il fallait donc tout d'abord qu'une certaine norme et une règle disciplinaire nous soient montrées – ce qui a été fait grâce à l'œuvre de l'Incarnation, qui doit être attribuée en propre au Fils –, pour que s'ensuive la connaissance aussi, par le Fils, du Père lui-même, c'est-à-dire de l'unique principe par lequel toutes les choses sont, ainsi qu'un plaisir intérieur et ineffable et une douceur éprouvée à demeurer dans cette connaissance et à mépriser toutes les choses mortelles, ce qui est un don et un présent que l'on attribue en propre au Saint-Esprit. Par conséquent, bien que toutes leurs actions soient accomplies dans une parfaite communion et inséparablement, elles devaient pourtant nous être montrées de façon distincte, en raison de notre faiblesse, car nous sommes tombés de l'un dans le multiple. Or personne n'élève quelqu'un à son propre niveau sans descendre quelque peu au niveau où celui-ci se trouve. Te voilà en possession d'une lettre qui ne mettra pas un terme à ton souci en cette matière, mais qui guidera tes premières pensées à partir d'un fondement peut-être sûr, de façon que tu puisses te mettre en quête du reste, grâce à ton intelligence que je connais très bien, et l'atteindre, grâce à ta piété, qui doit être ton plus grand appui.

Lettre 12

Augustin à Nebridius

Tu m'écris que tu m'as envoyé plus de lettres que nous n'en avons reçu. Je ne peux pas ne pas te croire et toi non plus tu ne peux pas ne pas me croire. Car

Prolixiores autem nostras non te amplius quam binas accepisse conuenit inter nos; non enim misimus tertias. Sane recognitis exemplaribus animaduerti quinque fere tuis rogationibus 10 esse responsum, nisi quod una ibi quaestio quasi transeunter perstricta, quamquam non temere ingenio tuo commissa sit, non tamen fortasse satisfecit auaritiae tuae. Quam refrenes aliquantum opus est et nonnulla compendia libenter feras, ita plane ut, si quicquam fraudo intellegentiam, 15 dum sum parcus in uerbis, nihil parcas mihi; sed tu iure quo mihi ualentius esset forte aliquid si quicquam posset esse iucundius, totum quod debetur efflagites. Hanc igitur epistulam numerabis inter minores epistulas meas, quam[31] tibi non nihil misi de aceruo minuere. Non enim et[32] 20 tu mittis minores, quae non eundem aceruum augeant. Quare illud quod de filio dei quaeris, cur ipse potius dicatur hominem suscepisse quam pater, cum simul uterque sit, dinosces facillime, si[33] sermocinationum nostrarum, quibus, ut potuimus – nam ineffabile quiddam est – qui[34] sit dei filius 25 coniecimus, recorderis. Quod ut hic breuiter adtingam, disciplina ipsa et forma dei, per quam facta sunt omnia quae facta sunt, filius nuncupatur. Quicquid autem per susceptum illum hominem gestum est ad eruditionem informationemque nostram gestum est.

XIII.

Nebridio Augustinus [p. 30].

1. Usitata tibi scribere non libet, noua non licet. Alterum enim uideo tibi non conuenire, alterum mihi non uacare. Nam 5 ex quo abii abs te, nulla mihi opportunitas, nullum otium datum est ea quae inter nos quaerere solemus agitandi atque uersandi. Sunt quidem hiemales nimis longae noctes nec a me totae dormiuntur; sed sese obiciunt magis cogitanda cum otium est, quae[35] † sunt otio necessaria. 10 Quid ergo faciam? Mutusne apud te an tacitus sim?

---

31 quam ... minuere] quam tibi non misi nihil mihi de aceruo minuere *Sizoo*; quam tibi † non sibi nihil mihi de aceruo minuere *Goldbacher*; quam tibi, † non sibi † nihil mihi de aceruo minuere *Daur*; quam tibi † non siui nihil mihi de aceruo minuere *Lancel*

32 et tu *Goldbacher*] tu *Daur*.

33 si ... recorderis] *conieci*; si sermocinationum nostrarum quibus ut potuimus – nam ineffabile quiddam est – <quaerebamus> quid sit dei filius quo coniuncti simus, recorderis *Daur*; si sermocinationum nostrarum, quibus, ut potuimus – nam ineffabile quiddam est – .... qui sit dei filius, quo coniunci simus, recorderis *Goldbacher*; si sermocinationum nostrarum, quibus ut potuimus (nam ineffabile quiddam est) quid sit Dei Filius, quo conjuncti simus, recorderis *Migne*.

34 qui *Goldbacher*] quid *Daur*.

35   quae †]; quae diffirmando sunt *Migne, Goldbacher, Daur*; definiendo *Lovanistes et autres éditeurs*.

même si je n'arrive pas à t'égaler par mes réponses, je ne mets pourtant pas moins de soin à conserver tes lettres que tu n'en mets à les multiplier. Que tu n'aies pas reçu de nous plus de deux lettres qui soient relativement étendues, nous en sommes tous les deux d'accord, car nous ne t'en avons pas envoyé une troisième. Maintenant, en ayant jugé sur pièces, j'ai remarqué que j'ai déjà répondu à environ cinq de tes questions, à ceci près que l'une d'entre elles, qui a été pour ainsi dire abordée en passant, n'a peut-être pas satisfait ton avidité, bien qu'elle ait été laissée à ton jugement, non sans raison. Mais il faut que tu réfrènes un tant soit peu cette avidité et que tu acceptes de bonne grâce quelques raccourcis, étant bien entendu que si je frustre de quoi que ce soit ton intelligence en épargnant mes mots, quant à toi tu ne m'épargneras aucunement. Au contraire, selon la loi en vertu de laquelle une chose aura sans doute d'autant plus de prise sur moi qu'elle me sera plus agréable, tu réclameras tout ce qui t'est dû. Tu compteras donc parmi mes lettres relativement courtes cette lettre que je t'ai envoyée pour diminuer quelque peu mon tas. Car il n'est pas de lettres relativement courtes envoyées de ta part qui n'augmentent ce même tas ! Ainsi donc, ce que tu demandes au sujet du Fils de Dieu, à savoir pourquoi c'est lui, plutôt que le Père, qui est dit avoir assumé l'homme, alors qu'ils sont tous deux ensemble, tu l'élucideras très facilement si tu te souviens de nos conversations dans lesquelles nous avons fait des conjectures sur la nature du Fils de Dieu, comme nous le pouvions – car c'est un sujet ineffable –. Pour en toucher un simple mot, la Discipline même et la Forme de Dieu par laquelle ont été faites toutes les choses qui ont été faites s'appellent le Fils. Or tout ce qui a été accompli par le moyen de l'homme qui a été assumé l'a été en vue de notre instruction et de notre formation.

Lettre 13

Augustin à Nebridius

1. T'écrire des choses ordinaires, je n'en ai pas le goût ; t'en écrire de nouvelles, cela ne m'est pas possible. Je vois que les premières ne sont pas pour toi et que je n'ai pas de temps pour les secondes. En effet, depuis que je t'ai quitté, je n'ai eu ni l'occasion ni le loisir de m'occuper et de traiter des questions que nous avons l'habitude de discuter entre nous. Certes, les nuits de l'hiver sont extrêmement longues et je ne les emploie pas entièrement à dormir ; pourtant, lorsque j'ai du loisir, des choses auxquelles je dois davantage penser me viennent, qui nécessairement † mon loisir. Que dois-je donc faire ? Serai-je muet ou silencieux auprès de toi ? Tu ne veux ni de l'un ni de l'autre et moi non plus.

Neutrum uis, neutrum uolo. Quare age atque accipe quod de me excudere potuit ultimum noctis, quam diu exequebatur quo haec epistula scripta est.

2. Necesse est te meminisse quod crebro inter nos sermone 15 iactatum est, nosque iactauit anhelantes atque aestuantes, de animae scilicet ueluti perpetuo quodam corpore uel quasi corpore, quod a nonnullis etiam dici uehiculum recordaris. Quam rem certe, si quidem loco mouetur, non esse intellegibilem clarum est. Quicquid autem intellegibile non est, 20 intellegi non potest. At quod intellectum fugit, si saltem sensum non fugit, aestimare inde aliquid uerisimiliter non usquequaque denegatur. Quod uero neque intellegi neque sentiri [p. 31] potest, temerariam nimis et nugatoriam gignit opinionem. Et hoc de quo agimus tale est, si tamen est. Cur ergo, quaeso te, non nobis ad hanc quaestiunculam indicimus ferias et nos totos inprecato deo in summam serenitatem naturae summae 5 uiuentis adtollimus?

3. Hic forsitan dicas, quamquam corporea[36] percipi nequeant, multa nos tamen ad corpus pertinentia intellegibiliter posse percipere, ut est quod nouimus esse corpus. Quis enim neget aut quis hoc uerisimile potius quam uerum esse fateatur? 10 Ita cum ipsum corpus uerisimile sit, esse tamen in natura tale quiddam uerissimum est. Ergo corpus sensibile, esse autem corpus intellegibile iudicatur; non enim posset aliter percipi. Ita nescio quid illud de quo quaerimus corpus, quo inniti anima ut de loco in locum transeat putatur, quamquam 15 etiam si non sensibus nostris tamen quibusdam longe uegetioribus sensibile sit, utrum tamen sit intellegibiliter cognosci potest.

4. Hoc si dices, ueniat in mentem illud quod intellegere appellamus, duobus modis in nobis fieri: aut ipsa per se 20 mente atque ratione intrinsecus, ut cum intellegimus esse ipsum intellectum, aut admonitione a sensibus, ut id quod iam dictum est, cum intellegimus esse corpus. In quibus duobus generibus illud primum per nos, id est de eo quod apud nos est, deum consulendo, hoc autem secundum de eo 25 quod a corpore sensuque nuntiatur, nihilo minus deum consulendo intellegimus. Quae si rata sunt, nemo de illo corpore utrum sit intellegere potest, nisi cui sensus quicquam de illo nuntiarit. In quo animantium numero, si ullus est, nos quoniam non esse perspicimus, illud etiam perfectum

---

36   corporea *Goldbacher*] corpora *Daur*.

Alors allons, écoute ce que la dernière partie de la nuit a pu tirer de moi pendant le temps qu'elle a duré et que cette lettre a été écrite.

2. Tu te souviens forcément de ce sujet de conversation que nous avons fréquemment agité et qui nous a agités en nous tenant en haleine et en nous mettant en effervescence, je veux dire celui d'un corps pour ainsi dire permanent ou d'un quasi-corps de l'âme que certains appellent aussi son véhicule, comme tu t'en souviens. Assurément, si cette chose se meut selon le lieu, il est clair qu'elle n'est pas intelligible. Or tout ce qui n'est pas intelligible ne peut pas être compris. Mais ce qui échappe à l'intellect, il n'est pas exclu en tout cas que nous puissions l'évaluer en quelque chose avec vraisemblance, si du moins il n'échappe pas au sens. En revanche, ce qui ne peut être ni compris ni senti engendre une opinion par trop téméraire et vaine. Et tel est le cas de ce dont nous discutons, si toutefois il existe. Par conséquent, pourquoi ne prendrions-nous pas congé de cette petite question, je te le demande, et pourquoi ne nous élèverions-nous pas nous-mêmes tout entiers, après avoir prié Dieu, vers la sérénité souveraine de la nature vivante souveraine ?

3. Là, tu diras peut-être que, bien que les choses corporelles ne puissent pas être perçues [infailliblement], nous pouvons pourtant percevoir intellectuellement de nombreuses choses qui se rapportent au corps, à la façon par exemple dont nous savons qu'un corps existe. Car qui niera cela ou qui prétendra que c'est vraisemblable plutôt que vrai ? Par conséquent, bien qu'un corps soit lui-même vraisemblable seulement [c'est-à-dire semblable au vrai], il est parfaitement vrai qu'il existe quelque chose de tel que lui dans la nature. On juge donc que le corps est sensible mais que le fait qu'il existe est intelligible ; car autrement le fait qu'il existe ne pourrait pas être perçu [infailliblement]. Ainsi, ce je ne sais quel corps en question, sur lequel l'âme s'appuie, pense-t-on, pour passer d'un lieu à un autre, ce je ne sais quel corps a beau n'être pas sensible à nos sens à nous mais à certains qui sont beaucoup plus vifs, il n'en demeure pas moins qu'on peut connaître intellectuellement qu'il existe.

4. Si tu dis cela, aie présent à l'esprit que ce que nous appelons comprendre se produit en nous de deux façons : soit intérieurement du seul fait de l'esprit et de la raison, comme dans le cas où nous comprenons que l'intellect lui-même existe, soit du fait d'un avertissement des sens, lorsque nous comprenons qu'un corps existe, comme on vient de le dire. S'agissant de ces deux genres de connaissance, dans le premier cas, nous comprenons par nous-mêmes, c'est-à-dire en consultant Dieu au sujet de ce qui est en nous ; dans le second, nous comprenons en consultant tout autant Dieu au sujet de ce qui est annoncé par le corps et par les sens. Si ce raisonnement est exact, personne ne peut comprendre, s'agissant de ce corps, s'il existe, à moins qu'il n'ait un sens qui lui ait

puto, quod supra dicere coeperam, non ad nos istam pertinere quaestionem. Haec etiam atque etiam cogites uelim et quod cogitando genueris ut nouerim cures.

XIV.

Nebridio Augustinus [p. 32, 6].

1. Recentissimis litteris tuis respondere malui, non quod contempserim praecedentia quaesita tua minusue me delectauerint, sed quod in respondendo maiora quam opinaris molior. 10 Quamquam enim longiorem quam longissima est epistulam tibi mittendam esse praescripseris, non tamen tantum habemus otii quantum existimas et quantum nos semper optasse nosti et optamus. Ne quaeras cur ita sit! Illa enim facilius quibus impedior quam cur impediar exposuerim.

2. 15 Scribis cur ego et tu, cum simus singuli, eadem multa faciamus, sol autem non idem faciat quod cetera sidera; cuius[37] rei causa conarer? Nam si eadem nos agimus, multa et ille cum ceteris agit; si non ille, nec nos. Ambulo et ambulas, mouetur et mouentur; uigilo et uigilas, lucet et 20 lucent; disputo et disputas, circuit et circumeunt, tametsi actus animi nullo modo est his quae uidemus comparandus. Si autem animum, ita ut aequum est, animo conferas, magis [p. 33] idem uel cogitare uel contemplari uel si quid aliud commodius dicitur, si ullus eis inest animus, sidera quam homines consideranda sunt. Ceterum in corporum motibus, si ut soles diligenter adtendas, nihil omnino a duobus idem fieri potest. 5 An tu, cum deambulamus simul, satis idem nos agere existimas? Absit a prudentia tua! Septentrioni namque uicinior nostrum qui deambulat aut alterum pari motu antecedat aut tardius ingrediatur necesse est; neutrum tamen sentiri potest. Sed tu, ni fallor, quid intellegamus, non quid sentiamus, expectas. 10 Quod si ab axe in meridiem tendamus, coniuncti nobis atque inhaerentes quantum ualemus, innitamurque marmori leui et aequali uel etiam ebori, tam non potest esse amborum idem motus quam uenae

---

37   cuius … conarer] *conieci*; cuius rei causam conarer *Goldbacher*; cuius rei causam <exponere> conarer *Daur*.

annoncé quelque chose à son sujet. Et puisque nous voyons bien que nous ne faisons pas nous-mêmes partie des êtres vivants doués d'un tel sens, s'il en existe, je pense que ce que j'avais commencé à dire plus haut est également définitif, à savoir que cette question ne nous concerne pas. Je voudrais que tu penses à cela avec insistance et que tu te soucies de me faire connaître le fruit de tes pensées.

Lettre 14

Augustin à Nebridius

1. J'ai préféré répondre à ta toute dernière lettre, non pas parce que j'ai tenu pour négligeables tes précédentes questions ou qu'elles m'ont moins plu, mais parce qu'en y répondant j'aborde des points plus importants que tu ne penses. Car bien que tu m'aies prescrit de t'envoyer une lettre plus longue que la plus longue de mes lettres, nous n'avons pourtant pas autant de loisir que tu l'imagines et que nous en avons toujours souhaité, comme tu le sais, et que nous en souhaitons encore. Ne me demande pas pourquoi il en est ainsi ! Car il me serait plus facile de t'exposer mes empêchements que la raison pour laquelle je suis empêché.

2. Tu écris : pourquoi faisons-nous, toi et moi, de nombreuses actions qui sont les mêmes, alors que nous sommes distincts, tandis que le soleil ne fait pas la même chose que les autres astres ? Pourquoi m'en préoccuperais-je ? En effet, si nous faisons nous-mêmes des actions qui sont les mêmes, le soleil lui aussi fait avec les autres astres de nombreuses actions qui sont les mêmes ; s'il n'en fait pas, nous non plus. Je marche et tu marches ; il se meut et ils se meuvent ; je veille et tu veilles ; il brille et ils brillent ; je discute et tu discutes ; il tourne et ils tournent, même si l'action de l'âme ne saurait nullement être mise sur le même plan que ce que nous voyons de nos yeux. Si toutefois tu établis une comparaison d'âme à âme, comme il est juste de le faire, force est de reconnaître que ce sont les astres, plus que les hommes, qui pensent ou contemplent la même chose (ou qui font telle autre action identique que l'on nommera de façon plus appropriée), s'ils ont une âme. S'agissant par ailleurs des mouvements corporels, si tu y fais bien attention, comme à ton habitude, il n'est absolument pas possible que la même chose soit faite par deux individus. Ou bien penses-tu simplement que lorsque nous marchons ensemble, nous faisons la même chose ? Garde-toi de le penser, dans ta grande prudence ! Car celui de nous deux qui marche le plus au nord doit nécessairement dépasser l'autre s'il marche exactement au même pas que lui, ou bien avancer plus

pulsus, quam forma, quam facies. Remoue nos et pone Dauciam[38] prolem! Nihil egeris. Quippe his etiam 15 simillimis geminis tanta est necessitas ut proprie moueantur quanta fuit ut singuli nascerentur.

3. At enim hoc, inquies, rationi tantum; quod autem sol ab astris differt, sensibus etiam clarum atque manifestum est. Si magnitudinem me cogis dispicere, nosti de interuallis quam 20 multa dicantur et ad quantum incertum perspicuitas ista reuocetur. Sed ut concedam ita esse ut apparet, sic enim et credo, cuius tandem et sensum fefellit illa proceritas Naeuii pede longioris quam[39] quisquis ex longissimis? Cui te credo [p. 34] nimium quaesisse hominem aequalem et, cum minime repperisses, usque in eius formam nostram epistulam tendere uoluisse. Quare cum in terris quoque tale aliquid existat, nihil de caelo puto esse mirandum. Si autem te mouet quod praeter 5 solem nullius sideris lumen implet diem, quis, quaeso te, hominibus tantus apparuit quantus homo ille, quem deus suscepit longe aliter quam ceteros sanctos atque sapientes? Quem si cum aliis hominibus conferas, maiore distantia continentur quam conlatione solis cetera sidera. Quam sane 10 similitudinem diligenter intuere! Fieri enim potest mente qua excellis ut quandam quaestionem de homine Christo a te propositam transeuntes dissoluerimus.

4. Item quaeris utrum summa illa ueritas et summa sapientia, forma rerum per quam facta sunt omnia, quem filium dei 15 unicum sacra nostra profitentur, generaliter hominis an etiam uniuscuiusque nostrum rationem contineat. Magna quaestio! Sed mihi uidetur quod ad hominem faciendum adtinet, hominis quidem tantum, non meam uel tuam ibi esse rationem; quod autem ad orbem temporis, uarias hominum rationes in illa 20 sinceritate uiuere. Verum

---

38 Dauciam *Sizoo, Voss ex fonte Virg. Aen.* x, 391] Glauciam *Migne, Goldbacher, Daur.*
39 quam ... longissimis] *conieci*; quam quisquam longissimus *Sizoo*; quam qui ex longissimis *Voss*; quam qui est sex longissimus *Golbacher, Daur.*

lentement que lui, sans pourtant que nos sens s'en rendent compte dans l'un et l'autre cas. Mais en ce qui te concerne, sauf erreur de ma part, c'est ce que nous comprenons, et non pas ce que nous sentons, qui t'intéresse. Et si nous allions du nord vers le sud côte à côte et collés l'un à l'autre autant que possible, et si nous foulions du marbre lisse et plan, et même de l'ivoire, nos mouvements ne pourraient pas plus être les mêmes que la pulsation de nos veines, notre forme et notre visage ne le peuvent. Oublie-nous et prends les enfants de Daucus ! Cela ne changera rien. Ces jumeaux ont beau être parfaitement semblables, il leur est tout aussi nécessaire d'avoir des mouvements qui leur appartiennent en propre qu'il leur était nécessaire de naître distincts.

3. Mais, diras-tu, cela n'est perceptible que pour la raison, tandis que la différence entre le soleil et les astres est claire et manifeste pour les sens aussi. Si tu me forces à prendre en considération leur grandeur, tu sais tout ce qu'on dit au sujet des intervalles qui les séparent et combien l'évidence que tu invoques est mise en doute. Mais à supposer que les choses soient comme elles paraissent – et je crois qu'il en est bien ainsi –, qui donc a vu ses sens mêmes abusés par la haute taille de Naevius, qui était plus grand d'un pied que n'importe lequel des hommes les plus grands ? Je crois que tu as trop cherché un homme qui ait la même taille que lui, et qu'en n'en trouvant aucun, tu as voulu rallonger notre lettre jusqu'à ce qu'elle ait son aspect. Par conséquent, puisque l'on trouve aussi sur terre une telle disparité, je pense qu'il n'y a pas lieu de s'étonner au sujet du ciel. Si en revanche tu es troublé par le fait qu'aucun autre astre que le soleil n'emplit le jour de sa lumière, est-il jamais apparu aux hommes, je te le demande, un homme aussi grand que celui que Dieu a assumé d'une manière tout à fait différente de celle dont il assume les autres saints et les autres sages ? Si tu le compares aux autres hommes, ceux-ci se tiennent comparativement plus éloignés de lui que les autres astres le sont du soleil. Examine attentivement cette comparaison ! Car il se pourrait que nous ayons résolu en passant, par l'intelligence en laquelle tu excelles, une question que tu m'as posée au sujet de l'homme Christ.

4. Tu demandes également si la Vérité souveraine et la Sagesse souveraine, la Forme des choses par laquelle toutes les choses ont été faites, que notre culte déclare être le Fils unique de Dieu, contient l'idée de l'homme pris comme un genre ou bien aussi celle de chacun de nous. C'est une grande question. Mais il me semble qu'en ce qui concerne la création d'un homme, il y a là [dans le Fils] seulement l'idée de l'homme et non pas la mienne ou la tienne, mais qu'en ce qui concerne la création du cours du temps, les différentes idées des hommes vivent dans cette pureté. Mais comme ce point est très obscur, je ne sais pas par quelle comparaison l'expliquer, à moins peut-être qu'il ne faille se réfugier auprès des arts qui sont dans notre âme. En effet, dans la science de la mesure

hoc cum obscurissimum sit, qua similitudine inlustrari possit ignoro, nisi forte ad artes illas quae insunt animo nostro confugiendum est. Nam in disciplina metiendi una est anguli ratio, una quadrati. Itaque quotiens demonstrare angulum uolo, non nisi una ratio anguli mihi [p. 35] occurrit; sed quadratum nequaquam scriberem, nisi quattuor simul angulorum rationem intuerer. Ita quilibet homo una ratione, qua homo intellegitur factus[40] est; at ut populus fiat, quamuis et ipsa una ratio, non tamen hominis ratio sed 5 hominum. Si igitur pars huius uniuersi est Nebridius, sicut est, et omne uniuersum partibus confit, non potuit uniuersi conditor deus rationem partium non habere. Quam ob rem quod plurimorum hominum ibi ratio est, non ad ipsum hominem pertinet, quamquam miris rursum modis ad 10 unum omnia redigantur. Sed tu id commodius cogitabis. His contentus sis interim peto, quamquam iam excesserim Naeuium.

40 factus] facta *Daur*.

[*i.e.* la géométrie], il existe une idée unique de l'angle et une idée unique du carré. C'est pourquoi, toutes les fois que je veux montrer un angle, c'est toujours l'unique idée de l'angle qui me vient à l'esprit, mais je ne pourrais pas tracer un carré si je ne voyais pas l'idée de quatre angles en même temps. De la même manière, tout homme a été créé par l'unique idée par laquelle on comprend qu'il est un homme. Mais à supposer qu'un peuple soit créé, bien que l'idée en soit elle aussi unique, elle n'est pourtant pas l'idée d'un homme mais celle de plusieurs hommes. Si donc Nebridius est une partie de ce tout, comme il l'est en fait, et si chaque tout consiste en ses parties, Dieu, le créateur du tout, n'a pas pu ne pas avoir l'idée des parties. C'est pourquoi, le fait qu'il y ait là [en Dieu] l'idée d'une pluralité d'hommes ne concerne pas l'homme lui-même, bien que toutes les choses se ramènent d'une étonnante façon à l'unité. Mais tu réfléchiras toi-même à cela tout à ton aise. Pour lors, contente-toi de cela, je t'en prie, quoique j'aie déjà dépassé la taille de Naevius.

La finitude du monde et l'immortalité de l'âme (*Lettre* 3)

1 Augustin est-il heureux (§1-2) ?

1.1 *Le quasi-bonheur (§1)*

Nebridius avait lu les « livres » qu'Augustin venait d'écrire à Cassiciacum (cf. *Ep.* 3, 1 ; 4)[1] et il les avait tellement aimés qu'il avait gratifié leur auteur du titre d'homme heureux (*beatum*)[2]. Tout en refusant de céder à ce « doux langage » (*blandiloquium*)[3], Augustin en vint cependant à se demander s'il n'était pas, sinon heureux, du moins « quasiment heureux » (*quasi beatus*). Il finira par se rendre à cette idée et par accepter cette « bonne opinion » sur lui-même (*Ep.* 3, 4), qui n'a en fait rien de très flatteur puisqu'il serait « quasiment heureux » au sens où l'on peut dire d'un homme qu'il est « quasiment homme » comparé à l'« homme que connaissait Platon » (p. 5, 4-5).

Comme rien ne nous est dit au sujet de ce dernier, on peut hésiter entre trois possibilités : l'« homme de Platon » peut être (1) le sage, (2) l'*idée* de l'homme (cf. *Ep.* 14, 4) ou (3) l'« homme véritable » (ou « intérieur »), c'est-à-dire son âme ou son intellect[4].

---

1 C'est-à-dire certainement le *De beata uita*, en raison du thème de la *Lettre* 3, et sans doute aussi le *Contra Academicos* et le *De ordine*, mais pas les *Soliloques*, qui ne lui étaient pas encore parvenus (cf. *Ep.* 3, 1).

2 On le déduit de la question posée plus bas : « N'est-il pas vrai, comme le veut Nebridius, que nous soyons heureux ? » (p. 5, 11-12).

3 À l'instar de « soliloquium » (cf. *Sol.* II, 7, 14), « blandiloquium » est un néologisme formé sur le modèle de « uaniloquium » (il est réutilisé dans l'*Ep.* 82 à Jérôme [33]). La présence d'un autre néologisme dans ce même paragraphe, « exundantius », montre le caractère précieux de l'écriture.

4 Dans ce cas, l'expression ferait allusion à la célèbre thèse de l'*Alcibiade* selon laquelle l'homme, c'est son âme (130c). Reprenant cette anthropologie, Plotin parle d'« homme véritable » (ὁ ἄνθρωπος ὁ ἀληθής) (*Enn.* I, 1 [53], 7, 20 ; 10, 7) pour désigner la partie « non descendue » de l'âme, qui est une partie de l'intelligible. À cet homme que nous étions originairement s'est « ajouté » un deuxième homme, qui s'est « enroulé » autour de lui et qui forme avec lui l'essence de l'homme empirique composé d'une âme et d'un corps (VI, 4 [22], 14, 22-26). L'homme d'ici est une imitation (μίμημα) de l'homme dans l'Intellect (VI, 7 [38], 6, 9-11). « Bien sûr, cette théorie suscite un certain nombre de questions. Certes, Plotin appelle également le moi supérieur et "véritable", "homme véritable". Mais peut-on encore parler d'individu humain au niveau de l'intelligible pur, où le moi ne fait plus qu'un avec l'Intellect total et le monde intelligible ? Et en quel sens une continuité entre les deux niveaux du "nous" peut-elle encore subsister ? » (Ch. Tornau, « Qu'est-ce qu'un individu ? Unité, individualité et conscience de soi dans la métaphysique plotinienne de l'âme », *Les Études philosophiques*,

La comparaison avec les figures géométriques qui suit immédiatement, et selon laquelle l'homme quasiment homme est à l'homme platonicien ce qu'une chose ronde est à l'idée du rond, tend à favoriser l'option (2) voire la (3). Pourtant, dans ces deux hypothèses, le bonheur ne peut plus être un idéal pour l'homme (empirique), ce qui s'accorde mal avec le contexte de notre lettre. Comme en outre le bonheur est présenté ici comme étant l'apanage du sage (« id solius sapientis praedium est »), Augustin doit plutôt se référer à l'homme cultivé de la tradition platonicienne, celui qui est convaincu que « tous les autres sont appelés des hommes, mais que *le sont* ceux qui ont été formés dans les disciplines qui sont le propre de l'humanité » (*Rep.* I, 17, 28)[5]. Il s'agit sans doute aussi du « uerus homo » qu'Augustin mentionne dans une adresse à Mallius Theodorus et dont il veut tenir le rôle, à l'exemple de ce dernier (*De beat. uit.* 2, 16).

Augustin précise qu'il serait « quasiment heureux » comme certaines choses que nous voyons sont « quasiment rondes », « bien qu'elles soient très éloignées de ce que voit l'esprit de quelques rares personnes ». Les *Soliloques* notent en effet que les « figures des corps » « s'avèrent incroyablement moins parfaites » que celles qui sont montrées en géométrie (*Sol.* II, 18, 32). Ils mettent d'autre part en évidence la différence entre « la véritable figure » (*uera figura*), qui est contenue dans l'intelligence, « et la figure telle que se la représente la pensée et qu'on appelle en grec *phantasia* ou *phantasma* » (c'est-à-dire une représentation de l'imagination) (*Sol.* II, 20, 34), cette dernière n'étant qu'une « imitation de la vérité » (*imitationem ueritatis*). Pour concevoir la « vraie figure », il faut écarter autant que possible ces « imaginations » (*Sol.* II, 20, 35). L'opposition entre la « véritable figure » des *Soliloques* et la « quasi-figure » de la *Lettre* 3 sera explicitée dans la *Lettre* 7[6].

1.2   « *Augustin avec Augustin* » (*§1*)

La lettre de Nebridius, lue après dîner à la lueur du flambeau, plongea Augustin dans une profonde réflexion et un long entretien avec lui-même (« Augustinus

---

n°3, 2009, p. 333-360 : p. 334). On retrouve une distinction entre les deux « hommes » chez Macrobe : « Ergo qui uidetur, non ipse uerus homo est ; sed uerus ille est a quo regitur quod uidetur » (*Comment. in Somn. Scip.* II, 12, 9, p. 132, 8-10 Willis) (cf. P. Henry, *Plotin et l'Occident*, p. 150-152).

[5] Déjà à la fin du *Ménon*, le sage est dit apparaître parmi les hommes « comme un être véritable parmi les ombres » (100a).

[6] Cf. aussi *De ord.* II, 15, 42 : « [La raison] se demanda si ici (*ibi*) la ligne, la courbe ou tout autre forme ou figure étaient telles que l'intelligence la contenait. Elle découvrit que la première était très inférieure et qu'à aucun égard on ne pouvait comparer ce que voyaient les yeux avec ce que l'esprit percevait. Ces choses aussi, après les avoir distinguées et ordonnées, elle les organisa en une science qu'elle appela "géométrique" ».

ipse cum Augustino ») (p. 5, 9-11). Ces indications concrètes – ainsi que celles que l'on trouve dans la *Lettre* 13, qui se présente elle aussi comme une « lucubratio » – rappellent celles du début du *De ordine* : « Une nuit, alors que je m'étais réveillé comme à l'accoutumée et que je réfléchissais en silence aux choses qui me venaient à l'esprit, je ne sais d'où, car le désir de trouver la vérité avait produit chez moi l'habitude de passer soit la première partie de la nuit, soit la seconde partie, le cas échéant, en tout cas une moitié de la nuit à méditer, si de telles préoccupations se présentaient, etc. » (*De ord.* I, 3, 6)[7]. L'ouverture des *Soliloques* fait allusion à la même habitude de réflexion solitaire (I, 1, 1) (cf. aussi I, 14, 25). Ces méditations silencieuses avaient lieu en présence de Dieu (cf. *Conf.* IX, 4, 7 : « cum ipso me solo coram te » ; *Conf.* IX, 4, 8 : « mecum et mihi coram te »). Elles apparaissent comme « les premières manifestations de cette tendance à réfléchir devant Dieu, à dialoguer avec lui, qui trouve son achèvement dix ans plus tard dans les *Confessions* »[8].

S'agissant de la *Lettre* 3, Augustin se disait que son ami n'oserait pas nier qu'il est encore insensé (*stultus*) (p. 5, 12-13). Lui-même se qualifie comme tel dans le *Contra Academicos* (III, 5, 12) ; il est au mieux un « progressant » (« philosophanti mihi iam quidem, sed nondum sapienti ») (III, 8, 17) (cf. aussi *Ep.* 4, 2). Or le fait d'être insensé, parce que non encore sage, est une misère voire la seule misère, selon la position des Stoïciens[9], qu'Augustin reprend ici pour son propre compte[10].

Comment expliquer chez un homme pondéré comme Nebridius un jugement aussi excessif ? Augustin a bien remarqué que l'amitié pouvait aliéner le jugement. Dans la *Lettre* 1, il tempère l'enthousiasme d'Hermogenianus qui le félicitait d'avoir « vaincu » les Académiciens – un jugement qui était dicté par l'amitié plus que par la vérité (cf. *Ep.* 1, 3). Dans la *Lettre* 27, il met en garde Paulin au sujet des éloges excessifs que son ami Romanianus ne manquera pas

---

7   Il s'agit du passage invoqué par J. Gavigan, comme on l'a vu, pour dater l'*Ep.* 13 de Cassiciacum (cf. *supra* « La chronologie »).

8   A. Solignac, BA 13, p. 73.

9   « Le bastion de l'éthique stoïcienne est la thèse selon laquelle la vertu et le vice constituent à eux seuls, respectivement, le bonheur et le malheur. Ces états ne dépendent pas du tout, les Stoïciens insistent sur ce point, de la possession ou du manque des choses que l'on regarde d'habitude comme bonnes ou mauvaises, santé, réputation, richesse, etc. » (A. Long et D. Sedley, *Les Philosophes hellénistiques*, Paris, GF, 2001, vol 2, p. 422) (cf. *ibid.* les textes de la section 58 : « Valeur et indifférence »).

10 Il s'en démarquera plus tard à juste titre. La douleur aussi est une misère (cf. par ex. *De lib. arb.* I, 7, 16). De façon plus systématique, dans la *Cité de Dieu*, il soutient, avec Varron, qu'il ne suffit pas d'être vertueux pour être heureux, mais qu'il faut encore posséder les « premiers biens de la nature » (*prima bona naturae*), comme la beauté, la santé et les autres qualités de la sorte (cf. *De ciu. Dei*, XIX, 2-3).

de faire à son sujet (*Ep.* 27, 4). Dans le cas de Nebridius, il a voulu faire plaisir à son ami, pour lui rendre le plaisir qu'il avait éprouvé à lire ses œuvres. Pourtant, s'il avait lu les *Soliloques*, il se réjouirait encore davantage, sans avoir d'autre qualificatif que celui d'« homme heureux » à décerner à Augustin (p. 5, 22-24). Il serait donc dans l'impossibilité de rendre compte des progrès encore accomplis par ce dernier (voir sur ce thème la *Lettre* 4)[11].

1.3   La science et le bonheur (§2)

Dans les *Soliloques*, Augustin déclarait : « Si je suis malheureux, c'est à cause de mon ignorance et de rien d'autre » (*Sol.* II, 1, 1). En l'occurrence, il ne savait pas si son âme était immortelle ou non. Ce problème ayant été résolu (comme on le voit dans la deuxième partie de l'*Ep.* 3, qui y revient), il se heurte dans notre lettre à une autre question : pourquoi l'univers a-t-il la taille qu'il a (« cur tantus mundus sit ») ? C'est son ignorance au sujet de ce problème cosmologique qui l'empêche d'être heureux. Il considère donc clairement que la physique est partie intégrante de la sagesse et du bonheur (peut-être dans l'idée que les parties de la philosophie sont inséparables).

Pourtant, dans la *Lettre* 11, Augustin atténuera l'importance décisive qu'il attribue ici à cette science, dans l'idée que « les questions qui portent sur ce monde », en dépit du plaisir procurent, risquent d'« accaparer » « le temps qui permettrait de se consacrer à des choses plus importantes (*melioribus*) », à savoir l'obtention du bonheur (*Ep.* 11, 2).

Ces deux jugements divergents d'Augustin sur la valeur de l'étude de la nature[12] montrent une hésitation dans son « positionnement » par rapport à ce que l'on appelle, depuis Eugène Dupréel, la « révolution socratique »[13]. Selon la formule canonique que Cicéron en a donnée, « Socrate, le premier, rappela la philosophie du ciel (…) et l'obligea à chercher au sujet de la vie, des

---

11   Varron faisait une distinction entre la « uita beata », la « uita beatior » et la « uita beatissima » (*De ciu. Dei*, XIX, 3, 1). Si Augustin ne la mentionne pas ici (en supposant qu'il la connaisse déjà), c'est sans doute parce que, chez Varron, la vertu est déjà requise pour l'obtention de la première forme de vie heureuse.

12   Il faut nuancer le jugement de Marrou (souvent repris) qui se fonde sur le seul témoignage de l'*Ep.* 11 : « L'âme humaine, sa nature, ses besoins ; Dieu qui explique l'une et comble les autres : voilà tout ce qu'Augustin veut savoir. Dans cette perspective il n'y a pas de place pour le monde et la science qui l'explore. Insistons sur ce point : la philosophie augustinienne est un *de anima, de deo* ; il n'y a pas de place chez elle pour un περὶ κόσμου » (H.-I. Marrou, *Saint Augustin et la fin de la culture antique*, Paris, De Boccard, 1938, p. 233-234).

13   *La Légende socratique et les sources de Platon*, Bruxelles, Sand, 1922, p. 122.

mœurs et des choses bonnes et mauvaises » (*Tusc.* V, 4, 10)[14]. Dans une telle perspective, la connaissance des réalités naturelles, à supposer qu'elle soit possible, « n'a rien à voir avec le bonheur » (*nihil* [...] *ad bene uiuendum*) » (*Acad. post.* I, 4, 15)[15]. Cette position, que l'on perçoit dans la *Lettre* 11, restera celle d'Augustin. En effet, il déclare plus tard dans le *De Genesi ad litteram* : « En ce qui nous concerne, il n'y a pas lieu et il ne convient pas que nous poursuivions de subtiles recherches sur la distance et la grandeur des astres ni que nous leur consacrions le temps qu'exigent des choses plus importantes » (*De gen. ad litt.* II, 16, 34).

Ce jugement appelle cependant deux précisions. Premièrement, Augustin parle ici de lui-même en tant qu'il est évêque. Il souligne que les questions d'astronomie réclament « beaucoup d'explications qui sont subtiles et qui coûtent beaucoup de peine », beaucoup de loisir et de curiosité (*otiosissime et curiosissime*), et que c'est la raison pour laquelle ceux qui sont en charge de l'Église ne doivent pas leur consacrer leur temps (*De gen. ad litt.* II, 10, 23). Bref, « Augustin ne condamne ces recherches que pour ceux qui doivent d'abord s'occuper du bien de l'Église »[16].

Deuxièmement, il n'en reste pas moins que ces derniers doivent mener de telles recherches pour résoudre certaines difficultés posées par les Écritures (et mises en avant par les adversaires païens), surtout s'ils veulent produire une exégèse littérale[17]. Par exemple, comment comprendre que des eaux aient pu être crées au-dessus du firmament, sans qu'elles ruissellent sur la terre (*De gen. ad litt.* II, 1, 2)[18] ? Ou encore, le fait que le ciel soit appelé « firmament » n'oblige-il pas à penser qu'il soit immobile (cf. *De gen. ad litt.* II, 10, 23)[19] ?

---

14   La controverse suscitée par le refus socratique de s'intéresser aux « choses du ciel » est mise en scène par Cicéron au début de la *République*, où la conversation s'engage entre Tubéron et Scipion à propos de la parhélie annoncée au Sénat. Scipion décline la discussion en se réclamant de Socrate. Celle-ci se poursuit cependant avec l'arrivée des autres personnages.

15   Tout en prenant ses distances par rapport à cette discipline, Cicéron concède que les questions de physique ne doivent pas être éliminées car la contemplation de la nature nous élève (*Acad. prior.* II, 41, 127).

16   P. Agaësse et A. Solignac, *La Genèse au sens littéral (Livres I-VII)*, BA 48, p. 181, n. 25.

17   Cf. BA 48, p. 32-50 (« L'exégèse "ad litteram" »).

18   Cf. P. Duhem, *Le Système du monde*, vol. II, Paris, Hermann, 1965, p. 491-494 ; A. Solignac, *La Genèse au sens littérale*, « Note complémentaire 7 » : « Le firmament et les eaux supra-célestes », BA 48, p. 593-598 ; J. Pépin, *Théologie cosmique et théologie chrétienne (Ambroise, Exam. I 1, 1-4)*, Paris, PUF, 1964, p. 418 sq. (sur les objections antichrétiennes suscitées par ce passage de la *Genèse*) ; E. TeSelle, *Augustine the Theologian*, New York, Herder and Herder, 1970, p. 206 sq., qui compare la solution d'Augustin à celles d'Origène et de Basile.

19   Cf. A. Solignac, « Note complémentaire 9 » : « Le mouvement du ciel », BA 48, p. 600-602.

Mais s'il est immobile, comment expliquer le déplacement des fixes ? Ce point d'exégèse met ainsi en jeu la question traditionnelle de savoir si l'univers se meut ou non[20].

Au vu de l'attitude plutôt réservée d'Augustin par rapport aux questions de physique, la *Lettre* 3 est donc remarquable, puisqu'il y soulève de sa propre initiative un problème de cosmologie[21]. C'est peut-être même le seul exemple dans son œuvre d'un tel développement, à moins que celui-ci s'explique (déjà) par le souci de résoudre un problème d'interprétation de la Bible[22].

2 Trois connaissances élémentaires en physique (§2)

« Mais le bonheur, où est-il (*ubi est*) ? », demande Augustin[23], en se lamentant qu'il ne suffise pas, pour l'atteindre, de posséder certaines connaissances physiques élémentaires, qui vont de soi pour lui, et sans doute aussi pour Nebridius (p. 6, 3-7)[24].

2.1 *Le rejet de l'atomisme*

Le premier point de doctrine invoqué – et le plus malheureux possible au regard de la science moderne – est le refus de l'atomisme[25]. Il faut « rejeter les atomes d'épicure » (qui sont littéralement des « insécables ») parce que les

---

20 Augustin répond que le nom de firmament n'implique pas l'immobilité du ciel ; il lui a été donné « propter firmitatem aut propter intrangressibilem terminum » ; de plus, il est possible que le firmament demeure immobile et que les astres s'y déplacent seuls (*De gen. ad lit.* II, 10, 23).

21 Il est aussi question de cosmologie dans la *Lettre* 14, mais à l'initiative de Nebridius.

22 Cf. *infra* « La question de la taille du monde est-elle d'origine exégétique ? ».

23 L'emploi de « ubi » est étonnant. La question signifie « en quoi consiste le bonheur ? » ; ou peut-être Augustin demande-t-il où est le bonheur qu'on lui prête, comme un pauvre pourrait demander où est son argent, si on lui dit qu'il est riche.

24 Sur sa formation dans ce domaine, cf. *Conf.* V, 3, 3 (« multa philosophorum legeram memoriaque mandata retinebam ») et 14, 25, avec le commentaire d'A. Solignac, BA 13, p. 92. Il n'existe pas, à ma connaissance, de livre sur la physique d'Augustin. On peut cependant se reporter à l'admirable commentaire du *De Genesi ad litteram* par A. Solignac et P. Agaësse (BA 48-49).

25 « Si tout le savoir scientifique devait être détruit dans un cataclysme et si une seule phrase passait aux créatures de la génération suivante, quelle affirmation contiendrait-elle le plus d'information en le moins de mots ? C'est, je crois, l'hypothèse atomiste » (R. Feynman, *The Feynman Lectures*, Definitive edition, Reading, Addison-Wesley publishing Company, 2006, vol. 1, « Atoms in motion », 1-2).

corps sont divisibles à l'infini[26], comme va le préciser la suite de notre lettre[27]. Augustin raisonne dans les mêmes termes qu'Aristote : « Il est impossible que soit composé d'atomes ce qui est continu ; or toute grandeur est continue » (ἀδύνατον ἐξ ἀτόμων εἶναί τι συνεχές, μέγεθος δ'ἐστὶν ἅπαν συνεχές) (*Phys.* VI, 2, 232a24-25), comme le montre sa divisibilité à l'infini (cf. III, 1, 200b20).

2.2 *Le bas*

Il ne suffit pas non plus, pour être heureux, de « savoir qu'il n'y a rien en bas en-dehors du monde » (*scire nihil deorsum esse praeter mundum*) (p. 6, 4-5). Du fait du double sens de « praeter », qui veut dire à la fois « excepté » et « au-delà de » (à l'instar de « en-dehors de ... » en français, qui conserve l'ambivalence de la préposition latine), cette étrange affirmation peut signifier soit qu'il n'y a rien qui soit en bas *si ce n'est* le monde lui-même[28], soit qu'il n'y a rien en bas *à l'extérieur* du monde, c'est-à-dire *en-deçà* de lui[29], ou encore signifier les deux idées à la fois.

2.2.1 L'« univers perpendiculaire » d'Épicure

Le contexte immédiat conduit à penser qu'Augustin entend à nouveau se démarquer d'Épicure : il refuse l'« univers perpendiculaire »[30] de ce dernier en affirmant qu'il n'y a rien en bas *en-deçà* du monde (ou sous lui). Comme on le sait, après les modèles *sphériques et géocentriques* de l'univers élaborés

---

26   Il en va de même des « éléments » corporels qui les composent, à savoir les quatre éléments empédocléens : terre, eau, air, feu. Cf. M. Baltes, « Elementum », *Augustinus-Lexikon*, 2, 767-775.

27   Dans la *Lettre* 118, Augustin avance une autre objection, fondée sur la théorie épicurienne de la vision : si les « simulacres » que nous voyons proviennent des atomes eux-mêmes (*ab ipsis atomis affluant*), comment ceux-ci peuvent-ils être des atomes, dès lors que des corps se séparent d'eux ?

28   C'est ainsi que la phrase est habituellement comprise. « Ah, si seulement [la vie bienheureuse] consistait seulement à savoir qu'il n'y a rien d'autre en bas, que le monde lui-même » (P. Hadot, « "Numerus intelligibilis infinite crescit" », p. 181). « There is nothing below but the world » (R. Teske, *Letters*, p. 20).

29   Augustin utilise « praeter mundum » comme un synonyme de « extra mundum » dans un passage de la *Cité de Dieu* (X, 1, 5) où il montre qu'il n'y a pas de lieu en-dehors du monde (cf. *infra* « Un univers fini dans le temps et dans l'espace ») (*Lettre* 3). « Praeter » a le même sens dans la phrase « anima sensit praeter carnem suam » (*Ep.* 137, 2, 6) (le fait est allégué comme le signe d'une quasi-omniprésence de l'âme) et dans « praeter ordinem nihil mihi fieri uidetur » (*De ord.* I, 3, 8).

30   Cf. N. DeWitt, « Epicurus and his perpendicular universe », *The Classical Journal*, 44, 1948, p. 58-59 ; Id., *Epicurus and his Philosophy*, Minneapolis, University of Minneapolis, 1964, p. 168.

par Platon et Aristote[31], Épicure renoua avec la conception archaïque[32]. Pour lui, la terre est (à nouveau) *plate et horizontale*. Le haut et le bas ont partout la même direction pour tous ses habitants : c'est la perpendiculaire au plan sur lequel ils se tiennent verticalement « comme des bougies sur un gâteau d'anniversaire »[33]. En tout point du monde où des hommes peuvent se tenir, un fil à plomb à la main, ces fils sont parallèles et ils indiquent invariablement la même direction du bas, qui est fondamentalement celle de la chute des atomes dans le vide[34]. D'après la *Lettre à Hérodote* (60 = LS 10C), cette direction s'étend *à l'infini*. En effet, l'univers étant *infini*, aucun point élevé par rapport à nous n'est le plus élevé et aucun point en bas n'est le plus bas[35]. L'expérience de pensée suivante le montre : nous pouvons concevoir que la direction ou plutôt le mouvement (φοφά) vers le bas se poursuit à l'infini sous nos pieds, comme s'il suivait un fil à plomb d'une longueur infinie, c'est-à-dire qu'il se prolonge *en-deçà de notre monde* et qu'il traverse, sans jamais s'arrêter, les autres mondes qui sont situés sous le nôtre. Il parvient ainsi « dix mille fois » (c'est-à-dire un nombre innombrable de fois) « à la tête de ceux qui sont dans les profondeurs » en traversant dix mille mondes, ou plutôt dix milles mondes habités par des hommes, car seuls les mondes plats ou horizontaux sont habitables.

La représentation épicurienne de l'univers fut critiquée par les philosophes stoïciens et platoniciens, qui avaient adopté la nouvelle image centrifocale de l'univers qu'elle récusait. Pour eux, « "haut" signifie loin du centre en direction

---

31 Cf. D. Furley, « Cosmologie », in J. Brunschwig et G. Lloyd [éd.], *Le Savoir grec*, Paris, Flammarion, 1996, p. 315-337 : p. 321.

32 Cf. D. Furley, « The dynamics of the Earth : Anaximander, Plato, and the Centrifocal Theory », in *Cosmic problems : Essays on Greek and Roman Philosophy of Nature*, Cambridge, Cambridge University Press, 1989, p. 14-26. Hésiode se représentait une terre plate, entourée des eaux de l'océan, avec le dôme du ciel qui s'étend au-dessus de toute chose. Sous terre se trouve le Tartare, qui est aussi loin sous la terre que le ciel est au-dessus d'elle. Le soleil tous les jours traverse le ciel, plonge dans l'océan la nuit et réapparaît le lendemain. Au terme de la cosmologie grecque, l'image est bien différente : la terre n'est plus plate, mais sphérique. Le ciel n'est plus un dôme mais une sphère, avec la terre en son centre. Le soleil, la lune, les planètes et les étoiles tournent autour de la terre une fois par jour avec des orbites qui sont essentiellement circulaires, bien que les cercles du soleil, de la lune et des planètes changent de position de façon complexe durant l'année.

33 N. DeWitt, « Epicurus and his perpendicular universe », p. 58.

34 Épicure « pense que les atomes se portent en vertu de leur poids vers en bas en ligne droite et que ce mouvement est le mouvement naturel de tous les corps » (*De Fin.* 1, 6, 18).

35 Je reprends la traduction et l'interprétation que Long et Sedley donnent de ce texte (*Les Philosophes hellénistiques*, vol. 1, p. 100). Pour d'autres interprétations, très différentes de ce texte, cf. D. Konstan, « Epicurus on "Up" and "Down" (*Letter to Herodotus* §60) », *Phronesis*, 17, 3, 1972, p. 269-78 ; M. Conche, *Épicure, Lettres et maximes*, Paris, PUF, 1987, p. 154-55.

de la circonférence, sur un rayon de la sphère, et "bas" signifie en direction du centre » (à savoir la terre)[36]. En un mot, ils objectent à Épicure que, d'un point de vue *physique*, il ne pouvait pas y avoir de « haut » et de « bas » dans l'infini et le vide[37].

Contentons-nous de citer trois témoignages sur ce point. Selon Plutarque, « qu'à l'extérieur du monde, il y a un vide infini et que l'infini n'a ni commencement ni milieu ni fin, c'est ce qui est souvent affirmé par lui [Chrysippe][38]. Et c'est surtout par là que [les Stoïciens] éliminent le mouvement spontané de l'atome vers le bas, dont parle Épicure, car dans l'infini il n'y a pas de différence qui permette de concevoir qu'il y ait un haut et un bas » (*Stoic. repug.* 1054B-C ; *SVF* II, 539). On lit également chez Cléomède : « Maintenant, puisqu'il est à la fois infini et incorporel, le vide ne saurait posséder ni haut, ni bas, ni devant, ni derrière, ni droite, ni gauche, ni centre ; car ces directions (σχέσεις) qui sont au nombre de sept s'observent pour les corps ; de la sorte, pour le vide aucune de ces directions n'existe, mais le monde, lui, qui est un corps, possède un haut et un bas et nécessairement aussi les autres directions (ὁ κόσμος, σῶμα ὤν, ἔχει τι καὶ ἄνω καὶ κάτω, καὶ τὰς λοιπὰς σχέσεις ἀναγκαίως) » (*Théorie élémentaire*, I, 1, 9, 16, 13-18)[39]. Enfin, Plutarque affirme par la bouche de son frère Lamprias : « Si ce n'est pas par rapport au monde mais à l'extérieur de lui que nous prenons le haut et le bas, nous serons dans les mêmes apories qu'Épicure, qui fait se mouvoir tous les atomes vers les lieux situés sous les pieds, comme si le vide avait des pieds ou comme si l'infini permettait de concevoir en lui un haut et un bas » (*De defect. orac.* 425D = 299 Us.). Bref, « si la référence au "haut" et au "bas" se situe en-dehors du cadre cosmique – ce qui est nécessairement le cas quand il s'agit du mouvement originel des atomes, antérieurement à la cosmologie – un "mouvement spontané de l'atome vers le bas" est inconcevable »[40]. Même en admettant l'existence d'une pluralité de mondes, on ne peut, dans

---

36 D. Furley, « The dynamics of the Earth », p. 15.

37 C'est au reste ce qu'affirmait déjà Aristote pour critiquer la cosmographie de certains Présocratiques infinitistes : « Comment y aura-t-il un mouvement naturel s'il n'y a aucune différence dans le vide et l'infini ? Car, dans l'infini, il n'y aura ni haut ni bas, ni milieu ; dans le vide, le haut ne différera pas du bas » (*Phys.* IV, 8, 215a6-9).

38 D'après les Stoïciens, l'univers est entouré d'un vide extra-cosmique infini, qui rend possible ses variations de taille durant son cycle de vie jusqu'à sa conflagration.

39 Trad. R. Goulet dans Cléomède, *Théorie élémentaire*, Paris, Vrin, 1980, p. 92.

40 D. Babut, Plutarque, *Œuvres morales*, t. XV, 1ère partie, *Traités 70-71, Sur les contradictions des Stoïciens – Synopse du traité « Que les Stoïciens tiennent des propos plus paradoxaux que les poètes »*, Paris, Les Belles Lettres, 2004.

cette hypothèse même, entendre les notions de haut et de bas que relativement à chacun de ces mondes (425B-C)[41].

Dans ces différents témoignages, qui adoptent tous une représentation centrifocale du monde (et de tout monde possible), on trouve l'affirmation qu'il n'y a pas de bas en-dehors du monde. En déclarant « nihil deorsum esse praeter mundum », Augustin semble à son tour s'opposer à Épicure. Pourtant, il se distingue des auteurs précédemment mentionnés : alors que les Stoïciens et Plutarque affirment que le monde a bien lui-même un haut et un bas (inscrits en lui), Augustin quant à lui nie explicitement que l'on puisse parler d'un haut et d'un bas de l'univers, comme on le voit dans la vingt-neuvième des *Quatre-vingt-trois questions*. Mais comment comprendre cette thèse ? Et y-a-t-il encore un sens à affirmer qu'il n'y a rien en bas en-dehors du monde, comme l'affirme la *Lettre* 3, si le monde n'a ni bas ni haut ?

2.2.2 « Y a-t-il quelque chose en haut ou en bas dans l'univers ? » (*Question 29*)

2.2.2.1 *Le haut comme lieu des « choses spirituelles »* (*spiritualia*)

La *Question* 29 est intitulée « utrum aliquid sit sursum aut deorsum in uniuerso ». C'est à ma connaissance le seul endroit de son œuvre où Augustin traite un tant soit peu de ces notions d'un point de vue physique. Ce texte, qui n'a guère été étudié[42], pose des problèmes en raison de sa grande concision et de la difficulté que l'on éprouve à situer la conception d'Augustin, ou du moins *sa façon de parler du haut et du bas*, par rapport à celles des autres philosophes antiques, notamment Platon et Aristote.

La question s'ouvre sur une explication de la parole de saint Paul : « Savourez les choses d'en haut » (*quae sursum sunt sapite*) (Col 3, 2). Il est d'emblée précisé qu'il ne faut pas entendre la notion de « haut » en un sens local, car il ne nous est pas demandé de « fixer » « notre âme (*animum*) sur une partie de ce monde, dont nous devons nous affranchir (*exuere*) dans sa totalité ». Ce que saint Paul commande en fait, c'est de tendre vers les « choses spirituelles » (*spiritualia*) et non pas vers le ciel étoilé. Le « haut » s'entend *métaphoriquement*. Les « choses spirituelles » ne sont pas « en haut » en raison de la place qu'elles occuperaient dans le monde, mais du fait de leur excellence propre, qui l'emporte sur celle du monde, qui est tout entier corporel.

---

41 Sur ce texte, cf. J. Boulogne, *Plutarque dans le miroir d'Épicure : Analyse d'une critique systématique de l'épicurisme*, Villeneuve d'Ascq, Presses universitaires du Septentrion, 2003, p. 91.

42 Voir cependant J. Pépin, « *De diversis quaestionibus LXXXIII* : Les questions philosophiques (I-L) », p. 45-66 : p. 53-55.

Maintenant, si le « spirituel » est désigné métaphoriquement par une partie du monde, le haut, sans être une partie du monde puisqu'il est « suprasensible », le monde lui-même dans sa totalité peut l'être par la partie opposée, le bas, comme c'est sans doute le cas dans la *Lettre* 3, qui affirme que « rien n'est en bas en-dehors du monde » (en entendant alors « praeter mundum » au sens de « si ce n'est le monde »). Bref, au commandement de « savourer les choses d'en-haut » répond celui de se détacher de ce « bas monde », comme on dit.

Une telle acception des termes de « haut » et de « bas » conduit paradoxalement à considérer l'univers sensible comme un monde sans haut – en dépit du fait que l'opposition entre le haut et le bas est fondamentalement constituée par l'expérience sensible – et l'« univers » spirituel comme un monde sans bas. On la retrouve dans des textes exégétiques d'Augustin, qui développent le même thème spirituel. À propos de Jn 8, 23-24, « Vous, vous êtes d'en-bas, moi, je suis d'en-haut (*uos de deorsum estis, ego de supernis sum*) ; vous êtes de ce monde, moi, je ne suis pas de ce monde », il explique que la hauteur du Christ n'était pas celle de l'air ou des oiseaux, ni même celle des étoiles ; sa hauteur était celle du Père, c'est-à-dire du Dieu qui est tel que rien n'est plus élevé que lui (*Tract. in Ioh.* 38, 4). On encore, il propose une interprétation « renversante » d'Ac 4, 11 (et de Ps 118, 22) : « Le Christ est lui-même la fondation et la pierre angulaire qui s'élève d'en bas (*ab imo surgens*), si toutefois il est d'en bas. Car l'origine de cette fondation occupe le lieu le plus élevé (*summitatem tenet*). Et de même que la fondation d'un édifice corporel est en bas, ainsi la fondation d'un édifice spirituel est tout en haut » (*En. in ps.* 86, 3).

Cette utilisation métaphorique du haut et du bas n'est pas propre à Augustin ni même au christianisme. Elle se trouve déjà chez Platon. Dans la *République*, Glaucon fait l'éloge de l'astronomie en disant qu'elle « force l'âme à regarder vers le haut » (*Rép.* VII, 529a). Socrate répond qu'au contraire elle fait regarder vers le bas : « En ce qui me concerne, je ne peux pas concevoir d'autre étude qui fasse regarder l'âme vers le haut que celle qui est relative à l'être et à l'invisible. Si quelqu'un, regardant bouche bée vers le haut ou bouche close vers le bas, entreprenait d'étudier une des choses sensibles, j'affirme qu'il n'étudierait jamais, car il n'y a pas de science de telles choses, et qu'en ce cas, son âme regarderait, non pas vers le haut, mais vers le bas, quand même il étudierait allongé sur le dos, soit sur terre soit sur mer » (529b-c).

2.2.2.2   *« Le monde n'a pas de haut ou de bas »*

La suite de la *Question* 29 précise qu'au reste il n'y a ni haut ni bas dans l'univers. La cosmologie vient, semble-t-il, accréditer l'enseignement de saint Paul car s'il n'y a pas de haut dans l'univers, alors il n'est pas possible que Paul se soit exprimé autrement que métaphoriquement. Augustin affirme : « C'est dans les parties de ce monde (*in huius mundi partibus*) qu'il y a un haut et un bas ; car pris dans sa totalité (*uniuersus*), le monde n'a pas lui-même de haut ou de bas ».

Selon Jean Pépin, la *Question* 29 « repose » « sur » « une indéniable information platonicienne »[43]. On lit en effet dans le *Timée* : « Qu'il y ait par nature deux lieux opposés qui se partagent en deux l'univers, à savoir le bas, vers lequel se porte tout ce qui a une masse corporelle, et le haut, vers lequel rien ne va qu'en étant contraint, il ne serait pas du tout juste de l'admettre » (62c). En fait, il n'y a ni haut ni de bas dans l'univers parce que « le ciel en son entier est sphérique » (62c-d)[44] et que l'on ne saurait admettre que les points périphériques, qui sont équidistants du centre dans un champ de 360°, soient tous « hauts » par rapport à un « bas » situé au milieu.

Platon apporte un argument frappant qui montre que les notions de haut et de bas s'avèrent contradictoires. Soit un solide au centre de l'univers ; « si quelqu'un se déplaçait en cercle autour de ce solide, comme il se retrouverait souvent aux antipodes, il appellerait le même endroit du solide "bas" et "haut" » (εἰ καὶ περὶ αὐτὸ πορεύοιτό τις ἐν κύκλῳ, πολλάκις ἂν στὰς ἀντίπους ταὐτὸν αὐτοῦ κάτω καὶ ἄνω προσείποι) (*Tim.* 63a). À tout moment de sa course, notre homme pensera que le point où il se trouve est en haut du corps qui est sous lui. Mais lorsqu'il gagnera l'antipode, c'est un point qui était avant sous lui qui deviendra le haut du même corps. Bref, en raison du changement de la situation de l'observateur sur la sphère, le haut et le bas se sont intervertis. On ne saurait donc appliquer de façon consistante les termes de haut et de bas à l'univers.

Comme on le sait, la critique de Platon n'empêcha pas Aristote, les Stoïciens et les Néoplatoniciens de réintroduire la théorie dite des « lieux naturels » dans l'univers sphérique[45]. Dans un tel contexte cosmologique, le haut et le bas ne sont plus définis *par rapport à nous*, ils sont des lieux pour ainsi dire « absolus », qui nous sont indiqués par les phénomènes naturels de la chute des graves et de l'élévation du feu, à l'opposé de ce que soutenait Platon[46].

---

43 J. Pépin, *op. cit.*, p. 54, qui précise que les deux passages du *Timée* desquels Augustin dépend en substance ont été cités par Atticus (Fgt. 6 des Places, 73-83 [pour *Timée*, 62c-63e]), Alcinoos (*Didaskalikos* 12, éd. Hermann, p. 168, 5-6 ; 14, p. 170, 13-15 [34a] ; 20, p. 175, 13-18 [62c-63a]) et Apulée (*De Platone* 1, 8, 198, éd. Thomas, p. 91, 6-12 [34a]).

44 Sur *Tim.* 62c-63a, cf. F. Cornford, *Plato's Cosmology: The* Timaeus *of Plato*, London, P. Kegan, 1937, p. 262-266.

45 Cf. Aristote, *De caelo*, I, 2, 268b 20-24 ; II, 2, 285a 27-31 ; IV, 1, 308a 15-29. Pour les Stoïciens, voir le témoignage de Cléomède (*De motu circ.* 1, 1, 9) cité plus haut. Porphyre identifie le bas avec la terre ou sa limite et le haut avec l'éther ou sa limite (cf. Simplicius, *In Phys.* 587, 8-15).

46 Dans le *Timée*, Platon montre que l'opposition entre le lourd et le léger ne permet pas de fonder celle entre le bas et le haut (63b-e). Les deux oppositions sont examinées et relativisées ensemble.

À la différence de ces philosophes, Augustin semble quant à lui se situer dans la ligne de Platon lorsqu'il affirme que le monde n'a pas de haut ni de bas. Pourtant son propos est plus complexe dans la mesure où il formule une *double thèse* : « C'est dans les parties de ce monde (*in huius mundi partibus*) qu'il y a un haut et un bas ; car pris dans sa totalité (*uniuersus*) le monde n'a pas lui-même de haut ou de bas ». La thèse selon laquelle « il y a un haut et un bas dans les parties du monde » n'est pas platonicienne. Comment la comprendre[47] ?

2.2.2.3 *« Le haut et le bas sont dans les parties du monde »*

La notion de « partie » a déjà été employée plus haut dans la *Question* 29 pour signifier que les « choses d'en-haut » qu'il faut « savourer » ne sont pas hautes « par rapport aux lieux et aux parties de ce monde » (*non locis et partibus huius mundi*). Ces « parties » sont la terre et le ciel qui est au-dessus d'elle et qui l'enveloppe *circulairement* (l'univers étant sphérique, bien qu'Augustin ne le rappelle pas ici). À la différence de Platon, Augustin admet donc un usage *physique* des termes de « haut » et « bas » pour décrire l'agencement du monde. De ce point vue, sa représentation du monde est très proche de celle d'Aristote et des philosophes qui ont repris sa doctrine.

Cette constatation s'accorde avec le fait que l'on retrouve chez Augustin la théorie des « lieux naturels ». Pour lui, « les corps humides et terrestres sont mus vers le lieu central de ce monde, qui est le plus bas (*infimus*), tandis que ceux qui sont aériens et ignés le sont en direction du haut (*sursus uersum*) » (*De quant. anim.* 22, 37). Dans le passage très célèbre des *Conf.* qui évoque la « double pesanteur » de l'âme, on lit : « ignis sursum tendit, deorsum lapis. Ponderibus suis aguntur, loca sua petunt » (XIII, 9, 10). Plus précisément, Augustin admet l'idée ancienne d'un étagement dans l'univers (il parle de « catenata series » en *De ciu. Dei*, VIII, 21) de quatre couches composées successivement des éléments simples (terre, eau, air, ciel ou éther) et qui entourent la terre en allant de bas en haut[48]. Cette doctrine, qui intervient déjà dans la

---

47   J. Pépin ne dit rien de cette autre thèse.

48   En *De ciu. Dei*, XXII, 11, Augustin mentionne une objection sans doute porphyrienne que certains philosophes élèvent contre la résurrection des corps en se fondant sur la loi de la pesanteur : « Ils ont appris de leur maître Platon [cf. *Tim.* 32b] que les deux corps qui sont les plus grands et qui sont situés aux extrémités [du monde] (*maxima atque postrema*) sont joints et unis par deux corps intermédiaires (*duobus mediis*), à savoir l'air et l'eau. Et c'est pourquoi, disent-ils, si en allant d'ici en direction du haut (*sursum*), il y a premièrement la terre, deuxièmement l'eau, au-dessus de la terre, troisièmement l'air, au-dessus de l'eau, quatrièmement, au-dessus de l'air, le ciel, il ne peut pas y avoir de corps terrestre au ciel ». Augustin accepte cette représentation du monde ; il répond simplement que, si l'on raisonne comme ses adversaires, les animaux terrestres seraient incapables de voler (cf. aussi *De ciu. Dei*, XIII, 18) (sur cette discussion, cf. J. Pépin, *Théologie cosmique et théologie chrétienne*, p. 426-33).

Lettre 9 à Nebridius[49], permettrait en principe à Augustin de soutenir que l'univers a un haut et un bas, à l'encontre de Platon et à l'instar d'Aristote. Force est pourtant de constater qu'il ne le fait pas ; il affirme plutôt le contraire en disant comme Platon que l'univers n'a ni haut ni bas. Comment Augustin peut-il soutenir à la fois qu'il n'y a ni haut ni bas dans l'univers et qu'il y a cependant un haut et un bas dans les parties de l'univers ?

En fait, il y a un haut et un bas dans les parties du monde : le ciel est au-dessus de la terre, tout autour d'elle. À la différence de Platon, Augustin ne récuse donc pas les notions de haut et de bas physiques. Contrairement à ce qui semblait jusqu'ici, il n'exprime pas la même idée que Platon, même s'il dit comme lui qu'il n'y a pas de haut ou de bas dans l'univers. Il est donc légitime de parler de haut et de bas dans un univers sphérique ; simplement ce haut et ce bas, qui sont *dans* l'univers, ne sont pas le haut et bas *de* l'univers car l'univers n'a lui-même ni haut ni bas. La distinction ici formulée (si je la comprends bien) n'est pas facile à percevoir, en raison du fait qu'elle met en jeu des façons de parler. La thèse d'Augustin me semble être que nous parlons *à tort* d'une partie haute du monde, comme si cette partie était *le haut du monde lui-même* alors qu'elle est haute seulement par rapport à une autre partie du monde, la basse, qui est dénommée telle corrélativement à la première. « Haut » et « bas » doivent être prédiqués des parties du monde les unes par rapport aux autres, sans que le monde ait lui-même un haut ou un bas. Le haut est le haut par rapport à un bas et non le haut du tout pris dans son ensemble. Ou encore, c'est la partie basse du monde qui admet un haut, et non pas le monde. En d'autres termes, alors que Platon affirme qu'il n'y a pas de haut ni de bas dans l'univers du fait de la sphéricité de l'univers, Augustin affirme quant à lui qu'il n'y a pas de haut ni de bas, parce que l'univers n'est pas orienté, à la différence de ses parties, qui le sont relativement les unes aux autres, et à la différence de ses « observateurs ». La suite du texte semble le confirmer : elle montre d'une part que parler (de façon erronée) d'un haut du monde, c'est se représenter, comme Épicure, un univers *debout*. D'autre part, le raisonnement qui doit prouver que le monde n'a ni haut ni bas est très différent de celui de Platon : il ne se fonde pas sur la forme sphérique du monde mais sur le fait qu'il est une *totalité*.

2.2.2.4   *Une totalité n'a pas de haut ou de bas*

La démonstration d'Augustin consiste dans le syllogisme suivant : « Le monde est corporel parce que tout ce qui est visible est corporel. Or rien dans un corps pris dans sa totalité n'est en haut ou en bas (*nihil autem in uniuerso corpore sursum aut deorsum*) ». Le raisonnement consiste donc à appliquer au tout par excellence qu'est l'univers un principe qui s'applique à toute totalité, à savoir

---

49   Cf. *infra* « Les "puissances supérieures" », *Lettre* 8.

qu'elle n'a pas elle-même de haut ni de bas. Même si l'on peut avoir le sentiment qu'elle joue sur les mots, cette affirmation ne signifie pas que le tout n'a pas une partie haute et une partie basse, comme le ciel et la terre (puisqu'Augustin admet que l'on parle de « haut » et de « bas » à propos des parties du tout) ; elle signifie que cette orientation des parties vaut à l'intérieur d'une totalité, qui n'est pas elle-même orientée, parce qu'elle ne pourrait l'être que par rapport à quelque chose d'autre qui lui serait *extérieur*. Or une totalité comme telle n'a rien qui lui soit extérieur, comme l'affirme la suite du texte : « Comme le mouvement que l'on appelle rectiligne (c'est-à-dire celui qui n'est pas circulaire) se produit manifestement en direction des six parties (*partes*) [de l'univers], à savoir en direction de ce qui est en avant et en arrière, à droite et à gauche, en haut et en bas, il n'y a absolument aucune raison pour qu'un corps dans sa totalité n'ait rien devant lui ni derrière lui, ni rien à droite ni à gauche, mais qu'il ait un haut et un bas ». Si l'on considère une totalité comme telle (*i.e.* en faisant abstraction de tout le reste), il n'y a rien devant elle ni derrière elle, de sorte qu'elle n'a pas d'avant ou d'arrière, à la différence par exemple d'une maison de quartier, qui a un avant, donnant sur la rue, et un arrière qui donne sur le jardin. Cependant, si on fait abstraction de la rue et du jardin, la maison n'a plus d'avant ni d'arrière, même s'il existe un ordre des pièces à l'intérieur de la maison. De même, il n'y a rien qui flanque à gauche ou à droite la totalité considérée. Il faut enfin conclure que, de la même manière, il n'y a rien en haut ni en bas d'une totalité, parce qu'il n'existe rien au-dessus ni en-dessous d'elle.

Augustin conclut qu'il est difficile de s'enlever de la tête l'idée que le monde dans son ensemble ait un haut et un bas, alors que nous n'avons aucunement l'idée qu'il demeure orienté selon l'avant et l'arrière, comme s'il faisait toujours face à la même chose : « Dans ces considérations, on se trompe en raison de la difficulté que l'on a à s'opposer aux sens et à l'habitude. Car il n'est pas aussi facile de tourner notre corps comme on le fait lorsqu'on se meut la tête en bas que de se tourner de droite à gauche ou de se retourner de l'avant vers l'arrière. C'est pourquoi il faut réfléchir avec son esprit en faisant abstraction des mots (*remotis uerbis*) pour être en mesure de voir cela ».

C'est donc notre *station droite* qui nous conduit à absolutiser les directions du haut et du bas, à la différence des quatre autres. Nous nous imaginons que l'univers est comme nous, c'est-à-dire qu'il se tient droit, parce que nous ne pouvons pas nous mettre la tête en bas (en faisant le poirier[50]) aussi facilement que nous pivotons sur nous-mêmes, soit d'un quart de tour (vers la gauche ou la droite), soit d'un demi-tour (de l'avant vers l'arrière). Nous ne sommes pas

---

50   Le cas d'un homme qui « fait le poirier » est déjà mentionné en *Tim.* 43e. Selon J. Pépin, cette « mise en scène platonicienne » serait présente à l'esprit d'Augustin (*op. cit.*, p. 54).

assujettis à une orientation constante vers l'un des quatre points cardinaux. Ce qui est à notre gauche passe à notre droite sans difficulté. Mais il n'en va pas de même pour le haut et le bas, que nous absolutisons parce que nous répugnons à faire pivoter l'ensemble de l'univers par rapport à la direction d'un fil à plomb ; en effet, nous serions nous-mêmes entraînés dans cette rotation et nous nous retrouverions, à un moment donné, la tête en bas.

Si Augustin n'avait pas pensé qu'il n'existe pas d'« antipodes », c'est-à-dire d'hommes habitant en un lieu diamétralement opposé au sien, il aurait sans doute pu se référer à eux pour relativiser la tyrannie de nos habitudes[51].

Une comparaison permet peut-être d'illustrer l'illusion qu'Augustin dénonce ici. Les cartons de livraison portent souvent des étiquettes sur lesquelles on lit « haut » et « bas ». Ces étiquettes indiquent que le carton doit toujours conserver la même orientation, pour éviter la casse. Le carton a lui-même un haut et un bas. Le « bas » du carton est la partie qui doit être posée sur le sol, c'est-à-dire posée sur quelque chose d'extérieur au carton. Si maintenant on considère le carton comme une totalité, c'est-à-dire abstraction faite de tout environnement, il n'y a plus lieu d'écrire ni « haut » ni « bas » sur ses parties, parce qu'on ne peut plus le poser. La comparaison est déficiente en ce sens qu'il n'est pas possible de considérer le carton comme une totalité détachée du reste de l'univers, parce que la gravitation indiquerait toujours le bas. Mais la comparaison est peut-être utile en ce sens que nous avons sans doute tendance à nous représenter l'univers comme un immense carton (sphérique) sur lequel nous pourrions écrire « haut » et « bas », alors même qu'il n'y a rien sur quoi il puisse reposer.

---

51 La question des « antipodes » était disputée dans l'antiquité. L'« univers perpendiculaire » d'Épicure rend a *priori* impossible leur existence (cf. Lucrèce, *De nat. rer.* I, 1061-82). Les Stoïciens admettaient qu'aux antipodes des zones tempérées, il existait des lieux habitables (cf. DL VII, 156 [SVF II, 649]). Cicéron ne rejette pas cette hypothèse (*Acad prior* II, 39, 123). Augustin quant à lui affirme que l'existence d'« antipodes » repose sur une raisonnement (cf. *ratiocinando*) et non pas sur une connaissance historique (*cognitio historica*), puisque ni les Écritures ni aucune autre source n'en parlent. D'autre part, s'il existe à l'opposé du globe, des terres, et non pas seulement de la mer, il lui paraît impossible que des hommes aient été capables de naviguer jusque là-bas (cf. *De ciu. Dei.*, XVI, 9, 1). Bien sûr, Augustin a tort mais on ne saurait lui reprocher de tout ignorer de la tectonique des plaques et de la dérive des continents. L'Océanie, qui est aux antipodes de la région où a vécu Augustin, est peuplée depuis plus de 40000 ans, sans avoir jamais été rattachée à l'Asie. Sur l'absence d'attestation « historique » des « antipodes », voir aussi Cléomède I, 2, 6 (trad. R. Goulet, p. 97), qui postule cependant leur existence pour des raisons d'ordre téléologique.

2.2.2.5 *La divergence entre les conceptions augustinienne et aristotélicienne du haut et du bas*

Nous avons vu qu'Augustin soutenait comme Platon que l'univers n'a lui-même ni haut ni bas, mais qu'il se distinguait de ce dernier en affirmant qu'il existe un haut et un bas dans les parties de l'univers. Sur ce point, sa doctrine semblait identique à celle d'Aristote. Il reste à préciser quelle différence les oppose cependant. En effet, Aristote admet que le monde a lui-même un haut et un bas. Ce faisant, il n'entend évidemment pas soutenir que le haut et le bas du monde se définissent par rapport à des points qui lui seraient extérieurs, mais que le monde lui-même, pris comme une totalité, a un haut et un bas « absolus », de la même façon qu'il a un avant et un arrière et une gauche et une droite, les six espèces du lieu étant mises *sur le même plan*. En effet, « les différences spécifiques du lieu sont le haut et le bas, l'avant et l'arrière, la droite et la gauche ; et ces différences ne sont pas définies seulement par rapport à nous et par convention, mais encore dans l'univers lui-même » (*Phys.* III, 5, 205b31-35). La même idée est réaffirmée au début du livre IV (*Phys.* IV, 1, 208b14-22), qui précise à nouveau que le haut de l'univers est sa périphérie et le bas son centre.

Comme on l'a fait remarquer, « la tentative d'Aristote de définir un sens cosmique absolu des deux autres couples [devant-derrière et gauche-droite] est une des parties les plus curieuses de sa cosmologie »[52]. Aristote ne précise pas dans la *Physique* de quelle manière le monde peut se voir attribuer une gauche et une droite et un devant et un derrière, comme s'il était lui-même un observateur isolé toujours orienté de la même façon. Les commentateurs se réfèrent habituellement au passage du *De caelo*, où Aristote se demande s'il y a une partie droite et une partie gauche du ciel (comme le pensaient les Pythagoriciens) (II, 2, 284b6-7), puis généralise sa question aux quatre autres espèces du lieu. Le problème posé par ce texte est qu'il présente une conception du « haut » et du « bas » qui est différente de celle de la *Physique*, puisque c'est cette fois le pôle nord (visible) qui est le bas et le pôle sud qui est le haut de l'univers (285b14-16)[53], suivant une cosmographie qui nous éloigne assurément de la pensée d'Augustin.

Pour conclure, la formule « nihil deorsum esse praeter mundum » de la *Lettre* 3 me semble résumer en une sentence paradoxale des considérations

---

[52] E. Hussey, *Aristotle's Physics III and IV*, Oxford, The Clarendon Press, 1983, p. 100. Sur ce problème, cf. B. Morison, *On Location : Aristotle's Concept of Place*, Oxford, Oxford University Press, 2011, p. 35-47 (« The six dimensions »).

[53] Sur cette difficulté, cf. D. Ross, *Aristotle's Physics. A Revised Text with Introduction and Commentary*, Oxford, The Clarendon Press, 1936, p. 563 (ad *Phys.* IV, 1, 208b13-14). Selon B. Morison, les deux traités ne se contredisent pas car ils ne parlent pas de la même chose (cf. *op. cit.*, p. 42-47).

topologiques et éthiques sur le monde qui sont inspirées à la fois de Platon et de saint Paul. Plus précisément, elle conjoint deux formules de la *Question* 29 : « uniuersus [mundus] nec ipse habet sursum aut deorsum » (« le monde pris comme un tout n'a pas de haut ou de bas ») et « quae sursum sunt sapite » (« Savourez les choses d'en-haut ») (d'après Col 3, 2).

2.3 La rotation de la sphère céleste

Augustin nie enfin que le bonheur consiste seulement « à savoir que les pôles de la sphère tournent plus lentement que son plus grand cercle (*nosse extrema sphaerae tardius rotari quam medium*) » (p. 6, 5-6)[54]. La sphère mobile en question est celle des « fixes », c'est-à-dire le ciel lui-même, qui contient l'univers et qui entraîne dans son mouvement les sphères planétaires[55].

Cette conception du monde s'accorde avec l'observation que tout un chacun peut faire la nuit, quand le ciel est dégagé : « Les étoiles tournent, mais d'un bloc, sans que les constellations se déforment, comme si elles étaient clouées à une sphère solide, tournant autour d'un axe invariable ; cet *axe du monde* est – dans l'hémisphère boréal où nous sommes, en Europe, et dans lequel se sont faites toutes les observations astronomiques connues jusqu'à la Renaissance – facile à repérer ; sa direction coïncide en effet à peu près exactement avec celle d'une étoile assez brillante, la Polaire, qui, seule de tout le Ciel, paraît complètement immobile ; la sphère des étoiles, des *fixes*, tourne en un *jour* » – abstraction faite du décalage de 4 minutes entre ce jour sidéral et le jour solaire qui dure 24 heures en moyenne[56]. Les Anciens pouvaient ainsi avoir l'impression de voir de leurs yeux toute l'immensité de l'univers[57] (du moins dans sa moitié visible).

Notre passage apporte à cette « image » une précision plus savante, celle selon laquelle les pôles de la sphère céleste tournent plus lentement que son

---

54 Je reprends la traduction de cette phrase par P. Hadot dans « "Numerus intelligibilis infinite crescit" », p. 181. On lit en note cette précision : « Même signification de *medius*, chez Calcidius, *In Tim*. 65, p. 112, 9 Waszlink ». Hadot traduit l'ensemble du §2 de l'*Ep*. 3. Sur cette lettre, voir aussi du même auteur, « La notion de nombre infini chez saint Augustin », *Annuaire de l'École pratique des Hautes Études*, Vᵉ section, Sciences religieuses, tome 75, 1967/1968, p. 176-181 : p. 176-78 ; « La notion d'infini chez saint Augustin », *Philosophie*, 26, 1990, p. 59-72 : p. 59-64.

55 D'après *De ciu. Dei*, XII, 26, la Sagesse a donné au ciel et au soleil leur forme ronde (*rutunditas caeli et rutunditas solis*), ainsi qu'à l'œil et à la pomme. Il arrive cependant qu'Augustin soit « agnostique » et qu'il conserve l'hypothèse d'un monde en forme, non pas de sphère, mais de disque (*discus*) (cf. *De gen. ad litt*. II, 10, 23).

56 J. Merleau-Ponty et B. Morando, *Les Trois étapes de la cosmologie*, Paris, Robert Laffont, 1971, p. 35.

57 Cf. *De Trin*. XI, 10, 17.

plus grand cercle (l'équateur céleste) (ce qui est vrai si l'on prend en compte la vitesse linéaire et non pas angulaire). La précision sera reprise dans le *De genesi ad litteram*. On y lit, dans un passage relatif au mouvement du ciel, que les astres (stellaires) tournent d'est en ouest, « les constellations du Septentrion décrivant des cercles plus petits au voisinage du pôle (*cardo*) » (et donc plus lents) (*De gen. ad litt.* II, 10, 23)[58]. Mais encore une fois, il ne suffit pas de savoir cela pour être heureux !

3 Pourquoi le monde a-t-il la taille qu'il a (§2) ?

3.1 *L'hypothèse d'une croissance homothétique du monde à l'infini*

Augustin n'est pas heureux parce qu'il ignore « pourquoi le monde a la grandeur qu'il a (*cur tantus mundus sit*), alors que les proportions des figures qui constituent son extension n'empêchent aucunement qu'il soit plus grand, autant qu'on voudra » (p. 6, 8-10). De fait, le monde ne pourrait-il pas être plus grand, voire s'accroître à l'infini, tout en conservant les mêmes rapports entre ses éléments constitutifs ?

L'hypothèse d'un monde qui soit toujours plus grand est *a priori* rendue plausible par le fait qu'il n'existe pas (dans la physique aristotélicienne d'Augustin) de corps dont la taille ne puisse pas diminuer à l'infini. Comme on le lit dans le *De immortalitate animae*, le corps « peut diminuer à l'infini en étant coupé à l'infini » car « en enlevant par exemple la moitié, et toujours la moitié de ce qui reste, l'intervalle diminue et il tend vers sa fin, sans pourtant y parvenir d'aucune façon » (7, 12)[59]. S'il est vrai, par conséquent, qu'il n'existe pas de corps minimum, pourquoi existerait-il un corps maximum, c'est-à-dire

---

58   En *De gen. ad litt.* II, 5, 9, un autre phénomène est décrit : les *planètes* se meuvent d'autant plus rapidement qu'elles sont plus éloignées de nous, car leurs trajectoires sont plus longues à parcourir (« Nam procul dubio cum retunda moles circulari motu agitur, interiora eius tardius eunt, exteriora celeris, ut maiora spatia cum breuioribus ad eosdem gyros pariter occurant »). Sur le contexte de ce passage, cf. A. Solignac, BA 48, p. 597.

59   « … dimidiam, uerbi gratia, partem detrahendo, et ex eo quod restat, semper dimidiam, minuitur interuallum, atque ad finem progreditur, ad quem tamen nullo peruenitur modo ». Sur la divisibilité à l'infini des corps, cf. *De mus.* V, 12, 25 (« quantulacumque longitudo in quotlibet partes secari potest ») ; *De lib. arb.* II, 8, 22 ; *De gen ad litt.* II, 4, 8 (« … nullum esse quamlibet exiguum corpusculum, in quo diuisio finiatur, sed infinite omnia diuidi, quia omnis pars corporis corpus est … »). Dans notre lettre, la référence à la notion de « base » n'est pas claire. Elle semble désigner une certaine grandeur déterminée à laquelle est appliquée l'opération de dichotomie ou de division en parties aliquotes.

un corps tel qu'il ne puisse pas y en avoir de plus grand ? Pourquoi la taille de l'univers serait-elle bornée[60] ?

Avant de d'examiner comment Augustin traite du problème qu'il pose, il importe de signaler que l'hypothèse qu'il fait ici d'un accroissement homothétique du monde est problématique. En effet, si une chose n'est grande que *par rapport à une autre*, et non pas en soi, qu'est-ce qui permet de supposer que le monde grandit si absolument tout grandit selon les mêmes proportions ?

On remarque qu'Augustin lui-même, sur le fondement même de ce principe, semble récuser dans le *De musica* la validité de l'hypothèse qu'il formule dans notre lettre : « Ce monde qui contient tout est grand (*magnus est*) (...) et si toutes ses parties diminuent de façon proportionnelle, il est aussi grand (*tantus est*) ; et si elles augmentent de façon proportionnelle, là encore il est aussi grand (*tantus est*), car lorsqu'il est question d'espaces de lieu ou de temps, rien n'est grand par soi mais il est plus petit par rapport à quelque chose » (VI, 7, 19)[61]. N'y a-t-il pas une contradiction entre ce passage du *De musica* et la Lettre 3 ?

Pierre Hadot, qui a bien perçu la difficulté, écrit que « dans ce texte du *De musica*, *tantus* désigne la grandeur apparente du monde »[62]. Il faut donc comprendre que, dans l'hypothèse d'un accroissement homothétique du monde, la grandeur *apparente* du monde n'a pas changé (il conserve *à nos yeux* la taille qu'il avait), mais que sa grandeur *absolue* a bel et bien changé, même si nous n'y avons vu que du feu en ayant nous-mêmes grandi en même temps que le monde.

Pourtant, une difficulté demeure : Augustin ne dit pas quel est l'*invariant* qui permet, dans son hypothèse, de concevoir que la grandeur *absolue* du monde ait augmenté. Dès lors que *tout* augmente, Augustin semble considérer qu'il n'y a pas d'invariant ; mais il ne semble pas considérer que le fait qu'il n'y ait pas d'invariant rende *dépourvue de sens* l'hypothèse même d'un accroissement homothétique du monde.

---

60   Le même étonnement éprouvé devant la puissance du concept de *proportion* est perceptible en *De uera relig.* 43, 80 : nous comprenons que « tout corps a une moitié, si petit soit-il, et que s'il a une moitié, il a un nombre innombrable de parties ; que par conséquent tout grain de mil, par rapport à sa partie qui est dans la même proportion par rapport à lui que nous par rapport au monde, est aussi grand que le monde par rapport à nous, et que ce monde est beau dans sa totalité en raison du rapport de ses parties et non pas de son volume (*totumque istum mundum figurarum ratione pulchrum esse, non mole*) ».

61   « Sic habendo omnia magnus est hic mundus, qui saepe in scripturis diuinis coeli et terrae nomine nuncupatur, cuius omnes partes si proportione minuantur, tantus est ; et si proportione augeantur, nihilominus tantus est : quia nihil in spatiis locorum et temporum per seipsum magnum est, sed ad aliquid breuius ».

62   « "Numerus intelligibilis infinite crescit", Augustin, Epistula 3, 2 », p. 183, note 4.

3.2 Le problème d'Augustin à la lumière de la physique contemporaine (*excursus*)

3.2.1 L'accroissement du monde et l'expansion de l'univers

À ce point de notre explication, une précision s'impose, qui nous conduit à mettre en relation les préoccupations d'Augustin avec le savoir de notre époque : la difficulté qui vient d'être mise en évidence ne se pose plus si nous raisonnons dans les coordonnées physiques qui sont les nôtres, celles de la Relativité d'Einstein, car nous savons qu'il y a dans l'univers un invariant, à savoir la vitesse de la lumière dans le vide, quel que soit le repère considéré. Nous savons d'autre part que les astronomes ont mis en évidence, en se fondant précisément sur l'invariance de la vitesse de la lumière, que notre univers était en expansion. En effet, d'après les lois de la physique classique et moderne, l'analyse spectrale de la lumière fournit des renseignements sur le mouvement relatif de la source lumineuse par rapport au spectrographe, dans la mesure où ce mouvement décale les longueurs d'onde. Or Hubble a observé un décalage spectral vers le rouge de la lumière des galaxies (le fameux « red-shift »), qui semble attester qu'elles sont toutes animées d'un mouvement de fuite.

Si nous en revenons au problème d'Augustin en faisant l'hypothèse qu'il puisse exister chez lui un *invariant*, quel qu'il soit, qui permette de mesurer les changements de taille du monde, on perçoit trois différences essentielles entre l'accroissement de « son » univers et l'expansion du nôtre.

Tout d'abord, l'accroissement du monde est pour Augustin une pure possibilité et non un fait : il formule l'hypothèse d'un accroissement homothétique *a priori possible* pour montrer que le fait que le monde ait précisément *la taille qu'il a*, et non pas une taille plus grande ou plus petite, est difficilement explicable.

La deuxième différence tient au fait que, dans le cas de l'expansion de notre univers, c'est l'espace qui sous-tend les objets, et non pas la taille des objets eux-mêmes, qui croît. Pour en revenir à la découverte de Hubble, elle consiste, comme on l'a dit, dans la mise en évidence d'un décalage spectral vers le rouge de la lumière des galaxies, *comme si* les galaxies étaient toutes animées d'un mouvement de fuite, qui est d'autant plus rapide qu'elles sont plus éloignées. Pour éviter une impossibilité – celle qui conduirait à attribuer aux objets les plus lointains une vitesse supérieure à celle de la lumière –, on explique la mesure d'Hubble en supposant que l'univers lui-même est en expansion. Les objets ne bougent donc pas eux-mêmes du fait de l'expansion, c'est l'espace sous-jacent qui s'étire, entraînant des objets qui restent « fixes » par rapport à lui. Si l'on se représente des points tracés sur une membrane de baudruche que l'on étire, on a une assez bonne image du phénomène.

Enfin, la troisième différence porte sur le fait que les astrophysiciens ne savent pas actuellement si notre univers en expansion est fini ou infini, alors que l'univers d'Augustin, qui croît par hypothèse, est un univers *fini*, dont on se demande s'il peut croître à l'infini ou si son accroissement est nécessairement borné. Si nous nous plaçons maintenant dans l'hypothèse où notre univers en expansion est fini, à l'instar de celui d'Augustin, pouvons-nous comparer les *formes* de ces deux univers ?

3.2.2   La forme sphérique de l'univers

D'après notre lettre, Augustin « sait » que l'univers est sphérique. Il ne dit malheureusement pas comment il le sait. Pour Einstein aussi, l'univers est sphérique (ou quasi-sphérique en raison de certaines inégalités locales)[63] donc fini. Bien sûr, la « sphère » à laquelle Einstein se réfère ne ressemble pas aux sphères que nous percevons avec nos sens. Ces sphères sont des *surfaces* (à deux dimensions, sans épaisseur) que nous observons *de l'extérieur* comme étant « plongées » dans un espace à trois dimensions (à savoir notre espace euclidien), tandis que l'univers einsteinien est un *espace* sphérique que nous observons *de l'intérieur* sans que nos sens puissent bénéficier d'aucun « recul » pour en visualiser la courbure[64].

À défaut de pouvoir nous représenter sensiblement un espace sphérique, nous pouvons tenter de nous le représenter *analogiquement*, comme le montre une expérience de pensée plaisante présentée par Einstein[65] et reprise par Feynman dans une de ses *Lectures* (dont je reprends ici le contenu)[66]. Imaginons des êtres à *deux dimensions*, par exemple des insectes extra-plats, qui vivent sur une très grande sphère. Ils ne peuvent regarder ni en haut ni en bas et n'ont pas la moindre idée qu'il existe un monde extérieur au leur, au-dessus de leur tête et sous leurs pattes, puisque la troisième dimension leur

---

63   « Le calcul montre que si la matière était uniformément distribuée, le monde devrait nécessairement être sphérique (ou elliptique). Mais comme en réalité la matière est dans le détail irrégulièrement distribuée, le monde réel s'écartera dans le détail de la forme sphérique, il sera quasi-sphérique. Mais il devra nécessairement être fini » (*La Relativité*, tr fr, Paris, Payot, 1956, p. 133).

64   Le fait que l'espace soit sphérique signifie qu'il est clos ou refermé sur lui-même, à l'instar d'une surface sphérique, mais tout en comptant une dimension de plus qu'elle. Concrètement, de même que si l'on fait se déplacer un point tout autour d'une sphère à deux dimensions, ce point revient à son point de départ, de même, si l'on pouvait avancer toujours tout droit dans l'univers (dans n'importe quelle direction), on reviendrait à son point de départ au lieu de s'en éloigner indéfiniment, comme on le ferait dans l'espace mathématique de Newton.

65   Cf. *La Relativité*, p. 126-131 (« La possibilité d'un monde fini et cependant non limité »).

66   Cf. 42-1 (« Curved spaces with two dimensions »).

échappe entièrement. Imaginons maintenant que ces êtres, qui sont intelligents, commencent à étudier la géométrie et qu'ils puissent tracer des droites et mesurer des longueurs. Imaginons enfin, qu'ils aient eu leur propre Euclide, que celui-ci leur ait enseigné les principes de la géométrie et qu'ils aient vérifié ces principes en faisant des mesures sur une petite échelle. En faisant des mesures d'une exactitude parfaite sur une grande échelle, ils découvriraient que leur espace a un problème car les règles de la géométrie euclidienne ne s'y appliquent pas.

Trois exemples le montrent aisément. Premièrement, si un de ces insectes veut tracer un grand « carré » en faisant quatre angles droits, il obtiendra une figure qui ne le récompensera guère de sa peine[67]. Il s'apercevra également que la somme des trois angles d'un triangle est en fait toujours supérieure à deux angles droits et qu'elle peut atteindre jusqu'à trois angles droits[68] ! Enfin, en traçant des cercles sur cette surface (qui est son « plan ») et en mesurant leur circonférence, il découvrira que celle-ci est *inférieure* à $2\pi R$[69].

Fig. 42-8. Trying to make a "square" on a sphere.

67 (Fig. 42-8, p. 42-3).

Fig. 42-10. On a sphere a "triangle" can have three 90° angles.

68 (Fig. 42-10, p. 42-3).

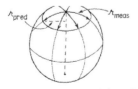

Fig. 42-11. Making a circle on a sphere.

69 (Fig. 42-11, p. 42-3). « R measured » signifie le rayon réellement mesuré et « R predicted », le rayon attendu selon les règles de la géométrie euclidienne.

Certes, nous, qui avons le privilège de n'être pas aplatis, nous voyons de nos yeux la courbure de cet espace non-euclidien, car nous percevons la sphère bidimensionnelle (ou tout autre espace non-euclidien à deux dimensions[70]) en tant qu'elle est contenue ou « plongée » dans l'espace euclidien tridimensionnel qui nous est familier. Pourtant, à défaut de voir, nos êtres bidimensionnels eux-mêmes ont les moyens géométriques de se rendre compte qu'ils ne vivent pas dans un monde euclidien et même de mesurer *de l'intérieur*, c'est-à-dire sans en sortir, la courbure de l'espace qu'ils habitent. Il leur suffit pour cela de tracer un grand cercle, de mesurer empiriquement la longueur de son rayon et de calculer la différence entre cette longueur et celle qui est obtenue en suivant les règles d'Euclide[71].

Sur ce point, ces êtres étranges sont à notre image. Car nous non plus, nous ne vivons pas dans un espace euclidien. En effet, la théorie einsteinienne de la gravitation montre que l'espace est courbe et que la matière est la cause de cette courbure. Nous ne pouvons certes pas imaginer que l'espace soit courbe dans une quelconque direction et encore moins que sa courbure puisse avoir plusieurs composantes[72]. Nous ne pouvons donc pas nous représenter que l'univers ait la forme d'une totalité « fermée » comme une sphère. Nous pouvons toutefois *définir* mathématiquement une telle courbure *de l'intérieur* et même (dans l'idéal) la calculer, à l'instar des habitants de notre sphère à deux dimensions[73].

---

[70] Nous pouvons prendre d'autres exemples que celui d'une sphère à deux dimensions pour visualiser un espace courbe. Nos insectes géomètres peuvent être sur une immense poire. Cet exemple est intéressant car il montre que le degré de courbure de leur espace est variable selon l'endroit où ils se trouvent. Si l'on imagine maintenant un espace bidimensionnel en forme de selle de cheval, il est possible de tracer sur un tel espace des cercles qui sont tels que la différence entre le Rayon mesuré et Rayon attendu est cette fois négative. Un cylindre, en revanche, n'est pas une surface courbe. On voit qu'on peut le couper et le mettre à plat sans produire aucune déformation géométrique. Il s'agit simplement d'une surface euclidienne enroulée.

[71] Si l'insecte calcule le rayon du cercle en divisant la circonférence C par 2π, il obtiendra, selon les règles d'Euclide, R attendu $= C / 2\pi$. D'autre part, en mesurant empiriquement le rayon de son cercle, il trouvera un rayon qui est plus long que celui qu'il attendait. Il pourra alors calculer l'excès du rayon mesuré par rapport au rayon attendu : Rayon mesuré − Rayon attendu = R excédent. La courbure de la surface est ainsi quantifiée.

[72] Cf. Feynman, Fig. 42-15, p. 42-5.

[73] On peut en principe rendre compte de la courbure moyenne de l'espace en prenant en considération l'aire d'une sphère (qui est égale à $4\pi R^2$ selon Euclide). Il faut pour cela mesurer empiriquement l'aire d'une sphère ; calculer selon la formule d'Euclide le rayon de la sphère ; mesurer expérimentalement le rayon de la sphère en creusant un trou jusqu'au centre de façon à mettre en évidence un excédent de rayon. Bien qu'aucune mesure n'ait jusqu'à présent permis de mettre en évidence *empiriquement* une courbure de notre espace, Einstein formule une loi qui permet de calculer la courbure de l'espace.

Pour conclure, quel rapport y a-t-il entre l'univers sphérique d'Einstein et celui d'Augustin ? Ne sont-ils pas de pures homonymes, comme le chien qui aboie et la constellation du chien, de sorte qu'il n'y a guère de sens à comparer leurs univers, si ce n'est pour dire que la représentation du monde a radicalement changé depuis l'antiquité ? Sans nier tout ce qui sépare les représentations euclidienne et non-euclidienne du monde, on peut attirer l'attention sur un point important, à savoir que la forme sphérique qu'Augustin prête au monde n'est pas non plus celle que notre imagination nous présente.

Ce point est mis en évidence dans la *Lettre* 7. Augustin distingue trois types de *phantasiae* (*i.e.* de représentations de l'imagination), selon qu'elles ont été imprimées à partir de choses qui ont été senties (*sensis*), imaginées (*putatis*) ou calculées (*ratis*) (*Ep*. 7, 4, p. 15, 6-9). Les « choses calculées » sont essentiellement les nombres et les dimensions et ceux-ci sont, pour certains d'entre eux, dans la nature (*in rerum natura*). Augustin affirme, à propos de ce dernier cas, que, « lorsqu'on trouve la forme du monde tout entier », « une image s'ensuit (*sequitur*) dans l'esprit de celui qui pense cette forme » (p. 16, 3-6). Augustin ne précise pas de quelle façon la forme sphérique du monde est « trouvée » rationnellement[74]. Il soutient cependant que la découverte de la forme véritable du monde ne manque pas de générer dans l'esprit de celui qui la détermine une image qui est nécessairement fausse : « Ces choses ont beau être comprises en toute vérité, comme je l'affirme quant à moi, elles font pourtant naître (*gignunt*) de fausses images, auxquelles la raison elle-même s'oppose difficilement » (*Ep*. 7, 4, p. 16, 8-10)[75]. Bref, la forme sphérique du monde, à l'instar de toute forme intelligible, est par soi inimaginable. L'astronome ne peut que former à son sujet un *phantasma*, c'est-à-dire une représentation vide de toute valeur objective. Ces précisions étant apportées, voyons comment Augustin tente de résoudre son problème.

Selon cette loi, par exemple, le rayon de la terre est plus long d'1,5 mm que celui qu'il devrait avoir selon les lois de la géométrie lorsqu'on le déduit de son aire. Pour le soleil, l'excédent est de 500m. Ces données fascinantes sont cependant calculées *localement*. Comme la loi dépend de la masse, pour l'appliquer à l'univers tout entier, il faut faire une hypothèse sur la répartition de la matière dans l'univers, puisque c'est elle qui détermine la courbure. Selon les hypothèses qui sont faites quant à la répartition de la masse dans l'univers, l'univers est clos, comme une sphère, ou au contraire ouvert comme un plan.

74 Cléomède démontre la forme sphérique du monde à partir de la sphéricité de la terre (cf. *De motu circ*. I, 8, 1-8).

75 Augustin a sans doute en vue le fait qu'il n'est pas possible d'imaginer une sphère qui soit une unique totalité, comme le montrent ses spéculations sur le haut et le bas dans la *Question* 29.

3.3 Le nombre sensible et le nombre intelligible
3.3.1 Une doctrine secrète

Pour récuser la possibilité d'un accroissement *ad infinitum* du monde, Augustin fait appel à une doctrine qu'il a déjà révélée à Alypius. Il annonce plus précisément sa solution en ces termes : « nisi forte illud, quod aliquando Alypio dixi occultissime habet magnam uim ... » (p. 6, 15-16). Comment comprendre « occultissime » ? On peut penser, comme le font tous les traducteurs, que l'adverbe porte sur « dixi ». Augustin expose à Nebridius ce qu'il a révélé à leur ami commun « dans le plus grand secret », c'est-à-dire sans doute sans en instruire ses élèves Licentius et Trygetius, qui n'étaient pas de force à en tirer profit[76]. Mais peut-être est-il plus satisfaisant de faire porter « occultissime » sur « habet magnam uim » : la doctrine en question a très secrètement une grande force. À l'appui de ce choix, on peut se référer au *De ordine*. En II, 18, 48, l'âme du dialecticien attribue à un mouvement intérieur et *caché* le pouvoir rationnel dont elle dispose : « Ego quodam meo motu interiore et occulto, ea quae discenda sunt possum discernere et connectere, et haec uis mea ratio uocatur » (« Quant à moi, je peux, par un mouvement intérieur et caché qui est mien, diviser [= διαιρεῖν] et rassembler [= συνάγειν] les choses que je dois apprendre, et ce pouvoir qui est mien, on l'appelle la raison »)[77]. Dans cette hypothèse, la doctrine invoquée dans l'*Ep*. 3 est « secrète » (et forte) en tant qu'elle est rationnelle (*i.e.* imperceptible aux sens corporels) et non pas en tant qu'elle est ésotérique.

Cette doctrine repose plus précisément sur l'opposition existant entre l'intelligible et le sensible : « Puisque le nombre intelligible (*ille numerus intelligibilis*) croît à l'infini sans pourtant diminuer à l'infini – car il ne peut pas se fractionner en deçà de la monade –, le nombre sensible en revanche – car qu'est-ce que le nombre sensible, si ce n'est la quantité de ce qui est corporel ou

---

[76] Augustin sacrifierait ici au goût de l'ésotérisme qui existait dans la tradition platonicienne. On pense bien sûr à la doctrine secrète des « trois rangs » formulée dans la *Lettre* II de « Platon » (312d-e) et qui exerça une influence considérable sur le néoplatonisme (cf. H.-D. Saffrey et L.-G. Westerink, Proclus, *Théologie platonicienne*, Introduction au livre II, 1974, p. XX-LIX). Plotin s'était lui-même engagé à tenir secrets les dogmes qu'il avait appris d'Ammonius, c'est pourquoi pendant longtemps il n'écrivit pas (*Vita Plot*. 3, 25 sq.). D'après Eusèbe de Césarée (*Praep. euang*. IV, 8, 1), Porphyre, lui aussi aurait joué dans *La philosophie des oracles* la « vaine comédie de la discrétion des lecteurs » (J.-L. Cheirlonneix, in L. Brisson et al., Porphyre, *La vie de Plotin*, vol. 2, p. 416). On sait par ailleurs que le secret joue un grand rôle dans l'histoire du platonisme telle qu'Augustin la conçoit dans le *Contra Academicos* et la *Lettre* 1 à Hermogenianus.

[77] Cf. aussi *De ord*. I, II, 33 : « Memento, inquit Licentius, quam multa et quam necessaria nobis abs te accipienda per occultissimum illumque diuinum ordinem etiam te nesciente subministrentur » ; *De ord*. II, 15, 43 : « numeramus ab illo occultissimo [numero] ».

des corps ? – peut bien diminuer à l'infini mais il ne peut pas croître à l'infini » (p. 6, 16, 21)[78].

Comme l'écrit Pierre Hadot, le problème ici abordé et la réponse qu'il reçoit se situent dans une tradition philosophique précise : « Contre les mondes infinis des Présocratiques, Aristote avait élaboré une doctrine de l'infini sensible qui est exactement celle que nous retrouvons chez Augustin. Il n'y a d'infini que dans la division, exactement dans la possibilité de toujours poursuivre la division, mais il n'y a aucun infini par accroissement dans le monde sensible, et il n'y a aucun corps sensible qui soit infini, même en puissance (cf. *Phys.* III, 6, 206a14-17 ; 206b18-25 ; 204b5) »[79].

3.3.2 La finitude de la grandeur corporelle chez Aristote et chez Augustin

Il faut cependant noter une importante différence entre les deux auteurs. En bref, dans le livre III de la *Physique*, la question fondamentale que pose Aristote est celle de savoir si les choses naturelles comme la grandeur, le mouvement, le temps, sont infinies ou finies. Sur ce point, sa position est nette : « Aristote est, en divers sens, finitiste. Il rejette l'idée qu'il puisse exister des ensembles de choses qui soient infinis en acte »[80] et il s'efforce tout d'abord de montrer qu'il n'existe pas dans la nature de grandeur infinie *en acte*. Il le fait, en alléguant des raisons qui sont tirées surtout de sa théorie des « lieux naturels » (cf. III, 5, 204a34 sq.). Si un corps est infini, comme par exemple l'air qui entoure le monde selon certains Présocratiques, il occupe un lieu infini ; or l'hypothèse d'un lieu naturel n'a de sens que dans un univers fini, car un espace infini ne peut pas avoir de centre ni non plus d'extrémités vers lesquels les corps puissent se porter naturellement (en tombant ou en s'élevant). Aristote ajoute que, s'il n'y a pas de corps infini en acte, il ne peut pas non plus exister de corps infini en puissance : « Dépasser tout par addition, ce n'est pas possible même en puissance, s'il est vrai qu'il n'existe pas d'infini en entéléchie

---

[78] Sur les nombres dans la philosophie d'Augustin, cf. Ch. Horn, « Augustins Philosophie der Zahlen », *Revue des Études Augustiniennes*, 40, 1994, p. 389-415 ; Id., « Numerus », *Augustinus-Lexikon*, 4, 226-236.

[79] « "Numerus intelligibilis infinite crescit", Augustin, *Epistula* 3, 2 », p. 184. Comme le précise Hadot, la doctrine aristotélicienne de l'infini sensible fut reprise par les Stoïciens contre les Épicuriens, qui considéraient que l'univers était sans limite et admettaient donc une quantité infinie par accroissement mais niaient la division à l'infini du fait de l'existence des atomes (*Lettre à Hérodote* 56 sq. ; Lucrèce, I, 951 sq.). Dans le stoïcisme, en revanche, le caractère organique de l'univers exigeait qu'il soit limité et la théorie du « mélange total » que les corps soient divisibles à l'infini (*SVF* II, 482-491).

[80] R. J. Hankinson, « Science », in J. Barnes (ed.), *The Cambridge Companion to Aristotle*, Cambridge, Cambridge University Press, 1995, p. 140-167 : p. 140.

par accident, comme le veulent les Physiologues, qui affirment que le corps extérieur au monde, dont la substance est l'air ou quelque chose d'autre de tel, est infini » (III, 6, 206b20-24). Le monde est donc fini (sans quoi le mouvement des choses naturelles serait inintelligible) et sa finitude empêche de concevoir l'accroissement à l'infini d'une grandeur sensible.

Les termes du problème posé par Augustin sont différents. Celui-ci ne soulève pas la question de savoir si le monde est fini ou infini. Il se demande si les corps peuvent croître indéfiniment. Dans cette hypothèse, si grand soit-il, le monde demeure fini. Si Augustin peut montrer que le monde n'est pas infini en acte, c'est indirectement, en établissant que sa taille est nécessairement bornée. D'autre part, l'explication de la nécessaire limitation de la grandeur du monde qu'il propose n'apporte aucune justification d'ordre *physique* (tirée d'une théorie du mouvement). Augustin raisonne en métaphysicien, en attribuant au sensible une structure *contraire* à celle de l'intelligible[81].

3.3.3   Les propriétés contraires du sensible et de l'intelligible

Il explique en effet que le fait que le sensible et l'intelligible aient des propriétés opposées explique peut-être la limitation qu'il pense être celle du monde : si d'une part le nombre intelligible ne peut que croître à l'infini à partir de l'unité, et non pas décroître en deçà d'elle – car « parmi les nombres, un n'a pas de parties » (*De gen. ad lit.* IV, 2, 3) –, et si d'autre part l'intelligible et le sensible ont des propriétés contraires, alors le nombre sensible décroît à l'infini (par division), mais il ne peut pas croître à l'infini. Autrement dit, la croissance du nombre sensible est bornée par une certaine limite de même que la décroissance du nombre intelligible l'est par la monade (*i.e.* l'unité).

En dépit de ce qui distingue son problème de celui d'Aristote, il importe de remarquer que l'opposition entre deux nombres qui est au fondement du raisonnement d'Augustin dépend fondamentalement de celle qu'Aristote établissait entre d'une part « l'infini par division » de la grandeur corporelle et d'autre part « l'infini par addition » (ou « par accroissement ») du nombre. Il faut ici procéder rapidement à certains rappels.

Aristote est finitiste, comme nous l'avons dit. Pourtant, aussitôt après avoir montré qu'il n'existe pas de corps infini, il ajoute : « S'il n'existe simplement pas d'infini, il en résulte à l'évidence de nombreuses impossibilités » (III, 6, 206a9-10). En voici deux (en laissant de côté celle qui est liée au temps) : (1) les grandeurs ne seront pas divisibles en grandeurs (elles ne sont plus divisibles en des grandeurs qui sont à leur tour divisibles en grandeurs, et ainsi de suite

---

[81]   L'opposition des prédicats du sensible et de l'intelligible est un thème fondamental chez Porphyre (cf. *Sent.* 33, 35, 39).

à l'infini) et (2) le nombre ne sera pas infini, alors pourtant que nous pouvons compter *ad infinitum*.

La solution d'Aristote consiste à dire que l'infini par division de la grandeur et l'infini par addition du nombre n'existent tous deux qu'*en puissance*. Ainsi, la possibilité pour une grandeur d'être divisée à l'infini (ou celle pour un nombre d'être augmenté à l'infini) n'est pas susceptible d'être jamais entièrement actualisée, à la différence de la puissance qu'a le bronze de devenir une statue. Aucune grandeur spatiale ne pourra jamais être divisée en un nombre infini de parties.

Aristote précise quelle relation il existe entre les deux infinis qu'il distingue : « l'infini par addition est, en un sens, identique à l'infini par division » (206b3-4), tout en étant généré de façon inverse (ἀντεστραμμένως), « car là où l'on voit une grandeur divisée à l'infini, du même coup il apparaîtra que par addition on tende vers la grandeur déterminée » (206b5-6). L'idée est la suivante : en appliquant à l'infini le processus de dichotomie à une grandeur donnée, on augmente à l'infini le nombre des parties (de plus en plus petites) dont la somme tend vers le tout (par ex. $1/2 + 1/4 + 1/8$, etc. = 1). L'infinie divisibilité de la grandeur et l'infinité (potentielle) des nombres sont inversement corrélées.

Aristote précise enfin que, tout en étant tous deux infinis en puissance, le nombre et la grandeur ont des propriétés opposées. Pour le dire en bref : le nombre a un minimum, mais pas de maximum ; la grandeur a un maximum mais pas de minimum[82]. C'est le passage qui nous intéresse : « Il est aussi rationnel qu'il y ait dans le domaine du nombre une limite en direction du minimum tandis qu'en direction du plus on va toujours au-delà de toute multiplicité, et qu'au contraire, s'agissant des grandeurs, en direction du moins, on aille en deçà de toute grandeur tandis qu'en direction du plus il n'y a pas de grandeur infinie. La cause en est que l'unité est indivisible, quelle que soit la chose qui est une (par exemple un homme est un homme unique et non plusieurs), et que le nombre est plusieurs unités, autant qu'il y en a, de sorte qu'il est nécessaire de s'arrêter à l'indivisible » (*Phys.* III, 7, 207b1-8)[83].

---

82   Cf. D. Ross, *Aristotle's Physics*, Oxford, Clarendon Press, 1936, p. 369.

83   « Εὐλόγως δὲ καὶ τὸ ἓν μὲν τῷ ἀριθμῷ εἶναι ἐπὶ μὲν τὸ ἐλάχιστον πέρας ἐπὶ δὲ τὸ πλεῖον ἀεὶ παντὸς ὑπερβάλλειν πλήθους, ἐπὶ δὲ τῶν μεγεθῶν τοὐναντίον ἐπὶ μὲν τὸ ἔλαττον παντὸς ὑπερβάλλειν μεγέθους ἐπὶ δὲ τὸ μεῖζον μὴ εἶναι μέγεθος ἄπειρον. αἴτιον δ' ὅτι τὸ ἕν ἐστιν ἀδιαίρετον, ὅ τι περ ἂν ἓν ᾖ (οἷον ἄνθρωπος εἷς ἄνθρωπος καὶ οὐ πολλοί), ὁ δ' ἀριθμός ἐστιν ἕνα πλείω καὶ πόσ' ἄττα, ὥστ' ἀνάγκη στῆναι ἐπὶ τὸ ἀδιαίρετον ». Comme Aristote l'explique ici, qu'il y ait une limite pour le nombre, lorsqu'on tend vers le minimum, tient au fait que tout nombre se définit comme une addition d'unités et que l'unité elle-même n'est finalement pas décomposable (on compte par exemple trois hommes, c'est-à-dire trois fois un homme, et il n'existe pas de fraction d'homme).

Si nous revenons maintenant à la *Lettre* 3, nous remarquons qu'Augustin reprend l'opposition aristotélicienne entre la divisibilité potentiellement infinie de la grandeur et la croissance potentiellement infinie du nombre. Plus précisément, il établit comme Aristote une corrélation entre les deux processus : après avoir écrit que, par voie de division, « on obtient, pour une grandeur déterminée, un nombre déterminé de corpuscules (*certus corpusculorum numerus surgeret*) » (p. 6, 12), il affirme que « ce nombre intelligible (*numerus ille intelligibilis*) croît à l'infini ... » (p. 6, 16-17). « Ille numerus » désigne donc le nombre, de nature intelligible, des parties corporelles de plus en plus nombreuses.

Augustin apporte cependant deux modifications notables à l'opposition aristotélicienne. Premièrement, il n'hésite pas à donner le nom de « nombre » à « la grandeur des choses corporelles ou des corps » (*corporeorum uel corporum quantitas*)[84], c'est-à-dire à la grandeur aristotélicienne. En principe, pour Aristote, le nombre est de l'ordre du discret et non pas du continu, comme l'est précisément la grandeur (avec cependant une difficulté liée à l'utilisation de la notion de nombre dans la définition du temps comme nombre du mouvement selon l'avant-l'après en *Phys.* IV). Les nombres d'Aristote sont nos « entiers naturels » (sans le zéro), tandis que chez Augustin, les nombres sensibles sont continus, comme les corps eux-mêmes. Deuxièmement, Augustin qualifie le nombre aristotélicien d'*intelligible* au sens platonicien du terme, comme le montre bien le contexte, alors qu'Aristote, on le sait, refuse de considérer le nombre comme une réalité « séparée » du sensible[85] et qu'il en fait fondamentalement un sensible commun (cf. *DA* II, 6, 418a18). On trouve donc chez Augustin la transposition ou la transformation d'une opposition aristotélicienne dans un cadre de pensée qui est platonicien.

Il paraît certain, au vu de la proximité des textes, qu'Augustin dépend d'une source néoplatonicienne[86] qui connaissait le passage de la *Physique* où

---

84 La distinction entre les corps et ce qui est corporel est introduite pour indiquer que la notion de grandeur peut s'appliquer par ex. à un son, qui n'est pas un corps mais qui est corporel. Sur cette distinction, cf. *De mag.* 3, 5.

85 Cf. sur ce point, M. Crubellier et P. Pellegrin, *Aristote. Le philosophe et les savoirs*, Paris, Le Seuil, 2002, p. 220-224 ; M. Crubellier, « Platon, les nombres et Aristote », in J. P. Le Goff (éd.), *La Mémoire des nombres*, actes du 10ᵉ Colloque d'Épistémologie et d'Histoire des Mathématiques, Université de Caen, Cherbourg (27-28 mai 1994), Caen, 1997, p. 81-100.

86 A. Solignac a fait la supposition qu'Augustin dépendait ici de Nicomaque de Gérasa, un pythagoricien platonisant du Iᵉʳ siècle après Jésus-Christ, dont l'*Introduction arithmétique* avait été traduite en latin par Apulée (« Doxographies et manuels dans la formation philosophique de saint Augustin », *Recherches Augustiniennes*, 1, 1958, p. 113-148 : 136 sq.). P. Hadot a cependant clairement montré que, dans le passage allégué par Solignac (p. 4, 15 Hoche, tr. J. Bertier, Paris, Vrin, 1978, p. 55), on trouve en fait une opposition entre la

Aristote oppose la grandeur et le nombre[87] et qui l'interprétait peut-être déjà en un sens nouveau. Le cas échéant, que pouvait signifier le fait d'attribuer au nombre intelligible une croissance infinie ?

3.4 La croissance à l'infini du nombre intelligible
3.4.1 Une notion plotinienne ?

Selon Pierre Hadot, l'idée d'un nombre propre à l'intelligible et croissant à l'infini est attestée chez Plotin (et il faut alors entendre par « intelligible » aussi bien l'âme que l'Intellect)[88]. Porphyre l'explicite en ces termes dans la *Sentence* 37 : « De même que les corps, lorsqu'on les divise à l'infini, ne se terminent pas à un incorporel – car c'est seulement selon la masse corporelle qu'ils sont divisés en segments – de même l'âme, parce qu'elle est une forme vivifiante, se multiplie à l'infini selon les formes, n'ayant de différenciation que formelle, l'âme demeurant universelle aussi bien avec ces différences que sans ces différences »[89]. On a donc une opposition entre d'une part la multiplicité sensible, qui s'obtient par division, c'est-à-dire par diminution, et d'autre part la multiplicité intelligible qui s'obtient par différenciation interne. Cette forme de multiplicité *sui generis* en vertu de laquelle l'âme se retrouve tout entière en

---

multitude nombrable (ποσόν), qui se constitue par juxtaposition, et la grandeur (πηλίκον), qui présente une cohésion interne. Le point essentiel est que cette opposition se rapporte à deux espèces de la quantité, qu'elle soit intelligible ou sensible, et non au nombre intelligible et au nombre sensible (« La notion d'infini chez saint Augustin », p. 60-61).

87 Se peut-il que sa source soit le commentaire de Porphyre sur la *Physique* d'Aristote (Beutler, n° 14) ? D'autres indices témoignent qu'Augustin a eu accès à des sources néoplatoniciennes sur des problèmes physiques. Le *De quant. anim.* (22, 37) présente une théorie non-aristotélicienne de l'*impetus* qui se retrouve chez Hipparque et chez Philopon (cf. S. Pinès, « Saint Augustin et la théorie de l'*impetus* », *Archives d'Histoire doctrinale et littéraire du Moyen Âge*, 44, 1969 (1970), p. 7-21 [repris in Id., *Collected Works*, vol. 2, Jerusalem, The Magnes Press, 1986]). Sur la théorie de l'*impetus*, cf. R. Sorabji, *The Philosophy of the Commentators*, vol. 2, 22(f), p. 348-56.

88 « Dans le traité VI, 5 [23], 9, 12, Plotin, après avoir affirmé que toutes les âmes ne sont qu'une âme, mais que cette âme est infinie, note que c'est la raison pour laquelle l'âme est appelée par certains philosophes un nombre et par d'autres "un nombre qui s'augmente". Cette seconde définition semble bien être un développement de la doctrine de Xénocrate (fr. 64 Heinze) selon laquelle l'âme est un "nombre qui se meut lui-même". Mais Plotin interprète immédiatement cette formule dans le sens de sa propre doctrine : " Ils veulent sans doute indiquer par là que l'âme ne fait jamais défaut à rien, qu'elle s'étend à tout, en restant ce qu'elle est et que, même si le monde était plus grand, la puissance de l'âme ne manquerait pas pour s'étendre à tout". La croissance à l'infini du nombre de l'âme consiste donc dans la présence totale et transcendante de l'âme au monde, "toute entière en toutes choses" » (P. Hadot, « La notion de nombre infini chez saint Augustin », *Annuaire de l'École Pratique des Hautes Études*, p. 176).

89 Tr. P. Hadot dans « "Numerus intelligibilis infinite crescit" », p. 188-89.

chacune de ses parties, par une sorte de multiplication à l'infini, explique que sa nature soit d'une puissance infinie (ἀπειροδύναμος). Dans cette perspective, « la croissance à l'infini du monde intelligible est donc synonyme d'intériorité à soi : l'intériorité et l'implication réciproque des parties entre elles n'ont pas de limites »[90].

Selon Hadot, bien que ces textes de Plotin et de Porphyre ne soient probablement pas la source immédiate d'Augustin, car il n'y a pas entre eux de rapports proprement littéraux[91], ils nous indiquent que chez lui la croissance à l'infini du nombre intelligible « signifie tout d'abord le caractère inépuisable de la réalité intelligible »[92].

En dépit du rôle décisif qu'a joué dans la conversion d'Augustin le « spiritualisme » néoplatonicien – puisque c'est de lui qu'il s'agit dans les textes cités par Hadot –, on peut se demander si, dans notre lettre, on n'est pas en présence d'une analyse qui porte sur l'intelligible *arithmétique* plutôt que sur l'intelligible en général (autant qu'on peut les distinguer en faisant abstraction de la doctrine des idées-nombres)[93]. Comme nous l'avons vu, dans notre texte, le nombre intelligible (« numerus ille intelligibilis ») est précisément le nombre toujours croissant des parties d'une grandeur sensible que l'on dichotomise indéfiniment. À la différence du nombre sensible (*i.e.* la grandeur), il s'agit de ce qu'Augustin appelle ailleurs un « nombre nombrant »[94]. Or, l'hypothèse selon

---

90   « La notion de nombre infini chez saint Augustin », p. 177. On trouve peut-être une illustration très simple d'une telle infinité dans un passage du *De uera religione* : par la lumière de l'esprit, je comprends que telles ou telles propositions sont vraies, « et par elle, je comprends aussi que je les comprends ; et je comprends que, lorsque chacun comprend qu'il comprend quelque chose et qu'il comprend ainsi de suite, ce phénomène se poursuit ainsi de suite et ainsi de suite à l'infini ; et je comprends qu'il n'y a là aucun espace qui serait celui d'une extension ou d'un volume » (*De uera relig.* 49, 97 ; cf. aussi *De Trin.* XV, 12, 21).

91   J. Pépin affirme sans plus de précision à propos de notre passage que « les textes des *Ennéades* à mettre ici en regard sont principalement VI 4 et 5, et seulement accessoirement IV 6, 17, 1 et 18, 6 » (« Le traité de Plotin *Sur les nombres* (VI 6 [34]) : traces de son influence à la fin de l'Antiquité », in J. Danek, *Verite et ethos : recueil commémoratif dédié à Alphonse-Marie Parent*, Québec, Presses de l'Université de Laval, 1982, p. 87-91 : p. 89-90).

92   P. Hadot, « La notion d'infini chez saint Augustin », p. 63

93   Le fait que l'on retrouve chez Augustin l'opposition néoplatonicienne entre la divisibilité à l'infini propre à la masse corporelle et la présence totale de l'âme en chaque partie du corps (cf. par ex. *Cont. ep. manich.* 16, 20 ; *De immort. anim.* 16, 25) ne me paraît pas indiquer que celle-ci soit précisément « l'opposition entre nombre sensible et nombre intelligible », comme l'estime Hadot, (« La notion de nombre infini chez saint Augustin », p. 177). Dans les textes invoqués, l'omniprésence de l'âme au corps n'est pas décrite comme la manifestation d'une puissance à l'infini de l'âme.

94   « J'ai perçu par tous les sens de notre corps les nombres que nous nombrons, mais autres sont les nombres par lesquels nous nombrons, et il n'en existe pas d'images, et c'est la raison pour laquelle ils *sont* au sens fort » (*Conf.* X, 12, 19). « Augustin fait une distinction

laquelle l'intelligible arithmétique signifierait fondamentalement le caractère inépuisable et l'intériorité absolue de la réalité spirituelle me paraît se heurter à une difficulté, à savoir qu'il arrive à Plotin lui-même d'*opposer* le nombre arithmétique et l'intelligible. Il les oppose plus précisément, dans le *Traité* 34, comme deux types de nombres : le « nombre monadique » (ὁ μοναδικὸς ἀριθμός) (composé d'une collection d'unités), appelé aussi « nombre nombrant »[95] – c'est-à-dire le nombre quantificateur – et le « nombre essentiel » (ὁ οὐσιώδης ἀριθμός), qui est constitutif de l'*ousia* intelligible et de la dialectique (*Enn*. VI, 6 [34], 9, 34-35)[96]. Il y a donc une importante divergence entre les deux auteurs : Augustin appelle « intelligible » le nombre monadique de Plotin, qui n'est précisément pas, pour cet auteur, le nombre essentiel.

La question n'est pas seulement terminologique, elle est de savoir si le nombre arithmétique ou « monadique » est un paradigme de l'intelligible. Or à cette question, Plotin apporte une réponse négative. À la fin du *Traité* 34 (VI, 6, 17-18) (qui revient sur l'explication du « nombre infini » de *Parm*. 144a mentionné au début du traité), Plotin montre, en bref, que la croissance à l'infini du nombre arithmétique constitue en quelque sorte un « mauvais infini », qui s'oppose à l'infini des nombres essentiels. L'infinité quantitative du nombre monadique qui peut toujours être augmenté, par exemple par voie de duplication, ou celle de la grandeur, qui est telle qu'on peut concevoir une ligne plus grande que l'axe du monde (qui est lui-même tenu pour fini) (VI, 6, 17, 7), est toujours en puissance seulement, comme chez Aristote[97], et elle n'est conçue qu'en vertu de l'imagination : il s'agit d'une représentation « privée », qui est un *phantasma* (17, 10). L'infini du « nombre monadique » ne reflète

---

entre les *nombres sensibles*, *nombres nombrés* appliqués dans le décompte d'objets matériels, et les *nombres intelligibles*, *nombres nombrants*, qui sont l'idée même des nombres divers, la loi rationnelle qui permet de les appliquer aux objets sensibles » (A. Solignac, BA 14, p. 174-175, n. 3). La distinction provient d'Aristote, *Phys*. IV, 11, 219b5-9 ; elle est adaptée par Plotin (cf. *Enn*. V, 5, 4-5 ; VI, 6, 6 et 9 ; VI, 6, 15-16), qui associe les nombres nombrés (ou nombrables) aux nombres essentiels et les nombres nombrants aux nombres monadiques (cf. L. Brisson, Plotin, *Traités* 30-37, Paris, GF, 2006, p. 345, n. 227). On prendra donc garde au fait que la hiérarchie entre ces deux types de nombres est à l'inverse de celle d'Augustin.

95   Voir la note précédente.
96   Sur cette opposition, cf. S. Slaveva-Griffin, *Plotinus on number*, Oxford, Oxford University Press, 2009, p. 85-94 (« Substantial and monadic number »). En un mot, le nombre essentiel est comme le fondement ou le principe et la source (selon *Phèdre*, 245e) de l'étant. Il s'agit en quelque sorte de la version plotinienne de la théorie des idées-nombres. Le nombre monadique est une image (εἴδωλον) du nombre essentiel (VI, 6, 9, 35).
97   Aristote rejette l'idée qu'il existe un infini mathématique en acte. Il prétend que les mathématiciens n'en ont pas besoin (*Phys*. III, 7, 207b28 sq.).

donc pas la structure de l'intelligible, qui est *finie* conformément à l'idéal grec de la perfection[98]. De ce fait, les formes sont finies en nombre ; et pourtant, pour Plotin, l'intelligible est infini en ce sens qu'il n'est limité par rien d'extérieur à lui, parce que fondamentalement il possède déjà *tout* en lui-même. Plotin montre ainsi, pour la première fois dans l'histoire de la philosophie, que totalité et infini peuvent être conjoints. Bréhier le dit très bien : « Il y a dans l'Être des nombres qui, bien que finis, en ce sens que rien ne peut être ajouté au nombre intelligible, sont infinis en ce sens qu'ils n'ont rien au-dessus d'eux qui les limite, mais qu'ils se déterminent, comme l'a fait voir Platon dans le *Parménide* (143a-144a), par un mouvement intérieur à eux-mêmes ; la notion de l'infinité qui convient au nombre intelligible, c'est finalement celle de la détermination par soi et de l'indépendance »[99]. Et Bréhier de conclure : « Cette notion d'un double infini a une grande place dans l'histoire de la philosophie : directement ou indirectement, elle a suggéré bien des théories ultérieures : citons la distinction de Hegel entre le faux infini et le vrai infini »[100].

Pour conclure, l'interprétation selon laquelle la croissance à l'infini du « nombre intelligible » d'Augustin illustre finalement le « mauvais infini » plotinien peut sembler décevante. Mais peut-être est-il possible de l'apprécier positivement en se référant rapidement à l'analyse plus tardive de « l'infinité du nombre » qui se trouve au livre XII de la *Cité de Dieu*[101]. Dans le contexte d'une polémique philosophique, Augustin affirme l'éminence de la sagesse

---

[98] Comme l'écrit R. Wallis, « les formes sont dites être finies en nombre et, bien que l'Intelligence soit libre de limitation extérieure, en prenant forme elle s'est toutefois donnée une limite (VI, 6, 18 ; VI, 7, 17, 14-26 ; 33, 7 sq.). Vu sous un tel jour comme un système qui se contient lui-même, parfaitement organisé et contenant un nombre fini de formes, l'Intelligence apparaît comme l'apothéose des idées grecques traditionnelles de la perfection (cf. par ex. III, 6, 6, 10 sq.) » (*Neoplatonism*, Second Ed., London, Bristol Classical Press, 1995, p. 56). Hadot précise bien, lui aussi, au sujet de l'infinité de l'intelligible, qu'« il ne s'agit pas de la présence d'une infinité d'objets dans l'Esprit, car elle est incompatible avec l'idée de délimitation et de système qui caractérise l'Esprit. Il s'agit plutôt d'une multiplication à l'infini à l'intérieur des limites de l'Esprit, dans la mesure où chaque partie de l'Esprit implique toutes les autres parties » (Plotin, *Commentaire du Traité 38*, p. 48). Chaque intelligible *est* la totalité des autres intelligibles.

[99] Bréhier, *Ennéades* VI 2, Paris, Les Belles Lettres, 1938, p. 15-16. Sur ce thème, cf. H. Blumenthal, *Plotinus' Psychology. His Doctrines of the Embodied Soul*, The Hague, Martinus Nijhoff, 1971, p. 119 ; Plotin, *Traité sur les nombres*, par J. Bertier et al., Paris, Vrin, 1980, p. 79-85 (« L'infini de l'être »).

[100] Bréhier, *op. cit.*, p. 16. L'idée selon laquelle la notion plotinienne d'un double infini préfigure la distinction hégélienne entre un mauvais infini et le vrai infini (cf. *Encyclopédie* [éd. 1830], §92-95 ; *Science de la Logique, L'Être*, première section, chapitre II) est souvent reprise. Cf. par ex. Plotin, *Traité sur les nombres*, p. 78.

[101] Sur ce texte, cf. É. Gilson, « L'infinité divine chez saint Augustin », *Augustinus Magister*, I, Paris, Les Études Augustiniennes, 1953, p. 569-574.

divine par rapport aux nombres : « L'infinité du nombre (*infinitas numeri*), quoiqu'il n'y ait pas de nombre des nombres infinis, n'est pourtant pas incompréhensible "à celui dont l'intelligence n'a pas de nombre" (Ps 146, 5). De ce fait, si tout ce qui est compris par la science est rendu fini (*finitur*) par la compréhension de celui qui sait, assurément toute infinité elle aussi est, d'une façon ineffable, finie pour Dieu, parce qu'elle n'est pas incompréhensible à sa science elle-même » (*De ciu. Dei*, XII, 19).

Ce passage marque à la fois une rupture et une continuité par rapport à Plotin et Aristote. Augustin rompt avec eux en soutenant que Dieu a la *science* de l'infinité des nombres. Cette infinité n'est donc pas perçue comme une représentation de l'imagination. Le fait que Dieu connaisse les « nombres infinis » suppose, semble-t-il, que tous les nombres existent *en acte*, même si Augustin ne s'exprime pas lui-même de la sorte. Cependant, en affirmant que la sagesse divine « finitise » l'infinité des nombres du fait même qu'elle la comprend, parce que connaître, c'est rendre fini, Augustin reste dans la lignée de Plotin[102]. Enfin, en refusant de parler d'un *nombre* des nombres infinis, il cherche sans doute à éviter des difficultés mathématiques, comme celle de savoir si ce nombre infini des nombres est pair ou impair (*Met*. M, 8, 1084a2-4). Bref, à l'instar de Plotin, Augustin ne « craint pas » « l'infinité dans l'intelligible » (cf. V, 7 [18], 1, 25-26 : « τὴν δὲ ἐν τῷ νοητῷ ἀπειρίαν οὐ δεῖ δεδιέναι »), mais l'infinité qu'il introduit dans la science divine est celle des nombres arithmétiques, qui devient paradoxalement un objet intelligible à l'instar de tous les autres[103].

3.4.2   Richesse et pauvreté

Augustin justifie sa théorie des « deux nombres » en la rattachant au thème porphyrien de l'opposition entre la richesse et la pauvreté (p. 6, 21-7, 4)[104]. Dans son interprétation allégorique des figures de Poros et de Pénia, qui

---

[102] En *De diu. quaest*. 83, 15 (« De intellectu »), on lit : « Tout se qui s'intellige soi-même (*intelligit*) se comprend soi-même (*comprehendit se*). Or ce qui se comprend soi-même est fini pour soi-même (*finitum est sibi*). Or l'intellect s'intellige soi-même. Il est donc fini pour soi-même. Et il ne veut pas être infini, même s'il pourrait l'être, parce qu'il veut être connu de lui-même. En effet, il s'aime ». P. Hadot établit un parallèle entre cette question et un passage du commentaire de la *Métaphysique* d'Aristote de Syrianus qui note à propos de *Met*. 1084a7 : « Le nombre divin se connaît lui-même, il est absolument fini et délimité pour lui-même » (*In Met*., p. 147, 30 Kroll) (« La notion d'infini chez saint Augustin », p. 70-71).

[103] On note que d'après Syrianus, *In Met*., 8, 1084a7, p. 147, 1, Amelius avait déjà introduit l'hypothèse selon laquelle les Formes sont en nombre infini (cf. P. Hadot, « La notion d'infini chez saint Augustin », p. 69).

[104] Son fondement se trouve cependant déjà chez Plotin, qui écrit dans le *Traité* 9 (où il est question des deux Éros et des deux Aphrodites) : « Nous sommes plus quand nous

apparaissent dans le mythe platonicien de la naissance d'Éros (cf. *Banquet*, 203b-e), Porphyre affirme que l'âme ne croît que dans la mesure où elle demeure auprès des intelligibles ; elle perd en revanche la puissance universelle qui fait sa plénitude et se trouve dans le manque, si elle se laisse entraîner par l'éparpillement et la division propres au monde sensible (*Sent.* 37, 11-15) : « Puisque, si l'âme incline vers la matière, elle éprouve le manque de toutes les choses (ἀπορία πάντων) et l'anéantissement (κένωσις) de sa propre puissance, tandis que si elle s'élève vers l'intellect, elle rencontre sa plénitude (τὸ πλῆρες αὐτῆς) en tant qu'elle possède la puissance de l'âme entière, c'est à juste titre que ceux qui les premiers ont reconnu cette expérience de l'âme, ont appelé par énigme l'âme dans un cas Pénia et dans l'autre Poros » (*Sent.* 37, 45-49)[105].

Augustin connaît ce thème porphyrien. Il le reprend dans le *De beata uita*[106] et au début du *De ordine*[107] : tant qu'elle se connaît elle-même et qu'elle demeure auprès des intelligibles, l'âme a tout. En revanche, l'âme « qui s'avance vers de multiples choses » pâtit d'une pauvreté d'autant plus grande qu'elle cherche à la combler en embrassant de plus en plus de choses (*De ord.* I, 1, 3)[108]. À l'instar du corps, qui peut devenir de plus en plus petit, l'âme qui s'attache trop au sensible diminue donc elle aussi à sa manière et tend vers le rien, même si, comme pour le corps, la diminution ne saurait l'amener à n'être plus rien (*De immort. anim.* 7, 12) ou à changer de nature (*Cont. Secund.* 11 ; cf. *Sent.* 37, 15-20).

---

inclinons vers lui, et c'est là qu'est le bien. Au contraire, être loin de lui, ce n'est pas autre chose qu'être moins » (*Enn.* VI, 9 [9], 9, 11-13).

105 Tr. L. Brisson et al., Porphyre, *Sentences*, Paris, Vrin, 2005, p. 359. En *Sent.* 40, 59-61, Porphyre oppose πλουτεῖν et πένεσθαι. Cf. aussi *De abst.* III, 27, 4. Sur cette opposition, cf. P. Hadot, *Porphyre et Victorinus*, vol. I, p. 90, n. 1.

106 Cf. *De beat. uit.* 4, 33 : « Beatum esse nihil est aliud quam non egere, hoc est esse sapientem ».

107 On peut s'étonner de trouver chez Augustin une telle valorisation, sur le plan métaphysique, de la richesse (cf. aussi *De mus.* VI, 17, 56), alors que, sur le plan éthique, les Évangiles mettent en garde contre le danger qu'elle représente et exaltent au contraire la pauvreté. Par ailleurs, on sait que, chez les Néoplatoniciens, un certain Tiberianus, disciple de Porphyre, composa un éloge de la pauvreté dans un ouvrage sur Socrate (*Anthologia latina*, n° 719b Riese) (voir Hadot, *Porphyre et Victorinus*, vol. I, p. 83).

108 Sur ce passage, cf. A. Solignac, « Réminiscences plotiniennes et porphyriennes dans le début du "De ordine" de saint Augustin », *Archives de Philosophie*, 20, 1957, p. 446-465. L'auteur met en évidence, dans ce paragraphe du *De ordine*, « toute une série de thèmes porphyriens dont on trouverait difficilement une expressions aussi claire chez Plotin » (*ibid.*, p. 460) : ceux « de la *connaissance de soi-même* en relation avec la *connaissance du Tout*, de l'*indigence* et de la *pauvreté* de l'âme égarée hors d'elle-même, de la *proportionnalité* entre *l'adhésion à l'Être et la possession de soi*, entre l'*abandon de l'Être et la perte de soi* » (*ibid.*, p. 464-465). Voir aussi du même auteur, *Les Confessions* I–VII, « Note complémentaire 11 », « Secretiore indigentia », BA 13, p. 665-667.

Dans notre lettre, cependant, Augustin formule une interprétation *arithmétique* de l'opposition porphyrienne entre la richesse et la pauvreté : il avance l'idée que celle-ci s'explique sans doute (*fortasse*) par la croissance à l'infini du nombre intelligible et la décroissance à l'infini du nombre sensible[109], « car qu'y a-t-il de plus misérable que de pouvoir devenir toujours de plus en plus petit ? Et quelle plus grande richesse que celle de croître autant qu'on veut, d'aller où l'on veut, de revenir quand on veut et jusqu'où l'on veut et d'aimer beaucoup ce qui ne peut pas diminuer (*i.e.* la monade) ? ». C'est peut-être pour mieux rendre compte de cette doctrine qu'Augustin opère un « glissement » : ce qui croît à l'infini est fondamentalement le *nombre intelligible* ; comme tel, ce nombre est identifié à la richesse ; cependant, cette richesse est aussi celle de l'*âme*, qui peut s'élever autant qu'elle le veut dans l'ordre de la grandeur. Augustin retrouve ainsi la pertinence de l'opposition entre les deux nombres dans le domaine de la psychologie. En raison de la situation médiane entre le sensible et l'intelligible que lui assignent les « philosophes » auxquels il pense[110], l'âme a la possibilité de participer de l'un ou l'autre nombre.

3.4.3   L'amour de la monade

L'amour de l'âme pour le nombre intelligible tient fondamentalement à son amour pour la monade, « car quiconque comprend ces nombres n'aime rien tant que la monade ; et il n'y a rien d'étonnant à cela, puisque c'est par elle que tous les autres nombres sont aimés » (p. 7, 4-6). Augustin renoue ici avec un thème qui était déjà au cœur de ses premières spéculations métaphysiques dans le *De pulchro et apto* (même si ces spéculations reposaient alors sur des fondements très différents[111]). Dans le compte rendu qu'il en donne dans les *Confessions*, il écrit qu'il aimait dans la vertu la paix et qu'il haïssait dans le vice la discorde ; qu'il notait dans l'une l'unité, dans l'autre la division et qu'il appelait la première la monade et l'autre la dyade (*Conf.* IV, 15, 24). Augustin ne reprit pas par la suite cette distinction. La « monade » réapparaît cependant, toute seule, dans notre texte, qui porte cette fois la trace de la mystique

---

[109] L'adverbe indique bien qu'il s'agit d'une hypothèse personnelle.

[110] Sur l'âme comme μέση οὐσία, cf. par ex. *Enn.* IV, 8 [6], 7, 5-7 ; IV, 6 [41], 3, 5-10 ; IV, 3 [27], 11, 17-21 ; Porphyre, *Sent.* 5, 2 ; fr. 180 Smith ; chez Augustin, *Ep.* 18, 2 ; *Ep.* 140, 2, 3 ; *Sent.* 19, p. 160, 439-41. Voir O. du Roy, *L'Intelligence de la foi en la Trinité selon saint Augustin*, Paris, Les Études Augustiniennes, 1966, p. 476-78.

[111] Selon J. O'Donnell, l'opposition formulée entre la monade et la dyade trouve son origine dans le pythagorisme (ici surchargé de manichéisme). Trois textes africains en montrent la force : Favonius Eulogius, *disp.* 5-6 ; Macrobe, *Somn. Scip.* I, 6, 7-9 ; Martianus Capella VII, 731-32 (Augustine, *Confessions*, vol. 2, p. 257-8). Sur le pythagorisme ou le néopythagorisme, cf. D. O'Meara, *Pythagoras Revived, Mathematics and Philosophy in Late Antiquity*, Oxford, Clarendon Press, 1979.

néoplatonicienne de l'Un[112]. La particularité de ce texte réside dans le fait qu'il formule, non pas l'idée – plus habituelle – que l'unité est la condition de possibilité de tout nombre, du fait que celui-ci est une unité[113] ou qu'il se définit par le nombre de fois qu'il contient l'unité[114], ni même l'idée que tout n'est qu'en vertu de l'unité[115], mais celle selon laquelle l'unité est fondamentalement aimée en tout nombre[116].

Une page du *De ordine* illustre brillamment cette thèse dans un autre domaine, en prenant en considération les deux opérations fondamentales de la dialectique : la division et le rassemblement. L'âme qui prend conscience de sa capacité à raisonner se dit à elle-même : « Mais qu'est-ce qui doit être divisé si ce n'est ce qu'on pense être un et qui ne l'est pas ou du moins n'est pas aussi un qu'on le pense ? De même, pourquoi quelque chose doit-il être rassemblé, si ce n'est pour qu'il devienne un autant que possible ? Donc, et dans la division et dans le rassemblement, c'est l'un que je veux, c'est l'un que j'aime. Mais quand je divise, je le veux pur, quand je rassemble, je le veux total. D'une part, on éloigne les éléments étrangers, de l'autre, on réunit les éléments propres, afin que soit réalisé un un parfait » (*De ord.* II, 18, 48).

3.4.4   Conclusion : l'infini corporel et l'imagination

Armé de la doctrine des « deux nombres », Augustin est en mesure de répondre *partiellement* au problème qu'il se posait. Il ne sait toujours pas pourquoi le

---

112 P. Hadot écrit que cette mystique a eu peu d'influence sur la spiritualité chrétienne de l'époque patristique, mais qu'« on en retrouve quand même quelque trace chez Augustin (*Conf.* XI, 29, 39 ; *Serm.* 255, 6 ; *De mus.* VI, 17 [56]), qui la met en rapport avec la doctrine évangélique de l'*Unum necessarium* » (« Un, unité », paru en allemand dans *Historisches Wörterbuch der Philosophie*, t. II, col. 361-367, et repris in *Plotin, Porphyre. Études néoplatoniciennes*, Paris, Les Belles Lettres, 1999, p. 43-55 : p. 51).

113 « Et duo unus, et tria unus est numerus » (*De mus.* V, 7, 13).

114 « Quilibet omnino numerus quodies habet unum, hinc illi nomen est et tot appellatur » (*De lib. arb.* II, 8, 22).

115 « Être n'est rien d'autre qu'être un. C'est pourquoi une chose est dans la mesure où elle atteint l'unité. Car l'effet de l'unité est la convenance et la concorde par lesquelles les choses qui sont composées sont, pour autant qu'elles sont. En effet, les choses qui sont simples *sont* par elles-mêmes, mais celles qui ne sont pas simples imitent l'unité par la concorde de leurs parties et elles *sont*, pour autant qu'elles y parviennent » (« Nihil est autem esse, quam unum esse. Itaque in quantum quidque unitatem adipiscitur, in tantum est. Unitatis est enim operatio, convenientia et concordia, qua sunt in quantum sunt ea quae composita sunt, nam simplicia per se sunt, quia una sunt ; quae autem non sunt simplicia, concordia partium imitantur unitatem et in tantum sunt in quantum assequuntur ») (*De mor.* II, 6, 8).

116 Peut-être le *De arithmetica* d'Augustin développait-il cette intuition, qui permettait, le cas échéant, d'opérer une *reductio ad philosophiam*.

monde a la taille qu'il a, car la possibilité demeure en droit qu'il soit plus grand ou plus petit (p. 7, 6-7) ; néanmoins, il a montré que les propriétés contraires des nombres intelligible et sensible impliquent sans doute que la taille du monde soit bornée.

Pierre Hadot a bien décrit l'acquis de notre lettre : « Grâce au néoplatonisme, Augustin a découvert que l'infinité de grandeur corporelle n'est qu'un produit de notre imagination »[117]. C'est l'imagination qui enfante les mondes innombrables d'Épicure (*De ciu. Dei*, XI, 5), la terre de lumière des Manichéens rayonnant sans limite (*De uera relig.* 46, 96) et peut-être « le silence éternel de ces espaces infinis » qui « effrayait » Pascal (*Pensées*, fr. 206 Brunschvicg = 201 Lafuma). Grâce à elle, et en vertu d'un pouvoir qui sera précisé dans la *Lettre* 7, « il n'y a rien de corporel (...) dont on voit qu'il occupe un petit espace, qui ne puisse être étendu jusqu'à l'infini par la faculté d'imaginer » (*De uera relig.* 20, 40).

En prenant conscience de ce pouvoir, comme l'écrit excellemment Hadot, « l'âme découvre en son imagination et en sa mémoire l'infini qu'elle projetait dans le monde extérieur »[118]. Car « loin d'être comprise, pour ainsi dire, dans les images de ces lieux immenses, c'est plutôt elle [l'âme] qui les comprend, non pas dans quelque réservoir, mais par l'effet d'une puissance ou d'une faculté ineffable, par laquelle elle peut ajouter aux images ou leur retrancher ce qu'elle veut, les resserrer ou les étendre immensément » (*Cont. Ep. fund.* 17, 20)[119].

Dans des pages qui comptent parmi les plus célèbres des *Confessions*, la « grande puissance de la mémoire » est comparée à « un sanctuaire vaste et infini » (*penetrale amplum et infinitum*) (*Conf.* X, 8, 15 ; cf. aussi X, 17, 26), dont nul n'a touché le fond, tant sa richesse est inépuisable. Lue à la lumière de la *Lettre* 3, cette « traduction » en termes spatiaux de l'infinité de la puissance de l'âme est éminemment *paradoxale*, s'il est vrai qu'il n'existe pas d'espace infini parce que toute grandeur sensible est *finie*. Augustin le sait bien, mais il ne répugne pas à se servir de cette image fascinante d'un lieu infini, qui est pour lui fausse, à l'instar de toutes les images, comme le montrera la *Lettre* 7.

3.5 *La question de la taille du monde est-elle d'origine exégétique ?*
Pour conclure sur ce point, on peut se demander d'où vient la question qu'Augustin pose au sujet de la taille de l'univers.

---

117 P. Hadot, « La notion d'infini chez saint Augustin », p. 64.
118 P. Hadot, *ibid.*, p. 65.
119 Cité et traduit par P. Hadot, *ibid.*, p. 64-65.

3.5.1 Une question plotinienne ?

Plotin développe deux types de considérations qui s'en rapprochent, mais sans la formuler. Premièrement, l'extension est perçue comme une déperdition. Plotin affirme que « tout ce qui s'étend s'écarte de soi-même » (ἀφίσταται γὰρ ἑαυτοῦ πᾶν διιστάμενον) (v, 8 [31], 1, 27-28), comme si une chose était moins elle-même du fait qu'elle occupait plus d'espace[120]. Un tel principe impose sans doute une limite à l'extension de la grandeur, mais on n'en trouve pas d'application à l'univers.

Deuxièmement – c'est la problématique la plus proche de celle d'Augustin –, Plotin explique que l'extension du monde est bornée et son mouvement circulaire du fait de l'*omniprésence de l'être* : « comme il ne gagnerait rien de plus en prenant de l'extension – car il se trouverait aussi en-dehors de l'univers[121] –, il voulut bien courir autour de lui [l'intelligible], et comme il n'était capable ni de l'embrasser, ni par ailleurs d'être en lui, il se contenta d'avoir un lieu et un rang où il serait sauf au voisinage de ce qui lui est à la fois présent et ne lui est pas présent car celui-ci [l'intelligible] est en lui-même, même si quelque chose veut lui être présent. Donc, là où le corps du tout rejoint le tout, il le découvre, de sorte qu'il n'a pas besoin d'aller plus loin ; mais il tourne sur place, parce qu'il est tout là où, par chacune de ses parties, il jouit de ce tout. Car si celui-là [l'intelligible] était lui-même dans un lieu, [l'univers sensible] devrait s'avancer là-bas et progresser en ligne droite et toucher par une de ses parties une des parties de l'autre et il y aurait du loin et du près » (*Enn.* VI, 4 [22], 2, 30-46). Bref, comme l'écrit Bréhier, « à supposer, comme on l'imagine, que la réalité intelligible soit comme un point, le mouvement universel du monde serait un mouvement rectiligne d'attraction vers ce point ; si ce mouvement est circulaire, c'est que la réalité sensible baigne en quelque manière dans la réalité intelligible et aspire à jouir d'elle par tous ses points »[122].

L'affirmation de l'omniprésence de l'intelligible va clairement à l'encontre de l'hypothèse d'une croissance *ad infinitum* de l'univers, puisqu'elle plaide en faveur d'un mouvement circulaire. Elle n'apporte cependant pas de réponse à la question de la taille du monde, qui n'est d'ailleurs pas explicitement posée. L'interrogation d'Augustin ne semble donc pas venir de là. Une autre explication paraît préférable.

---

120   Cf. aussi *Enn.* IV, 7 [2], 8[1] : la puissance d'un corps n'est pas du tout en proportion de sa masse. On n'observe pas que des grands corps produisent nécessairement de grands effets. Ce sont plutôt les plus petites choses qui produisent les plus grands effets. Plotin doit penser à une graine, à du levain, ou à une goutte de poison. La *Sentence* 35 de Porphyre est consacrée à cette question (cf. Plotin, *Traités* 1-6, Paris, GF, 2002, p. 133, n. 76).

121   La précision n'est pas claire. R. Dufour comprend que l'univers sensible serait en-dehors de l'univers intelligible (GF, p. 28).

122   É. Bréhier, *Ennéades* VI[1], Paris, Les Belles Lettres, 1954 p. 163.

3.5.2   Sg 11, 21 dans *Sent.* 7

La septième des *XXI Sentences* d'Augustin commence en ces termes : « Le corps de l'univers, qui est également signifié du nom de "Terre" et "Ciel" de ce monde sensible, est en vertu d'une certaine mesure [ou d'une certaine limite] (*aliquo modo*). Or tout ce qui est en vertu d'une certaine mesure, sans pourtant que cette mesure soit la Mesure souveraine (*summo modo*), est, autant qu'il est, en vertu de sa participation à une Forme (*species*), qui est en vertu de la Mesure souveraine ; lorsqu'il est maintenu (*tenetur*) par elle, il peut subir tous les changements de l'ordre » (*Sent.* 7, p. 149, 166-70 Dolbeau).

Nous reviendrons sur ce texte à propos de la *Lettre* 11. Contentons-nous pour lors d'indiquer que l'idée selon laquelle tout ce qui est, est en vertu d'une mesure, d'une forme et d'une « manence » (c'est l'idée évoquée à la fin de notre citation) est le leitmotive de l'ontologie trinitaire d'Augustin, qui se fonde elle-même sur Sg 11, 21 : « Tu as tout disposé selon la mesure, le nombre et le poids » (« omnia in mensura et numero et pondere disposuisti »). La singularité de la *Sentence* 7 tient au fait qu'elle mentionne que l'univers lui-même a une certaine *limite* : « Et corporis uniuersi certus est modus » (p. 149, 173). On peut donc supposer qu'au moment où Augustin conçoit son ontologie trinitaire sur la base de Sg 11, 21, il se demande pourquoi la mesure qui est précisément la sienne a été impartie à l'univers.

3.5.3   La solution de Galilée au problème d'Augustin

Le cas échéant, on mesure l'importance du fait qu'Augustin n'ait pas tenu compte, dans la *Lettre* 3, de l'affirmation selon laquelle le monde a été disposé aussi *selon le poids*, puisque c'est elle qui livre en fin de compte la clef du problème auquel il se heurte. Nous sommes quant à nous mieux armés pour résoudre ce dernier. Depuis les *Discorsi* de Galilée (1638), nous savons que la physique n'est pas *invariante d'échelle*, car si la longueur d'un objet croît, son volume, et donc sa masse et son poids, croissent plus rapidement, comme le cube de la longueur. Or volumes, masses et longueurs n'ont pas le même rôle dans le comportement des objets physiques. Par exemple, dans le cas des ponts suspendus (et celui de tous les ouvrages en architecture), il existe une limite intrinsèque à leur taille car, lorsqu'on augmente leur taille, le poids des câbles qui les soutiennent croît plus rapidement que leur résistance interne. Celle-ci croît comme la surface, celui-là comme le volume. On atteint donc un point de rupture inévitable lorsque le poids l'emporte sur la résistance interne[123]. Un

---

[123]   Sur cette loi et son application aux êtres vivants, cf. S. J. Gould, *Ever Since Darwin*, New York, W. W. Norton & Company, 1977, p. 171-178 (« Size and Shape ») : p. 173 (avec illustrations) (tr. fr. « La taille et la forme », in *Darwin et les grandes énigmes de la vie*, Paris, Le Seuil, 1997, p. 183-190).

monde qui grandirait comme celui dont Augustin fait l'hypothèse finirait par s'écrouler.

4   Pourquoi le monde est-il là où il est (§2) ?

Il y a quelque chose d'autre qu'Augustin ignore à propos du monde : « Pourquoi est-il en ce lieu-ci plutôt qu'en un autre ? » (p. 7, 8). Cette question est sans doute un corollaire de la précédente, dans la mesure où, si le monde peut être plus grand qu'il n'est, alors il peut aussi utiliser l'espace extra-cosmique nécessaire à sa croissance pour être ailleurs (en conservant les mêmes dimensions, le cas échéant)[124]. Augustin oppose toutefois une fin de non-recevoir au problème : « Il ne faut pas poser de question en un domaine où, quoi qu'il en soit, une question se poserait »[125]. Est-ce à dire que la question est insoluble ou inexplicable[126] ? Augustin ne dit malheureusement rien de plus. En fait, deux questions se posent ici à nous, qu'il importe de distinguer. La première est explicitement posée : l'univers peut-il être ailleurs que là où il est ? Mais y a-t-il seulement un sens à dire que le monde est là où il est, c'est-à-dire dans un lieu ?

4.1   *L'univers est-il dans un lieu ?*
À cette question, Aristote répond par la négative en *Physique* IV (cf. *Phys*. IV, 5). Si le lieu d'une chose est la (première) limite (immobile) du corps qui l'enveloppe (τὸ τοῦ περιέχοντος πέρας ἀκίνητον πρῶτον, τοῦτ' ἔστιν ὁ τόπος) (IV, 4, 212a20) et si nul corps n'enveloppe l'univers (IV, 5, 212b9-10), alors celui-ci *n'est pas dans un lieu* (sinon par accident)[127]. Cette thèse d'Aristote, qui rend difficile la compréhension du mouvement de la sphère céleste « sur place », fut débattue dans l'antiquité[128].

---

124   Selon Aristote, « dans l'augmentation et la diminution il y a changement de lieu (μεταβάλλει) et ce qui était d'abord ici est passé dans un lieu plus petit ou plus grand » (*Phys*. IV, 4, 211a15-17).
125   Le passage n'est pas évident mais tous les traducteurs le comprennent de la même façon.
126   Sur l'inexplicable, cf. E. Bermon, *La Signification et l'enseignement*, p. 251-257.
127   Sur ce problème, cf. B. Morison, On *Location, Aristotle's Concept of Place*, p. 166-69 (« Rotation and the Place of the Universe »).
128   Cf. R. Sorabji, *The Philosophy of the commentators, vol. 2, Physics*, London, Duckworth, 2004, 13(b) (« Aristotle's definition of place : no place of the cosmos or the heavens »), p. 231-233. Certains commentateurs tentèrent de retrouver un emplacement pour l'univers en lui donnant pour lieu la sphère immédiatement *interne* à celle du ciel (Themistius, *In Phys*. 121, 1-4) ou l'enveloppant d'un corps tel que la lumière supra-céleste décrite par Platon dans le mythe d'Er (Proclus ap. Simplicium, *In Phys*. 612, 24-613, 1).

En bref, Augustin assigne à l'univers un lieu, à la suite des Néoplatoniciens[129]. Sa source doit être Porphyre, qui déclare dans la *Sentence 33* : « Pour le corps, qui subsiste dans la matière et dans le volume (ἐν ὕλῃ καὶ ὄγκῳ), être quelque part, c'est être dans un lieu. Pour cette raison, au corps du monde aussi, qui est engagé dans la matière et dans le volume, c'est dans l'étendue et dans le lieu de l'étendue (ἐν διαστάσει τε καὶ τόπῳ διαστάσεως) qu'il a été donné d'être partout » (*Sent.* 33, 3-6)[130]. Le concept de lieu ici mis en œuvre n'est plus aristotélicien mais stoïcien[131]. Le lieu n'est pas περιέχον mais διάστητα *i.e.* intervalle[132].

On trouve la même définition d'inspiration stoïcienne du lieu dans la liste des incorporels donnée dans la neuvième des *XXI Sentences* : « Le lieu n'est pas un corps mais l'espace qui est occupé par un corps » (« locus enim non est corpus, sed spatium quod obtinetur a corpore ») (*Sent.* 9, p. 151, 107-08)[133]. En vertu de cette définition, que l'on retrouve dans les *83 Questions*[134], le monde étant corporel (cf. *De diu. quaest. 83*, 29), il est dans un lieu.

On sait par ailleurs que, selon une tripartition porphyrienne qu'Augustin adopte, « il existe une nature muable selon (*per*) le lieu et selon le temps : c'est le corps. Il existe aussi une nature qui n'est aucunement muable selon le lieu ; elle ne l'est elle-même que selon le temps : c'est l'âme (*anima*). Il existe aussi une nature qui ne peut changer ni selon le lieu ni selon le temps ; celle-là, c'est

---

129   Sur le lieu dans le néoplatonisme, cf. Ph. Hoffmann, « Simplicius : corollarium de loco », in G. Aujac (éd.), *L'Astronomie dans l'Antiquité classique*, Paris, Les Belles Lettres, 1979, p. 143-161 ; S. Sambursky, *The Concept of Place in Neoplatonism*, Jerusalem, Israel Academy of Sciences and Humanities, 1987.

130   Tr. L. Brisson et al., *Sentences*, p. 345.

131   Sur la définition stoïcienne du lieu comme « ce qui est entièrement (δι'ὅλου) occupé par un étant » (Stobée I, 161, 8-9 = LS 49A ; *SVF* II, 503), cf. É. Bréhier, *La Théorie des incorporels dans l'ancien Stoïcisme*, Paris, Vrin, 1989, p. 37-44 ; LS 49, p. 294-302 (« Le lieu et le vide »).

132   Plotin distingue ces deux acceptions du lieu en *Enn.* IV, 3 [27], 20. Pour Porphyre, tout corps est dans le lieu parce que, à la différence de ce qui est intelligible, « c'est dans la sortie de soi qu'il acquière sa réalité » (*Sent.* 36, 21-22 : ὡς ἂν ἐν ἐκστάσει λαβὸν τὴν ὑπόστασιν).

133   F. Dolbeau remarque que dans ce texte « les *extremitates* (πέρατα), c'est-à-dire les limites, chassent le vide de la série classique des quatre incorporels [exprimable, vide, lieu et temps] » (« Le *liber XXI Sententiarum* [*CPL 373*] : édition d'un texte de travail », *Recherches augustiniennes et patristiques*, 1997, 30, p. 113-165 : p. 135). On note que, dans la *Sent.* 42, Porphyre énumère comme incorporels au sens propre (c'est-à-dire par référence à la privation de corps et en opposition par ex. à l'intellect) : le lieu, le temps et les limites (mais non l'exprimable) (*Sent.* 42, 4-5). Le vide est cependant mentionné plus loin, l. 16.

134   Cf. *De diu. quaest. 83*, 20 (« De loco Dei ») : « Locus enim in spatio est quod longitudine et latitudine et altitudine corporis occupatur ; nec Deus tale aliquid est » (« le lieu dans l'espace est ce qui est occupé par la longueur, la largeur et la hauteur d'un corps »). Dans cette définition, « in spatio » signifie sans doute qu'il s'agit du lieu au sens propre et non pas au sens métaphorique, qui est prédiqué de Dieu.

Dieu » (*Ep.* 18, 2)[135]. Cependant, pour le monde, être muable selon le lieu, est-ce pouvoir être ailleurs que là où il est précisément, selon l'hypothèse avancée dans notre lettre ? On peut en douter.

4.2 *Un univers fini dans le temps et dans l'espace*

4.2.1 Une analogie entre la durée et le lieu du monde (*De ciu. Dei*, XI, 5)

Il semble qu'Augustin soit par la suite revenu sur l'hypothèse de la *Lettre* 3 selon laquelle le monde pourrait être en un autre lieu que celui qu'il occupe. C'est ce que montre un passage de la *Cité de Dieu* qu'il nous faut rapidement examiner. Ce passage porte principalement sur la question de la durée du monde, mais comme il met en œuvre un raisonnement fondé sur une analogie entre le temps et l'espace, il aborde le problème qui nous intéresse et conclut à la finitude du monde à la fois dans l'espace et dans le temps.

Le contexte de l'analyse est le suivant : Augustin soutient que le monde a été créé par Dieu et qu'il a eu un commencement, comme on le lit au début de la *Genèse*. Au chapitre 5 du livre XI, il entre en discussion avec les Néoplatoniciens[136], qui admettent que le monde a Dieu pour auteur (conformément au *Timée*) mais ne lui assignent pas de commencement. Ces philosophes se demandent en effet comment Dieu, qui est éternel et immuable, aurait pu avoir à un moment donné la volonté de créer le monde. Que répondre, par conséquent, à « ceux qui admettent que Dieu est l'auteur du monde et qui pourtant se posent la question de la durée du monde (*quaerunt de mundi tempore*) » ?

La réponse d'Augustin consiste à leur demander « ce qu'ils répondent eux-mêmes au sujet du lieu du monde (*de mundi loco*) ». « En effet », poursuit-il, « tout comme on se demande pourquoi c'est à tel moment précis, plutôt qu'avant, que le monde a été fait, de la même façon on peut se demander pourquoi c'est ici plutôt qu'ailleurs qu'il a été fait. Car s'ils se représentent (*cogitant*) des espaces de temps infinis avant le monde, durant lesquels Dieu, à leur avis, n'a pas pu ne pas être à l'œuvre, qu'ils se représentent, de la même manière, des espaces infinis de lieu. Et si l'on dit que là non plus le Dieu tout puissant n'a pas pu être inactif, cela n'aura-t-il pas pour conséquence qu'ils se trouvent

---

135 Cf. aussi *De gen. ad litt.* VIII, 20, 39 et la variante de *Sent.* 19, p. 160, 439-443. Sur cette division, cf. J. Pépin, « La hiérachie par le degré de mutabilité (nouveaux schèmes porphyriens chez saint Augustin, 1) », *Documenti e studi sulla tradizione filosofica medievale*, 10, 1999, p. 89-107.

136 La suite du texte nous l'apprend : « Nous avons affaire à ceux qui pensent avec nous que Dieu est incorporel et qu'il est le créateur de toutes les natures, qui ne sont pas ce qu'il est lui » (XI, 5). Les mêmes sont dits « nobis propinquiores ... » (VIII, 9). Cf. aussi *De uera relig.* 4, 7.

contraints de rêver avec Épicure des mondes innombrables (...) s'ils refusent que Dieu soit inactif dans toute l'étendue de l'immensité sans limite de ces lieux qui sont au-delà du monde (*extra mundum*) et qui l'entourent ? » (*De ciu. Dei*, XI, 5).

La réponse opposée à l'argument du « pourquoi pas plus tôt »[137] consiste donc à dire que, si l'on refuse que le monde ait eu un commencement dans l'idée qu'il est inconcevable que Dieu soit resté inactif durant le temps infini qui aurait précédé la création, alors il faut admettre pour les mêmes raisons l'existence d'une infinité de mondes, dus à l'activité toute-puissante de Dieu qui se serait exercée dans les lieux illimités qui entourent notre monde. Comme ces mêmes philosophes affirment que Dieu est omniprésent, sa puissance doit être présente même dans les espaces extra-cosmiques ; il n'est pas possible d'imaginer qu'elle soit bornée aux seules limites du monde qu'il aurait créé. « Par conséquent », conclut Augustin, « puisqu'ils affirment qu'il n'existe qu'un seul monde, qui, tout en étant d'une immense masse corporelle, est cependant fini et délimité par son lieu (*loco suo determinatum*) et fait par l'opération de Dieu, ce qu'ils répondent au sujet de ces lieux infinis situés hors du monde, lorsqu'on leur demande pourquoi Dieu n'y est pas à l'œuvre, qu'ils se le disent à eux-mêmes au sujet de ces temps infinis qui ont précédé le monde, lorsqu'ils se demandent pourquoi Dieu n'y a pas été à l'œuvre ».

Augustin ne dit pas explicitement ce que ces philosophes doivent répondre mais on le déduit de ce qu'il vient de dire. Puisqu'ils pensent que le monde est fini et délimité en son lieu et que, par conséquent, il n'existe pas de lieu hors du monde, où Dieu aurait été inactif, qu'ils se persuadent de la même manière que *le monde est délimité dans sa durée* et qu'il n'existe pas de temps avant le monde, durant lequel Dieu n'aurait rien fait. Tel est le point crucial de l'argument : se représenter un moment « avant le monde » est aussi absurde que se représenter un lieu en-dehors du monde. D'où la conclusion d'Augustin : « S'ils disent que les pensées humaines qui imaginent des lieux infinis sont vaines parce qu'il n'y a aucun lieu en-dehors du monde (*praeter mundum*), on leur répondra qu'il est également vain de se représenter des temps passés où Dieu était inactif, parce qu'il n'y a aucun temps avant le monde ».

Nous retrouvons ici l'argument qu'Augustin opposait, au livre XI des *Confessions*, aux philosophes qui demandaient ce que Dieu faisait avant de faire le ciel et la terre, pour s'opposer à la doctrine de la création (*Conf.* XI,

---

137 Sur cet argument, cf. R. Sorabji, *Time, Creation and the Continuum. Theories in Antiquity and the Early Middle Ages*, The University of Chicago Press, 1983, p. 232-38 (« Why not sooner »).

10, 12)[138]. Sans faire appel encore à une analogie entre l'espace et le temps, sa réponse « réduit à néant l'argument des Néoplatoniciens en montrant que le temps lui-même est une créature de Dieu dont l'existence commence avec celle du ciel et de la terre ; le problème d'*avant la création* est donc un faux problème : ce serait en effet poser un temps avant le temps, ce qui est contradictoire ; il n'y a donc pas d'*avant la création* »[139].

4.2.2 L'utilisation d'une controverse suscitée par un argument d'Archytas en faveur de l'infinité de l'univers

Pour en revenir à notre texte de la *Cité de Dieu*, il y a une chose qu'il ne dit pas et sans laquelle la force de la rétorsion d'Augustin n'apparaît pas suffisamment, c'est la raison pour laquelle ses adversaires néoplatoniciens se trouvent dans la situation de récuser l'hypothèse qu'il existe des espaces illimités qui seraient situés au-delà du monde (et qui devraient être « battis » eux aussi par le Dieu industrieux). Une telle hypothèse et le refus que lui opposent les Néoplatoniciens ne sont pas des fictions d'Augustin. Celui-ci se réfère tacitement pour son propre usage (à savoir la défense de la doctrine de la création) à un célèbre argument qui remonte à Archytas de Tarente (philosophe pythagoricien contemporain de Platon) ; il s'agit d'un argument qui conclut à l'existence d'une infinité de mondes et auquel les néoplatoniciens se sont effectivement opposés.

L'argument qui nous intéresse est mentionné pour la première fois par Aristote dans la *Physique* (sans qu'Archytas soit mentionné). Il s'agit de l'un des cinq arguments qui peuvent être allégués en faveur de l'existence d'un corps infini en acte : « Si ce qui est à l'extérieur [du ciel] est infini, il semble qu'il existe aussi un corps infini et des mondes infinis. Car pourquoi préférer cet endroit-ci du vide plus que celui-là ? De sorte que si la masse est à un seul endroit, elle est aussi partout » (*Phys.* III, 4, 203b25-28).

L'argument postule d'abord l'existence d'un espace extra-cosmique, c'est-à-dire d'un vide situé autour de la sphère céleste, et conclut à celle d'un corps infini et de mondes infinis, dans la mesure où il paraît irrationnel de penser que la matière ne soit pas distribuée dans tout l'espace. Cela dit, si l'on admet une telle implication, pourquoi faudrait-il admettre l'existence d'un lieu ou d'un vide extra-cosmique ? Comme le notent les commentateurs de la *Physique*, « l'argument [mentionné par Aristote] est une forme abrégée de celui qu'Eudème (fr. 30 Spengel [DK 47A24]) attribue à Archytas (Simplicius,

---

138 Selon eux, Dieu n'a pas pu avoir une volonté nouvelle de créer le monde, sinon il ne serait pas éternel.
139 A. Solignac, *Les Confessions*, BA 13, p. 582.

467, 26-35) »[140]. Cet argument très frappant – et qui a été souvent repris et discuté dans la tradition philosophique – est le suivant, dans la version rapportée par Simplicius : « Archytas, comme le dit Eudème, argumente de la sorte : si j'étais à la limite [de l'univers], par exemple à celle du ciel des étoiles fixes, pourrais-je étendre la main ou un bâton à l'extérieur [du ciel] ou non ? Il serait absurde que je ne puisse pas l'étendre ; mais si je l'étends, ce qui est à l'extérieur [du ciel] sera soit un corps soit un lieu, ce qui ne fait aucune différence comme nous allons le montrer. Archytas continue de la même façon au sujet de la limite que l'on considère à chaque fois et il pose la même question, et s'il y a toujours quelque chose d'autre au contact du bâton, il est clair aussi que cela sera infini » (*In Phys.*, CAG 9, p. 467, 26-32)[141].

Que répondre à un tel argument, si l'on admet, avec Aristote, que le monde est fini ? Que répondre à ce que Richard Sorabji appelle « l'argument le plus irrésistible jamais produit en faveur de l'infinité de l'espace »[142] ? La meilleure réponse formulée à son encontre a été élaborée par Alexandre d'Aphrodise (?). Sa réponse, qui sera reprise par les Néoplatoniciens, consiste en un mot à dire qu'au-delà des limites de l'univers il y a, non pas quelque chose, mais *rien* : « [Notre homme] n'étendra pas son bras mais il en sera empêché, empêché non pas par quelque obstacle entourant l'univers à l'extérieur, comme ils le prétendent, mais bien plutôt par le fait qu'il n'y a rien (ὑπὸ τοῦ μηδὲν εἶναι). Car comment peut-on étendre quelque chose dans rien ? Ou comment une chose peut-elle se produire dans ce qui n'est rien du tout ? » (*Quaest.* 3, 12, CAG suppl. 2/2, p. 106, 37-107, 4)[143]. Simplicius conserve le cœur de l'argument tout en amendant sa formulation : notre homme ne pourra pas étendre le bras dans rien « car aucune chose qui existe n'est dans ce qui n'est pas ; mais il ne sera pas

---

140 D. Ross, *Aristotle's Physics*, p. 547. Cf. P. Pellegrin, Aristote, *Physique*, Paris, GF, 2000, p. 177, n. 2.

141 Cf. R. Sorabji, *The Philosophy of the Commentators*, vol. 2, 14(a), p. 244. Sur cet argument, cf. R. Sorabji, *Matter, Space and Motion : Theories in Antiquity and their Sequel*, London, Duckworth, 1988, p. 125-141 (« Chapter eight : Is there infinite or extracosmic space ? Pythagoreans, Aristotelians and Stoics »). L'argument d'Archytas est admis par les Épicuriens (cf. Lucrèce, *De nat. rerum*, 1, 970) et par les Stoïciens (cf. Simplicius, *In Cael.*, 284, 28-285, 2 [SVF II, 535 ; LS 49 F]) (en dépit de ce qui sépare leurs cosmologies). Sur la postérité de l'argument au moyen âge et à l'âge classique, cf. E. Grant, « Medieval and Seventeenth-Century Conceptions of an Infinite Void Space beyond the Cosmos », *Isis : A Journal of the History of Science*, 60, 1969, p. 39-60, repris in *Studies in Medieval Science and Natural Philosophy*, London, Variorum Reprints, 1981.

142 R. Sorabji, *Matter, Space and Motion*, p. 125.

143 *The Philosophy of the Commentators*, vol. 2, 14(b) (1), p. 244.

non plus empêché d'étendre sa main, car il n'est pas possible d'être empêché par rien » (Simplicius, *In Phys.* p. 468, 2-3)[144].

Cette controverse, transposée dans le domaine du temps, explique en quel sens Augustin, au livre XI des *Confessions*, peut répondre dans un premier temps à ceux qui demandent ce que Dieu faisait avant de faire le ciel et la terre, qu'avant la création Dieu ne faisait *rien* (*Conf.* XI, 12, 14).

4.2.3 Conclusion : une question dépourvue de sens ?

Nous pouvons enfin revenir à la question dont nous sommes partis : le monde pourrait-il être ailleurs qu'il n'est ? Si, comme l'écrit expressément Augustin au livre XI de la *Cité de Dieu*, demander pourquoi le monde a été fait ici plutôt qu'ailleurs équivaut à demander pourquoi il a été fait à tel moment plutôt qu'avant, et s'il est vrai que cette dernière question n'a pas de sens parce qu'il n'y a pas d'« avant » la création, alors la question posée dans la *Lettre* 3 (« pourquoi est-il en ce lieu-ci plutôt qu'en un autre ? ») est, non pas « insoluble », comme semble le dire le jeune Augustin, mais dépourvue de sens. On ajoutera qu'il en va sans doute de même de l'hypothèse selon laquelle le monde pourrait être plus grand qu'il n'est, dans la mesure où elle suppose, elle aussi, l'existence d'un espace extra-cosmique[145].

---

144 *The Philosophy of the Commentators*, vol. 2, 14(b) (2) ; Cf. aussi Simplicius, *In Cael.* 285, 21-27, texte 14(b) (3). Dans un passage du *De magistro* où il interroge son fils sur la signification de « nihil », Augustin dit sa surprise d'être retenu par *rien* (*De mag.* 2, 3).

145 La question conduit à revenir à la solution apportée par Augustin à l'argument du « pourquoi pas plus tôt ? ». Richard Sorabji l'évalue en ces termes : « La réponse d'Augustin, selon laquelle il *n'existait* pas de "plus tôt" est judicieuse. Mais je pense qu'elle exige une investigation plus approfondie car il n'est pas tout à fait vrai que la question "Pourquoi pas plus tôt ?" ne puisse pas avoir de sens pour nous. Elle peut en avoir un si nous remontons dans le passé à partir du présent. Supposons par commodité que le système solaire soit aussi ancien que l'univers et que tous deux aient un million d'années. La question "Pourquoi pas plus tôt ?" peut-être formulée en cette question : "Pourquoi l'univers n'a-t-il pas commencé il y a un million plus *une* année ?". Pour produire cela, Dieu n'aurait eu qu'à accomplir une révolution supplémentaire de la Terre autour du Soleil au commencement de la série (...). Pourquoi n'y en a-t-il pas eu une ? Leibniz devait reconnaître au XVIIIe que la question pouvait être interprétée de la sorte (cf. Leibniz, *cinquième lettre à Clarke*, §56 in H.G Alexander (ed.) *The Leibniz-Clarke Correspondence*, Manchester, 1956) [= Gerhardt VII, p. 405]) » (*Time, Creation and the Continuum*, p. 235-236). Bref, si l'idée que le monde ait pu être créé plus tôt – en entendant par là qu'il aurait pu être créé avant la création – est chimérique, il n'en demeure pas moins que l'on peut imaginer que le monde soit plus vieux qu'il n'est, tout en restant créé au commencement. Le cas échéant, on pourrait imaginer analogiquement que le monde puisse être plus grand qu'il n'est. Cependant, je ne vois pas comment on pourrait admettre la possibilité que le monde soit plus vieux qu'il n'est sans postuler *ipso facto* qu'il ait commencé *avant* son commencement et donc sans aboutir à une absurdité.

5   La comparaison des miroirs (§3)

Du fait d'une soudaine inspiration, Augustin revient à la première question qui le troublait en alléguant une analogie avec des miroirs (p. 7, 12-21). L'argument se fonde sur la théorie platonicienne selon laquelle le monde sensible est l'*image* du monde intelligible[146]. De fait, « Platon a pensé qu'il existait deux mondes : l'un qui est intelligible, dans lequel habite la vérité elle-même, et celui-là, le sensible, que nous sentons manifestement par la vue et le toucher ; c'est pourquoi le premier est vrai, celui-là est semblable au vrai et il a été fait à son image » (*Cont. Acad.* III, 17, 37). Or nous voyons que les miroirs, si grands soient-ils, n'agrandissent jamais les corps, alors qu'ils les rapetissent lorsqu'ils sont petits, comme c'est le cas de la pupille de l'œil[147]. Au regard d'Augustin, ce phénomène montre qu'on peut concevoir une diminution de l'image du monde intelligible, c'est-à-dire du monde sensible, sans qu'à l'inverse cette même « image » puisse augmenter (de sorte que sa taille est bornée). « Assurément, il y a là quelque chose qui nous échappe », dit Augustin à propos de cette propriété des miroirs, sans penser, curieusement, au cas des miroirs concaves, qui *grossissent* les objets[148]. Sur ce, « il s'excuse joliment par un *Nunc dormiendum* » pour prendre congé de son ami (p. 7, 21-22)[149].

---

146   Cf. *Tim*. 28a-b ; 37c-d ; 39d-e ; 48e-49a. Voir aussi Plotin, *Enn*. II, 4 [12], 4, 7-8 ; II, 9 [33], 4, 25-26 ; 8, 15-29 ; III, 7 [45], 11, 27-30 ; V, 8 [31], 7, 14-15 ; 8, 20 ; VI, 2 [43], 22, 40-41.

147   Le phénomène est invoqué en *De quant. anim.* 5, 9 : « Necesse est ergo imagines corporum, si parua sunt corpora in quibus apparent, paruas apparere ». Il doit permettre de montrer que l'âme est incorporelle. Sur cet argument, cf. G. O'Daly, *Augustine's Philosophy of Mind*, London, Duckworth, 1987, p. 23 sq.

148   L'ignorance d'Augustin sur ce point est étonnante car, bien que les phénomènes de diminution et d'agrandissement ne soient pas toujours mentionnés dans les développements des philosophes sur les miroirs (voir par ex. *Tim*. 46a-c ; *De nat. rerum*, IV 269-323), ils constituent un problème classique de catoptrique. Ainsi Apulée énumère-t-il, au chapitre 16 de son *Apologie*, les points suivants, qui sont traités dans un « immense volume » d'Archimède (sur l'attribution de ce « volume », cf. M. Burnyeat, « Archytas and Optics », *Science in Context*, 18/1, 2005, p. 35-53) : l'effet des miroirs plans, convexes et concaves sur la taille apparente d'une image par rapport à l'original, l'inversion de gauche à droite, le mouvement apparent de l'image en réponse au mouvement vers l'avant ou vers l'arrière de l'original, les miroirs ardents, l'arc-en-ciel, la parhélie, etc. Les miroirs ardents (qui sont concaves) étaient bien connus dans l'antiquité en raison notamment de la légende d'Archimède incendiant grâce à eux la flotte romaine à Syracuse. Sur cette légende qui a fait couler beaucoup d'encre et occasionné de nombreuses expérimentations, cf. W. Knorr, « The geometry of Burning-Mirrors in Antiquity », *Isis*, 1998, 74/271, p. 53-73.

149   P. Hadot, « La notion d'infini chez saint Augustin », p. 60.

6 Une démonstration de l'immortalité de l'âme (§4)

6.1 *Un raisonnement « chéri »*

Cette nuit-là pourtant, Augustin n'était pas disposé à dormir car il enchaîne aussitôt avec un raisonnement qu'il aime à « caresser comme [son] unique » (p. 8, 1-2)[150]. Il présente en « avant-première » à Nebridius le « canevas » de la démonstration de l'immortalité de l'âme qu'il vient de formuler dans les *Soliloques* (que Nebridius n'a pas encore lus) et qu'il reprendra dans le *De immortalitate animae* (1, 1 ; 4, 5-6).

Plus précisément, cette démonstration est la « preuve *in subiecto* » (« the *in subiecto* proof »), comme la nomme Christian Tornau[151]. Comme nous le verrons, elle présente des variantes, qui forment ensemble une même famille. Cette famille se distingue elle-même de deux autres preuves qu'Augustin a aussi pratiquées : (i) la preuve par la « manence », qui infère du fait qu'un corps demeure toujours un corps, quel que soit le changement qu'il subit, que l'âme aussi conserve sa forme[152] et (ii) la thèse platonicienne selon laquelle l'âme n'est pas un être vivant, mais la vie elle-même, qui ne peut pas se faire défaut à elle-même[153].

Bien que la preuve *in subiecto* soit ici limitée à sa plus simple expression, elle s'inscrit dans un contexte philosophique à la fois ample et serré (p. 8, 3-14). Le raisonnement trouve son point de départ dans la définition par parties (et non par différences) de l'homme, qui est constitué d'une âme et d'un corps[154]. Le corps plaît en raison de sa beauté. Celle-ci se définit comme « congruentia partium cum quadam coloris suauitate » (p. 8, 5-6)[155]. La « convenance des parties », qui met elle-même en jeu l'unité, est essentiellement assurée par

---

150 « … illa ratiocinatio cui tamquam unicae meae blandiri soleo ». Sur les connotations érotiques de cette comparaison, cf. R. Lane Fox, « Augustine's *Soliloquies* and the Historian », *Studia Patristica*, 43, 2006, p. 173-90 : p. 189. En *Sol.* 1, 13, 22, « Augustin » se présente comme l'amoureux très chaste de la sagesse, qui désire la voir et la tenir sans qu'aucun vêtement ne s'interpose entre elle et lui.

151 « Ratio in subiecto ? The Sources of Augustine's proof for the Immortality of the Soul in the *Soliloquia* and its defense in *De immortalitate animae* », *Phronesis*, 62, 2017, p. 319-354 : p. 326.

152 Sur ce raisonnement, cf. *infra* la *Lettre* 11.

153 Sur l'utilisation par Augustin de cette preuve, cf. L. Karfíková, « The soul and life – the soul and ratio : Augustine's criticism of the final proof in Plato's *Phaedo* », in G. Cornelli et al. (ed.), *Plato's Phaedo. Selected Papers from the Eleventh Symposium Platonicum*, Baden-Baden, Academia Verlag, 2018, p. 188-192.

154 La même définition se trouve en *Sol.* 1, 12, 21 (qui se réfère à Cornelius Celse) ; *Sent.* 6, p. 148, 129 (« hominem ex anima et corpore constare ») ; *De diu. quaest.* 7 ; *De ciu. Dei*, XIX, 3, 1 (en référence à Varron).

155 Cette définition est littéralement reprise en *De ciu. Dei*, XXII, 19, 2.

l'harmonie de leurs proportions, perceptible mathématiquement[156]. « Ainsi, il est clair que la beauté qui, du point de vue des sens, apparaît comme une figure corporelle, a *un fondement intelligible* qui rend possible sa constitution et qu'elle est avant tout belle grâce à lui »[157]. La « convenance des parties » n'est pourtant pas la seule chose qui plaise : il y a aussi la « douceur de la couleur », bien qu'elle ne soit pas à proprement parler « rationnelle », à la différence du nombre (cf. *De ord*. II, 11, 33)[158].

Augustin se souvient sans doute ici de la définition que Cicéron donnait du beau : « Le corps a une configuration bien ajustée de ses membres accompagnée d'une certaine douceur de la couleur ; c'est ce qui s'appelle la beauté » (« corporis est quaedam apta figura membrorum cum coloris quadam suauitate eaque dicitur pulchritudo ») (*Tusc*. IV, 13, 31)[159]. Cependant, il doit se référer plus fondamentalement à Plotin, qui reprend cette même définition d'origine stoïcienne *pour la dépasser*. On lit en effet dans le *Traité sur le beau* : « Tout le monde pour ainsi dire affirme que c'est une proportion des parties les unes par rapport aux autres et par rapport au tout et l'ajout d'une belle couleur qui produisent ce qui est beau pour la vue » (λέγεται μὲν δὴ παρὰ πάντων, ὡς εἰπεῖν, ὡς συμμετρία τῶν μερῶν πρὸς ἄλληλα καὶ πρὸς τὸ ὅλον τό τε τῆς εὐχροίας προστεθὲν τὸ πρὸς τὴν ὄψιν κάλλος ποιεῖ) (*Enn*. I, 6 [1], 1, 20-23). Or, on sait qu'Augustin a lu le Περὶ τοῦ καλοῦ, qui fit certainement partie des « libri platonicorum »[160]. P. Henry a bien expliqué l'importance de cette lecture, qui fut « un moment unique » dans sa vie : « Quelle ne dut pas être sa surprise lorsqu'il vit le philosophe égyptien réfutant, après les avoir fidèlement exposées, les théories

---

156 L'idée est clairement présentée dans ce passage du *De ordine* : « De là, la raison passa au domaine des yeux et, parcourant du regard et la terre et le ciel, elle comprit que rien d'autre que la beauté ne lui plaisait et, dans la beauté, les figures, dans les figures, les mesures, dans les mesures, les nombres ; et elle se demanda si ici-bas, la ligne, le cercle ou quelque autre forme et figure étaient tels que l'intelligence les contenaient en elle-même. Elle découvrit que toute figure d'ici-bas était de loin moins parfaite et qu'en aucun cas on ne pouvait comparer ce que les yeux voyaient avec ce que l'intellect voyait. Ces notions aussi, après les avoir distinguées et mises en ordre, elle les organisa en une science et l'appela science géométrique » (*De ord*. II, 15, 42). Cf. aussi *De quant. anim*. 8, 13 sq.

157 W. Beierwaltes, « *Aequalitas numerosa*. Zu Augustins Begriff des Schönen », *Wissenschaft und Weisheit*, 38, 1975, p. 140-157, p. 146.

158 À moins de penser qu'« il y a une logique colorée, parbleu » (*Conversations avec Cézanne*, éd. P.-M. Doran, Paris, Macula, 1978, p. 118). Augustin ne mentionne pas toujours l'élément de la couleur lorsqu'il définit le beau (cf. par ex. *De quant. anim*. 8, 13 sq.). En *De mus*. VI, 13, 38, il la fait intervenir en lien avec l'égalité (*aequalitas*) et précise que la lumière occupe la première place parmi toutes les couleurs.

159 Cf. M. Testard, *Saint Augustin et Cicéron*, vol. 2, p. 89.

160 Il s'y réfère de façon précise en *De ciu. Dei*, X, 16, 1, à propos de l'infortuné qui n'atteint pas le beau en soi (cf. *Enn*. I, 6, 7, 34) (cf. P. Henry, *Plotin et l'occident*, p. 105-106).

stoïciennes du beau. Augustin les avait faites siennes dans son premier et, à cette date, unique ouvrage. Au lieu d'une beauté faite de symétrie harmonieuse, de proportion savante, de rapports heureux entre les diverses parties d'un corps, entre les lignes et les couleurs, Plotin présentait la beauté, même matérielle, comme un reflet de l'intelligible »[161]. On comprend donc que dans l'*Ep.* 3, Augustin se réfère à la définition traditionnelle de la beauté corporelle en l'interprétant comme Plotin, qui affirmait l'existence d'une « beauté antérieure » aux beautés sensibles (πρὸ τούτων) (I, 6, 1, 6) et « plus vraie » (ἀληθινώτερον) (1, 50) qu'elles[162]. La suite de notre raisonnement le confirme, qui oppose, à la « fausse » beauté du corps, la « véritable », qui est dans l'âme[163], et ultimement en Dieu, même si Augustin ne le précise pas ici (p. 8, 6-8)[164].

La vérité réside plus précisément dans l'esprit (*mens*) et dans l'intelligence. Cependant, comme les sens s'opposent à l'intelligence[165], il faut leur résister et se défaire de l'emprise que le sensible exerce sur nous (p. 8, 10-11). Il s'agit d'un thème fréquent dans la correspondance du jeune Augustin. La *Lettre* 2 s'ouvre sur une mise en garde : « la philosophie véritable et divine » nous « avertit » (*monere*) de réprimer notre amour pour les choses sensibles afin que l'esprit se porte tout entier vers celles « qui sont toujours identiques et qui ne plaisent pas en raison d'une beauté passagère »[166]. On reconnaît là la *sententia* porphyrienne qui commande de « fuir le sensible » (*De regressu*, ap. Aug., *De ciu. Dei*, X, 29, 2 [fr. 12 D-F Goulet] ; XII, 27 [fr. 18] ; XIII, 17, 2 [fr. 20* C-E] ; XIII, 19 [fr.

---

[161] P. Henry, *op. cit.*, p. 117. « C'est précisément la transcendance de Dieu et, en un sens, par rapport aux choses matérielles, la transcendance de la beauté et du monde intelligible en général, que Plotin révèlera à saint Augustin » (*ibid.*, p. 117, n. 2).

[162] Voir aussi le première chapitre du *Traité* 31 *Sur la beauté intelligible*, qui distingue la beauté qui est dans la pierre sculptée, celle dans la pensée de l'artiste et celle dans l'art, qui est « supérieure et plus véritable » (V, 8, 1, 24).

[163] La beauté (*forma*) du corps est « fausse » dans la mesure où elle « ressemble » à celle de l'âme (cf. *Sol.* II, 15, 29) et où « le corps n'est vrai que par imitation » (*Sol.* II, 18, 32), à l'instar des figures corporelles, qui, en tendant vers les vraies figures géométriques, « présentent une imitation du vrai et sont à ce titre fausses ».

[164] En *Conf.* X, 33, 53, Augustin écrit que les beautés sensibles suscitent une louange qui s'élève vers Dieu et que « les belles choses qui sont parvenues jusque dans les mains des artistes en passant par leurs âmes viennent de cette beauté, qui est au-dessus des âmes et vers laquelle soupire mon âme *jour et nuit* (Ps 1, 2) (« pulchra traiecta per animas in manus artificiosas ab illa pulchritudine ueniunt, quae super animas est, cui suspirat anima mea die ac nocte »).

[165] « Huic » me paraît renvoyer à « intellegentia » plutôt qu'à « ueritas » en raison de la précision selon laquelle on « résiste » aux sens avec toutes les formes *de son âme* (« totis animi uiribus »).

[166] La philosophie « enseigne – et enseigne à juste titre – qu'absolument rien de ce qui se voit avec les yeux mortels, rien de ce qui est atteint par un des sens ne doit être honoré mais qu'il convient de le mépriser » (*Cont. Acad.* I, 1, 3).

21] ; XXII, 12 [fr. 22] ; XXII, 26 [fr. 23*] ; *Serm.* 241 6-7 [fr. 27* B-C]). Augustin la reprit pour son propre compte dans les *Soliloques*[167], non sans émettre ultérieurement de sérieuses réserves contre elle (cf. *Retract.* I, 4, 3 [fr. 26*])[168]. Dans la suite de sa correspondance avec Nebridius, Augustin aura plusieurs fois l'occasion de revenir sur ce thème (cf. *Ep.* 4, 2 ; 10, 2 ; 11, 4, sur le « mépris des choses mortelles »). Dans la *Lettre* 3, il est toutefois très allusif au sujet de la méthode qu'il convient d'employer pour se déprendre du sensible : il dit laconiquement qu'il faut y tendre « en s'habituant à en être privé et à désirer des choses meilleures » (p. 8, 13-14). Il est un peu plus explicite dans le *De ordine*, où il préconise la solitude et la pratique des arts libéraux (*De ord.* I, 1, 3)[169]. Et si toutefois l'âme, qui consacre « toutes ses forces » à lutter contre le sensible, était mortelle ? Nous en arrivons à notre fameuse démonstration[170].

L'immortalité de l'âme peut être prouvée par un raisonnement complexe qui combine le deuxième et le cinquième indémontrables de Chrysippe[171]. Augustin énumère quatre conséquences de la mortalité de l'âme, dont il a montré dans les *Soliloques* qu'aucune n'est vraie, si bien qu'il faut conclure que l'âme est immortelle : « Et si l'âme meurt ? Alors [1] la vérité meurt ; ou bien [2] l'intelligence n'est pas la vérité (*aut non est intellegentia ueritas*) ; ou bien [3] l'intelligence n'est pas dans l'âme ; ou bien [4] quelque chose dans lequel réside quelque chose d'immortel peut mourir » (p. 8, 14-16).

---

167   « Penitus esse ista sensibilia fugienda » (*Sol.* I, 14, 24) ; cf. aussi *De quant. anim.* 33, 76, qui cite aussi Eccl 1, 2 : « omnia sub sole uanitas uanitantium ».

168   Il objectera par ailleurs que la croyance platonicienne en l'existence d'une âme du monde (cf. *Tim.* 30 sq.) et dans la divinité des astres est incompatible avec l'injonction de fuir le corps ainsi qu'avec le refus de Porphyre d'admettre l'Incarnation du Christ pour ce motif : « Vous-mêmes, vous dites que, parmi les corps célestes, se trouvent les corps immortels de ceux qui sont immortellement heureux ; pourquoi soutenez-vous que, pour être heureux, il faut fuir tout corps, donnant ainsi l'impression de fuir la foi chrétienne d'une façon qui semble rationnelle ? » (*De ciu. Dei*, X, 29, 2). Ou encore, s'adressant directement à Porphyre : « Toi qui dis qu'il faut fuir tout corps, tue l'univers ! » (« Tu qui dicis, corpus est omne fugiendum, occide mundum ») (*Serm.* 241, 7). Sur ces textes, cf. G. O'Daly, *Augustine's Philosophy of Mind*, p. 67-68.

169   Cf. *infra* « Les coups du sensible » (*Lettre* 4).

170   Dans ce qui suit, je reprends en substance mon article « Augustins Argumentation für die Unsterblichkeit der Seele in den *Soliloquia*, in der *Epistula* 3 und in *De immortalitate animae* 5-6 », in *Augustinus, De immortalitate animae – Über die Unsterblichkeit der Seele*. Herausgegeben, übersetzt und kommentiert von Christian Tornau. Mit Beiträgen von Giovanni Catapano, Emmanuel Bermon, Lenka Karfíková und Giuseppe Balido, Paderborn, Brill, Schöningh, 2020, p. 376-407.

171   « Si p alors q ; or non-q ; donc non-p » ; « Ou bien p ou bien q ; or non-p ; donc q » (cf. DL VIII, 76 sq. = LS 36A).

Apparemment insatisfait par ce raisonnement, Klaus-Detlef Daur a choisi de lire, en [2], « aut non est in intellegentia ueritas » (« ou bien la vérité n'est pas dans l'intelligence ») *sans garant paléographique*. Daur a en fait réalisé le souhait de Jean Pépin, qui, à la suite d'une confrontation entre les *Soliloques* et la *Lettre* 3, écrivait dans un article sur Augustin et Porphyre : « ... aussi, bien qu'aucun manuscrit ni aucune édition ne la porte, l'addition <*in*> semble-t-elle nécessaire au raisonnement »[172].

Que lit-on, cependant, dans les *Soliloques* ? « La Raison : S'agissant de tout ce qui est dans un sujet, s'il demeure toujours, il est nécessaire que le sujet lui-même aussi demeure toujours ; or toute science est dans l'âme comme dans un sujet ; il est donc nécessaire que l'âme demeure toujours si la science demeure toujours. Or la science est la vérité et la vérité demeure toujours, comme la raison nous en a persuadé au début de ce livre [II, 2, 2]. Donc l'âme demeure toujours et l'on ne peut pas parler d'âme morte » (*Sol.* II, 13, 24)[173].

Dans ce passage, la proposition « Or la science est la vérité » (« Est autem disciplina ueritas ») infirme clairement l'ajout de « in » dans la seconde hypothèse de notre extrait de la *Lettre* 3 (« aut non est intellegentia ueritas »). Augustin formule bien l'hypothèse (fausse) que l'intelligence ne soit pas la vérité.

Ce résultat est confirmé par la preuve exposée dans le *De immortalitate animae*[174]. Le début du §5 présente le cadre formel de la preuve, qui opère selon la forme du *modus ponens* : « Si quelque chose d'immuable qui ne pourrait pas être, sans vie, demeure dans l'âme, alors il est nécessaire que l'âme elle aussi ait une vie qui demeure toujours. Or nous sommes bien dans le cas de figure suivant : si l'on a le premier, alors on a le second ; or on a le premier ». L'impossibilité de nier l'antécédent de l'implication (à savoir qu'il existe dans l'âme quelque chose d'immuable) est prouvée de la façon suivante : « Car qui oserait dire (sans parler du reste) ou bien [1] que la forme arithmétique (*ratio*

---

172   J. Pépin, « Une nouvelle source de saint Augustin : le ζήτημα de Porphyre "*Sur l'union de l'âme et du corps*" », p. 54-55 [214-215], n. 3.

173   « Ratio : Omne quod in subiecto est, si semper manet, ipsum etiam subiectum maneat semper necesse est. Et omnis in subiecto est animo disciplina. Necesse est igitur semper ut animus maneat, si semper manet disciplina. Est autem disciplina ueritas, et semper, ut in initio libri huius ratio persuasit, ueritas manet. Semper igitur animus manet, nec animus mortuus dicitur ».

174   Cf. G. Watson, *Saint Augustine : Soliloquies* and *Immortality of the Soul*, Warminster, Aris & Phillips, 1990 ; G. Catapano, *Agostino, Sull'anima : L'immortalità dell'anima, La grandezza dell'anima*, Milano, Bompiani, 2003 ; G. Balido, Agostino d'Ippona, *De immortalitate animae – L'immortalità dell'anima*, Introduzione, traduzione, note e appendice, Napoli, Editrice Domenicana Italiana, 2010 ; Ch. Tornau, *Augustinus, De immortalitate animae – Über die Unsterblichkeit der Seele*.

numerorum) est muable, ou bien [2] qu'un art, quel qu'il soit, ne consiste pas dans cette forme (*ratio*), ou bien [3] qu'un art n'est pas dans l'artiste ... ? »[175]. Dans ce raisonnement, la supposition que l'art ne soit pas la « ratio numerorum » joue le même rôle que celle de la *Lettre* 3 selon laquelle l'intelligence n'est pas la vérité (*non est intelligentia ueritas*).

Maintenant, en rapprochant le raisonnement de la *Lettre* 3 de celui des *Soliloques* et en outre de celui qui sera formulé plus tard dans le *De immortalitate animae*, nous pouvons dégager la structure commune aux différentes versions qu'Augustin a données de sa preuve de l'immortalité de l'âme.

6.2 La structure commune des preuves formulées en Sol. II, 13, 24, Ep. 3, 4 et De immort. anim. 4, 5-6

6.2.1 Les trois termes et les trois réquisits de la preuve

La preuve met en relation *trois termes*. Si l'on se réfère d'abord au texte des *Soliloques*, il s'agit premièrement d'invoquer quelque chose qui est en soi immuable et éternel à savoir la vérité – je l'appellerai la « chose 1 », en donnant à « chose » son sens le plus large – et, deuxièmement, de prendre en considération une autre « chose », ou « chose 2 », qui est nécessairement dans l'âme (le troisième terme) et qui peut être *identifiée* à la première (« la science est la vérité »). Comme on a quelque chose (la « chose 2 ») qui est immuable, à l'instar de ce à quoi on l'identifie (la « chose 1 »), et qui est nécessairement dans l'âme, il faut que l'âme soit elle-même immuable. Dans la *Lettre* 3, la chose immuable en soi et éternelle est également la vérité ; celle qui est immuable tout en étant dans l'âme, c'est l'intelligence (qui *est* la vérité). Dans la preuve du §5 du *De immortalite animae*[176], la « chose 1 » est la « ratio numerorum » ; la « chose 2 », dans l'âme, est l'art[177].

Ces trois versions se distinguent par les termes qu'elles mettent en jeu. Il est clair qu'en substituant à la vérité la « ratio numerorum », la preuve opère sur un autre fondement en *De imm. an.* 4, 5. Concernant la « chose 2 » en revanche,

---

175   « Quis enim, ut alia omittam, aut rationem numerorum mutabilem esse audeat dicere ; aut artem quamlibet non ista ratione constare ; aut artem non esse in artifice ... ? ».
176   Cf. aussi la forme plus concise de la preuve en *De imm. an.* 1, 1.
177   Le tableau suivant récapitule ces données :

	Ep. 3, 4	*Sol.* II, 13, 24	*Imm. an.* 4, 5
« Chose 1 » (immuable en soi)	*ueritas*	*ueritas*	*ratio numerorum*
« Chose 2 » (toujours dans l'âme)	*intellegentia*	*disciplina*	*ars*

il est difficile de préciser ce qui distingue exactement la science (*disciplina*), l'art et l'intelligence[178].

Quoi qu'il en soit de ces différences, la démonstration devra dans tous les cas satisfaire à *trois réquisits*. Sa mise à l'épreuve portera sur le caractère véritablement immuable de la « chose 1 » (« réquisit 1 ») ; sur le fait que la « chose 2 » peut bien lui être identifiée (« réquisit 2 ») ; enfin sur le fait que cette « chose 2 » est nécessairement dans l'âme (« réquisit 3 »). Le principe selon lequel est immuable la chose dans laquelle réside inséparablement quelque chose d'immuable n'est pas lui-même démontré car il est évident.

S'agissant du *premier réquisit*, l'immutabilité de la vérité est prouvée par l'absurde dans les *Soliloques*. La vérité ne peut pas mourir, car même si elle mourait, il serait vrai que la vérité a péri ; or rien n'est vrai sans vérité ; la vérité ne meurt donc pas (cf. *Sol.* II, 2, 2 ; II, 15, 28)[179].

Le *second réquisit* est plus difficile à vérifier. Dans la *Lettre* 3, Augustin n'explicite pas l'identification qu'il postule entre l'intelligence et la vérité, comme Plotin avant lui (à un autre niveau ontologique)[180]. D'autre part, en *Sol.* II, 13, 24, « est autem disciplina ueritas » est « une identification bizarre », comme l'écrit Phillip Cary[181]. Que veut dire cette thèse audacieuse selon laquelle *la science, c'est la vérité* ?

Pour le dire de façon très schématique, elle procède d'une double identification entre d'une part la science et la dialectique et d'autre part la dialectique et la vérité. La seconde identification est établie transitivement : la vérité est ce par quoi ce qui est vrai est vrai (*Sol.* I, 15, 27 ; II, 15, 29) ; or la dialectique est ce par quoi la science est vraie (*Sol.* II, 18, 32) ; par quoi la dialectique est la vérité. D'autre part (première identification), toute science *en tant que science* est dialectique. Quel que soit son objet, une science n'est scientifique qu'à la

---

178   Le terme d'« art » a sans doute une étendue plus large que celui de « discipline » (libérale) car il englobe les arts manuels, auxquels Augustin se réfère parfois (cf. par ex. *De uera relig.* 32, 59). « Intelligence » semble synonyme de « science » en vertu d'une équivalence entre « comprendre » et « savoir ».

179   Sur ce raisonnement, cf. L. Castagnoli, *Ancient Self-Refutation. The Logic and History of the Self-Refutation Argument from Democritus to Augustine*, Cambridge, Cambridge University Press, 2010, p. 121-128 (« Truth is imperishable : a *Consequentia Mirabilis* in the *Soliloquia* (2.2.2) »).

180   « Μία τοίνυν φύσις αὕτη ἡμῖν, νοῦς, τὰ ὄντα πάντα, ἡ ἀλήθεια » (Plot., *Enn.* V, 5 [32], 3, 1 sq. ; III, 7 [45], 4). Une telle affirmation engage le principe aristotélicien de l'identité de la science et de son objet (cf. *Met.* Lambda, 9, 1074b36-38 ; *DA* III, 4, 430a2-9).

181   « Bien que l'identification "La dialectique est la Vérité" soit à première vue bizarre, il semble clair qu'Augustin tende sérieusement à dire que ce que nous apprenons dans les arts libéraux est la Vérité même qui est Dieu » (Ph. Cary, *Augustine's Invention of the Inner Self. The Legacy of a Christian Platonist*, Oxford, Oxford University Press, 2000, p. 98).

condition de produire des définitions, des divisions et des rassemblements, qui sont les opérations constitutives de la dialectique (cf. *Sol.* II, 11, 20). On peut donc conclure que la science (en tant que science) est la vérité.

Tentons maintenant de développer le sens de cette double identification en vue de mettre en évidence le caractère spéculatif de la conception augustinienne de la science et de la vérité.

Non content de s'être intéressé pratiquement aux différentes sciences en rédigeant son encyclopédie, Augustin s'est interrogé sur leurs conditions de possibilité, c'est-à-dire sur ce qui fait qu'elles sont vraies. Cette interrogation se place sur le plan de la vérité, en vertu de la définition de la vérité comme « ce par quoi le vrai est vrai » (*Sol.* I, 15, 27). Augustin rend compte de la véridicité de la science en soutenant, comme on l'a dit, que toute science est *dialectique* dans sa forme. En *Sol.* II, 11, 20, il explique que ce qui fait que la grammaire par exemple est une science, et ce qui la rend vraie par le fait même, c'est qu'elle opère en définissant, en divisant et en rassemblant[182]. La dialectique est donc la science de la *scientificité* de la science, qui garantit à son tour la véridicité de la science. En tant que telle, la dialectique est une science comparable à nulle autre. D'une part, elle est *immanente* à toutes les sciences, de sorte que le vrai (*i.e.* la science) et la vérité (*i.e.* ce en vertu de quoi la science est vraie) sont rendus indissociables ; d'autre part, elle existe dans le « cycle »[183] des sciences comme une science *à part*. Il faut apporter une dernière précision, à savoir que la dialectique existe comme une science à part en étant immanente à elle-même ou *autoréférentielle*. Une difficulté soulevée par « Augustin » conduit à mettre en évidence cette caractéristique : n'est-ce pas par la vérité que la dialectique, à l'instar des autres sciences, est elle-même vraie, si bien qu'elle ne saurait prétendre être elle-même la vérité (*Sol.* II, 11, 21) ? Il n'en est rien. « Augustin » « a simplement besoin de réaliser que la tâche (*officium*) de la dialectique, qui est de rendre vraies les disciplines, est réflexive. La dialectique fait pour elle-même ce qu'elle fait pour les autres disciplines : en appliquant les règles de distinction et de conséquence logique à elle-même, elle *se rend elle-même* vraie »[184]. « Disciplina disciplinarum », comme l'appelle le *De Ordine* (II, 13, 38), la dialectique est aussi science d'elle-même.

Ce qui me paraît fondamental dans l'analyse d'Augustin, c'est que ce par quoi la science est vraie, c'est-à-dire la vérité, relève de la science (dialectique) ou soit encore *scientifique*. La dialectique n'est que la vérité de la science,

---

182 Voir aussi le bel éloge de la dialectique en *De ord.* II, 13, 38 et sur ce texte, E. Bermon, *La Signification et l'enseignement*, p. 142-146 (« L'institution du langage et du trivium »).
183 L'expression « circulum disciplinarum » se lit en *Cont. Acad.* III, 4, 7.
184 Ph. Cary, *Augustine's Invention of the Inner Self*, p. 99.

sera-t-on tenté de dire ; mais c'est la vérité tout de même. Et si Dieu est la vérité, alors il faut considérer que la science (en tant que science) nous fait connaître d'une certaine manière Dieu. Même si une telle équivalence ne saurait épuiser le sens de l'affirmation selon laquelle Dieu est la vérité, elle dit quelque chose de vrai, au moins pour un chrétien, voire pour un platonicien, et peut-être pour nous tous, si l'on en croit Nietzsche : « C'est encore et toujours une croyance métaphysique sur quoi repose notre croyance en la science, – nous autres qui cherchons aujourd'hui la connaissance, nous autres sans dieu et anti-métaphysiciens, nous puisons encore notre feu à l'incendie qu'une croyance millénaire a enflammé, cette croyance chrétienne qui était aussi celle de Platon, la croyance que Dieu est la vérité, que la vérité est divine … »[185].

Après avoir vérifié le second réquisit de la preuve, qui consiste donc à s'assurer que la science (ou l'intelligence) est bien identifiable à la vérité, nous en arrivons au *troisième réquisit*, qui exige que la science soit inséparable de l'âme. Ce réquisit est formulé dans un langage emprunté à Aristote. Ce qui est convaincu de demeurer toujours dans l'âme y demeure *comme dans un sujet*, de sorte qu'il semble avoir le statut d'accident, bien qu'Augustin n'emploie pas ce terme[186]. La phrase « omne quod in subiecto est, si semper manet, ipsum etiam subiectum maneat semper necesse est » (*Sol.* II, 13, 24) met en évidence ce trait caractéristique de la preuve d'Augustin, à savoir qu'elle « utilise » « une terminologie aristotélicienne pour établir une conclusion platonicienne »[187]. Cette terminologie provient du chapitre 2 des *Catégories*, comme on le rappelle souvent : « Par "dans un sujet", j'entends ce qui est dans quelque chose, sans y être comme une partie, et qui ne peut pas exister séparément de ce dans quoi il est (ἐν ὑποκειμένῳ δὲ λέγω ὃ ἔν τινι μὴ ὡς μέρος ὑπάρχον ἀδύνατον χωρὶς εἶναι τοῦ ἐν ᾧ ἐστίν). Par exemple, la connaissance qui permet de lire et d'écrire (γραμματική) est dans un sujet, l'âme (…) ; et le blanc est dans un sujet, le corps » (*Cat.* 1a24)[188]. On trouve ici formulée la distinction aristotélicienne fondamentale

---

185   Nietzsche, *Le Gai Savoir* (trad. Klossowski, Paris, Gallimard, 1985), v, aph. 344 (in fine).
186   Le fait est noté par C. Stead dans « Accidens », *Augustinus-Lexikon*, 1, 52.
187   G. Watson, *Saint Augustine : Soliloquies and Immortality of the Soul*, p. 192.
188   Ce texte était connu d'Augustin (cf. *Sol.* II, 12, 22 et plus explicitement *Conf.* IV, 16, 28). Sur la lecture par Augustin des *Catégories*, cf. J. Lössl, « Augustine's Use of Aristotle's *Categories* in Light of the History of the Latin Text of the *Categories* before Boethius », in E. Bermon et G. O'Daly, *Le De Trinitate de saint Augustin : exégèse, logique et noétique*, Paris, Études Augustiniennes, 2012, p. 99-122. « Il faut ajouter que la même notion aristotélicienne, intégrée dans un axiome très voisin, devait reparaître, quelque trente-cinq ans plus tard, dans la controverse d'Augustin avec Julien d'Éclane ; car Julien prétendra asseoir sa conception du péché originel sur le principe : *Rem quae in subiecto est, sine illa re esse non posse in qua subiecta est* [cité par Augustin in *Cont. Iul.* V, 14, 51, PL 44, 812] (…). Augustin sait bien d'où vient ce principe ; à la différence du dédain qu'il affiche pour tant d'autres énoncés

entre ce qui est par soi, à savoir la substance ou le sujet (un corps ou l'âme), et ce qui est toujours dans un sujet et qui n'existe jamais par soi, comme la couleur ou la science[189].

Comme l'a souligné Christian Tornau, l'utilisation d'une telle terminologie distingue nettement la preuve augustinienne de l'immortalité de l'âme de ses prétendus antécédents platoniciens[190]. Les textes allégués sont bien connus. D'après le *Ménon*, si les sciences (ἐπιστῆμαι) et la vérité sont toujours dans l'âme, comme le montre l'expérience de la « réminiscence », il faut que l'âme soit immortelle (86a-b). On trouve un raisonnement analogue en *Enn.* IV, 7, 8, 38-45. Plotin affirme que les vertus, à l'instar des objets de la géométrie, doivent faire partie des choses éternelles et qui demeurent (μενόντων) ; « il faut donc que ce dans quoi elles sont soit comme elles », c'est-à-dire que l'âme elle aussi demeure[191].

Il faut mettre en évidence une *seconde différence* fondamentale entre la démonstration d'Augustin et celle de Platon et de Plotin : ceux-ci n'invoquent qu'*une seule* « chose » immuable pour conclure à l'immortalité de l'âme, alors qu'Augustin en invoque *deux* (les « choses 1 » et « 2 »). On ne saurait donc ramener sa preuve à celle de ses prédécesseurs[192]. Il me semble que cette diffé-

---

dialectiques, il entoure celui-là de considération : *quod fieri non posse categoriae illae quas legisiti verissime ostendunt* » (J. Pépin, *Ex persona Platonicorum*, p. xxxiii-xxxiv).

189   On note que Platon avait déjà formulé l'idée que l'intelligence requière la présence de l'âme comme un substrat : « Il est impossible que l'intellect soit présent en quelque chose séparément d'une âme » (νοῦν δ' αὖ χωρὶς ψυχῆς ἀδύνατον παραγενέσθαι τῳ) (*Tim.* 30b ; cf. aussi *Tim.* 46d ; *Philèbe*, 30c ; *Soph.* 248e-249a). Sur ces textes, cf. J. Whittaker, « Does God Have a Soul ? », *Documenti e studi sulla tradizione filosofica medievale*, 10, 1999, p. 1-23 : p. 6.

190   « There is no exact parallel for this argument (…) in extant Neoplatonic literature, Greek or Latin » (« *Ratio in subiecto* ? », p. 326).

191   Selon P. Hadot, c'est ce texte qui constituerait l'antécédent de la preuve augustinienne plutôt qu'un hypothétique « zètèma » de Porphyre (compte rendu de H. Dörrie, « Porphyrios' 'Symmikta Zetemata' », in *The Journal of Hellenic Studies*, 81, 1961, p. 195-196). Dörrie avançait l'hypothèse selon laquelle le « zètèma » « Sur l'union de l'âme et du corps » aurait été précédé par une autre question « Sur l'immortalité de l'âme », à laquelle Nemesius ferait allusion à la fin du chap. 2 du *De natura hominis*, et qui aurait influencé la preuve augustinienne (*Porphyrios' "Symmikta Zetemata"*, p. 152). L'hypothèse « Porphyre » a gagné de plus en plus de crédit parmi les commentateurs, notamment en raison des travaux de J. Pépin. Tenant la dépendance vis-à-vis de Porphyre comme un fait « établi », G. Madec suppose que le « zètèma » « Sur l'immortalité de l'âme » faisait partie des « libri platonicorum » lus par Augustin et qu'il fut reformulé, voire traduit par Augustin (« Le spiritualisme augustinien à la lumière du *De immortalitate animae* », *Petites Études augustiniennes*, Paris, IEA, 1994, p. 105-119 : p. 113).

192   *Pace* par ex. J. Pépin qui, à l'instar de nombreux commentateurs, fait comme si la preuve ne se fondait que sur une seule « chose » : « Pour établir l'immortalité de l'âme, Augustin use d'un raisonnement caractéristique, qui se ramène au syllogisme suivant : le sujet dans

rence « structurelle » confirme le caractère original de la pensée d'Augustin et qu'elle a d'importantes conséquences sur le plan philosophique. Pourquoi opérer en se fondant sur deux choses, et non pas seulement sur une seule, comme l'avaient fait Platon et Plotin ? La question en entraîne une autre, celle de la validité du raisonnement d'Augustin.

6.2.2   La question de la validité de la preuve

La preuve augustinienne de l'immortalité de l'âme ne jouit pas d'un grand crédit auprès des commentateurs qui l'ont jugée de façon explicite. Phillip Cary en a très sévèrement critiqué l'« ineptie »[193], qui explique à ses yeux qu'elle ait été assez rapidement abandonnée par son auteur. Il faut citer longuement cette critique : « Nous pouvons voir pourquoi l'argument principal des *Soliloques* et ses diverses variantes dans l'*Immortalité de l'âme* ont été condamnés si nous observons schématiquement la structure de base du raisonnement d'Augustin. Soit X la Discipline, la Raison, la Vérité, Dieu, ou quoi que ce soit d'autre d'immuable et d'intelligible. Le modèle de base, pour ainsi dire, des diverses preuves augustiniennes de l'immortalité de l'âme est à peu près le suivant :
1. X est immuable (ou existe toujours).
2. X est dans l'âme.
Par conséquent, l'âme est immuable (ou existe toujours) (...).
Pour que l'argument d'Augustin fonctionne, X ne peut pas être dans l'âme seulement une partie du temps, car l'âme pourrait le perdre et devenir mortelle (...) ; il doit être *inséparablement* dans l'âme. Ainsi, lorsque la Raison introduit la règle d'inférence de base qui sous-tend les diverses preuves dans les second et troisième livres des *Soliloques*, elle inclut cette phrase cruciale : "Ne te semble-t-il pas que ce qui est *dans* un sujet *de façon inséparable* ne *peut pas* demeurer si le sujet lui-même ne demeure pas [*Sol.* II, 12, 22] ?". C'est là que l'argument pèche fondamentalement. Car si cette règle d'inférence vaut, et si Dieu ou la Vérité est inséparablement dans l'âme en ce sens, alors Dieu ne peut pas exister sans l'âme. Ce qui rend l'existence de Dieu dépendante de la nôtre : la Vérité ne *peut pas* demeurer à moins que notre âme ne demeure toujours (...). Le fait que l'argument d'Augustin entraîne cette conséquence est dû, non pas à son néoplatonisme, mais à son incompétence philosophique »[194]. En un

---

lequel réside une réalité immortelle doit être lui-même immortel ; or la science (ou la vérité, ou l'art, ou la raison), qui a l'âme pour sujet, est immortelle ; donc l'âme est immortelle » (*op. cit.*, p. 54 [214]). Une telle analyse explique pourquoi ce commentateur a jugé nécessaire l'ajout de « in » dans la proposition « non est <in> intelligentia ueritas » en *Ep.* 3, 3.

193   Ph. Cary, *Augustine's Invention of the Inner Self*, p. 103.
194   Ph. Cary, *op. cit.*, p. 101-102.

mot, cette façon de penser « qui rend la Vérité ontologiquement dépendante de l'âme plutôt que l'inverse » est « désastreuse » et « simplement inepte »[195]. On ajoutera que l'« ineptie » est d'autant plus fâcheuse qu'elle est le fait de la Raison elle-même, que Ph. Cary considère – à tort – comme étant la Vérité, c'est-à-dire Dieu[196].

Je ne dirai rien du reproche d'« incompétence philosophique » adressé à Augustin pour ne pas polémiquer. On peut objecter à une telle critique qu'elle place la vérité et la science exactement sur le même plan d'immanence à l'âme et qu'elle oblitère de ce fait la distinction « structurelle », clairement perceptible dans les différentes versions de la preuve, entre la « chose 1 » et la « chose 2 ». Or l'*identification* de ces deux « choses » constitue un « moment » seulement du raisonnement et pour ainsi dire sa « cheville ouvrière », puisqu'il s'agit précisément de trouver, entre la vérité immortelle en soi et l'âme dont on veut montrer qu'elle est immortelle, un *moyen terme*, à savoir la science, qui soit à la fois toujours dans l'âme et identifiable à la vérité. Dans la preuve, c'est donc la science ou l'art, et non pas la vérité ou Dieu *per se*, qui sont dits exister dans l'âme comme « dans un sujet », en vertu d'une thèse reprise des *Catégories*. La science ou l'art sont bien alors rendus dépendants de l'âme puisqu'ils ne sauraient exister sans elle. « Augustin » montre de façon très nette qu'il est lui-même « tout à fait conscient du fait que ce qui est dans un sujet dépend ontologiquement de ce sujet »[197] lorsqu'il déclare : « Qui jugerait possible que ce qui est dans un sujet demeure si le sujet lui-même est mort ? Car il serait monstrueux et parfaitement contraire à la vérité que ce qui ne serait pas s'il n'était pas dans ce sujet même puisse encore être alors que ce sujet n'est plus ? » (*Sol.* II, 13, 23).

Sans doute faut-il admettre – ce qu'Augustin ne dit pas explicitement dans sa preuve – que, si la science est inséparablement dans l'âme, et si la science est la vérité, alors la vérité elle-même est inséparablement dans l'âme ; mais il faut alors préciser qu'elle y est de cette façon *en tant que science*. Qu'implique une telle hypothèse ? Que l'âme n'est pas séparée de la vérité, du fait qu'elle est douée de science, mais non pas que la vérité elle-même « ne » « puisse » « pas » exister sans l'âme » ou que « l'existence de Dieu » soit « rendue » « dépendante de la nôtre », pour reprendre les mots de Ph. Cary.

---

195   Ph. Cary, *op. cit.*, p. 102-103. On trouvait déjà une critique semblable formulée par C. Wolfskeel : « The existence of God is indirectly made dependent on the existence of the human mind » (*De immortalitate animae, Text, Translation, and Commentary*, Amsterdam, Grüner, 1977, p. 66).

196   Sur ce point, cf. E. Bermon, *La Signification et l'enseignement*, p. 542-45 (« La Raison et le Maître intérieur »).

197   Ch. Tornau, « *Ratio in subiecto* ? », p. 328, n. 29.

Bien que la preuve les fasse pour ainsi dire se recouper, il faut établir une distinction entre la vérité qui est *dans l'âme* et qui dépend de l'âme *en tant que science* (*i.e.* la « chose 2 ») et la vérité prise absolument, qui est divine. Le rapport de « dépendance » peut alors être inversé : loin que la vérité divine ait besoin de l'âme pour être, c'est l'âme et la science qui ont besoin de Dieu. L'analogie suivante est peut-être éclairante, dans certaines limites : le froid (qui est ici analogue à la *vérité*) est dans la neige de façon inséparable ; mais l'hiver aussi est froid, et qui ne comprend que c'est le froid de l'hiver qui produit la neige ? On peut penser que si la vérité est inséparablement dans l'âme *en tant que science*, elle est *aussi* et *d'abord* en Dieu, qui a fait l'âme et qui l'a faite « capable » de science, de sorte qu'elle ne peut pas être séparée de Lui.

Dans la suite des *Soliloques*, au moment d'une transition vers une autre preuve, qui se fonde sur les vérités mathématiques, les propos de la Raison démentent clairement l'idée que la vérité ne puisse pas exister sans l'âme (bien que la Raison n'ait sans doute pas elle-même envisagé la critique qui serait adressée à sa preuve au XXe siècle). Après avoir demandé à « Augustin » si l'on peut trouver en-dehors des sciences quelque chose qui soit parfaitement vrai, elle déclare : « Si tous deux [*i.e.* Dieu et l'âme] sont vrais pour cette raison que la vérité est en eux, personne ne doute de l'immortalité de Dieu ; mais on est convaincu (*creditur*) que l'âme est immortelle si l'on prouve que la vérité, qui ne peut pas mourir, est aussi en elle (*etiam in illo*) » (*Sol.* II, 18, 32).

Que la vérité soit en Dieu, et que celui-ci soit de ce fait immortel, est donc considéré comme allant de soi[198]. La démonstration de l'immortalité de l'âme repose quant à elle sur la possibilité de montrer que la vérité est *aussi* toujours dans l'âme – ce que l'on fait précisément en montrant que la science, qui est la vérité, est dans l'âme comme dans un sujet[199]. Sauf à « aplatir » le raisonnement en confondant purement et simplement la vérité et la science, on ne trouve dans cette preuve aucun « enfermement » de la vérité dans l'âme. La présence permanente de la vérité dans l'âme *en tant que science* n'empêche nullement que la vérité soit aussi « au-dessus » de l'âme, selon la conception qui sera au fondement de la preuve de l'existence de Dieu au livre II du *De libero arbitrio*, et plus largement qu'elle soit *partout*.

---

198   On note que la vérité et Dieu ne sont pas identifiés de façon pure et simple. Sur cette distinction complexe, cf. *De lib. arb.* II, 15, 39, où Augustin affirme que « s'il y a quelque chose de plus excellent (*excellentius*) [que la vérité], c'est cela plutôt qui est Dieu. Mais s'il n'y a rien, c'est déjà (*iam*) la vérité elle-même qui est Dieu ».

199   Ce passage me semble préciser le sens de ce que « crie » la vérité, à savoir qu'elle habite *aussi* en nous (en tant que science) : « Clamat et in te sese habitare, et immortalem esse, nec sibi suam sedem quacumque corporis morte posse subduci » (*Sol.* II, 19, 33). On ne peut cependant pas exclure que le premier « et » soit coordonné au second et à « nec ».

6.2.3 L'« alicubité » : « Tout ce qui est doit être quelque part »
(*Sol.* I, 15, 29)

Une objection se présente toutefois à l'encontre de cette interprétation. Dans les *Soliloques*, la Raison formule un principe à première vue étonnant en raison de ses connotations matérialistes : « Tout ce qui est doit être quelque part » (*quidquid est, alicubi esse cogitur*) (*Sol.* I, 15, 29). Augustin ne s'explique nullement sur la validité de ce principe qu'il semble admettre sans discussion. D'où vient-il ? Platon se moque de ceux qui professent que tout ce qui est doit être dans un lieu[200]. Aristote écrit dans la *Physique* que « tout le monde suppose que ce qui est est quelque part » (τά τε γὰρ ὄντα πάντες ὑπολαμβάνουσιν εἶναί που) (*Phys.* IV, 1, 208a29)[201] ; il reprend pour son propre compte cette opinion commune et établit (déjà) une distinction entre le fait d'être quelque part et celui d'être dans un lieu[202]. Le principe réapparaît chez Cicéron (*Acad. post.* I, 6, 24 : « nihil est enim quod non alicubi esse cogatur »), qui est sans doute la source d'Augustin[203].

Appliqué à la science ou à l'art, c'est-à-dire à la « chose 2 », le principe d'« alicubité » contribue à l'établissement de la preuve et plus précisément à la démonstration de l'inséparabilité de la « chose 2 » et de l'âme[204]. Son *universalité* ne met-elle cependant pas en péril la preuve augustinienne ? On remarque en effet que le principe est aussi appliqué, dans les *Soliloques*, à *la vérité*, c'est-à-dire cette fois à la « chose 1 ». Face à l'embarras d'« Augustin », qui ne sait pas « où » (*ubinam*) est la vérité, la Raison l'engage à voir du moins où elle n'est pas ; il apparaît que la vérité n'est pas dans un lieu, à moins d'admettre soit qu'il existe autre chose que des corps dans un lieu, soit que la vérité est un corps (*Sol.* I, 15, 29)[205]. Il faut donc distinguer la nécessité d'être quelque part

---

200 Cf. *Tim.* 52b : « ... en regardant l'espace (χώρα), nous rêvons et disons que tout ce qui est doit être dans un lieu et occuper un certain espace, et que ce qui n'est ni sur terre ni au ciel, n'est rien ».

201 Aristote précise : « car ce qui n'existe pas n'est nulle part ; en effet où est la chimère ou le sphinx ? » (IV, 1, 208a30-1).

202 Cf. B. Morison, *On Location : Aristotle's Concept of Place*, p. 5 ; cf. *ibid.*, p. 15-20 (« Somewhere »).

203 Comme le suppose W. Hörmann, p. 101 de son édition du *De immort. anim.* (CSEL 89). Sur *Acad.* I, 6, 24, cf. Ch. Brittain, *Cicero, On Academic Scepticism*, Hackett, 2006, p. 96, n. 21. Selon Ph. Cary, que tout ce qui est soit quelque part, « c'est précisément ce qu'un néoplatonicien bien informé ne dirait pas au sujet des intelligibles » (Ph. Cary, *Augustine's Invention of the Inner Self*, p. 104). Le principe va de fait à l'encontre de l'affirmation porphyrienne selon laquelle Dieu, l'intellect et l'âme sont « partout parce que nulle part » (πανταχοῦ ὅτι οὐδαμοῦ) (*Sent.* 31). Sur cette affirmation, cf. le commentaire de W. Kühn in L. Brisson (éd.), *Porphyre, Sentences*, Paris, Vrin, 2005, p. 614 sq.

204 Cf. *De imm. an.* 4, 5, qui affirme que l'art ne peut pas être nulle part.

205 Augustin pense-t-il ici aux Stoïciens ?

(*alicubi*), qui vaut pour *tout être*, et celle d'être dans un lieu (*in loco*), qui ne vaut que pour les êtres corporels[206].

La Raison n'en dit pas plus. Où pense-t-elle que soit la vérité ? Si la vérité est nécessairement quelque part, n'est-ce pas dans l'âme ? Dans ce cas, la vérité et Dieu ne sont-ils pas *ipso facto* « rendus dépendants » de l'âme ? La critique de Cary paraît donc trouver dans l'utilisation du principe universel d'« alicubité » un argument en sa faveur. En outre, comme Augustin écrit quelques années plus tard, dans la vingtième des *LXXXIII Questions* (*de loco Dei*), que « Dieu n'est pas quelque part » (*Deus non alicubi est*), ce démenti ne signifie-t-il pas qu'Augustin « prit » « bientôt conscience de son erreur »[207] ?

Les choses sont plus complexes. Premièrement, lorsqu'il écrit, dans la même *Question* : « quod enim alicubi est, continetur loco »[208], Augustin ignore manifestement la distinction qu'il établissait précédemment entre le fait d'être dans un lieu et celui d'être quelque part. La *Question* 20 doit sans doute être considérée comme un développement sur une question d'exégèse courante[209], et non pas comme un texte qui traite *ex professo* du fait d'être quelque part.

Deuxièmement, il faut mentionner, dans le *De ordine* (qui est antérieur au *De immortalitate animae*), l'énumération ébouriffante d'un ensemble de notions censées être indispensables à l'étude de l'âme. Après le néant, puis les catégories relatives au devenir, on y trouve « le mouvement stable, l'éternité (*aeuum*), ce que c'est que n'être ni dans un lieu ni nulle part (*nec in loco nec nusquam*), ce qui est hors du temps et toujours, ce que c'est que n'être nulle part et n'être pas nulle part (*et nusquam esse et nusquam non esse*), et n'être jamais et n'être pas jamais » (*De ord.* II, 16, 44). Malheureusement, cette sorte de « liste des chapitres d'ontologie néoplatonicienne qui traite de modes de

---

206 On note cependant cette affirmation de Porphyre : « Les étants intelligibles sont dans des lieux qui sont eux-mêmes intelligibles : soit en eux-mêmes soit dans les intelligibles qui sont au-dessus d'eux. C'est ainsi que l'âme est tantôt "en elle-même", lorsqu'elle raisonne, tantôt dans l'intellect, lorsqu'elle intellige » (νοητὰ γὰρ ὄντα ἐν νοητοῖς καὶ τόποις ἐστίν, ἢ γὰρ ἐν ἑαυτοῖς ἢ ἐν τοῖς ὑπερκειμένοις νοητοῖς. ὡς ἡ ψυχὴ ποτὲ μὲν ἐν ἑαυτῇ ἐστιν, ὅταν λογίζηται, ποτὲ δὲ ἐν τῷ νῷ, ὅταν νοῇ) (H. Dörrie, *Porphyrios' « Symmikta Zetemata »*, p. 83 [Nemesius, 135, 3, §11)]). Sur ce texte, cf. aussi P. Hadot, *Porphyre et Victorinus*, vol. 1, p. 191.
207 Ph. Cary, *op. cit.*, p. 104.
208 Il précise toutefois que l'on parle par abus (*abusiue*) du temple de Dieu comme de son « lieu ».
209 « Rien n'est plus commun dans l'Antiquité que de discuter du lieu de Dieu. La formule n'est pas rare dans la Bible grecque, ce qui explique que Philon d'Alexandrie en ait souvent traité » (J. Pépin, « *De diversis quaestionibus LXXXIII*. Les questions philosophiques (I-L) », p. 51).

non-être et d'être »²¹⁰ n'apporte aucune précision sur l'« être-nulle part » qui paraît déroger au principe d'« alicubité », ou y déroger partiellement s'il s'agit de quelque chose qui *tout à la fois* n'est nulle part et n'est pas nulle part. Quoi qu'il en soit, Augustin semble ne pas avoir dit dans les *Soliloques* son dernier mot sur l'« alicubité ».

Une autre solution paraît pourtant préférable. Elle est suggérée par la lecture de la *Lettre* 187 à Dardanus (le grand texte d'Augustin sur l'omniprésence). On y lit : « Dieu est en lui-même parce qu'il n'est pas contenu par les choses auxquelles il est présent, comme s'il ne pouvait pas être sans elles. En effet, enlevez aux corps les espaces de lieu, ils ne seront nulle part, et parce qu'ils ne seront nulle part, ils ne seront pas ! Enlevez aux qualités des corps les corps eux-mêmes, il n'y aura plus moyen pour elles d'être quelque part (*non erit ubi sint*) et de ce fait il est nécessaire qu'elles ne soient pas » (*Ep.* 187, 6, 18)²¹¹. Augustin présente ici une explication du principe universel selon lequel « tout ce qui est doit être quelque part » en raisonnant sur le cas des corps et des qualités. Il précise d'autre part « où » est précisément Dieu : Dieu, qui doit être quelque part pour être, à l'instar des corps et des qualités, est fondamentalement *en lui-même*. Il ne peut pas en être autrement, s'il est vrai que Dieu est omniprésent. En effet, si Dieu était partout sans être en lui-même, alors il dépendrait de ce dans quoi il est – partout –, tout comme les corps dépendent du lieu qu'ils occupent et les qualités de leur sujet d'inhérence ; or Dieu est absolu ; il faut donc qu'il soit partout *en étant en lui-même*.

Plus radicalement, loin que Dieu soit dans toutes les choses dans lesquelles il est de façon telle qu'il en dépende, ce sont plutôt ces choses qui dépendent de lui. Comme on le lit un peu plus haut dans notre *Lettre* : « Dieu est répandu (*diffusus*) à travers tout d'une façon telle qu'il n'est pas une qualité du monde mais la substance créatrice du monde, gouvernant le monde sans effort et le contenant sans peine » (*Ep.* 187, 4, 14). Dieu est donc « répandu » partout, mais paradoxalement, et en dépit des lois de la physique, c'est lui qui contient ce qu'il remplit (à l'inverse d'un liquide qui est toujours contenu dans le récipient qu'il remplit), comme l'indique l'expression « sine onere continens mundum » (cf. aussi *Conf.* I, 3, 3). Dans une telle perspective, ce sont les choses qui sont en Dieu (selon Rm 11, 36), qui les contient lui-même, plutôt que Dieu n'est dans les

---

210 I. Hadot, *Arts libéraux et philosophie dans la pensée antique*, Paris, Études Augustiniennes, 1984, p. 127.

211 « In seipso autem, quia non continetur ab eis quibus est praesens, tamquam sine eis esse non possit. Nam spatia locorum tolle corporibus, nusquam erunt, et quia nusquam erunt, nec erunt. Tolle ipsa corpora qualitatibus corporum, non erit ubi sint, et ideo necesse est ut non sint ».

choses – l'expression « être dans » signifiant alors la dépendance ontologique d'un être par rapport à un autre, dans lequel il est dit être.

Pour conclure, bien que la thèse de l'*Ep.* 187 selon laquelle Dieu est partout *en lui-même* ne se trouve pas dans les textes contemporains de la preuve de l'immortalité de l'âme, le fait qu'Augustin affirme, dès cette époque, que « Dieu est partout » (« ubique Deus est ») (*De ord.* II, 6, 19)[212] et que toutes les choses sont en Dieu[213] contredit manifestement l'idée selon laquelle la vérité n'existerait que dans l'âme et par l'âme. Encore une fois, c'est la vérité *en tant que science* qui est dépendante de l'âme.

6.2.4   Une objection à la preuve de l'immortalité de l'âme : le cas des âmes ignorantes (*Sol.* II, 14, 25)

En dépit de la relative déception dont témoigne sur le moment « Augustin », la Raison affirme que la preuve de l'immortalité de l'âme qui vient d'être formulée est valide : « Si chaque science est dans l'âme comme dans un sujet dont elle est inséparable, et si la vérité ne peut pas périr, pourquoi douter que l'âme a une vie perpétuelle, du fait de je ne sais quelle familiarité avec la mort ? » (*Sol.* II, 19, 33). La Raison est donc attentive au fait que notre âme ne se laisse pas entièrement convaincre par la démonstration produite. Dans la *Lettre* 3, Augustin le dit à son tour à Nebridius : la preuve de l'immortalité de l'âme a été suffisamment faite dans les *Soliloques*, « mais je ne sais quelle habitude des malheurs nous effraie et nous fait chanceler » (*Ep.* 3, 4).

L'Augustin des *Soliloques* formule enfin une dernière objection à l'encontre de la preuve : il ne voit pas comment on pourrait dire que la science est *toujours* dans l'âme, surtout la dialectique, dont un petit nombre seulement est instruit (*Sol.* II, 14, 25). La Raison répond que « c'est une autre question qui, à la traiter avec soin, demanderait un autre volume » (*Sol.* II, 19, 33). Cependant, pour écarter dès à présent l'objection, elle fait fond sur la conception platonicienne du savoir comme *réminiscence* (cf. aussi *Ep.* 7, 2) et déclare au sujet des esprits qui se forment aux arts libéraux : « Ces disciplines (*disciplinas*) qui, sans aucun doute sont enfouies au fond d'eux-mêmes par l'oubli, ils les mettent au jour (*eruunt*) en les apprenant (*discendo*) et ils les déterrent (*refodunt*) en quelque sorte » (*Sol.* II, 20, 35). Ce qu'on appelle « apprendre » consiste donc

---

212   En *De mor.* I, 11, 19, on lit : « Enfin, quel lieu pourrait me séparer de la charité de celui qui ne serait pas tout entier partout, s'il était contenu par un lieu ? » (« Postremo quis me locus ab eius caritate diuellet, qui non ubique totus esset, si ullo contineretur loco ? »).

213   Cf. *Sol.* I, 1, 2 : « deus in quo omnia ... » (Rm 11, 36). Cf. aussi *De quant anim.* 34, 77, qui cite ce même verset paulinien : « Rien de plus secret que lui, rien de plus présent. On trouve difficilement où il est ; plus difficilement où il n'est pas. Tous ne peuvent être avec lui, nul ne peut être sans lui ».

à découvrir ce que l'oubli a recouvert, c'est-à-dire à se ressouvenir. Il suffit de bien interroger quelqu'un, comme Socrate interroge l'esclave de Ménon (82b-86b ; *Tusc.* I, 24, 57 ; cf. *De Trin.* XII, 15, 24), pour lui faire trouver quelque chose qui était déjà en lui mais qu'il avait pour ainsi dire oublié[214]. Par conséquent, si la science est dans l'âme même de l'ignorant, de façon latente, cette âme est immortelle.

6.3   Un raisonnement a fortiori (Ep. 3, 4)

À la différence des *Soliloques* et du *De immortalitate animae* (cf. 4, 6), la *Lettre* 3 ne formule pas l'objection de l'ignorance à l'encontre de la preuve de l'immortalité de l'âme. En revanche, elle ajoute à cette preuve un raisonnement *a fortiori* qui lui est propre : « Si l'âme meurt – ce qui ne saurait en aucun cas se produire, à ce que je vois –, le bonheur ne se trouve pas pour autant dans la joie que procurent les choses sensibles : mon loisir m'en a déjà apporté une preuve suffisante » (p. 8, 19-21). Ce revirement peut faire penser aux *Tusculanes*. Dans le livre I, après avoir argumenté en faveur de l'immortalité de l'âme (I, 12, 26-33, 81), Cicéron montre que la mort n'est pas un mal si l'âme n'est pas immortelle (34, 82-46, 111). Ce passage rappelle lui-même l'alternative que Socrate présentait lors de son procès : « Ou bien celui qui est mort n'est plus rien et il n'a plus conscience de rien ou bien, comme on le dit, la mort est un changement, à savoir le passage pour l'âme de ce lieu à un autre » (*Apol.* 40c).

Augustin se distingue toutefois de Cicéron et de Platon en ce qu'il produit un raisonnement *par impossible* plutôt qu'il ne considère une alternative. Ce que nous apprend cependant ce nouveau raisonnement, c'est que, même si par impossible l'âme était mortelle, il faudrait encore se séparer du sensible, comme le prouve l'expérience faite par Augustin du loisir dont il jouit à Cassiciacum (« hoc otio satis exploratum est »). L'*otium* est donc entendu comme une retraite par rapport au sensible. À Cassiciacum, Augustin s'est défait des désirs des choses superflues qui l'enserraient, il a déposé le fardeau des soucis des choses mortelles (*Cont. Acad.* III, 2, 4) et acquis le bonheur comme un « fruit du loisir » (cf. *De ord.* I, 2, 4 : « quem fructum de liberali otio carpamus »)[215].

6.4   Les raisons de l'abandon de la preuve de l'immoralité de l'âme

Il est remarquable que la preuve de l'immortalité de l'âme n'ait pas été désavouée plus tard par son auteur dans les *Rétractations*, comme elle n'aurait pas

---

[214] L'objection de l'« ignorance » réapparait en *De immort. anim.* 4, 6 (cf. E. Bermon, « Die Unsterblichkeit der Seele », p. 400-404) ; en 8, 13-15, elle reçoit une nouvelle réponse : l'âme (*animus*), lorsqu'elle est insensée (*stultus*), ne perd pas sa forme (cf. *infra* « La forme en vertu de laquelle un corps est un corps est inamissible », *Lettre* 11).

[215] Cf. aussi *De uera relig.* 35, 65, cité *infra* dans « Le loisir et la mort », *Lettre* 10.

manqué de l'être, si elle avait comporté un vice rédhibitoire[216]. Il est possible que, lorsqu'il écrivit dans le *De Trinitate* que, parmi les Platoniciens, « chacun s'efforça de montrer comme il le put » l'immortalité de l'âme, Augustin ait pensé à sa propre preuve « in subiecto »[217]. Comment expliquer cependant qu'il ne l'ait pas reprise par la suite, à la différence de sa preuve de l'existence de Dieu[218] ? De façon conjecturale, on peut mentionner trois points susceptibles de faire difficulté dans cette preuve. Ils se rapportent tous trois au « réquisit 3 ».

Il s'agit premièrement de la thèse selon laquelle le savoir est *toujours* dans l'âme, bien que celle-ci n'en soit pas consciente. Augustin prit ses distances, comme on le sait, par rapport à la théorie platonicienne de la réminiscence afin d'éviter de paraître cautionner la doctrine de la préexistence de l'âme. Il écrit dans les *Rétractations* que si des ignorants parviennent à faire des réponses justes dans le domaine des disciplines libérales, lorsqu'ils sont bien interrogés, c'est « parce que la lumière de la raison éternelle leur est présente, autant qu'ils peuvent la saisir (*capere*), en laquelle ils voient ces choses immuablement vraies ; ce n'est pas parce qu'ils les ont apprises un jour (*aliquando*) et qu'ils les ont oubliées, comme il a semblé à Platon et à ses semblables » (*Retract.* I, 4, 4, à propos de *Sol.* II, 20, 35, et renvoyant à *De Trin.* XII, 15, 24). Bien que cette raison ne soit pas rédhibitoire, dans la mesure où la réminiscence est demeurée aux yeux d'Augustin un paradigme valide du savoir (pour autant qu'on ne l'interprète pas comme le souvenir de quelque chose qui aurait été *appris* dans une vie antérieure)[219], elle est sans doute un premier facteur de l'abandon de la preuve.

Deuxièmement, Augustin déclare également dans les *Retractations*, à propos de la preuve du *De immortalitate animae*, que, lorsqu'il écrivit qu'« une vie avec une forme (*ratio*) ne peut être que celle d'une âme » (*De imm. an.* 4, 5), il ne lui est pas « venu à l'esprit » que Dieu aussi a une vie avec une forme, « puisqu'en lui se trouvent la vie souveraine et la forme souveraine » (*Retract.* I, 5, 2). Plus tard, Augustin qualifiera la loi éternelle de « summa ratio » (*De lib. arb.* I, 6, 15) et il parlera du Verbe divin comme de l'« Art » par lequel toutes choses ont été faites (*De lib. arb.* III, 15, 42). Si l'art est aussi en Dieu, on ne peut plus dire simplement qu'il ne peut pas exister hors de l'âme, et la preuve doit sans doute être revue sur ce point.

---

216 « It is certainly true that [Augustine] did not come back to the proof of the *Soliloquia* and *De immortalitate animae*, but it is equally true that he never disowned it » (Ch. Tornau, « *ratio in subiecto* ? », p. 351).
217 Cf. *De Trin.* X, 7, 9 (à rapprocher de *De immort. anim.* 9, 16).
218 Sur cette question, voir les conclusions de Ch. Tornau, *op. cit.*, p. 350-52.
219 Cf. E. Bermon, *La Signification et l'enseignement*, p. 536-542 (« La réminiscence et l'enseignement »).

Troisièmement, Augustin est explicitement revenu sur l'idée que la science soit dans l'âme rationnelle comme dans un sujet. Dans le contexte théorique très différent du livre IX du *De Trinitate* (analyse du « modèle trinitaire », primat de la connaissance de soi, critique du matérialisme ...), il montre que la science, ainsi que la volonté, ne sont pas dans l'esprit comme des qualités sensibles dans un corps, parce qu'elles ne sont pas confinées comme elles dans les limites d'un sujet[220]. Il écrit à propos des qualités sensibles : « Tout ce qui est tel ne dépasse (*excedit*) pas le sujet dans lequel il est. De fait, telle couleur ou telle figure de ce corps ne peuvent pas être aussi celles d'un autre corps. Mais l'esprit peut aussi aimer de l'amour dont il s'aime autre chose en plus de lui-même. De la même façon, l'esprit ne connaît pas que lui-même, il connaît de nombreuses autres choses. C'est la raison pour laquelle l'amour et la connaissance ne sont pas dans l'esprit comme dans un sujet (*non amor et cognitio tanquam in subiecto insunt menti*). Mais ils sont eux-mêmes substantiellement (*substantialiter*), comme l'esprit lui-même, parce que, même s'ils sont dits de façon relative (*relatiue*) les uns par rapport aux autres (*ad inuicem*), chacun pris en lui-même est cependant dans sa propre substance (*De Trin.* IX, 4, 5) ».

Comme l'écrit Johannes Brachtendorf, « il est clair qu'Augustin tend à rompre avec Aristote, lorsqu'il refuse explicitement de catégoriser la "notitia" et l'"amor" comme des qualités et qu'il affirme au contraire leur caractère substantiel »[221]. L'intentionnalité *ad extra* de la connaissance et de l'amour les « ouvre » à d'autres choses que l'esprit et leur confère une relative indépendance par rapport à ce dernier. Cette indépendance montre que ces puissances ne sont pas dans l'esprit comme dans un sujet, à la différence de la couleur ou de la taille d'un corps[222], et qu'elles sont substantielles comme l'esprit, en dépit

---

220 A. de Libera oppose l'« attributivisme » du *De immort. anim.* et le modèle « périchorétique » du *De Trin.* (*Archéologie du sujet*, vol. 1, *Naissance du sujet*, Paris, Vrin, 2007, chap. III, p. 264 sq.).

221 J. Brachtendorf, *Die Struktur des menschlichen Geistes nach Augustinus. Selbstreflexion und Erkenntnis Gottes in 'De Trinitate'*, Hamburg, Felix Meiner Verlag, 2000, p. 131.

222 « Lorsqu'Augustin souligne que la couleur ou la forme de A ne peuvent pas être simultanément la couleur ou la forme de B, il ne veut pas dire que A et B ne peuvent pas présenter la même couleur ou la même forme, mais plutôt que telle instanciation par exemple de l'universel "rouge" ou "circulaire" que l'on trouve en A est numériquement distincte de celle qui apparaît en B. Pour autant qu'elle est indentifiable numériquement, l'instanciation particulière est liée à son porteur de façon exclusive. On peut dire la même chose de l'"amor" ou de la "notitia" parce que l'amour et la connaissance d'une "mens" individuelle sont toujours ceux de cette "mens" et non d'une autre. La particularité de l'"amor" et de la "notitia" réside cependant dans le fait que leur relation à un autre être n'a pas lieu seulement dans les limites d'un porteur mais qu'en outre et au-delà leur relation est celle d'un être intentionnel qui se dirige vers un objet qui, dans les cas particuliers de l'"amor sui" et de la "notitia sui", peut être le porteur lui-même, mais qui est le plus souvent quelque

du fait qu'elles se rapportent aussi à elles-mêmes et les unes aux autres à l'intérieur de l'esprit. En un mot, la science n'est pas *dans* l'esprit, elle *est* l'esprit.

7   Ce qui doit « être désiré » : *cupi* ou *cupiri* ? (§5)

7.1   *Le prix de l'amitié*

Augustin conclut sa lettre avec enjouement. Emporté par une sorte de divagation, il déclare que le fait qu'il se réjouisse de sa bonne fortune d'avoir un ami comme Nebridius, et qu'il souhaite même voir s'accroître (*adcrescere*) abondamment pareils biens (à l'instar du nombre intelligible !), est une preuve *supplémentaire* qu'il n'est pas heureux, faute d'être parvenu à la sagesse (p. 9, 1-7). Car ce faisant, il fait une entorse à la règle qui commande que les biens de la fortune ne soient ni « craints » (*timeri*) ni « désirés » (*cupi*), à l'inverse de ce qui dépend de nous (à savoir le vice et la vertu). Pour le dire autrement, le fait d'aimer ce que l'on peut perdre ou craindre de perdre malgré soi définit la passion (*libido*) (cf. *De lib. arb.* I, 4, 10)[223].

Cet hommage à l'amitié peut être rapproché de celui que l'on trouve dans la *Lettre* 2. Avec beaucoup de raffinement, Augustin fait part à Zenobius du regret qu'il éprouve d'être séparé de lui[224]. En dépit du peu de cas qu'il faut faire du sensible (d'après la « véritable philosophie »), et bien qu'Augustin voie, par son esprit, son ami « vrai et simple », tel qu'il peut être aimé sans aucune inquiétude (*sine ulla sollicitudine*), il « cherche [sa] présence à [ses] côtés et sous [ses] yeux autant qu'il est permis de le désirer ». La *Lettre* 2 met l'accent sur le prix que nous accordons à la présence d'un être cher[225], plus même qu'il ne faudrait en rigueur le faire. Augustin parle en effet de « défaut » (*uitium*) à propos de son sentiment, un défaut cependant que Zenobius doit apprécier chez ses amis et dont il redoute la guérison, sauf à être très différent d'Augustin.

---

chose d'autre » (J. Brachtendorf, *op. cit.*, p. 132). Sur ce texte, cf. aussi E. Bermon, *Le Cogito dans la pensée de saint Augustin*, Paris, Vrin, 2001, p. 395 sq. (« L'esprit et ses puissances »).

223   Sergius Orata était comblé de richesses, mais il était malheureux parce qu'il avait peur de les perdre (*De beat. uit.* 4, 26) (cf. J. Doignon, « Note complémentaire 13 » : « Un "exemple" de l'"Hortensius" : les biens de fortune d'Orata et son indigence », *La Vie heureuse*, BA 4/1, p. 146-47).

224   La lettre « montre bien ce que signifiait pour Augustin la présence de ses amis. Bien que ses amitiés fussent devenues de plus en plus spirituelles, il souffrait toujours de l'absence d'un ami » (M. A. McNamara, *L'Amitié chez saint Augustin*, Paris, Lethielleux, 1961, p. 82). En *Ep.* 27, 1, Augustin dit à Paulin sa peine de ne pas le voir en personne.

225   Un passage des *Soliloques* relatif à Alypius présentait déjà une telle opposition entre l'être spirituel d'un ami et sa présence physique mais pour dévaloriser cette dernière (*Sol.* I, 3, 8). Cf. cependant *Sol.* I, 9, 16 ; 12, 20 sur la joie d'être avec ses amis.

7.2 Trois points de grammaire

La *coda* de la lettre soulève une question de grammaire : il est entendu que les biens de la fortune ne doivent pas « être désirés », mais faut-il dire *cupi* ou *cupiri* (p. 9, 7) ? De même, faut-il dire *fugi* ou *fugiri* ? *sapi* ou *sapiri* ? *iaci* ou *iaciri* ? *capi* ou *capiri* ? La question, qui s'adresse sans doute aussi au grammairien Verecundus, l'hôte d'Augustin resté en compagnie de Nebridius à Milan, ne trahit sans doute pas, comme on l'a pensé, une ignorance de la part d'un professeur de province[226]. Elle porte sur la différence qui existe entre ce que nous appelons la troisième conjugaison mixte (type *fugio, capio*, qui forment leur infinitif en *–ere* et leur infinitif passif en *-i*) et la quatrième (type *audio*, dont les infinitifs sont en *–ire, –iri*).

Le critère « officiel » de distinction est très simple. Il tient au fait qu'il y a, dans le premier cas, un *i* bref à la seconde personne du singulier (*cupĭs*) et un *i* long dans le second (*audīs*). Telle est la raison invoquée par Augustin lui-même dans son *Abrégé de grammaire* pour expliquer la différence entre la « troisième conjugaison » et « la conjugaison qui est dite *troisième longue* (*tertia producta*) et que certains appellent de façon plus distincte la *quatrième* » (*Ars breuiata*, 4, §8, p. 19 Weber = §53 Bonnet, p. 23). Il ajoute que, d'un point de vue pratique, « il est facile de distinguer un verbe de la quatrième conjugaison par le mode impératif. En effet, quand un verbe est de cette quatrième conjugaison, le mode impératif finit en *i*, comme *audi* » (à la différence de *cupe*)[227].

La difficulté grammaticale soulevée dans la *Lettre* 3 vient sans doute du fait que l'usage – qui prévaut toujours[228] – ne respectait pas toujours cette règle. Un certain nombre de passages en latin classique prouvent que des verbes de la troisième déclinaison pouvaient avoir des formes similaires à celles de la quatrième conjugaison. « C'est ainsi que nous trouvons *moriri* chez Ovide (*Met.* XIV, 215), *cupiret* chez Lucrèce (I, 7), *fodiri* chez Caton (*R.R.* 2, 4), *parire* chez Ennius (*A.* 8, B.). Chez Plaute, de telles formes sont très communes : par exemple, l'infinitif de *morior* est toujours *moriri* chez Plaute, jamais *mori* »[229].

---

226 *Pace* H. W. Phillott, « Nebridius », *Dictionary of Christian Biography*, IV, p. 9-10 : p. 10 (cité par J. Gavigan in « St. Augustine's Friend Nebridius », p. 48, n. 13). Phillott, qui devait lui-même enseigner dans une métropole, semble oublier qu'Augustin avait été professeur de rhétorique à Milan, capitale de l'empire romain.

227 La suite du texte précise que les verbes de la troisième brève ont leur futur en *–am*, tandis que ceux de la troisième longue ou de la quatrième l'ont soit en *–am* soit en *–bo*. Nous disons *legam*, mais nous disons à la fois *audiam* et *audibo*.

228 Cf. E. Bermon, *La Signification et l'enseignement*, p. 283-288 (« Les instances de la langue : la raison, l'autorité et l'usage »).

229 C. Exon, « Latin verbs in *–io* with infinitives in *–ere* », *Hermathena*, 11, 1901, p. 382-402 : p. 382-83. Pour une liste plus complète de ces formes, cf. F. Neue et C. Wagener, *Formenlehre der lateinischen Sprache*, rééd. Hildesheim, G. Olms, 1985, III, p. 243 sq.

La demande d'éclaircissement adressée par Augustin à Nebridius montre qu'au quatrième siècle, la forme correcte de l'infinitif de cette classe de verbes était incertaine et disputée : « Nous pouvons soutenir sans crainte de nous tromper que les deux formes de tels infinitifs pouvaient alors s'entendre dans la conversation d'Italiens cultivés »[230]. On se gardera donc d'incriminer trop vite les « oreilles africaines », dont Augustin nous dit qu'à son époque elles ne faisaient plus la différence entre les voyelles longues et brèves (*De doct. christ.* IV, 10, 24)[231].

Augustin développe sa question en jouant sur des formes de *iacio* et de *capio* : « Je pourrais prendre les exemples de *iaci*, être lancé, et *capi*, être attrapé, si je ne craignais pas d'être attrapé et de me voir lancer des railleries à souhait par celui qui me convaincrait que *iactum* et *captum* sont une chose et *fugitum*, *cupitum* et *sapitum* en sont une autre » (p. 9, 11-14). L'utilisation du supin ou participe passé trancherait donc la question : on a d'un côté *iacio* et *capio*, dont le supin est *iactum* et *captum*, de l'autre *cupio*, *fugio* et *sapio*, dont les supins *cupitum*, *fugitum* et *sapitum* sont analogues à celui de *audio* i.e. *auditum* (quatrième déclinaison). Il faudrait en déduire que l'on dit *cupiri*, *fugiri* et *sapiri*, à l'instar d'*audiri*. La méthode qui consiste à recourir au supin d'un verbe pour en connaître les autres formes fait penser à la théorie des « enchaînements » (*conexiones*) exposée dans l'*Ars breuiata*[232]. Pourtant cette méthode ne résout sans doute pas notre problème, en raison de la grande rareté de *cupitum*, *fugitum* et *sapitum*[233]. C'est peut-être cette rareté qui explique qu'Augustin interroge encore son ami sur la « quantité » et l'accentuation des pénultièmes de ces trois formes (p. 9, 14-16)[234]. Cette fin de lettre nous rappelle l'intérêt particulier d'Augustin, à cette époque, pour les questions de grammaire. De retour à Milan, il se lança dans la réalisation de son encyclopédie des arts libéraux et notamment de son *trivium*. Sa *Grammaire* fut sans doute achevée à Milan (cf. *Retract.* I, 5).

---

230 C. Exon, *op. cit.*, p. 383.
231 Cf. aussi *De ord.* II, 17, 45 ; Consentius, GL V, p. 392, 12.
232 « Si l'on a trouvé une seule forme verbale d'un enchaînement, on parcourra facilement toutes les autres formes qui appartiennent à ce même enchaînement, aux différents modes, nombres et personnes » (82. [IV 37]) (tr. G. Bonnet et E. Bermon, *Abrégé de la grammaire de saint Augustin*, Paris, Les Belles Lettres, 2013). Voir notamment le « troisième enchaînement » (81. [IV 36]). Ce procédé mnémotechnique évoquant nos « temps primitifs » est unique dans la grammaire latine. Sur l'origine des « conexiones », cf. R. Oniga, « La teoria delle conexiones nella grammatica agostiniana e la sua orgine in Varrone », *Augustinianum*, 47, 2007, p. 171-78.
233 Cf. P. Polcar, « A Sting in the Tail ? Augustine's Send-Off to Nebridius in *Ep.* 3 », in P. Nehring, M. Strózynski & R. Toczko (ed.), *Scrinium Augustini*, p. 249-271 : p. 252-258. L'auteur apporte une riche documentation aux problèmes traités à la fin de notre lettre.
234 Sur cette question, cf. P. Polcar, *op. cit.*, p. 254.

Le progrès dans la distinction entre le sensible et l'intelligible (*Lettre* 4)

1 Le progrès (§1-2)

1.1 *La distinction entre le sensible et l'intelligible (§1)*

Dans une lettre désormais perdue, Nebridius s'était enquis des progrès qu'Augustin avait faits « au sujet des critères distinctifs (*discernentia*) de la nature sensible et de la nature intelligible » (p. 10, 4). Le terme « discernentia » suggère qu'il soulevait un problème *épistémologique*. Augustin traitera cependant surtout de l'importance *éthique* de la distinction, qu'il faut parvenir à effectuer pratiquement pour la bonne conduite de sa vie.

L'impossibilité dans laquelle nous sommes de dater de façon sûre la *Lettre* 4[1] en rend incertaine l'interprétation sur trois points importants. Nebridius veut-il suivre les progrès de ses amis à Cassiciacum ou bien de ceux d'Augustin nouvellement installé à Thagaste ? Lorsque ce dernier fait allusion aux soucis qui le troublent souvent et qui viennent des « coups » infligés par le sensible, pense-t-il aux difficultés de la vie en général ou à l'épreuve récente de la mort de sa mère, et peut-être aussi de son fils, dont la disparition ne peut pas être datée précisément (cf. *Conf.* IX, 6, 14) ? Enfin, l'expérience à la fois intellectuelle et spirituelle qu'Augustin évoque à la fin de la lettre, et qui l'unit momentanément à Dieu, est-elle antérieure ou postérieure à la contemplation d'Ostie, de laquelle on est tenté de la rapprocher ?

1.1.1 Les progrès effectués *à Cassiciacum* ?

Le thème du progrès est souvent mentionné dans les dialogues de Cassiciacum[2]. Dans le *De ordine*, par exemple, Augustin salue les progrès intellectuels et moraux de ses disciples, Licentius (*De ord.* I, 4, 10 ; I, 8, 21) et Trygetius (qui revenait de loin) (I, 6, 16) ; il leur intime d'être bons (« boni estote ») (I, 10, 29) et se dit confiant qu'ils deviendront meilleurs (*fore meliores*) (I, 11, 33).

Augustin est aussi attentif à ses propres progrès. Dans le livre I des *Soliloques*, il reconnaît qu'il n'est pas encore sage tout en exprimant son désir de parvenir

---

1 Cf. *supra* « La chronologie » (Introduction).
2 Cf. J. Doignon, « Le "progrès" philosophique d'Augustin dans l'*otium* de Cassiciacum d'après la Lettre 4 », *Fructus centesimus. Mélanges offerts à G. J. M. Bartelink à l'occasion de son soixante-cinquième anniversaire*, *Instrumenta Patristica*, 19, Steenbrugis, 1989, p. 141-154 ; R. Lane Fox, « Augustine's *Soliloquies* and the Historian », p. 189.

à la sagesse (« si, ut cupio, peruenero ad sapientiam ») (*Sol.* I, 4, 9). Avec l'aide de la Raison, il s'examine sur le plan intellectuel et moral (*Sol.* I, 9, 16-10, 17) – un exercice qui préfigure l'examen plus systématique et approfondi que l'on trouve au livre X des *Confessions* –. Il reconnaît notamment qu'il craint encore trois choses : la perte de ceux qu'il aime, la douleur et la mort. La Raison l'assure cependant que, même si certaines faiblesses l'empêchent encore de voir la lumière de la vérité, il a beaucoup progressé (*Sol.* I, 11, 18 : « multum profecisti »), comme l'atteste le fait qu'il aime ses amis et veuille rester en vie précisément pour trouver la sagesse (*propter inueniendam sapientiam*) (*Sol.* I, 12, 20)[3].

1.1.2   La distinction fondamentale du platonisme

Ces progrès se font à partir du sensible vers l'intelligible ; c'est le seul et unique mode de progression qu'Augustin connaisse, en théorie, aussi bien pour l'individu que pour l'humanité[4]. Avec la théorie des Idées qu'elle implique, l'opposition platonicienne entre « deux mondes », « l'un intelligible, dans lequel la vérité elle-même habite, et celui-là, qui est sensible » (*Cont. Acad.* III, 17, 37), est le *fondement de la philosophie*[5] et son point de rencontre avec le christianisme. À cette époque, Augustin va jusqu'à dire que le Christ a lui-même approuvé cette opposition en disant : « Mon royaume n'est pas de ce monde » (Jn 18, 36) (*De ord.* I, 11, 32)[6].

Le souci de bien distinguer ces deux natures rejoint une préoccupation néoplatonicienne. Porphyre déclare : « Il nous faut donc, dans nos recherches, bien maîtriser le caractère propre de chacun des deux domaines (τῆς ἑκατέρου ἰδιότητος) et ne pas en confondre les natures, ou plutôt éviter de conférer à l'incorporel, par imagination ou par opinion, les attributs des corps en tant que tels : personne en effet n'attribuerait aux corps les propriétés de ce qui est purement incorporel. Le fait est que chacun a l'habitude des corps (τῶν μὲν

---

3   « Augustin » affirme qu'il n'aurait cure de mourir s'il était certain que ce changement n'entraîne aucune régression dans la sagesse, le pire qui puisse lui arriver étant « quod retroageret ab eo quo progressus sum ».

4   « Il en est du genre humain comme d'un seul homme s'agissant du peuple de Dieu ; sa bonne instruction (*recta eruditio*) s'effectue à travers des étapes temporelles, comme on progresse en changeant d'âge, à savoir qu'on s'élève des choses temporelles à l'intelligence des éternelles et des visibles aux invisibles » (*De ciu. Dei*, X, 14). En sens contraire, sur Augustin et la notion de décadence, cf. Th. Fuhrer, « Das Interesse am menschlichen Scheitern – Antike Konstruktion des 'Niedergangs' einer Kultur », in M. Formisano et Th. Fuhrer (ed.), *Décadence : 'Decline and Fall' or 'Other Antiquity' ?*, Heidelberg, Winter, 2014, p. 19-33 : p. 30-32.

5   Cf. *De diu. quaest. 83*, 46, 1 (« De ideis »), où il est affirmé qu'il n'y a pas de philosophie sans idées.

6   Il corrigera cet excès de jeunesse en *Retract.* I, 3.

γὰρ σωμάτων ἐν συνηθείᾳ πᾶς), alors qu'on ne parvient à la connaissance des incorporels qu'avec peine, en l'absence de certitude à leur sujet, sans même parler de certitude immédiate, aussi longtemps que l'on est sous l'emprise de l'imagination » (cf. *Sent.* 33, 31-38)[7]. Cependant, grâce à l'action cathartique des vertus, il est possible de se défaire de cette emprise : « Les vertus de celui qui progresse vers la contemplation (τοῦ πρὸς θεωρίαν προκόπτοντος) consistent à se détacher des choses d'ici-bas. Aussi sont-elles appelées des "purifications", parce qu'elles se manifestent lorsqu'on s'abstient des actions qui s'accomplissent avec le corps et des sympathies qu'on a pour lui » (*Sent.* 32, 15-18)[8].

1.2 *La force de l'accoutumance (§1)*

Augustin répond à Nebridius en invoquant d'abord la force de l'accoutumance, qui justifie la pratique de l'*exercitatio animi*, telle qu'elle est illustrée par la démonstration de l'immortalité de l'âme dans la *Lettre* 3 et par le « petit raisonnement » mentionné plus loin dans notre lettre : « Si les opinions fausses s'implantent d'autant plus en chacun qu'on les roule davantage dans son esprit et qu'elles deviennent plus familières, la même chose se produit beaucoup plus facilement lorsque l'âme a affaire aux choses vraies » (p. 9, 5-7). Cette déclaration *optimiste* sur la facilité avec laquelle le vrai « s'implante » (*inseritur*)[9] dans l'âme est à première vue étonnante[10]. Augustin n'affirme-t-il pas ailleurs que « la force de l'habitude est si grande qu'une fois invétérée, si elle est née d'une opinion fausse, il n'y a pas pire ennemi de la vérité qu'elle » (*De mus.* V, 5, 10)[11]. Dans la *Lettre* 7, il écrit au sujet des *phantasmata* que « des figures de

---

7   Tr. L. Brisson et al., Porphyre, *Sentences*, p. 347.
8   *Ibid.*, p. 355.
9   Le terme est employé à propos de la science (« inserenda scientia ») en *Ep.* 1, 1 et, de façon divergente, en *Ep.* 7, 2 (« non nobis ea quae discimus, ueluti noua inseri, sed in memoriam recordatione reuocari » (p. 14, 2-3). Il est également utilisé au sujet de rêves inspirés (cf. *Ep.* 9, 2, p. 20, 17).
10 On retrouve pareil optimisme dans l'adresse du traité *Sur le bonheur* à Mallius Theodorus : « Si j'obtiens ton aide, un petit effort me permettra de parvenir très facilement au bonheur, auquel tu es déjà uni, je présume » (*De beat. uit.* 1, 5). Cette déclaration peut être rapprochée de *Sol.* 1, 12, 20, qui vante la vie en commun au motif que le premier qui a trouvé quelque chose y mène les autres sans fatigue (*sine labore*). Un tel sentiment n'est pas étranger à Plotin, qui déclare par ex. en *Enn.* I, 3 [20], 3, 5-7 : « Il faut donner [au philosophe] un enseignement mathématique pour l'accoutumer à penser et à mettre sa confiance dans l'incorporel (πρὸς συνεθισμὸν κατανοήσεως καὶ πίστεως ἀσωμάτου) – et il le recevra facilement étant ami du savoir ».
11 « Tanta enim est uis consuetudinis, ut ea inueterata, si falsa opinione genita est, nihil sit inimicius ueritati ». En l'occurrence, Augustin s'en prend à une « institution » antique, à savoir l'hexamètre dactylique, dont il entend réformer la scansion en se réclamant de la raison et de l'autorité des auteurs latins et grecs les plus savants. « C'est un des

ce type envahissent pour ainsi dire spontanément les pensées des âmes qui ont l'habitude de retourner en elles de telles représentations » (*Ep.* 7, 6, p. 17, 11-13) et que la raison ne s'y oppose qu'avec peine (*uix*) (7, 4, p. 16, 10)[12]. En outre, il mentionne comme un thème récurrent la « colle » qui attache l'âme au sensible[13]. Plus tard, il alléguera le jugement de Cicéron selon lequel « c'est la marque d'un grand esprit que de détacher son esprit des sens et de dégager sa pensée de l'habitude » (« magni ingenii est seuocare mentem a sensibus et cogitationem a consuetudine abducere ») (*Tusc.* I, 16, 38 cité en *Ep.* 137, 2, 5).

Sans doute peut-on réduire l'apparente contradiction entre ces textes et la *Lettre* 4 en comprenant que *si* l'âme est délivrée de l'emprise du sensible et qu'elle parvient à se familiariser avec la vérité – ce que ses présents attachements, voire sa présente condition, ne lui permettent pratiquement pas de faire[14] –, alors elle s'accoutume au vrai plus facilement qu'elle ne le faisait au faux. La Raison le dit, en opérant un passage à la limite : « Lorsque tu seras tel que tu ne prendras plus du tout plaisir à rien de terrestre, alors, crois-moi, au même moment, à la même seconde, tu verras ce que tu désires » (*Sol.* 1, 14, 24). Pour le dire autrement : « Ne luttez que contre l'habitude des corps (*cum consuetudine corporum*) : vainquez-là et toutes les choses seront vaincues » (*De uera relig.* 35, 65).

1.3   *Le progrès et le Sorite* (§2)

Bien qu'il soit facile, en théorie, le progrès intellectuel « se produit petit à petit (*paulatim*), comme lorsque nous progressons en âge (*ut per aetatem proficimus*), puisque, bien qu'il y ait loin de l'enfant à l'adulte, personne qui serait interrogé chaque jour depuis son enfance ne dirait à un moment précis qu'il est un adulte » (p. 10, 8-10). Le sens de la comparaison entre le progrès de l'âme et la croissance en âge n'est pas évident[15]. L'adverbe *paulatim* et l'hypothèse

---

plus curieux problèmes historiques que pose le *De musica* » (*La Musique*, BA 7, « Note complémentaire 67 », « La scansion de l'hexamètre », p. 509).

12   Tel est le régime de pensée de l'« homo animalis », qui « ne peut se représenter (*cogitare*) que des masses et des étendues, petites ou grandes, à cause des *phantasmata* qui volètent dans son esprit » (*De Trin.* VII, 6, 11).

13   Dans l'apologue de *Cont. Acad.* II, 3, 7, Philocalie, la sœur de Philosophie, est « tombée du ciel et engluée dans la passion ». Il faut fuir les choses sensibles de peur que leur glue ne paralyse nos ailes (*Sol.* 1, 14, 24). Voir aussi, à la fin de l'*Ep.* 15, le bref apologue de l'abeille, qui a des ailes pour ne pas rester collée au miel qui la tuerait. Sur ce thème, cf. P. Courcelle, « La colle et le clou de l'âme (*Phédon* 82e-83d) », *Revue belge de philologie et d'histoire*, 36, 1958, p. 72-95.

14   Cf. *infra* « La certitude et la présence », *Lettre* 4.

15   Les *Confessions* sont attentives au phénomène du changement d'âge qui s'accomplit sans qu'on puisse lui assigner un moment précis : « Et ecce infantia mea olim mortua est et ego

selon laquelle on serait interrogé *chaque jour* conduisent à penser qu'Augustin joue ici avec le raisonnement bien connu du « petit à petit » (ὁ παρὰ μικρὸν λόγος) (LS 37 G ; *FDS* 698), comme l'appelait Chrysippe. Le passage est d'autant plus intéressant que les allusions au Sorite sont rares dans son œuvre[16].

1.3.1   Augustin et le Sorite

L'énoncé le plus détaillé du Sorite est rapporté par Galien (*De l'exp. médicale*, XVII, 1-3, 115-116 Walzer)[17]. L'argument consiste à demander si un seul grain de blé fait un tas, puis à reposer la question au sujet de deux grains, et ainsi de suite. Si l'interlocuteur, après avoir nié par exemple que 100 grains constituent un tas, admet que lorsqu'on ajoute un grain, on obtient cette fois un tas, il en résulte que la quantité de blé devient un tas par l'addition d'un seul grain, et que le tas disparaît si on l'enlève ; or il est absurde que l'existence ou la non-existence d'un tas tienne à un seul grain. Pour éviter cette absurdité, on ne cessera de nier que l'on ait affaire à un tas ; en conséquence de quoi il faut conclure qu'il n'existe rien de tel qu'un tas ... Galien dit que l'aporie est commune à bien des matières de la vie quotidienne. Deux siècles avant lui, Cicéron avait déjà généralisé le problème : ce n'est pas seulement dans le cas d'un tas qu'on ne sait pas jusqu'où il faut aller ; « cela vaut aussi lorsqu'il s'agit de "riche ou pauvre ? clair ou obscur ? beaucoup ou peu ?" », etc. (*Acad. prior.* II, 29, 92). Bref, tous les prédicats s'avèrent soritiques.

Avec le Menteur, le Sorite devait révéler l'inanité de la dialectique stoïcienne. Le premier était censé ruiner le principe de bivalence (*i.e.* toute proposition est ou vraie ou fausse), le second montrer que « la nature ne nous a donné aucune connaissance des limites, connaissance qui nous permettrait de déterminer en tout domaine jusqu'où aller » (*Acad. prior.* II, 29, 92), c'est-à-dire en

---

uiuo » (*Conf.* I, 6, 9) ; « nonne ab infantia huc pergens ueni in pueritiam ? uel potius ipsa in me uenit et successit infantiae ? nec discessit illa : quo enim abiit ? et tamen iam non erat » (I, 8, 13) ; « iam mortua erat adulescentia mea mala et nefanda, et ibam in iuuentutem » (VII, 1, 1).

16   On en trouve peut-être une autre dans l'*Ep.* 12, où il est question du « tas » des lettres de Nebridius, qui est augmenté même par ses lettres courtes (p. 29, 18-21).

17   Sur le Sorite et son histoire dans l'antiquité, cf. J. Barnes, « Medicine, experience, and logic », in J. Barnes et al. (ed.), *Science and Speculation : Studies in Hellenistic Theory and Practice*, Cambridge, University Press / Paris, Éditions de la Maison des Sciences de l'Homme, 1982, p. 24-68 ; tr. fr., « Médecine, expérience et logique », *Revue de Métaphysique et de Morale*, 4, 1989, p. 437-481 (avec appendice mentionnant les principaux textes se rapportant à ce problème, p. 479-480). Cf. aussi M. Burnyeat, « Gods and heap », in M. Schofield et M. Nussbaum (ed.), *Language and Logos*, Cambridge, Cambridge University Press, 1982, p. 315-38 ; R. J. Hankinson, « Self-Refutation and the Sorites », in D. Scott (ed.), *Maieusis. Essays in Honour of Myles Burnyeat*, Oxford, Oxford University Press, 2007, p. 351-73.

fait de définir. Si les premiers éléments de la dialectique semblent assurés, ils conduisent rapidement à d'indissolubles apories. Comme Pénélope, la dialectique finit par défaire son travail.

Si Augustin s'est prononcé, de façon brève mais ferme, sur le Menteur (cf. *Cont. Acad.* III, 13, 29 ; *Cont. Cresc.* II, 18, 23)[18], on trouve peu de choses chez lui sur le Sorite. Dans un passage du *Contra Academicos* où il énonce la définition zénonienne de la représentation compréhensive (*Cont. Acad.* II, 5, 11, reprenant *Acad. prior.* II, 48, 147), il rappelle que, pour prouver qu'il n'existe pas de signes permettant de distinguer infailliblement les représentations vraies et les représentations fausses, les Académiciens alléguaient « les désaccords des philosophes, les erreurs des sens, les songes et les délires, les sophismes et les sorites »[19]. Dans le livre III du même traité, il écrit : « Si la limite jusqu'où il faut aller (*modus*) dans certaines choses échappe entièrement à l'homme, il ne faut pas chercher à en acquérir la science. Voilà ce que je tiens de la dialectique » (*Cont. Acad.* III, 13, 29)[20]. Dans le *De ordine*, il déclare que les sorites, bien qu'ils soient redoutables et détestables (« quis non metuat ? quis non oderit ? »), produisent dans certains cas un bel effet (II, 5, 13). Il ne dédaignera pas lui-même d'en faire usage, par exemple pour ridiculiser les Manichéens. Selon ces derniers, il était permis de tuer les poux, les puces et les punaises. Mais si l'on peut tuer la puce en raison de sa petite taille, pourquoi ne pas tuer aussi la mouche, et ainsi de suite jusqu'à l'éléphant (*De mor.* II, 17, 64[21]) ? Dans le domaine de la morale enfin, Augustin répète souvent qu'une suite de petites fautes produit un « tas » (*En. in ps.* 129, 5 ; *Serm.* 278, 12 ; *De mor.* I, 24, 45 ; *De ciu. Dei*, XII, 13 ; 15, 9).

1.3.2 « Être sage » est-il un prédicat soritique ?

Pour en revenir à notre lettre, du fait que son acquisition suppose un progrès, la sagesse paraît vulnérable à l'argument du Sorite. Que faut-il cependant en conclure ? Que l'on ne devient jamais sage ? Mais cette réponse ne s'accorde pas avec la suite des propos d'Augustin, qui précise qu'il n'a pas atteint la maturité (*iuuentutem*) intellectuelle mais qu'il se considère comme un enfant, « un bel enfant peut-être, comme on dit, ou un enfant qui n'est pas mauvais » (p. 10,

---

18   Sur ces textes, cf. E. Bermon, *La Signification et l'enseignement*, p. 251-257 (« L'inexplicable »).
19   Cf. *infra* « Le problème des indiscernables » (*Lettre* 14).
20   Ce sens de « modus » est attesté par Sénèque, qui s'interroge sur la reconnaissance due pour les bienfaits et demande où le bienfait commence à s'arrêter : « Sorites enim ille inexplicabilis subit, cui difficile est modum imponere, quia paulatim subrepit et non desinit serpere » (*De benef.* V, 19, 9).
21   Sur ce raisonnement, cf. *Les Confessions*, BA 13, p. 134-135.

13-14)[22]. Le progrès en âge et celui en sagesse n'obéissent pas aux mêmes lois[23] ; pour lors, bien qu'il ait déjà atteint sa maturité physique, Augustin est encore « insensé » (*stultus*) (*Ep.* 3, 1 ; *Cont. Acad.* III, 5, 12) ou il est « philosophant » (cf. *Cont. Acad.* III, 8, 17 : « philosophanti mihi iam quidem, sed nondum sapienti »), à défaut d'être déjà sage et heureux (cf. *De beat. uit.* 4, 35 : « quamuis iam Deo adiuuante, nondum tamen sapientes ac beati sumus ») ; il ne fait rien d'autre que se purger de ses vaines opinions (cf. *Cont. Acad.* II, 3, 9 : « ego enim aliud nihil ago quam me ipse purgo a uanis perniciosisque opinionibus »).

Si donc on peut espérer devenir sage un jour, ne faut-il pas, compte tenu du Sorite, qu'on le devienne (le cas échéant) *en un instant*, comme le soutenaient précisément les Stoïciens ? Augustin ne le dit pas ici ; pourtant la *Lettre* 4 semble confirmer une hypothèse avancée par J. Barnes, S. Bobzien et M. Mignucci : « On peut penser que les Stoïciens ont formulé certaines de leurs doctrines en gardant un œil sur les paradoxes qu'ils voulaient éviter. Selon une conception stoïcienne caractéristique, un homme qui devient sage atteint ce stade instantanément, c'est-à-dire en accomplissant une unique action vertueuse. Avant ce dernier accomplissement, il est simplement aussi vicieux que tout homme non-sage (Plut., *Comm. not.* 1063a-b). Cette doctrine étrange et extrême, qui faisait dire ironiquement à Plutarque que le sage stoïcien est l'homme qui était le pire le matin et qui devient le meilleur le soir (Plut., *Virt. prof.* 75d-e), est probablement le résultat de la volonté de protéger la distinction entre la sagesse et le vice d'une attaque soritique. Si la frontière entre les deux états est nette, en ce sens qu'il y a un point déterminé qui rend le non-sage sage, "être sage" n'est pas un prédicat soritique »[24].

La radicalité de cette doctrine stoïcienne est bien connue[25]. D'après elle, tout individu qui n'est pas sage demeure insensé comme un scélérat – qu'il

---

22   Il paraît préférable de lire, avec les Mauristes, Daur et Lancel, « aut non mali » au lieu de « et non male » (Goldbacher) (« ce n'est pas à tort qu'on le dit »). Il ne me paraît pas que l'enfance soit ici valorisée, comme par ex. en *Conf.* I, 19, 30 : « humilitatis ergo signum in statura pueritiae, rex noster, probasti, cum aisti, "talium est regnum caelorum" (Mt 19, 14) » (« Tu as approuvé le signe de l'humilité dans la petite taille des enfants lorsque tu as dit : "Le royaume des cieux est à ceux qui leur ressemblent" ») (*pace* B. Stock, *Augustine the Reader*, Cambridge, Belknap, 1996, p. 24 et n. 32, p. 304). Pour des emplois de l'expression « bellus puer », cf. par ex. Catulle, 106, 1 ; Apulée, *Apol.* 44. Déjà en *De ord.* I, 5, 13, Augustin se compare à un enfant (« Nam et ego in philosophia puer sum »).

23   « Non igitur tibi debet uideri animus sicut corpus crescendo cum aetate proficere » (*De quant. anim.* 16, 28). Sur ce texte, cf. G. O'Daly, *Augustine's Philosophy of Mind*, p. 24.

24   J. Barnes, S. Bobzien et M. Mignucci, « Logic », in *The Cambridge History of Hellenistic Philosophy*, Cambridge, Cambridge University Press, 1999, p. 77-176 : p. 163.

25   Sur le progrès chez les Stoïciens, cf. O. Luschnat, « Das Problem der ethischen Fortschritts in der alten Stoa », *Philologus*, 102, 1958, 178-214 ; T. Brennan, *The Stoic Life : Emotions,*

est –, même s'il progresse : il a beau progresser *vers la vertu*, et même être parvenu à accomplir tous ses devoirs et à n'en délaisser aucun (cf. LS 59 I ; SVF III, 510), il ne progresse aucunement *dans la vertu*, si bien que sa sottise reste entière[26]. Bref, le progrès n'apporte aucune amélioration de soi ; il ne fait que préparer le moment où, s'il vient, on passera soudainement de la folie à la vertu (LS 61 S ; SVF III, 539)[27]. Se peut-il qu'Augustin ait repris pour son propre compte une telle doctrine ? À défaut de pouvoir traiter ici de façon exhaustive de la question du progrès dans son œuvre, tentons d'indiquer quelques points de repère, en fait assez épars, pour situer sa pensée par rapport au stoïcisme[28].

1.4 *Augustin et la théorie stoïcienne du progrès*

1.4.1 Il n'y a pas d'état intermédiaire entre la sottise et la sagesse (*De beat. uit.* 4, 24 ; *De ut. cred.* 12, 27)

La doctrine stoïcienne du progrès n'a pas manqué de susciter des oppositions dès l'antiquité : « [Les Stoïciens] veulent qu'il n'y ait aucun milieu entre la vertu et le vice, alors que les Péripatéticiens disent qu'il y a un intermédiaire entre

---

Duties, and Fate, Oxford, Oxford University Press, 2005, p. 176-80 ; G. Roskam, *On the Path to Virtue. The Stoic Doctrine of Moral Progress and Its Reception in (Middle-)Platonism*, Leuven, University Press, 2005 ; R. Brouwer, *The Stoic Sage. The Early Stoics on Wisdom, Sagehood and Socrates*, Cambridge, Cambridge University Press, 2014.

26 En *De fin.* III, 14, 48, la doctrine stoïcienne est illustrée par l'exemple fameux de ceux qui ont la tête juste sous l'eau, et qui ne peuvent pas plus respirer que ceux qui sont au fond de l'eau, et par celui des chiots qui sont sur le point de voir mais qui sont tout aussi aveugles que ceux qui viennent de naître. En *De fin.* IV, 24, 65, Cicéron substitue à ces comparaisons celle d'un homme dont la vue est trouble ou dont le corps est malade et dont la santé s'améliore grâce aux soins qu'il reçoit. Sur la critique par Cicéron de la théorie stoïcienne de la προκοπή, cf. G. Roskam, *On the Path to Virtue*, p. 142 sq. ; Th. Bénatouïl, « Structure, standards and moral Progress in *De Finibus*, 4 », in J. Annas et G. Betegh (ed.), *Cicero's De Finibus. A New Appraisal*, Cambridge, Cambridge University Press, 2015, p. 198-220.

27 À la « thèse contre-intuitive » (G. Roskam, *On the Path to Virtue*, p. 139) d'un progrès vers la vertu qui ne diminue en rien le vice du progressant s'ajoute celle selon laquelle le progrès et le passage de la condition d'insensé à celle de sage sont *imperceptibles* à l'intéressé. Cette doctrine est exposée principalement dans le *De profectibus in uirtute* de Plutarque (*Traité* 5) (75 C-F ; SVF III, 539 ; extrait partiel en LS 61S). Sur ce texte, cf. G. Roskam, *op. cit.*, chap. 4, p. 220, sq. ; R. Brouwer, *op. cit.*, p. 79-89 (« Unnoticed »). Il existe quatre autres témoignages sur ce point de doctrine : Plutarque, *De stoic. rep.* 1042F-3A ; *De comm. not.* 1062B (LS 61U) ; Stobée, *Ecl.* II, 113, 12-16 (SVF III, 540) ; Philon, *De agricultura*, 160-1 (SVF III, 541). Sur ces textes, cf. R. Brouwer, *The Stoic Sage*, p. 79-82. On ne connaît malheureusement presque rien sur la thèse du σοφὸς διαλεληθώς.

28 On lira avec profit G. Verbeke, « Augustin et le stoïcisme », *Recherches Augustiniennes*, 1, 1958, p. 67-89, qui explique les difficultés auxquelles se heurte l'étude de l'influence du stoïcisme sur Augustin, notamment à propos du progrès (p. 69-73). Voir aussi M. Colish, *The Stoic Tradition From Antiquity to the Early Middle Ages*, vol. 2, Leiden, Brill, 1985.

la vertu et le vice, à savoir le progrès » (DL VII, 127 ; *SVF* III, 536). Selon les Médioplatoniciens aussi, « il faut admettre une disposition intermédiaire qui n'est ni vile ni vertueuse ; car tous les hommes ne sont pas soit vertueux soit vils ; ce sont ceux qui ont suffisamment progressé qui sont tels » (Alcinoos, *Did.* 30, 183, 31-35)[29].

Il est remarquable – et peut-être étonnant – qu'Augustin, pour sa part, ait endossé la thèse selon laquelle il n'y a pas d'intermédiaire entre la folie et la sagesse. On lit dans le *De beata uita* que « quiconque n'est pas heureux est malheureux » (2, 11). La thèse est reformulée plus loin : « Entre malheureux et heureux comme entre vivant et mort, on ne peut pas trouver d'intermédiaire » (4, 24). Le texte le plus intéressant à ce propos se trouve dans le *De utilitate credendi* (391/392), où Augustin s'en prend à ceux qui « interdisent de croire » et promettent d'emblée la raison. Il justifie le primat de l'autorité en recourant à la conception stoïcienne de la sagesse[30] : « Personne ne doute que tous les hommes sont soit sots soit sages (*aut stultos aut sapientes esse*). J'appelle ici "sages", non pas les hommes qui sont avisés et ingénieux (*cordatos et ingeniosos*), mais ceux en qui se trouve – autant qu'elle peut se trouver dans l'homme – la connaissance très fermement perçue de l'homme lui-même et de Dieu avec une vie et des mœurs qui s'accordent avec cette connaissance (*eos quibus inest, quanta inesse homini potest ipsius hominis deique firmissime percepta cognitio, atque huic cognitioni uita moresque congruentes*). Quant aux autres, quelle que soit leur compétence ou leur incompétence dans les arts, qu'ils soient dignes d'approbation ou d'opprobre dans leur conduite, je les range parmi les sots. Les choses étant telles, qui aurait si peu d'intelligence qu'il ne voie pas bien qu'il est plus utile et plus salutaire pour les sots d'obéir aux préceptes des sages que de mener leur vie selon leur propre jugement ? » (*De ut. cred.* 12, 27).

L'influence du stoïcisme dans ce texte est d'abord attestée par la définition qui est donnée de la sagesse. Déjà dans le livre I du *Contra Academicos*, cette vertu était définie comme « la science des choses humaines et divines » (I, 6, 16). Augustin précisait que cette définition venait « des anciens » ; elle est en fait stoïcienne[31]. Ce passage du *De utilitate credendi* frappe aussi par la thèse radicale selon laquelle il est possible d'être instruit dans les arts libéraux et

---

29   Cf. aussi Apulée, *De Plat. dogm.* II, 3, 223-224 ; II, 19, 246. Sur ces textes, cf. G. Roskam, *op. cit.*, p. 240.

30   On rapprochera ce passage de *De ord.* II, 9, 26, qui insiste également sur la nécessité de l'autorité pour l'« imperitus » et celui qui progresse.

31   La définition se rencontre chez Cicéron (*De Off.* II, 2, 5 ; *Tusc.* IV, 26, 57). Elle se retrouve dans les *Placita* d'Aétius et chez Sextus, qui l'attribuent tous deux aux stoïciens (*SVF* II, 35 ; 36). Sur cette définition, cf. G. Verbeke, « Augustin et le stoïcisme », p. 68-69. « Les choses humaines et divines ne sont rien d'autre que la cité des hommes et des dieux, c'est-à-dire

de vivre de manière louable (en accomplissant ses devoirs) sans pourtant être sage, c'est-à-dire en étant sot, en vertu de la dichotomie entre sages et sots. De fait, si l'on est soit sage soit sot et si le progressant n'est pas encore sage, il faut qu'il soit au nombre des insensés. Enfin, fondement de la sagesse, la « firmissima percepta cognitio » est ici l'équivalent de la science, qui apporte au progressant ce qui lui manquait jusqu'alors pour devenir sage. C'est bien ce que Chrysippe disait : « Celui qui progresse vers le sommet (ὁ ἐπ᾽ ἄκρον προκόπτων) accomplit complètement toutes les fonctions propres et n'en délaisse aucune. Cependant, dit-il, la vie de cet homme n'est pas encore une vie heureuse, mais le bonheur vient s'y ajouter quand ces actions intermédiaires acquièrent en outre la fermeté, la continuité et qu'elles acquièrent une forme propre de solidité (τὸ βέβαιον καὶ ἑκτικὸν καὶ ἰδίαν πῆξιν τινὰ λάβωσι) » (LS 59 I ; SVF III, 510)[32]. Bref, « ce qui manque au προκόπτων, c'est l'ἐπιστήμη du sage stoïcien » (une thèse qui s'explique par l'intellectualisme moral des Stoïciens)[33].

1.4.2   Le jugement des *Rétractations* sur *De ut. cred.* 12, 27 et *De lib. arb.* III, 24, 71

La dichotomie entre les insensés et les sages n'a pas été désavouée par Augustin dans les *Retractations* (426-427), lorsqu'il revint sur notre passage du *De utilitate credendi* pour montrer qu'il n'est pas incompatible avec une affirmation du *De libero arbitrio* qui dit apparemment l'inverse : « Ce que j'ai dit, à savoir "personne ne doute que tous les hommes sont soit sots soit sages" [*De ut. cred.* 12, 27], peut sembler contraire à ce qu'on lit au livre III du *Libre arbitre* : "Comme si la nature humaine n'admettait aucun état intermédiaire entre la sottise et la sagesse !" [*De lib. arb.* III, 24, 71] » (*Retract.* I, 14, 4). Augustin précise que, dans ce dernier traité, il parlait du premier homme[34] et des petits enfants qui, à la naissance, ne peuvent être dits ni sages ni insensés puisqu'ils n'ont pas encore l'usage du libre arbitre.

---

le monde, conçu comme un être vivant d'une perfection achevée, englobant le réel tout entier et animé d'un souffle divin » (*ibid.*, p. 69).

32   Tr. Long et Sedley, *Les Philosophes hellénistiques*, vol. 2, p. 432-33.

33   G. Roskam, *op. cit.*, p. 28-29. Sur la science comme principe de stabilité, voir l'image des mains de Zénon (la main gauche qui enserre le poing droit : c'est la science) (*Acad. prior.* II, 47, 145). Sur la science comme « saisie » inébranlable, cf. *Cont. Acad.* I, 7, 19.

34   L'hypothèse selon laquelle le premier homme a été créé dans un état intermédiaire permet de neutraliser le dilemme suivant, formulé par des opposants qui ne sont pas identifiés : « Si le premier homme a été créé sage, pourquoi a-t-il été séduit ? Si en revanche il a été créé sot, comment Dieu n'est-il pas l'auteur des vices puisque la sottise est le plus grand des vices ? » (*De lib. arb.* III, 24, 71). Ce qui caractérise cet état intermédiaire, c'est que l'âme est capable de recevoir un précepte, avant qu'elle puisse y obéir ou y désobéir, selon qu'elle est sage ou insensée.

Augustin omet pourtant de signaler l'existence d'un point de recoupement entre les deux cas de figure qu'il oppose. On lit en effet dans le *De libero arbitrio* : « Aucun mortel ne devient sage sans passer de la sottise à la sagesse (*nisi ab stultitia in sapientiam transeat*) ; si ce passage s'accomplit de façon insensée, alors il ne s'accomplit assurément pas de façon bénéfique, ce qu'il serait parfaitement inepte de soutenir ; s'il s'accomplit de façon sage, la sagesse était déjà dans l'homme avant qu'il ne passe à la sagesse, ce qu'il n'est pas moins absurde de soutenir ; on comprend par conséquent qu'il existe un intermédiaire à propos duquel on ne peut parler ni de sottise ni de sagesse » (*De lib. arb.* III, 24, 73). On souhaiterait mieux comprendre comment cette affirmation de l'existence d'un état intermédiaire se concilie avec celle de la « dichotomie » sagesse-folie.

La *Sent*ence 19 *De ideis* aborde obscurément ce problème, semble-t-il : « Omnis transitus de loco in locum per lineam fit, quoniam omne latum linea sibi coniungitur, et omne corpus linea sibi iungitur, quae linea utique corpus non est : ita et omnis transitus animae, id est mutatio uel affectio, qua modo stulta, modo sapiens, per quasdam utique lineas, id est per quosdam transitus medios, fit, quomodo ipsa de nihilo facta est » (*Sent.* 19a, p. 159, 408-12). Je risque la traduction suivante : « Tout passage d'un lieu à l'autre s'effectue selon une ligne, parce que tout ce qui est étendu se rattache à soi par une ligne et que tout corps s'attache à soi par une ligne, laquelle ligne n'est assurément pas un corps. De même, tout passage de l'âme, c'est-à-dire tout changement ou affection par lesquels elle est tantôt insensée tantôt sage, s'effectue assurément selon des lignes, c'est-à-dire selon des passages intermédiaires, à la façon dont l'âme elle-même a été faite à partir de rien »[35]. En bref, si je comprends bien, lorsque l'âme passe à travers un état intermédiaire de la sottise à la sagesse (ou inversement), elle passe de l'état intermédiaire à la sagesse comme elle passe de rien (*de nihilo*) à quelque chose lorsqu'elle est créée (?).

1.4.3 La critique de la théorie stoïcienne du progrès dans la *Lettre* 167 à Jérôme

Il est étonnant pourtant qu'en relisant le *De utilitate credendi* Augustin n'ait pas rétracté la dichotomie qu'il opérait entre les sages et les insensés. En effet, il avait entretemps produit une analyse du progrès qui s'opposait explicitement à celle des Stoïciens. L'occasion de le faire lui fut fournie par un problème

---

35 Faute de mieux, je traduis « linea » par « ligne ». Le terme connote à la fois l'idée de direction ou de trajectoire (dans le cas du mouvement local) et celle de « limite » constitutive du corps. Dans cette seconde acception, il semble synonyme d'« extremitas », qui désigne un des incorporels d'après *Sent.* 9, 108 (cf. F. Dolbeau, « *Le Liber XXI sententiarum* », p. 133-35).

d'exégèse qu'il soumit à Jérôme dans la *Lettre* 167 (415) (= Jérôme, *Ep.* 132) : comment faut-il comprendre l'affirmation de l'apôtre Jacques selon laquelle « quiconque a observé toute la loi mais la viole sur un seul point devient coupable en tout point » (Jc 2, 10) (*Ep.* 167, 1)[36] ?

Augustin examine d'abord la doctrine philosophique selon laquelle, si quelqu'un a une vertu, il les a toutes, et s'il lui en manque une, il n'en a aucune, dans l'idée qu'elle confirme la parole de Jacques (*Ep.* 167, 4)[37]. Bien qu'il lui arrive de faire sienne la théorie de la *connexion des vertus* (cf. *De Trin.* VI, 4, 6), il signale ici qu'« elle n'est pas divine » (*Ep.* 167, 10), puis il la récuse. On ne saurait dire qu'un homme ou une femme fidèles à leur conjoint ne sont pas chastes ou que la chasteté n'est pas une vertu. Pourtant, la présence de cette vertu n'entraîne pas celle de toutes les autres, sans quoi cette personne chaste serait sans péché. Or l'Écriture enseigne que nul n'est sans péché (1 Jn 1, 8 et Jc 3, 2). Il faut donc élaborer une conception de la vertu qui soit « plus en accord avec l'Écriture (*uerius sacrisque litteris congruentius*) » (*Ep.* 167, 14).

Augustin raisonne sur l'amour, qu'il considère comme une vertu, puis comme le principe de la vertu et comme la vertu elle-même[38] : « Pourquoi donc ne disons-nous pas que celui qui a cette vertu les a toutes, puisque l'amour est la plénitude de la loi (Rm 13, 10) ? Ou serait-ce que plus l'amour est présent en un homme, plus il est doté de vertu, et moins il y a d'amour en cet homme, moins il a de vertu en lui – parce que l'amour lui-même est la vertu –, et moins il y a de vertu en lui, plus il y a de vice ? » (*Ep.* 167, 11).

La thèse selon laquelle l'amour ou la vertu est *susceptible de degrés* conduit Augustin à argumenter contre la doctrine stoïcienne du progrès[39] : « Il me

---

36 Sur cette lettre, voir C. Fry, *Lettres croisées de Jérôme et Augustin*, Paris, Les Belles Lettres, 2010. Sur le progrès d'après l'*Ep.* 167, cf. G. Verbeke, « Augustin et le stoïcisme », p. 69-71 ; G. Roskam, *On the Path to Virtue*, p. 400-401. Un autre passage qui a nourri la réflexion d'Augustin sur le progrès est Lc 2, 40 : « puer proficiebat aetate et sapientia » (cité par ex. en *De diu. quaest.* 75, 2). Sur l'interprétation de ce verset, cf. Th. van Bavel, *Recherches sur la christologie de saint Augustin. L'humain et le divin dans le Christ d'après saint Augustin*, Fribourg, Éditions universitaires, 1954, p. 169-75 (« Le progrès en sagesse du Christ »).

37 Cette doctrine est soutenue par les Stoïciens (cf. *Acad. post.* I, 10, 38 ; *SVF* I, 199). Augustin affirme cependant, à juste titre, qu'elle est consensuelle parmi les philosophes.

38 La thèse, qui n'est guère explicitée ici, est ancienne. En effet, d'après le *De moribus* (I, 15, 25), la tempérance est l'amour qui se donne tout entier à ce qu'il aime ; le courage, l'amour qui supporte tout facilement pour ce qu'il aime ; la justice, l'amour qui ne sert que ce qu'il aime ; la sagesse, l'amour qui discerne ce qui lui vient en aide et ce qui l'empêche.

39 Bien que ce ne soit pas la question qui nous intéresse, cette même thèse permet d'expliquer Jc 2, 10 sans endosser le paradoxe stoïcien de l'égalité de toutes les fautes : comme l'amour de Dieu et du prochain est l'accomplissement de la loi, celui qui pèche contre l'amour est coupable devant tous les commandements puisqu'ils dépendent tous de l'amour (§16). Cependant, un homme qui pèche plus gravement agit davantage contre

semble que les Stoïciens se trompent en refusant entièrement qu'un homme qui progresse dans la sagesse (*in sapientia*) ait de la sagesse ; ils veulent qu'il la possède au moment où il l'aura atteinte de façon tout à fait parfaite ; ce n'est pas qu'ils nient qu'il fasse des progrès (*prouectum*), mais, s'il n'émerge pas de la profondeur [de la folie] pour surgir soudainement à l'air libre de la sagesse, il n'est aucunement sage à quelque degré que ce soit (*nulla ex parte sapientem*). De même que, pour l'homme qui se noie, il importe peu d'avoir au-dessus de la tête de nombreux stades d'eau ou seulement une main ou un doigt, de même ceux qui tendent vers la sagesse (*ad sapientiam*) progressent assurément, à ce que disent les Stoïciens, comme ceux qui surgissent du fond d'un gouffre vers l'air libre, mais, à moins d'avoir échappé entièrement à leur sottise, comme à de l'eau qui les oppresse, en progressant comme un nageur qui sort de l'eau, ils n'ont pas de vertu et ils ne sont pas des sages ; mais aussitôt qu'ils ont échappé à leur sottise, ils possèdent la sagesse toute entière et il ne reste plus en eux aucune trace de sottise, si bien qu'il ne peut plus du tout y avoir de péché en eux » (*Ep.* 167, 12).

La conception augustinienne du progrès est donc diamétralement opposée à la celle des Stoïciens, puisque « la sagesse n'est pas atteinte soudainement, mais plutôt pas à pas »[40]. À la comparaison du nageur qui sort brusquement la tête hors de l'eau, Augustin substitue celle d'un homme qui, s'avançant des ténèbres vers la lumière, « est peu à peu illuminé à mesure qu'il progresse (*paulatim progrediendo illuminatur*) » (§13). La suite du texte précise que cet homme sort d'une *caverne* (*spelunca*). Le progrès est ici clairement conçu sur le modèle de la sortie progressive du philosophe hors de la « Caverne de Platon ». En fait, ce modèle apparaissait déjà dans les *Soliloques* (I, 13, 23), sans que l'on comprenne bien comment il se concilie avec la dichotomie entre les sages et les sots reprise du stoïcisme[41].

---

l'amour et il est plus coupable qu'un homme qui pèche plus légèrement. « James was no Stoic » (G. Roskam, *op. cit.*, p. 401).

40   G. Roskam, *On the Path to Virtue*, p. 400. L'auteur note qu'au début du texte cité, un stoïcien orthodoxe aurait dit « proficientem hominem ad sapientiam » plutôt que « in sapientiam ». On remarque cependant que la substitution est opérée au cours du texte.

41   L'idée selon laquelle il y aurait eu une évolution importante de la doctrine stoïcienne sur le progrès, de l'ancienne école au stoïcisme de la période impériale, ne nous aide guère à mieux comprendre la conception du progrès du jeune Augustin. Bien qu'elle ait été avancée par certains auteurs dans ce but (cf. G. Verbeke, « Augustin et le stoïcisme », p. 70-71), elle ne résiste pas à une étude approfondie des textes. Sur la fidélité de Sénèque, par exemple, à la radicalité de l'ancien stoïcisme (cf. G. Roskam, *op. cit.*, p. 68 ; 71 ; 76). En revanche, on trouve dans le médioplatonisme, et en particulier chez Apulée, une tendance à établir tantôt une dichotomie tantôt une trichotomie entre les hommes (*ibid.*, p. 382 ; 387-90).

2 L'élévation vers Dieu (§2)

2.1 Les « coups du sensible » et leurs remèdes

Pour preuve qu'il n'est encore qu'un enfant, Augustin allègue qu'il est « souvent troublé et plein de soucis qui viennent des coups du sensible (*sensibilium plagarum*) » (p. 10, 14-15)[42]. Ces « coups » sont les impacts sur nous des épreuves de la vie, à la fois sur le plan affectif (passions ou émotions) et sur le plan cognitif (opinions fausses)[43]. Augustin n'y a pas échappé. Dans le *De ordine*, il se présente comme un homme éprouvé. Par ses pleurs, dit-il, il demande presque tous les jours à Dieu de guérir ses blessures (*uulnera*), tout en se reconnaissant indigne d'être guéri aussi vite qu'il le voudrait (*De ord.* 1, 10, 29). Il s'efforce de surmonter ces épreuves, de façon très intellectualiste et typiquement philosophique, en « cherchant refuge »[44] dans l'intelligible.

La dédicace du dialogue[45] attribue fondamentalement à la méconnaissance de soi et de l'ordre le fait d'être désorienté par les difficultés de la vie et recommande, pour s'en défaire, « de s'habituer grandement à se retirer des sens et à recueillir son âme en elle-même et à la maintenir en elle-même ». Le traitement préconisé est austère : « Ceux-là seuls y parviennent, qui cautérisent par la solitude ou bien soignent par les disciplines libérales ces coups que sont les opinions et que le cours de la vie quotidienne nous inflige (*plagas quasdam opinionum, quas uitae cotidianae cursus infligit, aut solitudine inurunt aut*

---

42 Cf. déjà *Ep.* 3, 4, p. 8, 18-19, à propos des « malheurs » qui « nous effraient et nous font chanceler ».

43 On trouve chez Plotin la notion de « coup » (πληγή) en ce sens. Dans un passage où il se demande dans quelle mesure l'âme peut se purifier des passions (colère, désir, souffrance, plaisir), Plotin écrit : « De façon générale, cette âme sera pure de tout cela et elle voudra rendre pure aussi la partie irrationnelle, de telle sorte qu'elle ne soit même pas frappée (πλήττεσθαι) et que, si elle l'est, elle ne le soit pas fortement et que les coups qu'elle reçoit (πληγὰς αὐτοῦ) soient peu nombreux et aussitôt dissous par le voisinage » (*i.e.* par la partie intellective) (*Enn.* I, 2 [19], 5, 21-24). Dans notre correspondance, l'expression de « coup » admet une seconde acception, plus spécifique, qui remonte elle aussi à Plotin : la *phantasia*, c'est-à-dire l'image par laquelle je me représente un objet sensible, est aussi un « coup » reçu de lui (*Ep.* 7, 3, p. 14, 26-27). Cf. *infra* « La *phantasia* comme "coup" », Lettre 7. Les Mauristes considèrent à tort, me semble-t-il, que, dans ce passage de l'*Ep.* 4, « plagarum » signifie « phantasiarum » (*PL* 33, 66), même si au total, Augustin cherche à se prémunir aussi bien des émotions produites par les choses sensibles que des images qu'elles impriment en nous.

44 On lit « confugiendum est » (*ad artes*) en *Ep.* 14, 4 (p. 34, 22).

45 Sur l'inspiration plotinienne de ce passage, cf. A. Solignac, « Réminiscences plotiniennes et porphyriennes dans le début du "De ordine" de saint Augustin », p. 454.

liberalibus medicant disciplinis) » (I, 1, 3)[46]. Deux remèdes sont donc proposés au choix : la solitude, qui est peut-être ici l'anachorèse monastique[47], ou les arts libéraux[48], dont il sera principalement question dans la suite du dialogue. Ceux-ci offrent une voie d'investigation *courte* pour traiter de l'ordre[49] et sont une thérapie de l'âme du fait qu'ils font « progresser (*profici*) des choses corporelles vers les choses incorporelles » (*Retract.* I, 3, 1)[50].

2.2 Un « petit raisonnement » (ratiuncula) sur la supériorité de l'intelligible par rapport au sensible

Un modeste raisonnement peut toutefois produire le même effet thérapeutique, à l'instar de celui qu'Augustin formule dans notre lettre et grâce auquel il « reprend haleine »[51] : « L'esprit et l'intelligence sont meilleurs que les yeux et la vision ordinaire ; ce qui ne pourrait pas être le cas si les choses que nous comprenons avec notre intelligence n'étaient pas plus (*nisi magis essent*) que celles que nous voyons » (p. 10, 16-19). Ce raisonnement est appelé une *ratiuncula*[52],

---

46 À la différence d'autres traducteurs, je comprends que l'opinion est l'effet d'un coup et non pas sa cause.

47 Sur cette forme de solitude, cf. *De mor.* I, 31, 66. Porphyre note que les Pythagoriciens et les sages vivaient dans des lieux déserts parce qu'il faut rester étranger à la foule pour supprimer ses passions (*De abst.* I, 36, 1).

48 Le second remède est plus traditionnel. Dans la *Consolation à Helvie*, Sénèque encourageait déjà sa mère à se consoler de l'exil de son fils en pratiquant les arts libéraux (cf. *Cons. ad Hel.* 17, 3).

49 La notice des *Révisions* relative au *De ord.* nous apprend qu'Augustin s'est vu contraint de ne proposer qu'un traitement *partiel* de ce problème (qui inclut celui du mal et de la providence) et qu'il s'est concentré sur « l'ordre des études » (*de ordine studendi*) (*Retract.* I, 3, 1).

50 Le passage des *Révisions* consacré aux traités scientifiques d'Augustin confirme que le but de la pratique des arts libéraux était de « [se] servir des choses corporelles comme de degrés assurés pour parvenir aux choses incorporelles » (« per corporalia cupiens ad incorporalia quibusdam quasi passibus certis uel peruenire uel ducere ») (*Retract.* I, 6). Le projet consiste à partir de « choses corporelles » (par ex. les mots, les rythmes, les figures, selon les différentes disciplines) et pour s'élever, en considérant ce qu'il y a en elles de « rationnel » (l'harmonie d'un rythme, la régularité d'une figure, la composition d'un discours), jusqu'à des principes intelligibles et jusqu'à Dieu, en qui sont ces principes purs.

51 L'expression « leuat in repiratione » (ou « in respirationem ») n'est pas très claire. Sur le thème de la « respiration », cf. *Cont. Acad.* I, 1, 1 : « impetremus, ut te tibi reddat [Deus] … sinatque mentem illam tuam, quae respirationem iam diu parturit, aliquando in auras uerae libertatis emergere » ; *Cont. Acad.* II, 2, 4 : « quod a superfluarum cupiditatum uinculis euolaui, quod depositis oneribus mortuarum curarum, respiro, resipisco, redeo ad me ».

52 On en trouve un autre exemple en *Sol.* I, 15, 29.

sans doute parce qu'il est celui d'un « enfant »[53]. Il affirme donc que, si l'intelligible ne l'emporte pas sur le visible, alors l'intelligence ne l'emporte pas sur la vision ; autrement dit, sous sa forme contraposée, si l'intelligence l'emporte sur la vision, alors l'intelligible l'emporte sur le visible.

Le seul texte que je connaisse qui présente un raisonnement similaire est ce passage du *De immortalitate animae* : « Les choses que l'âme comprend, lorsqu'elle se détourne du corps, ne sont assurément pas des corps ; et pourtant elles *sont* et elles sont au plus haut point ; en effet, elles existent toujours de la même façon et rien ne serait plus absurde que de dire que les choses que nous voyons avec les yeux *sont*, mais que les choses que nous percevons par l'intelligence ne sont pas, étant donné qu'il faudrait être dément pour douter que l'intelligence l'emporte sans comparaison sur les yeux » (10, 17)[54]. On retrouve la même comparaison des degrés d'être (l'intelligible *est* plus que le visible) et la même justification, fondée sur une implication qui lie des facultés et leurs corrélats : si l'intelligence l'emporte sur les yeux, alors l'intelligible l'emporte sur le visible ; or l'intelligence l'emporte sur les yeux. On note toutefois qu'Augustin n'a ici aucun doute sur la validité de l'inférence, alors que dans la *Lettre* 4, il demande à Nebridius d'examiner avec lui s'il « n'y a rien qui soit sérieusement en conflit avec ce raisonnement » (p. 10, 19-20).

Le « petit raisonnement » est platonicien. Platon soutient, contrairement à l'opinion commune, que l'intelligible *est*, et qu'il est plus que le sensible qui semble seulement être. Il entend le prouver on montrant que, si l'intellect et le sens sont distincts, alors ils ont des objets différents, de sorte que l'intelligible existe bel et bien. Telle est la méthode brièvement présentée dans le *Timée* : « Si l'intellect et l'opinion vraie sont deux genres [distincts], alors elles existent absolument en elles-mêmes ces formes que nous nous ne pouvons pas percevoir mais seulement intelliger. Si au contraire, comme le croient certains, l'opinion vraie ne diffère en rien de l'intellect, nous devons plutôt tenir toutes les choses que nous percevons par notre corps comme les plus assurées.

---

53 L'argument n'est malheureusement pas développé, peut-être parce qu'il est « très bien connu » (*notissimu*) de Nebridius (cf. *Cont. Acad.* 1, 9, 22 : « Écoute, Alypius, ce que tu sais déjà »).

54 « Ad hoc, ea quae intelligit animus cum se auertit a corpore, non sunt profecto corpora ; et tamen sunt maximeque sunt ; nam eodem modo semper sese habent nihilque absurdius dici potest quam ea esse quae oculis uidemus, ea non esse quae intelligentia cernimus cum dubitare dementis sit, intelligentiam incomparabiliter oculis anteferri ». Sur ce texte, cf. Ch. Tornau, Augustinus, *De immortalitate animae. Die Unsterblichkeit der Seele*, p. 277-78.

Pourtant, il faut bien dire qu'il y a là deux genres distincts, parce qu'ils ont des origines différentes et se comportent différemment » (51d-e).

Le même raisonnement est développé au livre V de la *République*, qui fait intervenir la notion de δύναμις (477c) : « S'il est vrai que chaque faculté porte par nature sur une chose différente et que l'opinion et la science sont l'une et l'autre des facultés, mais des facultés différentes, comme nous l'affirmons, alors il s'ensuit qu'il n'est pas possible que ce qui est connu et ce qui est opiné soient la même chose » (478a-b).

2.3   *Existence et présence des intelligibles*

La fin de la *Lettre* 4 est très dense. Augustin déclare que grâce à ce raisonnement, et avec le secours divin[55], il s'élève vers Dieu et vers « les choses très véritables » au point d'être « rempli parfois d'une anticipation des choses qui demeurent (*rerum manentium praesumptione*) » (p. 10, 20-23).

2.3.1   L'« anticipation » de ce qui demeure

Quelle est cette « praesumptio » dont l'âme est « remplie », lorsqu'elle s'est élevée par le raisonnement vers Dieu et les intelligibles ? D'un point de vue lexicologique, *praesumptio* est toujours pris en mauvaise part chez Augustin : il signifie la vaine et très humaine présomption, qui s'oppose à la *confessio* (*Conf.* VII, 20, 26). Se peut-il que le terme ait ici ce sens péjoratif, comme on l'a pensé[56] ?

Cette interprétation s'accorde mal avec l'emploi du génitif « rerum manentium ». Si l'on peut présumer de sa science (cf. « praesumptio scientiae » en *De ut. cred.* 1, 2), on voit mal comment il existerait une présomption « des choses

---

55   « Cum deo in auxilium deprecato » fait référence à la grâce.
56   J. Doignon met à juste titre ce passage en parallèle avec *De ord.* II, 15, 43, qui relate l'expérience faite par la Raison, lorsqu'elle découvre que toutes les choses sont réglées par le nombre (*omnia numerosa*) et que la sensation ne donne à percevoir que leurs ombres : « Hic se multum erexit [ratio] multumque praesumpsit ». Mais il estime que, dans les deux cas, il s'agit d'une « présomption » « à rapprocher de l'aveu de *Conf.* VII, 17, 23 (relation des "vaines extases plotiniennes") » (*L'Ordre*, « Note complémentaire » 29 : « La "présomption" de l'âme (2, 15, 43) », BA 4/2, p. 370-371 : p. 371). L'allusion aux « vaines extases plotiniennes » renvoie à une analyse de P. Courcelle (dans *Recherches sur les* Confessions *de saint Augustin*, p. 157-167) qui a été critiquée à juste titre (voir la mise au point d'A. Solignac, dans *Les Confessions*, « Note complémentaire » 28, BA 13, p. 698-703). Doignon donnait cependant une interprétation plus exacte de la « présomption » dans « Le "progrès" philosophique d'Augustin », p. 149-50, où il écrivait qu'elle « doit être mise en relation avec des textes d'un stoïcisme platonisant de Cicéron sur les *ennoiai* [*Acad.* I, 42 ; *Tusc.* I, 57], au nombre desquelles se trouve l'"idée" de Dieu comme être qui l'emporte sur toutes les choses [*De nat. deor.* II, 45] ».

qui demeurent », c'est-à-dire des idées[57]. Mieux vaut supposer que le terme a ici le sens d'« anticipation » (*praesumere*, prendre d'avance). Dans cette hypothèse, la *praesumptio* est-elle un « pressentiment » de la vision béatifique[58] ? une connaissance effective des intelligibles ? ou les deux à la fois ?

On sait que « praesumptio » est utilisé par Sénèque pour signifier la « prénotion » (ἔννοια) stoïcienne des dieux ou leur « anticipation » (πρόληψις). Il écrit : « Multum dare solemus praesumptioni omnium hominum, et apud nos ueritatis argumentum est aliquid omnibus uideri : tamquam deos esse inter alia hoc colligimus quod omnibus insita de diis opinio est ... » (« Nous accordons habituellement beaucoup d'importance à une prénotion qui appartient à tous les hommes et c'est pour nous une preuve de vérité que quelque chose soit admis par tous ; par exemple, nous inférons qu'il existe des dieux du fait que c'est une opinion sur les dieux qui est implantée en tous ») (*Ep.* 117, 6)[59]. L'hypothèse selon laquelle « praesumptio » a cette acception technique dans la *Lettre* 4 se heurte cependant au fait que la prénotion stoïcienne est naturellement « implantée » dans tous les hommes, tandis qu'Augustin parle d'une connaissance dont il lui arrive d'être « rempli ».

Peut-on supposer que la connaissance naturelle (*a priori*) des intelligibles, la *notitia*, comme l'appelle le *De Trinitate*, devient en quelque sorte manifeste à l'âme, par voie de « remplissement », lorsqu'elle fait l'objet d'une connaissance explicite ou *cogitatio*, au terme de l'ascension vers Dieu ? Ou peut-être sommes-nous en présence d'un usage *métaphorique* de la prénotion stoïcienne, tel qu'on l'observe déjà chez Porphyre. À la fin du premier fragment du *Commentaire sur le Parménide* attribué à ce dernier, l'expérience que l'âme fait de Dieu, le cas échéant, est présentée à la fois comme un *événement* et comme la saisie d'une « prénotion » ineffable : « ... on ne pourra que demeurer dans une compréhension non compréhensive et dans une conception qui ne conçoit rien (μένειν δ' ἐν ἀκαταλήπτῳ καταλήψει καὶ μηδὲν ἐννοούσῃ νοήσει). Grâce à cet exercice, il pourra t'arriver un jour (συμβήσεταί σοί ποτε), si tu te détournes aussi de la pensée des choses qui ont été constituées par Lui, de t'arrêter à la prénotion indicible que nous pouvons avoir de lui (στῆναι ἐπὶ τὴν

---

57   Cf. *Ep.* 7, 2, p. 14, 5 : « De l'autorité même de Platon, les choses que nous apprenons en les comprenant demeurent toujours ».

58   R. Teske traduit par « foretaste » (*Letters*, p. 23), L. Wankenne par « avant-goût » (*Lettres*, p. 243).

59   Cf. A. Orlando, « Seneca on Prolēpsis : Greek Sources and Cicero's Influence », in J. Wildberger et M. Colish (ed.), *Seneca Philosophus*, Berlin-Boston, De Gruyter, 2014, p. 43-63 : p. 57-59 (« Seneca's *Praesumptio* and a Possible Platonic Influence »).

αὐτοῦ ἄρρητον προ{σ}έννοιαν), qui le représente par le silence ... » (*In Parm.* II, 16-21)⁶⁰.

P. Hadot traduit προέννοια par « prénotion » dans l'idée que cette expression et cette doctrine sont issues d'une élaboration de l'idée stoïcienne de πρόληψις ; celle-ci « pouvait fournir le modèle d'un mode de connaissance antérieur à l'activité proprement intellectuelle, se rapportant précisément à l'existence divine. Transposées dans le néoplatonisme, les "notions naturelles" pouvaient prendre une valeur mystique (cf. Jamblique, *De myst.* I, 3 ; Porphyre, *Epist. ad Marc.* 26, p. 291, 10, Nauck) »⁶¹. Nous pouvons donc supposer qu'en reprenant le terme stoïcien de « praesumptio », Augustin s'inspire de Porphyre, sans reprendre cependant la thématique du non-être qui s'attache au premier principe néoplatonicien.

2.3.2   La double présence à soi de soi et des intelligibles

Augustin poursuit en affirmant qu'il s'étonne d'avoir besoin de son « petit raisonnement » pour « croire (*credam*) que ces choses [qui demeurent] existent (*esse*), qui sont aussi présentes en nous que chacun est présent à soi-même (*sit praesens*) » (p. 10, 23-11, 1). Le raisonnement permet d'acquérir la conviction de la supériorité de l'intelligible par rapport au sensible et du fait que seul l'intelligible existe véritablement. Cependant, tandis qu'elle raisonnait de la sorte, l'âme s'est trouvée « remplie » d'une « anticipation » des intelligibles, qui l'a élevée au-dessus du raisonnement en lui faisant expérimenter la présence à elle-même des intelligibles, qui s'avère aussi grande que sa propre présence à soi-même.

Une telle expérience est *a priori* impossible, au regard de la phénoménologie de la perception. Ce point est bien mis en évidence dans un passage capital du livre XII de la *Genèse au sens littéral*, dont l'objet est de préciser quelles seront *dans l'au-delà* les trois espèces de visions : corporelle (perception sensible), spirituelle (*i.e.* imaginaire) et intellectuelle : « Même alors (*tunc*), assurément, ces trois genres de visions existeront encore, mais aucune fausseté ne fera prendre une chose pour une autre, ni dans le cas des visions corporelles,

---

60   Tr. P. Hadot, *Porphyre et Victorinus*, vol. 2, p. 69-70. « Cette idée de "prénotion", de προέννοια, n'est pas si singulière qu'on pourrait le croire. On la retrouve d'abord dans les *Sententiae* de Porphyre qui nous disent que nous avons une prénotion (προνοοῦμεν ou προεννοοῦμεν) [*Sent.* 26, p. 11, 9 et 10 Mommert] du Non-Étant au-dessus de l'Étant, c'est-à-dire de l'Un. Plotin y fait allusion lorsqu'il imagine, au-delà de la dualité de la pensée, la simplicité absolue d'un toucher sans intellection qui anticipe la pensée (προνοοῦσα) [*Enn.* V, 3 [49] 10, 41]. Enfin l'hermétisme employait l'expression : ὁ προεννούμενος Θεός [cf. *Corpus Hermeticum*, t. IV, p. 111, fr. 12*a* Nock-Festugière] » (P. Hadot, *op. cit.*, p. 117).

61   P. Hadot, *op. cit.*, p. 118, n. 6.

ni dans celui des visions spirituelles, et moins encore dans celui des visions intellectuelles, qui seront à ce point rendues présentes (*praesentatis*) et claires qu'on en jouira de façon telle que, pour lors (*nunc*), les formes (*species*) corporelles nous parviennent avec une évidence qui est bien moindre, elles que nous atteignons par le sens de la chair et dont beaucoup d'hommes sont épris au point d'estimer qu'elles seules existent et de penser que tout ce qui n'est pas comme elles n'est absolument pas. Mais les sages (*sapientes*) éprouvent les visions corporelles de façon telle que, bien que celles-ci leur semblent plus présentes, ils sont pourtant plus certains des choses qu'ils voient tant bien que mal (*utcumquem*) par leur esprit, sans forme corporelle et sans ressemblance corporelle, bien qu'ils ne puissent pas les voir avec leur esprit comme ils voient les autres avec le sens corporel. Quant aux saints anges, ils sont préposés aux choses corporelles, qu'ils jugent et administrent, mais ils ne sont pas enclins à les considérer comme des choses familières qui leur seraient plus présentes (*praesentiores*) ... » (*De gen. ad litt.* XII, 36, 69).

Ce passage établit donc une typologie qui distingue *trois régimes de connaissance*. Pour lors (*nunc*), la perception sensible est telle que le grand nombre estime que seuls les corps existent et que tout ce qui n'est pas à leur image n'existe pas (c'est la position des « amateurs de spectacles » en *Rép.* v)[62]. Les sages (*sapientes*) quant eux sont plus certains (*certiores*) de ce qu'ils perçoivent par leur esprit, bien que les choses sensibles leur soient *plus présentes* à eux aussi. Enfin, les « saints anges » ne considèrent pas que les choses sensibles soient plus présentes, et il en ira de même alors (*tunc*) pour ceux qui auront part à la vision béatifique.

Bien qu'il s'agisse d'un cas encore différent de celui des anges et de celui des bienheureux, dans la *Lettre* 4, Augustin dit éprouver que les choses intelligibles « existent, qui sont *aussi présentes en nous que chacun est présent à soi-même* ». Cette expérience est en contradiction avec les données empiriques, suivant lesquelles, dans cette vie, les intelligibles et Dieu nous sont *moins présents* que les choses sensibles et aussi moins présents que nous ne sommes présents à nous-mêmes. Augustin le réaffirme clairement dans les *Confessions* : « "Videmus nunc per speculum in aenigmate", nondum "facie ad faciem" ; et ideo, quamdiu peregrinor abs te, *mihi sum praesentior quam tibi* » (*Conf.* X, 5, 7) – ce qui ne l'empêche pas de soutenir par ailleurs, en vertu de la dissociation qu'il opère entre la certitude et la présence : « Faciliusque dubitam uiuere me, quam non esse ueritatem, quae per ea quae facta sunt intellecta conspicitur » (*Conf.* VII, 10, 16).

---

62   Contre ceux qui pensent que ce que la raison perçoit n'est rien, cf. *De quant. anim.* 15, 25 ; *De uera relig.* 3, 3 (à propos de la beauté intelligible).

Comme on l'a fait remarquer, l'interdépendance de la présence à soi et de celle des intelligibles est un thème porphyrien majeur (qui s'entremêle à celui de l'opposition entre la richesse et la pauvreté)[63]. On lit dans la *Sentence* 40 : « Si l'on se tient en soi-même, en étant présent à soi-même présent (κἂν στῇ τις ἐν αὐτῷ παρὼν παρόντι), alors on est présent aussi à l'être qui est partout. Mais lorsque, s'étant éloigné de soi-même, [on s'écarte de soi-même], on s'écarte aussi de lui » (*Sent.* 40, 30-33). Porphyre ajoute un peu plus loin : « À ceux en effet qui peuvent rentrer dans leur propre essence intellectuellement et connaître leur essence dans cette connaissance et se reprendre eux-mêmes par le savoir de cette connaissance selon l'identité du connaissant et du connu, à ceux-là qui sont ainsi présents à eux-mêmes, l'être est aussi présent. Mais tous ceux qui passent outre le fait qu'ils s'appartiennent pour aller vers d'autres choses, comme ils sont absents d'eux-mêmes, l'être aussi est absent » (51-58). On peut donc faire l'hypothèse qu'Augustin dépend de Porphyre, au moins en ce qui concerne l'*expression* de l'« état de grâce » évoqué dans la *Lettre* 4. Pour le reste, la comparaison entre les deux auteurs est plus complexe et exige la prise en compte d'un contexte plus large.

2.4 *Exercice philosophique et expérience mystique*

La fin de la *Lettre* 4 fait penser à certaines expériences de Dieu qu'Augustin a relatées dans les *Confessions* et qui posent le problème controversé de la mystique augustinienne. À ce sujet, c'est bien sûr le récit de la contemplation d'Ostie (*Conf.* IX, 10, 23-26) qui a retenu avant tout l'attention des commentateurs. Celui-ci a notamment fait l'objet d'intenses débats, pendant l'entre-deux-guerres, qui se sont polarisés sur la question de savoir si cette contemplation était *acquise* ou *infuse*, c'est-à-dire produite respectivement par l'activité ordinaire de la raison ou bien par une motion divine comme une grâce extraordinaire[64]. Bien que les termes du débat soient relativement datés

---

63   Cf. A. Solignac, *Les Confessions*, « Note complémentaire » 23 : « Présence à soi-même et présence à Dieu d'après Porphyre », BA 13, p. 679-681 ; P. Hadot, *Porphyre et Victorinus*, vol. 1, p. 91, n. 1.

64   Mentionnons, parmi les principaux travaux sur la mystique augustinienne, C. Butler, *Western Mysticism*, London, Constable and Company, 1922 ; Ch. Boyer, *Essais sur la doctrine de saint Augustin*, Paris, Beauchesne, 1931, p. 272-296 (« La contemplation d'Ostie ») ; P. Henry, *La Contemplation d'Ostie*, Paris, Vrin, 1938 ; F. Cavallera, « La contemplation d'Ostie », *Revue d'ascétique et de mystique*, 20, 1939, p. 181-196 ; A. Mandouze, « "L'extase d'Ostie". Possibilités et limites de la méthode des parallèles textuels », in *Augustinus Magister*, vol. 1, p. 67-84. Pour un bilan de ces travaux, cf. A. Mandouze, « Où en est la question de la mystique augustinienne », in *Augustinus Magister*, vol. 3, 1953, p. 103-63 et A. Solignac, *Les Confessions* I-VII, BA 13, p. 186-200 (« La mystique dans les *Confessions* »). Pour des études plus récentes sur le sujet, voir F. Van Fleteren et al. (ed.), *Collectanea Augustiniana :*

(en raison notamment de l'importation de catégories thomistes), il instruit bien le « dossier » du problème. Un état de la question nous permettra de préciser l'apport de notre lettre, qui a rarement été prise en compte à ce propos.

2.4.1   La contemplation d'Ostie : état de la question

Le récit de la contemplation d'Ostie, pour le présenter en quelques mots[65], frappe par sa ferveur religieuse. La prière et le recueillement sont intenses : « avec douceur » (*dulciter*), Augustin et Monique s'entretiennent « en présence de la vérité » (*apud praesentem ueritatem*) de la vie à venir, à laquelle ils aspirent profondément et qu'ils souhaitent concevoir de quelque façon ; s'élevant par degré (*gradatim*) vers le Même (*idipsum*), en traversant toutes les choses corporelles puis en dépassant leur esprit, ils atteignent « la région de l'abondance inépuisable » (*regionem uberatis indeficientis*) ; « c'est une atteinte d'intensité modérée (*modice*), bien que l'élan – ou le choc – du cœur soit total (*toto ictu cordis*) ; une atteinte qui entraîne un mouvement affectif (*suspirauimus*) ; une atteinte rapide (*rapida cogitatio, momentum intelligentiae*) »[66] ; enfin, après avoir déposé là les « prémisses de l'esprit » (*primitias spiritus*)[67], Augustin et Monique reviennent au « bruit de la parole ».

Ce récit singulier doit-il être rapproché des nombreux textes augustiniens où l'on perçoit la mise en œuvre d'une méthode *philosophique* calquée sur la dialectique néoplatonicienne des degrés et qui permet à l'âme de s'élever en partant du sensible jusqu'à Dieu en tant qu'il est la vérité (l'illustration la plus pure de cette méthode étant la démonstration de l'existence de Dieu dans le livre II du *Libre arbitre*) ? Ou bien convient-il de qualifier cette expérience de « mystique » et de l'opposer à une élévation proprement philosophique ? C'est sur ce point que les opinions divergent.

Augustine, Mystic and Mystagogue, New York, Peter Lang, 1994 (notamment les articles de G. Bonner, « Augustine and Mysticism », p. 113-157 ; J. M. Quinn, « Mysticism in the *Confessiones* : Four passages Reconsidered », p. 251-86 ; F. Van Fleteren, « Mysticism in the *Confessiones* – A controversy Revisited », p. 309-336) ; M. Cassin, *Augustin est il mystique ?*, Paris, Le Cerf, 2017 ; T. Uhle, « Das Unsagbare sagen ? Die Grenzen sprachlicher Vermittlung des wahren Wesens Gottes in Augustinus' frühen Schriften », in Ch. Müller & G. Forster (ed.), *Augustinus als Pädagoge und als Sprachtheoretiker*, Würzburg, Friedrich Pustet, 2020, p. 179-198.

65   Pour une caractérisation plus détaillée, cf. A. Solignac, *Les Confessions* I-VII, BA 13, p. 192-95, dont je reprends certaines formulations. Cf. aussi J. Brachtendorf, *Augustines "Confessiones"*, Darmstadt, Wissenschaftliche Buchgesellschaft, 2005, p. 189-197 (« Die Ekstase von Ostia – der geistige Aufstieg zum Göttlichen »), qui se demande en quel sens Augustin peut être considéré comme un mystique.

66   A. Solignac, *op. cit.*, p. 195.

67   Sur le sens de cette expression, cf. A. Solignac, *op. cit.*, « Note complémentaire » 11, p. 52.

Selon Charles Boyer, qui a produit une étude de valeur sur la question, « on peut insister sur la fréquence dans les œuvres d'Augustin d'une ascension vers Dieu qui paraît bien le plus souvent n'être qu'une recherche rationnelle du premier principe des choses (...). Ne doit-on pas penser dès lors qu'à Ostie il ne se passa rien d'autre que l'agréable répétition d'un exercice philosophique, accompli selon le procédé néo-platonicien ? Eh bien ! non, il n'est pas possible d'entendre ainsi notre texte »[68]. À l'appui de cette thèse, il allègue qu'Augustin et sa mère sont unis dans cette contemplation et « qu'il n'y pas de moyen de concevoir Monique plotinisant avec tant de souplesse et de bonheur »[69]. Boyer voit dans le texte de nombreux signes de contemplation *infuse*, tout l'effort de l'âme consistant à se disposer par le détachement à recevoir la communication divine[70]. Cependant, il indique bien qu'il ne s'agit pas d'un cas de vision intuitive[71]. Enfin, Boyer rapproche cet épisode des *Confessions* de la conclusion du livre X où, après avoir indiqué comment son itinéraire à travers le monde et sa propre intériorité le conduit à consulter la « lumière permanente », Augustin ajoute : « Et je fais souvent cela ; c'est mon plaisir et, dans la mesure où je peux me dégager de mes occupations contraignantes, je me réfugie auprès de cette volupté. Mais en toutes ces choses que je parcours en te consultant, je ne trouve de lieu sûr pour mon âme qu'en toi, où se rassemblent toutes mes dispersions sans que rien de moi ne s'éloigne de toi. Et parfois (*aliquando*) tu me fais entrer dans un sentiment très inhabituel (*multum inusitatum*) au-dedans de moi (*introrsus*) jusqu'à je ne sais quelle douceur qui, si elle devient parfaite en moi, sera je ne sais quoi qui ne sera pas cette vie. Mais sous le poids des misères, je retombe dans ces choses [que j'ai parcourues], je suis repris par l'ordinaire et retenu, et je verse bien des larmes mais je suis bien retenu, tant le fardeau de l'habitude a de poids » (*Conf.* X, 40, 65)[72].

Pour Boyer, « cet état si inusité, si profond, si béatifiant » est « la preuve » qu'Augustin pouvait *parfois* aboutir à la contemplation infuse, comme il l'avait fait à Ostie, même si sa contemplation pouvait aussi être purement

---

68   Ch. Boyer, *Essais sur la doctrine de saint Augustin*, p. 276.

69   Ch. Boyer, *op. cit.*, p. 277 (cf. aussi p. 287).

70   Ch. Boyer, *op. cit.*, p. 284.

71   *De gen. ad litt.* XII, 26, 54 montre qu'Augustin ne s'est jamais attribué une telle faveur, qu'il réserve pour la vue future. Il admet cependant deux exceptions, l'une pour Moïse, l'autre pour saint Paul (*op. cit.*, p. 288).

72   Trad. Bouissou et Thréorel modifiée. Ce texte montre lui aussi la difficulté à se familiariser avec le vrai.

philosophique, c'est-à-dire seulement *acquise*[73]. Bref, Boyer tend à distinguer chez Augustin le contemplatif mystique (occasionnel) et le philosophe néoplatonicien qui, en tant que tel, n'est pas mystique, à la différence de Plotin et de Porphyre, mais Boyer ne parle pas d'eux.

La comparaison entre Augustin et Plotin est en revanche au cœur de *La Vision d'Ostie* de Paul Henry. Tout en s'efforçant de trouver des sources plotiniennes au récit d'Augustin, Henry considère qu'il relate un épisode mystique, qui fut l'événement fondateur de la vie d'Augustin, et il insiste sur le caractère *chrétien* de cette expérience. Celle-ci apporta au jeune converti « la paix et la joie dans la possession mystique » : « après la vision d'Ostie, Augustin est riche non seulement de vérités proposées par l'Église mais du sentiment intime et personnel de ces vérités. Sa foi se dédouble d'une expérience. Le saint des saints s'est entr'ouvert un instant »[74].

En réaction au livre de Paul Henry, dont il rend compte de façon peu amène[75], Ferdinand Cavallera nie fermement qu'Augustin ait bénéficié à Ostie d'une contemplation infuse et qu'il puisse être partant considéré comme un mystique[76]. Ce commentateur défend une interprétation « volontariste » du texte : « Pour profondément religieuses que soient ces pages des *Confessions*, la vision qu'elles décrivent n'est pas la vision surnaturelle infuse par Dieu à l'âme, mais le fruit d'une laborieuse recherche intellectuelle, un moment couronnée de succès »[77]. Bref, Augustin s'est pour ainsi dire élevé à la force du poignet de l'intelligence ; c'est la méthode plotinienne d'ascension, sans la mystique néoplatonicienne[78].

Aimé Solignac (sans doute le meilleur connaisseur de la question) avance, non sans embarras, une interprétation de la vision d'Ostie qui est intermédiaire

---

73 Boyer se distingue ici de C. Butler pour qui, chez Augustin, le « prince des mystiques », toute ascension est mystique (*Western Mysticism*, p. 24).
74 P. Henry, *La Contemplation d'Ostie*, p. 46-48.
75 Il corrige cependant à juste titre Henry, lorsque celui-ci voit dans la référence à saint Paul un ajout postérieur d'Augustin à son récit (p. 40) (cf. F. Cavallera, « La contemplation d'Ostie », p. 184).
76 Cavallera est cependant plus nuancé à propos de *Conf.* x, 40, 65 (*op. cit.*, p. 194, n. 21).
77 F. Cavallera, *op. cit.*, p. 192.
78 C'est aussi l'interprétation de P. Courcelle dans ses *Recherches sur les* Confessions (1950), p. 222-226 (« La vision d'Ostie et les expériences de Milan »). Celui-ci place l'épisode d'Ostie dans la continuité des « vaines tentatives d'extases plotiniennes » censées être rapportées en *Conf.* VII, 10, 16 ; 17, 23 ; 20, 26. Le processus de recherche est toujours la dialectique des degrés (*Conf.* IX, 10, 24) ; le soupir poussé par Augustin et Monique signifie « non pas aspirer avec délices, mais soupirer par insatisfaction » (*op. cit.*, p. 224, n. 2). C'est la moins mystique de toutes les interprétations proposées de la vision d'Ostie !

entre celle de Boyer et celle de Cavallera[79]. Plus éclairant est son commentaire sur *Conf.* x, 40, 65 : « Augustin témoigne explicitement d'une expérience spirituelle plus élevée encore : *et aliquando intromittis me in affectum multum inusitatum introrsus ad nescio quam dulcedinem, quae si perficiatur in me nescio quid erit quod uita ista non erit*. Si brève que soit la description et si discrète la confidence, il faut résolument voir dans ce texte l'affirmation d'une expérience authentiquement mystique, au sens précis et restrictif que les théologiens modernes donnent à ce mot. Le caractère *infus* de cette expérience spirituelle est en effet nettement souligné ; celle-ci ne relève plus aucunement d'un effort de recueillement et de réflexion, mais surgit à l'improviste dans l'âme et par l'effet d'une intervention divine : *et aliquando intromittis me.* (...). La saturation de l'âme reste incomplète sans doute ; ce n'est pas la vision béatifique (*si perficiatur in me* ...) ; l'élévation à ce mode supérieur de sentir n'est pas stable (*aliquando*), et elle dépend d'un don de Dieu (*intromittis me*) ; mais il n'est plus question de cette rapidité, de cette fulguration instantanée que décrivait l'expérience d'Ostie ; ici la ferveur spirituelle se prolonge et l'âme s'y fixe pour une certaine durée. Bref, ce que l'homme éprouve alors ne relève plus de sa condition terrestre : *nescio quid erit quod uita ista non erit*. C'est un avant-goût du bonheur éternel »[80].

2.4.2 L'apport de la *Lettre* 4

La *Lettre* 4, pour en revenir à elle, apporte une contribution importante au débat qui vient d'être présenté. Il me paraît clair en effet que « l'anticipation des choses qui demeurent », dont Augustin se dit parfois « rempli », et cet « avant-goût du bonheur éternel », comme l'appelle Solignac, qu'il dit éprouver au livre x des *Confessions* désignent la même expérience. Le cas échéant, on peut en déduire plusieurs remarques.

---

79   « Y a-t-il une grâce proprement mystique ? S'agit-il de contemplation *acquise* ou *infuse* ? Le texte n'est pas assez précis, semble-t-il, pour autoriser une réponse péremptoire. Ce qui est indubitable, c'est que cette saisie soudaine n'est pas due au seul effort spéculatif ; c'est aussi une expérience spirituelle sous l'effet de la grâce illuminatrice et qui obtient des effets analogues, sinon équivalents, à ceux de l'extase proprement dite. On peut donc dire que la "contemplation d'Ostie", si elle n'est pas une *extase* au sens de la terminologie moderne mais seulement une *cogitatio* (...), apporte néanmoins des résultats qui sont ceux de l'extase » (*Les Confessions* I-VII, BA 13, p. 191-97 (« La contemplation d'Ostie [IX, 10, 23-25] ») : p. 196-97).

80   A. Solignac, *op. cit.*, p. 199-200.

Premièrement, il n'y a pas de raison de ne pas considérer la vision d'Ostie comme une expérience mystique et de réserver ce qualificatif pour les expériences évoquées par l'évêque d'Hippone en *Conf.* X, 40, 65.

Deuxièmement, l'expérience mystique, loin de survenir « à l'improviste », comme on a pu le dire, paraît toujours étroitement associée à une pratique philosophique (d'inspiration platonicienne). Le plus souvent, c'est la « dialectique des degrés », détaillée avec plus ou moins d'ampleur, mais il est remarquable que, dans la *Lettre* 4, ce soit un « petit raisonnement » sur la distinction entre le sensible et l'intelligible qui l'initie.

Troisièmement, d'un point de vue chronologique, si l'on admet la datation habituellement proposée pour cette lettre, Augustin était déjà sujet à ce type d'expérience à Cassiciacum, soit *avant* la vision d'Ostie. Il y a donc une remarquable continuité entre les différentes relations d'Augustin qui se rapportent à l'expérience mystique. En fait, pour étudier cette question, il faut même revenir au commencement, c'est-à-dire à la lecture des *libri platonicorum* – le mot de « lecture » devant être compris en un sens actif, qui implique la pratique de raisonnements ou d'exercices.

John Burnaby l'a bien vu[81]. Citant le passage célèbre : « Je rentrai en moi-même (…) et je vis avec la vision qui est celle que possède l'âme, au-dessus de l'âme qui voyait, au-dessus de l'esprit, la lumière immuable » (*Conf.* VII, 10, 16), il écrit : « Que les faits de cette histoire rapportée dans ces chapitres des *Confessions* n'ont pas été déformés par le récit est mis hors de doute par la lettre écrite à Nebridius de Cassiciacum l'année suivante (…). Et ce fut exactement une expérience du même type qui lui arriva un peu plus tard, lorsqu'il se pencha d'une fenêtre à Ostie avec sa mère une semaine avant qu'elle meure (…). Elle fut reconnue, certes, comme un avant-goût de la vie à venir ; mais elle fut atteinte par le même procédé d'ascension intellectuelle et son *climax* fut la même intuition momentanée de l'éternel. L'Esprit souffle où il veut. Avant et après le baptême chrétien, la méthode d'un philosophe païen apporta à Augustin le sentiment d'un moment du Dieu vivant et immuable. Si Augustin doit être appelé un mystique, le caractère de son expérience mystique fut tel et non pas autre : une ascension réfléchie à travers les valeurs ordonnées du monde créé, inexplicablement transformée en une appréhension instantanée non pas d'une vérité particulière, mais de *la* Vérité, la Vérité qui éclaire tout

---

81   Burnaby est l'un des rares commentateurs qui se soit intéressé à la fin de la *Lettre* 4. Citons aussi ce jugement d'A. Trapè à propos de notre lettre : « l'extase d'Ostie, si admirablement décrite dans le livre IX des *Confessions*, n'est pas un cas isolé (IX, 10, 23) » (*La Règle d'Augustin commentée*, p. 106).

homme »[82]. On peut ajouter que la transformation fut d'autant plus inexplicable qu'*en cette occurrence* l'ascension mena Augustin à la Trinité[83].

Après la perspective ouverte par l'« anticipation des choses qui demeurent », la *Lettre* 4 se conclut sur des considérations terre à terre : Augustin invite son correspondant à refaire lui-même le compte des lettres qu'il a reçues de lui de peur de lui devoir encore des réponses[84].

---

82   *Amor Dei. A study of St. Augustine's teaching on the Love of God as the motive of Christian Life*, London, Hodder & Stoughton, 1938, p. 32-33. Je ne suis plus Burnaby, en revanche, lorsqu'il ajoute : « Il y eut certainement vision, mais le mot d'"extase" est égarant. La vision d'Augustin diffère à la fois de l'extase d'union plotinienne avec le Suprême et des expériences des mystiques chrétiens postérieurs en ce qu'elle n'abolit pas la distinction entre le sujet et l'objet, mais l'accentue » (*ibid.*, p. 33-34). La thèse est doublement discutable. D'une part, Augustin écrit dans l'*Ep.* 4 que les intelligibles lui sont aussi présents qu'il est présent à lui-même. D'autre part, chez Plotin, l'union avec l'Un n'entraîne pas l'annihilation du moi. C'est un faux critère de distinction avec le christianisme. Comme l'écrit Christian Tornau, « il est très tentant d'associer l'idéal plotinien d'une existence totalement séparée du corps, purement intelligible, avec la perte de l'individualité personnelle » (« Qu'est-ce qu'un individu ? Unité, individualité et conscience de soi dans la métaphysique plotinienne de l'âme », *Les Études philosophiques*, n° 3, 2009, p. 333-360 : p. 356) ; l'auteur montre pourtant que les critères de la subjectivité et de l'opposition à l'universel, qui sont constitutifs de cette individualité, peuvent s'appliquer au moi qui est là-bas. La différence qui sépare Plotin du christianisme est ailleurs : « son mysticisme manque de tout sens du péché ou du besoin de rédemption. Pour Plotin, notre vrai moi est sauvé de toute éternité » (R. T. Wallis, *Neoplatonism*, p. 90).

83   Augustin écrit : « intraui et uidi (...) lucem incommutabilem (...). qui nouit ueritatem, nouit eam, et qui nouit eam, nouit aeternitatem. caritas nouit eam. o aeterna ueritas et uera caritas et cara aeternitas ! » (*Conf.* VII, 10, 16). La Vérité, la Charité et l'Éternité sont la Trinité, comme le souligne la « périchorèse » des trois termes dans les expressions qui désignent chaque personne divine. Sur ce texte, cf. E. Bermon, « Trinitas », *Augustinus-Lexikon*, vol. 4 (à paraître).

84   Sur ce premier bilan de la correspondance, cf. « État du corpus et chronologie » (Introduction).

L'hypothèse d'un quasi-corps qui serait le véhicule de l'âme (*Lettre* 13)

1 Un ancien sujet de conversation (§1-2)

La *Lettre* 13 date vraisemblablement de Cassiciacum[1]. Comme dans la *Lettre* 3, Augustin a lui-même l'initiative du sujet qu'il traite[2]. Son choix résulte en l'occurrence d'une sorte de compromis. En effet, il n'a ni le goût d'écrire à Nebridius des choses ordinaires (*usitata*) ni le temps d'en écrire de nouvelles, faute de disposer du loisir qui lui permettrait de s'occuper de leurs sujets de recherche habituels. Les nuits hivernales sont certes longues, qu'Augustin n'emploie pas entièrement à dormir (seconde allusion au thème de la « lucubratio ») ; pourtant, écrit-il, « sese obiciunt magis cogitanda, cum otium est, quae diffirmando sunt otio necessaria » (p. 30, 8-9). Le texte latin, tel qu'il est édité par Goldbacher et Daur, pose ici problème[3]. L'existence du verbe *diffirmare* (affaiblir) n'étant pas attestée par ailleurs, l'édition de Louvain a retenu *definiendo* (limiter), qui offre apparemment un sens plus acceptable. J'ai moi-même proposé de lire *differendo* (« des choses auxquelles je dois davantage penser me viennent, lorsque j'ai du loisir, qui diffèrent inévitablement mon loisir »), en me fondant sur le témoignage d'*Ep.* 162, 1[4]. Aucune de ces propositions n'est pourtant satisfaisante. Comme l'a fait remarquer Christian Tornau, « the real problem is that *necessarius* + dative cannot be equivalent to *necesse est* + subjunctive (no parallel in Georges or OLD nor, as far as I can see, in Augustine

---

[1] Cf. *supra* « La chronologie » dans l'Introduction.
[2] Ch. Köckert suppose au contraire que « Nebridius avait posé la question [du « véhicule de l'âme »] dans une lettre que nous n'avons plus » (« Augustine and Nebridius », p. 240). J. Gavigan faisait la même hypothèse (« St. Augustine's friend Nebridius », p. 54).
[3] R. Teske traduit : « But when I have leisure, things come up that require more thought and necessarily destroy my leisure ». Il ajoute : « The text here is problematic » (p. 39, n. 1).
[4] Dans cette lettre, postérieure d'une trentaine d'années, Augustin répond à Evodius qu'il demande beaucoup de choses à un homme qui est occupé par beaucoup de choses : « Si, lorsque j'ai quelque chose en main, il me faut l'interrompre et le différer (*differendum*) pour répondre plutôt aux nouvelles questions que l'on me pose, que se passera-t-il si, au moment où je réponds à ces questions elles-mêmes, d'autres nouvelles questions me sont encore posées ? ». Il accepte toutefois de mettre de côté l'ouvrage dont il s'occupait pour accéder aux requêtes de son correspondant. Il s'agit d'un intéressant témoignage sur la discipline qu'Augustin s'efforçait alors de suivre dans la gestion de son temps.

himself) ; Augustine can hardly mean *quae necesse est otium meum diffirment* (*differant, definiant*) »[5]. Nous restons donc aux prises avec un texte corrompu.

Quoi qu'il en soit, Augustin poursuit : « Que dois-je donc faire ? Serai-je muet ou silencieux auprès de toi ? » (p. 30, 10). Les *deux termes* synonymes « mutus » et « tacitus » s'ordonnent sans doute respectivement à « usitata » et « noua scribere », comme l'a bien vu Karin Schlapbach[6] : Augustin est-il doublement condamné au silence ? Il opte à ce moment pour un pis-aller, grâce auquel il aura quelque chose à livrer à la curiosité exigeante de son ami : il va lui faire part de la réflexion qui l'a occupé durant la dernière partie de la nuit et qui reprend en fait un de leurs sujets de conversation plus ancien, « celui d'un corps pour ainsi dire permanent ou d'un quasi-corps de l'âme que certains appellent aussi son véhicule (*uehiculum*) » (p. 30, 16-17)[7]. L'allusion à l'ὄχημα des Néoplatoniciens est évidente.

2   Le πνεῦμα-ὄχημα

2.1   *Les origines de la doctrine*
Ce « véhicule » désigne un corps distinct du corps de chair et d'os (le corps « ostréeux » de *Phèdre*, 250c) et qui accompagne l'âme même lorsqu'elle est privée de ce dernier. L'élaboration conceptuelle d'un tel corps résulte d'une interprétation systématique de différents mythes platoniciens[8].

---

5   Communication orale lors du Workshop de Villejuif sur la Correspondance avec Nebridius, le 18 mai 2018. Ch. Tornau formule la suggestion suivante : « I suspect some paradoxical mannerism along the lines : "When I have leisure, other things come up to be thought about that are necessary in order to retain (confirm …) leisure." So Augustine perhaps wrote *confirmando*, which a scribe, not understanding the paradox, corrected to its opposite (admittedly, if so, why did he not conjecture the more usual *infirmando* ?). Augustine would then mean that during his nocturnal *otium* he prefers to think about matters that are relevant to the *beata vita* (and, accordingly, suited to the philosophical *otium* both Augustine and Nebridius desire) than purely theoretical problems like the vehicle of the soul ».

6   Lors de la même rencontre à Villejuif.

7   Si je comprends bien, la question du « véhicule » ne fait donc pas elle-même partie de ces questions « sur le feu » auxquelles Augustin n'a pas eu le temps de réfléchir. Elle renoue avec des conversations plus anciennes (à Milan, si la *Lettre* 13 est bien de Cassiciacum).

8   Sur cette doctrine, cf. G. Verbeke, *L'Évolution de la doctrine du* pneuma *du stoïcisme à s. Augustin*, Paris/Louvain, Desclée de Brouwer, 1945, p. 351-85 ; E. R. Dodds, *Proclus, The Elements of Theology*, Oxford, Clarendon Press, 1933 [2ᵉ éd. 1963], p. 313-321 [« The astral body in neoplatonism »] ; A. Smith, *Porphyry's Place in the Neoplatonic Tradition. A Study in Post-Plotinian Neoplatonism*, The Hague, Martinus Nijhoff, 1974, p. 152-158 [« Appendix Two : The πνεῦμα-ὄχημα »] ; M. Di Pasquale Barbanti, *Ochema-Pneuma e Phantasia nel Neoplatonismo. Aspetti psicologici e prospettive religiose*, Catania, CUECM, 1998 ; S. Toulouse,

Le « véhicule » est originairement l'embarcation (ὄχημα) qui, dans le récit eschatologique du *Phédon*, transporte sur l'Achéron les âmes des défunts qui ont mené une « vie moyenne », pour les mener jusqu'au lieu où elles doivent être jugées pour leur purification (*Phédon*, 113d). C'est d'autre part l'attelage ailé des âmes dans le mythe du *Phèdre* (246a-248c). À l'instar des dieux, les âmes humaines ont un char (ὄχημα), mais elles le conduisent avec peine vers le lieu supra-céleste. En effet, l'un des deux chevaux de l'attelage (qui symbolisent les parties irrationnelles de l'âme) est rétif et « fait pencher le char vers la terre » (*Phèdre*, 247b). Enfin, un passage du *Timée* relate que le Démiurge assigna à un astre précis chacune des âmes humaines qu'il venait de créer (en leur partie immortelle, c'est-à-dire rationnelle), et qu'après les avoir placées là « comme sur un char (ὡς ἐς ὄχημα), il leur montra la nature du Tout » (*Tim.* 41d-e). Comme ce partage des âmes entre les astres eut lieu avant la « première naissance » de l'âme (cf. *Tim.* 41e), il fit naître l'idée que l'âme possédait un corps de nature astrale *avant* sa venue dans le corps terrestre et mortel que les dieux auxiliaires façonnèrent pour elle (avec l'espèce d'âme mortelle qui lui correspond) (cf. *Tim.* 69c).

Comme l'écrit Dodds, « ces métaphores désinvoltes et sans relation entre elles n'auraient pas pu en elles-mêmes suggérer au plus pervers des esprits une théorie des corps astraux »[9]. Pour constituer une telle théorie, il fallut faire appel à la doctrine aristotélicienne du *pneuma*. D'après elle, pour animer l'animal et accomplir les fonctions vitales (cf. *MA*, 10, 703a4-9 ; *DA* III, 10, 433b13-21), l'âme a besoin d'une certaine substance corporelle plus subtile que les quatre éléments empédocléens : le « souffle ». Un passage de la *Génération des Animaux* qui porte sur l'origine des différentes âmes (nutritives, végétatives, intellectives) affirme, juste après la formulation de la fameuse thèse du « νοῦς θύραθεν », que « la puissance de toute âme semble associée (ἔοικε κεκοινωνηκέναι) à un corps qui est autre que ceux que l'on appelle les éléments et qui est plus divin qu'eux » (*GA* II, 3, 736b29-31). Aristote précise un peu plus loin que « ce n'est pas du feu ni une puissance de ce genre, mais le souffle (πνεῦμα), qui est compris dans le sperme et l'écumeux, et la nature inhérente à ce souffle, nature qui est analogue à l'élément dont les astres sont faits [*i.e.* le cinquième

---

Les Théories du véhicule de l'âme : genèse et évolution d'une doctrine de la médiation entre l'âme et le corps dans le néoplatonisme, thèse de doctorat inédite, École Pratique des Hautes Études, 2001 (résumé dans *École Pratique des Hautes Études, Section des sciences religieuses. Annuaire*, tome 109, 2000-2001, p. 521-524) ; Id., « Le véhicule de l'âme chez Plotin : de la réception d'une hypothèse cosmologique à l'usage dialectique de la notion », *Études platoniciennes*, 3, 2002, p. 103-128 ; R. Sorabji, *The Philosophy of the Commentators 200-600 AD : A Sourcebook*, vol. 1 : Psychology, London, Duckworth, 2004, p. 221-241 [« Vehicles of Soul »]).

9 Proclus, *The Elements of Theology*, p. 315.

élément ou l'éther] » (736b35-737a1)¹⁰. « Le πνεῦμα aristotélicien est encore loin d'être un "corps astral". C'est un élément dans le corps, comme nous le connaissons, il est commun à tous les animaux et se transmet dans l'acte de procréation. Mais certains traits du futur πνεῦμα-ὄχημα dérivent clairement de cette source : sa fonction de "porteur" de l'âme irrationnelle, son lien particulier avec la φαντασία, sa quasi-immatérialité et son caractère "inné" »¹¹.

La mise en relation du *pneuma* « astral » d'Aristote et du « véhicule » du *Timée* produisit une théorie originale, sans doute dès le début de l'empire romain. D'après Dodds, cette théorie put apparaître comme un double compromis : premièrement entre la conception platonicienne de l'âme comme séparable du corps (terrestre) et celle d'Aristote en vertu de laquelle l'âme n'existe qu'en tant qu'elle est l'entéléchie d'un certain corps ; deuxièmement entre la psychologie immatérialiste de Platon et d'Aristote et la psychologie des Stoïciens pour lesquels l'âme est en elle-même un certain « souffle » (*SVF* II, 774 ; 885)¹².

2.2   *L'ὄχημα chez Plotin et Porphyre*

Plus tard, Plotin postule l'existence d'un « premier corps » que les âmes acquièrent dans le ciel quand elles « se sont penchées pour regarder hors du monde intelligible » – sous la ligne de partage entre le lieu supra-céleste et le monde – et par l'intermédiaire duquel « elles vont jusqu'à des corps plus terrestres » (cf. *Enn.* IV, 3 [27], 15, 1-3, qui présuppose la topologie du *Phèdre*) (cf. aussi IV, 3 [27], 9). Après la mort, lorsqu'elle a quitté le corps, l'âme insensée « a quelque chose du corps, qui l'attire à lui » (IV, 3 [27], 24, 4) et avec lequel elle se rend dans un lieu approprié où elle sera punie pour les injustices qu'elle a commises ; car « c'est en ayant un corps que les âmes peuvent recevoir leurs châtiments corporels » (IV, 3 [27], 24, 20-21). Les âmes pures en revanche, qui ne « traînent » rien de corporel, sont « là où est l'essence et l'être et le divin – en Dieu – » (IV, 3 [27], 24, 24-25).

Le *Traité* 28 précise que, « lorsque l'âme se trouve au ciel à partir d'ici, il n'y a rien d'étonnant à ce qu'elle ait le souvenir de beaucoup de choses d'ici-bas, du type de celles dont nous avons parlé, et qu'elle reconnaisse de nombreuses âmes parmi celles qu'elle avait connues auparavant, s'il est vrai que celles-ci ont nécessairement autour d'elles des corps de formes identiques [à celles de leur corps terrestre] » (IV, 4 [28], 5 (13-17)¹³.

---

10   Sur ce texte, cf. S. Toulouse, *op. cit.*, p. 31-47.
11   E. Dodds, *op. cit.*, p. 316.
12   E. Dodds, *op. cit.*, p. 316-17.
13   Sur le souvenir des âmes, cf. *supra* « L'adieu des *Confessions* », Introduction.

Porphyre reprend et développe l'idée d'un corps acquis dans le ciel. Ce premier corps prend de la consistance en vertu d'une série d'« accrétions » corporelles de souffle et d'air, que l'âme reçoit en traversant les différentes sphères célestes (cf. Porphyre, *Sent.* 29, 18, 6 sq. ; *Ad Gaurum*, XI, 3, 49, 16-18 ; Synésius, *De ins.* 7, 138b, 157, 8-11 Terzaghi) ; il s'obscurcit et s'épaissit en absorbant l'humidité de l'air, au point de devenir visible (*De ant. nymph.* 11). D'autre part, à mesure qu'elle entre dans la vie « encosmique », l'âme « se projette » dans une vie connaturelle au corps auquel elle s'attache (cf. *Sent.* 29, 9-11 ; 26 ; Synésius, *De ins.* 7, 137c, 156, 6-8 [157)]) : « ἥ γε προβεβλημένη ζωὴ φαντασίας ἐστὶν ἢ νοῦ φαντασίᾳ χρωμένου »[14]). Plus précisément, le « pneuma » qu'elle recueille à travers les sphères astrales et avec lequel elle entre dans le corps humain reçoit le nom d'« âme pneumatique » (πνευμάτικὴν ψυχήν) (*De ins.* 7, 137d, 156, 8-9). En vertu d'une « fusion » « déconcertante », comme le dit Andrew Smith[15], le πνεῦμα-ὄχημα est donc identifié à *une âme*. Celle-ci n'est autre que l'« anima spiritalis » du *De regressu*, mentionnée par Augustin en *De ciu. Dei*, X, 9 (fr. 2 Bidez = fr. 290F Smith = fr. 1 B Goulet ; fr. 12 Bidez = fr. 290c Smith = 15 E Goulet), c'est-à-dire l'âme imaginative ou la *phantasia*, sans laquelle il n'est pas possible de penser, d'après Aristote.

Si le πνεῦμα est le corps par l'intermédiaire duquel s'opère l'incarnation de l'âme et se constitue la vie psychique proprement humaine, il joue également un rôle dans le processus du « retour » de l'âme. En effet, « quand l'âme sort du corps solide, le souffle qu'elle a recueilli dans les sphères célestes l'accompagne » (*Sent.* 29, 8-9). L'âme a alors la capacité de se reconstituer une apparence de corps, à l'image de celui qu'elle aimait, en informant elle-même son propre *pneuma*, sans doute à la façon dont les démons font apparaître sur leur propre corps les images de ce à quoi ils pensent (cf. *Ad Gaurum*, VI, 1, p. 42, 6-10[16]) : « Par suite de son penchant » (celui que l'âme éprouvait pour le corps qu'elle avait), « une empreinte de l'imagination est imprimée sur son souffle et ainsi elle traîne son reflet (ἐφέλκεται τὸ εἴδωλον) » (*Sent.* 29, 12-14). L'âme se trouve dans la situation paradoxale de « traîner » son véhicule parce qu'elle a généré son reflet dans un *pneuma* pollué. En s'adonnant à ses passions, elle l'a laissé « s'humidifier » et s'alourdir. Lestée d'un tel *pneuma*, elle se rend dans

---

14 D. A. Russell doute cependant que, dans ce passage de Synésius, « προβεβλημένη » ait le sens technique qu'il a chez Porphyre (*On Prophecy, Dreams and Human Imagination. Synesius,* De insomniis, Tübingen, Mohr Siebeck, 2014, p. 63, n. 58). Le cas échéant, il faudrait traduire : « la vie qui s'offre devant nous relève de l'imagination ou de l'intellect usant de l'imagination ».

15 *Porphyry's Place in the Neoplatonic Tradition*, p. 157.

16 Sur ce texte, cf. *infra* « L'impression des représentations de l'imagination sur le corps des démons », *Lettre* 8.

l'Hadès, où elle reçoit son châtiment sous cette forme « eidôlique ». La théurgie est toutefois censée favoriser (dans une certaine mesure du moins et pour ceux qui ne sont pas philosophes) la remontée de l'âme avec son véhicule en opérant une purification de l'« âme pneumatique » (cf. *De ciu. Dei*, X, 27 ; *De regressu*, fr. 4 Bidez = fr. 8 Goulet ; fr. 7 Bidez = fr. 10 Goulet).

Pour résumer, la doctrine du πνεῦμα-ὄχημα (qui sera considérablement développée par Proclus) investit principalement quatre champs philosophiques[17]. (1) Elle touche au problème *anthropologique* de l'union entre l'âme et le corps, en mettant en jeu un *tertium quid*, dont l'âme a besoin pour s'unir au corps terrestre. (2) Elle répond à des préoccupations *eschatologiques* en concevant une forme de vie qui perdure après la mort et qui permet à l'âme d'être punie de ses fautes. (3) D'un point de vue *psychologique*, le « véhicule » est impliqué dans les processus sensitifs et imaginatifs : lorsque l'âme imagine quelque chose, une image s'imprime dans son corps pneumatique. Il s'agit d'une pensée *réaliste* de l'image mentale. D'autre part, en tant que support de l'imagination, le véhicule est le sujet de la théurgie (*De ciu. Dei*, X, 9, p. 415, 30-32 ; fr. 2 Bidez = fr. 1 C Goulet). (4) Dans le domaine de la *démonologie*, enfin, la nature et l'action des démons trouvent leur explication grâce à la conception d'un véhicule pneumatique qui leur sert de corps.

2.3   *Augustin et la théorie du « véhicule » : le témoignage de la* Lettre *13*

Il n'est guère possible de savoir ce qu'Augustin connaissait au juste de la doctrine qui vient d'être présentée à grands traits[18]. Selon Gerard O'Daly, on peut supposer qu'« il tire de Porphyre son savoir sur le corps astral, tout comme il tire de lui son savoir sur la théurgie et la *pneumatikè psuchè* ; mais les preuves manquent pour soutenir une telle affirmation avec certitude »[19]. La *Lettre* 13

---

17   Cf. S. Toulouse, « Les théories du véhicule de l'âme dans le néoplatonisme », in *École Pratique des Hautes Études, Annuaire*, p. 521-22.

18   La même question des sources se pose au sujet de Macrobe (cf. *In somn.*, I, 12, 13).

19   *Augustine's Philosophy of Mind*, p. 77. L'auteur précise que la version manichéenne de la théorie du véhicule ne semble pas avoir influencé Augustin (*op. cit.*, p. 75, n. 211). En Afrique, les Manichéens regardaient le soleil et la lune comme « des navires lumineux » destinés à transporter les âmes vers le Royaume de la Lumière (Saint Augustin, *Homélies sur l'Évangile de saint Jean*, « Note complémentaire » 1 : « Les Manichéens et le Soleil », BA 73A, p. 459-460 : p. 459). Pour en revenir à Porphyre, G. O'Daly note qu'Augustin ne fait pas référence à certaines caractéristiques du *pneuma* qui sont typiquement porphyriennes, comme « son adhérence en tant que substance éthérée à l'âme dans le ciel (*ouranos*), son "obscurcissement" et son "épaississement" au cours de sa descente à travers les airs de sorte qu'il devient humide, son rôle de substrat de l'âme inférieure et sa fonction comme organe de la perception » (*op. cit.*, p. 77-78). Si les deux premières caractéristiques du « véhicule » n'avaient guère de chance de retenir son attention, en raison

nous révèle cependant l'importance qu'Augustin a accordée un temps à ce « quasi-corps » (*quasi corpus*)[20] que « certains » appellent le « véhicule » de l'âme[21]. Celui-ci, rappelle-t-il, les a laissés, son ami et lui, « anhelantes et aestuantes » (p. 30, 15). L'expression est très forte ; Augustin la réemploiera, dans les *Confessions*, à propos de sa conversion : « Et nunc ecce redeo aestuans et anhelans ad fontem tuum » (*Conf.* XII, 10, 10). Elle suppose un « investissement » important de leur part et une connaissance assez étendue du sujet, que rien ne laisse deviner par ailleurs, puisque la *Lettre* 13 est, avec la *Lettre* 158 d'Evodius (qui lui est postérieure d'environ vingt-cinq ans), le seul texte qui en traite[22]. La raison d'une telle passion pour ce philosophème doit avant tout s'expliquer par son rôle dans les spéculations néoplatoniciennes sur la vie après la mort. Quoi qu'il en soit, l'intérêt exceptionnel de la *Lettre* 13 tient au fait qu'elle montre pourquoi Augustin préfère finalement s'en débarrasser.

---

de son peu d'inclination à croire dans la préexistence de l'âme, « il est frappant que les deux autres caractéristiques n'apparaissent pas non plus et qu'en général la spéculation se limite à son rôle de corps posthume pour l'âme » (*ibid.*, p. 78). Il faut donc penser « soit qu'Augustin a grandement simplifié et dépouillé la théorie du véhicule soit que ses références proviennent d'une autre source que la source néoplatonicienne présumée » (*ibid.*, p. 78). J. Pépin est plus affirmatif : il se propose de montrer que les idées de Porphyre « doivent être à l'origine des réflexions d'Augustin et de ses correspondants autour du corps véhicule » dans « Pourquoi l'âme automotrice aurait-elle besoin d'un véhicule ? (Nouveaux schèmes porphyriens chez saint Augustin, II) », in J. J. Cleary (ed.), *Traditions of Platonism : Essays in Honour of J. Dillon*, Aldershot, Ashgate, 1999, p. 293-305 : p. 300. Voir en particulier p. 299-304 (« Vraisemblance de l'inspiration porphyrienne »).

20   Le « véhicule » est un « quasi corpus » en ce sens qu'il est à la limite de l'incorporel. Porphyre dit quant à lui « τὸ δέ πνεῦμα ᾗ μέν ἐστι σωματικόν » (« le *pneuma*, dans la mesure où il est corporel ») (*De abst.* II, 39, 2), ce qui est une façon de dire qu'il est un corps sans l'être totalement (J. Pépin, *op. cit.*, p. 301). On note qu'Augustin parle aussi de « quasi anima », en *De cons. euang.* I, 23, 35, à propos de l'âme du monde, si elle existe.

21   « Vehiculum » apparaît deux fois dans la traduction du *Timée* par Calcidius (p. 36, 20 et p. 41, 4 Waszink). Cicéron avait quant à lui rendu l'occurrence d'ὄχημα en *Tim.* 41e par « currus » (cf. J. Pépin, *op. cit.*, p. 298-299). Le même terme de « vehiculum » apparaît avec un sens technique dans la *Lettre* 7 pour nier que les représentations de l'imagination jouent le rôle de « véhicules » des intelligibles (« ipsa aeternitas semper manet, nec aliqua imaginaria figmenta conquirit, quibus in mentem quasi uehiculis ueniat ») (*Ep.* 7, 2). Dans les *Soliloques*, Augustin compare les sens à un navire et affirme « qu'on aura plus tôt fait de naviguer sur la terre que d'appréhender (*percipi*) la géométrie à l'aide des sens » (*Sol.* I, 4, 9).

22   Signalons aussi ce passage qui affirme, en jouant sur les mots *uehiculum* et *uinculum*, que pour les démons, leurs corps sont des chaînes : « Nec sic existimandum est eorum corpus tamquam honoratorum aeternum uehiculum, sed aeternum uinculum damnatorum » (*De ciu. Dei*, IX, 9).

3   Le problème de l'existence du « véhicule » de l'âme (§2-4)

3.1   *Le congédiement de la question (§2)*

Son raisonnement s'articule en trois temps (p. 30, 18-31, 5). Premièrement, si le « véhicule » se meut selon le lieu, il n'est pas intelligible ni non plus compris (c'est-à-dire « intelligé ») par le fait même. Selon une doctrine déjà formulée par Porphyre et reprise dans la *Lettre* 18 (§2), le propre du sensible est de se mouvoir selon le lieu et le temps, tandis que l'âme se meut seulement selon le temps et que Dieu et les intelligibles ne se meuvent ni selon le lieu ni selon le temps[23].

Deuxièmement, il n'est pas exclu qu'à défaut de comprendre le sensible, nous puissions l'« évaluer en quelque chose avec vraisemblance » (*aestimare inde aliquid uerisimiliter*) (p. 30, 21[24]). Augustin ne précise pas en quoi consiste cette « évaluation ». Il doit s'agir de l'opération par laquelle la raison juge les choses sensibles dans les arts libéraux. Ainsi entendu, « aestimare » est scripturaire : l'auteur du livre de la *Sagesse* fait mention des savants qui « peuvent évaluer le siècle » (*ut possent aestimare saeculum*) (Sg 13, 8-9), c'est-à-dire le monde, sans pourtant être capables de remonter de la créature au Créateur (13, 8-9)[25]. En *Conf.* V, 3, 3, qui cite ce verset, Augustin évoque les *mathematici* qui dénombrent les étoiles et le sable (une allusion à l'*Arénaire* d'Archimède), qui mesurent les espaces stellaires, repèrent les trajectoires des astres, etc. L'évaluation intervient également dans le jugement esthétique (au sens contemporain du terme), par exemple lorsque la raison juge de la régularité d'un rythme qui plaît au « sens intérieur » (cf. *De mus.* VI, 9, 23)[26] ou de la courbure parfaite d'un arc (cf. *De Trin.* IX, 7, 12). Le sensible comme tel à beau « échapper » à l'intellect, il est « rationnel » (*rationabile*), par bien des aspects,

---

23 Sur cette doctrine, voir J. Pépin, « La hiérarchie par le degré de mutabilité (nouveaux schèmes porphyriens chez saint Augustin, I) ».

24 Dans la phrase « At quod intellectum fugit, si saltem sensum non refugit, aestimare inde aliquid uerisimiliter non usquequaque denegatur », « aestimare » est sujet de « non denegatur » ; « aliquid » a une valeur adverbiale. Cf. par ex. Cic., *Tusc.* III, 34, 84 : « aliquid differunt » (ils diffèrent en quelque chose).

25 Le texte est cité pour la première fois par Augustin en *Quar. prop. ex ep. ad Rom.* 3 (394-95) en lien avec Rm 1, 18-23. Sur ce texte, cf. A.-M. La Bonnardière, *Biblia Augustiniana, Le Livre de la Sagesse*, Paris, Études Augustiniennes, 1970, p. 99-100.

26 Le vers « Deus creator omnium » nous plaît « grâce aux nombres qui jugent, et nous l'évaluons (*aestimare*) grâce à je ne sais quels autres nombres » (*De mus.* VI, 9, 23). Le « sens intérieur » juge si des rythmes lui plaisent ou non. Cependant, « c'est une autre chose d'évaluer s'ils plaisent à bon droit ou à tort (*utrum recte an secus*) ; ce qui ne peut se faire qu'en raisonnant » (*De mus.* VI, 9, 24). Sur ce texte, cf. E. Bermon, *Le Cogito dans la pensée d'Augustin*, p. 254-57 (« Les nombres rationnels »).

parce qu'il contient des « traces de raison » (*uestigia rationis*) et qu'il se prête de ce fait au jugement de ce qui est « raisonnable » (*rationalis*), pour reprendre la distinction formulée dans un passage bien connu du *De ordine* (*De ord.* II, 11, 33 sq.)[27].

Troisièmement, le sensible ne peut être évalué de la sorte qu'à la condition qu'il ne soit pas hors de portée des sens. Somme toute, c'est le statut intermédiaire du prétendu « véhicule » qui pose problème : comme il n'est ni intelligible ni sensible (à nos sens du moins), il est téméraire de s'en former une opinion. Son existence n'est pas niée ; c'est plutôt la question même de son existence qui est jugée comme ne se posant pas pour nous. Mieux vaut donc « prendre congé » d'elle (p. 31, 3) et s'élever vers Dieu – sans véhicule !

3.2   Peut-on inférer que le « véhicule de l'âme » existe (§3) ?

Augustin prévient une objection qui pourrait lui être adressée (p. 31, 6-13). Celle-ci prend acte du fait que « les choses corporelles ne peuvent pas être perçues [infailliblement] (*percipi*) ». L'ajout entre crochets rappelle que « perceptio » traduit « κατάληψις », qui était utilisé par Zénon pour désigner la « saisie » infaillible d'une chose. Chez les stoïciens, le terme s'emploie au sujet de la perception sensorielle (lorsqu'elle est « cataleptique ») et de la perception intellectuelle. Chez Augustin, cependant, la « perception » (à la différence « notre » perception) est toujours de nature intellectuelle parce que, pour lui, seules les représentations rationnelles sont infaillibles, comme il le montre au livre III du *Contra Academicos*[28]. Cela étant, si les choses corporelles (*corporea*) ne sont pas objets de perception au sens strict, il n'en demeure pas moins que nous pouvons percevoir de façon intellectuelle (*intellegibiliter percipere*) de nombreuses propriétés qui se rapportent à un corps (*ad corpus pertinentia*), comme par exemple le fait qu'il existe (p. 31, 7-8)[29].

---

27   Le texte précise que seules certaines perceptions visuelles et auditives peuvent être qualifiées de « rationnelles » (*rationabilis*). Par ex., nous ne pouvons qu'être « choqués » (*offendi*), lorsque nous percevons que la porte d'un édifice est « placée près du milieu, mais pas au milieu » (*De ord.* II, 11, 34). Cf. aussi *De uera rel.* 30, 54.

28   La thèse est aussi formulée en *De immort. anim.* 6, 10 : « Tout ce que nous contemplons ou recevons par la pensée, nous le recevons par le sens ou par l'intellect. Mais les choses qui sont reçues par le sens, nous sentons qu'elles sont aussi à l'extérieur de nous et qu'elles sont contenues par des lieux, par quoi elles ne peuvent pas même être perçues » (« Nam omne, quod contemplamur siue cogitatione capimus, aut sensu aut intellectu capimus. Sed ea, quae sensu capiuntur, extra nos etiam esse sentiuntur et locis continentur, unde ne percipi quidem posse »).

29   L'existence est inférée en réponse à la question traditionnelle *an sit* ? (cf. « utrum tamen sit », fin du §3). D'autres inférences sont possibles en réponse aux questions *quid sit* ? et *quale sit* ? Sur cette tripartition, cf. « Les trois questions rhétoriques », *Lettre* 11.

3.2.1   Peut-on savoir qu'un corps existe ?

Comme l'a bien vu Jean Pépin, dans ce passage, « intelligibiliter percipere » veut sans doute dire « percevoir par inférence intellectuelle »[30]. Mais de quelle inférence s'agit-il ? Sans doute pas d'un raisonnement métaphysique qui prouve de manière générale l'existence des corps, c'est-à-dire du monde, en invoquant par exemple la théorie platonicienne des formes. Augustin ne veut pas non plus dire ici, trivialement, que nous comprenons que les corps que nous sentons existent parce que nous ne les sentirions pas s'ils n'existaient pas. En effet, nous sentons souvent des choses qui n'existent pas (par exemple en rêve). D'autre part, l'inférence ne porte pas ici sur l'existence des corps mais sur celle d'un corps en particulier (*corpus*).

L'inférence en cause doit en fait se fonder sur des « signes », perceptibles à nos sens, pour conclure à l'existence d'une autre chose, suivant une procédure bien connue depuis Aristote (cf. *An. prior.* II, 27). Par exemple, en percevant de la fumée, j'infère qu'il y a au loin un feu qui brûle. Bien que je ne le voie pas, je peux être certain que ce feu existe, parce qu'il n'y a pas de fumée sans feu. En outre, si je me déplace, je peux percevoir de mes yeux ce feu. Mais il existe aussi des choses sensibles dont on infère qu'elles existent sans pouvoir jamais les percevoir sensiblement, parce que nos sens ne sont pas assez pénétrants pour cela. Tel est typiquement le cas, pris par Sextus, des « pores intelligibles » (οἱ νοητοὶ πόροι), à savoir ceux de la peau : « Ceux-ci n'apparaissent jamais par eux-mêmes, mais il se pourrait qu'on estime, le cas échéant, qu'ils sont compris à partir d'autres choses, par exemple à partir de la transpiration ou à partir de quelque chose de semblable » (*Hyp. pyr.* II, 97-98)[31]. Personne n'a jamais vu ces pores dans l'antiquité, faute de microscope ; pourtant, le fait que de la transpiration apparait sur la peau en provenance du corps atteste qu'ils existent.

L'inférence décrite est présentée dans notre lettre comme une procédure à l'abri de tout soupçon (p. 31, 8-9). On en tire la conséquence suivante : un corps a beau être en lui-même « vraisemblable » seulement, c'est-à-dire semblable au vrai – du fait que tous les corps sont perçus de la même façon en rêve et dans la réalité[32] –, « il est parfaitement vrai qu'il existe quelque chose de tel

---

30   J. Pépin, « Pourquoi l'âme automotrice aurait-elle besoin d'un véhicule ? », p. 294. G. O'Daly avance une autre interprétation de ce passage. « Intelligibiliter percipere » signifierait le fait que, dans la perception sensible, nous percevons des images *immatérielles* des corps (*Augustine's Philosophy of Mind*, p. 75).

31   Sur le raisonnement par signes, cf. E. Bermon, *La Signification et l'enseignement*, p. 451 sq.

32   Cf. *De diu. quaest.* 83, 9 : « Voilà assurément ce à quoi personne ne refuserait de se rendre : il n'est rien de sensible qui ne présente quelque ressemblance avec le faux, et c'est au point qu'on ne peut l'en distinguer. En effet, pour ne mentionner que ce cas, toutes les choses que nous sentons au moyen du corps, alors même qu'elles ne sont pas présentes

que lui dans la nature. On juge donc que le corps est sensible mais que le fait qu'il existe est intelligible ; car autrement le fait qu'il existe ne pourrait pas être perçu [infailliblement] » (p. 31, 10-13).

Bien que la thèse selon laquelle il est possible de *savoir* par inférence qu'un corps existe (*nouimus esse corpus*) ne suscite aucune réserve de la part d'Augustin, elle me paraît très problématique car enfin comment pouvons-nous savoir qu'existe quelque chose qui, en vertu d'une nécessité éidétique, apparaît toujours comme s'il n'existait pas ? Augustin n'affirme-t-il pas par ailleurs que ce qui est « compréhensif », dans la perception sensible, c'est l'apparaître et non pas l'existence de l'objet[33] ? Dans le *Contra Academicos*, il déclare : « Je ne vois pas comment un Académicien pourrait réfuter celui qui dit : "Je sais que ceci m'apparaît blanc, je sais que ceci m'est plaisant à entendre, je sais que ceci m'est agréable à sentir, je sais que ceci m'est doux au goût, je sais que pour moi ceci est froid" » (*Cont. Acad.* III, 11, 26). À l'Académicien qui demande encore si les feuilles d'olivier sont amères par elles-mêmes (*per se*), Augustin répond que ces feuilles lui semblent amères à lui, car il est certain « qu'un homme, lorsqu'il goûte quelque chose, peut jurer en toute bonne foi qu'il sait que cette chose est douce ou non à son palais, et qu'aucune chicane (*calumnia*) grecque ne peut le priver de cette science »[34]. En d'autres termes, nous savons que nous sentons, mais sans savoir si ce que nous sentons existe.

Il arrive souvent, il est vrai, qu'Augustin emploie le verbe « savoir » ou « connaître » en un sens large, de telle sorte qu'il englobe ce qui dépend du

---

    aux sens, nous éprouvons pourtant leurs images comme si elles étaient bel et bien là, que ce soit pendant le sommeil ou dans la folie (*in furore*). Et lorsque nous éprouvons ces images, nous ne sommes pas du tout capables de discerner si nous les sentons par les sens eux-mêmes ou si elles sont des images de choses sensibles. Si donc il existe de fausses images des choses sensibles qui ne peuvent être discernées par les sens eux-mêmes, et si rien ne saurait être perçu, sinon ce que l'on discerne du faux, il n'y a pas de critère de vérité (*iudicium ueritatis*) qui réside (*constitutum*) dans les sens ». Sur cette problématique, cf. Th. Fuhrer, « Das Kriterium der Wahrheit in Augustins *Contra Academicos* », *Vigiliae Christianae*, 46, 1992, p. 257-275.

33 Cf. *De mus.* VI, 11, 32 : « Prendre pour des connaissances des choses qui, en vérité, ne sont que des représentations purement imaginaires, c'est le comble de l'erreur, bien que, dans ces deux genres [des souvenirs et des représentations purement imaginaires], nous pouvons dire d'une manière qui n'est pas dépourvue de sens que nous savons quelque chose, à savoir que nous avons perçu de telles choses ou que nous les imaginons » (« Sed uera etiam phantasmata habere pro cognitis, summus error est. Quamquam sit in utroque genere [phantasiarum et phantasmatorum] quod nos non absurde scire dicamus, ie, sensisse nos talia, uel imaginari nos talia »).

34 Cf. E. Bermon, *Le* Cogito *dans la pensée de saint Augustin*, p. 162 sq. (« La certitude de l'apparaître sensible »).

témoignage d'un sens ou d'un homme fiables[35]. Pourtant, dans le contexte de l'analyse de la *Lettre* 13, dont l'enjeu est clairement épistémologique et qui rappelle que tout corps est *vraisemblable* seulement, il n'est pas possible que les verbes « percipere », « nosse » et « cognoscere » soient pris avec cette acception qu'ils ont dans le langage ordinaire. Bref, l'analyse de la *Lettre* 13 paraît aller à l'encontre de la thèse selon laquelle l'existence du monde est l'objet d'une *croyance*[36].

Il paraît dès lors difficile d'échapper au dilemme suivant : soit admettre qu'Augustin revient ici sur ce qu'il affirmait dans le *Contra Academicos*, au prix d'une perte de radicalité philosophique qui faisait la beauté de ses analyses sur le sensible ; soit plutôt penser qu'il se contente ici de soutenir que, *dans certains cas*, on peut intelliger qu'un corps existe par une inférence qui repose sur des signes. On a alors affaire à une nécessité doublement conditionnelle : de la présence de fumée – et en admettant que la fumée existe – s'ensuit qu'il y a de feu. Le fait qu'il n'y ait pas, à ma connaissance, de parallèles à ce texte dans l'œuvre d'Augustin ne permet guère d'en dire plus.

3.2.2   L'inférence que le « véhicule » existe

Fort de ce qui vient d'être établi, le contradicteur peut conclure que l'on peut connaître intellectuellement que ce corps en question, « sur lequel l'âme s'appuie, pense-t-on, pour passer d'un lieu à un autre », existe bel et bien

---

[35] On lit par ex. dans les *Révisions*, à propos de *De ut. cred.* 11, 25 : « Quod intelligimus igitur, debemus rationi : quod credimus, auctoritati » (cité en *Retract.* avec « scimus » à la place de « intellegimus ») : « Il ne faut pas entendre cette affirmation en un sens qui nous fasse craindre de dire dans le langage habituel que nous "savons" ce que nous croyons sur la foi de témoins fiables (*idonei*). Assurément, lorsque nous parlons en employant les mots au sens propre, nous disons que nous savons seulement ce que nous saisissons (*comprehendimus*) par un raisonnement ferme de l'esprit. Mais lorsque nous parlons avec les mots sanctionnés par l'usage, à la façon dont parle aussi l'Écriture divine, disons sans doute que nous savons aussi en vertu de ce que nous percevons par les sens de notre corps et de ce que nous nous croyons sur des témoignages dignes de foi, tout en comprenant tout ce qui sépare ces deux cas » (*Retract.* I, 14, 3).

[36] Cf. *De ciu. Dei*, XIX, 18 : « Quant à cette fameuse singularité, qui, selon Varron, caractérise les Nouveaux Académiciens, et qui consiste à tenir tout pour incertain, la cité de Dieu repousse catégoriquement un tel doute comme une folie (*dementiam*) : au sujet des choses qu'elle comprend par l'esprit et la raison, elle possède une science qui, lors même qu'elle est restreinte du fait de notre corps corruptible qui appesantit l'âme, est néanmoins très certaine ; et d'autre part, elle croit au témoignage des sens, dont use l'esprit par l'intermédiaire du corps, chaque fois qu'une chose apparaît avec évidence (*euidentia*), puisqu'il se trompe d'une façon plus malheureuse, celui qui pense qu'il ne faut jamais y croire ». Cf. aussi cf. *De Trin.* XV, 12, 21 et sur ces textes, *Le* Cogito *dans la pensée de saint Augustin*, p. 174 sq.

(p. 31, 13-17). L'inférence de l'existence du « véhicule » se fonde, non pas sur une perception – que nous n'avons pas –, mais sur un réquisit *théorique* et plus précisément néoplatonicien : l'âme a besoin d'un certain corps pour changer de lieu (ou plus exactement pour avoir une relation à quelque chose qui est, quant à lui, dans un lieu, puisqu'elle demeure en elle-même incorporelle[37]), notamment lorsqu'elle va dans l'Hadès après la mort. Selon l'opinion rapportée par Augustin (et qui doit être celle des *nonnulli* évoqués plus haut), elle « s'appuie » (*inniti*) alors sur un véhicule. « La formule est précise ; mais c'est celle-là même dont usait Porphyre pour expliquer comment de bons démons, chargés d'administrer de vastes parties des lieux (τόπων) sublunaires, y parviennent *en s'appuyant* sur leur pneuma, ἀπερειδόμεναι μὲν πνεύματι [*De abst*. II, 38, 2] »[38].

3.3   Les deux façons de comprendre que quelque chose existe (§4)

Pour répondre à l'objection qui vient d'être soulevée, Augustin distingue les deux « modes » de compréhension, intrinsèque (*intrinsecus*) et extrinsèque, impartis à l'homme, c'est-à-dire les deux manières différentes de se servir de son intelligence pour inférer l'existence de quelque chose : soit on l'applique à des données intelligibles par soi, comme dans le cas où nous comprenons immédiatement que l'intellect lui-même existe – c'est la problématique du *cogito* augustinien et du « si enim fallor sum » (*De ciu. Dei*, XI, 26) –, soit on l'applique à des données sensorielles, qui sont les « signes » qu'un certain corps existe, comme dans le cas du feu (p. 31, 19-22). Suivant un mouvement d'élévation dont on trouve d'autres applications dans notre correspondance, ces deux modes de la compréhension sont rapportés à Dieu parce que, dans l'un et l'autre cas, on utilise son intelligence en consultant Dieu (*deum consulendo*) (p. 31, 22-26).

Un rapprochement avec la doctrine exposée dans le *De magistro* est ici instructif. Augustin prouve dans ce dialogue que les mots ne nous enseignent rien parce que, pour apprendre, nous consultons soit la vérité, qui est le Maître intérieur, soit nos sens, selon que la chose que nous voulons apprendre est intelligible ou sensible (cf. *De mag*. 12, 39).[39] La *Lettre* 13 montre cependant

---

[37]   Au début de la *Sentence* 29 (1-4), Porphyre précise que, pour l'âme, être sur terre ne tient pas au fait de marcher sur terre comme les corps, mais au fait de présider à un corps qui marche sur terre (« τὸ δὲ προεστάναι σώματος ὃ γῆς ἐπιβαίνει ») et qu'il en va de même lorsqu'elle est dans l'Hadès (cf. *Sent*. 40, 1-5).

[38]   J. Pépin, « Pourquoi l'âme automotrice aurait-elle besoin d'un véhicule ? », p. 302.

[39]   Cf. *De mag*. 12, 39 : « Si nous consultons d'une part la lumière au sujet des couleurs et d'autre part, au sujet de toutes les autres qualités que nous sentons par le corps (...), les sens mêmes, dont la raison use comme d'interprètes pour connaître de telles choses ; et si d'autre part, au sujet des choses qui sont comprises, nous consultons par la raison la vérité

que ces deux « instances » du savoir (au sens large), à savoir Dieu d'une part et les sens d'autre part, ne sont pas exclusives l'une de l'autre, puisqu'il arrive que nous consultions Dieu au sujet même du témoignage de nos sens, comme c'est précisément le cas dans une procédure inférentielle[40]. Dans ce dernier cas, cependant – et tel est le point crucial de la réponse d'Augustin – « ce qui est intelligible dans nos perceptions sensibles est nécessairement une conséquence d'une sensation »[41]. Sauf à nous exposer à des jugements vains, nos inférences relatives à l'existence de quelque chose de corporel doivent reposer sur une perception sensible. Par conséquent, à moins d'en avoir une quelconque perception, personne ne peut inférer l'existence du quasi-corps de l'âme (p. 31, 26-28). Il existe peut-être des animaux qui sont doués d'une telle sensibilité, mais nous voyons bien quant à nous que nous n'en faisons pas partie. Bref, notre sensibilité étant ce qu'elle est, la question de son existence ne nous concerne pas : *exit* le « véhicule » !

3.4 *La théorie de l'inférence de l'existence d'après la* Lettre *13*

L'enjeu de la *Lettre 13* est important, bien qu'elle ne porte prétendument que sur une *quaestiuncula*. Son intérêt spéculatif tient au fait qu'elle s'interroge sur les critères qui nous permettent de postuler légitimement l'existence de quelque chose. Sur ce point, une règle stricte est formulée, qui stipule que « ce qui ne peut être ni compris ni senti engendre une opinion par trop téméraire et vaine ». On peut s'étonner qu'Augustin ne songe pas ici à adjoindre à l'autorité des sens celle du témoignage humain, sur lequel s'appuient les Écritures et par conséquent la foi. Sans elle, la théorie préconisée est un « rasoir » qui ne laisse subsister que ce qui peut être établi par la voie de l'empirie ou du raisonnement[42] ? Cette réserve étant formulée, nous pouvons tenter de « tester » la théorie formulée à propos du « véhicule » de l'âme en examinant dans quelle mesure elle s'applique au cas d'autres objets au sujet desquels Augustin a pu se demander comment nous connaissons qu'ils existent ou s'ils existent.

---

intérieure, que pourrait-on dire pour montrer que par les mots nous apprenons quelque chose en plus du son qui frappe nos oreilles ? ». Sur ce texte, cf. E. Bermon, *La Signification et l'enseignement*, p. 466-474 (« La consultation »). Sur les sens interprètes, cf. *De ord.* II, 12, 35 ; *De quant. anim.* 23, 41. La métaphore sans doute empruntée à Cicéron (cf. *De nat. deor.* II, 56, 140).

40 Tel est déjà le cas lorsque nous « évaluons » quelque chose de sensible comme un rythme, une figure géométrique, etc.

41 G. O'Daly, *Augustine's Philosophy of Mind*, p. 76.

42 Comment permettrait-elle d'admettre par exemple l'existence des anges et celle de leur corps ? Sur le corps des anges, cf. *Ench.* 16, 59, qui se réfère aux théophanies ; *Retract.* I, 26 ; *De ciu. Dei*, XXII, 29.

3.4.1   L'existence de l'âme et de celle de Dieu

Tout d'abord, le cas de l'existence de l'*âme* n'est pas mentionné dans la *Lettre* 13, qui ne prend en compte que ceux de l'intellect ou d'un corps. L'existence de l'âme propre est sentie immédiatement, bien que nous ne percevions pas notre âme par nos sens, car il faudrait alors qu'elle ait une étendue, une couleur, etc. Les bêtes sentent elles aussi qu'elles vivent, mais nous sentons et nous *savons* que nous vivons[43]. « Qu'y a-t-il en effet qui soit si intimement connu et qui se sente autant soi-même que ce par quoi toutes les autres choses sont aussi senties, à savoir l'âme ? » (*De Trin.* VIII, 6, 9). Autrement dit, l'âme propre a une nature qui est comprise par l'esprit et sentie par la vie (*mente intellegi uitaque sentiri*) (*Ep.* 166, 2, 4). Quant à l'existence de l'*âme d'autrui*, elle est attestée par les mouvements de son corps, qui sont perçus dans leur ressemblance avec ceux que nous faisons nous-mêmes du fait que nous avons une âme (*De Trin.* VIII, 6, 9)[44].

Augustin n'examine pas non plus dans la *Lettre* 13 « comment il est manifeste que Dieu est », comme il le fait dans le livre II du *De libero arbitrio* (II, 3, 7 sq.) ou encore dans le livre X des *Confessions*. Dieu est intelligible, mais l'« évidence » sur son existence commence par la contemplation du monde, conformément au « nisi credideritis non intellegetis » d'Is 7, 9 (cf. *De lib. arb.* II, 2, 6).

Le cas de l'âme et celui de Dieu ne remettent pas en cause la pertinence de la distinction établie dans la *Lettre* 13 entre les deux modes de connaissance, intrinsèque et extrinsèque ; ils montrent cependant que, sur le fondement de certaines données sensorielles, il est *aussi* possible de connaître l'existence de quelque chose d'incorporel ou d'intelligible, et non pas seulement celle d'un corps. Cette précision est importante pour le cas de certaines entités « non-standards », dont le statut ontologique est problématique.

3.4.2   Le cas de trois d'objets « non-standards » autres que le « véhicule »

La question de la *matière* semble avoir été un « casse-tête » pour Augustin. Dans les *Confessions*, il relate que, sous l'influence du manichéisme, il imagina d'abord la pure matière « sous des aspects innombrables et variés » (*Conf.* XII, 6, 6) puis qu'un examen rationnel de la mutabilité des corps – en vertu de laquelle ils n'étaient plus ce qu'ils étaient et commençaient à être ce qu'ils n'étaient pas –, l'amena à « soupçonner » « que le passage de forme à forme

---

[43]   Notre conscience de vivre est à la fois une « expérience » (sensible) et une « science » (cf. *De lib. arb.* I, 7, 17).

[44]   Sur la perception d'autrui, cf. *Le* Cogito *dans la pensée de saint Augustin*, p. 311 sq. (« Autrui en tant qu'animal »).

s'opérait au travers de quelque chose d'informe et non pas de rien du tout ». De peur de fatiguer son lecteur, Augustin déclare simplement : « Mais elle [la mutabilité], qu'est-elle ? Est-elle un esprit ? Est-elle un corps ? Est-elle une apparence d'esprit ou de corps ? Si l'on pouvait dire " un rien " (*nihil aliquid*) et " ce qu'elle est, c'est qu'elle n'est pas" (*est non est*), c'est ce que je dirais d'elle. Et pourtant, elle était déjà de quelque façon, pour prendre ces apparences visibles et organisées » (*Conf.* XII, 6, 6)[45]. Nous pouvons admettre l'existence (paradoxale) de la matière en nous fondant sur la prise en compte du phénomène du changement (du corps et de l'âme). Dans ce cas, une donnée empirique légitime l'inférence de l'existence de la matière, à savoir le fait de la mutabilité, comme la transpiration par exemple permet d'inférer celle des « pores intelligibles ».

Augustin s'est aussi beaucoup interrogé sur la question de savoir s'il existe ou non une *âme du monde*[46]. Il écrit dans le *De immortalitate animae* : « le corps subsiste grâce à l'âme et il est en vertu du fait qu'il est animé et cela soit en totalité, comme dans le cas du monde, soit en partie, comme c'est le cas de chaque animal à l'intérieur du monde » (15, 24). Plus tard, il dira au sujet de ce passage : « Hoc totum prorsus temere dictum est ! » (*Retract.* I, 5, 3). En effet, explique-t-il, bien que certains philosophes aient pensé, à la suite de Platon, que le monde était animé, il n'a pas lui-même été en mesure de prouver cette thèse par un argument certain et il n'a rien trouvé dans l'Écriture qui l'accrédite (*Retract.* I, 11, 4)[47] ; enfin, s'il a finalement jugé téméraire l'affirmation de l'existence de l'âme du monde, c'est, dit-il, « non pas parce que je maintiens qu'elle est fausse, mais parce que je ne saisis pas qu'il soit vrai que le monde est un animal » (I, 11, 4). Mais, là encore, on perçoit une différence entre le cas de l'âme du monde et celui du « véhicule » : le fait que le monde soit ordonné, comme un vivant, peut nous conduire à postuler l'existence d'une âme. De ce point de vue, il est significatif que, dans les *Révisions*, l'hypothèse d'une âme du monde soit immédiatement remplacée par celle « d'une force spirituelle et

---

45 Sur ce texte, cf. A. Solignac, *Les Confessions*, « Note complémentaire » 23, « La matière », BA 14, p. 599-603 ; E. Bermon, « Saint Augustin », in J. Laurent et C. Romano (éd.), *Le Néant. Contribution à l'histoire du non-être dans la philosophie occidentale*, Paris, PUF, 2006, p. 165-186 : p. 168-71.

46 Sur l'âme du monde, cf. V. J. Bourke, *Wisdom from Augustine*, Houston, Center for Thomistic Studies, University of St. Thomas, 1984, p. 78-90 (« The Problem of a World Soul ») ; G. O'Daly, *Augustine's Philosophy of Mind*, p. 62-70 (« World-Soul ») ; R. Teske, *Paradoxes of Time in Saint Augustine*, Milwaukee, Marquette University Press, 1996, p. 49-55 (« The Universal Soul »).

47 En *De gen. ad litt. lib. imp.* 4, 17, il avance, entre autres hypothèses, que l'Esprit de Dieu qui « planait sur les eaux », d'après le récit de la Genèse, est peut-être une « uitalis creatura » qui contient et meut ce monde visible. Mais il s'agit d'une exégèse sans lendemain.

vitale » qui est au service de Dieu dans ses anges pour gouverner le monde. Le phénomène de l'ordre explique sans doute aussi que la question de l'existence de l'âme du monde soit présentée comme indécidable (en l'absence de témoignage scripturaire) plutôt que « congédiée »[48]. Dans le cas du « véhicule », en revanche, on ne s'appuie sur aucune donnée empirique pour inférer son existence. L'inférence, comme on l'a vu, ne repose que sur un réquisit théorique, fondé sur la croyance que l'âme « voyage » avant la naissance (préexistence de l'âme) et après la mort, et qu'elle a besoin pour ce faire d'un corps, qui ne peut pas être son corps de chair et d'os.

On peut enfin se référer à la *Question* 54 du *De diuersis quaestionibus* (« De eo quod scriptum est : "Mihi adhaerere Deo bonum est" (Ps 72, 28) »). Ce texte touche au problème qui nous intéresse du fait qu'il démontre *a priori* qu'il n'existe pas d'intermédiaire entre le corps et l'âme et qu'il pose la question de l'existence d'un objet qui demeure *non-identifié*. On lit le raisonnement suivant : « Entre le corps et l'âme, on ne trouve rien qui soit meilleur que le corps et moins bon que l'âme. S'il existait un intermédiaire, ou bien il serait vivifié par l'âme, ou bien il vivifierait l'âme, ou bien il ne serait dans aucun de ces deux cas ; ou bien il vivifierait le corps, ou bien il serait vivifié par le corps, ou bien il ne serait dans aucun de ces deux cas. Mais tout ce qui est vivifié par l'âme est un corps ; si quelque chose vivifie l'âme, il est meilleur que l'âme. Par ailleurs, ce par quoi le corps est vivifié est l'âme ; ce qui est vivifié par le corps n'est rien. Mais ce qui n'est dans aucun de ces deux cas, à savoir qui n'a besoin d'aucune vie et qui ne confère aucune vie, ou bien il n'est absolument rien, ou bien il est quelque chose de meilleur que le corps et l'âme. Mais y-a-t-il quelque chose de tel dans la nature, c'est une autre question ? » (*De diu. quaest.* 83, 54). Augustin ne précise pas ce que peut bien être ce qui n'est ni vivifiant ni vivifié, tout en spécifiant qu'il s'agit d'une « autre question ». Cela dit, quelle est la question dont il s'occupe en l'occurrence ? En niant que puisse exister un intermédiaire entre l'âme et le corps, c'est-à-dire en professant un strict dualisme des substances, entend-il récuser toute existence possible d'un « véhicule » de l'âme[49] ?

---

[48] On peut aussi se reporter aux hésitations dont fait part le *De euang. cons.* (I, 23, 35) : « Toute cette masse corporelle que l'on appelle le monde a-t-elle une âme ou quelque chose comme une âme propre, à savoir une vie rationnelle par laquelle elle est gouvernée comme chaque animal, c'est une grande question et une question obscure (*abdita*). Cette opinion ne devrait pas être affirmée à moins que l'on trouve qu'elle est vraie, ni rejetée (*refelli*), à moins que l'on trouve qu'elle est fausse ».

[49] Dans le même ordre d'idées, Augustin montre en *Sent.* 7 que la providence ne saurait autoriser la formation d'une « nouvelle nature », qui viendrait s'ajouter aux natures corporelle et incorporelle déjà créées (cf. *infra* « *Sent.* 7 », *Lettre* 11).

4   Le maintien du refus du « véhicule » de l'âme

Le fait qu'Augustin refuse d'admettre l'existence du « véhicule » de l'âme pose question. En effet, il affirme lui-même, dans la *Lettre* 7, qu'« il y a dans l'âme un certain pouvoir de diminuer et d'augmenter qu'elle emporte nécessairement avec elle, *où qu'elle aille* » (« quam, quocumque uenerit, necesse est adferat secum ») (*Ep.* 7, 6). D'autre part, les Écritures ne disent-elles pas, elles aussi, que l'âme se rend dans un nouveau lieu après la mort de l'individu (même si elles n'admettent pas la préexistence de l'âme) ? Pour conclure notre explication, tentons de montrer qu'Augustin est parvenu à acquérir l'intelligence de cette croyance *sans faire intervenir de tierce substance* en plus de l'âme et du corps, de sorte que le refus du « véhicule » dont témoigne la *Lettre* 13 peut être considéré comme définitif.

4.1   *L'hypothèse d'un corps qui individualise l'âme après la mort (la* Lettre *158 d'Evodius)*

Le second texte du corpus augustinien qui traite du *uehiculum* (bien que le terme ne soit pas employé) est la *Lettre* 158 d'Evodius à Augustin (414-415)[50]. Ce témoignage est d'autant plus intéressant pour nous que Nebridius y est « remémoré, rappelé et partant textuellement présent » (cf. *Ep.* 158, 11, citant *Conf.* IX, 3, 6)[51]. En un mot, dans cette lettre dont la thématique et la langue sont un peu étranges, Evodius informe Augustin que, suite au décès de son secrétaire, mort en odeur de sainteté, une veuve de son diocèse vit en songe le corps du défunt tiré du tombeau et admis au ciel dans un splendide palais (*Ep.* 158, 3) ; il voudrait savoir comment nous sommes (*qui sumus*) au sortir de notre corps (*exeuntes de corpore*). « Et d'abord », dit-il, « je demande s'il existe un certain corps qui n'abandonne pas la réalité incorporelle qu'est la substance de l'âme elle-même lorsqu'elle aura congédié le corps terrestre, en supposant que ce corps soit l'un des quatre éléments, ou l'air ou l'éther (*aut aerium aut aetherium*). Car, comme l'âme est incorporelle, si elle est dépourvue de tout corps,

---

50   Sur cette lettre, qui a déjà été bien étudiée, cf. M. Baltes, « Platonisches Gedankengut im Brief des Evodius an Augustinus (*Ep.* 158) », *Vigiliae Christianae*, 40, 1986, p. 251-260 ; G. O'Daly, *Augustine's Philosophy of Mind*, p. 76-77 ; V. Zangara, « Il 'vehiculum animae' e le apparizioni dei morti nell' *Ep.* 158 di Evodio a Agostino », *Rivista di storia e letteratura religiosa*, 25, 2, 1989, p. 234-58 ; Id., *Exeuntes de corpore. Discussioni sulle apparizioni dei morti in epoca agostiniana*, Firenze, L. S. Olschki, 1990, p. 151-165 ; D. Shanzer, « Evodius' Strange Encounters with the Dead. Questions and Answers in Augustine, *Epp.* 158-159 », in P. Nehring et al. (ed.), *Scrinium Augustini*, p. 273-304.

51   D. Shanzer, « Evodius' Strange Encounters with the Dead », p. 283. Sur ce texte, cf. *supra*, « L'adieu des *Confessions* » (Introduction).

il n'y en aura qu'une seule pour tous. Et où seront ce riche vêtu de pourpre et Lazare l'affligé (Lc 16, 19) ? Comment se distingueront-ils par leurs mérites, de sorte que l'un connaisse la punition et l'autre la joie, si une seule âme s'est formée à partir de toutes les âmes incorporelles, à condition du moins que ces choses ne soient pas dites de façon allégorique ? Il est certain cependant que les choses contenues dans des lieux sont contenues dans des corps, comme ce riche est dans les flammes et ce pauvre est dans le sein d'Abraham. S'il y a des lieux, il y a des corps et les âmes incorporelles sont dans des corps. Ou si les punitions ou les récompenses sont dans les consciences, quelle que soit cette âme unique faite de nombreuses âmes, elle s'afflige et se réjouit dans l'unique substance, semble-t-il, constituée par le rassemblement de nombreuses âmes » (*Ep.* 158, 5).

La première raison alléguée par Evodius en faveur de la possession d'un corps *post mortem* tient au rôle individualisant qu'il est censé remplir : privées de tout corps, les âmes perdraient leur existence individuelle en fusionnant dans la substance d'une unique âme. Or une telle hypothèse n'est pas admissible, s'il est vrai, comme le montre la parabole de Lazare et du riche, que les âmes reçoivent des rétributions qui leur sont propres dans des lieux qui contiennent nécessairement des corps. Rien n'empêche en revanche que l'âme ait un autre corps après qu'elle a abandonné ce corps solide. Elle disposera ainsi toujours d'un corps à animer, qui continuera à l'individualiser, à l'instar des anges, qui ne peuvent être dits multiples (*multi*) qu'à cause de leurs corps (§6). Grâce à ce corps, elle pourra changer de lieu (*quo transitum facit*) et se rendre dans la région où la nécessité la contraint d'aller. Une telle hypothèse n'est pas incompatible avec la résurrection à venir du corps de chair. On peut aussi supposer que ce corps est constitué de la chaleur que le corps de chair perd au moment de la mort et que l'âme emporte avec elle (§6). Une fois libérée du poids du corps terrestre, l'âme conserve la perception sensorielle (au moins l'ouïe et la vue, comme les démons) et, loin de sombrer dans une forme de léthargie qui serait comme sa mort, elle use avec plus de vigueur de son *intentio*, voit ce qu'elle désire, se souvient de ses amis, etc. Ainsi s'expliquerait aussi le fait que des morts viennent visiter les vivants et qu'ils leur apparaissent durant la veille ou en rêve (§8-10). Enfin, Evodius se demande si nous ne devrions pas conclure que Dieu seul est sans corps, alors que l'âme ne peut jamais s'en passer (§11).

De l'avis de Matthias Baltes, la lettre d'Evodius est « une belle preuve d'une χρῆσις *expérimentale* de la pensée païenne par un chrétien »[52] ; elle témoigne du sérieux et de l'attention avec lesquels les doctrines platoniciennes ont été

---

52   M. Baltes, *op. cit.*, p. 257.

étudiées dans le cercle d'Augustin, qui était en quête d'outils permettant de résoudre certains problèmes posés par les textes bibliques.

La recherche minutieuse des sources menée par Baltes se conclut par un *non liquet*[53]. Son résultat le plus intéressant est que la thèse selon laquelle le « véhicule » est pour ainsi dire le principe de l'individuation de l'âme est apparemment sans parallèle dans le platonisme. Baltes suppose qu'elle fut endossée par des Platoniciens inconnus[54]. D'après J. Pépin, « peut-être y aurait-il là une trace de l'adhésion des philosophes à la thèse aristotélicienne de l'individuation par la matière »[55]. Il est cependant plus probable qu'Evodius trahisse ici une influence néoplatonicienne qu'il a reçue sans bien la comprendre, sans doute par l'intermédiaire d'Augustin lui-même. En effet, lorsqu'on lit l'argumentaire du paragraphe 5 de la *Lettre* 158, on est frappé de constater que le vieil Evodius applique à la lettre un point de doctrine néoplatonicienne qu'Augustin lui avait rapidement indiqué au temps de sa jeunesse, dans un passage du *De quantitate animae* qui portait sur l'indivisibilité de l'âme[56].

Dans ce dialogue, Augustin prévient en effet son interlocuteur qu'il doit être bien entraîné s'il veut comprendre « si ce que des hommes très savants ont dit est vrai, à savoir que l'âme ne peut en aucun cas être divisée en elle-même, mais qu'elle le peut en revanche selon le corps » (*animam per seipsam nullo modo, sed tamen per corpus posse partiri*) (*De quant. anim.* 32, 68). L'idée d'une division de l'âme *per corpus* vient d'*Enn.* IV, 2 [4], 1, 73-74 (« περὶ δὲ τὰ σώματά ἐστι μεμερισμένη »)[57]. Augustin ne précise pas dans ce passage que Plotin déclare explicitement ailleurs qu'il « ne faut pas croire que la multiplicité des âmes provient de la grandeur corporelle, mais que les âmes étaient à la fois multiples et unes avant les corps » (VI, 4 [22], 4, 37-39)[58] – ce qui explique peut-être qu'Evodius ait estimé que l'âme a besoin d'un corps pour être individualisée.

---

53 M. Baltes, *op. cit.*, p. 256. Bien qu'il soit possible de mettre en évidence un ensemble de parallèles entre l'exposé d'Evodius et des textes néoplatoniciens *tardifs* (cf. *ibid.*, p. 253-55), on ne parvient pas à savoir à quels auteurs Evodius se réfère précisément. L'*Ep.* 158 est importante aussi pour l'histoire du platonisme ancien, car elle contient des idées, peut-être d'origine médioplatonicienne, que l'on ne retrouve que plus tard chez les Néoplatoniciens.

54 M. Baltes, *op. cit.*, p. 258.

55 « Pourquoi l'âme automotrice aurait-elle besoin d'un véhicule ? », p. 294. Pour Aristote, c'est la matière qui différencie Callias et Socrate (*Met.* Z, 8, 1034a2-8).

56 Sur ce texte, cf. G. O'Daly, *Augustine's Philosophy of Mind*, p. 60-62 (« Soul : unity or plurality ? ») ; R. Teske, *Paradoxes of Time in Saint Augustine*, p. 52-53.

57 Le rapprochement textuel a été établi pour la première fois par P. Henry, dans *Plotin et l'Occident*, p. 75.

58 Cf. aussi Porphyre, *Sent.* 37, 1-5 : « Il faut penser que ce n'est pas en raison de la multiplicité des corps que se produit la multiplicité des âmes, mais que, avant les corps, existent et

Le paragraphe suivant du même dialogue fait apparaître un autre rapprochement possible avec la *Lettre* 158 : Augustin déclare que, s'il dit qu'il n'existe qu'une seule âme, Evodius sera « troublé par le fait qu'elle est heureuse en une personne et malheureuse en une autre alors qu'une seule et même chose ne peut pas être à la fois heureuse et malheureuse en même temps » (*De quant. anim.* 32, 69).

Il est regrettable que, dans sa réponse à la *Lettre* 158, Augustin renonce à traiter de la question de savoir « si l'âme quitte le corps avec un corps » au motif qu'elle exigerait beaucoup de soin et un temps de loisir qu'il n'a pas – ce qui laisse entendre qu'il n'était pas entièrement satisfait par le traitement du problème dans la *Lettre* 13 – (*Ep.* 159, 1). Il formule toutefois clairement son opinion sur le sujet : « Je ne pense pas du tout que l'âme sorte du corps avec un corps » (cf. aussi *Ep.* 162, 3). S'agissant des apparitions, il se contente de mentionner la multiplicité des images que l'âme peut former, sans prétendre expliquer ce phénomène (§2, 4) et il renvoie son ami à sa longue discussion sur les trois genres de visions dans le *De genesi* (XII, 6, 15-22, 61).

4.2 *L'âme et la « ressemblance de son corps » d'après le* De genesi ad litteram *(XII, 32, 60 sq.)*

En *De gen. ad litt.* VIII, 5, 9, Augustin mentionne une première fois la question de savoir si « les âmes, une fois qu'elles se sont retirées du corps, sont contenues de manière corporelle dans des lieux visibles, bien qu'elles soient sans corps ». Ceux qui soutiennent cette thèse se réfèrent, eux aussi, à la parabole de Lazare et du riche. Augustin affirme quant à lui qu'il ne doute pas qu'il faille croire que le riche était en proie à la brûlure et que Lazare éprouvait la fraîcheur de la joie, mais que le problème lui paraît si profond qu'il préfère ne pas se prononcer : « Mieux vaut douter au sujet de choses cachées que disputer au sujet de choses incertaines ». On voit quelle difficulté l'arrête : si l'âme est dans un lieu *corporel*, ne faut-il pas qu'elle ait un corps pour y demeurer ?

Le problème resurgit en ces termes au livre XII : « Si l'on demande si, lorsqu'elle est sortie du corps, l'âme est emportée dans des lieux corporels ou bien dans des lieux incorporels semblables aux lieux corporels ou bien, non pas dans ces lieux, mais dans celui qui surpasse en excellence à la fois les corps et les ressemblances des corps, je m'empresserai de répondre qu'en des lieux corporels l'âme soit n'est pas emportée si ce n'est avec quelque corps (*ad corporalia loca eam uel non ferri nisi cum aliquo corpore*), soit n'est pas emportée

---

des âmes multiples et une âme unique, sans que l'âme unique et totale empêche qu'il y ait en elle les âmes multiples, ni que les âmes multiples divisent entre elles l'âme unique » (tr. fr., *Sentences*, vol. 1, p. 355).

de façon locale (*non localiter ferri*) » (XII, 32, 60)[59]. Comme l'écrit Jean Pépin, ce qu'Augustin concède ici, « c'est que le corps véhicule (...) s'impose pour que l'âme se déplace dans le lieu ; mais il reste possible que cette finalité n'ait pas de sens, [*animam*] *non localiter ferri*, et c'en est fait alors de l'hypothèse, devenue inutile, d'un *aliquod corpus*. Ainsi doit-on comprendre le repli immédiat d'Augustin : "Maintenant, qu'elle ait quelque corps quand elle sera sortie de ce corps, que celui qui le peut le montre ; quant à moi, je ne le pense pas" [*ego autem non puto*] »[60]. Bref, c'est le même refus que celui qui a été opposé à Evodius.

4.2.1   L'hypothèse d'une « ressemblance du corps »

« L'âme est en revanche conduite », poursuit Augustin, « selon ses mérites, dans des lieux spirituels ou dans des lieux pénitentiaires semblables à des corps, tels qu'ils ont souvent été montrés à ceux qui, alors qu'ils avaient été soustraits à leurs sens corporels et qu'ils gisaient quasi-morts, ont vu aussi les peines de l'enfer, parce qu'eux-mêmes portaient (*gererent*) aussi en eux-mêmes une certaine ressemblance de leur corps (*quandam similitudinem corporis sui*), au moyen de laquelle ils pouvaient être portés dans ces lieux et faire de telles expériences par des ressemblances de leurs sens (*similitudinibus sensuum*) » (*De Gen. ad litt.* XII, 32, 60)[61]. Se référant au cas de personnes réputées avoir contemplé de leur vivant les peines de l'enfer[62], Augustin ajoute qu'il ne voit pas pourquoi, si leur âme possédait une ressemblance de son corps lorsqu'elle voyait ce spectacle, tandis que le corps de chair et d'os gisait quasi-mort, elle ne l'aurait pas aussi lorsqu'elle quitte définitivement le corps au moment de la mort[63].

---

59   Pour la dernière phrase de cette citation, qui est difficile, je reprends la traduction de Jean Pépin (*op. cit.*, p. 295), qui fait bien ressortir que, pour être emportée dans un lieu corporel, l'âme doit avoir un corps, sinon elle n'est pas emportée. La traduction d'Agaësse et Solignac (« ... s'il s'agit d'un lieu corporel, ou bien l'âme n'y est pas emportée sinon avec une sorte de corps, ou bien n'y est pas emportée selon un mouvement local ») laisse entendre que l'âme peut être emportée dans un lieu corporel sans y être emportée localement, alors que, dans la seconde branche de l'alternative, elle n'est simplement *pas* emportée dans un lieu corporel (parce que pour cela, il faudrait qu'elle ait un corps). Le « lieu » qui surpasse les autres est le « troisième ciel », dans lequel saint Paul a été ravi d'après 2 Co 12, 2-4.

60   J. Pépin, « Pourquoi l'âme automotrice aurait-elle besoin d'un véhicule ? », p. 295-96.

61   Sur la leçon « similitudinibus sensuum », cf. *La Genèse au sens littéral*, BA 49, p. 426 ; J. Pépin, *op. cit.*, p. 296, n. 12.

62   Selon J. Pépin, Augustin se réfère ici à « la pratique d'une sorte de chamanisme occidental » (*ibid.*, p. 296).

63   Cf. E. Bermon, *Le Cogito dans la pensée de saint Augustin*, p. 167-173 (« La vie après la mort »).

Comment faut-il concevoir cette « ressemblance » ou cette « image » de son corps que l'âme emporte avec elle lorsqu'elle fait une expérience extatique ou qu'elle meurt ? De l'avis de Jean Pépin, « tout porte à croire que la *similitudo corporis*, qui permet à l'âme de voyager hors de son corps terrestre, n'est pas autre chose qu'une désignation du corps véhicule (...). Dans ces conditions, il apparaît très vraisemblable qu'Augustin, démentant ainsi son propos d'il y a un instant : *ego autem non puto*, donne maintenant son adhésion à une intervention du corps véhicule au moment où l'âme humaine aura quitté son corps terrestre »[64].

J'avoue ne pas comprendre pour quelle raison Jean Pépin voit un retour subreptice du « véhicule » néoplatonicien à la faveur de l'admission d'une « ressemblance du corps » que l'âme conserve après la mort : rien ne paraît imposer une telle interprétation. D'entrée de jeu, Augustin a dit qu'il ne pensait *pas* qu'après la mort, l'âme ait un corps, dont l'existence serait nécessaire si elle était transportée dans des lieux *corporels*. Il enchaîne en soutenant que l'âme est emportée dans des lieux *spirituels* (*ad spiritalia uero fertur*), c'est-dire incorporels ou imaginaires, avec une « ressemblance de corps », qui est un medium non pas corporel ou quasi-corporel, comme le « véhicule », mais « spirituel », lui aussi, à l'instar des « lieux » où elle « se rend » précisément. Bref, je pense que l'âme n'emporte avec elle qu'une image *incorporelle* du corps propre.

Augustin prévient alors l'objection selon laquelle la peine ou la joie de l'âme après la mort ne seraient pas vraies, si elles étaient éprouvées en l'absence de véritables corps. Il répond en substance que « la joie des âmes justes et la peine des âmes damnées ne sont pas pour autant illusoires, car les *spiritalia* sont réels en tant que tels : l'illusion à leur propos, dans les rêves ou les visions, ne porte pas sur leur réalité, elle est seulement dans l'erreur de l'âme qui prend pour des corps réels ce qui n'est qu'une image des corps » (XII, 32, 61)[65]. Ainsi Pierre se trompait-il en pensant que les aliments qu'il voyait en extase étaient véritables (Ac 10, 11-12) ou bien en pensant que sa délivrance de la prison n'était pas véritable (Ac 12, 7-9) ; « son âme se trompait dans l'un et l'autre cas, mais seulement parce qu'elle prenait une chose pour une autre ; dès lors, tout ce qui affecte l'âme au sortir du corps, soit en bien soit en mal, a beau être, non pas corporel, mais semblable aux choses corporelles, comme l'âme s'apparaît à elle-même sous une apparence semblable à son corps, tout cela ne laisse pas d'être (*sunt tamen*) : c'est une vraie joie et une vraie souffrance, qui sont faites

---

64   J. Pépin, *op. cit.*, p. 297-98.
65   *La Genèse au sens littéral*, « Note complémentaire » 52 : « Les trois genres de visions », BA 49, p. 575-585 : p. 584.

d'une substance spirituelle (*facta de substantia spirituali*) (*De Gen. ad litt.* XII, 32, 61).

Un passage du traité sur l'*Origine de l'âme* explique clairement cette idée : « Les souffrances ont beau être éprouvées en rêve, même si nous n'avons pas nos membres corporels mais une ressemblance de nos membres corporels, nous éprouvons, non pas une ressemblance de douleur, mais bien la douleur elle-même. Et il en va de même lorsqu'il s'agit de joies » (*De anim. et eius orig.* IV, 18, 27). Le phénomène du rêve montre donc qu'en dépit de son étrangeté, le fait que l'âme éprouve comme si elles étaient corporelles des représentations qui ne proviennent pas des sens du corps est celle-là même qui caractérise notre condition chaque nuit (cf. *De Gen. ad litt.* XII, 33, 61-62).

Bref, l'hypothèse selon laquelle l'âme emporte avec elle une « ressemblance de son corps » partout où elle « va » est *nécessaire* pour penser les conditions d'existence d'une vie après la mort. Mais cette hypothèse est aussi *suffisante* : il n'est pas besoin de postuler que cette « apparence de corps » soit « imprimée » dans un corps subtil, à l'instar du « reflet » porphyrien (cf. *Sent.* 29, 18, 10-12). Nous mesurons, à partir de là, ce qui sépare les conceptions augustinienne et porphyrienne des enfers.

4.2.2 Porphyre et Augustin sur les peines de l'enfer

Dans le *Traité sur le Styx*, Porphyre présente l'Hadès homérique comme étant divisé en deux parties par le fleuve Achéron (fr. 377 Smith, l. 36-45)[66]. Les âmes injustes restent à l'extérieur de l'Achéron et là « elles reçoivent leurs punitions par l'intermédiaire de leur réflexion (λογισμός) et du souvenir de ce qu'elles ont vécu. En effet, elles ont les représentations de toutes les choses terribles qu'elles ont commises et elles en sont punies du fait que leur faute est présente à leur réflexion et qu'elle les tourmente en leur infligeant des punitions proportionnées à leurs fautes ; d'où le fait que certaines parmi les âmes croient soulever de lourdes pierres et être punies par cette oppression, que d'autres ont la représentation d'une soif et d'une faim éternelles et que d'autres ont la représentation de quelqu'autre chose parmi celles qui les ont fait frémir pendant leur vie mortelle ».

Comme l'écrit Stéphane Toulouse, « nous avons là un développement intéressant de la doctrine selon laquelle les peines de l'Enfer sont imaginaires. Or, pour que cette doctrine puisse être formulée, il est requis que soit élaborée l'idée d'une vie de type imaginatif ou eidôlique ; cette élaboration, elle-même

---

[66] Sur ce traité, cf. C. Castelletti, *Porfirio, Sullo Stige : testo greco a fronte*, Milano, Bompiani, 2006 ; Id., « Le traité *Sur le Styx* du philosophe néoplatonicien Porphyre », *Les Études Classiques*, vol. 75, n° 11-2, 2007, p. 23-36.

porphyrienne, se trouve dans les *Sentences*, 29, et dans l'exposé synésien du traité *De insomniis*, lui-même sous influence porphyrienne : le pneuma est à la fois le support de l'imagination et le corps de l'âme dans l'au-delà »[67]. Bien que le corps pneumatique de l'âme ne soit pas mentionné dans notre texte, c'est lui qui subit les châtiments dans l'Hadès.

Son existence semble en outre requise pour rendre compte du fait que l'Hadès est conçu comme un vrai lieu « géographique », à l'instar de la terre et de la plaine élyséenne, le long de l'Océan, où les justes sont envoyés avec leurs corps (fr. 377, 10-14). Sur ce point aussi, on perçoit une différence entre Porphyre et Augustin. Celui-ci poursuit son explication, au livre XII du *De genesi*, en affirmant que certains sages (païens) n'ont pas non plus douté le moins du monde de la réalité substantielle des enfers ; et pourtant un problème se pose : « Comment peut-on dire que les enfers sont sous la terre, s'ils ne sont pas des lieux corporels ? ou d'où vient qu'on les appelle "enfers" (*inferi* i.e. les réalités d'en-bas) s'ils ne sont pas sous la terre ? Voilà une question légitime » (XII, 33, 62). Augustin risquera une explication du mot *inferi* : « comme dans l'ordre des réalités spirituelles *inferiora sunt omnia tristiora* (XII, 34, 66), l'origine étymologique du terme grec correspondant à *inferi* serait, selon certains, *quod nihil suaue habeant* (Ἅιδης dériverait ainsi de ἀ-ἡδύς) »[68].

Pour lors, il réaffirme que l'âme porte avec elle une ressemblance de son corps lorsqu'elle rêve et que « par conséquent, si elle porte aussi dans les enfers cette ressemblance qui n'est pas corporelle mais semblable au corps, il semble qu'elle soit aussi dans des lieux qui ne sont pas corporels, mais qui sont semblables à des lieux corporels, soit dans le repos, soit dans les souffrances » (XII, 33, 62). Le fait que la « ressemblance du corps » ne soit *pas* corporelle la distingue clairement du « véhicule » néoplatonicien.

4.2.3 Le « spiritus » augustinien

Comment comprendre enfin que la joie ou la souffrance éprouvées *post mortem* par l'âme soient « faites », comme l'a dit Augustin, « d'une substance spirituelle » (*facta de substantia spiritali*) (*De Gen. ad litt.* XII, 32, 61) ? Cette substance spirituelle est assurément le *spiritus* de l'âme, au sens technique du terme[69], c'est-à-dire le lieu des images psychiques. L'analyse du *De genesi*

---

67   *Les Théories du véhicule de l'âme*, vol. 2, p. 369, n. 30. L'explication est reprise par C. Castelletti dans « Le traité *Sur le Styx* ... », p. 25.

68   P. Agaësse et A. Solignac, BA 49, p. 584.

69   Sur cette notion, cf. G. Verbeke, *L'Évolution de la doctrine du pneuma*, p. 489-508 ; P. Agaësse et A. Solignac, « "Spiritus" dans le livre XII du *De Genesi* », BA 49, p. 559-556. Augustin repère sept applications de « spiritus » dans l'Écriture, où ce terme désigne (1) le corps ressuscité (1 Co 15, 44) ; (2) l'air, son souffle ou son mouvement (Ps 148, 8) ; (3)

relative à la destinée de l'âme au sortir du corps terrestre témoigne donc clairement de l'évolution que la pneumatologie augustinienne a fait subir à la théorie antique du *pneuma*. Comme l'écrit G. Verbeke, « elle peut être considérée comme le point d'aboutissement d'une première étape dans le développement de la pneumatologie, étape qui se caractérise par une évolution progressive dans le sens du spiritualisme : le pneuma ne perd pas toute attache avec les réalités corporelles, mais désormais ce terme désigne avant tout la manière d'être propre aux réalités immatérielles »[70]. Plus précisément, « il y a une différence importante entre la pneumatologie de Porphyre et la doctrine augustinienne du *spiritus*, c'est que ce *spiritus* est considéré comme une puissance de l'âme, alors que le pneuma de Porphyre est décrit comme une enveloppe psychique : il en résulte que le *spiritus* d'Augustin, tout en étant subordonné à l'intelligence, fait cependant partie de l'âme immatérielle, tandis que le caractère matériel de l'enveloppe pneumatique des néoplatoniciens est incontestable »[71].

4.3   *Conclusion*

Pour conclure, au regard d'Augustin, rien ne nous autorise ou nous contraint à affirmer l'existence d'un véhicule de l'âme. « L'homme possède une âme qui n'est pas un corps et un corps qui n'est pas une âme » (*De Trin.* XV, 6, 11), sans

---

l'âme des bêtes et (4) l'âme de l'homme (Quoh 3, 21) ; (5) le lieu des significations, images et similitudes des choses corporelles (1 Co 14, 2, 6, 14, 16) ; (6) la *mens rationalis* (Eph 4, 23-24 ; Rm 7, 25) ; (7) Dieu (Jn 4, 24) (cf. BA 49, p. 561). C'est le cinquième sens qui nous intéresse ici. C'est celui d'« une puissance de l'âme inférieure à l'intellect, où se forment les ressemblances des choses corporelles (*uis animae quaedam mente inferior, ubi corporalium rerum similitudines exprimuntur*) » (*De Gen. ad litt.* XII, 9, 20). Cf. aussi XII, 23, 49 : « ... il est certain qu'il y a en nous une certaine nature où se forment les ressemblances des choses corporelles (... *certum est esse spiritalem quandam naturam in nobis, ubi corporalium rerum formantur similitudines*) ».

[70]   G. Verbeke, *L'Évolution de la doctrine du pneuma*, p. 398. Cette évolution s'expliquerait par le fait que la source principale de la pneumatologie d'Augustin est l'Écriture et non pas le néoplatonisme (*op. cit.*, p. 507).

[71]   G. Verbeke, *op. cit.*, p. 504. L'auteur se réfère à l'explication donnée du terme « spiritus » par le Pseudo-Augustin dans le *De spiritu et anima* : cette puissance s'appelle *spiritus*, parce qu'elle n'est pas corporelle (« spiritu autem corporum similitudines intuetur [anima] ; quidquid enim corpus non est et tamen aliquid est, recte iam spiritus dicitur ») (*De spiritu et anima*, 24, PL 40, 797) (cité *ibid.*, p. 505). D'autre part, Verbeke indique que l'on trouve chez Augustin l'équivalent de l'enveloppe pneumatique des néoplatoniciens, avec cette différence toutefois qu'elle n'est pas appelée « spiritus », mais « lux et aer » (*De Gen. ad litt.* VII, 15, 21). « Il est significatif d'ailleurs qu'Augustin ait éprouvé le besoin de modifier la terminologie reçue : il évite autant que possible de se servir du terme *spiritus* pour désigner des réalités matérielles » (p. 505) (il parle par ex. de la qualité spirituelle du corps des anges en *De Trin.* III, 1, 5 : « manente spirituali sui corporis qualitate »).

tertium quid. Si cependant on tient à ce que l'âme ait un véhicule, celui-ci n'est autre que le corps de chair et d'os : « Certainement, tu vis ; tu as un corps, tu as une âme. Le corps est visible, l'âme est invisible ; le corps est un habitacle, l'âme est son habitant ; le corps est un véhicule, l'âme est l'utilisateur du véhicule ; le corps est comme le véhicule qui est dirigé, l'âme est l'aurige de ton corps » (*Sermo* 223A, MiAg 1, p. 15, 22 sq.). Ces affirmations sont encore platoniciennes : elles se comprennent à partir de l'anthropologie de l'*Alcibiade* selon laquelle l'homme, c'est son âme, qui se sert du corps, et elles s'accordent avec certaines formulations du *Timée*, qui attribue aussi au corps *de chair et d'os* la fonction de char (*Tim.* 44e ; 69c).

Après Augustin, le « véhicule » de l'âme connaît un développement considérable dans le néoplatonisme grec, en particulier chez Proclus. Chez les auteurs chrétiens, il est repris par Synésius, qui en fait grand cas, puis par Boèce, qui écrit à propos des âmes, dans l'hymne « O qui perpetua mundum ratione gubernas ... » : « ... leuibus sublimes curribus aptans / in caelum terramque seris ... » (« Tu les attaches dans les airs à des chars légers et les sèmes au ciel et sur terre ... » (*Cons. phil.*, III, m. 9, 19-20). La doctrine fut transmise au moyen âge notamment par l'intermédiaire d'Augustin : « Parmi les questions disputées de saint Thomas *De spiritualibus creaturis*, on trouve à l'article VII la question suivante : *Utrum substantia spiritualis corpori aereo uniatur*. L'auteur y donne une réponse négative »[72]. Cela n'empêcha pas Dante de décrire en des termes saisissants la manière dont l'âme, une fois qu'elle s'est rendue sur l'une des deux rives (de l'Achéron ou du Tibre) au temps fixé par Lachésis, génère un corps aérien appelé l'« ombre » – une réminiscence de l'affirmation selon laquelle le *pneuma* appartient à la nature « ombreuse » (σκοτεινή) (*Sent.* 29, 15) – (*Purgat.* XXV, 79 sq.). La doctrine fut ensuite reprise à la Renaissance par des auteurs comme Marcile Ficin et Giordano Bruno[73], par les Platoniciens de Cambridge, Leibniz[74] et – pour le pire – par de nombreuses doctrines ésotériques. En dépit de l'intérêt de la critique qu'Augustin produisit du corps-véhicule dans la *Lettre* 13 et le *De genesi*, son influence sur ce point semble être restée marginale.

72 Cf. G. Verbeke, *op. cit.*, p. 370, n. 49.
73 Cf. R. Klein, « L'imagination comme vêtement de l'âme chez Marsile Ficin et Giordano Bruno », *Revue de Métaphysique et de Morale*, vol. 61, n. 1, 1956, p. 18-39.
74 Leibniz demande : « Car pourquoy l'ame ne pourroit elle pas tousjours garder un corps subtil, organisé a sa manière, qui pourra même reprendre un jour ce qu'il faut de son corps visible dans la resurrection, puisqu'on accorde aux bien-heureux un corps glorieux, et puisque les anciens pères ont accordé un corps subtil aux anges » (*Considérations sur la doctrine d'un Esprit universel unique*) (éd. Gerhardt, VI, p. 533).

L'attachement à Dieu et l'engagement dans la vie publique (*Lettre* 5 de Nebridius)

1 La fondation à Thagaste d'une communauté religieuse

La très brève *Lettre* 5 de Nebridius présente un intérêt d'ordre biographique. Elle date vraisemblablement des premiers temps du retour d'Augustin à Thagaste, à l'âge de 34 ans, à l'automne de 388. Pour lui, comme l'écrit Serge Lancel, « se dessinait enfin la possibilité pratique de réaliser, après les rêves faits à Milan, après l'expérience réussie mais brève de Cassiciacum, le projet de vie communautaire qui était devenu indissociable d'une existence chrétienne »[1]. Dans ce but, entouré d'Adéodat, Alypius, Evodius et Severus[2], « il décida », écrit Possidius, « de s'installer dans la maison et sur les terres qui lui appartenaient » (*Vita Aug.* 3, 1)[3].

L'importance historique de cette nouvelle expérience de vie a été bien caractérisée par Pierre Monceaux : « la maison de Thagaste marque une transition

---

1 S. Lancel, *Saint Augustin*, p. 189. Le second séjour romain d'Augustin mérite aussi d'être mentionné à ce propos. Bien que les *Confessions* n'en disent rien, nous savons qu'Augustin se consacra alors à l'étude des rites de l'Église (cf. *Ep.* 36, 5, 9) et à celle de la vie monastique déjà florissante à Rome, qu'il évoque avec précision dans le *De moribus* (I, 33, 70-73), rédigé à cette époque (cf. *Retract.* I, 7, 1) (cf. A. Trapè, *La Règle d'Augustin commentée*, p. 29-32 [« Rome »]). « L'occasion s'offrait à lui d'étudier de près, pendant presque un an, la vie communautaire dans ses principes ascétiques et dans sa réalisation pratique » (A. Zumkeller, *L'Idéal monastique de saint Augustin*, p. 31).

2 Il s'agit d'un ancien camarade de Carthage, futur évêque de Milev. Quant à Alypius et Evodius, ils devinrent respectivement évêques de Thagaste et d'Uzali. La communauté de Thagaste est une « pépinière de futurs évêques africains » (A. Zumkeller, *L'Idéal monastique de saint Augustin*, p. 43-44).

3 « Les mots choisis par Possidius, *placuit ei*, font écho à ceux d'Augustin : *placitum sanctum* (*Conf.* IX, 8, 17) » (G. Lawless, *Augustine of Hippo and his Monastic Rule*, p. 48). Possidius précise, dans la phrase qui suit (3, 2), qu'Augustin céda cette maison et ces terres (« et a se iam alienatis … »). D'après S. Lancel, il aurait fait une donation à l'Église de Thagaste, tout en gardant l'usufruit de ses biens, restés en indivision avec son frère et sa sœur, de façon à pouvoir y résider avec ses compagnons (*op. cit.*, p. 189). Le renoncement à la propriété, dont on voit ici la première application, fut une exigence d'Augustin envers tous ceux qui vivaient avec lui (*Serm.* 355, 6 ; *Ep.* 88, 3 ; *Reg.* I, 2) (cf. A. Trapè, *La Règle d'Augustin commentée*, p. 185 sq.). Le modèle de la communauté primitive de Jérusalem (cf. Ac 4, 32-35, cité notamment au début de la *Règle*) se substitue à l'idéal « pythagoricien ».

entre la villa studieuse de Cassiciacum et les monastères proprement dits qui vont apparaître à Hippone »[4].

À en croire le témoignage de Possidius, à son retour à Thagaste, Augustin s'établit « pendant près de trois ans » dans son domaine ; là, « il vivait pour Dieu, en compagnie de ceux qui lui étaient attachés, dans le jeûne, les prières, les bonnes œuvres, méditant jour et nuit sur la loi du Seigneur (*cum iis qui eidem adhaerebant, Deo uiuebat* [Rm 6, 11], *ieiuniis, orationibus* [Lc 2, 37], *bonis operibus, in lege Domini meditans die ac nocte* [Ps 1, 2] » (*Vita Aug.* 3, 2).

La *Lettre* 5 nous conduit pourtant à nuancer ce tableau idyllique. Peut-être à l'instigation de Romanianus, le patron de la cité et le protecteur d'Augustin, le retour à la maison s'accompagnait d'un engagement dans la vie publique de sa patrie. Mais sous quelles formes ? Telle est la question.

2   Une exhortation à revenir au loisir

Nebridius réagit vivement à des nouvelles de Thagaste qu'il jugeait alarmantes (p. 11, 9-13) : l'idée qu'Augustin consacre son énergie aux affaires (*negotiis*) de ses concitoyens et qu'il se trouve de ce fait empêché de mener une vie de repos ou de loisir (*cessatio*)[5] suscite chez lui un élan d'indignation (sur ce trait de

---

[4] « Saint Augustin et saint Antoine. Contribution à l'histoire du monachisme », *Miscellanea Agostiniana*, II, Rome, Typografia Poliglotta Vaticana, 1931, p. 60-89 : p. 74-75. La question du statut exact de cette communauté a cependant suscité de vives discussions ces dernières décennies (voir à ce propos F. Navarro Coma, « La Correspondencia entre Agustín y Nebridio », p. 272-273, n. 51). La position de Monceaux selon laquelle il s'agit d'une *transition* a été reprise par la plupart des historiens ; voir notamment A. Mandouze, *Saint Augustin. L'aventure de la raison et de la grâce*, p. 209-12 ; A. Trapè, *Saint Augustin. L'homme, le pasteur, le mystique*, tr. fr., Paris, Fayard, 1988, p. 108-109 ; S. Lancel, *Saint Augustin*, p. 325. D'après G. Folliet, en revanche, l'importance accordée à l'*otium*, sous l'influence du néoplatonisme, indiquerait qu'il s'agit encore d'une communauté intellectuelle du type de celle de Cassiciacum (« Aux origines de l'ascétisme et du cénobitisme africain », *Studia Anselmiana*, 46, 1961, p. 25-44 : p. 36-42 ; « Le monachisme en Afrique de saint Augustin à saint Fulgence », in *Il monachesimo occidentale dalle origini alla "Regula Magistri"*, Rome, Institutum patristicum augustinianum, 1998, p. 291-315 : p. 292-293). R. J. Halliburton défend le même point de vue dans « The Inclination to Retirement. The Retreat of Cassiciacum and the "Monastery" of Thagaste », *Studia patristica*, 1962, p. 329-40. Enfin, à l'inverse de cette position, A. Zumkeller, *L'Idéal monastique de saint Augustin*, p. 34-44 (« Le premier monastère ») et G. Lawless, *Augustine of Hippo and his Monastic Rule*, p. 45-58 (« The Monastery at Thagaste ») affirment l'existence, dès cette époque, d'une vie déjà monastique.

[5] En *Ep.* 10, 2, p. 24, 7, Augustin affirme son besoin de disposer d'un « repos hors d'atteinte » (*secura cessatio*).

caractère, cf. *Ep.* 98, 8). Les habitants de Thagaste, pense-t-il, ignorent ce qu'Augustin aime, ce qu'il « convoite ».

Nebridius atteste ici que « concupiscere » peut (très rarement) être pris en bonne part, comme Augustin lui-même l'indique dans la *Cité de Dieu*, où il cite Sg 6, 21 : « concupiscentia sapientiae perducit ad regnum », tout en précisant que l'usage veut que ce terme, à l'instar de « cupiditas », soit pris en mauvaise part en l'absence de complément d'objet (*De ciu. Dei*, XIV, 7, 2)[6]. Cet emploi insolite de « concupiscit » dans notre lettre témoigne peut-être de l'intérêt de Nebridius pour les questions de propriété et d'impropriété grammaticales (cf. *Ars breuiata*, X, 2 = §99 Bonnet)[7] et peut-être aussi d'un « lexique » qu'il partageait avec son ami. En effet, lorsqu'il évoque sa lecture de l'*Hortensius* de Cicéron, Augustin écrit lui-même : « Ce livre changea mes sentiments et il tourna mes prières vers toi, Seigneur, et il rendit tout autres mes vœux et mes désirs. Vile devint soudain pour moi toute vaine espérance ; c'est l'immortalité de la sagesse que je convoitais dans un bouillonnement du cœur incroyable, et j'avais commencé à me lever pour revenir vers Toi (*immortalitatem sapientiae concupiscebam aestu cordis incredibili et surgere coeperam, ut ad te redirem*) » (*Conf.* III, 4, 7)[8].

S'étonnant que Romanianus et son fils Lucinianus, le frère de Licentius (cf. *Cont. Acad.* II, 3, 9), n'aient rien fait pour remédier à cette situation, Nebridius fait une belle apologie d'Augustin en déclarant qu'il voudrait quant à lui clamer aux oreilles de tous que son ami « aime Dieu » et qu'il désire « le servir et s'attacher à lui » (*illi seruire atque inhaerere*) (p. 11, 14-15) – deux expressions remarquables qui désignent la fin du loisir[9].

2.1 « Servir Dieu »

Les *Soliloques* mentionnent plusieurs fois le thème du « service de Dieu » (cf. I, 1, 5 : « tibi soli seruire paratus sum » ; I, 15, 30). Dans le passage des *Confessions*

---

[6] Dans ce même passage, Augustin invoque le témoignage d'auteurs païens pour nier qu'« amor » ait un sens péjoratif.

[7] « Certains distinguent du solécisme l'impropriété (*improprium*), qui se dit en grec *acyrologia*. Si quelqu'un dit par exemple *libido amicitiarum* [le désir de ses amis] au lieu d'*amor* [l'amour de ses amis] et *factio bonorum* [les dispositions de ses biens] au lieu de *cessio* [la cession de ses biens], s'il ne dit pas cela pour critiquer ou pour se moquer, mais pense en toute bonne foi qu'il faut parler ainsi, on ne le blâme jamais en arguant qu'il a fait un solécisme. Il y a donc cette différence entre le solécisme et l'impropriété, que l'on blâme dans le solécisme une ignorance de l'agencement, dans l'impropriété une ignorance de la signification : car ne pas savoir comment les mots doivent s'enchaîner est une chose, mais ne pas savoir ce qu'ils signifient en est une autre » (*Abrégé de grammaire de saint Augustin*, p. 45-47).

[8] Tr. Bouissou et Tréhorel légèrement modifiée.

[9] Sur cette thématique, voir la *Lettre* 10.

où il fait part de son intention de rentrer dans son pays avec ses amis, Augustin écrit : « Nous cherchions en quel lieu nous pourrions plus utilement te servir (*quisnam locus nos utilius haberet seruientes tibi*) » (*Conf.* IX, 8, 17). Dans la *Cité de Dieu*, il précisera qu'au moment de leur retour, Alypius et lui étaient alors, « non pas encore des clercs, mais déjà des serviteurs de Dieu » (« ueniantes enim de transmarinis me et fratrem meum Alypium, nondum quidem clericos, sed iam Deo seruientes ») (*De ciu. Dei*, XXII, 8, 3)[10] – une affirmation à laquelle fait écho l'expression « deo pariter seruientes » utilisée par Possidius (*Vita Aug.* 3, 1). Possidius précise que, plus tard, les recrues du monastère d'Hippone vivaient en « saints serviteurs de Dieu » (*ibid.* 11). Comme on le sait, le terme de « serviteur de Dieu » désignait aussi les moines[11]. Il était assez souple en tout cas pour pouvoir faire le trait d'union entre l'existence que menait alors Augustin et celle de Nebridius, qui « servait Dieu » auprès des siens au même moment (*Conf.* IX, 3, 6).

2.2   « *S'attacher à Dieu* »

Quant à l'expression « s'attacher à Dieu », elle est chez Augustin lui-même une définition « standard » du bonheur, à l'instar d'autres formulations comme « avoir Dieu » (*De beat. uit.* 2, 11), « jouir de Dieu » (*frui deo*) (cf. par ex. *De ciu. Dei*, VIII, 8), « jouir de la vérité » (*De lib. arb.* II, 13, 35), « contempler Dieu » (*De ciu. Dei*, X, 16, 1), « avoir quelque chose d'éternel en le connaissant » (*De diu. quaest.* 35, 2)[12]. Sa particularité est d'être *scripturaire*. Elle réfère en effet à Ps 72, 28 : « Mihi autem adhaerere [ou inhaerere ou cohaerere ou simplement

---

10   Comme l'écrit P. Brown, « la position que ces *serviteurs de Dieu* occupaient dans l'Église latine provenait moins d'une insertion au sein d'une vie monastique régulièrement organisée que du prestige que revêtait alors un certain idéal de vie parfaite » (*La Vie de saint Augustin*, Paris, Le Seuil, 1971, p. 153).

11   G. P. Lawless montre que l'absence du mot « monasterium » dans les textes se rapportant à cette période n'implique pas qu'il n'y ait pas eu de monastère de Thagaste (*Augustine of Hippo and his Monastic Rule*, p. 47 sq.). « To be sure, a few western writers, Jerome and Ambrose for example, had already begun to employ the Greek loanwords *monasterium* and *monachus*, but this recently introduced terminology remained infrequent in the 470s and 480s » (D. E. Trout, « Augustine at Cassiciacum : *otium honestum* and the social dimension of conversion », *Vigiliae Christianae*, 42, 1988, p. 132-146 : p. 141).

12   Sur ces définitions, cf. Ch. Tornau, « Happiness in this Life ? Augustine on the Principle that Virtue Is Self-sufficient for Happiness », in Ø. Rabbås et al. (ed.), *The Quest for the Good Life : Ancient Philosophers on Happiness*, Oxford, Oxford University Press, 2015, p. 265-280 : p. 265-66.

haerere] deo bonum est » (LXX : « ἐμοὶ δὲ τὸ προσκολλᾶσθαι τῷ θεῷ ἀγαθόν ἐστιν »)[13]. Ce verset traverse l'œuvre d'Augustin[14].

Parmi les très nombreuses occurrences de l'expression « s'attacher à Dieu », certaines sont particulièrement remarquables. Les « premières ascensions utilisent le terme d'*inhaerere* (cf. par ex. *De Ord.* II, 10, 28 ; *De quant. anim.* 33, 76 ; *De mus.* VI, 13, 38 ;13, 42 ; 14, 46 ; 16, 53) »[15]. L'« adhésion à Dieu » est au cœur de la vie anachorétique selon le *De moribus catholicae ecclesiae* (31, 66). Elle définit le bonheur à la fois objectivement et subjectivement en *De lib. arb.* II, 19, 52[16]. La *Question* 54, « De eo quod dictum est : "mihi adhaerere Deo bonum est" » présente une explication purement philosophique de ce verset. Les *Confessions* emploient très souvent « inhaerere », notamment à propos du « caelum caeli » (cf. *Conf.* XIII, 2, 3 ; XIII, 8, 9).

Si la notion d'attachement à Dieu est biblique, elle est aussi platonicienne (bien que le verbe employé en grec philosophique ne soit pas le même qu'en Ps 72, 28) : on lit en *Rép.* X, 611e (le passage sur « Glaucos de la mer ») que, pour voir la véritable nature de l'âme, qui a été rendue méconnaissable par son union avec le corps, il faut « tourner son regard » « vers son amour de la sagesse et se représenter ce à quoi elle s'attache (ὧν ἅπτεται), et quelles fréquentations elle désire, du fait de sa parenté avec le divin, l'immortel et ce qui est toujours, et quelle elle deviendrait si elle se laissait guider tout entière par un tel être ».

Peut-être en dépendance de ce passage de Platon, qu'il cite en *Enn.* I, 1 [53], 12, 13-17, Plotin utilise souvent le verbe ἅπτομαι et ses composés (συνάπτομαι, ἐφάπτομαι) à propos de l'union à l'Un. Celui-ci est comparé, dans le *Traité* 9, au centre d'un cercle, avec lequel il faut faire coïncider son propre centre pour s'attacher à lui. Par nature, « est Dieu ce qui est attaché à ce centre (θεὸς γὰρ τὸ ἐκείνῳ συνημμένον), mais ce qui se tient loin de lui est un homme ordinaire et une bête » (VI, 9 [9], 8, 8-10) ; l'homme doit s'efforcer de parvenir à cette

---

13   Sur l'histoire et les traductions de ce verset en grec et en latin, cf. S. D. Sfrizo, *Adhaerere deo. L'unione con Dio. Filologia e storia di una locuzione biblica*, Brescia, Paideia Editrice, 1980.

14   « Il y a plus de cinquante citations de ce verset dans Augustin, dont la première est *mor.* 1. 26 (388 A.D.) » (Ch. Tornau, *op. cit.*, p. 266, n. 9).

15   J. Teubner, *Prayer after Augustine : A Study in the Development of the Latin Tradition*, Oxford, Oxford University Press, 2018, p. 96, n. 54.

16   « Voluntas ergo … cum inhaeret incommutabili bono … tenet homo beatam uitam : eaque ipsa uita beata, id est animi affectio inhaerentis incommutabili bono, proprium et primum est hominis bonum ». « *Affectio* est l'aspect psychologique de la relation ontologique de participation ; c'est en étant "affectée" par les Idées, par la béatitude divine, que l'âme en devient participante » (R. Holte, *Béatitude et sagesse : Saint Augustin et le problème de la fin de l'homme dans la philosophie ancienne*, Paris, Études Augustiniennes, 1962, p. 220, n. 1).

« adhésion »[17]. Ce thème trouve son expression la plus claire au chapitre 9 de ce traité, qui oppose l'Aphrodite céleste et l'Aphrodite vulgaire et reprend le thème de la fuite du *Théétète* : « Il faut écarter les autres choses et se tenir en lui seul et devenir lui seul, en supprimant tout le reste dont nous sommes entourés ; nous nous efforçons ainsi de sortir d'ici et nous nous indignons d'être attachés à d'autres choses, afin de l'embrasser de tout notre être sans qu'il n'y ait aucune de nos parties par laquelle nous ne nous attachions pas à Dieu » (VI, 9 [9], 9, 50-55). L'assimilation à Dieu se produit alors car « celui qui voit ne voit pas, ne distingue pas, ne se représente pas deux choses, mais il est en quelque sorte devenu un autre et il n'est plus lui-même ni ne s'appartient plus là-bas, mais étant devenu à lui, il est un, comme s'il avait attaché à ce centre son propre centre » (VI, 9 [9], 10, 14-17).

La même terminologie se retrouve chez Porphyre. On lit dans la *Sentence* 40 que « dans l'amour de nous-mêmes, nous nous reprenons nous-mêmes et nous attachons à Dieu (ἑαυτούς τε ἀπολαμβάνοντες καὶ τῷ θεῷ συναπτόμενοι) » (*Sent.* 40, 67-68) ; et dans le *De abstinentia* que « le prêtre du dieu suprême est expert dans l'art de faire sa propre statue et en matière de purifications et d'autres choses par lesquelles il s'attache à Dieu (συνάπτεται τῷ θεῷ) » (*De abst.* II, 49, 1). Porphyre va jusqu'à écrire « qu'il n'existe pas d'autres moyens pour atteindre le but que de se clouer (προσηλοῦν) à Dieu, si l'on peut dire, et de se déclouer du corps » (*De abst.* I, 57, 1)[18].

Cette double appartenance terminologique (biblique et platonicienne) explique le rôle stratégique joué plus tard par Ps 72, 28 dans les débats d'Augustin avec les philosophes néoplatoniciens sur les fins dernières. Le début du livre X de la *Cité de Dieu* annonce que ce sujet sera traité de préférence avec ces philosophes « parce qu'ils ont été capables de comprendre que l'âme humaine, bien qu'elle soit immortelle et rationnelle, ne peut être heureuse que par la participation à la lumière du Dieu par qui elle-même et le monde ont été faits ; ainsi, ce que tous les hommes désirent, disent-ils, à savoir le bonheur, nul ne peut l'atteindre, à moins de s'attacher (*adhaeserit*) par la pureté d'un amour

---

17   La comparaison du « cercle », également utilisée en V, 1 [10], 11, 10-15, semble avoir influencé Augustin. On lit au début du *De ordine* que, de même qu'il n'y a qu'un seul point dans un cercle vers lequel tout converge, le centre, et qu'en s'en éloignant on perd tout, de même « l'esprit qui s'est répandu hors de lui-même est frappé (*diuerberari*) par une sorte d'immensité et réduit à une véritable mendicité, lorsque sa nature le contraint à chercher l'un partout, et que la multitude ne lui permet pas de le trouver » (I, 1, 3).

18   L'expression « a une résonance chrétienne » (*Porphyre, De l'Abstinence*, texte établi et traduit par J. Bouffartigue et M. Patillon, t. 1, p. 41). Elle peut sans doute aussi se comprendre en référence au passage du *Phédon*, 83d, qui affirme que chaque plaisir et chaque peine « clouent » l'âme au corps.

chaste à l'un très bon, qui est le Dieu immuable » (x, 1). La formulation du *telos* de la vie morale en terme d'« adhésion » à Dieu est ici clairement présentée comme étant aussi platonicienne.

Augustin produit ensuite le témoignage de Plotin, qui soutient comme les chrétiens que Dieu est l'unique source du bonheur pour les hommes en tant qu'il est la lumière intelligible (x, 2). Il en déduit que « notre bien, dont le terme suscite une si grande dispute parmi les philosophes, n'est rien d'autre que de nous attacher à Celui seul dont l'étreinte incorporelle, si l'on peut dire, remplit l'âme de la vérité et la féconde par les vertus » (x, 3).

Dans la suite du livre, Augustin formule une définition du sacrifice inspirée de Ps 72, 28 : « Le vrai sacrifice est toute œuvre qui contribue à nous attacher à Dieu dans une société sainte, c'est-à-dire toute œuvre rapportée à ce bien ultime grâce auquel nous pouvons être vraiment heureux » (x, 6)[19]. Puis il retourne cette définition contre les Platoniciens pour disqualifier le culte rendu aux anges et aux démons. Après une longue discussion avec Porphyre sur le rôle de ces intermédiaires, Plotin est à nouveau cité (x, 16, 1), à l'appui de la thèse selon laquelle la contemplation du vrai Dieu, qui seule rend heureux, doit être préférée au culte d'êtres qui lui sont inférieurs. Augustin « a le sentiment d'être sur un terrain commun avec les Platoniciens lorsqu'il définit l'ultime et souverain bien dans le langage du Psaume 72, 28 : "Mais il m'est bon de m'attacher à Dieu" (x, 18). Le monothéisme ne permet pas une division du sacrifice en vertu de laquelle on fait des sacrifices visibles à d'autres êtres divins, tout en offrant un esprit pur et une bonne volonté – un sacrifice invisible et spirituel – au Dieu suprême »[20].

Pour conclure sur ce point, Nebridius use sans doute de la définition du bonheur qui est la plus philosophique pour attirer vers lui son ami et l'inviter à se retirer dans son domaine (*rus*) pour qu'il puisse y jouir du calme (*adquiescere*), comme il le fait à la fin de sa lettre (p. 11, 16-18). Cependant, que se passait-il exactement à Thagaste, qui justifie son intervention dans les affaires de son ami ?

---

19   « Verum sacrificium est omne opus, quo agitur, ut sancta societate inhaereamus Deo, relatum scilicet ad illum finem boni, quo ueraciter beati esse possumus ». Sur cette définition, cf. R. Teske, « The Definition of Sacrifice in the *De ciuitate Dei* », in D. Kries et C. Brown Tkacz (ed.), *Nova Doctrina Vetusque : Essays on Early Christianity in Honor of Fredric W. Schlatter, S.J.*, New York, Peter Lang, 1999, p. 153-167, repris dans R. Teske, *Augustine of Hippo Philosopher, Exegete, and Theologian*, Milwaukee, Marquette University Press, 2009, p. 253-69.

20   G. O'Daly, *Augustine's* City of God, p. 128. Ps 72, 28 est encore cité deux fois en x, 25, au cours de la longue discussion avec Porphyre sur la purification.

3 La situation à Thagaste

3.1 *Une tentative pour arracher Augustin à une emprise locale ?*

Selon Lancel, la réaction de Nebridius témoignerait d'une erreur d'appréciation de sa part au sujet de la nature même de la nouvelle fondation d'Augustin : il aurait eu du mal « à comprendre la grande différence existentielle qui distinguait Thagaste et Cassiciacum »[21] et notamment le fait que la retraite voulue par Augustin n'était plus seulement l'*otium* destiné à la recherche de la sagesse philosophique[22]. Persuadé qu'il s'agissait d'un malentendu, « il comptait sur l'aide de Romanianus et de Lucinianus – sans doute le frère de Licentius – pour parvenir à détacher [Augustin] de ce qu'il considérait comme une emprise locale »[23].

Francesco Navarro Coma développe une interprétation similaire. Il perçoit dans la *Lettre* 5 un « conflit latent » et « profond » entre Nebridius et Augustin[24] : tandis que le premier se retirait sur ses terres où il délaissait les obligations civiques auxquelles il était en principe astreint en tant que curiale – suivant un stratagème courant dans l'antiquité tardive –, le second s'impliquait dans la vie publique par son pastorat[25]. « Lorsque les deux amis furent en Italie, le désir commun de fuir les *munera* municipaux les unissait. Tous deux atteignirent finalement leur objectif, mais ils le firent par des voies opposées : Augustin en entrant dans l'Église et Nebridius en se retirant à la campagne. Par conséquent, tandis qu'Augustin en viendra à se mettre au service de la collectivité – mais désormais comme futur évêque et moine – Nebridius s'en désintéressera complètement »[26]. Bref, une opposition claire se dessine entre d'une part « un néoplatonicien séparé du monde » et d'autre part « un catholique au service de sa communauté », qui est elle-même impliquée dans la vie publique[27]. En d'autres termes, Nebridius aurait été un partisan de l'éthique plotinienne « de la fuite »[28] – ce qui cadre assez bien avec ce que nous connaissons par ailleurs de lui.

---

21   S. Lancel, *op. cit.*, p. 189.
22   S. Lancel, *op. cit.*, p. 190. Faut-il cependant penser, comme l'écrit encore Lancel, que la « liquidation » irréversible de ses biens pour vivre dans le dénuement était de nature à susciter l'incompréhension de Nebridius ?
23   S. Lancel, *op. cit.*, p. 190.
24   F. Navarro Coma, « La Correspondencia entre Agustín y Nebridio », p. 267.
25   F. Navarro Coma, *op. cit.*, p. 270.
26   F. Navarro Coma, *op. cit.*, p. 275.
27   L'auteur va jusqu'à parler de « divorce intellectuel qui va en grandissant » dans notre correspondance (*ibid.*, p. 275), ce qui me paraît excessif.
28   Sur ce thème, cf. D. O'Meara, *Plotin. Une introduction aux Ennéades*, p. 146-48 (« L'éthique de la fuite et l'éthique du don »).

3.2 Augustin sous le poids des « munera publica » ?

Claude Lepelley a récemment proposé une nouvelle interprétation de la *Lettre* 5[29]. Sans se référer aux travaux de F. Navarro Coma, il objecte à l'interprétation de Lancel que l'insistance de Nebridius sur le fait que c'était les concitoyens (*ciues*) d'Augustin, soit les gens de Thagaste, qui troublaient son loisir implique que l'occupation imposée à ce dernier était d'ordre *civique*, donc *profane*. Quels étaient ces *negotia ciuium* pour lesquels on dérangeait Augustin ? « La solution est simple pour qui connaît la législation civile de l'époque. Patricius, le père d'Augustin, était un petit notable (*municeps tenuis*) (*Conf.* II, 3, 5) du municipe de Thagaste, mais il était curiale, c'est-à-dire décurion, membre du conseil de la cité. La famille, dit Possidius dans sa *Vita Augustini*, était honorable (*parentes honesti*) et de rang curiale (*de numero curialium* (v. *Aug.* 1). Or la législation obligeait les fils de curiales à assumer à leur tour les charges municipales (*munera publica*) reçues par leurs pères : ils étaient héréditairement liés à la curie (*obnoxii curiae*), s'ils ne bénéficiaient pas d'une immunité. Celle-ci était accordée à ceux qui accomplissaient une fonction officielle au service de l'État impérial ou de la communauté civique. Outre les militaires, les fonctionnaires impériaux et les vétérans, les médecins officiels des cités (*archiatri*) et les professeurs publics rétribués par les cités, grammairiens et rhéteurs, possédaient une immunité. Augustin avait été professeur à Thagaste pendant un an, en 373-374, puis rhéteur public à Carthage de 374 à l'automne 386. Il fut ensuite rhéteur public à Milan de l'automne 384 à l'automne 386. Sauf pendant l'année 383-384 où il fut professeur privé à Rome, il était donc parfaitement en règle, bénéficiant d'une immunité quant à ses obligations municipales héréditaires. Mais après sa conversion en août 386, il avait démissionné dès l'automne de sa chaire milanaise. Dès lors, il ne bénéficiait plus d'aucune indemnité. Son retour dans sa petite ville natale de Thagaste symbolisait, on l'a vu, sa volonté de renoncer désormais à toute ambition humaine, mais c'était aller au-devant de difficultés »[30]. En bref, comme il n'était plus professeur et qu'il ne faisait pas encore partie des clercs (qui bénéficiaient dans certaines conditions d'une immunité)[31], Augustin entrait dans la catégorie des *uacantes*, auxquels les lois impériales cherchaient toujours à imposer des *munera* – et Alypius et Evodius étaient dans la même situation que lui. « Il était donc tout à fait

---

29 Cf. « Les *munera publica* pesant sur les fils de curiales : le témoignage d'une lettre de Nebridius, correspondant de saint Augustin », in J.-N. Guinot et F. Richard (éd.), *Empire chrétien et Église au IVᵉ et Vᵉ siècles. Intégration ou « concordat » ? Le témoignage du Code Théodosien*, Paris, Le Cerf, 2008, p. 431-442.

30 C. Lepelley, *op. cit.*, p. 435.

31 La seconde partie de l'article (p. 438 sq.) apporte des précisions sur la situation juridique des fils de curiale qui devenaient clercs, soit la situation qui serait bientôt celle d'Augustin.

normal qu'Augustin ait été rappelé à ses obligations héréditaires, et la lettre de Nebridius atteste que ce fut le cas »[32]. Toujours selon C. Lepelley, les termes de la lettre de Nebridius laissent penser qu'il ne fut pas contraint dès ce moment à assumer une magistrature, mais simplement astreint à un travail administratif bénévole (par exemple comme responsable de l'approvisionnement des marchés, de l'entretien de la voirie, de la tutelle des mineurs, du fonctionnement des thermes ...). Ainsi s'expliquerait l'étonnement de Nebridius devant le fait que Romanianus n'ait pas usé de son influence pour qu'Augustin fût dispensé de ces charges.

Je ne suis pas historien, cependant cette interprétation me paraît appeler certaines objections. Tout d'abord, C. Lepelley ne dit rien de la situation de Nebridius, qui était en principe soumis à la même astreinte que son ami. Faut-il penser qu'il bénéficiait du passe-droit qu'il sollicitait pour son ami ? Ou bien qu'il était exempté pour des raisons de santé ? D'autre part, si Augustin était obligé par des lois contraignantes de travailler pour sa patrie, se peut-il qu'il ait pu s'en affranchir simplement en se rendant à Carthage, comme son ami l'invite à le faire ? Mais surtout, à la fin de sa lettre, Nebridius blâme l'*amour* qui existe entre Augustin et ses concitoyens et dont le caractère excessif (cf. *nimis*) est cause, à ses yeux, de cette situation déplorable (on note la fréquence dans ce billet des mots « amor », « amare », « cupere », « concupiscere »). Sans doute certaines personnes sont-elles capables de s'acquitter de tâches administratives par amour pour leurs prochains, mais ici Nebridius signifie qu'il dépend d'Augustin de recouvrer la liberté qu'il a aliénée. Bref, le témoignage de la *Lettre* 5 me semble plutôt infirmer l'interprétation rigoriste faite ici par C. Lepelley des astreintes pesant sur les curiales et conforter l'avis des historiens qui vont dans un sens plus « laxiste » en cette matière[33].

3.3 *Concitoyens* (ciues) *et coreligionnaires*

Cela dit, que répondre à l'argument sur lequel C. Lepelley fonde son interprétation, à savoir la double occurrence du terme « ciues », au lieu de ceux par

---

32   C. Lepelley, *op. cit.*, p. 436.
33   Cf. par ex. W. H. C. Frend, *The Donatist Church*, Oxford, The Clarendon Press, 1952, p. 232-233 (« Ni lui [Augustin] ni ses amis intimes ne montrent dans leurs lettres qu'ils se soient souciés de leurs devoirs envers Thagaste en tant que *curiales* ») et C. Lepelley, qui se cite dans l'article auquel nous nous référons (p. 437) : « J'ignorais ce document quand j'ai rédigé mon livre sur les cités de l'Afrique romaine au Bas-Empire, et j'ai écrit que durant le séjour d'Augustin à Thagaste "il ne fut nullement question d'un retour à la curie", et que "nous n'avons nul écho d'une démarche des gens de Thagaste pour rappeler [leurs obligations] à Augustin et à Alypius. Ceci montre qu'en fait on pouvait souvent se glisser à travers les mailles du filet dans lequel la législation impériale prétendait emprisonner les membres des familles décurionales" (*Les Cités de l'Afrique romaine*, vol. 1, p. 286-287) ».

exemple de « fidèles » ou de « frères », auxquels on se serait plutôt attendu ? Implique-t-elle nécessairement que l'engagement d'Augustin à Thagaste était pas de type civique ou politique et non pas *pastoral* ? N'est-ce pas restreindre le sens de « ciues » ? Sur ce point, il faut revenir au témoignage de Possidius, qui est important, même s'il est lénifiant. Possidius écrit en effet : « Ac placuit ei percepta gratia cum aliis ciuibus et amicis suis Deo pariter seruientibus ad Africam et propriam domum agrosque remeare » (*Vita Aug.* 3, 1). Comme l'écrit A. Mandouze, « alors qu'à propos de la communauté de Thagaste Possidius employait encore les termes de *ciues* et d'*amici* pour désigner les *Deo pariter seruientes*, c'est le terme de *fratres* qui va désigner ordinairement les moines lorsqu'il s'agira de leurs rapports réciproques : conséquence naturelle du fait que, devenues désormais des institutions, les communautés monastiques augustiniennes admettaient évidemment d'autres "postulants" que des *concitoyens* et des *amis* d'Augustin »[34]. « Cives » n'a donc pas nécessairement un sens profane.

On peut également se référer à un autre texte qui contient une mention *a priori* surprenante de ce mot et qui éclaire sans doute la *Lettre* 5 : il s'agit de la longue prière liminaire des *Soliloques*. Le caractère exceptionnel de cette prière est marqué par l'injonction de la Raison de la coucher par écrit (« hoc ipsum litteris manda ») (I, 1, 1) avant de la résumer (ce que fera le célèbre « Deum et anima scire cupio », en I, 1, 6). Enfin, la Raison déclare : « Ne te soucie pas d'attirer une foule de lecteurs ; cela sera suffisant pour un petit nombre de tes concitoyens » (I, 1, 1). Ce passage est intéressant parce qu'il signale l'existence de ce que la critique littéraire appelle un « horizon d'attente » même pour ces réflexions philosophiques menées en solitaire. Les « ciues » sont sans doute au premier chef Alypius, Licentius et Trygetius, mais il doit aussi s'agir de Romanianus et des amis et relations de Thagaste avec lesquels Augustin était en relation (et qui n'étaient pas tous chrétiens) et qu'il retrouva à son retour dans sa patrie.

La *Lettre* 5 laisse penser qu'à ce moment, il fit l'objet, de la part de ces derniers, de sollicitations d'ordre temporel (pour le compte de Romanianus ?) qui furent importunes voire déplacées ou peut-être simplement de demandes d'ordre pastoral qui l'accaparèrent plus qu'il n'aurait voulu. Nous sommes malheureusement dans l'impossibilité d'en savoir plus, du fait notamment de la perte de l'*Ep.* 5 – 1, si elle a existé. Quoi qu'il en soit, il ne devait pas être facile non plus d'être moine dans son propre pays. Dans la mesure où, « pour Augustin, la vie monastique eut toujours une dimension sociale », comme

---

34   *Saint Augustin : L'aventure de la raison et de la grâce*, p. 211, n. 5.

l'écrit G. Lawless[35], il est normal qu'il se soit alors déjà soucié des « affaires » de ses concitoyens, sans que ces affaires aient été d'ordre politique et administratif. Si le monastère, et plus tard l'Église d'Hippone, n'avait pas été ouverts sur la cité, on comprendrait mal l'importance théologique prise plus tard par le paradigme de la « cité de Dieu ».

Nous pouvons à nouveau nous référer à P. Monceaux. Si, comme nous l'apprend un de ses sermons, Augustin songea à cette époque à transférer son monastère à Hippone et s'il s'y rendit dans ce but au début de 391 (cf. *Serm.* 355, 1, 2 et sans doute *Ep.* 21, 3), c'est peut-être parce que, « malgré toute sa charité et son patriotisme local, il trouvait que ses compatriotes abusaient un peu de son temps et de son obligeance. Puis, avec ses disciples de plus en plus nombreux, il était à l'étroit dans son domaine familial »[36].

Pour conclure, notre lettre fait allusion à certaines difficultés rencontrées par Augustin dans la réalisation de son « placitum sanctum ». Mais n'était-il pas normal qu'il en rencontrât ? Sur ce point, Nebridius semble n'avoir pas été assez platonicien. Platon marque bien le fossé qui sépare l'idéal de la réalité empirique : « Est-il possible que quelque chose se réalise comme il est dit (πραχθῆναι ὡς λέγεται) ou bien est-il naturel que la réalisation (πρᾶξιν) soit moins en contact (ἐφάπτεσθαι) de la vérité que le discours (λέξιν), même si ce n'est pas l'avis de certains ? » (*Rép.* v, 473a). Les choses ne se réalisent jamais tout à fait comme nous les avons conçues.

---

35   *Augustine of Hippo and his Monastic Rule*, p. 52.
36   P. Monceaux, « Saint Augustin et les monastères africains : III, Monastères d'hommes à Hippone », *Revue des cours et conférences*, XXI, 2ᵉ série, 1912-1913, p. 719-734 : p. 720. L'hypothèse de Monceaux est reprise par Mandouze (*op. cit.*, p. 211, n. 2) et par G. Lawless (*op. cit.*, p. 54). Le *Sermon* 355 nous apprend aussi qu'Augustin évitait à cette époque d'aller dans les cités où le siège épiscopal était vacant (1, 2 ; cf. aussi *Vita Aug.* 4) et que ce jour où il se rendit à Hippone, il reçut par acclamation populaire l'ordination sacerdotale. D'accord avec Valerius qui lui fait don d'un jardin, il édifie un Monastère : « c'était bien la continuation de la vie qu'Augustin s'était proposé d'embrasser au moment de sa conversion » (A. Trapè, *La Règle d'Augustin commentée*, p. 34). Enfin, « promu évêque, il fait de sa demeure une maison originale de cénobites, un monastère épiscopal, où il vit en communauté avec ses clercs. Puis, dans tout son diocèse, il multiplie les fondations de tout genre, pour les femmes comme pour les hommes » (P. Monceaux, « Saint Augustin et saint Antoine. Contribution à l'histoire du monachisme », p. 73).

Deux questions sur la *phantasia* (*Lettre* 6 de Nebridius)

1   Le prologue (§1)

La *Lettre* 6 s'ouvre sur un admirable prologue (p. 11, 21-12, 6). Nebridius dit à son ami le grand prix qu'il accorde à ses lettres, tout en soulignant deux fois (avec humour ?) le fait qu'elles sont *courtes*. En mentionnant ensuite les noms du Christ, de Platon et de Plotin, que celles-ci lui feront entendre, il met en évidence le climat intellectuel de tout l'échange, comme nous l'avons dit[1]. On relève également dans cet exorde la période ternaire : « Erunt igitur mihi [epistulae tuae] et ad audiendum propter eloquentiam dulces, et ad legendum propter breuitatem faciles, et ad intellegendum propter sapientiam salubres » (« [tes lettres] seront donc pour moi douces à entendre du fait de leur éloquence, faciles à lire du fait de leur brièveté et salutaires à comprendre du fait de leur sagesse »). « Ad audiendum », dans le premier membre, est une attestation du fait que les lettres pouvaient, elles aussi, être lues *à haute voix* dans l'antiquité[2]. Enfin, on note cet indice de la « religion » de Nebridius : « Curabis ergo quod tuae menti sanctum bonumque fuerit uisum me docere ».

Sur ce, Augustin est invité à « entrer » « dans une discussion assez subtile » sur la *phantasia* (c'est-à-dire l'imagination ou la représentation) – seul le terme grec translittéré est utilisé[3] – et sur la mémoire (p. 12, 6-7). Deux questions très précises de Nebridius, et sans doute aussi son goût pour les réponses longues,

---

1   Cf. *supra* « Néoplatonisme et christianisme », Introduction.
2   Si l'on admet aujourd'hui que la lecture silencieuse était courante dans l'antiquité, contrairement à une thèse longtemps répandue, « il existe aussi un large consensus sur l'idée que les anciens lisaient typiquement les textes littéraires à voix haute et pensaient que la lecture à voix haute était la seule manière d'apprécier pleinement un bon livre » (S. Blackwood, *The Consolation of Boethius as poetic Liturgy*, Oxford, Oxford University Press, 2015, p. 4, n. 9). Pour une bonne présentation du problème, cf. W. A. Johnson, *Readers and reading Culture in the High Roman Empire : A Study of Elite Communities*, Oxford, Oxford University Press, 2010. Sur le fameux récit d'Augustin stupéfait de trouver Ambroise lisant silencieusement (*Conf.* VI, 3, 3), cf. A. Gavrilov, « Techniques of Reading in Classical Antiquity », *Classical Quarterly*, 47, 1997, p. 56-73 (« The evidence of Augustine », p. 61-66) et M. Burnyeat, « Postscript on Silent Reading », qui fait immédiatement suite à cet article, *ibid.*, p. 74-6.
3   Le terme fait sa première apparition dans la littérature grecque chez Platon (*Rép.* 382e, *Théét.* 152c, *Soph.* 260c). Sur l'histoire de la notion, cf. notamment G. Watson, *Phantasia in Classical Thought*, Galway, Galway University Press, 1988 ; R. Sorabji, *The Philosophy of the Commentators 200-600 AD : A Sourcebook*, vol. 1 : Psychology, London, Duckworth, 2004, p. 61-85 (« *Phantasia* »).

nous ont valu de la part d'Augustin un traitement *ex professo* sur l'imagination, qui est l'un des plus approfondis que l'on trouve à ce sujet dans son œuvre, avec ceux du livre XI du *De Trinitate* et du livre XII du *De genesi ad litteram*[4].

2 La mémoire peut-elle exister sans la *phantasia* ? (§1)

2.1 *Une double thèse de Nebridius*

Nebridius formule d'abord une double thèse : « Bien que toute *phantasia* ne soit pas accompagnée de mémoire, il ne peut pas y avoir de mémoire, en revanche, sans *phantasia* » (p. 8-10). Seule la seconde thèse est discutée dans notre échange[5]. Elle signifie que l'image est une condition *nécessaire* de tout souvenir. Nebridius prévient ensuite une objection qui pourrait lui être adressée : comment expliquer que nous nous souvenions d'avoir compris ou d'avoir pensé quelque chose ? En effet, faut-il sous-entendre, il ne semble pas que ce que nous *comprenons* ou pensons rationnellement[6] puisse être représenté par l'imagination, à l'instar de ce que nous *sentons*, sauf à mettre sur le même plan l'intelligible et le sensible, au mépris de la distinction platonicienne fondamentale entre les « deux mondes » (cf. *Cont. Acad.* III, 17, 37). Si donc il est vrai que nous nous souvenons de ce que nous avons compris, ne faut-il pas qu'il existe une mémoire sans imagination ? Deux hypothèses sont avancées par Nebridius pour expliquer l'existence d'une mémoire de la pensée

---

4 Sur l'imagination chez Augustin, cf. G. O'Daly, *Augustine's Philosophy of Mind*, p. 106-130. Sur les *Lettres* 6-7, cf. G. Watson, *op. cit.*, p. 136-39 ; G. Ceresola, *Fantasia e illusione in S. Agostino dai* Soliloquia *al* De Mendacio, Genova, Il Melangolo, 2001, p. 65-95 (« Capitolo terzo : l'Immaginazione come libera attività mentale. Il carteggio con Nebridio ») ; B. Stock, *The Integrated Self. Augustine, The Bible, and Ancient Thought*, Philadelphia, University of Pennsylvania Press, 2017, p. 77-82 (« *Epistulae* 6 and 7 »).

5 Nebridius ne justifie pas la première affirmation. Il pense sans doute au cas des images qui sont oubliées aussitôt qu'elles sont formées, comme les rêves ou les représentations qui accompagnent habituellement nos pensées. Il ne semble pas qu'il ait en vue le fait que, le plus souvent, nous ne retenons pas ce que nous *percevons*. En effet, dans son lexique, la *phantasia* n'inclut pas la perception, à la différence de celui des Stoïciens et de Plotin. Dans le *Traité 28* (*Difficultés relatives à l'âme* II), Plotin note que, lorsqu'une perception n'est d'aucune utilité, elle n'est pas retenue (*Enn.* IV, 4 [28], 8, 8-13 sq.) et il précise : « Il n'est pas du tout nécessaire que les circonstances accidentelles [d'une perception] entrent dans la représentation de l'imagination (ἐν φαντασίᾳ γίνεσθαι) ; ou du moins, si elles y entrent, ce n'est pas de façon telle qu'elles soient conservées et observées » (16-19) (ainsi, lorsque nous marchons, nous ne prenons pas garde à ce que nous faisons).

6 La « cogitatio » en question n'est pas ici, comme souvent, la faculté imaginative mais la faculté discursive. C'est par elle qu'Augustin et Nebridius comprennent par exemple que ce n'est pas par l'espace qu'ils sont unis, d'après *Ep.* 9, 1, p. 20, 12-13.

rationnelle en vertu d'un élément « corporel et temporel »[7] qui relève de la *phantasia* (p. 12, 12-18) : nous nous souvenons de ce que nous avons compris en nous souvenant soit des mots dans lesquels la pensée s'est formulée soit de ce qu'a « éprouvé » notre intellect[8]. Nebridius ne précise pas davantage cette seconde hypothèse. Elle correspond au cas où la mémoire de la pensée tient au souvenir de la *phantasia* mise en jeu au moment de l'intellection[9]. Un texte de Plotin, qui est sûrement la source de Nebridius, en apporte la confirmation. En effet, bien que Nebridius dise avoir écrit « sans réflexion et sans ordre », sa question et la réponse qu'il lui apporte se rattachent clairement à une « difficulté sur l'âme » soulevée par Plotin.

2.2   *Un problème aristotélicien repris par Plotin*
2.2.1   Une difficulté sur l'âme (*Enn.* IV, 3 [27], 30)

Après avoir établi, à la fin du *Traité* 27, que « la mémoire appartient bien à l'imagination » (τοῦ φανταστικοῦ ἄρα ἡ μνήμη) (IV, 3 [27], 29, 31) et que l'on se rappelle de ce qu'on a senti (τὸ αἴσθημα *i.e.* le percept) grâce à la représentation imaginaire (φάντασμα) que la mémoire en garde, Plotin s'interroge plus précisément sur ce qu'il en est des intelligibles : « Mais les pensées, qu'est-ce qui s'en souviendra ? Est-ce donc qu'il y a aussi une imagination des pensées ? » (τὸ δὲ τῶν διανοήσεων τί ; Ἆρα γε καὶ τούτων τὸ φανταστικόν ;) (IV, 3, 30, 1-2). Il avance alors l'hypothèse suivante : « Mais si une représentation de l'imagination (φαντασία) accompagne toute intellection (νοήσει), comme cette représentation, qui est semblable à une image (εἰκόνος) de ce à quoi on pense, persiste,

---

7   « Corporeum ac temporalem aliquid » est complément d'objet de « genuimus » et non pas d'« inteleximus ». G. O'Daly traduit par « something conditioned by space or time » (« Memory in Plotinus and two early texts of St. Augustine », *Studia Patristica*, 14, 1976, p. 461-469, p. 466 [repris dans *Platonism Pagan and Christian. Studies in Plotinus and Augustine*, Aldershot, Variorum Ashgate, 2001]). Le mot « corporeum » peut vouloir dire ici que la *phantasia* représente quelque chose de corporel (comme Augustin lui-même parle de « corporeas imagines » en *Ep.* 9, 1, p. 20, 10-11, ou d'« amori corporeo » en *Ep.* 10, 3, p. 24, 23). Il peut aussi faire référence à la thèse hylémorphiste d'Aristote selon laquelle le souvenir est « quelque chose de corporel » (*De Mem.* 2, 453a14) » (en tant qu'il est un état ou une disposition particulière du corps et non pas un pur contenu intentionnel).

8   On lit dans l'édition Daur : « quod in animo phantastico memoria facere potuisset », au lieu de « memoriam » dans Goldbacher. La correction n'est guère satisfaisante. « Facere memoriam » s'explique par le fait que, dans l'hypothèse de Nebridius, la « passion » éprouvée par l'intellect laisse un souvenir (*i.e.* une trace mémorielle) dans l'âme imaginative, qui pourra être réactivée, le cas échéant. On ne peut pas traduire ici par « produit un souvenir », qui donnerait à penser que cette « passion » est elle-même le rappel du souvenir.

9   Ou plus exactement du *phantasma*, bien que Nebridius n'emploie pas ce terme aristotélicien, qu'il connaît pourtant (cf. *Conf.* IX, 3, 6). « La *phantasia* est ce en vertu de quoi un *phantasma* survient en nous » (*DA* 428a1-2).

peut-être y a-t-il une mémoire de ce qui a été connu. Sinon, il faut chercher une autre explication » (IV, 3, 30, 2-5). Celle ici avancée reprend la solution qu'Aristote avait lui-même apportée au problème posé.

2.2.2   La mémoire par accident des intelligibles (Aristote, *De mem.* 1)

Dans le *De memoria*, Aristote écrit que « la mémoire appartient manifestement à la partie de l'âme à laquelle appartient aussi l'imagination » (*De mem.* 1, 450a22-23)[10]. Il ne limite pourtant pas les objets de la mémoire aux choses qui sont par elles-mêmes objets de *phantasia*, c'est-à-dire aux choses sensibles. Nous pouvons en effet nous souvenir aussi de ce que nous avons pensé. Simplement, « la mémoire, même celle des intelligibles, n'existe pas sans image » (ἡ δὲ μνήμη, καὶ ἡ τῶν νοητῶν, οὐκ ἄνευ φαντάσματός ἐστιν) (*De mem.* 1, 450a12-13).

Aristote peut concilier sa thèse selon laquelle il n'existe pas de mémoire sans image avec le fait que nous nous souvenons de ce que nous avons compris en établissant une distinction entre ce qui peut faire *par soi* l'objet d'un souvenir et d'un rappel de la mémoire, et d'autre part ce qui en fait l'objet *par accident* seulement, dans la mesure où il est nécessairement accompagné d'une chose pouvant faire *par soi* l'objet d'un souvenir : « Est objet de mémoire par soi ce dont il y a image ; est objet de mémoire par accident tout ce qui n'est pas sans image » (καὶ ἔστι μνημονευτὰ καθ᾽ αὑτὰ μὲν ὧν ἐστι φαντασία, κατὰ συμβεβηκὸς δὲ ὅσα μὴ ἄνευ φαντασίας) (450a23-25) (cf. aussi *De mem.* 450a13a-14).

Pour expliciter cette solution, il faut revenir au début du traité, où Aristote se réfère à ce qu'il a dit de la *phantasia* dans le *De anima* pour réaffirmer « qu'il n'est pas possible de penser sans image » (449b30)[11]. Cette thèse célèbre est justifiée par une analogie : « Lorsqu'on pense, il se produit le même phénomène que lorsqu'on trace une figure (διαγράφειν) » (450a1-2). Car lorsque nous devons résoudre un problème de géométrie, nous traçons un triangle d'une grandeur déterminée, même si le fait qu'il ait telle grandeur importe peu ; de même celui qui pense « se met sous les yeux » (τίθεται πρὸ ὀμμάτων) (450a5) un triangle d'une grandeur déterminée, sans pourtant que ce triangle soit pensé comme tel. Lorsque nous pensons, la pensée produit donc une image, à la façon dont le géomètre trace une figure. Cette figure est une chose « dont il y a *phantasia* » (cf. 450a24) et qui est partant objet de mémoire par soi. La pensée est

---

10 Sur ce texte, cf. D. Ross, *Aristotle, Parva naturalia*, Oxford, Clarendon Press, 1955, p. 33 ; G. Watson, *op. cit.*, p. 29-30. Pour une introduction aux problèmes posés par ce traité, cf. P.-M. Morel, *Aristote, Petits Traités d'histoire naturelle*, Paris, GF, 2000, p. 34 sq.

11 Cf. *DA* III, 7, 431a16-17 et b2 (« la faculté noétique intellige les formes dans les images ») ; 8, 432a8-9.

quant à elle objet de mémoire par accident, en tant qu'elle met nécessairement en jeu une telle image. S'il est vrai par conséquent qu'une image accompagne toujours l'intellection, la mémoire de l'intellection est rendue possible par celle de l'image qui a accompagné cette dernière. Telle est en bref l'explication aristotélicienne que Plotin paraît reprendre pour son propre compte dans le traité qui est sans doute à l'arrière-plan de la lettre de Nebridius[12].

Comment la pensée produit-elle cependant ces images qui l'accompagnent et qui rendent possible son souvenir ? L'analogie du *De memoria* avec le géomètre ne le précise pas. Plotin apporte une réponse originale à cette question dans un passage du traité *Sur le bonheur* qui devait exercer une grande influence chez les Néoplatoniciens postérieurs, Augustin compris.

2.2.3   L'imagination comme miroir de la pensée (*Enn.* I, 4 [46], 10)

Le contexte du passage est en bref le suivant[13] : Plotin soutient à l'instar des Stoïciens (cf. SVF III, 240, 57) que le bonheur est inamissible ; si le bonheur réside dans la sagesse, il faut que la sagesse elle-même soit inamissible. Que se passe-t-il néanmoins « lorsque le sage, submergé par les maladies ou par les arts des magiciens, a perdu le sens (μὴ παρακολουθῇ) ? » (littéralement : « ne suit plus ») (I, 4, 9, 1-2). La sagesse n'exige-t-elle pas que l'on soit conscient et que l'on sente qu'elle est présente (I, 4, 9, 15-16) ? Pour expliquer que la sagesse du sage demeure, en dépit de la folie dans laquelle il est manifestement plongé, Plotin distingue l'acte intellectuel du sage et la conscience (c'est-à-dire ici la sensation : αἴσθησις) qu'il peut ou non avoir de cet acte.

S'inspirant d'un passage célèbre du *Timée* sur le rôle du foie dans la formation des images oniriques dont s'occupe la divination (*Timée* 70e sq.)[14], Plotin développe la comparaison suivante : de même qu'un miroir produit un reflet (εἴδωλον) lorsque sa surface est polie et brillante et que, lorsque cette condition n'est pas réalisée, il n'en produit pas, même si un objet est présent devant lui, de même, s'agissant de l'âme, quand ce qui, en nous, réfléchit les images (εἰκονίσματα) de la pensée et de l'intellect est calme, « on les voit et on les connaît pour ainsi dire sensiblement (οἷον αἰσθητῶς) » (I, 4, 10, 15-16). Plotin poursuit : « Mais s'il s'est brisé [sc. ce miroir en nous] en raison d'une perturbation dans l'harmonie du corps, c'est sans image que la pensée et l'intellect intelligent, et sans imagination qu'a alors lieu l'intellection (ἄνευ φαντασίας ἡ νόησις τότε) ;

---

12   Sur cette problématique, cf. R. Sorabji, *The Philosophy of the Commentators*, vol. 1, p. 132-33, 3(o) : « Are images needed in all thought and memory » ?

13   Sur ce texte, cf. L. Brisson et al., *Porphyre, Sentences*, Paris, Vrin, 2005, vol. 2, p. 447-449 (note de J. Pépin).

14   Sur ce texte, cf. L. Brisson, *Divination et Rationalité*, Paris, Le Seuil, 1974, p. 220-248 (« Du bon usage du dérèglement ») ; G. Watson, *Phantasia in Classical Thought*, p. 11-13.

si bien qu'on devrait en arriver à l'intelligence d'une telle conclusion, à savoir que l'intellection se produit avec une image sans que l'intellection soit pour autant une image » (I, 4, 10, 17-21)[15]. Ce texte explique donc quel est le régime « normal » des facultés cognitives, chez le penseur en bonne santé[16] : lorsque ces facultés s'exercent normalement, des images de la pensée se réfléchissent dans le « miroir » de l'imagination, qui nous permettent de prendre conscience et de nous souvenir de nos pensées[17]. Ce point est important car, comme nous le verrons, il s'agit précisément de la thèse qu'Augustin va récuser, montrant quant à lui que ce que nous comprenons ne vient ni ne revient à l'esprit au moyen de représentations de l'imagination (cf. *Ep.* 7, 2).

2.2.4 L'« autre explication » de Plotin : le langage comme véhicule de la pensée (*Enn.* IV, 3 [27], 30)

L'explication du souvenir de l'intellection par celui de l'image qui l'a accompagnée n'est pas la seule possible. Le *Traité 27*, auquel il nous faut revenir, en mentionne une autre, qui correspond à la première des hypothèses de Nebridius. Celle-ci faisait dépendre la mémoire de l'intellection ou de la pensée du souvenir *des mots* en lesquels elles se formulent. En d'autres termes, ce qui est cette fois reçu dans l'imagination, c'est pour ainsi dire une « image acoustique », celle des signes des choses qui ont été comprises. Cette image « réfléchit » elle aussi la pensée à la façon d'un miroir. Plotin avance en effet l'explication suivante : « Mais peut-être est-ce le langage accompagnant la pensée qui sera accueilli dans l'imagination. Car ce qui est intelligé n'a pas de parties et, tant qu'il n'est pas encore sorti au dehors, si l'on peut dire, et qu'il est au-dedans, il nous échappe ; c'est le langage qui, en le déployant et en le faisant passer, du stade de chose intelligée, jusque dans l'imagination, montre comme dans un miroir ce qui est intelligé ; et c'est ainsi qu'il y en a une saisie, une

---

15   Comme le précise J. Pépin, une telle conclusion « s'explique dans l'hypothèse selon laquelle le miroir fonctionne » (*op. cit.*, p. 449). A.-H. Armstrong ajoute dans sa traduction « normally » (*Plotinus*, The Loeb Classical Library, Cambridge Mass./Londres, 1966, p. 201).

16   Selon J. Pépin, Plotin « prend exactement le contre-pied » d'Aristote : « l'exercice de l'imagination n'est plus la condition *sine qua non* de l'intellection, mais tout au plus son accompagnement éventuel et superflu, on pourrait dire son épiphénomène » (*Porphyre, Les Sentences*, p. 449). Une telle formulation me semble excessive. Plotin rend compte de la pensée humaine. Il doit penser que le fonctionnement normal de nos facultés cognitives est correctement décrit par Aristote, même si ce fonctionnement n'est pas celui de l'intellect de l'âme qui s'assimile à l'Intellect-hypostase.

17   Cette affirmation doit être rapprochée de la thèse plotinienne selon laquelle la *phantasia* est double (cf. IV, 3 [27], 30-31) : l'inférieure a affaire au sensible et la supérieure à l'intelligible. Sur cette distinction, cf. *infra* « La φαντασία λογιστική », *Lettre* 7.

persistance (μονήν) et une mémoire » (IV, 3, 30, 5-11)[18]. Dans cette hypothèse, le langage joue un rôle essentiel puisque, sans lui, la pensée s'effectuerait à l'insu du penseur. Les mots sont le *medium* sensible grâce auquel l'âme prend conscience de ce qu'elle comprend et peut s'en souvenir. Comme l'écrivent R. Beutler et W. Theiler, le *logos* est comme un « véhicule pour la mémoire du spirituel »[19].

En résumé, l'explication de Nebridius au sujet de la mémoire de la pensée s'inscrit clairement dans le prolongement des analyses d'Aristote et de celles de Plotin. Mais ne dépend-il pas aussi d'une autre source ?

2.3 *La* phantasia *comme passion de l'intellect ?*

Une expression employée par Nebridius dans la formulation de sa seconde explication retient l'attention et fait penser qu'il a peut-être eu accès à une « version » plus développée de la théorie plotinienne de l'imagination-miroir : celle de la « projection » (προβολή). Cette hypothèse s'accorde au reste avec le fait que la fin des *Soliloques*, où il est question des images des êtres mathématiques qui se forment sur le « miroir de la pensée », y fasse allusion[20]. Nebridius écrit : « … notre intellect ou notre pensée ont éprouvé (*passa est*) quelque chose de tel qu'il a pu laisser un souvenir dans l'âme imaginative (*in animo phantastico*) ». Cette hypothèse correspond, avons-nous vu, au cas où nous nous souvenons de l'image produite par la pensée au moment de l'intellection. Ce qui est remarquable dans la formulation de Nebridius, c'est l'idée que la représentation imaginaire (le *phantasma*) résulte d'une « passion » de l'intellect, ce qui conduit, semble-t-il, à identifier la *phantasia* elle-même avec l'intellect patient. Or une telle identification ne se rencontre pas chez Plotin. D'où vient-elle ?

2.3.1 La théorie néoplatonicienne de la « projection »

Dans son *Commentaire sur le livre I des Éléments d'Euclide*, Proclus nous apprend au sujet de l'imagination que « quelqu'un n'a pas craint de l'appeler "intellect patient" » (νοῦν παθητικόν τις αὐτὴν προσειπεῖν οὐκ ὤκνησεν) (*In Eucl.*

---

18 Sur ce texte, voir la note de J. Pépin dans *Porphyre, Sentences*, vol. 2, p. 455.

19 R. Beutler et W. Theiler, *Plotins Schriften*, II/2, Hamburg, F. Meiner, p. 504 (où il est précisé que ce *logos* est un avatar du *logos prophorikos* des Stoïciens).

20 Dans *Saint Augustine : Soliloquies and Immortality of the Soul*, Warminster, Aris & Phillips, 1990, p. 196-197, G. Watson mentionne comme textes parallèles à *Sol.* II, 20, 35 : Jamblique, *De communi math. scientia* 34, 9, sq. ; Syrianus, *Metaph.*, 91, 11 sq. ; Proclus, *In Eucl.* 1, 51, 20-53, 5 ; 54, 22-55, 23. Ces indications ne résolvent bien sûr pas la question des sources d'Augustin.

1, 52, 3-4 Friedlein)[21]. Tout en prenant ses distances par rapport à une telle formulation, Proclus a soin d'expliquer dans quelle intention elle fut sans doute employée : son auteur voulait mettre en évidence la position intermédiaire de l'imagination (τὸ μέσον αὐτῆς) (52, 8) entre l'intellection et la sensation ; c'est pourquoi « il l'appela "intellect", dans l'idée qu'elle ressemblait aux connaissances les plus principielles, et "passive", en raison de sa parenté avec les plus basses » (52, 10-12)[22]. Proclus lui-même, dans le prolongement de certaines analyses de son maître Syrianus (cf. *In Met.* 91, 11 sq.), établit une étroite liaison entre l'imagination et l'intellect patient dans sa théorie de la « projection » des idées des êtres mathématiques[23].

Cette théorie se résume en ces termes : « Aristote disait que la géométrie étudiait les formes dans le monde physique, mais abstraites de la matière qui les rend sujettes au changement (...). Les Néoplatoniciens Syrianus et son élève Proclus préférèrent penser que la géométrie produit ses preuves au sujet des formes qui sont créées dans nos imaginations, même si ces formes étendues sont projetées dans l'imagination à partir de *logoi* (concepts) inétendus dans notre pensée, et si la géométrie préfèrerait, si elle le pouvait, tirer des conclusions au sujet de ces derniers »[24]. À titre d'illustration, Proclus distingue plusieurs « cercles » : au principe de tous les cercles, mathématiques et sensibles, il y a le « cercle dans la pensée » (ὁ μὲν ἐν διανοίᾳ κύκλος), qui est un, simple et inétendu (54, 5-6). La pensée est cependant trop faible pour voir les principes qu'elle contient (54, 27). Aussi le géomètre travaille-t-il, tout en s'efforçant de contempler ce premier cercle, sur des cercles qui sont quant à eux multiples, étendus et divisibles. S'il étudie l'universel, il s'agit d'un universel qui est « distribué dans les cercles que l'on peut se représenter par l'imagination » (κατατεταγμένον ἐν τοῖς φανταστοῖς κύκλοις) (54, 24), ou « projeté » en eux à partir du cercle principiel unique (cf. 55, 11). « Tous les éléments qui sont sur

---

21 L'identification se trouve déjà chez Themistius ; cf. R. Sorabji, *The Philosophy of the Commentators*, vol. 1, p. 121-123 (« 3(j) Passive intellect as *phantasia* ») (avec bibliographie). Elle remonte peut-être à Théophraste (cf. G. Watson, *Phantasia in Classical Thought*, p. 120).

22 Dans le *Commentaire sur le Timée*, Proclus juge que cette désignation, prêtée cette fois à d'« autres », « n'est pas mauvaise » (*In Tim.* III, 158, 9-11), et dans le *Commentaire sur la République*, il paraît la prendre pour son propre compte (*In Remp.* II, 52, 6).

23 Sur cette théorie, cf. G. Watson, *op. cit.*, p. 118 sq. ; R. Sorabji, *The Philosophy of the Commentators*, vol. 1, p. 68-70 (« 2(f) *Phantasia* and memory involve projecting ») ; p. 76-79 (« 2(i) *Phantasia* in geometry ») ; vol. 3, p. 294-303 (« 12(b) Neoplatonist geometrical figures projected from thought into imagination ») ; A. Lernoud (éd.), *Études sur le Commentaire de Proclus au premier livre des* Éléments *d'Euclide*, Villeneuve d'Ascq, Presses Universitaires du Septentrion, 2010.

24 R. Sorabji, *op. cit.*, vol. 1, p. 76.

un mode latent dans la forme sont produits dans l'imagination sur un mode étendu et divisible : ce qui les projette, c'est la pensée ; ce à partir de quoi ils sont projetés, c'est la forme qui est pensée, et ce dans quoi se trouve ce qui est projeté, c'est ce qu'on appelle l'intellect patient, qui se déploie autour de l'indivisibilité de l'intellect véritable, qui s'étend loin de l'inétendue de l'intellection sans mélange, qui se configure lui-même selon toutes les formes qui sont sans configuration, et qui devient tout ce qu'est la pensée ainsi que la raison pure qui est en nous » (56, 4-22).

Une telle « projection » est semblable à la réflexion d'un objet dans un miroir. En effet, opérant une synthèse originale entre la théorie plotinienne de l'imagination-miroir et l'analogie établie par Aristote entre la pensée et le géomètre, au chapitre premier du *De memoria*, Proclus écrit : « Il faut penser que le plan est pour ainsi dire projeté et qu'il est sous nos yeux, et que la pensée dessine toutes les figures sur lui, l'imagination étant semblable à un miroir plan, sur lequel les principes qui sont dans la pensée envoient des reflets d'eux-mêmes » (121, 2-7). Pour le dire en termes kantiens, ainsi comprise, l'imagination est une faculté « transcendantale » (et non plus empirique, comme l'imagination reproductive), dès lors qu'elle rend possible une intuition *a priori* du concept géométrique dans la forme pure de l'espace[25] : « un lieu s'ouvre pour la créativité des mathématiques, où elle s'accorde avec un fondement qui n'est pas inventé, mais "donné", *a priori*, universel et nécessaire »[26].

2.3.2   Une identification opérée par Porphyre ?

On s'accorde à penser que la théorie de la « projection » remonte à Jamblique[27]. On peut cependant se demander si elle n'était pas déjà présente, sous une

---

[25] Comme l'écrit Stanislas Breton, les analogies sont « évidentes, et il n'est point nécessaire de forcer les textes pour les reconnaître. L'*Esthétique transcendantale* renouvelle, dans un autre climat, et pour fonder la géométrie, la théorie proclusienne de l'imagination productrice. Cette similitude (...) ne permet pas pour autant d'ignorer des différences obvies » (*Philosophie et mathématique chez Proclus suivi de Principes philosophiques des mathématiques d'après le Commentaire de Proclus aux deux premiers livres des Éléments d'Euclide par N. Hartmann*, Paris, Beauchesne, 1969, p. 72). L'une de ces différences réside dans le fait que, si la « projection » permet la « construction » du concept (pour parler comme Kant), celle-ci demeure, chez Proclus, à un niveau inférieur à celui auquel tend le « véritable géomètre » (55, 24). Celui-ci s'efforce de passer du stade de l'imagination à celui de la pure intellection, « se retirant lui-même des choses étendues et de l'intellect patient en direction de l'activité de la pensée, grâce à laquelle il verra toutes choses sur un mode inétendu » (55, 27-56, 2).

[26] D. O'Meara, *Pythagoras revived : Mathematics and Philosophy in Late Antiquity*, Oxford, Clarendon, 1989, p. 134.

[27] Voir le témoignage de Priscien de Lydie (*Metaphrasis in Theophrastum*, 7, 11-20) (cf. R. Sorabji, *The Philosophy of the Commentators*, vol. 1, 1(b)8). Sur cette question, cf.

forme plus générale, chez Porphyre. Immédiatement après avoir énuméré les éléments constitutifs de la « projection » mathématique, Proclus précise qu'il n'est pas sans savoir ce que Porphyre, dans ses *Summikta zètèmata*, et d'autres Platoniciens ont dit au sujet de la géométrie, mais que ses propres déclarations s'accordent mieux avec l'enseignement de Platon. Il n'en dit malheureusement pas plus, si bien qu'il est difficile d'en déduire quelle était la position de Porphyre[28]. Il semble bien, en tout cas, pour en revenir plus précisément à l'identification entre l'imagination et l'intellect patient dont nous sommes partis, qu'elle se soit trouvée chez Porphyre, qui l'attribuait à Aristote lui-même. On lit en effet dans un fragment arabe[29] qui provient vraisemblablement du *Peri psuchès* de Porphyre[30] : « Porphyre, le Commentateur, a dit : Cet homme excellent a dit dans le *Traité de l'âme* : l'intellect de l'âme, lorsqu'il s'unit à l'intellect premier, absolu et pur, pense toujours et n'est pas tantôt pensant, tantôt non pensant, et s'il quitte le corps, il est encore plus approprié que cette caractéristique s'attache à lui et ne le quitte pas. Mais les autres choses, comme la perception sensible, la croissance, l'imagination et la pensée discursive disparaissent avec la disparition du corps, car elles sont des effets de l'âme dans le corps, et lorsque le corps a disparu et que l'âme l'a quitté, ces [facultés] disparaissent (...). Il dit : L'intellect passif et corruptible est l'imagination ; l'intellect matériel ne peut penser une chose que par elle ; il est devenu tel à cause du corps qu'habite l'âme »[31]. La raison de l'identité entre l'imagination et l'intellect patient est présentée en ces termes : « L'intellect second [accompagné] d'imagination (*bi-al-wahm*) est celui qui doit user de grandeurs et de dimensions corporelles. L'imagination n'est celui-là que parce qu'il reçoit des traces du corps, corporalise les choses et refuse la forme pure »[32].

Ce fragment établit donc que, pour Porphyre lui aussi, le régime « normal » de nos facultés intellectuelles (pour autant qu'il considère la condition

---

A. Sheppard, « *Phantasia* and Mathematical Projection », *Sullecta Classica*, 8, 1997, p. 113-120 : 116-117.

28 I. Mueller estime qu'aux yeux de Proclus, Porphyre était trop favorable à la théorie aristotélicienne de l'abstraction (cf. « Aristotle's Doctrine of Abstraction in the Commentators », in R. Sorabji (ed.), *Aristotle Transformed*, Ithaca, Cornell University Press, 1990, p. 463-479 ; 478-479. On note l'emploi de « προβολή » par Porphyre en *Sent*. 15 et *Sent*. 29, 26.

29 Ce fragment, édité par W. Kutsch (*Mélanges de l'Université Saint-Joseph*, 31/5, 1954, p. 265-286), figure dans l'édition de Smith (fr. 436) en traduction anglaise (on prendra garde au fait que *wahm*, qui rend *phantasia*, est traduit par « presentiment »).

30 Il s'agit peut-être d'un commentaire du *De anima* d'Aristote (cf. R. Beutler, « Porphyrios », *RE* XXII/1, n°18).

31 Tr. fr. C. Genequand dans « La mémoire de l'âme : Porphyre et la *Théologie d'Aristote* », *Bulletin d'Études orientales*, 48, 1996, p. 103-113.

32 Tr. fr. C. Genequand, *op. cit.*, p. 106.

incarnée de l'âme comme normale) met en jeu la *phantasia*, ce qui est, encore une fois, la thèse à laquelle Augustin s'opposera dans la *Lettre* 7. Peut-être la référence à Porphyre permet-elle aussi d'éclairer la seconde question posée par Nebridius.

3 La *phantasia* tient-elle d'elle-même ses images ? (§2)

Celui-ci demande pourquoi la *phantasia* ne tiendrait pas toutes ses images d'elle-même plutôt que de la sensation ; « car il se pourrait que, de même que notre âme intellective est avertie par la sensation de voir des intelligibles qui lui appartiennent plutôt qu'elle ne les reçoit, de même l'âme imaginative soit avertie par la sensation de contempler des images qui lui appartiennent, plutôt que d'acquérir quelque chose » (p. 12, 22-26). À l'instar de l'intellection, l'imagination relèverait donc en elle-même d'une forme de réminiscence – Augustin emploiera le terme de « commemoratio » dans sa réponse (*Ep.* 7, 3, p. 14, 27) –, les sensations ne jouant que le rôle d'un rappel qui avertirait l'« âme imaginative » (*animus phantasticus*) de contempler des images qu'elle trouve en elle-même. N'est-ce pas précisément la raison pour laquelle cette faculté peut voir des choses que les sens n'ont jamais perçues ?

L'hypothèse selon laquelle l'âme possèderait des images *a priori* des choses sensibles paraît « fantastique ». On se demande si Nebridius l'a lui-même formée de toutes pièces, montrant peut-être par là qu'il lui manquait un certain sens de la réalité ou du moins le sens d'une certaine réalité (comme son Christ, au temps de sa période docétiste (cf. *Conf.* IX, 3, 6), il n'avait pas les « pieds sur terre ») ou bien si elle est inspirée par une théorie antique identifiable[33].

3.1 *Existe-t-il une réminiscence des choses empiriques ?*

Dans ce dernier cas, la première explication qui vient à l'esprit est que Nebridius admette la possibilité d'une réminiscence des connaissances empiriques : sous l'action des sensations, l'âme aurait la faculté de se rappeler aussi des choses sensibles qu'elle a perçues dans une vie antérieure. On sait que, pour répondre aux objections suscitées par la théorie platonicienne de la réminiscence[34], cer-

---

33 Dans *The Philosophy of the Commentators*, vol. 1, la réponse d'Augustin à la question de Nebridius apparaît comme un texte isolé (cf. « 2(j) *Phantasia* has no images independent of sense-perception », p. 79-80).

34 Voir par ex. le *Commentaire sur le Phédon* de Damascius (I, §266-273) : lorsque nous nous ressouvenons de quelque chose, pourquoi ne nous souvenons-nous pas du temps où nous l'avons appris (§268) ? pourquoi ne réalisons-nous pas alors que c'est un souvenir (§269) ? pourquoi les souvenirs conscients de nos vies antérieures sont-ils si rares (§270) ?

tains partisans de Platon ne craignaient pas de soutenir qu'un certain Myron se souvenait de sa vie antérieure (cf. Damascius, *In Phaed.* I, §284), que certaines phobies s'expliquent par le souvenir d'expériences passées (§285) et qu'il en va de même du sourire des bébés durant leur sommeil (§288).

Parmi ces réponses consternantes, un argument mérite une attention particulière : « Pourquoi les aveugles-nés ne se souviennent-ils pas des couleurs ? – Parce que la faculté de se ressouvenir a besoin d'une excitation (τοῦ νύττοντος ἡ ἀναμνηστικὴ προσδεῖται δύναμις) ; même si celle-ci est légère, de nombreux souvenirs lui reviendront, presque en bloc (σχεδὸν ἀθρόως) » (*In Phaed.* II, §26). Dans sa réponse à Nebridius, Augustin écrit en effet : « Les aveugles de naissance ne savent que répondre quand on les interroge sur les couleurs et sur la lumière » (*Ep.* 7, 6). Mais il allègue quant à lui ce fait pour expliquer qu'il ne peut exister d'image qu'à la condition que son objet ait été au préalable perçu.

3.2   *Une hypothèse inspirée par la* Sentence *16 de Porphyre ?*

L'hypothèse de Nebridius a peut-être une autre origine. On peut en effet se demander s'il ne s'inspire pas librement de la *Sentence* 16 de Porphyre, même si l'état lacunaire de ce texte interdit de préciser cette conjecture. Selon Porphyre, du fait qu'elle possède en elle-même les raisons (λόγοι) de toutes choses, l'âme agit d'après ces raisons de deux façons : soit en étant « appelée » (ἐκκαλουμένη) « comme en direction des choses extérieures » par autre chose, et elle produit alors les sensations, soit en rentrant en elle-même, pour être alors dans les intellections. « Ni la sensation, ni l'intellection ne viennent de l'extérieur » (οὔτε αἴσθησις ἔξωθεν οὔτε νόησις † ...) (17, 6-7). Il s'agit plutôt de deux modes d'auto-perception, à deux « niveaux » différents, par lesquels l'âme connaît son identité originelle avec les choses[35]. Cette théorie ne se concilie pas clairement avec la suite de la Sentence[36] ; on peut cependant se demander si les images *a*

---

35   Sur ce texte, voir P. Hadot, *Porphyre et Victorinus*, t. 1, p. 238 et les notes de J. Pépin et de M.-O. Goulet-Cazé dans *Porphyre, Les Sentences*, t. II, p. 430 sq. Ce passage peut être rapproché d'un fragment du *Peri aisthèseôs* conservé par Némésius : « Porphyre affirme, dans son traité *Sur la sensation*, que ce n'est ni un cône ni un simulacre ni aucune autre chose qui sont la cause de l'acte de voir, mais que l'âme elle-même, en rencontrant les choses visibles, se reconnaît elle-même comme étant les choses visibles, du fait que l'âme contient tous les êtres et que tous sont l'âme contenant les différents corps. Comme il veut que la seule de toutes les âmes qui existe, ce soit l'âme rationnelle, il affirme de façon conséquente qu'elle se connaît elle-même dans tous les êtres. La vue voit donc en ligne droite mais elle perçoit selon le premier principe les couleurs » (*De nat. hom.* 7, p. 182, 4 Morani = fr. 264 Smith). Smith renvoie à *Sent.* 16 et à Plotin, *Enn.* IV, 6, 3, 12-14.

36   Après le *locus desperatus*, Porphyre fait intervenir les termes d'affection et d'imagination dans une analogie qui établit que l'affection et la sensation, comme l'image

priori des choses sensibles dont Nebridius fait l'hypothèse ne proviennent pas des « raisons » contenues dans l'âme, à partir desquelles elles sont « projetées » dans l'imagination, suite à une stimulation sensorielle reçue de l'extérieur, comme cela se produit quand on fait des mathématiques[37]. En d'autres termes, Nebridius généraliserait aux concepts empiriques la théorie néoplatonicienne de la « projection », en se fondant sur l'idée que l'âme contient en elle tous les principes et que la seule âme de l'homme est l'âme rationnelle (fr. 264 Smith).

Un passage du *Traité des songes* de Synésius (dont on s'accorde à reconnaître qu'il est influencé par Porphyre) conforte peut-être cette conjecture. Synésius fait l'éloge de la divination : « Il faut s'appliquer avant tout à ce type de connaissance parce qu'elle vient de nous, de l'intérieur, et qu'elle est propre à l'âme de chacun. En effet, l'intellect contient les formes des êtres au dire de l'antique philosophie (Platon, *Parm.*, 132b). Quant à nous, nous pourrions ajouter que l'âme contient les formes des choses en devenir ; car l'intellect est à l'âme ce que l'être est au devenir. (...) Ainsi se trouverait démontré ce que nous postulons, à savoir que l'âme contient les formes des êtres en devenir ; elle les contient toutes, mais elle projette celles qui conviennent et les fait se refléter dans l'imagination [en lisant, comme la plupart des commentateurs ἐνοπτρίζει τῇ φαντασίᾳ au lieu de τὴν φαντασίαν], grâce à laquelle le vivant a l'appréhension des formes qui demeurent là [dans l'âme]. De même donc que nous ne nous apercevons pas des activités de l'intellect avant que cette puissance qui préside ne les communique au sens commun et que ce qui ne parvient pas à cette puissance échappe au vivant, de même nous n'avons pas d'appréhension des formes qui sont dans la première âme avant que leurs empreintes (ἐκμαγεῖα) ne soient parvenues à l'imagination » (*De ins.* 4, 134a-b, 149, 16-150, 12)[38]. À supposer maintenant que les empreintes des « formes » des êtres en devenir qui sont dans l'âme (rationnelle) parviennent à l'imagination par une

---

et l'intellection, vont de pair : « De même que, chez le vivant, les sensations n'ont pas lieu sans une affection des organes sensoriels, de même les pensées elles non plus n'ont pas lieu sans image. C'est pour que l'on ait l'analogie suivante : comme l'impression est un accompagnement du vivant qui sent, de même l'image, dans l'âme, suit la pensée » (*Sent.* 16, 7-11). L'analogie exprime à nouveau, semble-t-il, ce que nous avons appelé le fonctionnement « normal » de notre pensée. J. Pépin comprend autrement ce texte. Il considère qu'aux yeux de Porphyre, l'énoncé selon lequel les intellections n'ont pas lieu sans imagination est faux, de sorte qu'il « entache la valeur de toute la proportion » (*i.e.* de l'analogie) (*op. cit.*, p. 457).

37 Sur la fonction d'éveil joué par le sensible dans la théorie proclusienne des mathématiques, cf. *In Eucl.* 1, 45, 10 sq.

38 Sur ce texte, cf. A. Sheppard, « *Phantasia* and Inspiration in Neoplatonism », in M. Joyal (ed.), *Studies in Plato and the Platonic Tradition*, Aldershot, Ashgate, 1997, p. 201-210 : p. 204-206.

projection interne et non pas de l'extérieur – une supposition qui est confortée par la suite immédiate de notre passage, qui affirme que l'imagination nous permet aussi d'entrer en relation avec les dieux[39] – on obtient une théorie semblable à celle dont Nebridius fait l'hypothèse[40]. Mais encore une fois, on est ici réduit à des conjectures.

39 A. Sheppard rapproche de ce passage différents textes néoplatoniciens, notamment l'exposé de Priscien sur la conception que Jamblique avait de l'imagination (*Metaphrasis*, 23, 13-24, 20 Bywater) et sa thèse selon laquelle la *phantasia* est comme un substitut pour toutes les facultés de l'âme (πάσαις ταῖς δυνάμεσι τῆς ψυχῆς παραπέφυκεν). « Si la *phantasia* peut former des images de n'importe quelle autre faculté de l'âme, cela explique, non seulement son lien avec la perception, que les Néoplatoniciens ont repris d'Aristote, mais aussi le rôle de la *phantasia* en mathématiques et la tradition qui a lié la *phantasia* et l'inspiration » (*op. cit.*, p. 207).

40 On trouve la même incertitude dans certains textes néoplatoniciens quant à l'origine des notions mises en jeu dans le jugement de reconnaissance. Comme l'écrit R. Sorabji : « Whether the concepts projected are empirically gained (...) or whether they are innate concepts recollected in Plato's manner, is not made particularly clear » (*The Philosophy of the Commentators*, « 1(b) Perceptual recognition by concept-projection », p. 37-43 : p. 37).

L'imagination, la mémoire et l'intellection (*Lettre* 7)

1 « Il peut y avoir une mémoire de certaines choses sans aucune imagination » (§1-2)

1.1 « *Phantasia* » et « *imaginatio* »

Dans sa réponse, Augustin s'oppose d'entrée de jeu à la thèse selon laquelle la mémoire ne peut pas exister sans images. Sa précision selon laquelle il nomme quant à lui « imagines » ou « imaginaria uisa » ce que Nebridius désigne comme étant des *phantasiae*[1] (p. 13, 8-9) appelle certaines précisions d'ordre lexicologique[2]. Augustin ne se prive pas habituellement d'utiliser le terme de « phantasia » (ou « fantasia »), translittéré ou en grec (cf. *De mus.* VI, 11, 32), auquel il adjoint presque toujours celui de « phantasma ». S'il propose ici un équivalent latin, c'est sans doute parce que Nebridius n'emploie pas « phantasia » dans le même sens que lui.

Nebridius se réfère à un emploi courant de « phantasia », comme l'atteste la remarque d'Augustin : « toutes ces images que tu appelles, avec beaucoup, des *phantasiae* » (*omnes has imagines, quas phantasias cum multis uocas*) (*Ep.* 7, 4, p. 15, 4). Ainsi entendu, le terme a une valeur *générique* : il désigne toutes les images produites par l'imagination. Quand Nebridius écrit : « Mihi enim ita uidetur quod, quamuis non omnis phantasia cum memoria sit, omnis tamen memoria sine phantasia esse non possit » (*Ep.* 6, 1, p. 12, 7-9), « phantasia » a ce sens, comme l'indique le quantificateur « omnis ». Cependant, le terme désigne aussi chez lui la *faculté* elle-même de l'imagination – encore appelée l'« animus phantasticus » en *Ep.* 6, 2 (p. 12, 25) ou encore, en dépendance directe du grec, le « phantasticum » en *Ep.* 8 (p. 19, 14) – ; tel est le cas par exemple dans sa question : « Cur, quaeso te, non a se potius quam a sensu phantasiam habere omnes imagines dicimus ? » (*Ep.* 6, 2, p. 12, 21-22)[3].

---

1   Le terme ne se trouve cependant qu'au singulier dans l'*Ep.* 6.
2   Cf. G. O'Daly, *Augustine's Philosophy of Mind*, p. 106-107 (« Terminology : *phantasia* and *phantasma* ») ; J. Pépin, « Attitudes d'Augustin devant le vocabulaire philosophique grec. Citation, translittération, traduction », in *La Langue latine, langue de la philosophie*, Rome, École Française de Rome, 1992, p. 277-307 : p. 282-287 (« Phantasia / Phantasma ») ; J.-L. Solère, « Les images psychiques selon S. Augustin », in D. Lories et L. Rizzerio (éd.), *De la phantasia à l'imagination*, Louvain, Peeters, 2003, p. 103-136 ; C. Pietsch, « Imaginatio(nes) », *Augustinus-Lexikon*, 3, 504-507 ; I. Bochet, « Imago », *ibid.*, 507-519 ; E. Bermon, « Phantasia, phantasma », *Augustinus-Lexikon*, 4, 712-716.
3   Voir aussi l'*Ep.* 8, à propos des rêves inspirés par les « puissances supérieures » : « An ipsa in suo corpore uel in sua phantasia facta nobis offerunt et ostendunt ? » (p. 19, 6-9).

Dans sa réponse, Augustin utilisera « phantasia » dans son acception *générique* pour désigner les images. Il divise plus loin, au §4, le genre des *phantasiae* en trois espèces : le souvenir, la représentation fictive (ou purement imaginaire) et la représentation imaginaire d'un être qui est en soi intelligible (p. 15, 6-9). Cependant, dans sa terminologie habituelle, « phantasia » ne signifie pas la faculté imaginative[4] ni non plus n'importe quelle image mais seulement la *première espèce* de représentations distinguées en *Ep.* 7, 4, à savoir celle du souvenir ; la seconde espèce, ainsi que la troisième, plus rarement mentionnée, est celle des *phantasmata*[5].

L'opposition proprement augustinienne entre « phantasia » et « phantasma » apparaît pour la première fois dans le livre VI du *De musica*, accompagnée d'une explication étiologique. On lit : « Haec igitur memoria quaecumque de motibus animi tenet, qui aduersus passiones corporis acti sunt, φαντασίαι graece uocantur » (et Augustin précise qu'il ne leur trouve pas d'équivalent latin) (VI, 11, 32). Celles-ci sont donc des « mouvements de l'âme » éprouvés en réaction à des affections du corps et conservés dans la mémoire (c'est-à-dire des souvenirs de perceptions sensibles). À partir de ces mouvements (ou plus précisément de leurs « heurts », sous l'effet du travail de l'*intentio* de l'âme) en naissent d'autres, les *phantasmata*, qui ne sont plus des « empreintes » venues des sens, comme les *phantasiae*, mais qui leur ressemblent « comme des images d'images » (*tamquam imaginum imagines*) (il s'agit d'images formées à partir d'images, à la différence des simples images, qui ont été formées à partir des corps). Par exemple, autre est la façon dont je pense à mon père que j'ai connu, autre celle dont je pense à mon grand-père que je n'ai jamais vu : « horum primum phantasia est, alterum phantasma. Illud in memoria inuenio, hoc in eo motu animi, qui ex iis ortus est quos habet memoria »[6]. Tout en se disant incapable de préciser comment les représentations purement

---

[4] Ce que nous appelons l'*imagination* se nomme chez Augustin « cogitatio » ou plus précisément « cogitatio imaginaria » (cf. *Sol.* II, 20, 35). Lorsqu'il utilise le mot « imaginatio », Augustin ne lui donne pas le sens de faculté, contrairement à d'autres auteurs comme Calcidius ou Boèce (cf. J.-L. Solère, *op. cit.*, p. 117). On note toutefois que, lorsqu'il écrit, en *Sol.* II, 20, 35, que la « phantasia » « est déficiente » (*deficiat*), Augustin désigne cette fois la faculté. C'est une exception qui confirme la règle (avec celle de *De Trin.* XI, 10, 17 : « Et ratio quidem pergit in ampliora, sed phantasia non sequitur »).

[5] La terminologie d'Augustin n'est toutefois pas invariable. Il lui arrive de prendre pour des synonymes « phantasia » et « phantasma ». En *Sol.* II, 20, 34, ils désignent tous deux la représentation de l'imagination en tant qu'elle s'oppose à la figure intelligible. Les fantasmagories des Manichéens sont appelées des « phantasiae » en *Cont. Faust.* VIII, 2, alors qu'il s'agit en rigueur de « phantasmata » (cf. *Conf.* III, 6, 10) (cf. G. O'Daly, *op. cit.*, p. 110).

[6] Aux exemples du père et du grand-père se substitueront respectivement ceux de Carthage et d'Alexandrie à partir du *Contra Faustum* (XX, 7).

imaginaires se produisent à partir des souvenirs, Augustin marque bien leur distinction : « Autre chose est de trouver dans la mémoire une *phantasia*, autre chose de faire à partir de la mémoire un *phantasma* » (*aliud est in memoria inuenire phantasiam, aliud de memoria facere phantasma*). La *phantasia* et le *phantasma* s'opposent toutefois tous deux à la perception et ce serait le comble de la folie que de les prendre pour des objets des sens, en confondant l'imaginaire et le réel.

On considère souvent que cette opposition augustinienne entre les deux types de représentations de l'imagination est d'origine stoïcienne. Pourtant, « la façon dont Augustin distingue la *phantasia* du *phantasma* ne correspond pas à celle que font les Stoïciens entre la *phantasia* comme la production d'une impression ou d'une altération (*tupôsis, alloiôsis*) dans l'esprit à partir de l'objet perçu et le *phantasma* comme le produit d'une "attraction à vide" (*diakenos helkusmos*, SVF II, 54 sq.) sans cause externe directe »[7]. Elle ne reprend pas non plus une opposition que Porphyre aurait élaborée en modifiant la terminologie stoïcienne[8]. Il faut donc « conclure qu'Augustin a adopté une distinction scolastique ou doxographique qui nous est inconnue, ou bien qu'il a lui-même adapté la distinction stoïcienne entre *phantasia* et *phantasma* à ses propres besoins techniques »[9].

Pour en revenir au terme de *phantasia* dans son acception *générique*, tel que l'a introduit Nebridius, Augustin lui donne comme équivalent latin, on l'a dit, « imaginaria uisa », c'est-à-dire littéralement les « représentations de l'imagination » (p. 13, 8). L'équivalence est compatible avec la division *générale* de toutes les « visions » (représentations) en trois espèces qui sera formulée au livre XII du *De genesi ad litteram* : la « vision » corporelle ou la perception

---

7 G. O'Daly, *op. cit.*, p. 106. Augustin était conscient de réutiliser la terminologie stoïcienne en lui donnant un sens différent. En effet, Cicéron avait fidèlement reproduit la définition zénonienne de la *phantasia* en utilisant le terme latin de « uisum » (*Acad. post.* I, 11, 40) ou « uisio » (*Acad. prior.* II, 11, 33). En outre, en *De ciu. Dei*, IX, 4, 2, Augustin se réfère à un passage d'Aulu-Gelle qui propose la même définition et la même traduction (cf. J.-L. Solère, *op. cit.*, p. 110-111).

8 J. Pépin a émis l'hypothèse d'une origine porphyrienne (« Une nouvelle source de saint Augustin : le ζήτημα de Porphyre "*Sur l'union de l'âme et du corps*" », p. 262 (= 102) ; « Attitudes d'Augustin devant le vocabulaire philosophique grec », p. 284). Pourtant, le texte invoqué, à savoir la *Sent.* 16, distingue la *phantasia* et le *phantasma* comme l'imagination et l'image, conformément à la distinction qu'Aristote opérait en *DA* III, 3, 428a1-2. En outre, il arrivait à Porphyre d'utiliser les deux termes de manière interchangeable (cf. *Ad Gaurum*, VI, 1, p. 42, 7-9).

9 G. O'Daly, *op. cit.*, p. 107. J.-L. Solère note que Quintilien avait déjà restreint la signification de « phantasia » à la représentation en absence (*Inst. or.* VI, 2, 29) (*op. cit.*, p. 111), ce qui suggère l'hypothèse d'une source rhétorique.

sensible, la « vision spirituelle », c'est-à-dire précisément la représentation de l'imagination (souvenirs, représentations fictives, rêves, hallucinations, états seconds, etc.)[10] et la « vision intellectuelle » enfin, qui s'accomplit sans aucune image[11].

On peut mentionner un second champ lexical qui englobe la *phantasia*, à l'instar de celui de la « visio : la *phantasia* est un « verbum ». Comme l'établit une page du *De Trinitate*, lorsque je veux parler de Carthage, j'engendre dans mon esprit un « verbe » intérieur, qui est l'image de cette ville que j'ai connue. « De la même façon, lorsque je veux parler d'Alexandrie, que je n'ai jamais vue, il se présente à moi une représentation purement imaginaire (*phantasma*) de cette ville », forgée d'après ce qu'on m'en a dit, « et c'est cela son verbe en moi » (*De Trin.* VIII, 6, 9).

Pour conclure ces remarques terminologiques, Gerard Watson a souligné l'importance historique de la *Lettre* 7 : « C'est grâce à [Augustin], en particulier, que nous avons "imagination" (ou son proche équivalent) qui est utilisé comme la traduction la plus commune pour *phantasia* dans les langues européennes modernes », même s'il ne fut pas le premier à employer ce terme[12]. Nul doute en tout cas, qu'il s'agit d'une étape importante dans le passage de la *phantasia* à l'imagination[13].

---

10 La vision spirituelle est celle « par laquelle nous pensons (*cogitamus*) à des corps absents sur le mode imagé (*imaginaliter*), soit que nous rappelions sur le mode de la mémoire (*memoriter*) des choses que nous connaissons, soit que, d'une manière ou d'une autre, nous formions dans la pensée de l'esprit des choses que nous ne connaissons pas mais qui existent pourtant, soit que nous forgions des choses qui n'existent absolument nulle part, selon notre gré et notre opinion » (*De Gen. ad litt.* XII, 12, 25).
11 Cf. G. Madec, « Savoir c'est voir. Les trois sortes de "vue" selon Augustin », in *Lectures augustiniennes*, Paris, IEA, 2001, p. 221-239.
12 G. Watson, *op. cit.*, p. 138. L'auteur précise que l'occurrence la plus ancienne d'« imaginatio » semble être due à Pline l'Ancien (*Nat. hist.* XX, 68), suivi par Tacite (*Ann.* XV, 36) puis par Calcidius (16-17), qui s'en sert pour traduire *phantasia* (*ibid.*, p. 138-139).
13 Sur ce « passage », voir le chapitre 6 de *Phantasia in Classical Thought* (« The Transition to *imaginatio* »), D. Lories et L. Rizzerio (éd.), *De la phantasia à l'imagination* et *Lexicon philosophicum : quaderni di terminologia filosofica e storia delle idee*, a cura di A. Lamarra e L. Procesi, Roma, Edizioni dell'Ateneo, 1985 (vol. 34 du « Lessico intellettuale europeo »). G. Watson écrit qu'il serait tentant de mettre en relation la théorie de l'imagination de Coleridge avec les théories anciennes de la *phantasia* (p. XIII). Sait-il que Coleridge a recopié dans ses cahiers de notes en janvier-mars 1801 un large extrait de l'*Ep.* 7 (cf. J. A. Stuart, « The Augustinian "Cause of Action" in Coleridge's "Rime of the Ancient Mariner" », *The Harvard Theological Review*, vol. 60, n. 2, 1967, p. 177-211 : p. 210, n. 184) ?

1.2 Le passé de la mémoire (§1-2)

La réponse d'Augustin à la première question de Nebridius est particulièrement sinueuse. De toute évidence, il joue avec la curiosité de son correspondant : « Là, tu te demandes sans doute : "À quoi cela tend-il ?" » (p. 13, 20) ; « Maintenant, à quoi cela m'avance-t-il ? Concentre-toi bien pour le voir ! » (p. 13, 24). Finalement, à l'hypothèse de Nebridius selon laquelle il n'existe pas de mémoire sans image, il objectera en un mot, et apparemment sans justification, qu'il y a une mémoire de l'éternité et que celle-ci est rappelée dans notre esprit sans aucune image. Augustin sait ce qu'il fait et où il va : dans les deux premiers paragraphes, il établit un point essentiel à sa démonstration, à savoir que l'objet de la mémoire ou du souvenir n'est pas nécessairement *passé*, comme on est tenté de le penser à première vue. Si tel est bien le cas des intelligibles, qui demeurent présents, au lieu de s'écouler comme les choses sensibles, alors, quand on se souvient d'eux, ils peuvent revenir « en personne » à la conscience, sans le truchement d'aucune représentation qui se substitue à eux, c'est-à-dire sans être accompagnés d'une *phantasia*, comme c'est nécessairement le cas des choses sensibles, qui ne peuvent plus être évoquées qu'*in absentia* une fois qu'elles ont disparu et qu'elles n'existent plus.

Cependant, Augustin montre d'abord que la mémoire ne porte pas nécessairement sur des choses passées en raisonnant seulement sur des exemples de choses *sensibles* – ce qui peut être égarant, comme il le reconnaît lui-même. Il précise, en effet, en quel sens exact la mémoire peut être légitimement dite la « rétention » (*tenacitatem*) du passé, comme elle le revendique (*sibi uindicat*) (p. 13, 12)[14]. S'agissant de notre mémoire « empirique », seule prise ici en compte, elle se souvient soit de choses qui nous ont quittés soit *aussi* de choses que nous avons quittées. Par exemple, Augustin se souvient de son père, qui l'a quitté, c'est-à-dire qui n'est plus[15], ou bien il se souvient de Carthage, qui existe encore et qu'il a lui-même quitté. « Dans les deux cas pourtant », poursuit-il, « la mémoire retient le temps passé. Car cet homme et cette ville, je m'en

---

14   Cette « revendication », de la part de la mémoire, est-elle légitime ? Le fait qu'elle soit formulée dans une proposition *concessive* incline d'abord à penser que non. Pourtant, le paragraphe se conclut sur l'affirmation « praeteritum tempus memoria tenet ». Augustin a sans doute ici en vue l'existence d'une triple corrélation entre la mémoire et le passé, l'attention et le présent et l'anticipation et le futur, qu'il mobilisera dans ses célèbres analyses sur le temps. « La description des trois actes intentionnels de l'âme (*memoria, adtentio, expectatio*) n'est pas une innovation d'Augustin dans les *Confessions*. L'idée apparaît beaucoup plus tôt [en *De immort. animae* 3, 3] » (Ph. Hoffmann, « Temps et éternité dans le livre XI des *Confessions* : Augustin, Plotin, Porphyre et saint Paul », *Revue d'études augustiniennes et patristiques*, 63, 2017, p. 31-79, p. 42). Sur cette triple corrélation, qui se trouve déjà chez Cicéron, voir *infra* « La réminiscence platonicienne ».

15   C'est une des rares allusions d'Augustin à son père (cf. aussi *Conf.* III, 4, 27 ; *De mus.* VI, 11, 32).

souviens du fait que je les ai vus et non pas du fait que je les vois » (p. 13, 15-19). Par conséquent, s'il est vrai que la mémoire est mémoire *du passé*, ce n'est pas la chose dont on se souvient qui est nécessairement passée[16], mais la perception qu'on en a eue. Cela dit, à quoi cela nous avance-t-il puisque, lors même que la chose qu'on se souvient d'avoir perçue existe encore, la mémoire est accompagnée d'une image ?

1.3 *La réminiscence platonicienne (§2)*

Augustin enchaîne en prenant la défense de la théorie platonicienne de la réminiscence contre ceux qui s'en prennent à elle en disant « que la mémoire se rapporte à des choses passées, alors que les choses que nous apprenons en les comprenant, de l'autorité même de Platon, demeurent toujours » (p. 14, 3-5). C'est qu'ils ne se rendent pas compte, répond-il, « que c'est la vision par laquelle nous les avons vues un jour par notre esprit qui est passée (*qua haec aliquando mente*)[17] » (p. 14, 6-8) – et non pas les intelligibles eux-mêmes, qui sont éternels.

1.3.1 Une objection des nouveaux Académiciens contre la théorie de la réminiscence ?

Quels sont ces détracteurs de la réminiscence ? Selon Gerard O'Daly, « et Aristote, lorsqu'il dit ἡ μνήμη τοῦ γενομένου (*De Mem.* 1), et Plotin, lorsqu'il affirme (IV, 4 [28], 6, 2 ; cf. IV, 3 [27], 25, 10 sq.) τῶν γὰρ γεγενημένων καὶ παρεληλυθότων ἡ μνήμη, ont manqué de distinguer de façon adéquate entre le passé de l'acte de perception et celui de ses objets »[18]. On note cependant que, dans le passage cité du chapitre 1 du *De memoria*, Aristote précise que « chaque fois que nous nous souvenons que nous avons vu, entendu ou appris telle chose, nous percevons en outre que c'était antérieurement » (*De mem.* 450a19-21), si bien que le souvenir se distingue de la perception en vertu du fait qu'il est souvenir d'*avoir perçu* quelque chose[19]. Quant à Plotin, lorsqu'il affirme que « la

---

16 Contrairement à ce qu'affirme Licentius : « Quibus autem est memoria necessaria, nisi praetereuntibus et quasi fugientibus rebus ? » (*De ord.* II, 2, 6). C'est la reprise d'une affirmation que l'on trouve chez Plotin : « τῶν γὰρ γεγενημένων καὶ παρεληλυθότων ἡ μνήμη » (*Enn.* IV, 4 [28], 6, 2) (voir *infra*).

17 En lisant « qua » (Daur) plutôt que « quia » (Goldbacher).

18 G. O'Daly, « Memory in Plotinus and two early texts of St. Augustine », *Studia Patristica*, 14, 1976, p. 461-469 : p. 466-467 (repris dans *Platonism Pagan and Christian. Studies in Plotinus and Augustine*, Aldershot, Variorum Ashgate, 2001).

19 Ce point est également mis en évidence dans le *De magistro* : lorsqu'on nous interroge « au sujet de choses que nous avons un jour senties », « nous racontons, non pas que nous les voyons et sentons, mais que nous les avons vues et senties » (*De mag.* 12, 39). Augustin dépend-il indirectement d'Aristote ?

mémoire est mémoire de choses qui sont passées et qui s'en sont allées », ces « choses » qui s'en vont ne sont pas tant les objets du souvenir que les pensées des âmes, qui sont muables (cf. IV, 4 [28], 6, 1)[20].

Les nouveaux Académiciens me semblent être de meilleurs candidats au titre de ceux qui « ont manqué de distinguer de façon adéquate entre le passé de l'acte de perception et celui de ses objets ». On peut en effet rapprocher ce passage de notre lettre d'un extrait du livre XIV du *De Trinitate* qui réaffirme que la mémoire ne porte pas nécessairement sur des choses passées, à l'encontre cette fois d'une thèse qui est explicitement attribuée à des « quidam », au nombre desquels figure Cicéron.

Le contexte de l'extrait est le suivant : Augustin soutient que l'esprit, non content de se connaître lui-même et de s'aimer lui-même, se souvient de lui-même (cf. aussi *De Trin.* X, 11, 18 ; XIV, 6, 9 ; XV, 7, 12). Il soulève alors l'objection suivante contre l'existence d'une « memoria sui » : « Quelqu'un dira : "Ce par quoi l'esprit qui est toujours présent à lui-même est dit se souvenir de lui-même n'est pas la mémoire car la mémoire est toujours mémoire de choses passées et non pas de choses présentes". En effet, en traitant des vertus, certains auteurs, parmi lesquels se trouve Cicéron, ont divisé la prudence en trois parties : la mémoire, l'intelligence et la prévoyance ; ils assignent la mémoire aux choses passées ; l'intelligence aux présentes, la prévoyance aux futures ... » (*De Trin.* XIV, 11, 14)[21]. Augustin se réfère ici à un passage du *De inuentione*, qu'il cite en *De diu. quaest.* 83, 31, 1 : « La prudence est la science des choses qui sont bonnes, de celles qui sont mauvaises et de celles qui ne sont ni bonnes ni mauvaises. Ses parties sont la mémoire, l'intelligence et la prévoyance. La mémoire est celle par laquelle l'âme retrouve les choses qui sont passées ; l'intelligence, celle par laquelle elle observe les choses présentes ; la prévoyance, celle par laquelle on voit quelque chose de futur avant qu'il arrive » (*De inu.* II, 53, 160)[22].

---

20   Il demande *a contrario* en IV, 3, [27], 25, 17-20 : « Mais ce qui est dans un état identique et toujours semblable, comment serait-il dans la mémoire, alors qu'il n'a ni ne retient un état (κατάστασιν) différent de celui dans lequel il était auparavant, ou une pensée (νόησιν) qui succède à une autre, de telle sorte qu'il soit dans l'une et qu'il se souvienne d'une autre qu'il a eue précédemment ? ». Bref, un être éternel n'a pas de mémoire car ses pensées ne se succèdent pas.

21   « Sed dicet aliquis : "Non est ista memoria qua mens sui meminisse perhibetur quae sibi semper est praesens ; memoria enim praeteritorum est non praesentium". Nam quidam cum de uirtutibus agerent in quibus est etiam Tullius in tria ista prudentiam diuiserunt, memoriam, intellegentiam, prouidentiam, memoriam scilicet praeteritis, intellegentiam praesentibus, prouidentiam rebus tribuentes futuris ... ».

22   « Prudentia est rerum bonarum et malarum neutrarumque scientia. Partes eius : memoria, intellegentia, prouidentia. Memoria est per quam animus repetit illa quae fuerunt ; intellegentia, per quam ea perspicit quae sunt ; prouidentia, per quam futurum aliquid

Il est possible de répondre à l'objection en invoquant l'autorité de Virgile : lorsque celui-ci écrit : « nec talia passus Vlixes, / Oblitusue sui est Ithacus discrimine tanto » (*Aen.* III, 628-29), il atteste qu'Ulysse s'est souvenu de lui-même, c'est-à-dire de qui il était *présentement* (à savoir un homme courageux) : « Comme il était présent à lui-même, en aucune manière il n'aurait plus se souvenir de lui-même si la mémoire ne se rapportait pas aussi aux choses présentes. C'est pourquoi, de même que, dans le cas de choses passées, on dit que la mémoire est ce par quoi elles peuvent être ressaisies et rappelées, de même, dans le cas d'une chose présente – comme c'est le cas de l'esprit pour lui-même –, on peut dire sans absurdité que la mémoire est ce par quoi l'esprit est présent à lui-même, de sorte qu'il peut être compris par la pensée qu'il a de lui-même et que tous deux peuvent être unis à l'amour qu'il a lui-même » (*De Trin.* XIV, 11, 14)[23].

Pour en revenir à notre lettre, ce passage du *De Trinitate* donne à penser que ce sont les Néo-académiciens et Cicéron qui s'en prennent à la réminiscence platonicienne au motif que « la mémoire se rapporte à des choses passées, alors que les choses que nous apprenons en les comprenant, de l'autorité même de Platon, demeurent toujours ». Dans cette hypothèse, nous serions en présence d'une critique *sceptique* dirigée contre Platon, qu'Augustin a peut-être trouvée dans les *Académiques*[24].

---

uidetur ante quam factum est ». Cf. aussi *Tusc.* I, 27, 66 (à propos des éléments corporels) : « … nihil inest, quod uim memoriae, mentis, cogitationis habeat, quod et praeterita teneat et futura prouideat et complecti possit praesentia » (citation de la *Consolation*). « Praeterita teneat » peut être rapproché de « praeteriti temporis … tenacitatem » en *Ep.* 7, 1, p. 13, 12. Ces citations attestent qu'Augustin trouvait déjà chez Cicéron la correspondance entre les trois dimensions du temps et les trois actes psychiques de la mémoire, de l'attention et de l'anticipation. Cf. G. Catapano, *Agostino, Sull'anima : L'immortalità dell'anima, La grandezza dell'anima*, p. 321 n. 38 ; Ph. Hoffmann, « Temps et éternité dans le livre XI des *Confessions* … » : p. 42, n, 51 ; J. Lagouanère, « Temps et éternité dans les *Dialogues philosophiques* d'Augustin », in *Tempo di Dio tempo dell'uomo*, XLVI Incontro di Studiosi dell'Antichità Cristiana (Roma, 10-12 maggio 2018), Roma, Institutum Patristicum Augustinianum, 2019, p. 119-33.

23   « Cum sibi ergo praesens esset, nullo modo sui meminisset nisi et ad res praesentes memoria pertineret. Quapropter sicut in rebus praeteritis ea memoria dicitur qua fit ut ualeant recoli et recordari, sic in re praesenti quod sibi est mens memoria sine absurditate dicenda est qua sibi praesto est ut sua cogitatione possit intellegi et utrumque sui amore coniungi ». Sur ce texte, cf. Ch. Brittain, « Intellectual Self-Knowledge in Augustine (*De Trinitate* 14.7-14) », in E. Bermon et G. O'Daly (éd.), *Le* De Trinitate *de saint Augustin : exégèse, logique et noétique*, Paris, IEA, 2012, p. 313-30 : p. 324 sq.

24   Je ne connais pas d'autre attestation de cette critique.

1.3.2   Augustin et la préexistence de l'âme

Augustin explique ensuite pourquoi des choses intelligibles doivent faire l'objet d'un rappel, tout en étant présentes : « Comme nous nous sommes laissés entraîner loin d'elles et que nous avons commencé à voir d'une autre façon (*aliter*) d'autres choses, nous les revisitons (*reuisere*) en nous en souvenant, c'est-à-dire par le moyen de la mémoire » (p. 14, 8-9). Les « autres choses » que nous avons commencé à voir, autrement, sont les objets sensibles, perçus « charnellement », suite à une chute, car « nous sommes tombés de l'un dans le multiple » (*Ep.* 11, 4, p. 28, 24-25)[25]. Une telle affirmation, et celle suivant laquelle « nous avons vu un jour (*aliquando*) par notre esprit » les intelligibles, ne se heurte-t-elle pas à une objection ? Ne donne-t-elle pas à penser qu'Augustin a admis la préexistence de l'âme, en dépit d'allégations contraires de sa part[26] ?

Sur ce point, il importe de bien distinguer deux implications de la théorie platonicienne de la réminiscence, à savoir premièrement que l'âme n'apprend pas (en matière de savoir rationnel) dans cette vie, et deuxièmement qu'elle n'apprend rien dans cette vie parce qu'elle a déjà tout appris dans une vie antérieure (cf. *Phédon*, 76 c). Dans la *Lettre* 7, Augustin semble prendre « en bloc » toute la théorie platonicienne, bien que ce soit la première implication à laquelle il adhère. Par la suite, il critiqua la réminiscence platonicienne (et certaines de ses propres formulations à son sujet), en tant qu'elle donnait précisément à croire à la préexistence de l'âme. Si des ignorants parviennent à faire des réponses justes dans le domaine des disciplines libérales, lorsqu'ils sont bien interrogés, c'est « parce que la lumière de la raison éternelle leur est présente, autant qu'ils peuvent la saisir (*capere*), en laquelle ils voient ces choses immuablement vraies. Ce n'est pas parce qu'ils les ont apprises un jour (*aliquando*) et qu'ils les ont oubliées, comme il a semblé à Platon et à ses semblables » (*Retract.* I, 4, 4, qui renvoie à *De Trin.* XII, 15, 24).

On ne saurait pourtant conclure de cette rétractation, comme on le fait souvent, à une évolution qui aurait conduit Augustin à substituer au modèle de la réminiscence celui de l'illumination ou de l'enseignement par le Maître

---

25   On peut rapprocher ce passage de Plotin, IV, 4 [28], 6, 3-4 : « S'agissant des âmes auxquelles il appartient de rester dans le même état, de quoi se souviendraient-elles ? ».

26   Sur cette question controversée, cf. R. J. O'Connell, « Preexistence in Augustine's Seventh Letter », *Revue des Études Augustiniennes*, 15, 1969, p. 67-73 et la réponse de G. O'Daly dans « Did St. Augustine ever believe in the Soul's Pre-existence ? », *Augustinian Studies*, 5, 1974, p. 227-235 (repris dans *Platonism Pagan and Christian*). Cf. aussi Id., *Augustine's Philosophy of Mind*, p. 201.

intérieur[27]. Il utilise, parfois dans la même œuvre, une multiplicité de paradigmes pour rendre raison de la connaissance rationnelle (enseignement, souvenir, illumination, « invention », « récollection » d'éléments mémoriels *a priori*) sans chercher à les unifier de façon systématique[28]. La réminiscence demeure donc à ses yeux un paradigme du savoir (voir à ce propos le passage frappant de *De Trin.* XIV, 7, 9), pour autant qu'on ne l'interprète pas comme le souvenir de quelque chose qui aurait déjà été appris avant l'incarnation de l'âme.

De ce point de vue, Augustin se réfère à l'oubli et à la mémoire d'une manière qui rappelle Plotin. Selon ce dernier, qui était soucieux d'écarter toute interprétation d'ordre « chronologique » de la réminiscence, « les Anciens semblent appliquer les termes de "mémoire" et de "réminiscence" aux âmes qui font passer à l'acte ce qu'elles possèdent. C'est là une autre forme de mémoire ; et le temps n'appartient pas à la mémoire ainsi comprise » (*Enn.* IV, 3 [27], 25, 32-34).

1.3.3   L'exemple de l'éternité

Augustin oppose enfin à la thèse de Nebridius un contre-exemple, celui de l'éternité, qui est par excellence ce qui demeure (p. 10, 10-14). Plotin affirmait qu'il est possible de remonter par voie de réminiscence jusqu'à elle si l'on se représente ce qu'est le temps, qui s'est constitué d'après elle (*Enn.* III, 7 [45], 1, 20-24). Augustin se contente d'affirmer qu'elle est remémorée, c'est-dire rappelée à la conscience immédiatement, sans sans « véhicule » imaginaire (*nec aliqua imaginaria figmenta conquirit, quibus in mentem quasi uehiculis ueniat*) ; elle est là « en personne ». D'après le livre X des *Confessions*, toutes les notions intellectuelles sont contenues dans la mémoire « sans rétention d'image » (*non retenta imagine*) (*Conf.* X, 9, 16), à la différence des choses sensibles[29].

La réponse d'Augustin à la première question qui lui a été posée s'arrête là. On regrette qu'il ne dise rien de l'hypothèse de Nebridius selon laquelle le langage tiendrait lieu de « véhicule » pour la pensée. Augustin a lui-même été attentif au rôle indispensable que jouent les mots. Ne servent-ils pas, comme le précise un passage du *De magistro* sur la prière, à « nous faire nous rappeler (*commemorare*), lorsque la mémoire, à laquelle collent les mots, en

---

[27] C'est par ex. l'avis de S. Lancel, qui écrit : « On verra qu'il se détachera bientôt de cette théorie de la réminiscence au profit de l'illumination dispensée par le Maître intérieur. Mais cette doctrine commence à poindre dans les lignes ultimes de l'avant-dernière lettre adressée à Nebridius (13, 4) » (*Saint Augustin*, p. 192).

[28] Cf. E. Bermon, *La Signification et l'enseignement*, p. 535-42 (« La réminiscence et l'enseignement »).

[29] Cf. A. Solignac, *Les Confessions*, « Note complémentaire » 14 : « La mémoire selon saint Augustin », BA 14, p. 557-567.

les déroulant (*reuoluendo ea*), fait venir à l'esprit les choses mêmes dont les mots sont les signes » (*De mag.* 1, 2)[30] ? Un tel usage des signes est certes lié, dans l'esprit d'Augustin, à la condition « infra-lapsaire » de l'homme[31] ; mais ne signifie-t-il pas que l'action « véhiculaire » du langage est une condition nécessaire du fonctionnement « normal » de nos facultés ? La différence entre la position d'Augustin et celle de Plotin qu'évoquait Nebridius devient alors plus difficile à percevoir. Elle tient sans doute au fait qu'Augustin, comme l'écrit Aimé Solignac, « ne semble pas admettre comme lui [Plotin] (IV, 3, 30, 5-7) que la conservation des notions dans l'âme raisonnable s'explique seulement par la persistance dans l'imagination du discours verbal qui accompagne la pensée. La différence est importante : elle s'explique par le fait qu'Augustin, contrairement à Plotin, ne réduit pas la mémoire à l'imagination mais lui reconnaît une authentique valeur spirituelle ; elle s'explique, plus profondément, par le fait qu'Augustin ne considère pas l'âme comme une hypostase inférieure à l'intelligence, mais un sujet spirituel dont l'intelligence, la *mens*, est la faculté la plus haute »[32].

2   L'âme ne peut pas former d'images avant d'avoir usé des sens (§3-7)

Augustin répond de façon nette à la seconde question de Nebridius. Il *démontre*, dans un premier temps, que les représentations de l'imagination sont fondamentalement dépendantes des sens et, de façon significative, il définit, comme Plotin avant lui, l'image comme un « coup » (*plaga*) reçu des sens. Si toutefois il est prouvé que toutes nos images sont *a posteriori*, c'est-à-dire qu'elles dérivent de ce que nous avons vu, comment comprendre que nous ayons, comme l'a dit Nebridius, la faculté d'imaginer des choses que nous n'avons jamais vues ? Pour résoudre ce problème, Augustin établit, dans un deuxième temps, une classification de toutes les images. Cette classification oppose d'une part les souvenirs et d'autre part les différents types de représentations *purement imaginaires* (c'est-à-dire les représentations de choses qui n'existent pas). Dans un troisième temps, Augustin rend compte de la formation de ces représentations purement imaginaires en expliquant qu'elle consiste en une recomposition de souvenirs que nous avons gardés de choses déjà vues, suivant un processus qui est rapidement présenté.

---

30   Sur ce texte, cf. E. Bermon, *La Signification et l'enseignement*, p. 157 sq.
31   Avant le péché, l'homme n'avait pas besoin d'avertissement extérieur pour prêter attention aux réalités intelligibles (cf. *De Gen. cont. man.* II, 20, 30).
32   A. Solignac, *op. cit.*, p. 561.

2.1 Les images dérivent des sensations (*§3*)

2.1.1 L'imagination n'est pas antérieure à la sensation

Pour récuser l'hypothèse de Nebridius selon laquelle l'imagination serait une faculté *a priori*, Augustin formule un raisonnement par l'absurde qui se fonde sur une comparaison des degrés de fausseté auxquels sont respectivement sujets les sens et l'imagination (p. 14, 15-25). Si l'âme peut être affectée par les images des corps (quand elle imagine ces derniers) « avant » d'être affectée par les sens, et si ce mode d'affection est préférable pour elle dans la mesure où les sens sont trompeurs, alors il faut penser que la condition des rêveurs et des frénétiques l'emporte sur celle des personnes saines et éveillées et que le faux l'emporte sur le vrai, sauf à préférer admettre que le soleil que l'on imagine est plus vrai que celui que nous voyons !

Comme l'écrit Gerard O'Daly, « l'argument est déroutant parce qu'il semble dépourvu de pertinence. Il semble à première vue n'y avoir aucune analogie entre l'esprit imaginant librement envisagé par Nebridius et l'action de rêver ou d'être halluciné. Dans le premier cas, nous devons supposer un processus qui est totalement indépendant de la perception sensorielle, mis à part le fait que la perception agit comme un avertissement déclencheur ; dans l'autre cas, nous pouvons normalement présupposer que les images présentes dans l'esprit de ceux qui sont ainsi affectés sont, ou au moins pourraient être, des distorsions et des amalgames de perceptions précédemment enregistrées. Par conséquent, dire à leur sujet qu'elles sont *antérieures* aux perceptions sensorielles est égarant, à moins que "antérieur à" doive être compris comme une façon de dire "indépendamment de" : elles sont en fait antérieures à certaines mais postérieures à d'autres »[33].

Si je comprends bien l'argument, Augustin ne peut pas présupposer ici que les images vues par les rêveurs et par ceux qui sont hallucinés sont des amalgames de perceptions qui leur sont antérieures, parce qu'il s'agit précisément de la thèse qu'il doit prouver à Nebridius, qui suppose quant à lui qu'imaginer, comme on le fait *notamment* en rêvant ou en étant halluciné, c'est mobiliser des images *a priori*. En ce sens, le raisonnement d'Augustin n'est pas analogique. Il repose sur l'implication suivante (présentée comme irrécusable) : si les *phantasiae* sont *a priori* (c'est-à-dire qu'elles *précèdent* l'expérience au lieu d'en dériver), alors elles sont meilleures que les sensations, qui sont trompeuses en ce sens du moins qu'elles sont « non-compréhensives », selon une thèse fondamentale qu'Augustin a soutenue tout au long de sa carrière[34]. Or, quand

---

33 G. O'Daly, *Augustine's Philosophy of Mind*, p. 112-113.
34 Dans le meilleur des cas, la sensation ne nous donne que des représentations qui sont *vraisemblables*, c'est-à-dire semblables au vrai (cf. *Ep.* 13, 3).

nous rêvons ou que nous sommes hallucinés, nos *phantasiae* sont assurément moins bonnes que nos sensations parce qu'elles sont purement illusoires. On conclut par voie de contraposition que nos *phantasiae* ne sont pas *a priori*. Elles dérivent au contraire de nos sens, qui « frappent » de l'extérieur notre imagination, comme l'établit la suite du texte.

On peut formuler deux remarques pour mettre en évidence la cohérence du raisonnement d'Augustin. Premièrement l'affirmation selon laquelle les âmes de ceux qui rêvent ou qui sont victimes d'hallucination « sont affectées par des images, qui les ont affectées *avant* ces sens qui sont des messagers très vains » est une prémisse qui exprime la pensée de Nebridius, et non pas celle d'Augustin, s'il est vrai que la preuve doit montrer que toutes les images sont *a posteriori*. Deuxièmement, il est vrai qu'il vaut mieux, pour l'âme, ne pas être affectée par les sens, cependant cet état préférable à la sensation ne correspond pas à celui où l'on imagine, mais à l'*apathie*[35], car imaginer (au moins dans le cas du rêve et de l'hallucination) est pire que sentir.

2.1.2 La *phantasia* comme « coup »

Il faut en conclure que l'imagination n'est rien d'autre qu'un « coup infligé par les sens (*plaga inflicta per sensus*) », qui signe l'introduction (*inlatio*) ou l'« impression » du faux dans l'âme (p. 14, 26-29). Augustin se souvient ici d'une « définition » plotinienne : « L'imagination est un coup donné de l'extérieur à la partie irrationnelle [de l'âme] » (φαντασία δὲ πληγὴ ἀλόγου ἔξωθεν) (*Enn*. I, 8 [51], 15, 18)[36]. En connotant l'idée de violence faite à l'âme par le sensible[37], le terme de « plaga » exprime ici de façon dramatique l'idée ancienne selon laquelle la *phantasia* provient d'une *tupôsis*, c'est-à-dire de l'« impression » dans l'âme de la forme de l'objet qui affecte le sens (cf. par ex. *De Trin*. XI, 1, 1 sq.) – par quoi elle ne saurait aucunement précéder la sensation.

---

35 Cette thèse s'accorde avec l'analyse de la perception présentée en *De mus*. VI, 4, 7-5, 10 et critiquée en *Retract*. I, 11, 2. Sur ces textes, cf. E. Bermon, *Le Cogito dans la pensée de saint Augustin*, p. 264-70 (« La sensation et la santé »).

36 À l'encontre des manuscrits et de l'*editio maior* de Henry-Schwyzer, Igal, Kalligas et la seconde édition de l'*editio minor* donnent πληγῇ. Le texte d'Augustin, qui a dû avoir accès à ce passage de Plotin ou à sa traduction en latin, me paraît infirmer la correction. Le terme de πληγή se trouve aussi chez Porphyre ; cf. *Ad Gaurum*, IV, 86-88 ; 102 sq., à propos de l'âme de l'embryon (qui est végétative) ; 8, 8, à propos de la matrice, conçue comme un animal.

37 L'âme se voit littéralement « infliger » la fausseté même des sensations : « inlatio » signifie le fait d'infliger des sévices, la mort par ex. (cf. *Serm*. 280, 3). « Verberare » (frapper) est employé en *Ep*. 7, 5. Voir aussi *Ep*. 4, 2 (et *supra* « Les "coups du sensible" et leurs remèdes ») ; *De ord*. I, 1, 3 ; *De uera relig*. 35, 65.

Une telle définition est métaphorique, bien sûr : elle doit être contrebalancée par le postulat selon lequel l'âme est en elle-même *impassible* par rapport à tout ce qui est corporel[38]. Ainsi lit-on par exemple dans le *De musica* : « Il est complètement absurde de soumettre de quelque façon que ce soit l'âme au corps, comme une matière soumise à un artisan. Car jamais l'âme n'est inférieure au corps, tandis que toute matière est inférieure à l'artisan. C'est pourquoi l'âme n'est en aucune façon assujettie au corps à la façon dont une matière est assujettie à l'artisan » (*De mus.* VI, 5, 8)[39]. Bref, « lorsque, du fait de ces opérations qui sont les siennes, elle subit quelque chose, c'est de son propre fait qu'elle le subit, et non de celui du corps (*a seipsa patitur, non a corpore*) » (*De mus.* VI, 5, 12).

En conclusion, il est désormais établi que toutes nos images dérivent des sens. Pourtant, ce résultat ne fait qu'aiguiser la « question » qui « trouble de façon pénétrante » Nebridius, à savoir « comment il se fait que nous pensions à des visages ou à des formes que nous n'avons jamais vus » (p. 14 29-15, 2). C'est pourquoi Augustin se propose d'allonger sa lettre et se « transporter plus bavard » chez son ami[40].

2.2 *Les trois espèces de* phantasiae (*§4*)

Une *division* des images en *trois genres* est d'abord établie, selon la nature de leur objet intentionnel : « l'un est imprimé à partir de choses qui ont été senties (*sensis*), l'autre à partir de choses que l'on s'est figuré (*putatis*), le troisième à partir de choses sur lesquelles on a raisonné (*ratis*) » (p. 15, 6-9)[41].

Augustin passe rapidement sur les *phantasiae* qui représentent des choses qui ont été perçues (*sensa*) (et qui sont les *phantasiae* au sens strict dans son propre lexique) : ce sont ses souvenirs par exemple du visage de Nebridius, de

---

38   Voir en particulier Porphyre, *Sent.* 18, « qui semble hésiter entre l'attribution et le refus de pâtir aux incorporels » (J. Pépin, *Porphyre, Sentences*, vol. 2, p. 479).

39   Comme l'écrit G. Verbeke, « l'organisme corporel ne reçoit que des impressions externes, qui stimulent l'âme à se former une représentation du monde matériel au milieu duquel nous vivons : les impressions reçues du dehors ne sont donc pas la cause adéquate de ces images spirituelles, qui sont produites par l'âme elle-même, sous stimulation des impressions sensibles » (*L'Évolution de la doctrine du pneuma*, p. 502). « Cette supériorité du *spiritus* vis-à-vis du monde matériel est encore plus évidente dans le cas où cette vision spirituelle se produit sans excitant extérieur » (*ibid.*, p. 504).

40   Augustin reprend ici avec humour le *topos* selon lequel une lettre est un moyen de se rendre présent auprès de son destinataire. Cf. *Ep.* 2 à Zenobius, *Ep.* 109, 1, de Severus à Augustin ; *Ep.* 267 à Fabiola.

41   La tripartition est reprise par Kilwardby dans la Question 2 du *De spiritu fantastico*, §29-35 ; cf. Julia Lichacz, « Robert Kilwardby sur la perception sensitive et l'imagination (II) », *Studia antyczne i mediewistyczne*, vol. 11 [46], 2013, p. 145-202 : p. 193-194.

Carthage ou de feu Verecundus[42]. Les deux autres genres ont pour objets les images de choses que nous n'avons jamais vues.

2.2.1 Les fictions

2.2.1.1 *Les fictions en vue de l'argumentation*

Le second genre est si touffu qu'il constitue comme une « forêt » dans la « forêt » des *phantasiae* (cf. §5, p. 16, 14)[43] : c'est celui de ce qu'Augustin appelle habituellement les *phantasmata*. Il comprend d'abord les choses que « nous imaginons pour les besoins de l'argumentation, sans qu'elles ne fassent aucunement obstacle à la vérité » (p. 15, 14-15)[44]. On peut l'illustrer en se référant (parmi bien d'autres exemples possibles) au scénario imaginé dans le *De magistro* pour montrer à Adéodat que les conjonctions « si » et « parce que » n'ont pas la même signification : « Imagine (*finge*) que nous voyions quelque chose de trop loin, que nous ne soyons pas certains de savoir si c'est un animal ou une pierre ou quelque chose d'autre et que je te dise : "Parce que c'est un homme, c'est un animal" ; ne parlerais-je pas de façon inconsidérée ? » (*De mag.* 5, 16). En l'occurrence, il convient, bien sûr, de dire : « Si c'est un homme, c'est un animal »[45].

2.2.1.2 *Les images des personnages historiques et des personnages de fiction*

Vient ensuite « ce que nous nous figurons à la lecture d'un récit historique (*historia*) » (p. 15, 15-16). Ainsi, en lisant les *Épîtres* de Paul, nous nous imaginons à notre guise les traits de l'Apôtre et ceux des personnes qu'il nomme, sans que le fruit de notre lecture ne dépende aucunement de ces images arbitraires (cf. *De Trin.* VIII, 4, 7).

Le même phénomène se produit lorsque nous composons des fictions ou que nous avons l'idée (*suspicamur*) de certaines fictions[46]. Ainsi, je me repré-

---

42 Verecundus, grammairien dont Nebridius fut l'assistant, était le propriétaire du domaine de Cassiciacum (cf. *Conf.* VIII, 6, 13 ; IX, 3, 5).

43 L'image de la forêt vient sans doute de l'*Orateur* (41, 139), où Cicéron l'emploie au sujet des figures de la rhétorique. En *De ord.* II, 17, 45, Augustin se dit effrayé par la « forêt des problèmes » dans laquelle il doit se retrouver.

44 On lit « uel cum disserendi gratia » dans Goldbacher et dans Daur ; « uelut ... » dans l'éd. bénédictine. « Vel » est ici un adverbe, semble-t-il, et non pas une particule de coordination.

45 Cf. E. Bermon, *La Signification et l'enseignement*, p. 200-203 (« "Si" et "parce que" ») ; p. 292-295 (« La définition de la proposition »).

46 « Suspicari », que je traduis faute de mieux par « avoir l'idée de ... », a un sens technique. En *Conf.* III, 6, 10, qui dénonce la vanité de la doctrine manichéenne, trois opérations de l'âme sont distinguées et ordonnées, selon que nous *voyons* des corps de nos yeux (*uidere*), que nous les *imaginons* (*imaginare*), c'est-à-dire ici que nous nous en souvenons, ou enfin

sente comme il me plaît le visage d'Énée en lisant l'*Énéide*, celui de Médée avec ses serpents ailés attelés à son char[47] et celui de Chrémès ou de Parménon (deux personnages de l'*Eunuque* de Térence)[48] (p. 15, 16-20).

Fait aussi partie de ce même genre d'images « tout ce qu'ont fait passer pour véritable soit des sages (*sapientes*) qui enveloppent de telles figures quelque chose de vrai soit des insensés (*stulti*) qui créent toutes sortes de fictions » (p. 15, 20-22). À la différence des fictions littéraires précédemment mentionnées (comme Médée sur son char), qui se donnent comme de pures inventions auxquelles personne ne croit, les fictions de ce nouveau type sont présentées par leurs auteurs comme étant véritables. Toutes ne sont pourtant pas trompeuses.

2.2.1.3   *Les fictions philosophiques*

Les fictions que l'on fait passer pour vraies ont trois types d'auteurs différents. Les *sages* « enveloppent de telles figures quelque chose de vrai ». Augustin pense peut-être aux mythes philosophiques, qui véhiculent un sens qui s'adresse à l'intelligence (à la différence par exemple du char ailé de Médée, qui n'en a pas). Un passage de la *Sentence* 18 – que Francis Bacon n'aurait pas désavoué – produit la théorie d'un tel procédé : « Les comparaisons (*similitudines*) sont aussi propices à l'intellection (*intellectu*) parce qu'elles sont présentées à l'âme selon le mouvement même que la nature exige. En effet, les âmes sont pour ainsi dire soustraites à ce dont il s'agit et elles y sont à nouveau ramenées ; elles y sont soustraites pour éviter la paresse ; elles y sont ramenées pour éviter l'erreur. C'est pourquoi les anciens sages ont jugé bon d'indiquer certaines choses à l'aide des images d'une fable afin que, lorsque l'attention se porte vers elles et qu'elle est ramenée vers ce que la fable signifie, l'esprit, par son propre mouvement, s'exerce tout en jouant » (*Sent.* 18, p. 159, 415-424). Ainsi s'explique que le

---

qu'à partir d'eux nous *avons l'idée* (*suspirari*) de choses qui n'existent pas, comme en l'occurrence, dans le cas des Manichéens, des étendues infinies de lumière ou de ténèbres. On note cependant qu'en *Conf.* XII, 6, 6, « suspicari » est opposé à « nosse » avec un sens différent.

47   C'est l'exemple par excellence de fiction chez Augustin. En *Conf.* III, 6, 11, même exemple du « vol de Médée », qu'Augustin déclamait en vers. On le trouve déjà en *Sol.* II, 15, 29, citant le vers « Angues ingentes alites iunctos iugo », qui est sans doute de Pacuvius et qu'Augustin connaît par Cicéron, *De inu.* I, 19, 27 (où l'on trouve une tripartition très intéressante de la narration). Sur l'exemple de Médée, cf. G. Catapano, « Il volo di Medea e la voce della ragione. Metaletteratura e autoriflessività nei *Soliloquia* di Agostino », in J. Hernández Lobato & Ó. Prieto Domínguez (ed.), *Literature Squared : Self-Reflexivity in Late Antique Literature*, Turnhout, Brepols, 2020, p. 151-174.

48   Un autre Chrémès apparaît, sans Parménon, dans l'*Andria*. Sur les références d'Augustin à Térence, cf. F. Rosa, « Appunti sulla presenza di Terenzio nell'opera di Sant'Agostino », *Quaderni Urbinati di Cultura Classica*, Vol. 33, n. 3, 1989, p. 119-133.

jeune Augustin se soit lui-même exprimé en termes « mythiques », comme par exemple dans l'apologue de Philocalie et de Philosophie, au livre II du *Contra Academicos* (3, 7)⁴⁹, et que, dans le *De ordine*, il engage Licentius à terminer le poème sur Pyrame et Thisbée que celui-ci avait commencé, même après sa conversion à la philosophie (*De ord.* I, 8, 21). Il considère en effet que le bon usage des disciplines libérales affermit la recherche du bonheur (*De ord.* I, 8, 24) – même si, dans le même dialogue, les fictions sont présentées comme un legs encombrant pour la grammaire (*De ord.* II, 12, 37) ...

2.2.1.4   *Les « affabulations des poètes et des hérétiques »*
Aux fictions des sages s'ajoutent les « affabulations » des *poètes* et des *hérétiques*, comme le Phlégéton du Tartare, les cinq antres de la race des ténèbres (à savoir les ténèbres elles-mêmes, les eaux, les vents, le feu et la fumée, d'après *Cont. epist. fund.* 28, 31), le « pivot du nord » qui maintient le ciel (*stilus septentrionalis continens mundum*)⁵⁰, etc.

---

49 Sur ce passage, cf. T. Fuhrer, *Augustin* : Contra Academicos (vel de Academicis *Bücher 2 und 3*). *Einleitung und Kommentar von Therese Fuhrer*, Berlin/New York 1997, p. 118 ; J. Doignon, « L'apologue de Philocalie chez saint Augustin (*Cont. Acad.* 2, 3, 7) », *Revue des Études Augustiniennes*, 30, 1984, p. 100-106. « Philosophie » et « Philocalie » sont deux sœurs. Cette dernière est « tombée du ciel et engluée dans la passion ». Elle est retenue, sale et affamée, dans une vulgaire cage. Elle conserve toutefois le même nom pour rappeler à l'oiseleur qu'il ne doit pas la mépriser. Sa sœur, qui vole librement, la reconnaît souvent, bien qu'elle ait perdu ses ailes ; mais elle la délivre rarement. Elle seule connaît l'origine de la philocalie, qui n'en sait plus rien, quant à elle. Augustin se surprend à devenir un nouvel Ésope ... Dans les *Révisions*, Augustin s'en prend sévèrement à ce passage en affirmant qu'une fable « n'a rien de commun avec la philosophie » (*Retract.* I, 1, 3).

50 « Stilus » signifie « tout objet en forme de tige pointu » (Gaffiot) et en particulier le stylet (et à partir de là le style et l'œuvre), le pivot, le gnomon (cf. *In Somn. Scip.* II, 7, 15), etc. On ne voit pas bien à quoi Augustin se réfère ici. Dans la représentation archaïque de l'univers, une colonne sépare le ciel et la terre (cf. *Od.* I, 53). Chez Eschyle, Prométhée évoque son frère Atlas, qui soutient de ses épaules la colonne (κίων) du ciel et de la terre. Celui-ci est cependant situé dans la région du *couchant* (πρὸς ἑσπέρους) (*i.e.* l'Italie) et on pas au nord (*Prom*, 348-9). Cette « colonne » est réutilisée par Platon dans le mythe d'Er, qui l'intègre à un univers désormais sphérique. Les âmes arrivent dans un lieu « d'où l'on voyait une lumière qui s'étend (τεταμένον) directement d'en haut à travers le ciel et la terre, comme une colonne, et qui est tout à fait semblable à un arc-en-ciel » (*Rép.* 616b). Cette lumière est le « lien » du ciel, qui « maintient ensemble (συνέχον) toute sa révolution comme le font les cerclages des trières » (616b-c) (sur ce passage, cf. S. Halliwell, *Plato : Republic 10*, Warminster, Aris & Phillips, 1988, p. 177-79). Comparer avec *Tim.* 40b, qui présente la terre « pressée autour de l'axe (πόλος) qui est étendu (τεταμένος) à travers le Monde ». Cette cosmographie se retrouve sous une forme épurée de tout élément mythique dans le Περὶ κόσμου du Pseudo-Aristote : « Le Ciel tout entier et le Monde étant de forme sphérique, et se mouvant, ainsi que je l'ai dit, continuellement, il y a nécessairement deux points qui sont immobiles, situés à l'opposite l'un de l'autre, comme dans

On ne comprend pas bien pourquoi les poètes sont à nouveau mentionnés, à côté des hérétiques cette fois, dont ils partagent la sottise (cf. *stulti*). S'agit-il des mêmes poètes ou plutôt d'autres qui, à la différence des auteurs de fictions littéraires et à l'instar des Manichéens, présentent leurs inventions comme étant des choses vraies ? Le cas échéant, croient-ils eux-mêmes à leurs propres inventions, comme les Manichéens[51] ?

Un texte parallèle des *Confessions*, qui présente pour ainsi dire la version augustinienne de la « Caverne de Platon », explique quelle différence cruciale il existe entre les fictions littéraires et les « affabulations », dans la mesure précisément où les premières ne sont pas crues, à la différence des autres. Augustin rappelle combien les « splendida phantasmata » qui lui furent « servis » par les Manichéens, alors qu'il avait faim de la vérité, étaient plus nocifs que ceux des poètes : « J'errais, loin de toi, privé même des gousses dont je nourrissais les porcs ; car combien les fables des grammairiens et des poètes valaient mieux que ces pièges (*decipula*) ! En effet, les vers et la poésie (*carmen*) et Médée qui s'envole sont assurément plus utiles que les cinq éléments simulant diversement les cinq antres des ténèbres qui sont un pur néant et qui tuent celui qui y croit. Les vers et la poésie, je les transforme en une vraie nourriture ; que

---

le cas du mouvement de rotation imprimé à la roue d'un tour : points qui restent fixes et retiennent la sphère (συνέχοντα τὴν σφαῖραν), et autour desquels la masse entière du Ciel tourne en cercle. Ces points sont appelés *pôles*. Si nous imaginons (νοήσαιμεν) une ligne droite passant par ces pôles et les joignant l'un à l'autre (l'*axe*, comme on la nomme parfois), on aura le diamètre du Monde, avec la Terre pour centre et les deux pôles pour extrémités. De ces pôles immobiles, l'un est toujours visible, étant le sommet de l'axe dans la région septentrionale du Ciel, et il est appelé *pôle arctique* ; l'autre est toujours caché au-dessous de la Terre dans la région méridionale, et il est appelé *pôle antarctique* » (391b 19-392a5, tr. J. Tricot). Dans cette doctrine, qui est reprise dans *De mundo* d'Apulée (1, 290), il est cette fois question de deux pôles, nord et sud, qui « maintiennent » (συνέχοντα) le monde. Les versions latines du *De mundo* emploient « contineo », le même verbe qu'utilise Augustin dans notre passage (cf. W. L. Lorimer, *The Text Tradition of Pseudo-Aristotle 'De Mundo'*, London, Oxford University Press, 1924, p. 44-45). On évitera toutefois de traduire ici « stilus septentrionalis » par « pôle nord » (*pace* R. Teske, p. 28) (même si c'est bien de lui qu'il s'agit en un sens). En effet, au regard d'Augustin, ce « stilus » est la fiction d'un poète et non pas une réalité astronomique indéniable. Il doit donc viser une représentation « mythique » du pôle nord sous la forme d'une sorte de pivot mécanique.

51 On pense spontanément à Virgile, qui évoque le Phlégéton du Tartare (*Aen.* VI, 551). Cependant, Augustin estime que Virgile ne croyait pas lui-même à cette fiction. On le déduit d'un passage du *De utilitate credendi* qui analyse « les trois espèces d'erreurs par lesquelles les hommes se trompent en lisant » (sur ce texte, cf. E. Bermon, *La Signification et l'enseignement*, p. 506-509). Un lecteur se trompe de la première façon s'il croit par exemple que Rhadamanthe juge les morts aux enfers pour l'avoir lu dans Virgile (*Aen.* VI, 566-569) : « Là, il se trompe de deux façons : il croit une chose à laquelle il ne faut pas croire ; et il ne faut pas croire que celui qu'il a lu y ait cru » (*De ut. cred.* 4, 10).

Médée s'envole, j'avais beau le déclamer, je ne l'attestais pas (*non asserebam*) ; j'avais beau l'entendre déclamé, je n'y croyais pas. Mais ces choses-là [qu'affirmaient les Manichéens], j'y ai cru. Malheur, malheur ! Par quels degrés ai-je été entraîné aux profondeurs de l'enfer, souffrant et fiévreux, faute de vérité ... » (*Conf.* III, 6, 10). Augustin se présente ici comme un « fils prodigue » qui nourrissait les autres de « doctrines séculières » comme de « gousses »[52], sans s'en nourrir lui-même puisqu'il leur préférait les *phantasmata* des Manichéens. Les fictions littéraires, auxquelles il ne croyait pas, étaient pourtant plus nourrissantes, puisqu'elles font partie de la grammaire et que la pratique des arts libéraux est bénéfique pour l'esprit (cf. *De ord.* I, 8, 24).

2.2.1.5   *Les « adynata » ?*

Dernière espèce du second genre : « Nous disons également au milieu d'une discussion : "Suppose (*puta*) qu'il y ait trois mondes semblables à ce monde unique, empilés les uns sur les autres" et "Suppose que la terre soit contenue dans les limites d'un cube" » (p. 15, 25-16, 1)[53]. Cette espèce recouvre apparemment ce que la rhétorique ancienne appelait les *adynata*. Aucun exemple de « discussion » ne nous est malheureusement donné.

Peut-être peut-on se référer au passage du *Contra academicos* où Augustin allègue l'argument suivant pour montrer que les propositions logiques sont nécessairement vraies, à la différence des perceptions sensibles : « Que, s'il y a un monde et six mondes, il y ait sept mondes, quelle que soit la façon dont je suis affecté (*affectus*), cela est manifeste, et ce n'est pas manquer de prudence que d'affirmer que je le sais. C'est pourquoi cet enchaînement (*conexio*) ou ces disjonctions que nous venons de voir, montre-moi s'ils peuvent être faux du fait du sommeil, du délire ou de l'inconstance des sens ! » (*Cont. Acad.* III, 11, 25). Dans cet argument, l'*image* que l'on peut avoir de six mondes, quelle que soit la manière dont on les dispose spatialement, doit être du même type que celle de trois mondes l'un sur l'autre.

Ou peut-être Augustin pense-t-il déjà à une « discussion » exégétique qui porterait sur la nature du « troisième ciel » auquel saint Paul dit avoir été ravi (2 Co 12, 2-4) ? Au livre XII du *De genesi ad litteram*, il formule (avant de l'exclure) l'hypothèse selon laquelle la vision de Paul fut « spirituelle », c'est-à-dire imaginaire : « S'il s'est produit une image à la ressemblance des choses corporelles, ce ciel n'était pas le troisième ciel, mais cette manifestation (*ostensio*)

---

52   Cf. *Quaest. evang.* II, 33, 1 : « siliquae quibus porcos pascebat, saeculares doctrinae, sterili uanitate resonantes » (cité par J. O'Donnell, *Augustine : Confessions*, vol. 2, p. 182).

53   Les deux exemples sont introduits par « puta », le verbe qui donne son nom au deuxième genre de *phantasiae* (« putatis rebus inpressum »).

s'est déroulée de façon telle que Paul eut l'impression de monter à un premier ciel, au-dessus duquel il en vit un autre, puis que, montant à nouveau jusqu'à lui, il en vit encore un troisième au-dessus, et que, parvenu là, il put dire qu'il avait été ravi au troisième ciel » (*De gen. ad litt.* XII, 3, 8)[54].

2.2.2   Les images des choses sur lesquelles on raisonne
2.2.2.1   La φαντασία λογιστική

Restent finalement (comme annoncé) les représentations imaginaires « imprimées » à partir de « choses sur lesquelles on a raisonné » (*ratis*) (p. 16, 3-4). En considérant comme une espèce distincte les *phantasiae* par lesquelles nous nous représentons ce que nous comprenons, Augustin s'inscrit apparemment dans le prolongement d'Aristote, qui établissait une différence entre la φαντασία αἰσθητική, qui appartient à tous les animaux, et la φαντασία λογιστική, propre à l'homme (*DA* III, 10, 433b29). En effet, « la *phantasia* est produite soit par l'intellection soit par la sensation » (*MA*, 8, 702a 18-19). Comme nous l'avons vu, d'après le *De memoria*, quand le géomètre pense au triangle, il « se met sous les yeux » un triangle déterminé (1, 450a5)[55]. Par conséquent, « il existe une forme supérieure de φαντασία qui implique ou au moins qui est liée à la pensée »[56].

À la suite d'Aristote, Plotin affirme que la *phantasia* est double : l'inférieure retient les images de la perception sensible et la supérieure reflète l'intelligible (cf. IV, 3 [27], 28-32)[57]. On peut donc penser que le genre des *phantasiae* « ratis

---

54   Cf. Paula Oliveira e Silva, « L'âme à l'état de béatitude connait-elle Dieu dans le corps ou hors du corps ? La réponse d'Augustin dans le Livre XII du *De genesi ad Litteram* », *Mediaevalia. Textos e estudos*, 38, 2019, à paraître.

55   L'imagination rationnelle est encore appelée βουλευτική (*DA* III, 11, 434a5-8) en tant qu'elle intervient dans le syllogisme *pratique*. Elle est différente de l'αἰσθητική, car faire ou non quelque chose est le fait de la réflexion. Il faut peser le pour et le contre et choisir le meilleur, ce qui implique de combiner différentes images. Ce type de représentation n'est pas mentionné dans l'*Ep.* 7, mais il en est question en *Conf.* x, 8, 14 : « "Faciam hoc et illud" dico apud me in ipso ingenti sinu animi mei pleno tot et tantarum rerum imaginibus, et hoc aut illud sequitur ».

56   D. Ross, *Aristotle De anima*, Oxford, Clarendon Press, 1961, p. 317.

57   Sur cette distinction, cf. G. Watson, *Phantasia in Classical Thought*, p. 101-102 ; H. Blumenthal, *Plotinus' Psychology*, p. 85-91 ; J. Dillon, « Plotinus and the Transcendendal Imagination », in J. P. Mackey (ed.), *Religious imagination*, Edinburgh, Edinburgh University Press, 1986, p. 55-64 : p. 55-6. Sur sa postérité, cf. R. Sorabji, *The Philosophy of the Commentators*, vol. 1, p. 63-65 (« 2(b) Higher *phantasia* of intelligibles »). On lit notamment dans un passage du commentaire au *De anima* attribué à Simplicius : « Même si l'imagination s'empreint de toutes nos activités rationnelles, comme le veut Jamblique, elle produit néanmoins des images des formes qui ont une figure et des parties à la façon des choses sensibles » (*In de anim.* 214, 18-20) (sur ce texte, cf. A. Sheppard, « *Phantasia* and Mathematical Projection », p. 118).

impressum » correspond aux images de la *phantasia logistikè* d'Aristote ou de la *phantasia* supérieure de Plotin.

Pourtant, Augustin est loin de considérer que ces images soient supérieures aux autres, parce qu'il leur fait jouer un rôle dans l'intellection qui est très différent de celui qu'Aristote et Plotin leur attribuent. Il déclare que « s'agissant des choses qui concernent le troisième genre d'images, on en traite surtout par les nombres et les dimensions[58] ; et cela pour une part dans la nature, lorsqu'on trouve la forme du monde tout entier et qu'une image s'ensuit de cette découverte (*sequitur*) dans l'esprit de celui qui pense, et pour l'autre part dans les disciplines libérales, comme par exemple dans les figures géométriques et les rythmes musicaux et l'infinie diversité des nombres » (p. 16, 3-8).

2.2.2.2 Les images en physique et dans les arts libéraux

Il existe donc un double usage, appliqué ou théorique, des nombres et des dimensions, suivant que l'on fait de la physique ou bien que l'on pratique les arts libéraux. Dans le premier cas, on a affaire à des nombres et à des dimensions qui sont ceux de quelque chose de corporel (par exemple la sphère de l'univers) ; dans le second, à des nombres et à des dimensions tels qu'ils existent *a priori* dans la mémoire (comme la sphère en géométrie)[59], même si c'est en partant de choses corporelles, comme des rythmes, des figures sensibles, des sons vocaux, selon la discipline considérée, que l'on s'est élevé jusqu'à eux (en vertu de la méthode consistant à aller *per corporalia ad incorporalia*)[60]. Dans les deux cas, cependant – et c'est le point essentiel –, les choses qui sont comprises génèrent dans l'âme des images trompeuses. La raison permet en principe de se garder de telles représentations ; pourtant l'art du raisonnement lui-même (*ipsam disciplinam disserendi*), c'est-à-dire la dialectique (cf. par ex. Cicéron, *De fato*, 1, 1), qui est la plus rationnelle des disciplines puisque la raison n'y a affaire qu'à elle-même, est elle-même affectée par les images dans ses propres opérations, ou du moins le dialecticien l'est-il, quant à lui, lorsqu'il

---

58   Comme l'a bien vu R. Teske, « numeris maxime atque dimensionibus » est complément d'agent d'« agitur » (« For with regard to the things that pertain to the third kind of images we deal most of all with numbers and dimensions ») (*Letters*, p. 28).

59   En *Conf.* X, 12, 19, qui établit l'opposition entre les nombres nombrants et les nombres nombrés, Augustin se contente de préciser, au sujet des dimensions intelligibles, qu'il a vu des lignes tracées par des artisans qui étaient aussi fines que des fils d'araignée mais que les lignes de la mémoire sont autres. Sur les figures intelligibles chez Plotin, cf. *Enn.* VI, 6 [34], 17, 25 : les figures primordiales existent là-haut ἀσχημάτιστα (selon *Phèdre*, 247c). Cf. aussi *Rép.* VII, 529d3.

60   Cette distinction explique-t-elle que, contre toute attente, Augustin n'ait pas inclus de traité d'astronomie dans son encyclopédie et qu'il lui ait substitué un *De philosophia* (cf. *Retract.* I, 6) ?

opère une division ou infère une conclusion en se représentant comme des jetons (*calculos*) (p. 16, 8-13)[61].

S'agissant du physicien, Augustin admet qu'il lui soit possible de déterminer la forme – sphérique – de l'univers (sans apporter de précision sur le procédé utilisé). Cette forme, qui est réellement celle du monde, ne se laisse pourtant pas imaginer de façon adéquate. Car en imaginant la sphère du monde, nous pourrons penser par exemple qu'il est possible d'empiler ce monde sur deux autres mondes, selon la vue de l'imagination mentionnée dans la seconde catégorie d'images, ou encore qu'un homme pourrait se poster à sa limite, conformément à l'argument d'Archytas, et étendre la main ou un bâton au-delà de cette limite. Or le monde n'admet pas de haut ni de bas (cf. *De diu. quaest.* 83, 29) et au-delà de ses limites, il n'y a rien (cf. *supra* le commentaire de la *Lettre* 3).

Ceux qui pratiquent les arts libéraux ont également affaire à des réalités qui sont inimaginables (en tant qu'elles sont pures) et qu'ils ne peuvent pourtant pas s'empêcher d'imaginer. La fin des *Soliloques*, où Augustin formule sa propre version de la théorie néoplatonicienne de l'imagination-miroir, précise la nature de ce phénomène. Elle met en évidence « la différence entre la véritable figure (*uera figura*), qui est contenue dans l'intelligence, et la figure telle que la pensée se la représente (*eam quam sibi fingit cogitatio*) et qu'on appelle en grec ou *phantasia* ou *phantasma* » (*Sol.* II, 20, 34). Cette différence tend à être ignorée par ceux-là mêmes qui pratiquent les arts libéraux car « à partir de ces arts, des couleurs et des formes qui sont fausses se diffusent pour ainsi dire sur le miroir de la pensée (*se fundunt uelut in speculum cogitationis*), et elle trompent souvent les chercheurs, qui s'égarent en pensant que c'est là tout ce qu'ils connaissent et cherchent » (*Sol.* II, 20, 35)[62]. Par exemple, dit la Raison dans un passage qui fait lointainement écho au texte du *De memoria* sur la « pensée-géomètre », la pensée se « met en quelque sorte sous les yeux » (*quasi ante oculos praefert*) un carré de telle ou telle grandeur, mais « l'esprit

---

61 La précision n'est pas claire. R. Teske écrit : « Des cailloux étaient utilisés comme des jetons sur un tableau de comptage comme un moyen de calcul, un peu de la même manière que les perles sont utilisées sur un boulier » (*Letters*, p. 28, n. 7). Cependant, il s'agit en l'occurrence d'opérations logiques (division et conclusion) et non pas arithmétiques. Dans un autre ordre d'idées, en *Conf.* IV, 16, 28, Augustin écrit que ses maîtres qui lui enseignèrent la doctrine aristotélicienne des catégories « ne se contentaient pas d'explications orales, mais utilisaient de nombreuses figures dessinées sur le sable », sans préciser quelles étaient exactement ces « figures ».

62 Sur ce texte, cf. D. Doucet, « *Speculum cogitationis* : *Sol.* II, 20, 35 », *Revue de Philosophie ancienne*, 10, 2, 1992, p. 221-245.

intérieur » (*mens interior*)[63] « se tourne » quant à lui vers « ce par quoi il juge que tous sont des carrés » (*Sol.* II, 20, 35). Et pour bien montrer que cette « règle » de jugement ne vient pas des sens, la Raison déclare que notre imagination est incapable de percevoir qu'une sphère n'est tangente qu'en un seul point à un plan ou que, dans un cercle de la taille d'une tête d'épingle, on puisse mener un nombre innombrable de lignes qui concourent en son centre sans se confondre. C'est pourquoi « il faut écarter avec grand soin les imaginations » (*Sol.* II, 20, 35). Augustin est donc fondamentalement étranger à l'idée de Syrianus et de Proclus selon laquelle l'objet de la démonstration mathématique est le cercle imaginaire. Au principe d'une « projection » adéquate des principes mathématiques dans l'imagination se substitue chez lui l'idée d'une « diffusion » « maîtresse » pour ainsi dire « d'erreur et de fausseté ».

2.2.2.3 *Augustin et les Néoplatoniciens sur l'intelligence*

On perçoit la radicalité de la conception augustinienne de l'intelligence, qui nie que la compréhension soit un processus mental (au sens qu'a ce terme dans la philosophie contemporaine)[64]. Augustin ne dit même pas ici que le mathématicien s'aide de figures, qui fournissent un soubassement à ses opérations (cf. *Rép.* VI, 510c ; Plotin, *Enn.* III, 8 [30], 4, 8)[65]. L'intellection semble plutôt s'accomplir *en dépit* des images qu'elle génère.

Nebridius prétendait déjà lui-même que, lorsque nous avons compris, « nous avons fait naître (*genuimus*) quelque chose de corporel et de temporel, qui relève de la *phantasia* » (*Ep.* 6, 1, p. 12, 12-14). Ce faisant, il se référait, pensions-nous, à des textes de Plotin et de Porphyre qui se référaient eux-mêmes au début du traité d'Aristote *Sur la mémoire et la réminiscence* et à la célèbre thèse aristotélicienne selon laquelle l'âme ne pense pas sans image. Selon la doctrine que Nebridius adopte à son tour, une représentation de l'imagination sert nécessairement de « véhicule » ou de « miroir » à la pensée, que cette représentation soit l'image d'un corps ou celle d'un mot. En consultant son ami sur ce point, Nebridius s'attendait sans doute à ce que sa réponse lui « fasse entendre » Plotin (cf. *Ep.* 6, 1, p. 12, 2). Augustin lui répond toutefois que les choses que nous comprenons « font naître (*gignunt*) de fausses images ». La différence entre eux réside dans le fait que, pour Augustin, l'image née de l'intelligible n'est pas la représentation grâce à laquelle l'âme prend conscience

---

63 Littéralement, « l'esprit qui est plus intérieur » (sous-entendu : que l'imagination) (« interior » est un comparatif en latin).

64 Pour une comparaison sur ce point entre Augustin et Wittgenstein, cf. E. Bermon, *La Signification et l'enseignement*, p. 484-489.

65 Un rôle plus positif est cependant concédé au sensible en *Sol.* I, 4, 9, où il est dit que les sens « peuvent dans une certaine mesure aider les novices ».

et se souvient de ce que l'intellect comprend – car l'esprit humain comprend et se souvient sans images –, mais un produit résiduel de l'intellection.

Augustin affirme ainsi son originalité au sein du néoplatonisme. Il se démarque de Plotin, ainsi que de Porphyre, qui avaient admis le principe aristotélicien selon lequel, chez l'homme, l'intellection nécessite la *phantasia*[66]. Plus haut dans notre lettre, il a affirmé que, pour venir à mon esprit, l'idée d'éternité, par exemple, n'a pas besoin d'emprunter de représentations imaginaires comme si elles étaient des véhicules (*quasi uehiculis*) (§2). L'esprit *humain* comprend donc immédiatement, sans l'intervention d'aucune image, même si, encore une fois, il ne peut pas ne pas imaginer (inadéquatement) ce qu'il comprend. En minimisant ainsi la portée de la thèse d'Aristote selon laquelle l'âme ne pense jamais sans image, Augustin paraît plus proche de Platon que les Néoplatoniciens. Il reprend, en l'élargissant aux disciplines libérales, l'affirmation que la νόησις abandonne à la pensée discursive l'emploi des images et s'en tient aux formes mêmes (*Rép.* VI, 510b : ἄνευ ὧνπερ ἐκεῖνο εἰκόνων) (voir aussi *Pol.* 285e sq.)[67].

---

[66] Comme l'écrit Ch. Tornau, lorsque Plotin déclare : « Nous-mêmes et ce qui est nôtre remontons en effet vers l'être, et nous nous élevons vers lui et son premier rejeton, et nous intelligeons les intelligibles sans le secours d'images ni d'empreintes d'eux » (VI, 5 [23], 7, 1-8, trad. R. Dufour modifiée), « Plotin utilise le terme subjectif de "nous" pour la partie non descendue de l'âme, dont il thématise l'identité avec l'Intellect. Il n'y a là aucune contradiction avec d'autres passages dans lesquels le "nous" est situé au niveau de la pensée discursive (I, 1 [53], 7, 16 sq. : "les raisonnements, les opinions et les actes intellectuels ; et c'est là précisément que nous sommes surtout") ou même ceux dans lesquels il affirme explicitement que nous ne sommes pas l'Intellect (V, 3 [49], 3, 31). Dans ces passages, Plotin parle de la conscience de soi de l'homme empirique, marqué essentiellement par la rationalité : en tant qu'hommes, nous sommes par définition des êtres rationnels et nous pensons toujours de manière discursive, tandis que nous ne faisons l'expérience de la connaissance noétique que de manière intermittente (V, 3 [49], 3, 27-29) » (« Qu'est-ce qu'un individu ? Unité, individualité et conscience de soi dans la métaphysique plotinienne de l'âme », *Les Études philosophiques*, n° 3, 2009, p. 333-360 : p. 355).

[67] Sur le sens de cette affirmation, cf. I. Mueller, « Mathematical method and philosophical truth », in R. Kraut (ed.), *The Cambridge Companion to Plato*, Cambridge University Press, 1999, p. 170-199 : « La façon dont Socrate parle de l'abandon du sensible dans l'argumentation dialectique fut interprétée par les Néoplatoniciens comme impliquant une référence à une pensée mystérieusement "non-discursive", qui, entre autres choses, viole le *dictum* aristotélicien selon lequel "l'âme ne pense jamais sans image" (cf. A. C. Lloyd, "Non-Discursive Thought : An Enigma of Greek Philosophy", *Proceedings of the Aristotelian Society*, 70, 1969-70, 261-74). Rien ne semble justifier cette interprétation dans la *République*. Lorsque Socrate décrit la dialectique comme restreinte aux formes, il ne parle pas de ce qui se passe dans la conscience d'un dialecticien à l'œuvre, mais il oppose les dialecticiens et les mathématiciens : les mathématiciens raisonnent au sujet de sensibles en vue d'intelligibles ; les dialecticiens raisonnent au sujet d'intelligibles en vue d'intelligibles ; que des images se produisent ou non dans leur esprit qui se rapporte

2.3 *Derechef, qu'il n'existe pas d'imagination* a priori *(§5)*

Armé de sa tripartition, Augustin établit à nouveau qu'il n'existe pas d'image *a priori* en montrant qu'aucun des trois genres de *phantasiae* ne précède les sensations (p. 16, 14-20). Le cas des images du premier genre est écarté pour ainsi dire par définition (du fait qu'elles sont imprimées à partir de choses qui ont été senties). Puis, le raisonnement par l'absurde du §3, qui consistait à affirmer que, si les représentations de l'imagination ne dérivent pas des sens, alors le soleil vu en rêve est plus véritable que celui que nous voyons quand nous veillons, est repris, d'abord au sujet des *phantasiae* du second genre[68]. Il l'est ensuite au sujet de celles du troisième genre : « S'agissant maintenant de n'importe quel espace corporel que je me représente mentalement (*animo*), bien que ma pensée semble l'avoir engendré à partir de principes scientifiques qui ne sont nullement trompeurs, je montre en raisonnant encore à partir de ces mêmes principes qu'il est faux » (p. 16, 23-26). Autrement dit, la *phantasia* par laquelle je me représente un espace corporel que je comprends est plus fausse, elle aussi, que l'espace corporel que je perçois par mes sens et qui existe quant à lui. Notre imagination nous fait nécessairement nous représenter une grandeur de façon inadéquate dans la mesure par exemple où elle ne nous permet pas de voir que cette étendue peut être coupée à l'infini (cf. *Sol.* 1, 4, 10). En effet, « la raison nous apprend que même les moindres corpuscules sont divisibles à l'infini. Pourtant, lorsque nous atteignons les degrés de finesse et de petitesse que nous nous rappelons avoir vus, nous ne pouvons plus voir d'images (*phantasias*) plus tenues et plus petites, bien que la raison ne cesse pas de poursuivre la division » (*De Trin.* XI, 10, 17)[69]. Il faut donc conclure qu'on ne saurait soutenir que « l'âme se trouve dans une fausseté aussi infamante sans qu'elle ait encore senti par le corps » (p. 17, 1-3).

à des choses sensibles, ou qu'ils se réfèrent au non aux choses sensibles, ils ne raisonnent pas au sujet des choses sensibles, ils ne les utilisent pas » (p. 189).

[68] On lit dans Goldbacher : « nam illa quae putamus et credimus siue fingimus, et ex omni parte omnino falsa sunt et certe longe, ut cernis, ueriora [esse], quae uidemus atque sentimus » et dans Daur : « nam illa quae putamus [et] credimus siue fingimus, et ex omni parte omnino falsa sunt, et certe longe cernis ueriora esse, quae uidemus atque sentimus ». La suppression du « et » ne paraît pas nécessaire ; je retiens en revanche le choix de Daur, qui évite la suppression de « esse ». L'alternative signifiée par « credimus siue fingimus » correspond au cas où il s'agit d'une fiction littéraire ou d'une fiction à laquelle on croit.

[69] Il faut sans doute la brillante rhétorique pascalienne de la description des mondes contenus dans le ciron (*Pensées*, Br. 72, « Disproportion de l'homme ») pour nous donner l'impression de percevoir infiniment plus petit que ce que nous avons vu de plus petit.

2.4 *La formation des images fictives* (*§6*)

2.4.1 Le « pouvoir de diminuer et d'augmenter »

Nous pouvons enfin revenir à la question de savoir comment il se fait que nous pensions des choses que nous ne voyons pas (p. 17, 4). La raison en est, dit Augustin en reprenant une doctrine stoïcienne[70], « qu'il y a dans l'âme un certain pouvoir de diminuer et d'augmenter, qu'elle emporte nécessairement avec elle, où qu'elle aille »[71].

Un tel « pouvoir » est manifeste quand nous pensons aux nombres, que nous pouvons multiplier ou diviser *ad libitum*, même si l'imagination « ne suit plus » la raison, lorsque les ordres de grandeurs mis en jeu sont importants ou infimes (*De Trin.* XI, 10, 17). C'est grâce à ce pouvoir que l'image d'un corbeau est transformée à volonté « en une image que l'on n'a jamais vue du tout », comme celle d'un oiseau quadrupède (cf. *De Trin.* XI, 10, 17, qui mentionne aussi l'exemple d'un cygne noir). Nous n'avons jamais rien perçu de tel, mais les parties constitutives de cette fiction ont nécessairement été perçues dans telle ou telle chose sensible.

2.4.2 La mémoire comme « limite » de la pensée

Un passage du livre XI du *De Trinitate* montre bien comment les *phantasmata* se distinguent des souvenirs et comment ils en procèdent suivant une sorte de « recyclage ». La tripartition suivante (qui se traduit malaisément) est établie : « Nous ne pouvons nous rappeler des formes corporelles (i) que conformément au *nombre* des formes que nous avons perçues et (ii) ne nous les rappeler qu'avec la *grandeur* que nous avons perçu être la leur et (iii) ne nous les rappeler que *telles que* nous les avons perçues ; car c'est à partir du sens corporel que

---

[70] Sur les divers modes de formation des images reconnus par les Stoïciens, cf. DL VII, 52-53 ; Sextus, *AM* VIII, 57 sq. La conception « par agrandissement » (celle par exemple du Cyclope) ou par diminution (le Pygmée) relève de l'analogie. D'autres représentations imaginaires sont formées par « déplacement » et par « composition ». Augustin mobilise cette doctrine chaque fois qu'il veut rendre compte de l'imagination créatrice ; cf. par ex. *De uera relig.* 10, 18 ; *Ep.* 162, 5 ; *Cont. ep. fund.* 18, 20 ; *Conf.* X, 8, 14 ; *De Trin.* XI, 5, 8 (« Parce que l'âme a le pouvoir de représenter (*confingere*), non seulement ce qui est oublié, mais aussi ce qui n'a pas été perçu ou expérimenté, en augmentant, diminuant, changeant ou liant à volonté les souvenirs qui n'ont pas disparu, elle imagine souvent être tel ou tel ce qu'elle sait n'être pas tel ou ce qu'elle ignore être tel »).

[71] L'existence d'un tel « pouvoir » est rappelée en *Ep.* 9, 5, p. 22, 17-19. La précision selon laquelle il accompagne l'âme partout où elle va s'explique sans doute par le fait que celle-ci se rend *post mortem* dans l'Hadès ou dans le sein d'Abraham. Voir à ce sujet « L'âme et la "ressemblance de son corps" d'après le *De gen. ad litt.* (XII, 32, 60 sq.), *Lettre* 13.

l'âme a absorbé (*combibit*) ces formes dans la mémoire » (*De Trin.* XI, 8, 13)[72]. Or la pensée n'est assujettie à aucune de ces trois « contraintes éidétiques » du souvenir : elle peut (i) multiplier le nombre des choses dont elle se souvient, (ii) en faire varier la taille et (iii) se les représenter autrement qu'elles ont été perçues (cf. aussi *De uera relig.* 34, 64).

Premièrement, je ne me souviens que d'un soleil car je n'en ai vu qu'un (comme il n'y en a qu'un de fait)[73], mais je peux penser à deux soleils ou à autant de soleils que je veux : « le même souvenir qui me fait me souvenir d'un seul soleil informe ma vision quand je pense à de nombreux soleils ». Deuxièmement, je me souviens du soleil comme ayant la taille que j'ai vu être la sienne ; « mais si je me souviens d'un soleil plus grand ou plus petit que celui que j'ai vu, je ne me souviens plus de ce que j'ai vu et de ce fait, je ne me souviens pas ». Enfin, je me souviens du soleil comme étant tel que je l'ai vu, mais je peux penser à un soleil carré ou vert … Dans tous ces cas cependant, quelle que soit son inventivité, la pensée imaginative est dépendante du souvenir, c'est-à-dire en dernière instance de la perception. En un mot, « la limite de la pensée (*cogitandi modus*) est dans la mémoire » (*De Trin.* XI, 8, 14).

Dans notre lettre, cette même idée est illustrée par des exemples autobiographiques. Augustin, qui a passé son enfance au milieu des terres, a pu imaginer la mer à la vue de l'eau dans une petite coupe ; en revanche, il ne pouvait pas se représenter le goût des fraises et des cornouilles avant d'en avoir mangé en Italie (p. 17, 16-19). Là encore le parallèle entre la *Lettre* 7 et le livre XI du *De Trinitate* est remarquable : « Une couleur ou une figure corporelle que l'on n'a jamais vues, un son que l'on n'a jamais entendu, une saveur que l'on n'a jamais goûtée, une odeur que l'on n'a jamais sentie, un contact corporel que l'on a jamais éprouvé sont choses qu'il est tout à fait impossible de penser » (*De Trin.* XI, 8, 15)[74].

Un dernier argument est apporté, dans la *Lettre* 7, à l'appui de la thèse selon laquelle les images du second genre présupposent la sensation : « Les aveugles de naissance ne savent que répondre quand on les interroge sur les couleurs et sur la lumière : ils ne font jamais l'expérience d'aucune image colorée ceux qui

---

72 « Meminisse non possumus corporum species nisi tot quot sensimus et quantas sensimus et sicut sensimus (ex corporis enim sensu eas in memoria combibit animus) ».

73 Augustin savait pourtant qu'il est possible de *voir* deux soleils, en cas de parhélie (cf. Cicéron, *Rep.* I, 10, 15).

74 Cf. aussi *De mus.* VI, 11, 32 : « Arbitror tamem, quod si nunquam humana corpora uidissem, nullo modo ea possem uisibili specie cogitando figurare ».

n'en ont perçu aucune » (autrement dit, il n'existe pas d'activité imaginative liées aux couleurs chez ceux qui n'en n'ont jamais perçu) (p. 17, 19-22)[75].

2.5 Les « images » corporelles des émotions et l'union de l'âme et du corps (§7)

2.5.1 L'âme du monde n'a pas d'images *a priori* des réalités physiques

Le dernier paragraphe de la lettre est le plus difficile, comme souvent dans la correspondance avec Nebridius (cf. aussi *Epp*. 11, 4 et 14, 4). On est d'abord arrêté par un problème d'établissement du texte. Je propose de lire, au début du §7 (p. 17, 23-18, 1) : « Nec mirere quo pacto ea quae in rerum natura figurantur et fingi possunt, non primo anima quae omnibus inest secum uoluat, cum ea numquam extrinsecus senserit »[76] : « Et ne t'étonne pas si les choses qui sont figurées dans la nature et qui peuvent être imaginées, l'âme qui est présente en tout ne les retourne pas d'emblée en elle, puisqu'elle ne les a jamais senties extérieurement ».

Les « choses qui sont figurées dans la nature » (*quae in rerum natura figurantur*) doivent être les réalités physiques que nous comprenons

---

[75] L'absence de représentations des couleurs chez les aveugles-nés est mentionnée par Damascius (*In Phaed*. II, §26) (cf. *supra* « Existe-t-il une réminiscence des choses empiriques ? », *Lettre* 6). On trouve une belle utilisation théologique de cet exemple dans le *Commentaire du Parménide* attribué à Porphyre. Comment pouvons-nous dire, comme Platon, que l'Un n'est ni nommé, ni défini, alors que certaines traditions sacrées, comme celle des *Oracles chaldaïques*, nous révèlent un enseignement à son sujet ? En fait, « même si ces *Oracles* sont vrais, nous ne pouvons comprendre ce qu'ils nous disent, parce qu'il nous manque la faculté qui nous permettrait de percevoir l'objet dont ils nous parlent. Nous sommes comme des aveugles à qui l'on ferait une description des couleurs (*In Parm*. IX, 8-26) (…). L'âme doit donc se contenter de son ignorance, qui est la seule représentation qu'elle puisse se faire de Dieu (X, 25-29) » (P. Hadot, *Porphyre et Victorinus*, t. 1, p. 125).

[76] Comparer avec « Nec mirere quo pacto ea, quae in rerum natura figurantur et fingi possunt, non primo in anima quae omnibus inest commista volvantur, cum ea numquam extrinsecus senserit » (éd. bénédictine : ajout de « in » sans garant paléographique) ; « Nec mirere, quo pacto ea, quae in rerum natura figurantur, effingi possint non primo anima, quae omnibus inest, secum ista uoluente, cum ea numquam extrinsecus senserit » (Goldbacher, qui fait de « anima » un complément d'agent) ; « Nec mirere quo pacto ea quae in rerum natura figurantur et fingi possunt, non primo anima, quae omnibus inest, commista uoluat, cum ea numquam extrinsecus senserit » (Daur, qui retient la leçon « commista », dont il fait un attribut du complément d'objet direct « ea quae ») ; « Nec mirere quo pacto ea quae in rerum natura figurantur et fingi possunt, non primo anima, quae omnibus inest, commista uoluantur, cum ea numquam extrinsecus senserit » (Lancel, qui fait d'« anima » à l'ablatif le complément de « commista », alors qu'Augustin construit habituellement ce verbe avec le datif, par ex. en *De Trin*. XI, 2, 2 [« anima commixta tamen corpori per instrumentum sentit corporeum »] et en *De gen. ad litt*. VIII, 21, 42).

mathématiquement, comme la forme de l'univers (cf. *supra* §4, p. 16, 5 : « quod partim est in rerum natura »). La nouveauté du passage réside dans le fait qu'il n'y est apparemment plus question de l'âme humaine mais de l'« anima quae omnibus inest », c'est-à-dire, si je comprends bien, de l'*âme du monde*[77]. En effet, dire ici que l'âme est « en tous les hommes » ne présente guère de sens. En outre, la phrase qui suit immédiatement ce passage introduit une analogie entre ce qui se passe dans le cas de cette âme-là et ce qui nous arrive à nous-mêmes (*etiam nos*), lorsque nous nous émouvons.

Cette âme, donc, qui est celle du monde, n'a pas d'emblée ou d'abord (*primo*) d'images parce qu'elle ne perçoit pas les choses extérieurement (*extrinsecus*)[78]. De fait, rien n'est extérieur au monde, son corps. C'est la raison pour laquelle, d'après le *Timée* (33c), l'âme du monde n'a pas d'organes corporels[79]. Pourtant, Augustin ne dit pas que cette âme n'a *jamais* d'images ; on peut supposer qu'elle imagine pour ainsi dire « après coup » les « choses qui sont figurées dans la nature », une fois qu'elle les a produites et qu'elle les a senties « intérieurement ».

La suite du texte suggère cette interprétation : « Il n'est pas vrai non plus que dans notre cas (*etiam nos*), lorsque nous formons sur notre corps de nombreuses

---

[77] L'âme du monde est appelée « uniuersitatis anima » en *De ciu. Dei*, X, 2. En *De ord.* II, 11, 30, on lit « ipsam que aut in nobis aut usque quaque est animam ». Il arrive qu'Augustin ait présent à l'esprit l'âme du monde sans que nous nous en doutions en le lisant, comme le montre cette rétractation au sujet d'un passage du *De musica* : « "L'amour de ce monde est fort laborieux. En effet, ce que l'âme cherche en lui, à savoir la constance et l'éternité, elle ne le trouve pas, parce que la beauté infime [du monde] se trouve réalisée par l'écoulement des choses et que ce qui, dans cette beauté, imite la constance passe par l'âme en venant de Dieu ; parce que la beauté (*species*) qui est muable seulement selon le temps précède celle qui est à la fois muable par le temps et les lieux" [*De mus.* VI, 14, 44]. Si ces paroles peuvent être entendues au sens où l'on comprend par "beauté infime" seulement celle qui est dans les corps des hommes et de tous les animaux, la raison le soutient évidemment. Car ce qui imite la constance dans cette beauté, c'est le fait que les mêmes corps demeurent dans l'organisme, autant qu'ils peuvent demeurer. Or, cela passe en eux par l'âme en venant de Dieu. Car l'âme maintient l'organisme lui-même pour l'empêcher qu'il se dissolve et qu'il se défasse – ce que nous voyons se passer dans les corps des animaux lorsque l'âme s'en est allée. Mais si on comprend que cette beauté infime est dans tous les corps, mon affirmation nous oblige à croire que le monde est un animal et qu'en lui aussi ce qui imite la constance passe par l'âme en venant du Dieu souverain » (*Retract.* I, 11, 4). Augustin avoue alors qu'il n'est pas parvenu à se prononcer sur la question de savoir si le monde a une âme. Sur l'âme du monde, cf. *supra* « La théorie de l'inférence de l'existence dans la *Lettre* 13 ».

[78] Cf. « ἔξωθεν » dans la définition plotinienne de la *phantasia* en *Enn.* I, 8 [51], 15, 18.

[79] On lit en *Serm.* 241, 7 que, d'après les Platoniciens, le monde est un animal qui a une âme mais qui est dépourvu de sens corporels, parce qu'il n'y a rien à percevoir à l'extérieur de lui.

mimiques et que nous passons par toutes les couleurs du fait que nous nous indignons ou que nous nous réjouissons, ou du fait de tous les autres mouvements semblables de notre âme, notre pensée (*cogitatio*) conçoive d'abord que nous puissions produire de telles images » (*Ep.* 7, 3, 7, 1-5). L'idée formulée semble être la suivante : nous n'avons pas conscience *a priori* des manifestations corporelles que nous produisons en réaction aux différentes émotions que nous pouvons éprouver. Par exemple, nous devons *d'abord* éprouver de l'indignation pour pouvoir prendre conscience *a posteriori* des images somatiques de cette passion qui s'impriment sur notre corps[80].

Cette analogie entre les images de la pensée et les « images » somatiques (mimiques et changements de teint) de nos émotions[81] donne à comprendre que l'âme du monde n'a pas, elle non plus, d'images *a priori* des réalités physiques et qu'il lui faut d'abord percevoir ces réalités pour pouvoir les imaginer – et cela, bien qu'elle les produise elle-même (sans aller jusqu'à les créer) en leur étant immanente. À l'instar de la nature (naturante) néoplatonicienne, elle produit le monde en contemplant le monde intelligible et non pas un ensemble de *phantasiae*, qui ne peuvent être qu'*a posteriori*.

On peut se demander dans quelle mesure une telle explication d'Augustin – si nous la comprenons bien – est plotinienne[82]. Quoi qu'il en soit, on peut

---

80   « Augustin observe que les émotions comme la joie ou la colère peuvent affecter le corps avant que nos processus réflexifs ne forment d'image de réponses possibles aux émotions en question. Notre expression faciale et notre complexion sont affectées spontanément par des sentiments avant que nous réagissions par rapport à eux au niveau mental (*cogitatio*) » (G. O'Daly, *Augustine's Philosophy of Mind*, p. 53, n. 144). Cette remarque d'Augustin à propos de ces « images » que les *Confessions* appellent des « paroles naturelles » (I, 8, 13) va clairement à l'encontre de la conception du langage que Wittgenstein lui prête au début des *Recherches Philosophiques*. Ces « images » sont d'une importance fondamentale. C'est grâce à la « compréhension » qu'il en a que le petit enfant apprend à parler. Le phénomène de l'autisme serait lié à l'incapacité de certains bébés à percevoir la signification des expressions faciales des personnes de leur entourage (cf. P. Hobson, *The Cradle of Thought*, Oxford, University Press, 2004).

81   Dans la *Lettre* 9, la même analogie sera la clef du problème de l'explication des rêves inspirés.

82   Il est difficile de savoir si, pour Plotin, l'âme du monde a des sensations et des *phantasiai*. Plotin établit la distinction suivante dans le *Traité* 14 : « Il y a dans l'Âme une puissance dernière qui part de la terre et qui est entièrement entrelacée [au monde] (cf. *Tim.* 36e) ; celle qui possède par nature la sensation et qui est capable de formuler des opinions (ἡ λόγον δοξαστικὸν δεχομένη) se tient en-haut dans les sphères célestes en se mouvant au-dessus de la première puissance et en lui communiquant une puissance qui vient d'elle pour la rendre plus vivante » (*Enn.* II, 2 [14], 3, 1-6) (sur cette distinction, cf. Plotin, *Traités* 7-21, Paris, GF, 2003, p. 326, n. 39). Si donc il existe une puissance supérieure de l'Âme du monde, qui est sensitive et capable d'opinion, elle doit aussi être capable de *phantasia*. En effet, Platon définit de façon générale la *phantasia* comme étant le

rapprocher ce passage étonnant de la *Lettre* 7 de l'explication que le *De genesi ad litteram imperfectus liber* (ca. 393) propose du verset « spiritus Dei superferebatur super aquam » (Gn 1, 2) : il peut s'agir de l'Esprit-Saint ; cependant, ajoute Augustin, « on peut aussi comprendre (...) que l'"esprit de Dieu" est une créature vivifiante (*uitalem creaturam*) par laquelle ce monde visible dans sa totalité et toutes les choses corporelles sont contenues et mises en mouvement ; à cette créature, le Dieu tout-puissant a attribué la puissance de le servir pour opérer dans le domaine des choses qui viennent à l'être (*cui deus omnipotens tribuit uim quamdam sibi seruiendi ad operandum in his quae gignuntur*) » (*De gen. ad litt. lib. imp.* 4, 17) (cf. aussi *De gen. ad litt.* I, 9, 17)[83]. Si donc on admet que l'administration de l'univers est confiée à une âme du monde, et s'il faut que celle-ci connaisse les créatures pour jouer ce rôle, cette âme connaît *a priori* les raisons des choses, qui sont imprimées en elle[84], mais elle ne peut pas les imaginer avant de les avoir senties. Bref, la dépendance de l'imagination par rapport à la perception est une loi qui s'impose, non seulement à nous, mais à toute créature rationnelle.

2.5.2   Les mimiques comme « images » des émotions

Augustin ajoute que ces « images » que sont nos manifestations corporelles font suite (*consequuntur*) à nos émotions « lorsque, dans notre âme,

---

« mélange » d'une *aisthèsis* et d'une *doxa* (opinion ou jugement) (*Soph.* 264a-b ; cf. *Phil.* 38b sq.). Mais d'un autre côté, on lit dans le *Traité* 15 : « Quoi ? Elle ne sent pas de sensation ? Elle n'a pas la vue, dit Platon, parce qu'elle n'a évidemment pas d'yeux, ni d'oreilles, ni de nez, ni de langue (cf. *Tim.* 33c). – Quoi ? n'a-t-elle pas conscience de ce qui est en elle, comme nous de ce qui est en nous ? – C'est le calme, comme lorsque les choses sont conformes à la nature ; il n'y a pas même de plaisir. La puissance végétative est donc présente sans être présente, et il en va de même de la puissance sensitive » (*Enn.* III, 4 [15], 4, 7-13). M. Guyot note qu'une telle position n'allait pas de soi au temps de Plotin et il renvoie à Augustin, *De ciu. Dei*, VII, 23, qui rapporte l'opinion de Varron selon laquelle le soleil, la lune et les étoiles sont les organes par lesquels l'âme du monde sent (Plotin, *Traités* 7-21, p. 359, n. 56).

83   Sur ce texte, voir *supra* « Le cas de trois d'objets "non-standards" autres que le "véhicule" », *Lettre* 13. Augustin suppose aussi que le « spiritus » sur les eaux ait pu être simplement l'air. L'interprétation strictement *théologique* sera définitivement adoptée à partir *De diu. quaest. ad Simpl.*, II, 1, 5. Cf. P. Agaesse et A. Solignac, *La Genèse au sens littéral*, « Note complémentaire » 6 : « L'Esprit porté sur les eaux », BA 48, p. 590-593 : p. 593.

84   Le *De gen. ad litt.* (I, 9, 17) prête une telle connaissance *a priori* des créatures à la « créature spirituelle », qui se substitue à l'âme du monde. C'est par une connaissance « vespérale », c'est-à-dire plus obscure, qu'elle acquiert la connaissance des créatures dans leur nature (physique) propre. Sur les modes de la connaissance angélique, voir *De gen. ad litt.* IV, 22, 39-26, 42 ; sur ce texte, cf. E. Bermon, « The Days of Creation and God's Rest », in J. Brachtendorf & V. Drecoll (ed.), *Augustinus De Genesi ad litteram*. Ein kooperativer Kommentar, Paderborn, Brill-Ferdinand Schöningh, 2021, p. 141-164.

sont activés (*actitantur*), sans aucune figure de faussetés corporelles, des nombres secrets » (p. 18, 5-7). La précision n'est pas claire. Je comprends que l'« activation »[85] de « nombres secrets » commande la formation des émotions elles-mêmes, plutôt que celle de leurs réponses somatiques. Dans cette hypothèse, Augustin voudrait ici dire qu'à l'instar de l'âme elle-même, une émotion comme la joie, tout en étant sensible à l'âme, n'est à l'image d'aucune chose corporelle (l'émotion n'imprime pas de *phantasia* dans l'âme, à la différence de l'objet « impresseur » de la perception). Les nombres ou les rythmes dont il est ici question sont du type de ceux que le livre VI du *De musica* nomme « réactifs » (*occursores*) parce qu'ils constituent, suite à une modification de l'état du corps, une réaction de l'âme, qui modifie les nombres « processeurs » (*progressores*) par lesquels elle vivifie silencieusement l'organisme (*De mus.* VI, 6, 16)[86]. Ces nombres « processeurs » sont eux aussi indépendants de l'activité imaginative. Et je suppose que c'est à l'opération de ces derniers nombres qu'Augustin fait allusion, lorsqu'il déclare : « Je voudrais que tu comprennes que l'âme a en partage (*sortiri*) le corps en vertu d'un autre mouvement que celui de la pensée de formes sensibles, formes dont elle ne saurait aucunement faire l'expérience (*pati*), à mon avis, avant de se servir du corps et des sens » (p. 18, 8-12). Bref, l'action par laquelle l'âme vivifie l'organisme est fondamentalement étrangère à l'imagination.

Il faut mentionner une difficulté qui découle d'une telle explication (si nous la comprenons bien) et qui forme le pendant de celle que Nebridius a soulevée au sujet de l'intellection : si nos émotions sont en elles-mêmes dépourvues de *phantasia*, comment pouvons-nous nous en souvenir[87] ? Serait-ce parce qu'elles ont, elles aussi, produit en nous quelque chose qui relève de la *phantasia*, à savoir des mimiques et des changements de teint ?

Force est pourtant de reconnaître que telle n'est pas l'explication qu'Augustin apporte, lorsqu'il aborde le problème du souvenir dans le livre X des *Confessions* (cf. X, 14, 21-15, 23 ; 17, 26)[88]. Il existe indubitablement une mémoire affective. Les passions n'existent certes pas dans la mémoire sur le mode selon lequel elles sont éprouvées lorsqu'elles sont présentes, car il est possible de se souvenir sans joie de la joie qu'on a éprouvée ou sans tristesse d'une tristesse passée et parfois même, de se souvenir avec joie de sa tristesse passée et avec tristesse de sa joie passée (*Conf.* X, 14, 21). Pourtant, nous serions dans

---

85 « Actito » est un fréquentatif de « ago » (comme « agito »).
86 Sur ces nombres, voir *Le Cogito dans la pensée de saint Augustin*, p. 248-62 (« Les nombres de la perception auditive ») ; p. 264-70 (« La sensation et la santé »).
87 La difficulté est déjà perçue par Plotin (cf. par ex. IV, 3 [27], 26).
88 Sur ce texte, cf. *Les Confessions*, « Note complémentaire » 14, § 4 : « La mémoire affective », BA 14, p. 563 ; G. O'Daly, *Augustine's Philosophy of Mind*, p. 146-47.

l'incapacité d'en parler « si nous ne trouvions pas dans notre mémoire, non seulement les sons des mots [qui les signifient], conformément aux images [de ses sons] qui se sont imprimées grâce aux sens corporels, mais aussi les notions mêmes de ces choses (*rerum ipsarum notiones*), qui ne sont venues en nous par aucune porte de notre chair mais que l'esprit lui-même, qui les a senties par l'expérience de ses propres passions, a confiées à la mémoire » (*Conf.* x, 14, 22). « Mais cela se produit-il par des images ou non ? », demande Augustin, « ce n'est pas facile à dire » (x, 15, 23). Après avoir tâtonné puis déclaré que oui, il distingue trois modes différents d'immanence à la mémoire : les choses sont dans la mémoire « soit par des images, comme c'est le cas de tous les corps, soit par leur présence, comme c'est le cas des arts libéraux, soit par je ne sais quelles notions ou notations (*notiones uel notationes*[89]), comme c'est le cas des affections de l'âme, affections que la mémoire retient même lorsque l'âme ne les éprouve pas » (x, 17, 26). Nous aimerions ici aussi en savoir plus.

2.5.3   Une mise en garde contre les images

Augustin conclut sa lettre par une mise en garde contre les images. Il avertit son ami, au nom de leur foi commune dans la « loi divine » « de ne contracter aucune amitié avec ces ombres d'en bas (*inferna*) et de ne pas hésiter à briser celle qui a été contractée » (p. 18, 14-16). Sans doute impressionné par le ton religieux de cet avertissement[90], Lenain de Tillemont a jugé que « ces paroles ne nous permettent pas de douter que Nebridius n'eut alors quelque inclination pour la magie de Plotin et des autres platoniciens » (c'est-à-dire qu'il s'adonnait à la théurgie)[91]. Les Mauristes, quant à eux, ont pensé qu'Augustin adjurait son ami à renoncer aux *phantasmata* des Manichéens[92]. Certes, Augustin évoque le temps où il croyait aux « pièges » des Manichéens en disant : « Malheur, malheur ! Par quels degrés ai-je été entraîné aux profondeurs de l'enfer, oui d'un enfer de souffrance et de fièvre, faute de vérité … » (*Conf.* III, 6, 11). Pourtant, comme le rappelle Charlotte Köckert, « à la différence d'Augustin, Nebridius n'a jamais été enchanté par l'enseignement des Manichéens (cf. *Conf.* IV, 3, 6 ;

---

89   « Notatio » est un terme technique appartenant au vocabulaire de la rhétorique et de l'astrologie. « Notatio est, cum alicuius natura certis describitur signis, quae sicuti notae quae naturae sunt adtributa » (*Rhet. ad Her.* IV, 50, 63). Chez Cicéron, cf. *De orat.* II, 87, 358 ; *Orat.* 55, 183 ; *Top.* 9.

90   G. Watson parle de « ritual warning », *Phantasia in Classical Thought*, p. 138.

91   *Mémoires pour servir à l'histoire ecclésiastique des six premiers siècles*, vol. XIII, p. 129.

92   *PL* 33, 74 : « Hinc intelliges in lib. de vera religione c. xxxiv, n. 64. id quod Augustinus adversus Manichæos, dicit, *Date qui resistat sensibus carnis, et plagis quibus per illos in anima vapulavit* ». Cette opinion est reprise par J. Gavigan (« Saint Augustine's Friend Nebridius », p. 50) et par F. Navarro Coma (« La correspondencia entre Agustín y Nebridio », p. 270, n. 34).

VII, 6, 8). Dans le contexte d'*Ep.* 7, 7 (18.17-18) et d'*Ep.* 11, "amicitia cum istis infernis umbris" se comprend mieux comme une inclination générale vers le monde de la perception sensorielle, qui doit être vaincue du fait que l'on suit la *disciplina vivendi* du Christ »[93]. Cette « inclination » est sans doute visée un peu plus haut, au §6, lorsqu'Augustin écrit que les fictions « envahissent pour ainsi dire spontanément les pensées des âmes qui ont l'habitude de retourner en elles de telles représentations » (p. 17, 11-13). C'est d'une telle familiarité avec elles qu'il cherche à éloigner son ami[94].

Si sa rhétorique peut étonner, on note que, dans les *Confessions*, Augustin parle dans le même registre du « tartarus libidinis » dans lequel il se trouvait à Carthage (III, 1, 1) et du « tartarus caecitatis » dont Victorinus sortit (VIII, 4, 9). Dans notre lettre, la référence aux « inferna umbra » s'explique peut-être par le fait qu'Augustin adopte la façon de parler des Néoplatoniciens. Dans le *Traité sur le beau*, Plotin écrit, en se référant au mythe de Narcisse : « ... celui qui est épris des beaux corps et qui ne les laisse pas s'en aller s'enfoncera, non pas avec son corps mais avec son âme, dans des profondeurs obscures et funestes pour l'intellect ; demeurant là, aveugle, dans l'Hadès, il sera çà et là avec des ombres. "Fuyons vers notre chère patrie" serait un précepte plus vrai » (I, 6 [1], 8, 12-17). On peut également se référer à Synésius qui, faisant état, dans le *Traité des Songes*, de la difficulté éprouvée par l'âme à « remonter » avec son imagination, cite les *Oracles Chaldaïques* : « Ne te penche pas en bas vers le monde au noir éclat ... » (fr. 163 Des Places) (*De ins.* 7, 138c, 158, 4). Plus loin, le même auteur écrit : « Nous-mêmes, il semble que, lorsque nous prenons plaisir de tout notre esprit à quelque chose qui se rapporte au corps et aux choses extérieures, qui paraissent des biens, nous accordons à la nature de la matière qu'elle est belle. Celle-ci reçoit notre assentiment comme un pacte secret. Et si jamais nous voulons nous éloigner d'elle, comme des hommes libres, elle dit que nous sommes des fuyards, elle s'efforce de nous ramener et elle s'empare de nous comme d'esclaves fugitifs en nous relisant notre pacte. C'est alors surtout que l'âme a besoin de la force et du secours de Dieu » (*De ins.* 8, 139d-140a, 160, 4-12). Bref, il n'est pas nécessaire de penser que ce « très pur jeune homme » (*Conf.* IV, 3, 6) qu'était Nebridius ait été sous l'emprise de la théurgie ou du manichéisme.

---

93 « Augustine and Nebridius », p. 242, n. 39
94 Sur ce thème, cf. *Ep.* 4, 1 ; *De uera relig.* 10, 18-19 ; 34, 64 ; 55, 108.

Comment les « puissances supérieures » font-elles voir des images en rêves (*Lettre* 8 de Nebridius) ?

1   La suite des questions de Nebridius sur la *phantasia*

Dans la *Lettre* 8, Nebridius s'interroge sur la façon dont les « puissances supérieures » peuvent nous faire voir des images en rêves[1]. Ce faisant, il prolonge ses réflexions sur l'imagination et son *pouvoir créateur*, comme Augustin lui-même le remarque. À la fin de la *Lettre* 9, qu'il lui enverra en réponse à cette nouvelle sollicitation, il écrit que, grâce aux deux lettres qu'il aura reçues de lui (*i.e.* les *Lettres* 7 et 9), Nebridius ne sera sans doute plus « troublé » par le fait qu'« il se forme [dans l'âme] même des formes corporelles que nous n'avons jamais vues, soit du fait que nous pensons en nous-mêmes soit du fait que nous rêvons » (*Ep.* 9, 5, p. 22, 16-21). Nous comprenons ainsi que Nebridius n'a pas été entièrement satisfait par l'explication apportée à sa seconde question de la *Lettre* 6 et que l'existence de rêves inspirés ou prophétiques lui paraissait de nature à conforter son idée que l'imagination n'a pas besoin d'être affectée *du dehors* (par des corps extérieurs) pour former ses représentations.

Cette continuité thématique, en vertu de laquelle le rêve inspiré est considéré comme une *phantasia*[2], induite ou importée, explique que cette lettre, elle aussi, « reflète des idées néoplatoniciennes »[3]. Selon les successeurs de Plotin, la *phantasia* est précisément la faculté qui permet aux hommes d'être visités en songes. L'imagination est invoquée plus généralement pour rendre compte des différents phénomènes qui, d'après Platon, relèvent du démonique. Si, comme on le lit dans le *Banquet*, la nature du démonique est « de transmettre aux dieux ce qui vient des hommes et aux hommes ce qui vient des dieux » (202e) ; si, « c'est grâce à elle que progressent la divination toute entière et

---

[1] La meilleure explication des *Lettres* 8-9 est celle de G. O'Daly dans *Augustine's Philosophy of Mind*, p. 120-127 (« Prophetic vision »), à laquelle j'emprunte beaucoup. Cf. aussi M. Dulaey, *Le Rêve dans la vie et la pensée de saint Augustin*, Paris, Études Augustiniennes, 1973, p. 80-84 ; G. Watson, *Phantasia in Classical Thought*, p. 138-139. Sur les rêves et les visions dans l'antiquité, cf. J. H. Hanson, « Dreams and Visions in the Graeco-Roman World and Early Christianity », *Aufstieg und Niedergang der römischen Welt*, II.23.2, 1395-1427 ; S. M. Oberhelman, « Dreams in Graeco-Roman Medicine », *ibid.*, II.37.1, 121-156.

[2] Le rêve est ici examiné d'un point de vue psychologique seulement (il n'est même pas question de rêves envoyés pour tromper). Pour une analyse épistémologique, qui met en évidence le caractère non-compréhensif des représentations du rêve, cf. par ex. *Cont. Acad.* III, 11, 25-12, 28 ; *Sol.* II, 6, 10-12.

[3] M. Dulaey, *Le Rêve dans la vie et la pensée de saint Augustin*, 1973, p. 81.

l'art des prêtres en ce qui concerne les sacrifices et les initiations, ainsi que les incantations, la vaticination en général et la magie » ; si enfin « c'est grâce à elle que se produit toute rencontre et toute communication entre les dieux et les hommes, que ceux-ci veillent ou qu'ils dorment » (203a), comment cette action s'exerce-t-elle ? Comment ce qui est divin et démonique apparaît-il en songe ou à l'état de veille, pour enseigner et non pas pour tromper, comme on le lit dans la *République* (II, 382e) ? Comment rendre compte, plus généralement, des différentes formes de l'« expérience religieuse » qui relèvent du démonique : rêve, magie, goétie, théurgie ?

Pour élucider ces questions, les philosophes néoplatoniciens ont élaboré des spéculations d'un type nouveau, qui se caractérisent par le fait qu'elles font intervenir la *phantasia*, comme on l'a dit, mais aussi, le « véhicule spirituel » de l'âme, en tant qu'il est l'organe de l'imagination, voire l'imagination elle-même (sur ce « véhicule », voir la *Lettre* 13, qui lui est consacrée). Dans une certaine mesure, cet arrière-plan néoplatonicien est présent dans notre échange[4]. Comme nous le verrons, dans la *Lettre* 8, Nebridius dépend sans doute de Porphyre, lorsqu'il mentionne les « puissances supérieures » et la possibilité qu'elles fassent apparaître des représentations imaginaires sur leur corps. On peut donc penser que son interrogation est liée à sa lecture de textes porphyriens.

2   Une question suscitée par la *Lettre à Anébon* ?

On pense en particulier à la *Lettre à Anébon*[5], dont Augustin citera, bien plus tard, de larges extraits dans le livre X de la *Cité de Dieu*[6]. Autant que nos sources

---

4   R. Sorabji inclut les *Lettres* 8 et 9 dans son choix de textes sur « 2(g) *Phantasia* and vehicles of the soul : relation to prophecy, visions of gods » (*The Philosophy of the Commentators*, vol. 1, p. 70-75 : p. 74 sq.).
5   Cf. Porphyre, *Lettre à Anébon l'Égyptien*, texte établi, traduit et commenté par H. D. Saffrey et A.-P. Segonds, Paris, Les Belles Lettres, 2012 (je cite les fragments de cette œuvre d'après cette nouvelle édition). Le *De regressu animae* examinait les mêmes thèmes ; cf. R. Goulet, « Porphyre de Tyr, *Sur le Retour de l'âme*. Un recueil provisoire des témoignages et des fragments avec une traduction française et des notes », in I. Bochet (éd.), *Augustin philosophe et prédicateur. Hommage à Goulven Madec*, Paris, Institut d'Études Augustiniennes, 2013, p. 111-184 : p. 87-88. Sur la relation entre les deux œuvres, cf. P. Hadot, « Citations de Porphyre chez Augustin », *Revue des Études Augustiniennes*, 6, 1960, p. 205-244 : p. 225 sq.
6   Sur l'importance de cette source d'un point de vue philologique, cf. H. D. Saffrey et A.-P. Segonds, « Le témoignage de saint Augustin dans la reconstitution de la *Lettre à Anébon l'Égyptien* par Porphyre », *Comptes rendus de l'Académie des Inscriptions et Belles Lettres*, 2009, p. 163-194. « Plusieurs arguments d'ordre interne montrent que saint Augustin a eu

nous permettent de le conjecturer, cette lettre contenait trois parties principales, sur les « êtres supérieurs » (τὰ κρείττονα), la divination et la théurgie[7]. S'agissant de la divination, Porphyre s'interrogeait sur « son mode » (τρόπος) (Jamblique, *Réponse*, III, 22, p. 155, 1-3 Parthey). Il distinguait le cas de la divination dans le sommeil (cf. fr. 34, III, 2, p. 102, 14-103, 2 ; fr. 35, III, 2, p. 103, 8-9 ; fr. 52, III, 23, p. 155, 1-7 ; fr. 65k, Aug., *De ciu. Dei*, X, 11, p. 419, 4-9 Dombart-Kalb), au moyen de rêves « envoyés par les dieux (θεόπεμπτοι) » (fr. 35), et celui de la divination par l'« enthousiasme » (cf. fr. 36, III, 3, p. 109, 4-9 ; fr. 37, III, 9, p. 114, 6 sq. ; fr. 38, III, 9, p. 117, 13-16), où les sujets, à l'état de veille, « sont inspirés des dieux en vertu de leur puissance imaginative » (κατὰ τὸ φανταστικὸν θειάζουσι), en s'aidant (συνεργὸν λαβόντες) de l'obscurité, de drogues ou d'incantations (fr. 41, III, 14, p. 132, 3-8)[8].

Si la *Lettre à Anébon* est la source de Nebridius, la problème se pose à nous de savoir quelle était exactement la position de Porphyre au sujet des rêves inspirés et de la divination en général. En un mot, lorsqu'on examine les fragments qui nous restent de cette lettre et les témoignages de ceux qui l'ont lue, on est frappé par la diversité des explications qu'il avance et finalement par son « agnosticisme » en la matière – quand il n'est pas franchement sceptique par rapport à certains rites, voire hostile. D'entrée de jeu, Porphyre affirmait que l'enseignement de la philosophie au sujet des dieux et des démons n'était que le fruit de conjectures (ἐκ στοχασμοῦ) (fr. 1, Eusèbe, *praep. euang.* 14, 10, 1, p. 286, 14-17 Mras). D'après Jamblique, qui lui reproche de traiter de la théurgie *en philosophe* et non pas en théurge (*De myst.* I, 2, p. 7, 1 sq.)[9], il « mène des

---

accès directement au texte, qu'il l'a lu dans une traduction ancienne ou traduit, soit lui-même soit par le service d'un traducteur, et donc que son témoignage a autant d'importance que celui d'Eusèbe ou des autres apologistes qu'il ne connaissait pas » (*Porphyre, Lettre à Anébon*, p. LXI). En revanche, Augustin et Nebridius n'ont pas eu connaissance ce qui est devenu notre principale source pour reconstituer le plan de cette œuvre perdue, à savoir la *Réponse à Porphyre* de Jamblique (connue sous le titre *De mysteriis*), qui polémique contre Porphyre. « Le texte de Jamblique est demeuré entièrement inconnu des chrétiens, aussi bien en Orient qu'en Occident » (Jamblique, *Réponse à Porphyre*, texte établi, traduit et commenté par H. D. Saffrey et A.-P. Segonds, Paris, Les Belles Lettres, 2013, p. XLVI). Pour Augustin, Jamblique n'est qu'un nom (cf. *De ciu. Dei*, VIII, 12, 24).

7 Cf. Saffrey et Segonds, *Porphyre, Lettre à Anébon*, Chap. V : « Essai de reconstitution de la *Lettre à Anébon* ». Cette « reconstitution » se fonde sur la *Réponse à Porphyre*, qui reprend le plan de la *Lettre à Anébon* (cf. Jamblique, *Réponse*, p. 7, 10 sq.).

8 Cf. aussi *Réponse à Porphyre*, III, 14, p. 99, 21 (= p. 133, 21-22).

9 Fondamentalement, Jamblique cherchait la voie du salut dans le rituel théurgique alors que pour Porphyre, fidèle sur ce point à Plotin, « autre est peut-être la voie qui mène au bonheur » (fr. 65w, Aug. *De ciu. Dei*, X, 11, p. 421, 16-18), à savoir la philosophie (sur cet antagonisme, cf. *Porphyre, Lettre à Anébon*, p. XXVIII sq.). Comme l'écrit P. Hadot, « la principale opposition entre Porphyre et Jamblique est précisément d'ordre religieux. Les néoplatoniciens

recherches de manière variée, en proposant d'abord des observations, ensuite des problèmes et enfin des interrogations » (*De myst.* x, 1, p. 285, 10-12).

Augustin lui-même fait plusieurs fois allusion, dans la *Cité de Dieu*, à l'esprit et au ton qui animaient l'auteur de la *Lettre à Anébon*. Il présente l'ouvrage comme une « discussion honteuse » (*pudibunda quodammodo disputatione*) (x, 9) ; Porphyre y fait semblant de consulter et d'interroger (*consulenti similis et quaerenti*) (fr 65a, x, 11, p. 418, 18-20) dans le but de critiquer certaines pratiques rituelles ; il feint de s'étonner et d'en demander l'explication, pour donner à entendre qu'elles sont dues à des esprits trompeurs par nature (fr. 65t, *ibid.*, p. 420, 32-421, 5). Augustin suppose enfin que Porphyre, au lieu d'« écraser d'une fière autorité professorale » (*non superba quasi auctoritate doctoris offendere*) son correspondant et de « le troubler par la franche opposition d'un adversaire », « endosse l'humble attitude d'un homme qui cherche et qui désire s'instruire » pour amener l'autre à réfléchir « et lui montrer combien ces opinions sont à mépriser ou même à rejeter » (fr. 65v, *ibid.*, p. 421, 5-16). On note cependant que les réserves et les critiques de Porphyre portaient sur la *valeur* des visions divinatoires et théurgiques du point de vue de l'obtention du bonheur, c'est-à-dire de l'assimilation à Dieu[10]. Il ne mettait pas en doute leur existence même, qu'il semble avoir attribuée à l'action de démons trompeurs (cf. fr. 65j, *ibid.*, p. 419, 12-20) – une thèse qui soulève précisément la question de savoir de quelle façon ces démons agissent[11].

Sans entrer ici dans un examen détaillé de la *Lettre à Anébon*, nous verrons comment la pensée de Porphyre a pu inspirer, non seulement le questionnement de Nebridius, mais aussi celui d'Augustin, à la fois dans sa réponse (*Lettre* 9) et tout au long de sa vie.

---

eux-mêmes en avaient le sentiment. Olympiodore écrit par exemple : "Certains placent avant toute autre chose la philosophie, tels sont Porphyre, Plotin et beaucoup d'autres philosophes ; d'autres mettent en premier l'art hiératique, tels Jamblique, Syrianus et Proclus et tous les hiératiques" (*In Phaed.*, p. 123, 4 Norin). Par "hiératiques", Jamblique et Proclus entendent une méthode d'accès au divin qui comporte des pratiques magiques et mystiques et des révélations théosophiques » (*Porphyre et Victorinus*, I, p. 93). On note cependant une concession de la part de Porphyre : dans le *De regressu animae*, il admet que la partie imaginative de l'âme peut être purifiée par les rites théurgiques (*De ciu. Dei*, x, 9 ; fr. 2 Bidez ; fr. 290 Smith ; fr. 1 Goulet, B 22-24, p. 415, 17-19).

10 « Il avoue que ces télètes théurgiques ne procurent à l'âme intellectuelle aucune purification qui la dispose à voir son Dieu et à percevoir les réalités véritables » (*De ciu . Dei*, x, 9 ; fr. 2 Bidez ; fr. 1 B Goulet).
11 Dans le *Sophiste* (266b), l'Étranger d'Élée affirmait déjà que les images en rêve et toutes les illusions (φαντάσματα) produites naturellement de jour, comme les ombres et les reflets, doivent leur existence à « un artifice démonique » (δαιμονίᾳ (...) μηχανῇ), mais sans préciser la nature de cet artifice.

3 Trois hypothèses sur le mode opératoire des « puissances supérieures »

3.1 Les « puissances supérieures »

Dans la *Lettre* 8, Nebridius s'interroge sur l'action des « puissances supérieures », en entend par là celles qui sont « célestes » (*quas caelestes intellegi uolo*) (p. 19, 1-2). Ces « superiores potestates » correspondent sans doute aux « genres d'êtres supérieurs » (κρείττονα γένη) qui viennent après les dieux et sur les propriétés desquels Porphyre s'interrogeait au début de la *Lettre à Anébon* (fr. 4, *De myst.* I, 4, p. 10, 12 sq.). Il s'agit plus précisément des démons, des héros et des âmes immaculées (fr. 3, *ibid.*, I, 3, p. 8, 14-9, 1 ; fr. 8, I, 5, p. 18, 4-6), auxquels s'ajoutent les anges et les archanges, mentionnés dans le fr. 28a (II, 3, p. 70, 8-10)[12].

Dans sa réponse, Augustin reformulera la question de son ami en précisant que celui-ci « s'enquiert » « de savoir de quelle façon des pensées et des songes sont introduits en nous (*inserantur*) par des puissances supérieures ou par des démons (*a superioribus potestatibus uel a daemonibus*) » (*Ep.* 9, 2, p. 20, 16-18). On peut se demander s'il établit ici une équivalence entre les « puissances » et les « démons », le terme étant pris de façon inhabituelle en son sens platonicien[13], peut-être pour refléter la façon de parler de Nebridius lui-même, ou bien s'il fait des démons une catégorie à part des « puissances supérieures », qui sont les anges (on remarque que ceux-ci ne sont à aucun moment nommés dans cet échange)[14].

Augustin fait encore mention, dans sa réponse, d'« êtres animés qui ont un corps fait d'air ou d'éther » (*Ep.* 9, 3, p. 21, 5-6). Or, comme l'écrit Jean Pépin, dans la topographie qui est habituellement la sienne, et qu'il partage avec de

---

12 Sur l'angélologie porphyrienne et plus largement païenne (notamment dans les *Oracles Chaldaïques*, dont Porphyre se fait l'interprète), cf. P. Hadot, *Porphyre et Victorinus*, 1, p. 393 sq. Cf. aussi F. Cumont, « Les anges du paganisme », *Revue de l'Histoire des religions*, 12, 1915, p. 159-82.

13 Sur les anges et les démons, cf. J. Ries et H. Limet (dir.), *Anges et Démons*, Louvain-la-Neuve, Centre d'histoire des religions, 1989 ; A. Timotin, *La Démonologie platonicienne. Histoire de la notion de "daimôn" de Platon aux derniers néoplatoniciens*, Leiden, Brill, 2012 ; L. Brisson (ed.), *Neoplatonic Demons and Angels*, Leiden, Brill, 2018.

14 La seconde hypothèse est plus conforme à l'usage qui est habituellement le sien. « Alors que la démonologie païenne distinguait habituellement les bons et les mauvais démons, Augustin partage avec toute la tradition chrétienne la ferme conviction que les démons sont par nature mauvais : "nos autem, sicut scriptura loquitur, secundum quam christiani sumus, angelos quidem partim bonos, partim malos, numquam uero bonos daemones legimus" (ciu. 9, 19) » (J. Den Boeft, « Daemon(es) », *Augustinus-Lexikon*, 2, 213-222 : 213-214). Les démons sont en effet des anges déchus.

nombreux autres Pères de l'Église, « Augustin établit les anges dans le firmament, où ils s'entrecroisent avec les astres, et les démons dans l'air, où ils mêlent leur vol à celui des oiseaux »[15]. Une telle conception, qui assigne à chaque élément des êtres vivants adaptés, est redevable à la philosophie profane, comme Augustin le reconnaît en se référant dans la *Cité de Dieu* à Varron (VII, 6) et à Apulée (VIII, 14). Elle remonte au milieu de l'ancienne Académie (cf. *Epinomis*, 984d-e)[16]. On la retrouve chez Porphyre, dans la *Lettre à Anébon* (fr. 65b-c, *De ciu. Dei*, X, 11, p. 418, 20-23[17]), alors que Jamblique refusait pour sa part la classification des « puissances » par la matière de leur corps (cf. *De myst.* I, 8, p. 23, 16 sq.).

Ces indications montrent que la question de Nebridius sur les rêves inspirés repose sur un arrière-plan philosophique précis et nous verrons qu'Augustin, dans sa réponse, raisonne lui aussi dans ces mêmes coordonnées. Les données scripturaires, pourtant très riches sur cette question[18], sont entièrement absentes de notre échange. Par la suite, lorsqu'Augustin traitera de ce problème dont il ne se départira plus, il accordera beaucoup plus d'importance à l'examen des Écritures, s'intéressant aux songes qu'elles mentionnent (cf. par ex. Mt 1, 20, sur l'ange qui apparut à Joseph), aux théophanies, au cas de la pythonisse qui a fait réapparaître Samuel (cf. 1 R 28, 7-20), etc.[19].

---

15 J. Pépin, « Influences païennes sur l'angélologie et la démonologie de saint Augustin », in *Entretiens de Cerisy-la-Salle sur l'homme et le diable*, Paris/The Hague, Mouton &Co., 1965, p. 51-59, repris dans *Ex persona Platonicorum : Études sur les lectures philosophiques de saint Augustin*, p. 29-37 : p. 29.

16 L'*Epinomis* distingue cinq éléments qui sont, de haut en bas : le feu astral, l'éther, l'air, l'eau, la terre ; chacun d'eux a ses êtres vivants propres ; l'éther et l'air sont habités par deux espèces différentes de démons (984d-e). Sur l'influence considérable de cette doctrine, soutenue également par Xénocrate (cf. Aétius, *Plac.* I, 7, 30), voir J. Pépin, *op. cit.*, p. 31 sq.

17 Porphyre affirmait que les démons, « par manque de sagesse (*ob inprudentiam*), traînent un souffle humide (*trahere humidum uaporem*) et qu'ils sont à cause de cela, non pas dans l'éther, mais dans l'air, sous la lune et dans le globe même de la lune » (*De ciu. Dei*, X, 11, 1). Dans le *De Genesi ad litteram*, Augustin adapte cette idée à la théologie chrétienne : le péché des anges a entraîné pour leurs auteurs la perte de la nature éthérée de leur corps et leur chute dans la région de l'air (*De gen. ad litt.* III, 10, 14).

18 Cf. M. Dulaey, *Le Rêve dans la vie et la pensée d'Augustin*, p. 231-33 (Appendice : « Les rêves dans la Bible »).

19 Simplicianus demanda à Augustin si « l'esprit immonde qui était dans la pythonisse a pu faire en sorte que Samuel [qui était mort à ce moment-là] soit vu par Saül et qu'il parle avec lui » (*Quaest. ad Simpl.* II, q. 3). La question avait déjà été « passionnément discutée par toute l'antiquité chrétienne » (Saint Augustin, *Mélanges doctrinaux*, « Note complémentaire » 133 : « Sur la pythonisse d'Endor », BA 10, p. 768).

3.2 Les trois hypothèses

Pour expliquer « par quel art, quelles machinations, quels instruments ou quels artifices » (*qua arte, quibus manganis*[20] *quibusque instrumentis aut medicamentis*) les « puissances » agissent pour nous montrer des images durant notre sommeil, Nebridius avance différentes réponses : « [1] Ébranlent-elles notre âme (*animum*) par leurs propres pensées de sorte que nous imaginions nous aussi ces songes en pensant ? Ou bien [2] est-ce qu'elles nous présentent et nous montrent ces songes eux-mêmes une fois qu'ils ont été produits [2a] sur leur propre corps ou [2b] dans leur propre imagination (*in sua phantasia*) ? » (p. 19, 5-8).

Trois hypothèses sont donc formulées, qui se distribuent sous la forme d'une *alternative principale*, selon que l'image onirique est soit créée par l'âme du rêveur comme toute autre *phantasia* (tout en étant causée par les « puissances ») soit créée par les « puissances » elles-mêmes pour être communiquée *toute faite* à l'intéressé. Comme nous le verrons, dans la terminologie d'Augustin (qui n'est pas systématique), la première branche de l'alternative correspond à une « information » (*informatio*) (cf. *De Gen. ad litt.* XII, 22, 48 ; 30, 58) : la représentation imaginaire est « formée » « dans » la pensée du rêveur, sous l'action même de cette pensée, que les « puissances » parviennent à contrôler. La seconde branche met en jeu la « monstration » ou l'« ostention » (*ostensio*) d'une image (cf. *De Gen. ad litt.* XII, 20, 42)[21]. Cette dernière s'adresse soit au sens soit à la pensée du rêveur, selon qu'elle a été formée sur le corps du démon ou bien seulement dans son imagination, d'où elle est ensuite importée ou transférée dans l'imagination du rêveur.

On admire le caractère systématique (presque « positif ») et en principe exhaustif d'une telle tripartition[22]. En dépit du fait que l'explication qui sera

---

20   « Manganum » est très rare en latin. Le Gaffiot ne propose qu'une seule autre occurrence du terme, chez Hegesippe. Pour sa part, Augustin utilise parfois « machinatio » dans le même contexte (cf. par ex. *De Trin.* IV, 11, 14 ; *Quaest. ad Simpl.* II, 3, où il est question d'« imaginariam illusionem diaboli machinationibus factam »).

21   Sur ce terme, cf. P. Agaësse et A. Solignac, *La Genèse au sens littéral*, « Note complémentaire » 51, « Vision spirituelle et divination », BA 49, p. 568-575 : p. 572 ; M. Dulaey, « "Ostensiones" : Étude du mot », *op. cit.*, p. 109-113.

22   Signalons une autre tripartition relative à l'étiologie des rêves inspirés, bien qu'elle n'ait pas de lien direct avec celle de Nebridius : « Posidonius pense que les hommes rêvent sous l'influence des dieux de trois façons : dans l'une, l'âme voit l'avenir par elle-même, parce qu'elle est habitée par son origine divine ; dans l'autre, l'air est rempli d'âmes immortelles, sur lesquelles apparaissent comme des signes clairs de la vérité ; troisièmement, les dieux eux-mêmes s'entretiennent avec ceux qui dorment » (« Posidonius ... tribus modis censet deorum appulsu homines somniare : uno, quod praeuideat animus ipse per sese, quippe qui deorum cognatione teneatur ; altero, quod plenus aer sit immortalium

apportée par Augustin aux rêves inspirés (dans la *Lettre* 9) n'y trouve pas sa place, cette tripartition devait par la suite rester comme un fil directeur de ses multiples conjectures dans ce domaine. Bien qu'aucune des trois hypothèses ne semble satisfaisante aux yeux de Nebridius, elles méritent un bref examen.

3.3 *Une action immédiate des « puissances » sur la pensée du dormeur* ([1])

Nebridius ne dit rien du premier mode d'action dont il fait l'hypothèse. Celui-ci se caractérise par son *immédiateté* dans la mesure où « il exclut des intermédiaires corporels ou imaginaires entre ce que les puissances supérieures pensent et ce dont nous rêvons : *imaginemur* est ici utilisé, non pas au sens technique d'exercer la *phantasia* en actualisant des images latentes dans la mémoire, mais au sens d'une figuration mentale de la séquence onirique qui est induite »[23].

Une telle action est relativement respectueuse du fonctionnement normal des facultés humaines puisque c'est sur lui qu'elle s'appuie. Il faut donc que nous produisions ces images à la façon dont nous produisons habituellement et spontanément nos rêves, lorsque notre âme prend pour ainsi dire des vacances[24], à cette différence près que, dans ce cas, ce sont les « puissances » qui sont pour ainsi dire aux commandes de nos facultés. Comment les puissances pourraient-elles cependant mouvoir (*inpellere*) notre âme et nous faire produire nous-mêmes les images qu'elles veulent nous montrer ? L'hypothèse est abandonnée par Nebridius. Dans sa réponse, Augustin n'en dira rien et lorsqu'il la reformulera bien plus tard, dans le *De Genesi ad litteram*, sans la retenir, il ne l'expliquera pas davantage. On comprend pourquoi : Augustin ne cesse d'avouer, tout au long de son œuvre, qu'il est incapable d'expliquer l'activité imaginative de l'âme et notamment sa capacité à former des *phantasmata* (cf. par ex. *De mus.* VI, 11, 32). L'hypothèse selon laquelle des « puissances supérieures » pourraient présider à cette activité devait lui paraître plus inexplicable encore.

---

animorum, in quibus tamquam insignitae notae ueritatis appareant ; tertio, quod ipsi di cum dormientibus colloquantur » (Cic., *De diuinit.* I, 30, 64). Sur ce passage, cf. A. S. Pease, *M. Tulli Ciceronis De divinatione libri duo*, Darmstadt, Wissenschaftliche Buchgesellschaft, 1973, p. 208-09 ; Ch. Brittain, « Posidonius' Theory of Predictive Dreams », *Oxford Studies in Ancient Philosophy*, 40, 2011, p. 213-36.

23   G. O'Daly, *Augustine's Philosophy of Mind*, p. 121.

24   À propos du rêve, on lit dans le *De quantitate animae* : « Notre âme se retire des sens à intervalle de temps fixe et, pour les reposer de leurs mouvements en prenant pour ainsi dire des vacances, elle roule avec elle par paquets, dans tous les sens, les images des choses qu'elle a recueillies par leur intermédiaire » (33, 71).

Par conséquent, si les puissances ne nous font pas imaginer nous-mêmes ce qu'elles veulent nous faire voir, à la façon par exemple dont nous nous rappelons nous-mêmes nos souvenirs ou formons des fictions, d'où les images oniriques viennent-elles ? Elles doivent être données à voir *toutes faites*, mais comment ? Est-il possible qu'elles soient présentées sur un support corporel ?

3.4 Une monstration d'images formées par les « démons » sur leurs propres corps ([2a])

La deuxième hypothèse de Nebridius renvoie à une doctrine bien établie au temps de Porphyre. D'après elle, les « démons » ont un corps qui, à la différence du nôtre, a l'étonnante propriété de faire apparaître comme un écran les images des choses auxquelles ils pensent.

3.4.1 L'impression des représentations de l'imagination sur le corps des démons

Dans son traité d'embryologie *Ad Gaurum*, Porphyre formule cette conjecture : « Si nous pouvions empreindre nos corps des images que nous formons, tout comme il est admis aujourd'hui que les démons font voir les formes de leurs imaginations sur le souffle aérien qui leur est uni ou qui les entoure, non pas en le colorant, mais, de façon ineffable, en faisant voir comme dans un miroir les reflets de leur représentation imaginaire dans l'air autour d'eux, alors il serait possible de conjecturer que l'imagination de l'âme qui est à l'intérieur de la semence imprime d'elle-même les images sur le corps. Mais, puisque nous ne sommes pas capables d'accomplir cela sur nous-mêmes, nous qui pouvons, par ailleurs, informer d'après nos représentations imaginaires tout ce qui se trouve à l'extérieur de notre être, pour cette raison, j'en ai peur, jamais une âme propre à l'embryon ne sera l'artisan de la formation de ce qui lui est inférieur, pas plus que l'âme de la mère ne l'est de son propre corps, alors même qu'elle l'est pour le corps étranger qui se trouve en elle et qui est extérieur à son être, et qu'elle est capable d'empreindre de ses représentations imaginaires les êtres différents d'elles qui sont à l'intérieur de son corps » (VI, 1, p. 42, 6-10 Kalbfleisch)[25].

---

25 « ... εἰ μὲν ἃ φανταζόμεθα εἰς τὰ αὐτῶν σώματα οἷοί τε ἦμεν ἀπομόργνυσθαι, καθ' ὃ ἤδη λόγος κρατεῖ τοὺς δαίμονας τὰ εἴδη τῶν φαντασμάτων εἰς τὸ συνὸν ἢ παρακείμενον αὐτοῖς ἀερῶδες πνεῦμα διαδεικνύναι χρώζοντας μὲν οὐδαμῶς, ἀρρήτῳ δὲ τρόπῳ τὰς ἐμφάσεις τῆς φαντασίας ὥσπερ ἐν κατόπτρῳ τῷ περὶ αὐτοὺς ἀέρι διαδεικνύντας, ἐνεδέχετο εἰκάζειν τὴν φαντασίαν τῆς ἐνούσης ψυχῆς ἐν τῷ σπέρματι καθ' ἑαυτὴν διατυποῦν τὸ σῶμα· ἐπεὶ δὲ ἑαυτοὺς μὲν τοῦτο δρᾶν οὐκ ἐσμὲν οἷοί τε, ἄλλα δὲ κατὰ τὰς φαντασίας ὅσα ἐκτὸς ἦν τῆς ἡμετέρας οὐσίας διαμορφοῦν δυνάμεθα, μήποτε διὰ τοῦτο ψυχὴ μὲν ἰδία τοῦ ἐμβρύου οὐ δημιουργὸς τῆς εἰδοποιίας τοῦ ὑπ' αὐτήν, ἀλλ' οὐδὲ τοῦ οἰκείου σώματος ἡ τῆς μητρὸς ψυχή, τοῦ δ' ἐν αὐτῇ ἀλλοτρίου καὶ τῆς οὐσίας ἐκτός, εἴπερ δὴ κἂν τοῖς ἄλλοις τὰς φαντασίας οἷά τε ἦν τοῖς ἐκτὸς ἀπομόργνυσθαι » (tr. fr.

En bref, pour défendre la thèse selon laquelle l'embryon se développe sous l'influence du souffle vital contenu dans le sperme, et non pas en vertu d'une âme propre (qu'il n'acquerra qu'à la naissance), Porphyre établit une opposition entre d'une part les animaux, dont la *phantasia* ne peut affecter (via leur âme végétative) qu'un corps différent du leur, et d'autre part les démons, qui sont quant à eux capables d'auto-affection psychosomatique lorsqu'ils empreignent leurs corps de leurs pensées.

On note que Porphyre n'est pas lui-même l'auteur de la théorie qu'il invoque à propos des démons et qu'il la tient pour inexplicable (l'allusion à l'action de colorier semble indiquer que le phénomène en question n'est pas comparable à l'altération du teint lorsque par exemple on rougit[26]). On note d'autre part que dans la *Sentence* 29, Porphyre présente l'âme *humaine* comme étant elle-même douée d'une telle capacité d'auto-affection, une fois qu'elle est séparée du corps de chair et d'os, puisqu'elle a alors la capacité de se reconstituer dans l'Hadès une apparence de corps en informant elle-même son propre *pneuma* : « Par suite de son penchant [pour le corps qu'elle a perdu], une empreinte de l'imagination est imprimée sur son souffle et ainsi elle traîne son reflet (ἐφέλκεται τὸ εἴδωλον) » (*Sent.* 29, 12-14)[27].

Augustin devait lui-même connaître la doctrine invoquée par Porphyre dans l'*Ad Gaurum*. Il la reprend pour son propre compte au livre XI du *De Trinitate* pour expliquer l'épisode de la *Genèse* qui relate comment Jacob mit des branches rayées sous les yeux de ses brebis au moment de leur accouplement, de façon à créer des bigarrures sur le corps de leur progéniture (Gn 30, 41). Voici l'explication « fantastique » qui est avancée (après l'exemple du caméléon, qui peut prendre la couleur des choses qu'il a sous les yeux) : « Le plus souvent les petits trahissent les désirs de leurs mères, lorsqu'elles ont pris grand plaisir à regarder quelque chose. Plus les embryons (*primordia seminum*) sont tendres et plus ils sont pour ainsi dire formables, plus ils réussissent de manière efficace à se conformer à l'attention (*intentio*) de l'âme maternelle et à l'image (*phantasia*) qui a été engendrée en elle par le corps qu'elle a contemplé avec passion » (*De Trin.* XI, 2, 5)[28].

L. Brisson (éd.), *Porphyre, Sur la manière dont l'embryon reçoit l'âme*, Paris, Vrin, 2012, p. 163, modifiée).

26 Le phénomène est mentionné par Proclus, qui rapporte comment Porphyre conçoit le mode de production de l'Intellect divin, qui est immédiat (in note, *in Tim.* 30a, I, p. 395, 25 sq. ; tr. fr. Festugière, tome second – livre II, p. 265).

27 Sur ce texte, cf. *supra* « L'ὄχημα chez Plotin et Porphyre », Lettre 13.

28 « On trouve une explication plus complète du processus en *De Trin.* III, 8, 15, qui souligne le "mélange sympathique" du corps et de l'âme, la "loi de formation" de l'interaction psychosomatique » (G. O'Daly, *op. cit.*, p. 111).

Augustin attribue aussi une telle capacité d'auto-affection aux anges. S'interrogeant sur les modalités des théophanies de l'Ancien Testament, qu'il tient pour l'œuvre de certains anges, il se demande, tout en avouant son ignorance, si ces anges ont pu revêtir, comme une tunique, des éléments inférieurs plus matériels (*corpulentiores*), qui se sont superposés à leur propre corps spirituel, ou s'ils ont pu transformer leur propre corps à leur gré, en fonction de ce qu'ils voulaient donner à percevoir (*De Trin.* III, 1, 5)[29].

3.4.2   Les organes de la vision imaginaire

En dépit de son ingéniosité, la seconde hypothèse de Nebridius appelle une objection : « Si [les puissances supérieures] produisent ces rêves sur leur corps, il s'ensuit que nous avons aussi d'autres yeux corporels (*corporeos*), internes, lorsque nous dormons, qui nous permettent de voir ce qu'ils (*illi*) ont formé sur leur corps » (p. 19, 8-11)[30]. Nebridius tient peut-être cette objection de Porphyre, qui se demandait de quelle façon les dieux peuvent entendre les prières qui leur sont adressées. Il lui semble « incroyable que ce qui est incorporel comprenne d'une certaine façon une voix et que ce que nous disons dans nos prières exige une sorte de sensation et même des oreilles » (fr. 18, *De myst.* I, 15, p. 46, 15-18). Dans la mesure pourtant où Nebridius ne précise pas quel type de corporéité il a précisément en vue, on peut se demander si son objection ne fait pas plutôt allusion à une difficulté inhérente à l'explication des rêves (et plus largement de toutes les *phantasiai*) que l'on trouve chez les successeurs de Plotin.

Pour ces auteurs, l'imagination a la capacité d'agir indépendamment des organes corporels – comme l'atteste précisément l'expérience du rêve – parce que l'âme imaginative a son propre corps, le fameux « véhicule pneumatique », qui est lui-même doué d'organes propres permettant à l'âme imaginative de mener sa propre vie. Synésius établit clairement ce point dans le *Traité des Songes* : « L'imagination possède assurément des organes sensoriels (αἰσθητήρια). En effet, nous voyons des couleurs, nous entendons des sons et nous avons une perception tactile parfaitement nette, alors que les organes de notre corps sont inactifs » (*De ins.* 4, 134c, p. 150, 13-16)[31].

---

29   Cf. aussi *De Gen. ad litt.* VIII, 25, 47 et *De anim. et eius orig.* IV, 21, 35, où Augustin demande si les anges, lorsqu'ils se manifestent sous la forme d'hommes ou d'autres êtres, apparaissent à l'aide de « ressemblances » ou « s'ils ont de vrais corps et sont plutôt vus eux-mêmes pour de vrai (*an habeant aliqua uera corpora et in ipsorum potius ueritate uideantur*) ? ».

30   On note le changement de genre introduit par « illi », qui renvoie pour le sens à « potestates », et peut-être à « daemones », dans l'esprit de Nebridius. Dans sa hâte (cf. « festinanti mihi ... »), celui-ci ne s'est pas relu.

31   « αἰσθητήριά γέ τοι πάρεστι κατ' αὐτήν. καὶ γὰρ χρώματα ὁρῶμεν, καὶ ψόφων ἀκούομεν, καὶ ἁφῆς πληκτικωτάτην ἀντίληψιν ἴσχομεν, ἀνενεργήτων ὄντων τῶν ὀργανικῶν μορίων τοῦ σώματος ».

Par conséquent, on pourrait échapper à l'objection soulevée par Nebridius en alléguant une thèse que celui-ci ne paraît pas connaître (sans quoi il ne serait pas arrêté par elle)[32], à savoir que « l'imagination est le sens des sens, parce que le souffle imaginatif (τὸ φανταστικὸν πνεῦμα) est l'organe le plus commun et le premier corps de l'âme » (*De ins.* 5, 135d, p. 152, 19-153, 2). L'affirmation selon laquelle l'imagination n'est autre que le *sens commun* (puisque c'est lui, d'après Aristote, qui permet à chacun des sens de sentir qu'il sent[33]) permet de réduire à l'unité l'apparente pluralité des organes de la perception imaginaire. Pour Synésius, les cinq sens ne sont que les « portiers » du vivant, qui annoncent à leur « maître » que des choses sensibles frappent à la porte ; le sens commun les perçoit lui-même avec l'organe « pneumatique » qui est proprement le sien : « avec tout le souffle, il entend ; avec tout le souffle, il voit et exerce toutes ses autres puissances » (5, 136a, p. 153, 9-11). Le plus étonnant dans cette explication n'est pas tant que le sens commun existe à part des sens, alors que chez Aristote il ne s'exerçait qu'en eux, mais qu'il puisse sentir *sans eux*. Du fait qu'elle est elle-même dans son propre corps et qu'elle dispose de son propre organe sensoriel, l'imagination est capable d'éprouver *indépendamment des sens* une « sensation immédiate » (ἄμεσος αἴσθησις) (5, 136b, p. 153,17-18), qui lui permet précisément d'être en relation avec les dieux et les démons, lorsque ceux-ci lui envoient des rêves *en agissant sur son véhicule pneumatique*[34]. Au final, le rêve inspiré pourrait donc s'expliquer par la formation d'une image sur le corps du démon, qui est elle-même perçue par le « véhicule » de l'âme du dormeur.

---

32   Le refus d'admettre que le rêveur voie en songe avec des yeux corporels semble constant dans le corpus augustinien. La *Lettre* 159 rapporte un songe du médecin Gennadius, à qui apparut un jeune homme qui lui demanda par quels yeux il le voyait présentement, tandis qu'il dormait les yeux fermés. Alors que Gennadius était embarrassé, le jeune homme lui dit : « De même que tes yeux de chair sont inopérants et qu'ils ne font rien (*uacant*) tandis que tu dors et gis sur ton lit, et que pourtant il y a ces yeux par lesquels tu me regardes et que tu utilises pour me voir, de même, lorsque tu seras mort, en dépit du fait que tes yeux de chair ne feront plus rien, il y aura une vie qui te fera vivre et un sens qui te fera sentir » (*Ep.* 159, 4). Augustin explique que l'image est « sans matière corporelle » et qu'il doit en être de même des « yeux » qui la voient. Cf. aussi *Ep.* 162, 5, qui écarte l'idée que les paroles de l'ange à Zacharie aient été adressées du dehors (*forinsecus*) à ses oreilles corporelles (*ad aures corporeas*) (ou à des oreilles corporelles ?) sans s'avancer davantage.

33   Cf. Aristote, *DA* III, 2, 425b12-25 ; *De somn.* 2, 455a12 sq.

34   Sur ce texte, cf. S. Toulouse, *Les Théories du véhicule de l'âme : genèse et évolution d'une doctrine de la médiation entre l'âme et le corps dans le néoplatonisme*, thèse inédite, vol. 1, p. 303-305.

3.4.3 Une « synthèse porphyrienne » ?

Une telle explication, qui fait du « véhicule » de l'âme le « vecteur » des apparitions divines, est exposée dogmatiquement par Jamblique – le théoricien de l'« adduction » (ἀγωγή) de la lumière venue de l'éther, de l'air ou du soleil –, puis développée par Syrianus, Hermias et Proclus[35].

En apparence, tous les éléments d'une telle doctrine sont déjà présents chez Porphyre, à savoir le fait que le « véhicule » soit conçu comme le sujet de l'activité imaginaire, l'idée que les démons projettent sur leur *pneuma* leurs représentations imaginaires, que certains d'entre eux sont « capables de prendre toutes les formes » (fr. 65j, *De ciu. Dei*, X, 11, p. 419, 12-20) et qu'ils « viennent de l'extérieur dans l'âme et abusent les sens des hommes endormis ou éveillés » (fr. 65k, p. 419, 20-25), l'affirmation que les corps des démons « n'offrent aucune résistance » (οὐδὲν ἔχουσιν ἀντιτύπως) (Proclus, *In Tim.* II, 11, 10-13 Diehl)[36], par quoi ils peuvent atteindre le « véhicule » de l'âme ; enfin le fait que, dans le *De regressu animae*, Porphyre faisait de la partie *pneumatique* (*spiritalis*) de l'âme – et non pas de sa partie intellectuelle – le sujet de la théurgie en tant que cette partie « devient propre et apte à accueillir les esprits et les anges et à voir les dieux » (*De ciu. Dei*, X, 9, p. 415, 30-32 ; fr. 2 Bidez = fr. 1 C Goulet). Cependant, comme nous l'avons dit plus haut, il faut se garder d'attribuer à Porphyre une telle doctrine sur les rêves inspirés et les prophéties[37].

3.5 Un « transfert » d'images d'imagination à imagination ([2b])

La troisième hypothèse envisage « un transfert d'images d'imagination à imagination » sans le truchement du corps[38] : les « puissances » « disposent les rêves dans leur faculté imaginative (*in phantastico suo*) et influencent (*contingunt*) ainsi nos facultés imaginatives » (p. 19, 12-13). La séquence onirique est donc

---

35   « Dans le *De mysteriis* (III, 14), le αἰθερῶδες καὶ αὐγοειδὲς ὄχημα est le réceptable des φαντασίαι divines et l'organe jouant le rôle de *medium*, comme déjà l'"anima spiritalis" dans Porphyre, *de regressu an.*, fragm. 2 [Bidez = 1 B Goulet]. De telles φαντασίαι peuvent être perçues au moyen de l'enveloppe lumineuse (τοῖς αὐγοειδέσι περιβλήμασι), même lorsque les yeux du corps sont recouverts (Proclus, *in Remp.* I, 39, 9 ; Hermias, *in Phaedr.* 69, 7 sq. Couvreur). Des idées semblables apparaissent dans Synésius, *de insominiis* 142 A sq. et Nemesius, *Nat. Hom.* 201 Matth. » (Dodds, « The Astral Body in Neoplatonism », in *Proclus, The Elements of Theology*, p. 319).

36   Cf. R. Sorabji, *Matter, Space, and Motion*, p. 106-122 (« Neoplatonists and Christians : place and bodies in the same place »).

37   J. Pépin parle d'une « synthèse porphyrienne » au sujet du « mécanisme de la puissance d'illusion détenue par les démons » (« Influences païennes sur l'angélologie et la démonologie de saint Augustin », p. 35), tout en précisant que Porphyre a pu ne pas la reprendre entièrement à son compte.

38   G. O'Daly, *op. cit.*, p. 121.

d'abord formée dans la faculté imaginative des puissances, qui sont ensuite capables de « toucher » (*contingunt*)[39], c'est-à-dire d'influencer par une sorte de sympathie notre propre imagination, de telle sorte que se produisent[40] en elle ces mêmes images oniriques.

Pourtant, si tel est le cas, Nebridius ne comprend pas pourquoi il ne peut pas lui-même conditionner l'imagination d'Augustin en faisant naître en elle des songes qu'il aurait formés le premier dans la sienne ? Cette incapacité est d'autant plus étonnante, à ses yeux, que notre corps peut lui-même conditionner nos rêves « lorsqu'il se trouve mal » (*cum se male habuerit*)[41] ; ainsi nous arrive-t-il de rêver que nous buvons lorsque nous avons soif ou que nous mangeons lorsque nous avons faim (p. 19, 18-23)[42]. « Ces rêves, produits par l'intermédiaire de l'imagination, sont le résultat de la communication entre une entité corporelle et une entité incorporelle. On pourrait donc soutenir qu'*a fortiori* deux entités incorporelles (c.-à-d. ton imagination et la mienne) devraient communiquer. Le fait qu'il n'en aille pas ainsi rend Nebridius perplexe »[43] et le retient de donner son assentiment à sa dernière hypothèse.

La *Lettre* 8 se conclut sur un appel à l'aide à Augustin.

39   Teske traduit « contingunt » par « reach » (*Letters*, p. 30) ; Wankenne par « entrent en contact » (BA 40A, p. 263). En *De fato*, 3, 5, « contagio naturae » est synonyme de « sympatheia ».

40   On attendrait « ... ita phantastica nostra contingunt ut fiat uisum ... » plutôt que « et fit uisum ».

41   C'est la leçon retenue par Goldbacher puis Daur de préférence à « cum semel habuerit » (dans l'édition des Mauristes). Voir les expressions similaires en *De Gen. ad litt.* XII, 19, 41 (« sicut saepe male facti [ou : male affecti] morbo aliquo ingrauescente ») ou en XI, 30, 58 (« sicut fuerimus adfecti uel carne uel animo ») (sur ce texte, cf. *infra* « La résurgence de l'alternative de Nebridius dans le *De Genesi ad litteram* », *Lettre* 9).

42   De tels rêves sont mentionnés dans la tradition médicale. Cf. Hippocrate, *Regimen*, 4, 93, p. 444 Jones ; Lucrèce IV, 1097 ; Macrobe, *In somn. Scip.* I, 3, 4 (références données par M. Dulaey, *op. cit.*, p. 102).

43   G. O'Daly, *op. cit.*, p. 122.

Une explication du mode d'action des « puissances supérieures » sur l'âme (*Lettre* 9)

1   La chronologie de l'échange sur les rêves (§1-2)

1.1   *La* Lettre 8 + 1 *de Nebridius à propos de sa solitude*

Nebridius adressa une seconde lettre à Augustin très peu de temps après celle qu'il lui avait envoyée sur les rêves inspirés (*Ep.* 8) et avant même d'avoir reçu de sa part une réponse, qui ne se fit pourtant pas attendre[1]. Appelons cette lettre perdue l'*Ep.* 8 + 1. Augustin y fait allusion en ces termes, au début de la *Lettre* 9 : « J'ai lu ta lettre très récente dans laquelle tu t'es plaint de ta solitude et d'un abandon de tes amis, dont la compagnie rend la vie très douce » (p. 20, 5-7)[2]. Mais Nebridius ignore combien il souffre, lui aussi, de l'absence de son ami, bien qu'il soit le « cognitor » c'est-à-dire le juge de l'âme d'Augustin[3].

Nous voyons réapparaître l'un des thèmes récurrents de notre correspondance, celui de l'amitié[4] et plus particulièrement du désir, de la part de Nebridius, de mener à nouveau une vie commune avec Augustin, comme au bon vieux temps de Carthage et de Milan. Nebridius semble avoir eu du mal à comprendre que son ami était surchargé de travail à Thagaste, qu'il était en train de devenir saint Augustin, et que tous deux devaient désormais se retrouver d'une autre manière – d'une manière *incorporelle*, comme Augustin va le suggérer. Le désir de mener une vie commune, déjà perceptible dans la *Lettre* 5 de Nebridius, sera le thème central de la *Lettre* 10.

---

1   Comme le prouve l'allusion, dans la réponse d'Augustin, à sa précédente lettre (l'*Ep.* 7) *récemment* (*nuper*) envoyée (*Ep.* 9, 5).

2   Les derniers mots de la citation sont vraisemblablement de Nebridius. Augustin soulignera l'importance de l'amitié dans cette vie en écrivant : « Dans toutes les choses humaines, rien n'est amical pour un homme sans un homme qui soit un ami » (« Ita in quibuslibet rebus humanis nihil est homini amicum sine homine amico ») (*Ep.* 130, 4).

3   « Cognitor » signifie en latin le juge ou l'avocat (le garant, le répondant) (cf. Cic., *Verr.* 1, 13 ; 5, 167). Sur le sens de ce mot avec des références au droit romain, cf. E. M. Atkins et R. J. Dodaro (ed.), *Augustine, Political Writings*, Cambridge, Cambridge University Press, 2001, p. 272, n. 6 (à propos de l'occurrence du terme en *In Ioh. euang.* 33, 4). « Cognitor » a ce sens au début du livre x des *Confessions*, qui joue sur l'étymologie du mot : « Cognoscam te, cognitor meus, cognoscam, sicut et cognitus sum » (cf. 1 Co 13, 12) (*Conf.* X, 1, 1).

4   Cf. *supra* « Le prix de l'amitié », *Lettre* 3.

1.2   « *Avoir* » *son ami en Dieu et être ensemble* (simul) *par la pensée (§1)*

Dans notre lettre, Augustin répond brièvement à l'aspiration contrariée de Nebridius en l'invitant à « se réfugier » dans son âme et à l'élever vers Dieu[5], parce que là (*ibi*), il « a » aussi son ami[6], de façon plus sûre (*certius*), et que tous deux sont ensemble (*simul*)[7] par la pensée, malgré leur séparation physique (p. 20, 10-13). Augustin n'explicite pas cette dernière idée. Il ne signifie manifestement pas ici que Dieu lui-même – et en particulier le Saint-Esprit – unit ceux qui s'aiment en tant qu'il est la charité, selon un motif que l'on retrouve souvent chez lui[8] ; il ne s'agit pas non plus de l'idée d'une communion en Dieu par la prière. En quoi consiste exactement la forme d'union en Dieu à laquelle il est fait allusion ?

Roland Teske l'explique à la lumière d'un passage du *De quantitate animae* qui pose le problème du nombre des âmes (*de numero animarum*) et dans lequel on lit cette remarquable déclaration faite à Evodius : « Si je dis qu'il n'y a qu'une seule âme, tu seras troublé par le fait qu'elle est heureuse en une personne et malheureuse en une autre, alors qu'une seule et même chose ne peut pas être à la fois heureuse et malheureuse en même temps. Si je dis qu'elle est une et multiple en même temps, tu riras et il ne me sera pas facile de mettre un terme à ton rire. Mais si je dis que les âmes sont seulement multiples, c'est moi-même qui rirai de moi-même et je supporterai moins bien d'être en désaccord avec moi-même qu'avec toi » (32, 69)[9]. Comme Augustin nie à la fois qu'il n'y ait qu'une seule âme et qu'il y ait seulement de multiples âmes, il reste – bien que la thèse semble difficile à admettre – que l'âme soit à la fois une et multiple ou que les âmes individuelles soient d'une façon ou d'une autre une avec l'Âme universelle, comme le veut Plotin. « En tant qu'êtres non-corporels

---

5 Le thème de l'élévation vers Dieu est également présent en *Ep.* 13, 2.
6 On pense à la définition du bonheur comme le fait d'« avoir Dieu » (*De beat. uit.* 2, 11) (sur cette définition, cf. *supra* « S'attacher à Dieu », Lettre 5).
7 Le fait d'être ensemble sert à exprimer la consubstantialité du Père et du Fils dans la *Lettre* 12 (« ... cur ipse [Filius] potius dicatur hominem suscepisse quam pater, cum simul uterque sit ... »).
8 « Il n'y a pas d'amitié véritable, si toi tu ne la cimentes pas entre des êtres qui sont unis entre eux grâce à la charité *répandue dans nos cœurs par l'Esprit-Saint qui nous est donné* (Rm 5, 5) » (*Conf.* IV, 4, 7, tr. fr. Bouissou et Tréhorel). Augustin et Alypius écrivent à Castorius : « Nos enim te spiritalis amoris uinculo tenemus » (*Ep.* 69, 2). Sur la conception du Saint-Esprit comme « lien d'amour » entre le Père et le Fils, cf. R. Kany, *Augustins Trinitätsdenken. Bilanz, Kritik und Weiterführung der modernen Forschung zu 'De Trinitate'*, Tübingen, Mohr Siebeck, 2007, p. 130.
9 Cf. R. Teske dans *Paradoxes of Time in Saint Augustine*, p. 52. Le début de ce texte a déjà été cité *supra* dans « L'hypothèse d'un corps qui individualise l'âme après la mort (la *Lettre* 158 d'Evodius) », *Lettre* 13.

non confinés aux corps, les âmes ne peuvent pas être séparées spatialement les unes des autres, pas plus que nos âmes ne peuvent être séparées de Dieu spatialement »[10] ; c'est pourquoi, précisément, Nebridius peut « avoir » en Dieu son ami.

On note cependant que l'unité des âmes n'est pas tant présentée dans notre lettre comme un donné (d'ordre métaphysique) que comme le résultat d'un retour en soi et d'une élévation vers Dieu. Il est possible qu'Augustin ait rencontré cette idée chez Porphyre. Celui-ci mentionne, dans la *Lettre à Marcella*, l'union intellectuelle qui peut s'opérer malgré la séparation physique et il en fait même le principe d'une spiritualité conjugale. Il explique à son épouse qu'elle ne s'affligera pas de son absence si elle « s'exerce à fuir loin du corps » (τῇ μελετώσῃ φεύγειν ἀπὸ τοῦ σώματος) : « Tu me trouveras le mieux de façon pure, à la fois présent et uni à toi, nuit et jour, par ce qu'il y a de pur et de plus beau dans l'union et sans que je puisse être séparé de toi, si tu t'exerces à remonter en toi-même, en rassemblant à part du corps tous tes membres [spirituels] dispersés et morcelés en une multiplicité provenant d'une union qui jusque-là s'affirmait dans toute la mesure de sa force » (*Ep. ad Marc.* 10, p. 111, 7-14 Des Places). Dans ce texte, dont on retrouve certains éléments chez Augustin[11], Porphyre vise « l'état transcendant dans lequel l'âme n'était pas encore dispersée en facultés distinctes par son rapport au corps »[12], un état dans lequel l'âme, identifiée au vrai moi, communique en plénitude avec les autres. Bref, l'âme qui rentre en elle-même est présente aux autres âmes comme elle est présente à l'Être[13].

S'il s'inspire de ce thème porphyrien, Augustin lui apporte ici une précision qui lui est propre : l'union avec Dieu et avec ses amis s'opère, non pas grâce aux images corporelles (*corporeas imagines*), c'est-à-dire aux *phantasiae* qui surviennent lorsqu'on pense à quelqu'un (cf. *Ep.* 7, 4), mais grâce à cette forme de « cogitatio » qu'est l'intellection (et qui s'oppose à la « cogitatio imaginaria » de *Sol.* II, 20, 35). En effet, la pensée rationnelle est identiquement la même (en son objet) chez Nebridius et Augustin (et chez tous ceux qui y ont accès) ; ils sont donc unis par elle et cela est *déjà vrai* de la pensée qui leur fait comprendre qu'ils ne sont pas ensemble par le lieu, du fait qu'ils sont fondamentalement

---

10 R. Teske, *op. cit.*, p. 53.

11 « Thème porphyrien du retour à soi, "retour de la dispersion vers l'unité" ; cf. *Sent.* 32 (p. 32, 10-11 Lamberz), et Augustin, *Conf.* 11, 1, 1, qui transpose la phrase : "Colligens me a dispersione in qua frustatim discissus sum, dum ab uno te aversus in multa evanui" » (*Porphyre, Vie de Pythagore, Lettre à Marcella*, p. 158, n. 3).

12 P. Hadot, *Porphyre et Victorinus*, vol. 1, p. 328, n. 5.

13 Cf. *supra* « La double présence à soi de soi et des intelligibles », *Lettre* 4.

leurs âmes ou plus précisément leurs esprits (*mentes*)[14]. Ainsi s'opère un remarquable *retournement*, qui consiste à transformer le regret que les deux amis ont d'être séparés par le lieu en l'assurance qu'ils partagent d'être ensemble, non pas par le lieu, mais par la pensée intellectuelle. En tant qu'il est purement intellectuel, cet « être ensemble » exclut le partage des pensées individuelles, qui semble ici d'une importance secondaire. Mais Augustin écrira plus tard à Fabiola : « Si nous pouvions connaître l'un l'autre nos pensées, nous serions plus ensemble que si nous étions assis dans le même lieu, nous regardant silencieusement l'un l'autre » (*Ep.* 267). De ce fait, rien ne remplace la présence et les paroles des êtres qui nous sont chers[15].

1.3 Trois modes différents de l'ars disputandi (§2)

La suite de la *Lettre* 9 nous en apprend sans doute un peu plus sur le contenu de la *Lettre* 8 + 1. Augustin écrit qu'en examinant les lettres auxquelles il n'avait pas encore (*nondum*) répondu[16] et dans lesquelles son ami lui posait des questions importantes (*magna*)[17], celle qui porte sur les rêves inspirés l'a rempli d'effroi. « C'est un grand problème (*magna enim res*) », poursuit-il, « auquel il faudrait répondre, comme tu t'en avises toi-même avec la prudence qui est la tienne, non par une lettre, mais soit par un entretien de vive voix soit par un petit traité » (p. 20, 18-20). L'idée selon laquelle « il y a trois différents modes

---

14 La *Lettre* 14 affirme, dans le même ordre d'idées, que Nebridius et Augustin font plus la même chose ensemble quand ils contemplent que lorsqu'ils marchent côte à côte.

15 D'autres explications de la même idée sont possibles, comme l'atteste ce passage original du *De statu animae* de Claudien Mammert : « ... Tu ne devrais plus être troublé par l'incertitude en croyant, quand tu penses à ton ami absent (pour reprendre ton propre exemple), qu'il est loin de toi uniquement parce qu'il n'est pas corporellement là devant toi. Car s'il t'est cher par ce côté de lui-même qui fait de vous deux des êtres humains et qui te pousse à aimer quelqu'un d'autre avec un amour réciproque, alors vous êtes, tous les deux, également présents l'un à l'autre : car précisément, dans sa nature, ton ami ne fait qu'un avec toi. Cela dit, la faculté de voir propre à l'âme est l'intellect. Si tu te vois toi-même (spirituellement parlant), tu vois aussi ton ami, car il ne diffère en rien de toi même » (*De Stat. anim.* 1, 27, traduit dans J. Follon et J. McEvoy, *Sagesses de l'Amitié* II, Anthologie de textes philosophiques patristiques, médiévaux et renaissants, Fribourg, Le Cerf, 2003, p. 220-21). L'auteur invoque donc ici l'identité de nature entre les hommes et le caractère universel de la connaissance de soi.

16 On lit dans Goldbacher : « Epistulas tuas cum considerarem, quibus non dubium tibi quaerenti magna respondi ». Le texte laisse bizarrement entendre qu'Augustin a *déjà* répondu une première fois à la demande d'éclaircissement de son ami sur les rêves inspirés. Mieux vaut lire, avec Daur, « nondum » au lieu de « non dubium ».

17 Je rattache « magna » à « quaerenti » plutôt qu'à « respondi » comme le font Teske et Wankenne. Les lettres de Nebridius qui posent des « questions importantes » s'opposent sans doute, dans l'esprit d'Augustin, à celles qui avaient un caractère circonstanciel, comme l'*Ep.* 5 ou l'*Ep.* 8 + 1.

de l'*ars disputandi* »[18], à savoir la lettre (*epistula*), le dialogue (*praesenti conlocutione*) et la monographie (*libello*), semble reprise de Nebridius, qui a dû la formuler dans sa précédente lettre (l'autre possibilité étant qu'Augustin en appelle à l'intelligence de son ami pour approuver ce qu'il dit du traitement qu'appelle la question soulevée).

1.4   *La* Lettre 8 – 1 *de Nebridius*

Une dernière précision doit être apportée au sujet de la chronologie de l'échange sur les rêves : la fin de la *Lettre* 9 nous apprend que Nebridius avait répondu à la *Lettre* 7 d'Augustin sur la *phantasia* (cf. « rescripto tuo ») et que, dans cette lettre, il revenait sur le sujet des fictions de l'imagination d'une manière qui montrait qu'il n'avait bien compris les explications qui lui avaient été données. Il est difficile de deviner quel contre-sens Nebridius a pu commettre. Quoi qu'il en soit, on peut donc conjecturer qu'Augustin a reçu au moins trois lettres successives de Nebridius entre le moment de sa réponse à l'*Ep.* 6 (= *Ep.* 7) et celui de sa réponse à l'*Ep.* 8 (= *Ep.* 9) : (1) l'*Ep.* 8 - 1, qui est la réponse à l'*Ep.* 7 ; (2) l'*Ep.* 8, qui pose le problème des rêves inspirés, et (3) l'*Ep.* 8 + 1, dans laquelle Nebridius se plaint de sa solitude et peut-être revient sur le problème qu'il a soulevé (à moins, encore une fois, que la division des trois modes de l'*ars disputandi* ne vienne pas de lui).

2   Une explication « probable » fondée sur l'interaction de l'âme et du corps (§3-5)

Après avoir fait part de son « effroi » devant le problème qui lui est soumis, et qu'il *généralise* en prenant en considération « et les pensées (*cogitationes*) et les songes introduits en nous par les puissances supérieures ou les démons »[19], Augustin indique qu'il se contentera de « jeter comme des semences quelques lumières sur cette question »; celles-ci permettront à Nebridius de mener, avec l'intelligence qui est la sienne[20], une « investigation probable (*probabilem*

---

18   Cf. R. Toczko, « Debating through the Letters vs. Live Discussions. The Patterns of *ars diputandi* in Augustine's Correspondance », in P. Nehring et al. (ed.), *Scrinium Augustini*, p. 149-178 : p. 163. L'auteur rattache ce passage aux réflexions d'Augustin sur les mérites respectifs de l'oral et de l'écrit en philosophie, un thème abordé déjà par B. Stock, dans *Augustine the Reader*, p. 161-2 ; 197-8.

19   L'expression « uel cogitando (...) uel somniando », à la fin de la lettre, p. 22, 20-21, signifie à nouveau cette généralisation.

20   Augustin s'adresse constamment à l'intelligence de son ami (cf. *Ep.* 11, 1 : « pro ingenio tuo » ; *Ep.* 11, 4 : « cogitationi et prudentiae committo tuae » ; *Ep.* 11, 4 : « ingenio, quod mihi

inuestigationem) sur un si grand problème » (p. 20, 20-24). Il va donc simplement livrer à son ami une idée.

L'idée consiste en un mot à penser que, durant le rêve, les démons agissent indirectement sur notre âme *en agissant sur notre corps*. L'explication postule une parfaite interaction entre l'âme et le corps de l'homme. Elle se développe en trois temps : (1) Augustin part du principe que toute activité psychique (émotive ou imaginative) affecte le corps vivant et que ces effets subsistent dans l'organisme sous la forme d'« empreintes » ou de « traces » (*uestigia*) résiduelles ; (2) il affirme que les « puissances » ou les démons ont la capacité d'agir secrètement sur ces « traces » présentes dans le corps du dormeur en vue d'agir sur ses pensées et (3) il apporte une confirmation expérimentale de son explication en invoquant la façon dont le corps a lui-même le pouvoir de rétroagir sur l'âme, sans que nous nous en rendions compte, du fait des humeurs que nos émotions ont d'abord secrétées en lui.

2.1   Les « traces » corporelles de l'activité imaginative (§3)

L'explication repose fondamentalement sur le principe que « tout mouvement de l'âme (*animus*) produit un effet (*aliquid facere*) dans le corps » (p. 20, 25-21, 1). Si nous nous en rendons nous-mêmes compte lorsque nous éprouvons des « mouvements assez importants » de colère, de joie, etc., on peut penser qu'un tel effet se produit également lorsque nous *pensons* à quelque chose, bien que celui-ci soit pour nous imperceptible, en raison de la finitude de nos sens. Les images mentales que nous formons en pensant à des réalités sensibles ou intelligibles se « traduiraient » donc, elles aussi, par des manifestations corporelles, à l'instar de nos émotions.

Il est précisé un peu plus loin que les « effets » de l'activité imaginative sont des « traces » des mouvements de l'âme, que celle-ci « fixe » (*figit*) dans le corps (*in corpore*), et qui peuvent « persister et produire comme une disposition habituelle (*habitus*) » (p. 21, 8-9). Les « traces » en question ne sont pas des images, à la différence des formes que les démons font apparaître sur leur corps (comme sur un subjectile) dans l'hypothèse « porphyrienne » que Nebridius a reprise ([2a]). En effet, elles ne sont pas *sur* le corps, mais *dans* le corps, puisque, comme la suite du texte nous l'apprend, les « puissances supérieures » y ont accès en pénétrant le corps humain (cf. « aliquid in corporibus agunt, quae naturali ordine penetrant » [p. 21, 17-18]).

---

notissimum est » ; *Ep.* 12 : « non temere ingenio tuo commissa sit » ; *Ep.* 12 : « si quicquam fraudo intellegentiam »). Une fois, il l'a prend en défaut (cf. *Ep.* 9, 5 : « Nam minus plene a te intellecta rescripto tuo mihi apparuit »).

On peut conjecturer que ces empreintes sont perceptibles pour « les êtres vivants de l'air ou de l'éther », qui disposent quant à eux de sens beaucoup plus aiguisés que les nôtres, et que ceux-ci peuvent de la sorte « monitorer » nos pensées. Selon Jean Pépin, « c'est, encore une fois, de l'*Epinomis* que l'on doit rapprocher ces notations d'Augustin sur l'acuité sensorielle propre aux anges (...) et aux démons, et sur la connaissance qu'ils ont des pensées humaines ; le dialogue platonicien (?) dit en effet des dieux astraux qu'ils "portent de tous côtés les regard les plus perçants" (*oxutaton horôntas*, 984 d), et des "deux espèces de démons, celle qui est d'éther et celle qui vient ensuite, faite d'air " (...) qu'"elles connaissent toutes nos pensées" (984 e-985 a) »[21].

2.2 *La manipulation des « traces » corporelles de la pensée (§3)*

Non contents de percevoir les « traces » de nos pensées et de s'en servir pour « lire » nos pensées, les démons peuvent *agir* sur elles : « Lorsqu'elles ont été remuées (*agitata*) et maniées (*contretacta*) sans qu'on s'en rende compte, au gré de celui qui les remue et les manie, elles produisent les pensées et les rêves et cela se produit avec une étonnante facilité » (p. 21, 10-12). L'action des anges et des démons relève donc littéralement de la *manipulation mentale*[22], pour le meilleur ou pour le pire[23]. Telle est l'explication d'Augustin, qui se substitue à l'hypothèse [1] de Nebridius et qui peut être nommée [1'] : les puissances nous font former, par l'action de notre propre imagination, les images qu'elles veulent précisément nous faire voir en « maniant » les « résidus » organiques formés par nos précédentes pensées.

Un raisonnement *a fortiori* vient illustrer de façon pittoresque le « modus operandi » des « puissances supérieures » : si les hommes sont capables, avec le corps grossier qui est le leur, de manier comme des virtuoses des instruments de musique, « il n'est pas du tout absurde que ceux qui agissent avec leur corps d'air ou d'éther sur les corps qu'ils pénètrent en vertu de l'ordre naturel (*naturali ordine*) jouissent d'une bien plus grande facilité pour mettre en

---

21 J. Pépin, « Influences païennes sur l'angélologie et la démonologie de saint Augustin », p. 33.

22 En *Conf.* x, 40, 65, le verbe « pertractans » est employé métaphoriquement pour désigner l'activité *incorporelle* de la pensée, qui « manie », « ensevelit » (*recondens*) ou « exhume » (*eruens*) les *phantasiae*.

23 On note cependant qu'une telle « manipulation » n'affecte que la « partie spirituelle » de l'âme (*i.e.* sa « partie imaginative ») et non pas sa partie intellective, à laquelle les démons n'ont pas accès, comme Augustin le montrera en *De Gen. ad litt.* XII, 14, 29 ; 17, 34. Sur ce texte, cf. E. Bermon, *Le Cogito dans la pensée de saint Augustin*, p. 152-157 (« Le pouvoir des esprits malins »).

mouvement ce qu'ils veulent, sans que nous nous en rendions compte » (p. 21, 16-19)[24].

L'« ordre naturel » ici invoqué réfère sans doute à la subtilité ou à la relative incorporalité des corps des anges et des démons, en vertu de laquelle, au dire de Proclos, ils « n'offrent aucune résistance » (*In Tim.* II, 11, 10-13 Diehl)[25]. Augustin exprimera la même idée dans l'*Enchiridion* : « Les anges montrent pour ainsi dire qu'ils ont des corps qui n'offrent pas de résistance » (*his enim modis uelut indicant se angeli contrectabilia corpora non habere*) (*Ench.* 15, 59).

2.3 L'analogie avec la bile (§4)

Une analogie faisant appel à la théorie médicale des humeurs[26] conforte cette « explication probable » (p. 21, 20-22) : la « manipulation » occulte des « traces » corporelles de nos pensées nous fait produire des images oniriques comme le surcroît de bile secrété dans notre corps sous l'effet d'une première

---

24   Le même raisonnement *a fortiori* est repris en *De Trin.* IV, 11, 14. Sur l'habileté corporelle dont sont capables certains hommes, cf. aussi *De ciu. Dei*, XIV, 23, 3.
25   Cf. *supra* « Une "synthèse porphyrienne" ? », *Lettre* 8.
26   La théorie des humeurs et des tempéraments est ébauchée dans le traité hippocratique *Sur la nature de l'homme*, puis reprise par Érasistrate, Asclépiade, Galien ... Selon que l'une des quatre humeurs (sang, phlegme, bile jaune, bile noire) prédomine dans un individu, on le range dans un des quatre groupes physiologiques : sanguin, flegmatique, colérique et mélancolique (cf. J. Beaujeu, « La médecine », in R. Taton (éd.), *Histoire générale des Sciences*, vol. 1 : *La Science antique et médiévale*, Paris, PUF, 1957, p. 384-408 : p. 402 sq.). Augustin connaît sans doute cette théorie par l'intermédiaire de son ami le médecin Helvius Vindicianus (cf. *Conf.* IV, 3, 5 ; VII, 6, 8), qui fut le maître de Theodorus Priscianus et l'auteur de plusieurs traités de médecine (cf. K. Deichgräber, « Vindicianus », 2, *Paulys Realencyclopädie*, IX A 1, 1961, 29-36 ; A. Önnerfors, « Das Medizinische Latein bis Cassius Felix », *Aufstieg und Niedergang der römischen Welt*, II.37.1, 227-392 : 281-288 [« Vindicianus »]). Des deux lettres que nous avons conservées de lui, la première, adressée à son neveu Pentadius, expose la théorie des humeurs. De l'avis même de Vindicianus, c'est une compilation de textes hippocratiques traduits en latin ; cf. V. Rose, *Theodori Prisciani Euporiston*, Lipsiae, 1894, p. 485-492, et sur ce texte L. Zurli, « L'epistola a Pentadio (e altre reliquie) di Vindiciano », in *Prefazioni, prologhi, proemi di opere tecnico-scientifiche latine, a cura di C. Santini e N. Scivoletto*, II, Roma, 1992, p. 455-462 (avec bibliographie) ; G. Marasco, « Littérature et réalité dans l'œuvre de Vindicien », in A. et J. Pigeaud, *Les Textes médicaux latins comme littérature, Actes du VIe colloque international sur les textes médicaux latins du 1er au 3 septembre 1998 à Nantes*, Nantes, Institut Universitaire de France, Université de Nantes, 2000, p. 166-171. Sur la connaissance qu'Augustin avait de la médecine ancienne, cf. J. Courtès, « Saint Augustin et la médecine », *Augustinus Magister*, vol. 1, p. 43-51 ; G. Bardy, « Saint Augustin et les médecins », *Année Théologique*, 13, 1953, p. 327-346 ; P. Agaësse et A. Solignac, *La Genèse au sens littéral*, « Note complémentaire » 34, « Augustin et la science médicale », BA 48, p. 710-14.

colère nous pousse, sans que nous nous en rendions compte, à entrer dans de nouveaux accès de colère[27].

Après avoir invité Nebridius à prêter toute son attention à cette comparaison, Augustin donne une admirable définition de la colère : celle-ci est « un désir passionné de supprimer ce qui entrave la facilité d'agir » (« Ira est autem, quantum mea fert opinio, turbulentus appetitus auferendi ea quae facilitatem actionis impediunt ») (p. 22, 1-3). Lorsque ce désir a été exacerbé en nous, il nous conduit à nous irriter, non seulement contre des hommes, mais aussi contre un stylet, que nous mettons alors en pièces, ou contre des dés, ou un pinceau, ou tout instrument dont nous pensons qu'il nous cause de la difficulté.

Un passage de la *Cité de Dieu*, qui reprend l'exemple du stylet mis en pièces, montre que la définition de la colère qui est ici donnée se rattache à la définition traditionnelle de cette passion (bien qu'elle ait été présentée comme une opinion personnelle) : « Les anciens ont défini la colère comme n'étant rien d'autre qu'un désir de vengeance (*ulciscendi libidinem*), bien que parfois l'homme s'irrite, sans qu'il y ait de sentiment de vengeance, même contre des choses inanimées, et qu'il brise son stylet ou écrase sa plume dans sa colère parce qu'ils écrivent mal. Cette colère a beau être irrationnelle, elle est pourtant un désir de vengeance et je ne sais quelle ombre de représailles (*umbra retributionis*) qui veut que ceux qui ont mal agi subissent un mal » (*De ciu. Dei*, XIV, 15, 2)[28].

La particularité de notre passage de la *Lettre* 9 réside dans le fait qu'il adjoint à une définition « dialectique » de la colère comme « désir de vengeance » une explication physique qui en fait une certaine disposition du corps. C'est ainsi, en effet, que cet exemple peut nous éclairer au sujet des rêves inspirés : « Les médecins affirment aussi que le fait de se mettre continuellement en colère fait monter le taux de bile et que cette montée de bile fait en retour (*rursus*) que nous nous mettons en colère facilement et presque sans avoir aucune raison de le faire. De la même façon, ce que l'âme produit par son mouvement

---

27   L'explication ne signifie pas que la bile soit elle-même le *medium* sur lequel les démons agissent pour produire les images oniriques, bien que dans l'antiquité la bile noire soit traditionnellement associée aux diverses formes d'inspiration. Dans la *Lettre à Anébon*, Porphyre semble avoir lié l'enthousiasme « à un excès de bile noire, aux aberrations de l'ébriété ou à la rage communiquée par les chiens enragés » (fr. 55, *De myst.* III, 25, p. 158, 3-10). La bile qui produit la colère est la bile *jaune*.

28   Sur la colère comme « ulciscendi libido », cf. Cic. *Tusc.* III, 5, 11 ; III, 9, 19 (« proprium est enim irati cupere, a quo laesus uideatur, ei quam maximum dolorem inurere ») ; IV, 9, 21 (cf. M. Testard, *Saint Augustin et Cicéron*, vol. I, p. 279). Même définition dans Sénèque, *De ira*, I, 2, 4 sq. Elle remonte à Aristote. Sur la colère comme ὄρεξις ἀντιλυπήσεως, cf. *DA* I, 1, 403a30-31. La définition de l'*Ep.* 9 est reprise par Thomas d'Aquin dans la *Somme théol.*, II IIae, q. 46, a. 2 en association avec celle du « désir de vengeance ».

dans le corps pourra en retour la mettre en mouvement » (p. 22, 8-11). On peut donc concevoir *analogiquement* que les « traces » que l'âme a laissées dans le corps rétroagissent sur elle lorsqu'elles sont dans les mains des anges et des démons, de la même façon que les humeurs produites dans le corps par les passions rétroagissent sur l'âme et la poussent à repartir dans un accès de colère presque sans motif.

2.4 Une explication d'inspiration aristotélicienne ?

Comme Augustin ne nous donne malheureusement aucune information sur la nature des « traces » et des « dispositions habituelles » qu'elles produisent, il n'est guère possible de savoir dans quelle mesure il se fonde sur sa connaissance de la médecine[29] et de la philosophie antiques. Si les « empreintes » de la pensée sont *dans le corps*[30], sont-elles dans les organes des sens, dans les nerfs, dans le sang, dans le cerveau ou encore ailleurs ? S'il est permis de spéculer sur leur nature, il me semble que l'explication qui en rendrait le mieux compte est l'étiologie aristotélicienne du rêve. On trouve en effet dans le traité des *Rêves* une explication de la formation des images oniriques qui pourrait assez bien s'appliquer au processus décrit dans notre lettre[31].

En gros, d'après la théorie aristotélicienne de la perception, les objets sensibles produisent les sensations en agissant sur les organes sensoriels. Cependant, l'affection (πάθος) qu'ils ont produite demeure (ἐμμένει) dans les organes sensoriels même une fois que ceux-ci ont cessé d'être affectés par les objets extérieurs, à la façon dont un mouvement se poursuit dans l'air ou dans l'eau, lors même que ce qui l'a causé a cessé d'agir (*Ins.* 2, 459a24-b1)[32]. Nous nous rendons bien compte, dans certains cas, que les impressions sensibles perdurent au-delà de l'excitation sensorielle. Par exemple, lorsque nous avons contemplé une lumière très intense ou une couleur brillante, celles-ci continuent de nous apparaître, même lorsque nous regardons quelque chose d'autre (*ibid.* 2, 459b7-18). Cependant, le plus souvent les mouvements résiduels de la

---

29 « Habitus » et « uestigia » ne pas semblent pas appartenir au vocabulaire médical (D. R. Langslow, *Medical Latin in the Roman Empire*, Oxford, Oxford University Press, 2000, ne les mentionne pas).

30 M. Dulaey écrit que « ea quae, ut ita dicam, uestigia sui motus animus figit in corpore » est une *citation* de Cicéron, *diu.* 2, 140 (éd. Pease, p. 570) : « inerant enim utrisque nostrum animis vigilantium cogitationum vestigia » (*op. cit.*, p. 83, n. 72). Elle note pourtant que les « empreintes » des pensées auxquelles Cicéron fait allusion sont *dans l'âme* des rêveurs (*inerant ... animis*) et non pas dans leur corps.

31 Sur ce traité, cf. G. Watson, *op. cit.*, p. 19-20 ; J.-L. Labarrière, « *Phantasia, phantasma* et *phainetai* dans le traité *Des rêves* », *Revue de Philosophie Ancienne*, 20, 2002/1, p. 89-107.

32 « Les impressions sensibles demeurent, tout en restant sensibles (ἐμμένει τὰ αἰσθήματα αἰσθητὰ ὄντα), même quand l'objet sensible extérieur a disparu » (*De ins.* 2, 460b2-3).

sensation ne sont pas sentis tout de suite. Comme des petits tourbillons dans une rivière (3, 461a8-11), ils se déplacent dans le sang « aussi bien en surface qu'en profondeur », c'est-à-dire respectivement dans les organes sensoriels périphériques (comme l'œil) et dans la région du cœur, qui est l'organe sensoriel central et commun aux cinq sens (2, 459b5-7)[33]. Lorsqu'on dort et que le sang afflue vers le cœur, les mouvements résiduels de la sensation atteignent le principe de la sensation (3, 461b11-13) et c'est alors que se forment les rêves.

Ceux-ci ne sont qu'un type de *phantasmata* parmi d'autres (souvenirs, fictions, hallucinations, etc.). Cependant, tous les *phantasmata* ont en commun de mettre en jeu un mouvement issu de la sensation en acte, c'est-à-dire un « reste » (ὑπόλειμμα : *De ins.* 3, 461b21) de ce qui fut un percept (αἴσθημα) en acte. Le cas du souvenir est brièvement évoqué dans le *De anima* (voir aussi le *De memoria*). Il met en jeu un mouvement *en sens inverse* de celui qui se produit dans le rêve. En *De anima*, I, 4, 408b15-18, Aristote déclare que l'âme est au principe des « affections » du vivant, « non pas parce que le mouvement serait en elle [car l'âme n'est pas mobile *per se* mais seulement par accident], mais parce que le mouvement trouve en elle tantôt son aboutissement, tantôt son point de départ ; la sensation par exemple, part de tels objets déterminés, tandis que le ressouvenir part d'elle en direction des mouvements ou résidus »[34]. On peut donc établir une distinction entre d'une part le mouvement causé par la pensée, qui s'effectue en direction des traces sensorielles et qui produit un *phantasma*, et d'autre part le mouvement causé par l'objet sensible, qui produit la sensation et ses résidus, qui produiront à leur tour des *phantasmata*.

Ces deux « mouvements » pourraient correspondre, dans l'explication d'Augustin, au moment de l'action de l'âme sur le corps et à celui de la rétroaction du corps sur l'âme. Bien que les deux auteurs aient une conception très différente des relations entre l'âme et le corps, puisqu'Augustin n'est pas hylémorphiste, il me semble que les μοναί ou les ὑπόλειμαμτα d'Aristote, qu'on les situe dans le sang ou ailleurs[35], permettent de donner consistance aux « vestigia » de notre lettre. On imagine assez bien les démons manipulant les « tourbillons » issus des sensations pour les déformer et les diriger là où ils seront perçus.

---

33   Cf. Aristote, *Petits traités d'histoire naturelle*, tr. P.-M. Morel, Paris, GF, 2000, p. 143, n. 12.

34   « τοῦτο δὲ μὴ ὡς ἐν ἐκείνῃ τῆς κινήσεως οὔσης, ἀλλ' ὁτὲ μὲν μέχρι ἐκείνης, ὁτὲ δ' ἀπ' ἐκείνης, οἷον ἡ μὲν αἴσθησις ἀπὸ τωνδί, ἡ δ' ἀνάμνησις ἀπ' ἐκείνης ἐπὶ τὰς ἐν τοῖς αἰσθητηρίοις κινήσεις ἢ μονάς ». Sur ce texte, cf. R. Polansky, *Aristotle's* De Anima, Cambridge, Cambridge University Press, 2007, p. 113.

35   Chez Philopon, on remarque un changement de « véhicule » pour les « traces » : le *pneuma* se substitue au sang (*In De anim.* 158, 7-20). Cf. R. Sorabji, *The Philosophy of the Commentators*, vol. 1, « 2(e) The mental image or *phantasma* resides in the *pneuma* » (p. 67).

À l'appui de ce rapprochement, on peut peut-être invoquer l'usage du terme d'« habitus », bien que ce ne soit apparemment pas au sens strict (Augustin emploie l'expression « ... quendam quasi habitum facere »)[36], et plus sûrement se référer à un passage du *De anima* qui observe, comme Augustin dans notre lettre, que notre irritabilité dépend de notre état physique. Pour montrer que les prétendues « affections de l'âme » sont en fait celles de l'*animal*, c'est-à-dire du composé âme-corps, Aristote mentionne un indice qui doit montrer que, lorsqu'elle survient, le corps *aussi* éprouve une passion : « (...) parfois, nous sommes émus par des causes qui sont faibles et indistinctes, si le corps est excité (ὅταν ὀργᾷ) et s'il se trouve dans l'état dans lequel il est en cas de colère (ὅταν ὀργίζηται) » (*DA* I, 1, 403a 19-23) (Aristote joue sur les verbes ὀργάω, être agité, du côté du corps, et ὀργίζομαι, être en colère, du côté de l'âme)[37]. Ces rapprochements restent cependant conjecturaux car rien ne permet d'affirmer qu'Augustin ait eu accès, même indirectement par une source néoplatonicienne, aux *Parva naturalia* et au *De anima*, même s'il paraît difficile de se passer d'une telle hypothèse[38].

2.5   *Conclusion*

Comme l'a bien montré Gerard O'Daly, l'explication d'Augustin dans la *Lettre* 9 est d'une remarquable économie par rapport aux hypothèses de Nebridius. Premièrement, elle apporte une réponse indirecte à la première hypothèse

---

36   Cet usage semble en accord avec les explications terminologiques apportées en *De diu. quaest.* 83, 73 (« De eo quod scriptum est : "Et habitu inuentus ut homo" (Phil 2, 7) »). On lit dans cette « question » qu'il existe des *habitus* de l'âme (la sagesse et la science) et des *habitus* du corps (la santé) et que « dès lors que ce nom [d'*habitus*] vient du verbe *habere*, avoir, il est clair que l'on parle d'*habitus* à propos d'une chose qui arrive (*accidit*) à quelqu'un d'une façon telle qu'il pourrait aussi bien ne pas l'avoir » (73, 1) (l'insistance sur le verbe « accidit », dans ce texte, souligne qu'il s'agit d'un terme technique, qui traduit sans doute le grec συμβαίνειν ou προσγίγνεσθαι). La classification qui suit en quatre types d'*habitus*, les exemples qu'il prend et l'utilisation de termes grecs indiquent clairement qu'Augustin se situe dans la tradition d'Aristote et de ses commentateurs, bien qu'il traite d'une question théologique.

37   L'idée sera reprise par Galien dans le traité *Quod animi mores*, 79, 4-7. Le passage est cité par R. Sorabji (*The Philosophy of the Commentators*, vol. 1, p. 188), qui l'inclut dans sa sélection de textes sur la question de la dépendance du mental par rapport aux états physiques, à laquelle touche également la *Lettre* 9. Sur cette question, voir l'article fondamental de V. Caston, « Epiphenomenalisms ancient and modern », *Philosophical Review*, 106, 1997, p. 309-61.

38   La même question se pose au sujet de la théorie augustinienne du « sens intérieur » (cf. *De lib. arb.* II, 3, 8 sq.), qui, de toute évidence, doit beaucoup à Aristote puisque le *sensus interior* accomplit plusieurs fonctions de la *koinè aisthèsis*. Sur ce point, cf. G. O'Daly, *Augustine's Philosophy of Mind*, p. 102-105 (« Excursus : Internal sense ; antecedents and influences »).

de ce dernier ([1]), en affirmant que des pensées venant des démons peuvent effectivement nous être communiquées, mais seulement *par des moyens corporels*. Deuxièmement, elle reprend l'observation que Nebridius avait faite au sujet de l'influence du corps sur l'âme dans le cas des rêves dans lesquels on mange ou boit et elle l'adapte en montrant que cette influence est en fait *réciproque*. Troisièmement, elle « ne fait appel à aucun fonctionnement anormal de l'imagination car celle-ci fonctionne comme dans la vie de tous les jours, recevant et formant des images à partir de données corporelles ; et l'imagination des démons ne communique pas directement avec nous, mais seulement *via* les empreintes, déjà présentes dans notre corps, sur lesquelles elle agit »[39]. Quatrièmement, il n'est plus besoin de faire intervenir, comme dans la seconde hypothèse [2a], un organe sensoriel qui serait propre à la perception des rêves, puisque nous ne percevons rien de corporel dans de telles visions : notre âme perçoit les images incorporelles que l'activation d'empreintes corporelles a fait naître en elle.

Augustin conclut sa lettre en se disant confiant dans le fait que l'on « pourrait traiter de ce sujet très longuement et atteindre à une connaissance plus certaine et plus complète grâce à de nombreux témoignages venus des faits » (p. 22, 12-13)[40]. Il semble qu'il se soit sur ce point trompé.

3   Un problème demeuré irrésolu

3.1   *Les premières interrogations*

Augustin s'était déjà intéressé au phénomène sur lequel Nebridius l'interrogeait. Dès le *Contra Academicos*, il admettait en principe l'existence d'une communication occulte entre les démons et l'âme humaine. Il mentionne dans cette œuvre le cas d'un certain Albicerius qu'il avait connu à Carthage[41] (et que Nebridius devait donc lui aussi connaître) (*Contra Acad.* I, 6, 17-8, 22). Bien qu'il fût inculte, cet homme avait le pouvoir de deviner par exemple quel

---

39   *Augustine's Philosophy of Mind*, p. 123.
40   Selon Courcelle (*Recherches*, p. 103-104), cette conclusion attesterait qu'Augustin a très tôt entrepris de « collectionner des témoignages sur les songes », dont il se servirait tout au long de sa carrière et notamment dans l'*Ep.* 159 à Evodius.
41   Cf. E. Dodds, « Supernormal Phenomena in Classical Antiquity », in *The Ancient Concept of Progress and other Essays on Greek Literature and Belief*, Oxford, Clarendon Press, 1973, p. 156-210 : p. 175-76 ; W. E. Klingshirn, « The Figure of Albicerius the Diviner in Augustine's *Contra Academicos* », *Studia Patristica*, 38, 2001, p. 219-23 (sur le type précis de devin qu'était Albicerius, à savoir un « hariolus »).

vers de Virgile avait en tête celui qui venait le consulter. Selon Flaccianus[42], un « très vile animalcule » (*i.e.* un démon) lui soufflait la réponse. Augustin avouait cependant être incapable d'expliquer une telle communication.

Un passage des *Soliloques* (écrits entre le *Contra Academicos* et l'*Ep.* 9) témoigne de la même incertitude : Augustin met au jour l'espèce du faux à laquelle appartiennent les images créées par les hommes, comme par exemple les peintures, et il suggère que « dans ce genre, on peut aussi inclure les choses [c'est-à-dire les images] que font les démons, si toutefois il s'en produit (*si tamen fiunt*) » (*Sol.* II, 6, 11). Sa réserve doit porter précisément sur la possibilité de l'hypothèse [2], à savoir que les démons produisent eux-mêmes les images qui sont données à voir au rêveur.

En avançant désormais que le corps humain assure en quelque sorte l'interface entre notre esprit et celui des démons, la *Lettre* 9 marque donc un progrès dans la réflexion.

3.2 *L'explication du* De diuinatione daemonum *et sa rétractation*

Augustin devait pourtant revenir par la suite sur une telle explication. La notice des *Révisions* consacrée au *De diuinatione daemonum* témoigne de façon nette de ce changement. Dans ce traité (composé entre 406 et 411), Augustin affirmait encore comme un principe bien établi que les démons ont accès aux pensées des hommes grâce à des indices corporels : « Ils les persuadent [*sc.* les hommes] par des moyens étonnants et invisibles, en pénétrant, grâce à la subtilité de leur propre corps, le corps des hommes sans que ceux-ci s'en rendent compte et en se mêlant à leurs pensées au moyen de représentations imaginaires (*per quaedam imaginaria uisa*), soit durant la veille, soit durant le sommeil » (*De diu. daem.* 5, 9). Augustin « réaffirme ici le point établi dans l'*Ep.* 9, à savoir que c'est par des intermédiaires corporels et imaginaires que les démons communiquent avec l'homme dans les rêves et les visions »[43].

---

42 Sur Flaccianus, cf. *De ciu. Dei*, XXIII, 18, 1, où il est présenté comme un « personnage très illustre, qui fut aussi proconsul ». Il montra à Augustin un volume en grec contenant des oracles de la sibylle d'Érythrée sur le Christ. Il s'agit d'un témoignage à verser au dossier de la connaissance qu'Augustin avait du grec (cf. G. Bardy, *La Cité de Dieu*, « Note complémentaire » 50, « Sur les oracles sibyllins », BA 36, p. 755-59 : p. 757-59).

43 G. O'Daly, *Augustine's Philosophy of Mind*, p. 123-124. Le passage laisse cependant subsister un doute : les démons mêlent-ils leurs représentations imaginaires aux pensées des hommes en pénétrant leurs corps ou bien s'agit-il de deux actions différentes, l'une corporelle, pour les suggestions, l'autre spirituelle, pour les visions ? On peut aussi s'interroger sur la signification de la distinction faite en *De Trin.* IV, 11, 14 : « ... quelle difficulté le diable et ses anges auraient-ils à faire, avec leurs corps aériens, des choses avec les éléments corporels qui stupéfient la chair ou même à machiner par des inspirations secrètes (*occultis*

Pourtant, la notice des *Révisions* consacrée au *De diuinatione daemonum* rend caduque l'explication la *Lettre* 9 (que celle-ci soit visée ou non) en remettant radicalement en cause son principe, à savoir que tout mouvement de l'âme produit un effet dans le corps. Elle revient en effet sur le passage suivant : « Parfois, ce sont même les dispositions (*dispositiones*) des hommes qu'ils apprennent avec une facilité totale, non seulement lorsqu'elles sont manifestées par la parole, mais encore lorsqu'elles sont conçues par la pensée et que certains signes venus de l'âme (*ex animo*) sont exprimés dans le corps. De là vient qu'ils annoncent aussi bien des événements futurs, qui étonnent les autres hommes qui n'en ont pas connu la préparation. Car de même qu'un mouvement assez vif de l'âme apparaît sur le visage de sorte que ce qui se passe au-dedans est aussi connu, de l'extérieur, des hommes, de même, il n'y a rien d'incroyable à ce que des pensées plus calmes (*leniores*) produisent par le moyen du corps des signes qui ne peuvent pas être connus par les sens émoussés des hommes, mais qui peuvent l'être par les sens aiguisés des démons » (*De diu. daem.* 5, 9). Augustin se reproche d'avoir parlé d'une « chose très mystérieuse » avec trop d'assurance et se demande désormais si « certains signes, sensibles aux démons mais imperceptibles pour nous, sont émis par le corps de ceux qui pensent, ou bien si c'est par une autre puissance, qui est quant à elle spirituelle, que les démons connaissent nos pensées » (*Retract.* II, 30, 57). Il est donc prêt à admettre que les démons connaissent les pensées des hommes, et peut-être aussi agissent sur elles (bien qu'il ne le dise pas explicitement), en vertu d'un mode d'action purement *spirituel*, c'est-à-dire un mode qui ne fait aucunement intervenir le corps, qu'il s'agisse de celui des hommes ou de celui des démons[44]. Si tel est le cas, s'agissant des rêves inspirés, ce mode d'action spirituel consiste-t-il à nous faire former nous-mêmes des images ou à nous présenter des images déjà formées ? Augustin ne le dit pas.

3.3   *La résurgence de l'alternative de Nebridius dans le* De Genesi ad litteram *et l'*Ep. *162*

Lorsqu'il s'interroge, dans le *De genesi ad litteram* (ca. 412), sur le pouvoir de divination (XII, 13, 27-22, 48), Augustin est finalement ramené à l'alternative de Nebridius. Il mentionne d'abord, pour l'éliminer, l'hypothèse déjà formulée par Porphyre selon laquelle l'âme humaine aurait en elle-même un pouvoir

---

inspirationibus) des apparences d'image (*phantasmata imaginum*) pour tromper les sens des hommes ? ».

44   En *In Ioh. euang. tract.* 55, 4, Augustin affirme clairement que la suggestion faite à Judas par le diable (cf. Jn 13, 2) est de nature spirituelle : « missio ista, spiritalis suggestio est ; non fit per aurem, sed per cogitationm ; ac per hoc non corporaliter, sed spiritaliter ».

naturel de divination (XII, 13, 27)[45]. Il nie ensuite que l'« aide » dont elle a besoin lui vienne du corps et demande comment (*quomodo*) l'âme est susceptible de recevoir de la part d'un esprit (*spiritus*) cette aide indispensable[46]. Trois hypothèses sont alors avancées à ce propos : « [0] Se produit-il dans le corps quelque chose qui fait que l'attention (*intentio*) de l'âme se libère et s'élance de façon à arriver à l'endroit où elle voit en elle-même des ressemblances dotées de signification, qui étaient déjà là, mais sans être vues, à la façon dont nous avons aussi dans la mémoire bien d'autres choses que nous ne regardons pas toujours ? Ou bien [1] les ressemblances, qui n'étaient pas déjà là, se produisent-elles dans l'âme ; ou alors [2b] sont-elles dans un esprit, dans lequel l'âme pénètre et s'élève pour les voir ? » (*De Gen. ad litt.* XII, 13, 27)[47].

La première de ces trois hypothèses est nouvelle. Elle est *antérieure* à l'alternative de Nebridius qui demandait, on s'en souvient, si [1] les images étaient formées par l'âme elle-même ou si [2] elles étaient présentées toutes faites au rêveur. Dans cette nouvelle hypothèse, que je note [0], les images vues en rêve ou dans un état second *sont déjà dans l'âme*, à l'instar des souvenirs. Elles sont perçues lorsque la force intentionnelle (*intentio*) de l'âme se porte vers elles suite à une perturbation causée dans le corps par un esprit. La perturbation provoque un « reflux » de l'*intentio*, qui se porte désormais vers des représentations imaginaires, qui sont prises pour la réalité[48]. Dans cette hypothèse, on ne comprend guère que des images qui sont déjà dans l'âme aient une valeur

---

45   « Nonnulli quidem uolunt animam humanam habere uim quandam diuinationis in seipsa » (XII, 13, 27). Comme l'écrivent P. Agaësse et A. Solignac, « bien que de nombreux philosophes aient tenu cette opinion (cf. H. Diels, *Dox. graeci* v, 23, p. 415a10-416a5 et la doxographie plus complète qu'il pouvait lire chez Cicéron, *De diu.* I, III, 5-6), il est probable qu'Augustin pense ici à Porphyre, spécialement à la *Lettre à Anébon* dont il devait un peu plus tard donner un résumé partiel dans la *Cité de Dieu* (X, XI) » (BA 49, p. 569-70). On note cependant que la thèse en question n'a pas été endossée par Porphyre, comme nous allons le voir.

46   Le mot « adiuuatur » peut être rapproché de l'indication de Porphyre selon laquelle les voyants peuvent s'aider (συνεργὸν λαβόντες) de l'obscurité, de drogues ou d'incantations, comme nous l'avons vu plus haut (cf. *Lettre à Anébon*, fr. 41, III, 14, p. 132, 3-8). On note que Nebridius utilise le même mot dans la *Lettre* 8 lorsqu'il écrit : « sin uero ad istas res non corpore adiuuantur suo, sed in phantastico suo ista disponunt atque ita phantastica nostra contingunt ... » (p. 19, 11-13).

47   « Utrum in corpore fit aliquid, ut inde quasi relaxetur et emicet eius intentio, quo in id ueniat, ubi in se ipsa uideat significantes similitudines, quae ibi iam erant nec uidebantur, sicut multa habemus et in memoria, quae non semper intuemur ? an fiunt illic, quae ante non fuerant, uel in aliquo spiritu sunt, quo illa erumpens et emergens ibi eas uideat ? ».

48   Comme l'*intentio* est incorporelle, son reflux n'est pas corporel ; il signifie qu'elle n'agit plus dans les organes sensoriels du corps, mais dans le « spiritus », comme lors les rêves. L'explication de ce phénomène est apportée en *De Gen. ad litt.* XII, 20, 43 (cf. G. O'Daly, *Augustine's Philosophy of Mind*, p. 129-30 [« Distortions of the imaginative faculty »]).

prophétique, ni non plus la raison pour laquelle nous n'avons pas accès à ces images de la même façon que nous avons accès à nos souvenirs[49].

L'hypothèse d'images *préformées* étant écartée, nous retrouvons l'alternative de Nebridius[50] : l'âme voit-elle des images qu'elle forme elle-même ou voit-elle les images dans un esprit qu'elle « pénètre » ? Le premier cas coïncide avec l'hypothèse de l'« information » : la vision est initialement formée dans et par l'âme humaine ([1]). Le second cas correspond à celui où l'image est présentée toute faite à l'âme ([2b]), qui pénètre immédiatement cet esprit ou est pénétrée par lui.

Augustin revient plus loin sur le même problème[51]. Il demande : « Par quel moyen ces représentations (*uisa*) se produisent-elles dans l'esprit humain ? [1] Y sont-elles originairement formées ou bien [2b] y sont-elles introduites déjà formées (*formata*) et vues en vertu d'une certaine liaison (*quadam coniunctione*), de sorte que les anges montreraient aux hommes leurs propres pensées et les images des réalités corporelles, qu'ils préforment dans leur esprit grâce à leur connaissance de l'avenir, à la façon dont ils voient eux-mêmes nos propres pensées, non pas avec les yeux, assurément, parce ce que ce n'est pas par le corps mais par l'esprit qu'ils voient, avec cette différence qu'ils connaissent nos pensées même si nous ne le voulons pas, tandis que nous ne pouvons pas connaître les leurs à moins qu'ils ne nous les montrent ? » (XII, 22, 48)[52]. Bref, dans ce dernier cas, nous verrions les pensées des anges et les images qu'ils veulent nous montrer comme ils voient nos pensées, sans l'intermédiaire du corps.

Comme l'écrivent P. Agaësse et A. Solignac, « on ne parvient pas à décider clairement si ces visions sont formées directement dans l'esprit de celui qui les perçoit, ou bien si elles sont introduites en lui déjà formées et perçues par l'effet d'une sorte de rencontre réciproque (*quadam coniunctione*, XII, 22, 48 ; cf. *Enchir.* 59 »[53]. Lorsqu'il formula de telles alternatives dans le *De Genesi*, Augustin se souvint certainement de son ami Nebridius.

---

49   Cf. G. O'Daly, *op. cit.*, p. 125.
50   « De façon significative, ses hypothèses dans cette œuvre opèrent un retour vers celles de Nebridius dans l'*Ep.* 8 » (G. O'Daly, *op. cit.*, p. 126).
51   Le long développement sur la divination (XII, 13, 27-22, 48) semble porter la marque de différentes rédactions ; cf. P. Agaësse et A. Solignac, « Note complémentaire » : « Vision spirituelle et divination », BA 49, p. 568-575 : p. 569.
52   « Quonam modo haec uisa in spiritum hominis ueniant, utrum ibi primitus formentur an formata ingerantur et quadam coniunctione cernantur, ut sic hominibus angeli ostendant cogitationes suas et corporalium rerum similitudines ... ». Il faut ici de rectifier la traduction d'Agaësse et Solignac, qui font dire à Augustin que les anges n'ont pas de corps.
53   *La Genèse au sens littéral*, BA 49, « Note complémentaire » 51, §3, « Phénoménologie et étiologie des visions divinatoires », p. 571-574 : p. 574.

On peut citer un troisième texte du *De genesi* : « Il y a des visions excellentes, considérées à juste titre comme divines, que les anges montrent d'étonnante façon ; est-ce [2] par une sorte d'union ou de mélange aisé et efficace (*facili quadam et praepotenti iunctione uel conmixtione*) qu'ils font que leurs visions deviennent aussi les nôtres (*etiam nostra esse facientes*) ou bien [1] savent-ils, je ne sais comment, informer (*informare*) notre vision dans notre esprit ? C'est difficile à saisir et encore plus difficile à dire » (XII, 30, 58)[54].

La suite du texte oppose ces « visions excellentes » aux visions humaines ordinaires (*alia uisa usitata et humana*) qui sont produites par l'âme ou bien qui lui sont « en quelque sorte suggérées (*suggeruntur*) par le corps, selon la façon dont nous avons été affectés dans notre chair ou dans notre âme. Car, non seulement les personnes éveillées agitent en leur esprit des images corporelles qui sont le reflet de leurs préoccupations, mais encore les personnes endormies voient souvent en rêve ce dont elles éprouvent le manque : elles gèrent leurs affaires parce que leur âme est en proie à la cupidité ; elles se tiennent la bouche ouverte devant les coupes et les plats si par hasard elles se sont endormies en ayant faim ou soif » (XII, 30, 58). L'explication de ces rêves ordinaires – auxquels se référait déjà Nebridius – et celle des visions inspirées sont donc désormais nettement *distinguées*. L'explication de type « naturaliste » ne sert plus qu'à rendre compte de phénomènes biologiques (physiologiques et pathologiques).

Pour conclure, il semble donc qu'Augustin ait finalement été enclin à abandonner l'hypothèse d'une action des puissances spirituelles sur l'imagination *par l'intermédiaire du corps* mais qu'il ait été incapable de trancher entre les deux hypothèses de l'alternative de Nebridius. Que dire de ces deux hypothèses irréductibles ?

Sur l'hypothèse [1], qui postule un contrôle par les puissances de notre imagination, la réflexion d'Augustin ne progresse pas. Elle présuppose clairement un accès direct des anges ou des démons à nos esprits. Comme le dit bien Gerard O'Daly, il n'y a pas de raison de ne pas employer aussi *commixtio* à propos de cette hypothèse ; « mais Augustin (cf. par ex. *De gen. ad litt.* XII, 22, 48 ; 30, 58) semble vouloir distinguer *informare* et *miscere*. Et nous pouvons voir pourquoi, si nous considérons qu'en (ii) <=[1]> les images formées ont beau être formées par des agents externes, elles ne sont pas moins formées comme étant les nôtres dans nos esprits ; tandis qu'en (iii) <=[2]>, des telles

---

54 « Sunt quaedam excellentia et merito diuina, quae demonstrant angeli miris modis : utrum uisa sua facili quadam et praepotenti iunctione uel conmixtione etiam nostra esse facientes, an scientes nescio quomodo nostram in spiritu nostro informare uisionem, difficilis perceptu et difficilior dictu res est ».

images sont, le cas échéant, imposées toutes faites à nos esprits : le rôle de l'esprit est, initialement du moins, passif »[55]. Loin d'influencer seulement notre imagination pour qu'elle forme ses propres représentations, la « puissance » supérieure pénètre en elle avec ses représentations ou se laisse pénétrer par notre imagination.

Pour illustrer cette alternative entre [1] et [2], on peut peut-être se reporter à un passage remarquable de la *Lettre* 162 à Evodius, qui montre bien comment Augustin pouvait mobiliser des exemples de la vie quotidienne lorsqu'il réfléchissait sur les problèmes les plus abstraits. Il oppose deux modèles pour rendre compte des visions inspirées : celui de l'impression d'une forme dans la cire et celui du tracé à l'encre de lettres sur un parchemin, la question fondamentale étant de savoir si les images contemplées sont dans l'âme comme dans un sujet ou bien si elles ont leur propre substance. On lit en effet que ceux qui réfléchissent aux visions « ne peuvent pas en rendre compte, expliquer par quelles causes et de quelle façon elles se produisent, ni par quelle nature propre elles subsistent ou bien dans quel sujet elles résident, c'est-à-dire expliquer si elles se produisent dans l'âme comme des lettres écrites à l'encre sur un parchemin, auquel cas les deux sont des substances, je veux dire le parchemin et l'encre, ou bien si elles se produisent comme un sceau dans la cire ou comme n'importe quelle figure dont la cire est le sujet tandis qu'elle est, elle, dans le sujet, ou si elles se produisent de l'une et l'autre façons dans notre esprit, mais tantôt d'une façon, tantôt de l'autre » (*Ep.* 162, 4). Bref, la présence des visions dans l'âme s'explique-t-elle par une seule substance spirituelle (l'âme du voyant), dont elles sont comme des accidents, ou bien par deux substances spirituelles, qui « communiquent » entre elles ? Si l'on admet la *seconde hypothèse*, comment une telle communication se produit-elle ?

3.4   Le « mélange » des esprits comme « union sans confusion »

« Le terme de *coniunctio*, employé en *De gen. ad litt.* 22, 48, est utilisé par Cicéron pour traduire la *sympatheia* stoïcienne (*div.* 2, 124). Pour Augustin, le terme peut ne rien impliquer de plus qu'une "affinité" entre les esprits angéliques et humains (…). Mais il y a des indications qu'Augustin peut vouloir dire plus »[56]. En effet, de nombreux textes prouvent qu'il accepte, à titre hypothétique, « une sorte de mélange ou d'union entre des esprits humains et suprahumains »[57].

---

55   G. O'Daly, *op. cit.*, p. 126.

56   G. O'Daly, *op. cit.*, p. 126. L'hypothèse selon laquelle « coniunctio » signifie ici la sympathie stoïcienne est avancée par M. Dulaey (*op. cit.*, p. 125, n. 146).

57   G. O'Daly, *op. cit.*, p. 126. Une telle idée est également exprimée dans l'extrait de l'ouvrage *Sur la purification de l'esprit afin de voir Dieu* de Fonteius de Carthage qui constitue la

À de multiples reprises, il suppose que l'âme se « mélange » (*miscetur*) à un esprit ou qu'elle est « ravie » (*rapitur*) ou encore « saisie » ou « assumée » (*adsumitur*) par lui[58]. De quoi s'agit-il ? On peut supposer que les notions de « commixtio » et d'« assumptio » ici mises en jeu ont un sens technique : elles impliquent la doctrine néoplatonicienne de l'« union sans confusion » (ἀσύγχυτος ἕνωσις), en vertu de laquelle un incorporel peut être présent à un corps ou à un autre incorporel pour son parachèvement (συμπλήρωσις).

3.4.1   L'ἀσύγχυτος ἕνωσις

Augustin a vraisemblablement trouvé cette doctrine dans le *zètèma* de Porphyre *Sur l'union de l'âme et du corps*, qui est perdu mais dont le contenu nous est rapporté par Némésius d'Émèse dans le *De natura hominis* (fr. 259 Smith)[59]. Porphyre y passait en revue les trois formes d'unions ou de mélanges distinguées par les Stoïciens[60] : la fusion (σύγχυσις ou ἕνωσις à proprement parler), qui détruit la nature propre des composants en les transformant en

---

douzième des *Quatre-vingt-trois Questions*. Fonteius avait écrit cet ouvrage avant sa conversion au christianisme (*Retract.* I, 26).

[58]   Cf. *De gen. ad litt.* XII, 13, 28 : « la chose est due à je ne sais quel mélange occulte qui ne fait en quelque sorte, de celui qui pâtit et de celui qui le malmène, qu'un seul et même esprit » (*... quod certe nescio qua occulta mistura eiusdem spiritus fit, ut tamquam unus sit patientis atque uexantis*) ; « le discernement est sans doute très difficile quand un esprit malin agit comme s'il était paisible et dit ce qu'il peut, lorsque l'esprit humain est saisi sans que le corps soit aucunement malmené » (*discretio sane difficilima est, cum spiritus malignus quasi tranquillus agit ac sine aliqua uexatione corporis adsumpto humano spiritu dicit quod potest*) ; *De gen. ad litt.* XII, 21, 44 : « l'âme est ravie par une opération spirituelle occulte dans des représentations qui sont semblables à celles des corps ... » (*aliquo occulto opere spiritali in ea uisa quae similia sunt corporalibus, anima rapitur ...*) ; *De gen. ad litt.* XII, 22, 45 : « je ne pense pas que l'esprit d'un homme soit saisi par un esprit bon pour voir ces images sans que celles-ci signifient quelque chose » (*bono quidem spiritu adsumi spiritum hominis ad has uidendas imagines, ni si aliqua significent, non puto*) ; *De gen. ad litt.* XII, 23, 49 : « l'âme est emportée (*tollitur*) vers ce genre de ressemblances des corps qu'elle doit voir du fait qu'un esprit la saisit ou la ravit ... » (*adsumente atque rapiente aliquo spiritu tollitur anima in huius modi uidendas similitudines corporum ...*) Cf. aussi *Ad Simpl.* II, 1, 1 : « l'esprit de l'homme, saisi par l'esprit divin, s'adonne à l'appréhension et à la vue des images » (*ut spiritus hominis diuino spiritu assumptus capiendis atque intuendis imaginibus uacet*) ; *Cont. Secund.* 26, 2, etc.

[59]   Cf. R. W. Sharples and P. J. van der Eijk, *Nemesius, On the Nature of Man*, Liverpool, University Press, 2008. Un large extrait de ce texte est traduit dans R. Sorabji, *The Philosophy of the Commentators*, vol. 1, p. 206-208. Cf. aussi L. Brisson *et al.*, *Porphyre, Sentences*, Paris, Vrin, 2005, vol. 2, p. 584-586. Sur l'influence de ce texte sur Augustin, cf. J. Pépin, « Une nouvelle source de saint Augustin : le ζήτημα de Porphyre "Sur l'union de l'âme et du corps" », in *Ex persona Platonicorum*, p. 211-268.

[60]   Sur la théorie stoïcienne des mélanges, cf. Long et Sedley, *Les Philosophes hellénistiques*, vol. 2, « 48 Le mélange », p. 285-294.

une seule substance nouvelle, la juxtaposition (παράθεσις), dans laquelle les composants sont en relation les uns avec les autres seulement par le contact de leur surface, et le mélange dit « total » (κρᾶσις δι' ὅλου), en vertu duquel tous les constituants sont totalement présents dans n'importe laquelle des parties du mélange, tout en conservant leurs propriétés originelles et leur nature propre.

Au modèle *physique* du « mélange total », jugé impossible, Porphyre substitue ce qui en est comme une version « spiritualiste » : l'union sans confusion. Sur ce point, il rapporte l'explication qu'Ammonius Saccas donnait de ce problème : « Ammonius, le maître de Plotin, apporta la solution suivante à la question : il disait que les intelligibles ont une nature telle qu'ils s'unissent aux choses qui sont capables de les recevoir, tout comme les choses qui périssent ensemble [dans une fusion], mais qu'en étant unies, elles demeurent non confondues (ἀσύγχυτα) et ne périssent pas, tout comme les choses qui sont juxtaposées » (*De nat. hom.* 3, 39, 16-20 Morani)[61]. Sans être donc une juxtaposition, ni une fusion, ce mélange *sui generis* – que Porphyre qualifiait de « divin autant que paradoxal » (*Ad Gaurum*, 10, 5, p. 47, 22) – conserve donc l'avantage de l'ἕνωσις, c'est-à-dire l'unification, et celui de la παράθεσις, à savoir la conservation des substances, tout en conjurant leurs dangers c'est-à-dire la confusion, dans le cas de l'union simple, et l'extériorité des parties, dans celui de la juxtaposition.

Augustin connaît bien ce modèle théorique. Il s'en sert dans la *Lettre à Volusianus* pour expliquer l'Incarnation du Verbe, qui s'unit à l'âme humaine, comme l'âme humaine s'unit au corps (*Ep.* 137, 3, 11)[62]. Il semble qu'il mobilise ce même modèle métaphysique pour penser le « mélange » entre l'âme et l'esprit qui lui communique des images.

3.4.2 Trois hypothèses de Porphyre

Porphyre pensait-il déjà lui-même que la divination pouvait être expliquée par la théorie de l'« union sans confusion » ? Sur ce point, nous pouvons nous reporter (avec prudence) au témoignage de la *Réponse à Porphyre* de Jamblique

---

61 « ἔλεγε τὰ νοητὰ τοιαύτην ἔχειν φύσιν, ὡς καὶ ἑνοῦσθαι τοῖς δυναμένοις αὐτὰ δέξασθαι, καθάπερ τὰ συνεφθαρμένα, καὶ ἑνούμενα μένειν ἀσύγχυτα καὶ ἀδιάφθορα ὡς τὰ παρακείμενα ».

62 Sur l'*Ep.* 137, cf. E. Fortin, *Christianisme et culture philosophique au cinquième siècle. La Querelle de l'âme en Occident*, Paris, 1959, p. 111-162 (chap. III : « Le Néoplatonisme et l'union de l'âme et du corps ») ; W. Geerlings, « Die Belehrung eines Heiden. Augustins Brief über Christus an Volusianus », *Augustiniana*, 41, 1991, p. 451-468 ; G. Madec, *Le Christ de saint Augustin. La Patrie et la voie*, nouvelle éd., Paris, Desclée, 2001, p. 192-197 [« Volusianus, du mystère de l'Incarnation »] ; E. Bermon, « Volusianus », *DPhA* VII, p. 175-181.

(*De mysteriis*). Celui-ci évoque pour les critiquer *trois hypothèses* avancées par Porphyre dans ce domaine[63].

(1) Porphyre suppose d'abord que les apparitions divines obéissent à un processus *nécessaire* : « Le dieu se rend de lui-même (αὐτόματος) présent à certains, soit en raison de la révolution du devenir, soit pour d'autres causes » (fr. 47). Jamblique rit de cette hypothèse, dans l'idée qu'elle renferme une contradiction : « On ne peut dire à la fois que le dieu se rend présent de sa propre volonté et que cela s'explique par la révolution du monde créé »[64].

(2) « C'est l'âme qui dit et imagine ces choses [de la divination] et il s'agit d'affections (πάθη) de l'âme, qui sont suscitées à partir de petites étincelles » (fr. 48, III, 20, p. 148, 1-3). Jamblique précise plus loin que les étincelles en question sont « naturelles ou corporelles (σωματοειδῆ) » (*De myst.* III, 21, p. 151, 1 sq.). Cette explication « naturaliste » attribuée par Porphyre à « certains » dans le fr. 49 est également mentionnée par Augustin dans le *De genesi ad litteram* (XII, 13, 27). Comme nous l'avons vu plus haut, elle consiste à attribuer la divination à un pouvoir de l'âme[65]. Que Porphyre lui-même ne l'ait pas reprise pour son propre compte est attesté par un témoignage d'Augustin : « Porphyre demande, en feignant encore de douter, si, dans le cas des devins et des faiseurs de prodiges, ce sont des passions de l'âme ou bien certains esprits venus de l'extérieur qui leur donnent ce pouvoir ; et il conjecture que c'est plutôt des esprits venus de l'extérieur » (fr. 65i = *De ciu. Dei*, X, 11, p. 419, 6-11)[66].

(3) Jamblique déclare enfin : « Mais peut-être ta troisième proposition est-elle plus vraie, d'après laquelle "il se produit une forme de substance qui est un mélange de l'âme qui est la nôtre et d'une inspiration divine venue de l'extérieur" » (fr. 50, III, 21, p. 150, 3-5)[67]. Une telle hypothèse est vivement rejetée par Jamblique, qui objecte que « si quelque chose parvenait à être, à partir de deux,

---

63 Saffrey et Segonds en comptent une quatrième (fr. 51, III, 22, p. 152, 6-10), mais le texte n'est pas clair.
64 Saffrey et Segonds, *Lettre à Anébon*, p. 30, en note. Comme l'indiquent les éditeurs, il faut accepter ce fragment qui n'est pas dans l'édition de Sodano.
65 Peut-être Porphyre visait-il un type d'explication dans la veine de celle qu'Aristote donnait à propos des rêves inspirés dans son *De diuinatione*. Dans le traité *Sur la disparition des oracles* de Plutarque (*Moralia*, VI), deux théories sont opposées, qui font appel aux démons ou au *pneuma* (un fluide qui confère à tout homme une aptitude naturelle à la divination). À l'appui de la seconde théorie, Lamprias invoque la physique d'Aristote (44, 434B).
66 « ... quaerit etiam ueluti dubitans, utrum in diuinatibus et quaedam mira facientibus animae sint passiones an aliqui spiritus extrinsecus ueniant, per quos haec ualeant ; et potius uenire extrinsecus conicit ».
67 « Μήποτε οὖν ὃ τρίτον προσέθηκάς ἐστιν ἀληθέστερον, ὡς ἄρα μικτόν τι γίγνεται ὑποστάσεως εἶδος ἐξ ἡμῶν τε τῆς ψυχῆς καὶ ἔξωθεν θείας ἐπιπνοίας ».

un, il serait tout entier de même espèce, de même nature, et de même essence (ὁμοούσιον) (…). Mais ce qui est entièrement transcendant ne saurait devenir un avec ce qui est issu de lui ; l'âme ne peut donc pas non plus faire avec l'inspiration divine une sorte de substance unique. En effet, si le divin ne se mélange pas, l'âme non plus ne peut pas se mélanger à lui » (III, 21, p. 150, 8-16). Il est piquant de voir ainsi Jamblique adresser à Porphyre la même objection que celui-ci adressait aux chrétiens, lorsqu'ils affirmaient que le Verbe divin s'est incarné[68]. Quoi qu'il en soit, ce passage du *De mysteriis* suggère que Porphyre formulait déjà l'hypothèse d'un « mélange » sans confusion de l'âme et d'un esprit pour expliquer la formation d'images divinatoires.

Le cas échéant, cette forme d'« union sans confusion » est cependant d'un autre type que celle qui peut se produire, selon Porphyre, entre l'âme et le divin. On lit dans la *Cité de Dieu* ce « fragment » du *De regressu animae* : « Assurément, vous attribuez à la seule âme intellectuelle, qui est bien l'âme humaine, la possibilité de devenir consubstantielle à l'esprit paternel, en qui vous reconnaissez le Fils de Dieu. Qu'y a-t-il donc d'incroyable à ce qu'une âme intellectuelle ait été assumée de manière ineffable et singulière pour le salut de la multitude ? » (fr. 10 Bidez = 12 B Goulet, *De ciu. Dei*, X, 229, p. 449, 6-12). On note qu'Augustin utilise lui aussi « adsumi » au sujet de l'union de certaines âmes humaines avec Dieu[69], bien que cette union soit différente de celle qui s'est produite seulement dans le cas du Christ[70]. « Dieu ne parle pas à l'homme par l'intermédiaire d'une créature corporelle, qui fait vibrer les oreilles corporelles en frappant l'air entre celui qui parle et celui qui entend, ni par l'intermédiaire d'une créature spirituelle qui est présentée dans des ressemblances corporelles, comme dans les rêves ou dans un état de ce type (…) mais il parle par la vérité elle-même, à quiconque est capable de l'entendre à l'aide de son esprit et pas de son corps » (*De ciu. Dei*, XI, 2, 1).

---

68 Le principe platonicien qui postule que « Dieu ne se mêle pas aux hommes » (cf. *Banquet*, 203c ; Apulée, *De deo Socratis*, 4 ; 6 [cité en *De ciu. Dei*, VIII, 18-20]) s'opposait *a priori* à l'Incarnation du Verbe divin. Volusianus et son cercle d'amis à Carthage, sans doute inspirés par une argumentation porphyrienne dirigée contre les chrétiens (cf. P. Courcelle, « Propos anti-chrétiens rapportés par saint Augustin », *Recherches Augustiniennes* 1, 1958, p. 149-186), demandaient « qu'on leur explique rationnellement comment Dieu s'est mêlé à l'homme (*quomodo Deus homini permixtus sit*), pour former l'unique personne du Christ » (137, 3, 11). Par une habile rétorsion, Augustin fonde son explication, comme l'a bien montré Fortin, sur la théorie porphyrienne de l'« union sans confusion ».

69 Cf. par ex. *Conf.* VII, 10, 16 : « Et cum te primum cognoui, tu adsumpsisti me ut uiderem esse, quod uiderem, et nondum me esse, qui uiderem ».

70 Voir *infra* « L'« homme Christ » et les disparités qualitatives », *Lettre* 14.

3.5   Conclusion

À la fin de sa vie, Augustin revint une dernière fois sur le problème des rêves inspirés et des visions dans l'*Enchiridion* (422). Il se demande comment les anges sont apparus de telle sorte que l'on put les voir et même parfois les toucher (Gn 18, 4 ; 19, 2) et note que « parfois, à l'inverse, ce n'est pas par une corporéité solide (*solida corpulentia*) mais par une puissance spirituelle qu'ils introduisent des visions, non pas pour les yeux corporels mais pour ceux qui sont spirituels ou pour les intelligences (*mentibus*) ; ou bien ils disent quelque chose, non pas à l'oreille extérieure, mais à l'intérieur, dans l'esprit de l'homme, où ils se sont eux-mêmes établis (*ipsi ibidem constituti*), comme il est écrit au livre des Prophètes : "Et l'ange qui parlait en moi me dit" (Zach 1, 9) ; car il n'est pas dit : "qui me parlait", mais "qui parlait en moi". Ou bien ils apparaissent aussi en rêve et dialoguent comme pendant le sommeil … ». Il conclut sur cette recommandation : « Lorsqu'on se pose ces problèmes et que chacun fait des conjectures, ce n'est pas inutilement que l'on exerce son esprit, si la discussion reste mesurée et si l'on évite l'erreur de ceux qui croient savoir ce qu'ils ne savent pas. Car quel besoin y a-t-il, s'agissant de ces problèmes et d'autres du même genre, d'affirmer ou de nier ou de trancher de façon nette, quand il n'y a pas de faute à ne pas savoir ? » (*Ench.* 15, 59)[71]. Trente-cinq ans plus tard, le problème soulevé par Nebridius n'a toujours pas été résolu.

Il apparaît que, tout au long de sa vie, Augustin a été attentif au degré de certitude des explications qu'il était en mesure d'avancer. On peut mettre à son crédit d'avoir élaboré d'abord une explication « scientifique » des rêves (fondée sur le savoir de son époque) tout en reconnaissant que cette explication était seulement *probable* ; puis d'avoir privilégié une explication métaphysique, sans la tenir non plus pour certaine, alors qu'elle pouvait sembler définitive. On peut admirer cette liberté philosophique qui conduit souvent Augustin à reconnaître qu'il ne sait pas, là où nous pourrions être tentés de vouloir qu'il ait trouvé (ou qu'il n'ait pas trouvé). Augustin est un philosophe qui, sur certains choses, sait ne pas savoir. Sur ce point, on regrette de ne pas être en mesure d'établir une comparaison avec Porphyre, qui s'était affronté au même problème, avec les mêmes présupposés philosophiques et sans doute les mêmes incertitudes.

---

71   Le concile du Vatican devait rappeler aux théologiens loi de « sobriété » (const. *Dei Filius*, c. IV, dans Denzinger-Bannwart, n°1796) (cf. J. Rivière, *Exposés généraux de la foi*, Paris, 1988, « Note complémentaire » 37 : « Limites de la théologie », BA 9, p. 383).

L'individualité (*Lettre* 14)

1   Les questions les plus récentes de Nebridius (§1-2)

À la date de l'*Epistula* 14, plusieurs lettres de Nebridius étaient encore restées sans réponse. Faute de disposer de tout le loisir qu'il souhaiterait, Augustin choisit de répondre de préférence à la dernière lettre qui lui avait été envoyée (*Ep.* 14 – 1) et en réponse de laquelle son ami lui demandait une lettre « plus longue que la plus longue des lettres » qu'il avait reçues (*longiorem quam longissima est*) : le « thème » de Naevius, « l'homme plus grand d'un pied qu'un homme très grand » (voir *infra*), est introduit d'entrée de jeu. Augustin prévient cependant son correspondant qu'il traitera de sujets plus importants qu'il ne pense, ce qui suppose qu'il prendra une certaine distance par rapport aux questions qui lui ont été posées ou qu'il leur apportera un approfondissement inattendu (sans doute en abordant la question théologique évoquée au cours de la lettre).

Nebridius avait posé deux questions, qui semblent retranscrites mot à mot. Premièrement, pourquoi Augustin et lui accomplissent-ils de nombreuses actions identiques, tout en étant distincts (*singuli*), alors que le soleil ne fait pas la même chose que les autres astres (« Scribis, cur ego et tu, cum simus singuli, eadem multa faciamus, sol autem non idem faciat quod cetera sidera ») (p. 32, 15-18) ?

Les mots latins qui suivent la formulation de cette question, à savoir « cuius rei causam conarer », posent problème. Goldbacher les rattache immédiatement au problème qui vient d'être posé (« voilà ce dont je dois chercher la cause »). Daur introduit un point-virgule après « sidera » et introduit « exponere » avant « conarer ». R. Teske, qui suit cette édition, comprend qu'il s'agit d'un potentiel présent (sans « utinam ») : « I wish I could state the reason for this fact ». Il me semble que l'on obtient un sens plus satisfaisant en lisant, après une ponctuation forte : « cuius rei causa conarer ? » (« Pourquoi m'en préoccuperais-je ? »)[1] (irréel du présent), ce qui s'accorde bien avec le « nam » de la phrase suivante, qui affirme qu'Augustin et Nebridius, d'une part, et le soleil et les autres astres, d'autre part, se comportent en fait les uns comme les autres de la même façon, contrairement à ce que suppose la question.

Nebridius demandait en second lieu si « la Vérité souveraine et la Sagesse souveraine, la Forme des choses par laquelle toutes les choses ont été faites, que notre culte déclare être le Fils unique de Dieu, contient l'idée (*ratio*) de

---

[1] Cf. *Conf.* VIII, 6, 15 : « Quid quaerimus ? Cuius rei causa militamus ? ».

l'homme pris comme un genre (*generaliter*) ou bien aussi celle de chacun de nous »[2] (cf. §4, p. 34, 13-16).

Comme dans la *Lettre* 6, les questions de Nebridius sont liées : elles mettent toutes deux en jeu la notion d'individualité[3]. Cela dit, dans quelle mesure et de quelle façon ces questions et les réponses qui leur sont apportées s'accordent-elles entre elles ? C'est la principale difficulté d'interprétation posée par la *Lettre* 14.

Dans sa lettre, Augustin traitera en outre « en passant » d'une troisième question qui lui avait été posée sur le Christ (dans l'*Ep.* 14 – 1 ou précédemment ?) (cf. §3, p. 34, 10-12), mais dont les termes ne sont pas précisés. Cette question témoigne des recherches de Nebridius dans le domaine de la foi et confirme ce que les *Confessions* nous apprennent au sujet de ses progrès, dès Milan : « Il était en train d'en sortir [de l'hérésie docétiste], sans avoir encore reçu aucun sacrement de ton Église, lui qui recherchait la vérité avec la plus grande ardeur » (*Conf.* IX, 3, 6). Cette question sur le Christ serait suivie d'une autre question sur l'Incarnation (cf. *Epp.* 12-11).

2 Des astres et des hommes (§2-3)

2.1 *Une question théologique ?*

L'enjeu de la première question de Nebridius est difficile à cerner. Selon Michel Barnes (l'un des rares auteurs qui se soit intéressé à la première partie de notre lettre), le problème soulevé concerne la théologie trinitaire et présuppose la réflexion menée dans les *Lettres* 11 et 12[4]. La comparaison introduite par Nebridius entre les hommes et les astres viserait à acquérir une meilleure compréhension de la foi de Nicée-Constantinople. En effet, « la théologie trinitaire catholique soutient que tout ce qui partage la même nature accomplit les mêmes actions et que ce qui accomplit les mêmes actions doit avoir la même nature ; le Père et le Fils accomplissent les mêmes actions, donc ils doivent

---

[2] Je traduis « ratio » par « idée » plutôt que par « raison » parce que cette traduction est plus naturelle. Dans le *De ideis*, Augustin précise qu'en rigueur « rationes » traduit λόγοι et non pas « ideae », mais qu'en fait les deux termes sont équivalents (*De diu. quaest.* 83, 46, 2). Cf. G. Catapano, « Ratio », *Augustinus-Lexikon*, 4, 1069-1084.

[3] « Indiuiduum » est employé par Augustin avec son sens étymologique comme antonyme de « diuiduum » (cf. *De mus.* I, 12, 21). Mais le terme apparaît aussi dans l'expression « aliquid singulare atque indiuiduum », qui désigne par exemple Abraham ou Isaac ou Jacob, et non pas « l'homme commun à tous les hommes » (*De Trin.* VII, 6, 11).

[4] M. Barnes, « Rereading Augustine's Theology of the Trinity », in S. Davis (ed.), *The Trinity. An Interdisciplinary Symposium on the Trinity*, Oxford, Oxford University Press, 1999, p. 145-176 : p. 159.

avoir la même nature, et partageant la même nature, ils agissent dans l'unité. Mais, remarque Nebridius, Nebridius et Augustin ont la même nature (*i.e.* l'humanité) et ils accomplissent de nombreuses actions qui sont les mêmes : s'agit-il du type précis d'unité que présentent les personnes de la Trinité ? En outre, le soleil et les étoiles, qui semblent pourvus de la même nature, n'accomplissent pas les mêmes actions (le soleil nous réchauffe, mais non pas les étoiles, etc.). Comment cela affecte-t-il la logique de l'argument selon lequel tout ce qui partage la même nature accomplit les mêmes actions ? »[5]. Augustin s'efforcerait, à partir de là, de montrer à son ami que le principe en vertu duquel une nature commune entraîne une action commune s'applique aux astres aussi bien qu'à nous (nous nous mouvons ; le soleil et les autres astres se meuvent, eux aussi, etc.). Mais dans un second temps, le contre-exemple de l'action de la marche, qui distingue nécessairement ceux qui s'y livrent parce qu'ils ne peuvent pas faire les mêmes pas[6], mettrait en évidence « le caractère formel » des arguments d'Augustin, car « les comparaisons entre des réalités physiques et intellectuelles sont toujours bornées par des limites intrinsèques et par une incommensurabilité »[7].

En dépit de son ingéniosité, cette interprétation ne me semble pas pouvoir être retenue. Outre le fait que la *Lettre* 14 est vraisemblablement *antérieure* à la *Lettre* 11, il serait très étonnant qu'Augustin accepte d'établir – serait-ce provisoirement – une analogie entre les personnes divines et des personnes humaines[8] ou des astres et qu'il cherche ainsi dans le monde *physique* une illustration triviale du principe selon lequel les Trois font les mêmes actions en vertu de leur unité de nature. Un tel raisonnement revient à mettre sur le même plan d'un côté deux natures distinctes, comme Augustin et Nebridius, ou le soleil et la lune, et de l'autre le Père et le Fils, qui *sont* la même nature[9].

---

5 M. Barnes, *op. cit.*, p. 160.
6 Cf. *infra* « Les actions physiques (l'exemple de la marche) ».
7 M. Barnes, *op. cit.*, p. 161.
8 En *De Trin*. VII, 6, 11, qui établit une comparaison entre la Trinité et des individus humains, Augustin affirme que les Trois ne *sont pas* comme Abraham, Isaac et Jacob.
9 L. Ayres fait lui aussi une lecture *théologique* de la première partie de notre lettre : « Il est très plausible que Nebridius ait posé une question concernant l'unité des deux natures du Christ, bien que l'on puisse en discuter. Néanmoins, la réponse porte sur la compréhension qu'Augustin a de l'opération inséparable. Pour que des personnes exemplifient une unité parfaite, elles doivent manifester un seul mouvement ou une seule activité. Cependant, il ne faut pas considérer qu'Augustin indique que, pour que la Trinité soit véritablement une, le divin doit être fondamentalement et absolument une seule entité avec son propre *motus* ; le témoignage du précédent paragraphe [sur l'*Ep*. 11] indique qu'Augustin comprend que l'unité des Trois est telle qu'ils manifestent un *motus* causal unifié » (*Augustine and the Trinity*, Cambridge, Cambridge University Press, 2010, p. 69). L. Ayres est lui-même conscient du problème posé

On ajoutera que, dans ce long passage, rien n'est dit de Dieu (sinon *in extremis* et « en passant ») ; que la question des disparités de taille entre les hommes et les astres ne trouve pas d'équivalent en théologie trinitaire et que, d'après la formulation qui nous en est donnée, cette question porte précisément sur la raison d'une *opposition* (cf. « autem ») qui existe apparemment entre les hommes et les astres et dont rien n'indique qu'elle ait une valeur analogique ou heuristique.

2.2   *Les disparités dans le ciel et sur la terre*

La première question de Nebridius paraît bien avoir été l'une de celles « qui portent sur ce monde » (pour reprendre une expression d'*Ep.* 11, 2). Celui-ci devait s'interroger sur les causes d'un clivage qu'il pensait percevoir entre le ciel et la terre. Les astres (*sidera*)[10] lui paraissaient plus différenciés que les hommes. Deux considérations semblent avoir retenu son attention : d'une part, le fait que le soleil soit le seul astre à produire la lumière du jour et d'autre part la disparité de taille qui existe entre les différents astres et qui est bien plus grande que celle que l'on rencontre parmi les hommes (cf. §3).

C'est l'existence supposée d'un tel clivage entre les phénomènes célestes et les phénomènes terrestres qu'Augustin récuse, en soutenant que les mêmes disparités ou la même homogénéité se rencontrent, à différentes échelles, parmi les hommes et les astres. Il va donc s'efforcer de montrer comment, de façon générale, des individus, qu'ils soient au ciel ou sur terre, peuvent faire la même chose et avoir les mêmes propriétés, physiques ou psychologiques, *tout en se distinguant nécessairement les uns des autres*. Ce faisant, il rencontre un grand principe physique débattu à l'époque hellénistique, celui de l'« identité des indiscernables », comme l'indique l'exemple qu'il prend de deux jumeaux parfaitement semblables et qui se distinguent néanmoins par leurs mouvements.

Si Augustin conclut son analyse en invoquant un principe stoïcien, quelle est l'origine de la question qui lui est posée ? Bien qu'on ne puisse pas exclure qu'elle soit du propre cru de Nebridius, le fait que toutes les autres interrogations de ce dernier soient informées par des doctrines philosophiques ou théologiques précises, nous conduit à nous interroger sur sa source en l'occurrence. Sur ce point, pourtant, nos recherches ne nous ont guère avancé,

---

   par son interprétation, à savoir que le critère d'identité mis en avant par Augustin conduit en rigueur à prêter aux Trois un seul et même *motus*, alors que leurs « rôles » dans cette unique action ne sont pas identiques, bien qu'ils soient substantiellement un.

10 À l'instar d'ἀστήρ, « sidus », que l'on traduit par « astre » ou par « étoile », est un terme générique qui inclut le soleil, la lune et les planètes. Cf. par ex. *De gen. lib. imp.* 13, 38, qui distingue les astres fixes et les astres errants (*uaga*).

comme en témoigne un passage en revue des différentes doctrines auxquelles on peut *a priori* penser.

2.2.1   Co 15, 41

On peut d'abord se demander si Nebridius ne s'enquiert pas d'une exégèse « scientifique » de 1 Co 15, 41, où saint Paul affirme qu'autre est l'éclat du soleil, autre celui de la lune, qu'une étoile brille plus qu'une autre, et qu'il en va de même des corps ressuscités. « Alia gloria solis, alia gloria lunae, alia gloria stellarum. Stella enim ab stella differt in gloria : sic et resurrectio mortuorum » est cité en *De gen. ad litt*. II, 16, 33, qui traite conjointement des deux propriétés des astres mentionnées dans l'*Ep*. 14, à savoir leur éclat et leur grandeur : « On demande aussi habituellement s'il est vrai que les luminaires brillants du ciel, c'est-à-dire le soleil, la lune et les étoiles, brillent tous autant les uns que les autres, mais qu'en raison du fait qu'ils sont séparés de la terre par des distances différentes, ils apparaissent plus ou moins à nos yeux, avec une clarté différente ».

Le problème soulevé est celui de ce que nous appelons aujourd'hui la « magnitude » des astres. Au IIe siècle av. J.-C., Hipparque avait classé les astres visibles en fonction de leur éclat et il les avait répartis selon six « grandeurs ». Sa méthode de classement fut reprise dans l'*Almageste* de Ptolémée, quatre siècles plus tard. Augustin évoque la thèse de ceux qui considèrent que les différences d'éclat ne sont qu'*apparentes* et qu'elles sont dues au plus ou moins grand éloignement des astres par rapport à nous, puis il enchaîne avec la seconde difficulté : « Et ceux qui disent cela à propos de la lune ne doutent pas qu'elle brille moins que le soleil : ils supposent même qu'elle est éclairée par lui ; en revanche, ils osent dire que de nombreuses étoiles sont soit égales au soleil soit plus grandes que lui, mais qu'étant situées au loin, elles paraissent petites »[11]. Augustin refuse pour sa part de se prononcer sur cette question ; « il admet cependant que l'on puisse tenir l'égalité des astres malgré l'affirmation de saint Paul (1 *Cor*., XV, 41) : on peut en effet interpréter ce texte en disant qu'il se fonde sur les apparences et ne prétend pas définir ce qui est réellement »[12]. Le fait cependant que la comparaison paulinienne entre les hommes et les astres ait une valeur *eschatologique* semble infirmer l'idée que Nebridius se réfère à ce texte.

---

11   Sur ce texte, cf. P. Agaësse et A. Solignac, *La Genèse au sens littéral* I-VII, BA 48, « Note complémentaire » 11 : « Lumière et grandeur des astres », p. 607-609.

12   P. Agaësse et A. Solignac, *op. cit.*, p. 608.

2.2.2 Le clivage antique entre le supra-lunaire et le sublunaire

Si maintenant on se tourne vers d'éventuelles sources profanes qui accordent un rôle insigne au soleil, on pense d'abord à Platon. La célèbre analogie de la *République* établit que le soleil confère aux êtres visibles, outre la visibilité, le devenir, l'accroissement et la nourriture (*Rép.* VI, 509b)[13], et que le Bien quant à lui procure aux choses intelligibles le fait d'être connues et d'être ; « ils sont donc deux à régner : l'un sur le genre et le lieu intelligible, l'autre sur le genre et le lieu visible » (509d). La « différence » du soleil par rapport aux autres astres réside dans le fait qu'il est le plus lumineux (*Théét.* 208d). D'après le *Timée*, le Démiurge l'alluma comme un luminaire, « pour qu'il éclaire au mieux tout le ciel de sa lumière et que tous les vivants à qui cela convenait aient part au nombre, instruits par la révolution du Même et du Semblable » (39b). Cependant, rien dans l'explication qui est donnée du mouvement des astres ne paraît de nature à susciter la question de Nebridius. En revanche, le fait que, dans ce dialogue, les astres soient considérés comme des *dieux visibles* (40d), c'est-à-dire qu'ils aient un corps céleste et une âme divine, est un point essentiel pour l'explication de notre lettre, puisqu'Augustin fait l'hypothèse qu'entre autres actions qui sont les leurs, les astres *contemplent*.

Plus généralement, le *Timée* a pu fournir à Nebridius le cadre conceptuel de la grande opposition qu'il établit. Comme on le sait, le Démiurge fabrique lui-même l'âme et le corps du monde, qui est un dieu bienheureux (35d), ainsi que les astres et leurs âmes (38c sq.). S'agissant en revanche des espèces *mortelles*, qui restent à créer pour compléter le monde, après avoir créé lui-même la « partie divine » (c'est-à-dire rationnelle) de leur âme, il confie à des dieux subalternes « le soin de façonner les corps mortels et tout ce qui restait encore à ajouter à l'âme humaine » (42d) (à savoir le *thumikon* et l'*epithumètikon*) (cf. 69e). Entre les vivants célestes immortels et les vivants terrestres mortels, il existe donc des différences qui sont à la fois corporelles et psychologiques. Pourtant, malgré tout ce qui les sépare, on ne trouve pas exprimée dans ce récit l'idée que les vivants mortels se livreraient aux *mêmes actions*, à la différence du soleil et des autres astres.

La théologie astrale s'est développée tout au long de l'antiquité. Aristote la reprend en insistant sur la division du monde entre le supra-lunaire et le sublunaire. Les Stoïciens la maintiennent (tout en soumettant l'univers à des cycles)[14]. Cependant, le second scolarque de la *Stoa* modifia profondément la

---

13 Cf. aussi *Théét.* 153c-d, qui affirme qu'aussi longtemps que le soleil se meut tout existe et est sauvegardé, mais que tout tomberait en ruine s'il venait à s'immobiliser.

14 Au dire de Balbus, leur représentant, « il n'y a au ciel ni fortune ni hasard ni errance ni faux-prestige (*uanitas*) ; au contraire, tout n'y est qu'ordre, vérité, raison, constance. Tous

cosmologie aristotélicienne : « Laissant au second rang le ciel des étoiles fixes que Zénon, à l'exemple d'Aristote, avait considéré comme l'animateur – ou le premier moteur – de l'univers, Cléanthe fit du Soleil l'hégémonique (τὸ ἡγεμονικόν) et le cœur du monde (SVF I, 499. C'est pour les mêmes considérations que le Soleil est appelé κοσμοκράτωρ) »[15]. Le livre II du *De natura deorum* témoigne à de multiples reprises du rôle éminent attribué au soleil : sa lumière est plus brillante que celle de tout feu (II, 15, 40) ; il exerce l'hégémonie (*tenet principatum*) sur les astres et son mouvement est tel qu'il remplit les terres de lumière ou les laisse dans l'ombre (II, 19, 49) ; il est le prince (*princeps*) des astres (II, 36, 92), qui fait fleurir les êtres et leur donne la croissance (II, 15, 41), etc. Cependant, nous ne trouvons rien dans ces propos qui évoque les termes de la question de Nebridius.

Se peut-il que celle-ci ait son origine dans la cosmologie de Plotin ? Nous pouvons nous référer rapidement au *Traité* 40 [II, 1] *Sur le monde*[16], qui tente d'expliquer pourquoi les vivants d'ici-bas ont une « manence » (μονή) (II, 1 [40], 1, 20)[17] selon l'espèce seulement (c'est-à-dire que seule l'espèce subsiste à travers la succession des individus), alors que les êtres dans le ciel en ont une qui est individuelle parce qu'ils sont éternels. Plotin résout le problème en se référant à la cosmologie du *Timée*, qu'il interprète en référence à sa propre philosophie[18] : « Comment se fait-il donc que les parties qui sont là-haut demeurent, alors que les éléments et les vivants d'ici-bas ne demeurent pas ? Platon dit que celles-là sont venues à l'être du fait du Dieu [*i.e.* le Démiurge], tandis que les vivants d'ici-bas sont venus à l'être du fait des dieux qui viennent de lui, et qu'il n'est pas permis que les choses qui viennent de lui périssent. Cela revient à dire qu'à la suite immédiate du Démiurge, il y a l'âme céleste et nos âmes aussi, et que, de l'âme céleste, vient une image d'elle, qui s'est pour ainsi dire écoulée des êtres d'en-haut et qui produit les vivants qui sont sur la terre. Et comme une telle âme [*i.e.* l'image de l'âme céleste] imite celle qui est là-bas,

---

les êtres qui sont privés de ces qualités, les êtres mensongers, faux et pleins d'erreurs sont autour de la terre, au-dessous de la lune, qui est le dernier de tous les astres, et ils se trouvent sur terre » (*De nat. deorum*, II, 21, 56).

15 J. Bidez, *La Cité du Monde et la Cité du Soleil chez les Stoïciens*, Paris, Les Belles Lettres, 1932, p. 33.

16 Cf. J. Wilberding, *Plotinus's Cosmology. A Study of Ennead II.1 (40)*, Oxford, Oxford University Press, 2006.

17 Sur la signification de ce terme, voir la *Lettre* 11.

18 « Plato's Demiurge is replaced by Plotinus' *Nous*, and he identifies the generated gods of the *Timaeus*, i.e. those entities which are here characterized as the immediate products of the Demiurge, with the World-Soul and the stellar souls, which are then responsible for creating the souls of individual sublunar creatures » (J. Wilberding, *op. cit.*, p. 58). Sur le chapitre 5 du *Traité* 40, cf. *ibid.*, p. 172 sq.

mais qu'elle manque de puissance, du fait qu'elle utilise des corps qui sont inférieurs pour produire et qu'elle est dans un lieu inférieur, tandis que les éléments qui lui sont échus pour composer ne veulent pas demeurer, les vivants d'ici-bas ne peuvent pas demeurer pour toujours et les corps ne sauraient être dominés comme ils le seraient si une autre âme les dirigeait directement » (II, 1 [40], 5, 1-14]). Bref, si les individus du monde sublunaire sont sujets à la corruption, à la différence de ceux du ciel, c'est parce qu'ils sont gouvernés par des âmes moins puissantes que l'âme du monde, de laquelle elles procèdent.

Plotin précise cependant que, dans le cas des hommes, seules leurs âmes inférieures (irrationnelles) sont produites par l'âme du monde ou plutôt par son « image » car nos âmes rationnelles sont quant à elles de même niveau que l'âme céleste (II, 1 [40], 5, 18-21). Mais, pour conclure, là non plus, bien que l'on tente de rendre compte d'une opposition fondamentale entre les êtres célestes et les êtres terrestres, et d'une opposition qui traverse l'être humain lui-même, on ne trouve pas formulée l'idée que les vivants mortels se livreraient aux *mêmes actions*, à la différence du soleil et des autres astres.

2.2.3   Le problème des « espèces monadiques »

On trouve peut-être dans le néoplatonisme un élément de doctrine qui nous rapproche davantage de notre problème, à savoir la thèse selon laquelle les astres, à la différence des êtres terrestres, sont des espèces *monadiques* (μοναδικά), c'est-à-dire des espèces qui n'admettent à chaque fois qu'un seul individu (cf. par ex., Proclus, *In Rep.* I, 263, 26-264, 2 Kroll). Ainsi, le soleil est-il le seul représentant de l'espèce à laquelle il appartient. L'existence en elle-même d'espèces monadiques soulevait un problème logique eu égard à la définition aristotélicienne de l'espèce comme « ce qui est prédiqué de plusieurs individus »[19]. Elle est mentionnée à ce titre par Porphyre dans son *Commentaire aux Catégories* (*In Cat.*, p. 82, 29-37). Celui-ci donne comme exemple d'espèce monadique le Phénix. Simplicius, qui approfondit l'aporie (*In Cat.*, p. 55, 8-15), reprend le même exemple, en précisant qu'il s'agit d'un exemple d'espèce mortelle, et il lui ajoute, comme espèces immortelles, le soleil et la lune (*In Cat*, p. 55, 29-31)[20].

La prise en considération de telles espèces offre peut-être un cadre logique pour rendre compte de l'opposition de Nebridius. On peut en effet penser

---

[19]   Sur cette difficulté, cf. J. Barnes, *Porphyry, Introduction*, Oxford, Oxford University Press, 2003, p. 100-104.

[20]   Cf. Simplicius, *Commentaire sur les Catégories d'Aristote : chapitre 2 à 4*, trad. par Ph. Hoffmann ; commentaire par C. Luna, Paris, Les Belles Lettres, 2001, p. 467-470 (« Aporie à propos de l'espèce et de la différence »).

que les différents astres ne font pas la même chose parce qu'ils sont chacun les seuls représentants de leur espèce et que des êtres qui appartiennent à différentes espèces diffèrent nécessairement les uns des autres, tandis que Nebridius et Augustin se distinguent seulement comme deux individus *de la même espèce*. Cette interprétation est cependant fragilisée par le fait que la discussion de Simplicius sur les réalités *éternelles* n'a pas de parallèles chez Porphyre[21], même si l'on ne peut pas exclure que l'exemple des astres ait pu se trouver dans l'autre commentaire – perdu – de Porphyre aux *Catégories* (ad Gedalium) (ou peut-être dans son traité perdu sur le soleil ?).

2.3 *L'homogénéité entre le ciel et la terre*
2.3.1 Récusation de l'opposition de Nebridius

Quoi qu'il en soit de l'origine de la question qui lui est posée, Augustin remet en cause l'opposition établie entre Nebridius et lui d'une part et le soleil et les autres astres d'autre part : « Si nous faisons nous-mêmes des actions qui sont les mêmes, le soleil lui aussi fait avec les autres astres de nombreuses actions qui sont les mêmes ; s'il n'en fait pas, nous non plus. Je marche et tu marches ; il se meut et ils se meuvent ; je veille et tu veilles ; il brille et ils brillent ; je discute et tu discutes ; il tourne et ils tournent » (p. 32, 17-20).

Tout d'abord, Nebridius et Augustin, d'une part, et le soleil et la lune, d'autre part, font *la même chose* en ce sens que, de part et d'autre, on se livre *distributivement* aux mêmes activités : marcher, veiller, discuter pour les uns ; se mouvoir, briller et tourner pour les autres. Pourtant le choix des exemples suggère que les actions mentionnées de part et d'autre communiquent d'une certaine façon. Dans le premier cas, étant donné que marcher, c'est se mouvoir, deux hommes et deux astres accomplissent respectivement deux actions du même genre dans deux régions différentes de l'univers. Ensuite, on peut rapprocher « uigilare » et « lucere », s'il est vrai que l'éclat des astres atteste qu'ils « veillent », la nuit. Et « disputare » et de « circumire » ? On peut citer à ce propos un passage de la *Sentence* 18 (sur Sg 11, 21), qui reprend manifestement la thèse de *Tim.* 34a selon laquelle le mouvement circulaire est « celui qui a le plus de rapport avec l'intellect et la pensée » (cf. aussi *Lois*, x, 898a) : « L'esprit humain doit suivre le mouvement le meilleur possible. Quel est donc le circuit (*circuitus*) qu'il doit suivre ? La pensée rationnelle est assurément le meilleur circuit de l'esprit : ayant progressé à partir du problème posé, en circulant à

---

21 Cf. C. Luna, *op. cit.*, p. 469.

travers les arguments successifs, elle revient avec plus de certitude au même point » (*Sent.* 18. p. 159, 415-18)[22].

Dans notre passage de l'*Ep.* 14, Augustin suggère lui-même qu'il rapproche l'action de disputer et celle de tourner, lorsqu'il précise que « l'action de l'âme ne saurait nullement être mise sur le même plan que ce que nous voyons de nos yeux » (p. 32, 20-21). À ce moment, l'introduction de l'exemple de la contemplation puis l'analyse du mouvement local montreront que deux astres ou deux individus humains peuvent *collectivement* faire ou ne pas faire la même action.

2.3.2 Les actions intellectuelles des hommes et des astres (l'exemple de la contemplation)

L'exemple de la « discussion », qui est une action *intellectuelle* et non plus physique, introduit une « entrée » supplémentaire dans le « tableau de comparaisons » sur lequel on raisonne. Celui-ci combine désormais une différence entre des hommes et des astres d'une part et une différence entre des actions physiques et des actions intellectuelles d'autre part. Si donc la comparaison entre les deux sortes d'individus est établie d'âme à âme, « force est de reconnaître que ce sont les astres, plus que les hommes, qui pensent ou contemplent la même chose (ou qui font telle autre action identique que l'on nommera de façon plus appropriée), s'ils ont une âme » (p. 32, 22-33, 2).

Un tel raisonnement suppose bien sûr que les astres soient animés. La supposition nous ramène au *Timée*, qui est la source d'Augustin[23]. Il est remarquable qu'elle ne l'arrête pas, tout chrétien qu'il est : Augustin ne fait pas partie des auteurs qui ont initié le long processus de la « désanimation » des cieux[24].

---

22   « Mens autem hominis quam optimo ferri motu debet. Quo igitur circuitu mouenda est ? Est autem optimus mentis circuitus rationalis cogitatio, quae ab eo quod quaeritur profecta, per succedentium argumentorum circulum certior redit in locum ».

23   Le *Sermon* 241 mentionne la théologie astrale du *Timée* de façon précise : « Que dire du fait que nous trouvons que Platon, le maître de tous ces philosophes [les Platoniciens], dans le livre qu'il a écrit sur la fondation du monde, présente Dieu comme le créateur des dieux, créant les dieux célestes, à savoir toutes les étoiles, le soleil et la lune ? Il dit donc que Dieu est le créateur des dieux célestes : il dit que les astres ont des âmes intellectuelles, qui comprennent Dieu, et des corps visibles qui sont vus [cf. *Tim.* 38c-40b] » (*Serm.* 241, 8, qui cite un peu plus loin *Tim.* 41b). Cf. aussi *De ciu. Dei*, XIII, 16, 1 qui cite *Tim.* 41b-d d'après la traduction de Cicéron (XI, 40).

24   Sur ce thème, cf. R. C. Dales, « The De-Animation of the Heavens in the Middle Ages », *Journal of the History of Ideas*, 41/4, 1980, p. 531-550, qui distingue la position d'Augustin de celle d'auteurs comme Basile (*Hexaemeron*, V, 10, 1-2), Jean Philopon (*De opif. mundi*, VI, 2) ou Jérôme (*Cont. Ioan. Hier.* 17 ; *Ep.* 124, 4). On note en outre qu'Augustin soutient la thèse traditionnelle selon laquelle les corps célestes sont meilleurs que les terrestres (*De gen. imp. lib.* 8, 29) et que le ciel est le plus beau corps (*De gen. adu. man.* I, 11, 17).

L'idée que les astres sont animés a été adoptée par d'autres auteurs chrétiens qui étaient dans l'entourage d'Augustin : elle se retrouve dans le poème *De pulchritudine mundi* contenu dans les XXI Sentences (*Sent.* 16, v. 26-38)[25] et chez Mallius Theodorus[26]. Dans notre lettre, elle reste cependant une *hypothèse*. Par la suite, Augustin ne se départira pas de sa prudence. Dans le *De genesi*, il affirme qu'il est difficile d'acquérir un savoir à ce propos et formule trois hypothèses : « On se demande aussi habituellement si ces brillants luminaires du ciel sont seulement des corps ou bien s'ils ont pour les diriger leurs propres esprits (*spiritus suos*) et, le cas échéant, si un souffle leur est communiqué (*inspirentur*) par ceux-ci de façon vitale, comme les êtres de chair sont animés par des âmes animales, ou bien s'il leur est communiqué par leur seule présence de ces esprits, sans qu'il n'y ait aucun mélange (*sine ulla permixtione*) » (*De gen. ad litt.* II, 18, 38)[27]. Augustin se dit ici confiant dans le fait qu'il pourra être éclairé par les Écritures. Son attente semble avoir été déçue : « En 415, dans sa lettre à Orose contre les Priscillianistes, il refuse que l'on puisse invoquer, en faveur de la rationalité des astres, le texte de *Job* XXV, 4-6 (les étoiles mêmes ne sont pas pures devant Dieu) pour cette raison que l'Écriture ne met pas ce texte dans la bouche de Job mais bien de ces visiteurs ; on ne saurait donc le tenir *pro auctoritate diuina* (*Ad Or.* IX, 12). Et en 421-23, la dernière fois semble-t-il qu'il revient sur cette question, il avoue ne pas être en mesure de décider si les astres font partie de la communauté angélique, ce qui impliquerait qu'ils soient animés (*Enchir.* 15, 58) »[28].

---

25 Cf. F. Dolbeau, « Un poème philosophique de l'Antiquité tardive : *De pulchritudine mundi* : remarques sur le *Liber XXI Sententiarum* (CPR, 373) », *Revue des Études Augustiniennes*, 42, 1996, p. 21-43.

26 Son traité *Sur la nature* évoquait « la puissance qui donne vie aux astres et qui impulse à leur chœur le mouvement dont vit cette machine » (*quae uis animauerit astra / Impuleritque choros ; quo uiuat machina motu*) (*Claudiani panegyricus de consulatu M. Theodori*, v. 101-102, p. 179 Simon).

27 Sur ce texte, cf. P. Agaësse et A. Solignac, BA 48, « Note complémentaire » 13 : « Les âmes des astres », p. 612-14. La *première* opinion est celle des Épicuriens et des Stoïciens, d'après l'*Ep.* 118 (III, 18). Augustin ne tient apparemment pas compte des témoignages qui affirment que Chrysippe, lui aussi, considérait que les astres étaient des vivants (cf. SVF II, 579 ; 677, 687 et le livre II du *De natura deorum*, qu'il connaissait pourtant). La *seconde* est celle des Platoniciens. La *troisième* serait la thèse aristotélicienne, d'après Agaësse et Solignac (*ibid.*, p. 613). Peut-être a-t-elle cependant une autre origine. Dans les *Lois*, l'Athénien affirme que si c'est une âme qui meut le soleil, elle peut le faire de trois façons : elle l'anime comme notre âme fait notre corps ; elle agit par l'intermédiaire d'un corps intermédiaire, fait de feu ou d'air, ou encore, « troisième hypothèse, étant elle-même libre de corps (ψιλὴ σώματος), mais possédant d'autres vertus remarquables supérieures, elle le guide » (X, 899a). Augustin pense peut-être à une telle explication.

28 P. Agaësse et A. Solignac, BA 48, p. 614.

L'INDIVIDUALITÉ (*LETTRE* 14)   331

Ce dernier témoignage, qui cite l'injonction du *Psaume* 148 (2) : « Laudate eum omnes angeli eius ; laudate eum omnes uirtutes eius », nous éclaire du moins sur la signification de l'affirmation de la *Lettre* 14 selon laquelle les astres, plus que les hommes, font la même chose avec leur âme : en contemplant ensemble Dieu, ils forment une communauté intellectuelle plus unie que celle des hommes[29].

2.3.3   Les actions physiques (l'exemple de la marche)

Augustin a jusqu'ici montré que si nous accomplissons des actions qui sont les mêmes, il en va de même dans le cas du soleil et des autres astres. Il précise maintenant qu'en rigueur l'antécédent de l'implication *est faux* « in corporum motibus » (on note que la réserve ne s'applique pas aux actions intellectuelles) car dans le cas des mouvements corporels « il n'est absolument pas possible que la même chose soit faite par deux individus (*a duobus*) » (p. 33, 3-4). Il ne s'agit pas d'une contradiction. En effet, « accomplir les mêmes actions » (corporelles) se dit en *deux sens* : en un sens, nous faisons la même action lorsque par exemple nous sommes deux à nous mouvoir, mais en un autre sens il ne s'agit pas de la même action dans la mesure où nous n'accomplissons pas les mêmes déplacements (la distinction vaut aussi dans le cas du soleil et de la lune, qui sont inclus dans cette règle, si « duobus » est au neutre). Selon la terminologie contemporaine, on oppose le « type » (marcher) et ses « occurrences » (*tokens*) (faire tels ou tels pas) (p. 37, 6-13). Lorsque Nebridius et Augustin marchent côte à côte, celui des deux qui est le plus au nord doit dépasser l'autre s'il marche exactement au même pas. Quand même tous deux marcheraient serrés l'un contre l'autre du nord (*ab axe*) vers le sud, quand même ils fouleraient du marbre, leurs mouvements ne pourraient pas plus être les mêmes que la pulsation de leurs veines ou leur apparence physique ne le peuvent. Bref, l'exemple du mouvement met en évidence deux différences irréductibles entre individus : (1) je marche et tu marches à la même vitesse mais nous ne parcourons pas la même distance en raison de la sphéricité de la terre[30] ; (2) même si nous longeons un méridien sur une surface parfaitement plane, nous ne mettons

---

29   Voir la description du « caelum caeli » en *Conf.* XII, 2, 2 sq. Sur la nature de cette communauté, cf. J. Pépin, « Recherches sur le sens et les origines de l'expression *caelum caeli* dans le livre XII des *Confessions* de Saint Augustin», *Archivium Latinitatis Medii Aevi*, 23, 1953, p. 185-274 (repris dans *« Ex Platonicorum persona »*. *Études sur les lectures philosophiques de saint Augustin*) et A. Solignac, *Les Confessions*, BA 14, « Note complémentaire » 19 : « Caelum caeli », p. 592-598, qui soutient que la « mens pura » du « caelum caeli » doit être comprise dans un « sens *collectif* » (p. 594).

30   Voir aussi, en *Ep.* 3, 2, l'allusion au fait que les pôles de la terre se meuvent plus lentement que son plus grand cercle.

pas nos pieds dans les mêmes pas. Ces différences liées à l'espace sont coordonnées à d'autres différences qualitatives, irréductibles elles aussi, telles que l'accomplissement des fonctions vitales, la forme (*forma*), c'est-à-dire l'aspect extérieur, ou le visage (*facies*).

2.4 Les propriétés individuelles

2.4.1 L'individu comme collection de propriétés

En mentionnant de telles particularités de l'individu, qui le distinguent nécessairement d'un autre, Augustin s'inscrit dans une longue tradition philosophique. Dans le *Théétète* (209c), Platon considère qu'un individu (*atomon*) comme Socrate, consiste en des caractéristiques distinctives qui sont uniques, telle la forme distinctive de nez camus qu'il a et sans laquelle il n'est pas possible de penser à lui[31]. Cette thèse fut reprise par les Stoïciens, qui définissent l'individu comme un certain substrat matériel « qualifié de façon particulière » (ἰδίως ποιόν) (cf. LS 28 D, I, J) (signifié par un nom propre [DL VII, 58])[32]. Suivant la même inspiration platonicienne, Porphyre formula sa célèbre définition de l'individu comme étant un « bloc de caractères propres » ou une « collection de propriétés » (pour reprendre la traduction canonique de Boèce) : « Les choses qui sont telles [que Socrate] sont appelées individuelles parce que chacune d'elles est composée de caractères propres, dont la collection ne saurait se trouver identiquement dans quoi que ce soit d'autre (ἄτομα οὖν λέγεται τὰ τοιαῦτα, ὅτι ἐξ ἰδιοτήτων συνέστηκεν ἕκαστον, ὧν τὸ ἄθροισμα οὐκ ἂν ἐπ' ἄλλου ποτὲ τὸ αὐτὸ γένοιτο). Car les propriétés de Socrate ne sauraient se trouver identiquement dans un autre individu » (*Isag.* p. 7, 22-24)[33].

Ce qui est unique, d'après cette définition, et qui ne saurait donc se retrouver à l'identique chez un autre – si bien qu'il n'existe pas d'individus indiscernables –, c'est la collection de particularités, et non plus telle ou telle particularité, comme chez Platon (on note cependant que le terme d'ἄθροισμα était déjà utilisé en *Théét.* 157b-c). Partant, la question d'une éventuelle hiérarchie entre les particularités se trouve posée. Il semble qu'elle ait été discutée par les Néoplatoniciens. Boèce en est peut-être témoin quand il affirme que, si les autres accidents peuvent être supprimés, la différence de *lieu* est quant à elle inamissible : « C'est la diversité des accidents qui produit la différence numérique. Car trois hommes sont distincts (*distant*), non pas par leur genre

---

31 Cf. R. Sorabji, *Self : Ancient and Modern Insights about Individuality, Life, and Death*, p. 139.

32 Cf. Long et Sedley, *Les Philosophes hellénistiques*, II, 38-44 (« Le premier et le deuxième genre »).

33 Sur cette définition, cf. R. Sorabji, *Self*, p. 137-153 (« Bundles and differenciation of individuals ») ; sur son caractère platonicien, en dépit du fait qu'elle figure dans une introduction aux *Catégories* d'Aristote, cf. *ibid.*, p. 139-140.

ni par leur espèce, mais par leurs accidents. Car même si nous supprimions tous les accidents en eux, chacun d'entre eux n'en aurait pas moins un lieu différent et nous ne pouvons pas du tout imaginer qu'il soit le même » (*De Trin.* 1, 24-31)[34].

Pour en revenir à Augustin, il est difficile de savoir ce qu'il connaissait exactement de cette tradition philosophique. Par Cicéron, il connaît assurément certaines analyses stoïciennes sur l'individualité, mais peut-être connaît-il aussi certains textes néoplatoniciens sur la question. Le fait qu'il mentionne *plusieurs* propriétés ou caractéristiques pourrait s'expliquer par le fait qu'il se réfère à la définition porphyrienne de l'individualité ; mais surtout, il paraît privilégier, lui aussi, parmi les différentes propriétés, celle de l'emplacement, qui rend compte du mouvement propre. L'exemple qu'il prend le montre : « Oublie-nous et prends les enfants de Daucus ! Cela ne changera rien. Ces jumeaux ont beau être parfaitement semblables (*simillimi*), il leur est tout aussi nécessaire d'avoir des mouvements qui leur appartiennent en propre qu'il leur était nécessaire de naître distincts (*singuli*) » (p. 33, 13-16).

2.4.2   Les jumeaux sosies de Daucus

En invoquant la « Dauciam prolem », Augustin se réfère à Virgile[35]. Son correspondant était assez cultivé pour qu'il n'ait pas eu besoin de lui signaler la provenance de l'allusion. On lit dans l'*Énéide* : « Vos etiam gemini Rutulis cecidistis in agris, / Daucia Laride Thymberque simillima proles, / indiscreta suis gratusque parentibus error / at nunc dura dedit uobis discrimina Pallas » (*Aen.* x, v. 390-393) (« Vous aussi, les jumeaux, vous êtes tombés dans les champs des Rutules, ô Laridès et Thymber, qui étiez les enfants parfaitement semblables de Daucus ; indiscernables, vous étiez pour vos parents l'objet de douces méprises, mais maintenant Pallas vous a imposé de cruels signes distinctifs »)[36]. De

---

34   R. Sorabji rapproche ce témoignage de la position radicale de Dexippe, qui écarte la définition de l'individualité en termes de propriétés et suggère à la place que, pour être distinctes, les choses individuelles doivent être *comptables* c'est-à-dire être séparées par un intervalle de lieu (*In cat.* 30, 20-34) (cf. *Self...*, p. 147).

35   « Glauciam prolem », dans Goldbacher et Daur, n'est pas une leçon satisfaisante. « Rogo : ecquis unquam Glauciam illam prolem cognivit vel alicubi legit de geminis, quibus hoc esset nomen ? » (A. Sizoo, « Augustiniana », p. 126).

36   Le passage est imité d'Homère. Cf. par ex. *Il.* VI, 21-28 (Esèpe et Pédase). Virgile fut imité par Lucain (*Pharsale*, III, 603 sq.) et par Silius Italicus (*Pun.* II, 636-649). Il inspira aussi une belle page de Chateaubriand, qui, de façon fortuite, illustre aussi le « thème de Naevius » : « Au revers du Col de Balme, à la descente du glacier de Trient, on rencontre un bois de pins, de sapins et de mélèzes : chaque arbre, dans cette famille de géants, compte plusieurs siècles. Cette tribu alpine a un roi que les guides ont soin de montrer aux voyageurs. C'est un sapin qui pourrait servir de mât au plus grand vaisseau (...). Je

fait, Thymber fut décapité par Évandre, tandis que Laridès eut la main droite tranchée[37].

Bien plus tard, Augustin devait à nouveau se référer à ces vers dans l'*Enchiridion*[38]. Il s'interroge sur le degré de gravité des méprises (*errores*) que nous commettons lorsque nous pensons du bien d'un homme dont nous ignorons qu'il est méchant, ou que nous percevons en rêve des choses semblables (*similia*) à la réalité, ou encore que nous confondons « deux individus parfaitement semblables » (*duo simillimi*), « ce qui se produit souvent dans le cas de jumeaux, d'où vient que le poète ait parlé de "cette méprise douce aux parents" » (*Ench.* 7, 20) (les enfants de Daucus ne sont cependant pas nommés, pour une raison que nous verrons bientôt). Augustin signale cependant que, compte tenu du propos qui est le sien dans ce *Manuel*, il n'entend pas revenir à la « question pleine de nœuds qui a tourmenté ces hommes très pénétrants que furent les Académiciens », à savoir si le sage doit donner son assentiment à quelque chose s'il veut éviter de tomber dans l'erreur[39]. À ce sujet, il renvoie à son *Contra Academicos*. La précision signale l'importance accordée aux méprises des sens dans la controverse entre les Académiciens et les Stoïciens sur la « représentation compréhensive », qui seule reçoit l'assentiment du sage.

2.4.3 Le problème des indiscernables

En bref, les Stoïciens admettaient que nous avons des représentations dont nous pouvons être sûrs qu'elles sont vraies, du fait qu'elles ont été « imprimées » conformément aux objets qu'elles donnent à percevoir[40]. Les Académiciens

---

remarquai deux jumeaux sortis du même tronc, qui s'élançaient ensemble dans le ciel : il étaient égaux en hauteur et en âge ; mais l'un était plein de vie, et l'autre desséché. Daucia, Laride Thymberque, simillima proles ... » (Chateaubriand, *Voyage au Mont-Blanc*, Œuvres complètes, Paris, Pourrat Frères, 1835, tome VII, p. 439).

37 C'est en quelque sorte l'exemple stoïcien de Dion et de Théon à l'envers (SVF II, 397 ; LS 28 P) : la mort de l'un des enfants Daucus les rend dissemblables, tandis que le fait que Dion et Théon deviennent parfaitement semblables, à la suite d'une amputation de Dion, en tue un – et pas celui que l'on pense ...

38 Cf. B. R. Voss, « Vernachlässigte Zeugnisse klassischer Literatur bei Augustin und Hieronymus », *Rheinisches Museum*, 112, 1969, p. 154-166 : p. 154-156 (« Virgil und Cicero im 14. Brief Augustins »).

39 Il se contentera de préciser que de telles erreurs ne sont pas coupables : « Cette "méprise douce aux parents" sur le compte de leurs jumeaux ne fait pas dévier de cette voie [qui mène à Dieu] (...). Même si elles ne sont pas des péchés, ces erreurs doivent être mises au compte des maux de cette vie (*in malis huius uitae deputandi sunt*), qui est si sujette à l'illusion (Rm 8, 20) qu'ici-bas le faux est pris pour le vrai ... » (*Ench.* 7, 22).

40 Zénon définissait la représentation compréhensive comme « celle qui est imprimée, marquée et formée à partir de ce qui est, tel qu'il est (*ex eo, quod esset, sicut esset, impressum et signatum et effictum*) » (*Acad. prior.* II, 24, 77).

leur objectent sur ce point deux types d'arguments : ils se fondent d'une part sur le cas des rêveurs ou de ceux qui souffrent d'hallucinations et d'autre part sur celui où des personnes éveillées et en parfaite santé sont incapables de distinguer des êtres semblables, comme dans le cas où l'on a une « représentation de Castor comme si c'était celle de Pollux » (Sextus, *Adv. math.* VII, 410) (qui sont les modèles grecs des enfants de Daucus d'un point de vue philosophique). « Dans l'un et l'autre cas, prétendaient les Académiciens, que la nature des objets ou bien celle de nos esprits soit en cause, il était toujours possible d'avoir une représentation fausse qui ait exactement le même contenu phénoménal qu'une représentation vraie »[41]. C'est leur fameux principe d'indiscernabilité (ἀπαραλλαξία)[42].

Chrysippe réagit vigoureusement à ces arguments. Comme l'écrit David Sedley, « à ceux qui prétendaient qu'à toute impression vraie correspond une impression fausse qui en est indiscernable, une partie de sa réponse était de rechercher une caractéristique subjective interne à certaines impressions qui les marquerait comme infaillibles [à savoir l'évidence] (...). Mais il défendait aussi une position, dont il peut avoir été l'inventeur ou non, et d'après laquelle il n'y a jamais aucune nécessité de se tromper dans l'identification d'un objet externe, parce que *tout objet individuel est qualitativement unique* »[43]. Les Stoïciens répondent donc à leurs adversaires que deux jumeaux peuvent bien être semblables (*similes*), mais non pas absolument identiques (*eosdem plane esse*) (*Acad. prior.* II, 17, 54), et que les jumeaux sont en principe reconnus par leurs parents, ce qui prouve que nous pouvons apprendre à distinguer deux êtres qui se ressemblent (18, 56). Les œufs eux-mêmes, dont la ressemblance est proverbiale, peuvent être distingués par certains experts, comme ces éleveurs de Délos qui, en examinant un œuf, pouvaient dire quelle poule l'avait pondu (18, 57). S'ils sont prêts à admettre que nous ne distinguons pas les œufs (ce qui ne revient pas à les juger identiques), les Stoïciens refusent en tout cas de concéder que ceux-ci ne présentent absolument aucune différence (*inter illa omnino nihil interesset*) (18, 58) et ils maintiennent « que toute chose a son caractère propre et qu'aucune n'est identique à ce qu'est une autre chose » (*omnia dicis sui generis esse, nihil esse idem quod sit aliud*). Pas même un poil, ou un grain, ne saurait être identique à un autre (26, 85).

---

41   Ch. Brittain, Cicero, *On Academic Scepticism*, p. xxi.
42   Sur le problème des indiscernables, voir Cicéron, *Acad. prior.* II, 17, 54-18, 58 ; II, 26, 84-27, 87 ; Sextus, *Adv. math.* VII, 408-10. Sur ces textes, cf. M. Schofield, « Academic epistemology », in *The Cambridge History of Hellenistic Philosophy*, p. 323-351 : p. 341 sq.
43   D. Sedley, « Le critère d'identité chez les Stoïciens », *Revue de Métaphysique et de Morale*, 4, 1989, p. 513-533 : p. 525.

2.4.4 Augustin et l'indiscernabilité

La position d'Augustin par rapport au problème des indiscernables n'est pas facile à cerner. Lorsqu'il se prononce au sujet de la controverse sur la « représentation compréhensive », il admet avec les Académiciens que les représentations sensibles sont toutes *non-compréhensives*[44]. En revanche, un passage des *Soliloques* atteste qu'il admet le « principe d'unicité » stoïcien. D'après la Raison, même si « nous nous trompons au sujet des jumeaux, des œufs, des différentes empreintes qui viennent du même cachet » (*Sol.* II, 6, 10), « on ne peut rien trouver qui soit semblable à une chose sans lui être aussi dissemblable en un point » (*praesertim cum paene reperiri nihil queat ita cuique rei simile, ut non in aliquo etiam dissimile sit*) (*Sol.* II, 8, 15). Cette dernière affirmation, enfin, ne l'empêche pas d'admettre, dans la *Lettre* 14, la possibilité que deux jumeaux soient *parfaitement semblables*. Le sens de l'exemple des enfants de Daucus ne laisse aucun doute.

La signification du terme « simillima », employé au sujet de la « gens Daucia », appelle cependant une précision. Le superlatif doit ici s'entendre *au sens strict*, comme par exemple lorsqu'on affirme que nos rêves ou les images de la perception sont parfaitement semblables à la réalité (cf. par ex. *De Trin.* XI, 2, 4 : « ... nisi fieret in sensu nostro quaedam imago simillima rei eius quam cernimus »). Il arrive cependant qu'Augustin emploie la même expression en un sens large, pour désigner seulement une très grande ressemblance empirique. Tel est le cas dans le passage de l'*Enchiridion* qui fait lui aussi référence à la « méprise douce aux parents » lorsqu'ils confondent « deux individus parfaitement semblables » (*duo simillimi*). Bref, il faut distinguer le cas (fictif) de deux parfaits sosies et celui de deux jumeaux très ressemblants que l'on confond aisément[45].

Cela dit, comment admettre l'hypothèse qu'il existe deux parfaits sosies ? Augustin commet-il une entorse au principe de l'identité des indiscernables ? « Force-t-il », pour reprendre une formulation de Plutarque, « un unique [individu] qualifié à être dans deux substances » (*Des notions communes*, 1077c ; LS 28O) ? En fait, Augustin semble admettre ici l'indiscernabilité sensible *sans la confondre avec l'identité*. Il poursuit un raisonnement *a fortiori* : même dans le cas où ils seraient parfaitement semblables, deux individus se distingueraient encore par leurs *mouvements*, qui leur sont propres du fait qu'ils n'occupent pas le même lieu. Il est difficile d'apprécier la portée d'une telle affirmation. Le critère de l'identité retenu semble bien faible, en raison de son caractère

---

44 Cf. E. Bermon, *Le* Cogito *dans la pensée de saint Augustin*, p. 105-91 (Chap. IV : « Le problème de la représentation compréhensive »).

45 Comme c'était par exemple le cas des Seruilii (cf. *Acad. prior.* 18, 56).

extrinsèque à l'individu. Pourtant, Augustin précise que la même nécessité qui impose aux sosies de Daucus de faire toujours des mouvements différents les a aussi fait *naître* distincts. Cette « nécessité » liée à la naissance semble mettre en jeu l'être même de l'individu avec la collection de ses propriétés, à savoir sa vie biologique, son aspect physique et son visage, qui ne sont semblables à ceux d'un autre que dans le cas exceptionnel et purement théorique des enfants de Daucus. On peut donc penser que le critère du mouvement est plus la *ratio cognoscendi* que la *ratio essendi* de leur différence. À partir de là, nous pouvons spéculer sur ce qui joue le rôle de *principium individuationis* (comme on l'appelle dans la tradition scolastique). Augustin n'en dira rien explicitement, mais nous pouvons tenir compte d'une suggestion faite par Nebridius, dans sa seconde question (cf. §4), à savoir que ce soit une *idée* (*ratio*).

2.4.5   La question du principe de l'individuation chez Plotin

Plotin aborde le problème de l'individuation dans le court *Traité* v, 7 [18] *S'il y a des idées aussi des êtres individuels*. Sa position est la suivante : « Différents individus ne peuvent pas avoir la même raison (λόγος), pas plus qu'un homme ne peut être le seul modèle pour des hommes qui diffèrent les uns des autres, non seulement par la matière, mais encore par un nombre innombrable de différences formelles (ἰδικαῖς διαφοραῖς μυρίαις). Car les hommes ne se rapportent pas à un modèle comme les portraits de Socrate se rapportent à leur original, mais il faut que leur production diffère en fonction de différences entre les raisons » (v, 7 [18], 1, 18-23). Comme l'écrit Suzanne Stern-Gillet, « d'après ce texte, les particularités individuelles qui différencient la personne de Socrate, par exemple, de celle de Callias réfléchissent, non point la participation séparée de ces deux hommes à une Forme universelle de l'Homme, mais bien plutôt leur participation à deux Formes (εἴδη), principes ou raisons séminales (λόγοι) différents dont chacun serait l'unique incarnation. Plotin, notons-le, prend soin de préciser que les différences dont il traite ici ne sont pas seulement matérielles (οὐ τῇ ὕλῃ μόνον), mais aussi, en très grand nombre, formelles (ἰδικαί) »[46]. Bref, son idée est que certaines différences sensibles entre les individus s'expliquent par la matière, qui fait échec à la forme, tandis que d'autres, très nombreuses, s'expliquent en vertu d'un principe incorporel, qui est un *logos* ou une forme[47].

---

[46]   S. Stern-Gillet, « Singularité et ressemblance : le portrait refusé », in M. Fattal (éd.), *Études sur Plotin*, Paris, L'Harmattan, 2000, p. 13-45 : p. 33.

[47]   Dans le *Traité* 5 (v, 9), Plotin distinguait nettement le fait, pour un individu, d'avoir le nez camus ou aquilin, qui sont « des différences dans la forme de l'homme », et celui d'avoir un nez camus (ou aquilin) de tel ou tel type, ce qui dépend de la matière. Les différences de couleurs s'expliquent quant à elles par la forme ou par la matière ou par la différence des lieux (v, 9 [5], 12, 5-11). La relation qu'entretiennent entre eux les *logoi* des individus

Si chaque individu a un principe formel distinct, ne faut-il pas admettre qu'il n'existe pas d'individus indiscernables ? Plotin « semble convaincu en v, 7 [18], 3, 4-13 que dans la nature, que ce soit le cas ou non parmi les artefacts, il n'y a pas deux spécimens complètement identiques »[48]. Il considère toutefois le cas de jumeaux et d'êtres indiscernables (ἀπαράλλακτα) en se demandant si l'on penser qu'ils ont eux-aussi des principes formateurs différents : « Qu'est-ce qui empêche que ce soit le cas [qu'il y ait des raisons *différentes*] même dans le cas d'individus qui sont sans différence (ἀδιάφορα), s'il est vrai qu'il existe certaines choses qui sont entièrement sans différence ? De même que l'artisan, même s'il produit des objets sans différence, doit cependant appréhender ce qui est identique par une différence logique, grâce à laquelle il produit quelque chose d'autre en appliquant une différence à ce qui est identique, de même, dans la nature, où l'apparition de quelque chose d'autre vient, non pas d'un raisonnement, mais seulement de raisons, la différence doit être liée à la forme, mais nous ne sommes pas nous-mêmes capables d'appréhender cette différence » (v, 7 [18], 3, 6-13). Si donc les objets manufacturés sont indiscernables (Plotin doit penser à des objets estampillés ou bien à des statues faites d'après le même moule [cf. *Acad. prior.* II, 26, 85]), c'est en raison de la matière, qui n'est pas capable de recevoir le principe rationnel suivant lequel ils ont été chacun conçus comme distincts dans l'esprit de l'artisan. Dans le cas des jumeaux, qui sont produits naturellement, cette différence distinctive existe, mais nous ne sommes pas capables de la voir.

À la différence d'Augustin, Plotin n'invoque pas le critère extrinsèque du mouvement dans le cas des sosies ; il inclut leur différence *dans leurs principes formels*. Cette différence de traitement aiguise la question que nous avons posée : dans quelle mesure la seconde question de Nebridius, sur l'existence

---

(présents dans les parents) et leurs formes n'est pas très claire. On peut cependant affirmer que les « raisons » qui façonnent les individus ont leur fondement dans l'Intellect et dans les Formes (cf. par exemple v, 9 [5], 3, 30 sq.) » (cf. Ch. Tornau, « Qu'est-ce qu'un individu ? Unité, individualité et conscience de soi dans la métaphysique plotinienne de l'âme », p. 340, n. 1). « Ces "raisons" sont le moyen d'action de la Providence et, en ce sens, elles ont un contenu déterminé qui a son équivalent dans le monde intelligible que contemple l'âme providentielle » (Plotin, *Traités* 7-21, p. 407).

48 R. Sorabji, *Self*, 151. Le chapitre 3 du traité est difficile (cf. Plotin, *Traités* 7-21, Paris, GF, 2003, n. 26, p. 415). L. Brisson, J. Laurent et A. Petit avancent une interprétation un peu différente de ce texte : « Plotin n'exclut pas (...) qu'il y ait des vivants indiscernables ou qu'il y ait des différences qui ne s'expliquent que par la déficience de la forme rencontrant la matière, comme cela est le cas pour les produits de la technique où deux objets produits identiquement semblent ne différer que selon le nombre. Plotin évite ainsi d'entrer dans la polémique stoïcienne sur les indiscernables » (Plotin, *Traités* 7-21, p. 407).

de *formes* des individus, ne livre-t-elle pas, dans son esprit, une clef au *premier* problème discuté dans la *Lettre* 14 sur les différences individuelles ?

2.4.6 Le géant Naevius et les disparités de taille entre les hommes et les astres (§3)

Avant toutefois d'aborder le problème posé par l'existence de formes propres aux individus, Augustin conclut sa première réponse en montrant que les individus du ciel et ceux de la terre présentent en fait les mêmes disparités.

Si l'on objecte que la différence entre les jumeaux de Daucus est perçue seulement par la raison (qui comprend qu'ils ne peuvent pas faire les mêmes mouvements), alors que « celle entre le soleil et les astres est claire et manifeste pour les sens également », il est possible de montrer d'abord qu'on trouve aussi sur terre de grandes disparités *de taille* (p. 33, 17-22).

Sans parler des réserves de certains, qui doutent que le soleil soit beaucoup plus grand que les autres astres[49], Augustin répond à l'objection en *reprenant* l'exemple invoqué par son ami du géant Naevius[50] : « Qui donc a vu ses sens mêmes abusés par la haute taille de Naevius, qui était plus grand d'un pied que n'importe lequel des hommes les plus grands (*cuius tandem et sensum fefellit illa proceritas Naeuii pede longioris quam quisquis ex longissimis*) ? » (p. 33, 22-23). Il faut ici corriger le texte établi par les éditeurs : « cuius tandem et sensum fefellit illa proceritas Naeuii pede longioris quam qui est sex longissimus ? » (« ... plus grand d'un pied que le plus grand des hommes, qui en mesurait six »). Un pied mesurant 0,296m, un homme « très grand » mesurerait dans cette hypothèse 1m77 seulement[51] et Naevius 2m07. Mais surtout, d'autres auteurs anciens nous renseignent sur Naevius et sa grande taille[52]. Columelle rapporte le témoignage de Cicéron selon lequel Naevius était plus grand d'une tête qu'un homme très grand (« Cicero ... testis est Romanum fuisse ciuem Naeuium Pollionem, pede longiorem quam quemquam longissimum » [III, 8,

---

[49] Ces réserves tiennent à de possibles erreurs de perspective, du type de celles qui sont évoquées en *De gen. ad litt.* II, 16, 33. Augustin se réfère ici à ce qu'il a pu apprendre par lui-même en astronomie (sur ces lectures dans ce domaine, cf. *Conf.* V, 3, 3, qui fait allusion à ceux qui mesurent les espaces stellaires). À titre indicatif, Cicéron nous apprend que certains mathématiciens prouvent que le soleil est dix-huit fois plus grand que la terre (*Acad. prior.* II, 26, 82) (sur cette évaluation, cf. C. Brittain, Cicero, *On Academic Scepticism*, p. 48, n. 12). En II, 36, 116, il est fait mention d'un calcul de la taille du soleil par Archimède.

[50] Que Nebridius ait lui-même parlé le premier de Naevius est attesté par sa demande d'une lettre plus longue que la plus longue de celles qu'il avait reçues (cf. §1).

[51] En *De Trin.* V, 7, 8, où l'exemple de l'homme illustre les différentes catégories, pour la quantité, on trouve la grandeur de quatre pieds (soit 1m20) : c'est la taille d'un enfant.

[52] Sur ce personnage, cf. F. Münzer, « Naevius 17 », *Paulys Realencyclopädie*, XVI/2, p. 1564.

2 = Cicéron, *Admiranda*, fr. 6 Müller = fr. 5 Garbarino, p. 97]). Quant à Pline, qui précise que Naevius suscita un tel attroupement qu'il faillit être étouffé par la foule, il nous apprend que les annales ne précisent pas quelle était sa taille (*Hist. nat.* XVI, 16, 74)[53]. Comme l'a bien noté B. R. Voss, il serait étonnant qu'alors qu'aucune source antique n'indique la taille exacte de Naevius, Nebridius et Augustin aient su quant à eux qu'il mesurait sept pieds. Mieux vaut penser qu'ils empruntent leur exemple à Cicéron (ou à la « fama ») et lire « quam qui ex longissimis », comme le propose B. Voss[54], ou « quam quisquam longissimus », suivant la suggestion d'A. Sizoo (qui avait déjà perçu l'erreur des éditeurs[55]), ou encore « quam quisquis ex longissimis », comme nous le proposons.

En introduisant l'exemple de Naevius, Nebridius devait s'adresser à lui-même une objection : s'il n'y a pas de différence sensible significative entre les hommes, comment rendre compte de l'existence d'un tel géant ? Et il répondait sans doute que Naevius ne devait pas être un cas isolé dans la classe des géants. Pour Augustin, en revanche, Naevius est un homme singulier qui, par sa taille, se montre aussi différent de ses congénères que le soleil des autres astres (toutes choses égales par ailleurs)[56].

2.4.7   L'« homme Christ » et les disparités qualitatives

S'agissant maintenant des disparités *qualitatives*, et du fait que seul le soleil produit la lumière du jour, « est-il jamais apparu aux hommes », demande Augustin, « un homme aussi grand que celui que Dieu a assumé (*suscepit*) d'une manière tout à fait différente de celle dont il assume les autres saints et les autres sages ? » (p. 34, 4-7). Naevius est en quelque sorte éclipsé par un de ses congénères qui, par sa grandeur, s'est montré *encore plus différent* des autres hommes que le soleil des autres astres.

L'introduction de l'exemple du Christ, dans cette discussion d'un problème physique, a peut-être été suggérée à Augustin par l'interprétation ambrosienne

---

[53] Pline mentionne également le cas de Gabbara : neuf pieds et neuf onces soit 2m88 (*Hist. nat.* XVI, 16, 74 [or ibid.]) mais une telle taille n'est pas crédible.

[54] B. Voss, « Vernachlässigte Zeugnisse klassischer Literatur bei Augustin und Hieronymus », p. 156.

[55] Cf. « Augustiniana », p. 127. L'auteur explique les variantes de l'apparat critique en montrant que certains copistes ont dû penser que les dernières lettres de *Naeuii* désignaient le nombre VII.

[56] Il semble cependant que, dans cette discussion, Nebridius ait eu raison. Une rapide consultation du « Livre des records » nous apprend que les hommes les plus grands de l'histoire contemporaine sont Robert Wadlow, 2m72 ; John Rogan, 2m67 ; John F. Carroll, 2m63, Leonid Stadnyk, 2m57, etc. En fait, même la classe des géants ne compte pas vraiment d'exceptions et a plutôt la forme d'un peloton de tête.

(s'il l'a connaissait déjà à cette époque) de Ps 18, 6-7 : « In sole posuit tabernaculum suum ; et ipse tamquam sponsus procedens de thalamo suo. Exsultauit ut gigas ad currendam uiam » (Vulgate). En effet, Ambroise et d'autres Pères de l'Église ont reconnu le Christ dans le soleil qui s'élance à son lever comme un géant, un géant d'une double substance, à l'instar des « fils de la terre » de la tradition profane, qui étaient composites (*gemini*)[57].

L'exemple permet en tout cas à Augustin de faire d'une pierre deux coups. Il engage en effet son ami à « examiner attentivement » cette comparaison (*similitudo*) dans l'idée qu'elle permet de résoudre « en passant » une question qu'il lui avait précédemment posée « au sujet de l'homme Christ » (*de homine Christo*) (p. 34, 9-12). Nous ne savons malheureusement pas quelle était exactement cette question. Nebridius, qui avait un temps pensé que l'humanité du Christ n'était qu'apparente (cf. *Conf.* IX, 3, 6), s'était peut-être demandé comment Dieu avait pu devenir en quelque sorte un homme parmi les autres, tant il y a loin de Dieu aux hommes et tant les hommes se ressemblent entre eux.

La réponse d'Augustin consiste dans l'affirmation que l'union entre Dieu et l'homme dans le Christ est d'un autre ordre que l'union entre Dieu et les autres hommes[58] (on note que le même verbe « suscipere » est employé dans les deux cas). Augustin devait par la suite expliciter la différence fondamentale qu'il abordait ici. Pour marquer la progression de sa pensée christologique, on peut relever, comme le fait Tarcisius van Bavel, différentes formulations dont il a successivement usé : la nature humaine du Christ fut assumée par le Verbe de manière à devenir Dieu avec lui (*En. in ps.* 3, 3) ; « tous deviennent fils, mais pas par nature, comme l'est le Fils unique » (*Exp. ep. ad gal.* 27) ; « par humilité, Dieu ne dirigeait pas cet homme, comme il le faisait avec les autres saints, mais il le portait (*Deus humiliter, non quomodo alios sanctos regebat illum hominem, sed gerebat*) » (*De Trin.* XIII, 18, 23)[59] ; « c'est fort peu que d'affirmer que le Christ est le plus grand des hommes, car il est à la fois Dieu et homme » (*De domino autem Christo ualde parum est ut dicamus, summus homo, quia deus et homo*) (*Ser. Guelf.* 22, 1). Enfin, d'après la célèbre lettre sur la présence de Dieu,

---

57 Sur ce thème, cf. J. De Ghellinck, « Notes sur l'expression "Geminae Gigas substantiae" », *Recherches de science religieuse*, 5, 1914, 416-21) ; B. E. Daley, « The Giant's Twin Substances. Ambrose and the Christology of Augustine's *Contra Sermonem Arrianorum* », in J. T. Lienhard et al., *Collectanea Augustiniana. Augustine : Presbyter Factus Sum*, New York, 1993, p. 477-95 ; G. Madec, *Le Christ de saint Augustin. La Patrie et la voie*, 2001, p. 161-62 (« les bonds du Verbe ») (avec bibliographie).

58 Cf. T. J. Van Bavel, *Recherches sur la christologie de saint Augustin*, p. 28-30 (« Différence entre l'union de la nature humaine du Christ avec le Verbe-Dieu et l'union des saints avec Dieu ») : p. 28.

59 Comparer avec « agere hominem » (*De ord.* II, 9, 27 ; *De diu. quaest.* 83, 79, 5), qui est une autre expression de l'Incarnation.

« Dieu est présent au monde, présent à tous les hommes, présent à ses saints, présent au Christ. Mais non de la même manière ! Sa présence dans les âmes justifiées mérite le titre spécial d'"inhabitation". Mais ce mot n'est pas assez expressif pour le Christ (cf. *Ep.* 187, 13, 40) »[60].

On pourrait ici multiplier les textes et les explications, comme l'utilisation puis la mise à distance de la notion d'« homme seigneurial » (*homo dominicus*)[61] ou l'élaboration progressive de la notion d'union hypostatique, qui se substitue à l'idée d'abord avancée d'une assomption par le Verbe « d'une personne inférieure, c'est-à-dire humaine » (*susceptionem naturae inferioris personae, id est humanae*) (*Gen. Cont. man.* II, 24, 37)[62]. Contentons-nous d'ajouter à ces témoignages cette étonnante réflexion, sans doute ancienne, dans la *Sentence* 18, qui caractérise la différence entre le Christ et les autres hommes d'un point de vue strictement *intellectuel* (bien que le péché de l'homme soit mentionné) : « L'homme qui a été assumé par la Sagesse divine a intelligé d'autant plus divinement qu'il a été divinement assumé. Car bien que le corps soit un, tous ses membres n'ont pas la même santé. Autre est dite la santé de l'œil, autre celle de la tête, autre celle du reste du corps. Or l'homme, au sortir du péché, s'efforce d'intelliger ; mais Lui, il a été assumé par le même Intellect. Or jamais la main ne sera le pied, ou le pied, l'œil : de même l'homme aussi ne sera jamais ce qu'est Celui qui a été assumé par la Sagesse de Dieu » (*Sent.* 18, p. 158, 397-402).

3 Dieu contient-il la forme des différents individus humains ou seulement celle de l'homme (§4) ?

3.1 *De quoi y a-t-il des formes ?*

La seconde question de Nebridius soulève un problème platonicien précis, celui de savoir de quelles entités il y a des formes[63]. À ce propos, il existait une « liste standard »[64] de choses qui faisaient débat, comme déjà, chez Platon, les cheveux, la boue et la crasse (*Parm.* 130c) ou le feu et les différents éléments (*Tim.* 51b-c). Alcinoos présente clairement la position des Médioplatoniciens en la matière : « On définit l'idée comme le modèle éternel des choses conformes à la nature. En effet, la plupart des Platoniciens ne sont pas d'avis qu'il existe des

---

60 T. J. van Bavel, *op. cit.*, p. 29.
61 Voir à ce propos la mise au point d'E. TeSelle dans *Augustine the Theologian*, p. 150-51.
62 Cf. T. J. van Bavel, *op. cit.* p. 7 ; E. Bermon, « Persona », *Augustinus-Lexikon*, vol. 4, 693-700.
63 Sur ce problème, cf. G. O'Daly, *Augustine's Philosophy of Mind*, p. 197.
64 D. O'Meara, « Forms of Individuals in Plotinus : A Preface to the Question », in J. J. Cleary (ed.), *Traditions of Platonism : Essays in Honour of J. Dillon*, Aldershot, Ashgate, 1999, p. 263-269 : p. 264.

Idées des objets manufacturés, comme un bouclier ou une lyre, ni non plus assurément des choses contre nature, comme la fièvre ou le choléra, ni des individus, comme Socrate ou Platon, ni des choses viles, comme la crasse ou un fétu de paille, ni des relatifs, comme le plus grand ou le supérieur. En effet, disent-ils, les Idées sont les pensées éternelles et parfaites de Dieu » (*Did.* 9, p. 163, 23-31). La position présentée découle de la théorie médioplatonicienne des idées, qui sont désormais conçues comme étant immanentes à Dieu. C'est le critère de la *valeur* qui est décisif.

Pour attribuer des formes aux êtres individuels, il fallait donc aller à l'encontre de cette position dominante et aussi de l'affirmation de Platon selon laquelle « nous avons l'habitude de poser une forme unique au sujet de chaque multiplicité de choses qui reçoivent le même nom » (*Rép.* x, 596a), soit au sujet d'*universaux*.

3.2   *Plotin et les formes des individus*

Plotin le premier avança l'idée qu'il existe des formes des individus. La raison de cette innovation est formulée au début du *Traité* 18 : « Y a-t-il une idée aussi de l'individuel (τοῦ καθέκαστον) ? Si moi-même, ainsi que chaque individu, nous pouvons nous élever jusqu'à l'intelligible, c'est que le principe (ἀρχή) de chacun est là-bas » (v, 7 [18] 1, 1-3). Cependant, la position de Plotin sur cette question est notoirement complexe[65]. On se contentera de mentionner trois questions débattues par les commentateurs. (1) Plotin a-t-il affirmé de façon constante et cohérente l'existence de telles formes ou a-t-il varié[66] ? (2) La question de formes individuelles ne se pose-t-elle qu'à propos des individus *humains*, en tant qu'ils sont doués d'intellect[67], ou bien s'étend-elle à tous les types d'individus[68] ? (3) Quel est le statut des formes des individus humains ? De toute évidence, elles ne sont pas du même type que celles des universaux,

---

65   Cf. J. Wilberding, *Plotinus's Cosmology*, p. 47.
66   Selon H. J. Blumenthal, les preuves apportées par Plotin en faveur de leur existence ne doivent pas être considérées comme décisives (« Did Plotinus Believe in Ideas of Individuals ? », *Phronesis*, 11, 1966, p. 61-80 : p. 61) : « Nous avons un traité qui établit clairement qu'il existe de telles formes (v, 7) et deux passages qui peuvent l'accréditer (iv, 3, 5 et iv, 3, 12 *init.*). D'un autre côté, nous avons ce qui semble être un refus tout aussi clair en v, 9, 12, et un autre en vi, 5, 8 » (*Plotinus' Psychology*, p. 113). En sens contraire, selon J. Rist (« Forms of individuals in Plotinus », *Classical Quarterly*, H. S., 13, 1963, p. 223-231 ; Id., « Ideas of Individuals in Plotinus : A Reply to Dr. Blumenthal », *Revue Internationale de Philosophie*, 92, 1970, p. 298-303) et la majorité des commentateurs, Plotin a toujours affirmé l'existence de formes individuelles.
67   Voir notamment P. Kalligas, « Individuals in Plotinus », *Phronesis*, 47, 1997, p. 206-27 : p. 212 ; Ch. Tornau, « Qu'est-ce qu'un individu », p. 354-55.
68   H. J. Blumenthal, « Did Plotinus Believe in Ideas of Individuals ? », p. 73.

puisqu'elles sont le principe de notre véritable « moi » ou « nous », comme dit Plotin ; cependant, si le véritable « moi » est la partie non descendue de l'âme, comment celle-ci s'identifie-t-elle avec l'Intellect ? On peut hésiter sur ce point entre une interprétation forte (totale identité de l'âme avec les formes) ou bien une interprétation faible, qui affirme seulement l'existence d'une parenté[69].

Nous n'aurons pas à entrer dans l'examen de ces questions difficiles pour commenter la *Lettre* 14. Cependant, il sera intéressant de comparer les explications d'Augustin et de Plotin. Si pour ce dernier, la forme d'un individu, c'est son âme non-descendue, qui est « là-haut » de façon immuable, quelle que soit la vie qu'il mène, et si Augustin, comme les autres Néoplatoniciens, ne reprend pas pour son propre compte l'idée qu'une partie de notre âme demeure toujours dans l'intelligible – parce que, pour lui, je ne suis pas mon idée, qui seule se trouve toujours dans le Verbe divin –, quelle *autre raison* peut-il avoir d'admettre à son tour l'existence de formes individuelles ? Et en quoi son explication diffère-t-elle de celle de Plotin ?

3.3   *La réponse à la « grande question »*

La théorie platonicienne des idées joue un rôle fondamental dans la pensée augustinienne[70]. Dans la célèbre question *De ideis*, on lit que, sans idées, il n'y a pas de philosophie (cf. *De diu. quaest.* 83, 46, 1). En bref, celles-ci jouent un triple rôle métaphysique, épistémologique et éthique, que les lettres à Nebridius mettent tour à tour en évidence. Elles permettent d'expliquer la création du monde par la Sagesse divine, en qui se trouvent les modèles immuables de toutes choses[71] (cf. *Ep.* 3, 3 sur le monde sensible comme image de l'intelligible ; *Ep.* 11, 3-4 sur le rôle du Fils comme Forme) ; elles rendent possible la connaissance humaine, qui s'oppose à la perception sensible et à l'imagination (cf. *Ep.* 7 ; *Ep.* 13) ; elles définissent enfin l'horizon de la progression intellectuelle et morale de l'âme, « qui devient parfaitement heureuse en voyant ces

---

69   En faveur de l'interprétation forte, Ch. Tornau soutient que Plotin « accorde aux Formes individuelles le même statut ontologique que celui qui est traditionnellement conféré aux Formes platoniciennes » (« Qu'est-ce qu'un individu ? », p. 333-360 : p. 339).

70   Cf. G. O'Daly, *Augustine's Philosophy of Mind*, p. 189-199 (« Augustine and the Platonic theory of Forms »).

71   Voir en particulier l'explication des *Révisions* qui revient sur une affirmation du *De ordine* à propos du « mundus intellegibilis » : « Platon ne s'est pas trompé en affirmant qu'il y a un monde intelligible, si l'on veut bien prendre en considération, non pas l'expression elle-même, qui est étrangère aux usages dans l'Église en cette matière, mais la chose même qu'elle signifie. Car il a appelé "monde intelligible", l'idée même (*rationem ipsam*), éternelle et immuable, par laquelle Dieu a fait le monde » (*Retract.* I, 3, 2). Voir de nombreux autres textes cités par G. O'Daly, *op. cit.*, p. 192-5.

idées » (*De diu. quaest.* 46, 2 : « istas rationes, quarum uisione fit beatissima ») (cf. *Ep.* 4 ; *Ep.* 10).

Si l'essentiel de la doctrine augustinienne des idées présente surtout un caractère médioplatonicien[72], on peut penser que, lorsqu'il se demande s'il existe des idées des individus, Augustin connaît la thèse originale de Plotin, au sein de la tradition platonicienne, et peut-être aussi les difficultés qu'elle soulève. En tout cas, la seconde question de Nebridius doit sûrement s'expliquer par une sorte d'actualité du problème à Milan, vécue (inévitablement) en différé.

3.3.1   Le point de vue de la création et le point du vue du temps

Le traitement du problème par Augustin est original, pour autant qu'on peut en juger étant donné sa densité, qui le rend obscur[73]. La réponse d'Augustin repose sur la distinction entre *deux points de vue* : « Il me semble », dit-il, « qu'en ce qui concerne la création d'un homme, il y a là [dans le Fils] seulement l'idée de l'homme et non pas la mienne ou la tienne, mais qu'en ce qui concerne la création du cours du temps (*orbem temporis*), les différentes idées des hommes vivent dans cette pureté » (p. 34, 17-20).

Comme l'écrit Gerard O'Daly, « à première vue, c'est un refus explicite de la nécessité de poser une Forme des hommes individuels »[74]. Ce « refus » s'accorde avec la position formulée dans le *De ideis*, qui ignore l'existence de forme des individus : « L'homme n'a pas été créé par la même idée que le cheval, il serait absurde de le penser. Les choses ont donc chacune été créées par des idées qui leur sont propres » (*i.e.* par les idées de leur espèce) (*De diu. quaest.* 83, 46, 2). Dieu veut-il créer Augustin ou Nebridius ou quiconque, il a égard, à chaque fois, au fait qu'il crée *un homme* et non pas Augustin ou Nebridius. La création d'un individu, pris isolément ou en lui-même, met en jeu un paradigme *universel*. Ce premier point de vue n'est évidemment pas étranger au temps ; il inclut, pour chaque individu, son « évolution temporelle » (*suos temporales cursus*) (cf. *De diu. quaest.* 46, 2) de la naissance à la mort, mais de façon

---

[72] Cf. G. O'Daly, *op. cit.*, p. 192, qui mentionne cependant certains points de doctrine qui montrent une dépendance néoplatonicienne, comme par exemple la distinction entre « intelligibilis » et « intellectualis » (*De gen. ad litt.* XII, 10, 21).

[73] La bibliographie sur le sujet est très réduite. Outre la très brève analyse de C. Boyer, *L'Idée de vérité dans la philosophie de saint Augustin*, Beauchesne, 1941, p. 94, elle compte deux remarquables études : G. O'Daly, *op. cit.*, p. 198-199 ; L. Karfíková, « Augustine to Nebridius on the Ideas of Individuals (*ep.* 14, 4) », *Studia Patristica*, LXX, vol. 18, 2013, p. 477-486.

[74] G. O'Daly, *op. cit.*, p. 198.

générale (c'est-à-dire eu égard au fait qu'il s'agit d'un homme), en faisant jouer de manière classique l'opposition entre l'un et le multiple[75].

Le point de vue de la création du cours du temps[76], quant à lui, prend en compte la dimension temporelle d'une autre manière. Comme le précisera la suite de la lettre, il considère le fait que tout individu mène une existence historique et sociale, qui lui assigne une place déterminée au sein d'un peuple. Eu égard au caractère temporel ou historique de la création, il faut considérer qu'il y a aussi en Dieu des formes de chaque individu. On a donc une double voire une triple participation de l'individu : une participation à la forme de l'homme et une participation à sa forme propre, cette seconde participation étant elle-même médiatisée par son appartenance à l'idée de peuple.

Comment comprendre la distinction entre le point de vue de la création et le point de vue du temps ? En fait, le second point de vue tend à occulter la raison d'être du premier. Lorsqu'il crée des hommes, Dieu crée toujours des individus, comme Augustin et Nebridius, de sorte qu'on ne comprend pas bien pourquoi leur création est référée à l'idée d'homme en général et non pas d'emblée à leur idée propre.

Bien que le point de vue de la création des hommes ne se distingue de celui de la création du temps que *de façon abstraite*, il a sa raison d'être. Il rend d'abord compte du fait que tout a été créé par Dieu selon son genre et son espèce, comme le dit le début de la *Genèse*. D'autre part, l'idée joue un rôle épistémologique[77]. La suite du texte met clairement ce point en évidence : « Tout homme a été créé (*factus est*) par l'unique idée par laquelle on comprend qu'il est un homme » (p. 35, 2-3)[78]. Le fait qu'une seule idée préside à la création de tous les hommes s'explique donc aussi en raison du principe aristotélicien selon lequel il n'y a de connaissance que de l'universel.

La distinction qui sera établie dans le *De Trinitate* entre connaissance empirique et connaissance rationnelle de soi est sur ce point éclairante : « Lorsque l'esprit humain se connaît lui-même et s'aime lui-même, ce n'est pas quelque chose d'immuable qu'il connaît et qu'il aime. Autre est la façon dont chaque

---

75   On ne saurait donc écrire, comme le fait C. Boyer : « Saint Augustin pense comme Plotin que chaque individu a son idée vivant en Dieu. La raison en est simple ; une multitude d'hommes ne peut provenir de la seule idée d'homme en général » (*L'Idée de vérité dans la philosophie de saint Augustin*, p. 94).

76   Il me semble qu'il faut sous-entendre « faciendum » après « quod autem ad orbem temporis », qui s'oppose à « quod ad hominen faciendum adtinet ». Les deux points de vues sont pris sur la *création*, mais ils mettent en jeu deux entités différentes.

77   Au livre IV du *De genesi ad litteram*, les trois connaissances que l'ange acquière de la création, le « jour », le « soir » et le « matin », sont spécifiques ou génériques.

78   Dans l'édition Daur, on lit « facta est ». Il doit s'agir d'une erreur typographique. On note que l'individu est ici dit créé *par* l'idée de l'homme et non pas *d'après* elle.

homme parle de son propre esprit avec des mots, lorsqu'il est attentif à ce qui se passe en lui, autre celle dont il définit l'esprit humain à l'aide d'une connaissance spécifique ou générique. C'est pourquoi, lorsqu'un homme me parle de son propre esprit et me dit s'il comprend ou non ceci ou cela ou s'il veut ou non ceci ou cela, je le crois. Mais lorsqu'il dit quelque chose de spécifique ou générique qui est vrai au sujet de l'esprit humain, je le reconnais et je l'approuve. Par quoi il est manifeste que voir en soi ce qu'un autre croit sur parole sans le voir est une chose et que voir dans la vérité même ce qu'un autre peut également voir en est une autre : dans le premier cas, ce qu'on voit est muable, dans le second, il subsiste en vertu d'une éternité immuable » (*De Trin.* IX, 6, 9). Par exemple, si quelqu'un me dit qu'il aime les fraises et qu'il ne connaît pas le théorème de Pythagore, je le crois ou non. Mais s'il me dit que « nous voulons tous être heureux » (cf. *De Trin.* XIII, 4, 7) et que nous nous connaissons nous-mêmes parfaitement en tant qu'esprits (cf. *De Trin.* X, 3, 5 sq.), je ne peux que l'approuver parce qu'il parle en des termes spécifiques ou génériques et que ce qu'il dit est nécessairement vrai.

Nous pouvons ici mettre en évidence une première différence majeure entre Augustin et Plotin : pour Augustin, c'est une idée *spécifique* qui rend compte du fait que tout esprit humain se connaît lui-même, tandis que pour Plotin, l'auto-connaissance est précisément la raison d'être des formes des individus humains, parce que ceux-ci se connaissent eux-mêmes en tant qu'ils sont de *purs intellects*. Par certains aspects essentiels, pour Augustin, le vrai « nous » est spécifique et non pas individuel.

En dépit de son importance ontologique et épistémologique, le point de vue de la création des hommes est insuffisant. Si seule la forme spécifique est prise en compte, leur création n'est-elle pas une sorte de fabrication « à la chaîne » sur un seul et même modèle ? Dieu crée-t-il de la sorte un nombre infini d'individus[79] ? Et surtout, ces individus ne seront-ils pas semblables voire indiscernables les uns des autres ?

---

79 La question fut disputée plus tard dans la *Cité de Dieu* avec les Platoniciens, qui la posaient en la rattachant à l'infinité de la puissance divine. Porphyre soutenait qu'il devait exister un nombre infini d'âmes du fait que certaines d'entre elles échappent au cycle des métensomatoses, si bien qu'il faut leur substituer d'autres âmes pour assurer la permanence du monde, qui est éternel (XII, 21, 3). Augustin admet que Dieu puisse produire une infinité d'effets, tout en niant qu'il soit dans l'incapacité de connaître l'infini (XII, 19). Il laisse cependant ouverte la question de savoir si la création d'Adam implique l'existence d'une infinité d'âmes (XII, 21, 4). Pourtant, si les âmes qui sont sauvées prennent la place des anges qui ont chuté, comme il le suggère *Ench.* IX, 29, alors il n'y a pas lieu de postuler l'existence d'un nombre infini d'âmes (cf. P. Hadot, « La notion d'infini chez saint Augustin », p. 67-68). Augustin semble toutefois s'être prononcé une fois sur ce problème :

Sur ce point, il semble que l'on puisse relier entre elles les deux parties de la *Lettre* 14. Lorsque Dieu crée des hommes, une seule limite s'impose à lui : il ne peut pas faire deux individus qui aient *les mêmes mouvements* (cf. §2). Pourtant, il n'y a pas de nécessité à ce que, pour le reste, deux hommes soient parfaitement semblables, à l'instar des enfants de Daucus. Si le *premier* point de vue sur la création ne tient pas compte des différences que nous percevons empiriquement entre les hommes, il ne faut pas penser qu'il soit impossible d'en rendre compte rationnellement. Augustin est plotinien sur ce point : les différences individuelles ont un caractère *éidétique* et non pas hylétique, même si l'« éidétique » mise en jeu est d'un autre ordre. En effet, sa « logique » n'est plus l'opposition classique entre une unité et une multiplicité indéfinie (*i.e.* celle qu'embrasse le point de vue de la création des hommes), mais l'opposition entre une totalité historique déterminée et des individus qui y jouent chacun un rôle singulier et unique. Eu égard à la création du cours du temps, il y a une « raison » à ce que Nebridius et Augustin diffèrent l'un de l'autre, non seulement par leurs mouvements propres, mais aussi par leur aspect physique, leur visage, etc. En effet, tout en étant en eux-mêmes des hommes, ils sont l'un et l'autre des membres distincts d'un peuple que Dieu a voulu créer.

3.3.2 Une analogie géométrique pour éclairer un « point très obscur »

Conscient de la difficulté de son propos, Augustin s'aide d'une analogie : l'exemple d'une figure géométrique, composée de parties, doit montrer comment l'unité de la forme spécifique de l'homme et la pluralité des formes individuelles s'articulent entre elles (p. 34, 22-35, 7).

Gerard O'Daly a clairement expliqué cette analogie : « Je *peux* décrire un angle qui n'est pas une partie d'une figure géométrique complète, mais de fait les angles sont généralement et proprement des parties de touts, de triangles, de carrés, etc. Les carrés décrits participent à la Forme du carré et penser la Forme du Carré implique de penser la Forme d'une multiplicité, en l'occurrence d'une entité quadrangulaire. De la même façon, penser la Forme d'un peuple impose de penser à des individus a, b, c, etc., c'est-à-dire que cela impose de penser une distinction numérique et une pluralité. Pour l'individu, cela signifie qu'il participe à la fois à la Forme de l'Homme et à la Forme du Peuple. Ce n'est pas un problème pour un platonicien, comme l'observe Augustin »[80].

La comparaison est-elle cependant satisfaisante ? Selon Lenka Karfíková, « cet exemple tiré de la géométrie impose des limites au raisonnement

---

« Le nombre des êtres qui ont été créés incorporels n'a pas besoin d'être augmenté » (*Sent.* 7, 150, 173-174).

80   G. O'Daly, *op. cit.*, p. 198-199.

d'Augustin. Il ne pense pas à ce qu'est le fondement des différences entre les individus ; il se concentre plutôt uniquement sur leur *multiplicité* (...). Au lieu de mener aux idées des individus, l'exemple géométrique mène Augustin à l'idée d'une *multiplicité* d'hommes, qui ne tient pas compte de leurs différences »[81]. Si l'on admet la critique, il faut penser que la comparaison avec la figure géométrique illustre *le point de vue de la création des hommes* et non pas celui de la création du temps, comme on l'attendait. En effet, *si* les quatre angles du carré sont identiques, l'idée que j'ai en moi d'un de ces angles ne saurait être différente de celle que j'ai des trois autres, qui concourent avec le premier à la formation du carré. En recourant à nouveau à la distinction entre « type » et « occurrences », nous pourrions dire que nous avons affaire à un seul et même type (celui de l'angle) et à une multiplicité d'occurrences de ce type. Or, le sens de l'analogie devrait plutôt être de montrer que chacun des angles du carré a son propre type, puisque que, dans l'hypothèse de départ, on raisonne sur des individus humains qui participent chacun d'une idée qui leur est propre. Est-il possible qu'Augustin se soit ainsi égaré en produisant une comparaison qui montre le contraire de ce qu'il entend montrer ? Ne peut-on pas comprendre autrement l'analogie géométrique ?

Il me semble qu'il faut distinguer trois choses dans le raisonnement d'Augustin (en se souvenant qu'il ne s'agit que d'une analogie) : (1) une pluralité d'angles différents numériquement, dont j'ai l'idée spécifique unique ; (2) l'idée de quatre angles formant un carré ; (3) les quatre idées distinctes de ces quatre angles différents. Augustin recourt d'abord à (1) pour illustrer le point de vue de la création des hommes : « Toutes les fois que je veux montrer un angle, c'est toujours l'unique idée de l'angle qui me vient à l'esprit » – avec une foule de *phantasiae* indésirables (cf. *Ep.* 7, 4) ! Cependant, son souci est d'illustrer ce qui se passe du point de vue de la création du temps, et pour cela, il a besoin de (3)[82], qui découle de (2).

Pour comprendre en quoi (1) est différent de (3), il faut considérer que quatre angles comme tels ne forment pas un carré (on peut penser par exemple à des angles adjacents) ; pour obtenir un carré, il faut quatre angles de « forme » déterminée, qui sont droits et qui forment un quadrilatère dont les côtés sont égaux. Ces angles ont beau sembler parfaitement semblables (comme les enfants de Daucus), ils sont différents par leur forme et non pas seulement distincts *sub numero*. L'exemple d'un quadrilatère *propre* (c'est-à-dire qui n'est ni un rectangle ni un losange ni un parallélogramme) aurait sans doute été

---

81 L. Karfíková, *op. cit.*, p. 482.
82 Bien qu'il n'emploie pas exactement cette formulation, il faut la suppléer car elle est le pendant de l'expression « varias hominum rationes ».

plus éclairant de ce point de vue, puisqu'il fait intervenir quatre angles de types différents (différents sommets et différentes mesures). Peut-être Augustin ne l'a-t-il pas pris parce qu'il ne s'agit pas d'une figure *remarquable*. Quoi qu'il en soit, le sens de l'analogie me semble être le suivant : de même que l'idée du carré contient en elle celles de quatre angles distincts formellement et qui contribuent chacun à former cette figure, de même l'idée de peuple implique l'existence d'une pluralité d'individus, qui se distinguent également formellement[83].

3.3.3   L'individu comme partie d'une totalité

Augustin conclut : « Si donc Nebridius est une partie de ce tout (*pars huius uniuersi*), comme il l'est en fait, et que chaque tout (*omne uniuersum*) consiste en ses parties, Dieu, le créateur du tout, n'a pas pu ne pas avoir l'idée des parties » (p. 35, 5-7). De quel tout s'agit-il, cependant ? On peut comprendre, comme le font tous les traducteurs de ce passage, que la totalité en question est l'univers[84]. La mention de l'appartenance de l'individu à l'univers, *en plus* de son appartenance à un peuple, pourrait s'expliquer par le fait que le point de vue de la création du cours du temps embrasse bien sûr tout l'univers. Ce choix me paraît cependant entraîner une difficulté : cet élargissement implique de postuler l'existence d'idées individuelles pour tous les particuliers de quelque espèce que ce soit. Si ce postulat ne prête pas à conséquence d'un point de vue théologique[85], il semble nous éloigner de la question précisément discu-

---

83   La phrase « At ut populus fiat, quamuis et ispa una ratio, non tamen hominis ratio, sed hominum » embarrasse les traducteurs pour une double raison, comme on le constate : « But nevertheless it is not a Form of Man, but of Men, that brings it about that a people should be made, even though it, too, is *one* Form » (G. O'Daly, *op. cit.*, p. 198) ; « But for there to be a people, although the idea itself is one, still it is an not of a man, but of men » (R. Teske, *Letters*, p. 42) ; « Mais pour qu'il y ait un peuple, bien qu'il s'agisse aussi d'une idée, ce n'est pourtant pas l'idée d'homme, mais d'une pluralité d'hommes » (L. Wankenne, BA 40/A, p. 303) ; « But, in the case of a whole people, although the form according to which it is created be also one, it not the form of a man (*hominis ratio*), but of men » (W. Parsons, *Fathers of the Church* : *Saint Augustine Letters*, vol. 1 (1-82), Washington, The Catholic University of America Press, 1951, p. 35, reprise par L. Karfíková). S'agissant du problème grammatical, je comprends que « ut » a la valeur de « à supposer que ». D'autre part, il me semble que « hominis ratio » et « hominum ratio » désignent la réalité objective de ces idées plutôt que leur réalité formelle, (pour reprendre la distinction classique), même si cela ne fait pas grande différence.

84   Cf. G. O'Daly, *op. cit.*, p. 198 ; L. Wankenne, BA 40/A, p. 303 ; R. Teske, *Letters*, p. 42 ; L. Karfíková, *op. cit.*, p. 482 (qui discute cependant de façon précise ce point de traduction).

85   On lit dans le *De Trinitate* : « Unique est le Verbe de Dieu par qui toutes les choses ont été faites, qui est la vérité immuable où toutes les choses sont principiellement et immuablement ; non seulement celles qui sont dans tout cet univers créé, mais aussi celles qui ont

tée, qui se concentre, comme chez Plotin, sur les formes d'individus *humains*. Il paraît donc préférable de penser que cet « uniuersum » est le « tout » des hommes qui composent un peuple, dont l'idée vient d'être définie comme une unique « ratio hominum ». Bref, dans cette hypothèse, l'analogie géométrique qui illustre le point de vue du temps est la suivante : angle / carré = Nebridius / peuple = partie / tout.

3.3.4   De la géométrie à l'histoire

La combinaison des deux points de vue sur la création (respectivement des hommes et du temps) met en évidence la force de la pensée d'Augustin : la « raison » même de l'individualité ne tient pas à ce que l'individu est en lui-même – à savoir un homme parmi tous ceux que compte l'espèce humaine –, mais à son appartenance à un peuple, c'est-à-dire à une communauté *historique*.

Augustin ne précise pas quel est le peuple auquel Nebridius appartient : est-ce le peuple de Carthage, le peuple punique, le peuple africain[86] ? Nebridius n'appartient-il pas en outre au peuple de Dieu, du fait que l'homme est naturellement mais aussi eschatologiquement social (voir sur ce thème le livre XIX de la *Cité de Dieu*[87]) ? Quoi qu'il en soit, comme le souligne le *De libero arbitrio*, les peuples sont, à l'instar des hommes, « muables et soumis au temps » (*mutabiles temporibusque subiecti sunt*) (I, 6, 14)[88]. L'idée que Dieu a de Nebridius rend donc compte du rôle singulier que celui-ci joue à la fois synchroniquement et diachroniquement dans l'histoire du peuple dont il fait partie, aux côtés d'une multitude d'hommes et de femmes.

Cela étant dit, on aimerait savoir ce que contient exactement l'idée de Nebridius. Le fait qu'il est né près de Carthage, de parents aisées qui n'étaient

---

été et celles qui seront ; mais là, elles ne sont pas passées, ni futures : elles sont seulement ; et toutes sont vie et toutes sont une ou plutôt il n'y a qu'une seule chose et une seule vie » (*De Trin.* IV, 1, 3) (« Unum est uerbum dei per quod facta sunt omnia, quod est incommutabilis ueritas ubi principaliter atque incommutabiliter sunt omnia simul, non solum quae nunc sunt in hac uniuersa creatura, uerum etiam quae fuerunt et quae futura sunt ; ibi autem nec fuerunt nec futura sunt sed tantummodo sunt ; et omnia uita sunt et omnia unum sunt et magis unum est et una est uita »).

86 Sur le patriotisme d'Augustin, voir la *Lettre* 17 à Maxime de Madaure.
87 Cf. G. O'Daly, *ibid.*, p. 199.
88 Lorsqu'Augustin stipule dans ce même dialogue qu'« un peuple est constitué d'hommes associés par une loi unique » (*ex hominibus una lege sociatis populus constat*) (I, 7, 16) (sur la définition de ce qu'est un peuple, cf. aussi *De ciu. Dei*, XIX, 23), il désigne le peuple en tant qu'il est *d'institution* (humaine). Cette définition ne remet pas en cause le fait que les peuples sont aussi pour lui des réalités *naturelles*, dont Dieu est le créateur et le garant. Dans la *Cité de Dieu* (XVI, 8), il écrit que Dieu a créé les différents peuples (*gentes*), même ceux qui semblent monstrueux, comme les cyclopes, les pygmées, les skiapodes, etc.

pas chrétiens, qu'il avait telles mimiques, qu'il était de complexion fragile, qu'il était d'une rare curiosité intellectuelle, qu'il vécut aux côtés d'Augustin puis qu'il fut séparé de lui en Afrique, etc., tout cela est-il contenu dans sa forme propre comme dans une monade ? Comme d'autre part, les idées jouent un rôle prescriptif ou « canonique », et non pas seulement descriptif, l'idée de Nebridius n'inclut-elle pas ce qu'il doit être ?

Quoi qu'il en soit de ces questions, il est essentiel que l'idée d'un individu se définisse en fonction de la création du cours du temps. De ce point de vue, on peut à nouveau opposer Augustin et Plotin. Alors que, pour Augustin, les formes des individus rendent raison, sur le mode intelligible et immuable, de leur être temporel ou historique, à travers lequel doit s'opérer leur retour vers Dieu, chez Plotin, les différences éidétiques entre les individus sont établies *sub specie aeternitatis* et non pas *temporis*. Elles expriment une diversité entièrement immanente au monde *intelligible*, que les âmes n'ont pas véritablement quitté. L'incarnation et l'histoire sont contingentes. Loin d'être constitutives de l'individualité, elles n'apportent aux individus qu'un amoindrissement. Christian Tornau met bien en évidence ce qu'une telle conception a d'étonnant pour nous : « Nous admettons comme critères de l'individualité, outre les critères purement intelligibles, la séparation matérielle, la corporéité, l'histoire personnelle et la mémoire, et, de manière intuitive, nous considérons que la disparition de ces paramètres au niveau intelligible est une perte qui remet en cause la notion même d'individualité et, de manière générale, de moi. Pour Plotin, la situation se présente en des termes exactement inverses. À ses yeux, la genèse de l'individualité empirique à partir de l'intelligible renvoie au même cas de figure que celui qu'il décrit lorsqu'il dit : "Tu t'amoindris par cette addition" (VI, 5 [23], 12, 20). La corporéité et l'histoire, ces prétendus éléments constitutifs de notre individualité, sont seulement des amoindrissements de notre moi véritable ; ce sont des effets secondaires de la chute platonicienne de l'âme, c'est-à-dire de l'addition de l'homme corporel au "nous". Cette addition est le synonyme de la perte d'une individualité bien plus riche qui suppose des conditions incorporelles et dont la forme réduite, celle qui est soumise aux conditions de l'espace et du temps, est notre individualité empirique »[89].

3.3.5 La « réduction » à l'un

L'explication de la « magna quaestio » se termine sur une phrase énigmatique (p. 35, 7-10)[90]. En affirmant que « le fait qu'il y ait là [en Dieu] l'idée d'une pluralité d'hommes ne concerne pas l'homme lui-même (*non ad ipsum hominem*

---

89   Ch. Tornau, « Qu'est-ce qu'un individu », p. 356. Cf. aussi, *ibid*., p. 346-47.
90   G. O'Daly parle de « cryptic phrase », *op. cit*., p. 198.

pertinet) », Augustin redit, semble-t-il, que ce n'est pas le point de vue de la création des hommes qui rend compte de l'individualité mais celui de la création du cours du temps. En effet, celui-ci considère une « pluralité d'hommes », c'est-à-dire un peuple, et non pas « l'homme lui-même » (*ipsum hominem*), c'est-à-dire l'espèce[91]. Et pourtant, conclut Augustin – avant de prendre congé de son correspondant avec humour – « toutes les choses se ramènent d'une étonnante façon à l'unité (*miris rursum modis ad unum omnia redigantur*) ». De façon générale, « omnia in unum tendunt » (*De ord.* II, 18, 47). En l'occurrence, comme l'écrit Lenka Karfíková, « cela signifie dans le contexte de l'ensemble de l'argument, que les individus, non seulement constituent tout le peuple et tout l'univers, mais sont aussi unifiés comme une espèce (en dépit du fait que le raisonnement qui précède ne portait pas sur ce point, ce qui explique que la phrase de conclusion soit concessive : *quamquam*) »[92].

3.3.6   Conclusion

« La discussion en *Ep.* 14, 4 semble n'avoir eu aucune répercussion, ni dans d'autres écrits d'Augustin ni ailleurs. Elle est cependant un exemple supplémentaire de l'audace spéculative dont Augustin sait faire preuve, grâce à l'incitation du questionnement stimulant de Nebridius »[93]. La question du lien entre les différents individus humains et l'espèce humaine est restée centrale dans sa réflexion, mais il ne l'a plus abordée en se demandant s'il existe une idée des individus. En un mot, il insiste par la suite sur le fait que, d'après les Écritures, tous les hommes et toutes les femmes descendent d'un seul homme (Ève provenant elle-même d'Adam). Il écrit dans la *Cité de Dieu* « qu'il valait beaucoup mieux multiplier le genre humain, comme Dieu l'a fait, en le faisant sortir d'un seul homme, qu'il créa en premier, plutôt que de plusieurs » (XII, 22)[94]. Ce caractère singulier revêt une importance fondamentale pour

---

91 Certains commentateurs pensent que « ipsum hominum » signifie « un individu particulier (G. O'Daly, *ibid.*, p. 198 ; R. Teske, *Letters*, p. 42). Cette solution me paraît moins satisfaisante.

92 L. Karfíková, *op. cit.*, p. 483.

93 G. O'Daly, *op. cit.*, p. 199. Signalons cependant que la fin de la lettre (14, 4) a été citée au moyen âge par certains auteurs qui voulaient étayer la thèse selon laquelle Dieu a une connaissance de l'individuel (cf. par ex. Bonaventure, In I Sent., d. 35, art. un., q. 4, contra 1, p. 485b ; Henri de Gand, Quodlibet II, q. 1, p. 7 Wielockx).

94 « La création de l'homme, relatée en *Gen.* 1, 26, tranche avec celle des animaux, grégaires (colombes ou cerfs) ou solitaires (lions et loups). Pour tous, quelle que soit leur "sociabilité", Dieu les a fait exister "plusieurs à la fois" (*plura simul*). L'homme est donc singulier, au double sens du terme, puisqu'aussi bien "Dieu l'a fait à son image", capable de s'élever par sa raison au-dessus des animaux (CD XII, 24). Pour dire sa création, la Genèse n'emploie pas l'expression "selon son espèce" (*secundum genus*), remarque également

expliquer la chute de l'homme. « Nous étions tous dans ce seul homme, lorsque nous étions tous ce seul homme qui est tombé dans le péché » (*De ciu. Dei*, XIII, 14). Lorsqu'Adam pécha, tous ses descendants, bien qu'ils ne vécussent pas encore séparément (*separatim*), étaient pourtant un avec lui et en lui (« unus ... cum illo et in illo ») (*Ep.* 98, 1). Pour le dire encore autrement, Adam était « un seul homme » et aussi « tout le genre humain » (*totum genus humanum*) (*In Io. euang.* 10, 11). Une telle explication peut être rapprochée, dans une certaine mesure, de la pensée plotinienne, suivant la suggestion de John Rist : « La relation entre Adam et chacun d'entre nous ressemble sous certains aspects à celle de l'hypostase plotinienne de l'Âme – bien que chez Plotin l'Âme ne puisse pas chuter – aux âmes individuelles, qui en sont des "parties" (...). Qu'Adam puisse exister "séparément" de ses parties n'est pas plus étonnant que le fait que l'hypostase plotinienne puisse exister "à part" des âmes individuelles, comme une chose "une et multiple". La différence est que, tandis que Plotin rend les âmes individuelles distinctes de l'hypostase d'un point de vue métaphysique, Augustin les rend distinctes d'un point de vue historique. Mais c'est ce que nous devions attendre d'un Plotin christianisé »[95].

Nous sommes ainsi ramenés au problème de l'origine des âmes, une autre « magna quaestio » qui a embarrassé Augustin[96]. Qu'il nous suffise de rappeler que le passage du livre X du *De genesi ad litteram* consacré à la création d'Adam lui apporte deux explications possibles : celle d'une première âme dont toutes les autres dérivent par propagation, et celle de la création directe par Dieu de chaque âme singulière. Comme l'expliquent bien Paul Agaësse et Aimé Solignac, ce qui distingue les solutions traducianiste et créatianiste, c'est que « la première implique une communauté des âmes en quelque sorte *physique* et *génétique*, puisque toutes dérivent d'une seule ; aussi cette solution apparaît-elle davantage susceptible de servir à l'explication du péché originel ; la seconde solution, par contre, n'implique plus qu'une communauté *logique* et *générique* : les âmes humaines font sans doute partie d'un même genre, leur nature est la même et cette identité permet de les comprendre sous un même concept, mais chacune d'elle est créée par Dieu en sa réalité propre et non dans un prototype, qui serait en même temps le protogénérateur »[97].

Augustin en *De Genesi ad litteram*, III, 12, 20. C'est, dit-il, qu'il a été créé "unique" (*unus*), la femme devant être ensuite tirée de lui » (A.-I. Bouton-Touboulic, « Origines de l'homme, origines des hommes chez saint Augustin », *Vita Latina*, 172, 2005, p. 41-52 : p. 43).

[95] J. Rist, *Augustine. Ancient thought baptized*, Cambridge, Cambridge University Press, 1996, p. 126, dont je reprends l'analyse.

[96] Voir G. O'Daly, *op. cit.*, p. 15-20 (« The origin of souls »).

[97] *La Genèse au sens littéral* VIII-XIII, « Note complémentaire » 43 : « Origine des âmes singulières », BA 49, p. 530-534 : p. 533-34 ; cf. aussi « Note complémentaire » 44 : « Origine des âmes et péché originel », p. 534-541.

Pourquoi est-ce le Fils qui s'est incarné (1) (*Lettre* 12) ?

Si nos indications chronologiques sont exactes[1], la *Lettre* 12 est antérieure à la 10 et à la 11 et immédiatement postérieure à la 14. Elle répond à une nouvelle question de Nebridius sur le Christ – suite à celle qui a été abordée « en passant » dans la *Lettre* 14 –, à savoir la raison de l'Incarnation *du Fils*.

1   La gestion de la correspondance avec Nebridius

Augustin fait d'abord le point sur ses échanges avec Nebridius (p. 29, 3-12). Après avoir pris acte du fait que certaines lettres de son correspondant se sont perdues et avoir consulté la copie de ses propres lettres (*recognitis exemplaribus*), il fait le compte des réponses qu'il a déjà apportées aux différentes questions de son ami[2]. Avec tact, il invite ensuite ce dernier à modérer son zèle intellectuel et à se contenter de quelques raccourcis (*compendia*), tout en faisant valoir, au besoin, ses droits[3].

Enfin, Augustin prévient Nebridius qu'il devra se contenter d'une lettre brève. Le texte latin transmis est corrompu. On lit : « Hanc igitur epistulam numerabis inter minores epistulas meas, quam tibi † non sibi nihil mihi de aceruo minuere » (Goldbacher) (p. 29, 17) ; « ... quam tibi, † non sibi † nihil mihi ... » (Daur) ; « ... quam tibi † non siui nihil mihi ... » (Lancel). Comme l'a vu A. Sizoo, dans sa recension de l'édition Goldbacher, le changement d'un seul mot suffit sans doute à résoudre le problème. Il faut lire : « quam tibi non misi nihil mihi de aceruo minuere » (« cette lettre que je t'ai envoyée pour diminuer

---

1   Voir *supra* « État du corpus et chronologie », Introduction.
2   Sur ce bilan, voir *supra* « L'ordre des lettres », Introduction.
3   D'après J. H. Baxter, « dum sum parcus in uerbis, nihil parcas mihi » (p. 29, 15) serait une réminiscence de Plaute : « Nil pretio parsit filio dum parceret » (*Captiui*, 32) (« Reminiscences of Plautus », *The Classical Review*, 37, 1923, p. 27). (Le vieil Hégion rachète des esclaves en masse, pour en échanger un contre son fils qui a été vendu comme esclave). Quant au « ius » auquel Nebridius pourra faire appel, il n'est pas nécessaire de penser qu'il s'agit de celui de l'amitié, comme le font la plupart des traducteurs (cf. R. Teske, p. 38 : « demand everything that I owe you by that right of friendship ... » ; L. Wankenne, p. 289 : « Mais en vertu du droit (de l'amitié) qui me rendrait une chose plus précieuse si elle pouvait en quelque point m'être plus agréable »). Augustin paraît plutôt formuler ici une loi de la psychologie humaine.

quelque peu le tas »)⁴. Augustin signifie qu'il ne peut pas répondre à toutes les questions par de longues lettres mais que les lettres plus brèves elles aussi diminuent le tas des réponses à faire. Cette conjecture est confirmée par les mots qui suivent : « Non enim *et tu mittis* minores, quae non eundem aceruum augeant » (« Car il n'est pas de lettres courtes envoyées de ta part qui n'augmentent ce même tas ! »).

2   Une nouvelle question de Nebridius sur le Christ

Pour en revenir à la question de Nebridius, celui-ci demandait au sujet du Fils de Dieu « pourquoi c'est lui, plutôt que le Père, qui est dit avoir assumé l'homme, alors qu'ils sont tous deux ensemble (*cum simul uterque sit*) », c'est-à-dire inséparables (p. 29, 21-22). Il semble que le problème n'ait pas été entièrement nouveau car Augustin assure son ami qu'il l'élucidera lui-même « très facilement », s'il se souvient de certaines conversations qu'ils ont eues ensemble (à Milan ?) sur le Fils de Dieu. Le texte latin pose à nouveau problème ici. Goldbacher indique une lacune : « … dinosces facillime, si sermocinationum nostrarum, quibus, ut potuimus – nam ineffabile quiddam est………. qui sit dei filius, quo coniunci simus, recorderis » (p. 29, 22-25). Les Mauristes transcrivaient le même texte sans mentionner de lacune, donnant à lire une phrase qui n'est guère intelligible. Daur, quant à lui, supplée le verbe « quaerabamus » : « … si sermocinationum nostrarum, quibus, ut potuimus – nam ineffabile quiddam est – <quaerebamus>, quid sit dei filius quo coniuncti simus, recorderis » (« … si tu te souviens de nos conversations dans lesquelles <nous cherchions>, comme nous le pouvions – car c'est un sujet ineffable –, qui est le Fils de Dieu, par qui nous avons été unis »). Peut-être est-il possible de combler de façon plus satisfaisante la lacune en lisant : « si sermocinationum nostrarum, quibus, ut potuimus – nam ineffabile quiddam est – qui sit dei filius *coniecimus*, recorderis » : « si tu te souviens de nos conversations dans lesquelles nous avons fait des conjectures sur la nature du Fils de Dieu, comme nous le pouvions – car c'est un sujet ineffable – ».

Enfin, Augustin traite du problème en une seule phrase⁵ : « La Discipline (*disciplina*) même et la Forme de Dieu par laquelle ont été faites toutes les

---

4   « Augustiniana », p. 125. L'auteur précise que la construction *mittere* + infinitif se rencontre chez Augustin (cf. par ex. *Ep*. 89, 5 : « qui me misit baptizare in aqua »).

5   J.-L. Maier, qui suppose que la *Lettre* 12 suit chronologiquement la 11, écrit que « malheureusement, la plus grande partie de cette seconde lettre est aujourd'hui perdue, et nous ignorons cette "solution facile" » (*Les Missions divines selon saint Augustin*, Fribourg, Éd. universitaires, 1960, p. 124). Cette dernière hypothèse se fonde sans doute sur cette indication de Goldbacher

choses qui ont été faites s'appellent le Fils. Or tout ce qui a été accompli par le moyen de l'homme qui a assumé l'a été en vue de notre instruction (*eruditionem*) et de notre formation (*informationem*) » (p. 26-29). Pour autant qu'on puisse en juger (à partir de la solution plus détaillée apportée dans la *Lettre* 11), cette brève explication consiste en un syllogisme incomplet.

Une première proposition identifie au Fils la Forme de Dieu[6], par laquelle tout a été fait (une allusion discrète à Jn 1, 3), ainsi que sa « Discipline »[7]. La traduction de « disciplina » est malaisée en raison de la richesse sémantique du terme et de ses nombreuses occurrences dans nos lettres, notamment dans la *Lettre* 11, où il réapparait. Plusieurs choix sont possibles[8]. Après de nombreuses hésitations, je me résous à traduire invariablement ce terme par « discipline ». Dans son sens intellectuel, il s'applique aux disciplines libérales (« disciplina disserendi » désigne, en *Ep.* 7, 4, p. 16, 11, la dialectique). Cependant, il a aussi une acception éthique, qui est présente dans certaines de ses occurrences (en *Ep.* 7, 7, le fait de résister aux sens était appelé « nobis sacratissima disciplina » ; en *Ep.* 11, 4, il est question de « disciplina uiuendi et exemplum praecepti », qui nous permettent de bien vivre)[9].

Deuxième proposition du syllogisme : tout ce que Dieu a fait « au moyen de l'homme qui a été assumé » (*per susceptum illum hominem*) a été fait en vue de former et d'instruire les hommes. Le but *a priori* de l'Incarnation étant tel, on peut inférer qu'il revenait précisément au Fils – en tant qu'il est la Forme et la

---

à la fin de l'*Ep.* 12 : « *Vacat in V 67 uersiculorum spatium, in U 381/2 uersiculorum ; nullum eius modi spatium relictum est in P* » (p. 29, apparat critique). On note pourtant qu'Augustin écrit à son correspondant qu'il lui adresse une lettre *courte* et qu'il fait précéder son explication de « ut hic breuiter adtingam » (p. 29, 25-26).

6 Voir déjà la profession de foi de Nebridius en *Ep.* 14, 4 : « Tu demandes également si la Vérité souveraine et la Sagesse souveraine, la Forme des choses par laquelle toutes les choses ont été faites, que notre culte déclare être le Fils unique de Dieu ... » (p. 34, 13-16).

7 Le titre de « Verbe », qui n'apparaît pas ici, est utilisé pour la première fois par Augustin à propos du Fils en *De gen. cont. man.* I, 2, 3, qui opère un rapprochement entre le début de la Genèse et le début de l'*Évangile de Jean* (cf. O. du Roy, *L'Intelligence de la foi en la Trinité selon saint Augustin*, p. 270). L'identification du Fils avec la Forme paraît purement philosophique.

8 R. Teske traduit ici « disciplina » par « teaching » et par « discipline » en *Ep.* 11, 4. L. Ayres traduit successivement par « discipline », « training » et « reasoning » (pour « regula disciplinae ») (« "Remember That You Are Catholic" (*serm.* 52.2) : Augustine on the Unity of the Triune God », *Journal of Early Christian Studies*, 2000, 8/1, p. 39-82 : p. 52) ; O. du Roy fait alterner « enseignement » et « connaissance » (*op. cit.* p. 395) ; L. Wankenne « règle » et « enseignement ».

9 Sur ces différents sens de « disciplina », cf. D. E. Doyle, *The Bishop as Disciplinarian in the Letters of St. Augustine*, New York, Peter Lang, 2002, p. 29-32. En *De uera relig.*, qui recourt (déjà) à la tripartition hellénistique de la philosophie, on lit que la vie du Fils sur la terre est la « disciplina morum », de laquelle on peut déduire la « disciplina naturalis », et que sa méthode d'enseignement se conforme à la « rationalis disciplina » (16, 32-17, 33).

« Discipline » de Dieu – de l'accomplir en assumant la nature humaine. Mais il reste à comprendre quel lien il existe précisément entre l'action de « former » du Fils comme Dieu et celle d'enseigner, qui est la fin de l'Incarnation. Cette réponse très succincte n'ayant apparemment pas satisfait Nebridius, il fallut qu'Augustin y revînt, dans la *Lettre* 11. Ce fut pour lui « l'occasion de mettre pour la première fois au net, et en peu de mots, une théologie trinitaire dont on peut suivre la genèse depuis les écrits de Cassiciacum »[10]

10   S. Lancel, *Saint Augustin*, p. 193.

L'assimilation à Dieu dans le loisir (*Lettre* 10)

1 Comment vivre ensemble (§1) ?

1.1 *Une accusation de Nebridius*

La *Lettre* 10 répond, toutes affaires cessantes, à un grief (*crimen*) formulé par Nebridius[1]. Celui-ci accusait (*arguere*) son ami de « négliger de [se] soucier (*consulere*) de la façon dont [ils] pourraient vivre ensemble » (p. 23, 1)[2]. Le ton « judiciaire » de l'échange est donné. Augustin va s'efforcer de se disculper en montrant de façon argumentée qu'il n'agit pas à la légère. Il présente même un modèle de prise de décision rationnelle, qui prend en compte tous les aspects du problème à régler. En l'occurrence, il s'agit de concilier la revendication de Nebridius, « una uiuere », et la sienne propre, « ex sententia uiuere »[3]. Comme Augustin va l'expliquer, un raisonnement très plausible (*ratio perprobabilis*) montre qu'il est préférable pour lui de vivre à Thagaste plutôt qu'à Carthage la vie dont il a fait choix (p. 23, 3-6) ; reste à savoir ce qu'il doit faire de Nebridius.

1.2 *Le loisir, le bonheur, l'amitié*

Tout en examinant ce problème pratique, Augustin développe trois thèmes connexes qui sont au cœur de notre correspondance : le loisir, le bonheur et l'amitié.

---

[1] Pour ce chapitre, j'ai bénéficié de l'explication que Charles Brittain a donnée de l'*Ep.* 10 lors du Workshop de Villejuif et en particulier de sa présentation de la structure de cette lettre (la numérotation des lignes est ici celle de l'éd. Daur) :

[a] ll. 1-6 :	*crimen*	Nebridian constraint :	*vivere una*	§1
[b] ll. 6-21 :	*response*	Augustinian constraint :	*vivere ex sententia*	§1
[c] ll. 22-53 :				
[i] ll. 22-34 :	*amplification*	otium necessary for tranquility		§2-3
[ii] ll. 34-41 :	1st justification : A. isn't idle to claim [i] most people need *cessatio*			
[iii] ll. 42-53 :	2nd justification : A. isn't wrong to claim [i] *tranquillitas* is possible			
[d] ll. 53-58 :	*conclusion of response* : the solution lies with Nebridius			§3.

[2] « Consulere » a le double sens de « délibérer » et de « prendre des mesures » ou de « faire le nécessaire » en vue de quelque chose. C'est en principe ce que font les consuls (cf. *De ciu. Dei*, v, 12, 1). Le même verbe est employé à la fin de la lettre : « … restare unum uides ut tu quoque in commune consulas, quo uiuamus ». Nebridius doit, lui aussi, considérer leur intérêt commun (sur ce sens de « consulere in commune », cf. par ex. Ter., *Andr.* 548 ; Tac., *Agr.* 12 ; *Ann.* 12, 5).

[3] « Sententia » a ici le sens de προαίρεσις. Le terme est à rapprocher du « placitum sanctum » de *Conf.* IX, 8, 17 et d'expressions récurrentes comme « propositum », « uotum », « promissum » … (cf. A. Mandouze, *Saint Augustin : l'aventure de la raison et de la grâce*, p. 215, n. 2).

Il assure tout d'abord Nebridius que son accusation a mis sa *pensée* dans un état d'agitation (*me in cogitando tenuit aestuantem* [p. 22, 24-25]) (ce dernier terme étant ici pris en mauvaise part, à la différence de son occurrence en *Ep.* 13, 2, p. 30, 15). Or le vrai loisir est celui de la *pensée*, qui s'oppose à celui du désœuvrement : « non otium desidiae, sed otium cogitationis », lit-on en *De uera relig.* 35, 65[4]. Ce vrai loisir consiste, comme va l'expliquer notre lettre, à se retirer des « affaires » (*negotia*) – c'est-à-dire « loin du tumulte des choses qui passent »[5] –, qui accaparent la pensée et qui l'inquiètent, pour pouvoir trouver le bonheur et la sagesse[6]. Le bonheur, qui est donc la fin du loisir, consiste plus précisément dans l'assimilation à Dieu (*deificari*), le concept-clef de cette lettre. Troisièmement, le bonheur ne doit pas être recherché au détriment de l'amitié, qui en est au contraire une dimension essentielle. Augustin ne veut pas abandonner les siens à Thagaste, qui ont besoin de lui ; d'autre part, il se soucie de vivre avec Nebridius, contrairement à ce que dit ce dernier, même s'il invite surtout son ami à trouver le bonheur *en lui-même*.

1.3 *Une consolation*

Le thème de la mort fait irruption dans notre correspondance, en étroite association avec les trois autres mentionnés[7]. Augustin expliquera qu'il ne peut pas faire d'incessants allers-retours entre Thagaste et Carthage parce qu'il ne veut pas être distrait de la pensée qu'il va mourir. Bien qu'il parle de sa propre mort, on peut penser qu'il introduit à dessein ce sujet, parce qu'il sent que la fin de son ami approche. Le temps est loin, où il avait aimé son premier ami (anonyme) « comme s'il ne devait pas mourir » (*acsi non moriturum*) (*Conf.* IV, 8, 13)[8]. De ce point de vue, la *Lettre* 10 ressortit au genre ancien de la consolation[9]. Cette dernière, comme le dit bien Joseph Lössl, « ne doit pas être

---

4 Scipion établissait *implicitement* une telle opposition lorsqu'il affirmait « qu'il n'avait jamais moins de loisir que lorsqu'il avait du loisir » (*numquam se minus otiosum esse quam cum otiosum*) (*De Off.* I, 1, 1).

5 Sur ce « tumulte », cf. *Ep.* 2, 1.

6 Sur l'opposition entre le loisir et la vie affairée, cf. H. J. Sieben, « Otium-negotium », *Augustinus-Lexikon*, 4, 406-9. Signalons du même auteur l'article « "Quies" et "Otium" » dans le *Dictionnaire de Spiritualité* (12, 2748-51).

7 Sur ce thème, cf. J.-M. Girard, *La Mort chez saint Augustin : grandes lignes de l'évolution de sa pensée telle qu'elle apparaît dans ses traités*, Fribourg, Éditions universitaires, 1992 (présentation en fonction des différents types d'écrits augustiniens : antimanichéens, exégétiques, antidonatistes, antipélagiens).

8 Sur cet épisode, cf. J. Follon et J. McEvoy, *Sagesses de l'amitié II*, p. 178.

9 Le modèle des consolations romaines fut le περὶ πένθους de l'Académicien Crantor. Il influença directement les *Tusculanes* de Cicéron, qui influencèrent à leur tour Augustin (cf. K. M. Tortorelli, « Cicero as a Point of Reference for Appreciating *Confessions* IV, 4-9 :

confondue avec la notion moderne, relativement "faible", de "consolation" (...) : la *consolatio* ancienne ne se caractérisait pas par une affliction démunie envers leurs destinataires. Elle avait une recommandation sérieuse et méthodique à offrir quant à la façon de la gérer et si possible de la surmonter. Elle combinait l'exhortation morale et une aide "psychologique" et thérapeutique, au moyen d'un usage conscient de méthodes "cognitives" (incluant la logique et la rhétorique), une sorte d'exercice spirituel intellectuel. La *consolatio* traditionnelle prenait bien sûr son point de départ dans des situations concrètes de perte et de douleur. Mais elle ne s'arrêtait pas là. Elle tirait parti de ces situations concrètes pour poser des questions plus larges et plus profondes »[10].

Lorsqu'Augustin écrit, dans notre lettre, que les déplacements incessants détournent de penser à la mort (p. 23, 21-22), nous pouvons penser que de tels propos, adressés à un malade, sont rudes et qu'une telle pastorale des malades passerait difficilement aujourd'hui[11]. Deux remarques conduisent toutefois à tempérer ce jugement. D'une part, Augustin insiste sur le fait qu'il ne s'exprimerait pas comme il le fait ici en s'adressant à n'importe qui (cf. *Ep.* 10, 3 : « tibi

---

Consolatio », *Vetera Christianorum*, 28, 1991, p. 375-385). Sur ce genre littéraire chez Augustin, cf. Y.-M. Duval, « Consolatio », *Augustinus-Lexikon*, 1, 1244-47, qui mentionne, parmi les principaux textes, outre *Epp.* 92, 259, 263 qui sont les plus connus, *Epp.* 203-204, 99, 111, 78, 208, 248, 249 et *Serm.* 143, 172, 173. Voir aussi J. Lössl, « Augustine's *Confessions* as a Consolation of Philosophy », in J. Albert et al. (ed.), « *In Search of Truth* » *: Augustine, Manichaeism and other Gnosticism. Studies for Johannes von Oort at sixty*, Leiden-Boston, Brill, p. 47-73 (avec bibliographie complète sur la question, p. 50-53), qui propose de lire les *Confessions* comme une consolation de la philosophie.

10   J. Lössl, *op. cit.*, p. 52-53. L'auteur renvoie notamment à R. Kassel, *Untersuchungen zur griechischen und römischen Konsolationsliteratur*, Munich, Beck, 1958 ; P. Lain Entralgo, *The Therapy of the Word in Classical Antiquity*, New Haven, Yale University Press, 1970 ; H. Baltussen, *Acts of Consolation. Approaches to Loss and Sorrow from Sophocles to Shakespeare*, Cambridge, Cambridge University Press, 2010.

11   Dans le même registre, Augustin écrit à propos de la ruine d'une cité : « Non erit magnus magnum putans quod cadunt ligna, lapides, et moriuntur mortales » (« Il n'est pas un grand homme celui qui pense que la chute de morceaux de bois et de pierres et la mort de mortels sont une grande chose ») (*Sent.* 17a). On sait que ce mot est repris de Plotin (« Si donc [l'homme vertueux] estimait qu'il s'agit là d'un grand malheur, ou d'un malheur tout court, il aurait une opinion ridicule et il ne serait plus vertueux en pensant que du bois, des pierres et, par Zeus, la mort de mortels est une grande chose ») (*Enn.* I, 4 [46], 7, 22-24), qu'Augustin se l'est appliqué à lui-même (cf. *Ep.* 6*, 1) et qu'il fut pour lui une source de consolation à l'approche de l'envahisseur et de la mort (Possidius, *Vita Aug.* 28 : « Et se inter haec mala cuiusdam sapientis sententia consolabatur dicentis ...). Sur ce texte, cf. P. Henry, *Plotin et l'occident*, p. 137-39, qui montre bien comment Augustin adapte rhétoriquement le texte grec en latin. Voir aussi P. Courcelle, *Histoire littéraire des grandes invasions germaniques*, Paris, Hachette, 1948, p. 277-282 (« Appendice : Le stoïcisme chrétien devant le spectacle des ruines »).

dico, non enim cuilibet dicerem, tibi inquam, dico … »). D'autre part, force est de constater que la « consolation » augustinienne, logique et radicale comme elle est, semble avoir produit l'effet escompté sur son destinataire (cf. *Ep.* 11, 1, p. 25, 11-14).

1.4 *Trois options*

Pour répondre au problème pratique soulevé par Nebridius, Augustin considère trois options (p. 23, 6-19).

(1) Il propose d'abord à son ami de lui envoyer une chaise à porteurs (*basterna*) pour qu'il vienne à lui[12]. Un tel moyen de locomotion ne lui ferait courir aucun risque, au dire de Lucinianus (la précision témoigne de la sollicitude dont Nebridius est entouré) ; mais comment sa mère supporterait-elle de le voir partir malade, alors qu'elle supportait déjà mal son absence lorsqu'il était bien portant ?

(2) Faut-il déménager chez Nebridius ? Augustin objecte qu'il n'a pas le droit d'abandonner ceux avec qui il vit ; il dit « *nefas* : un mot latin fort ! »[13]. Nebridius peut « trouver en [son] esprit un séjour agréable » (*apud tuam mentem suauiter habitare*) (p. 23, 11-12), tandis que ceux-ci en sont encore incapables et ont besoin d'être enseignés par Augustin.

(3) « Faut-il que je fasse des allers-retours », demande Augustin, « et que je sois tantôt avec toi tantôt avec eux ? Mais même cela ce n'est pas vivre ensemble conformément à notre résolution »[14]. De fait, le trajet entre Hippone et Carthage était long et accidenté[15] ; il fallait compter une semaine de route environ[16]. Augustin savait d'expérience qu'un long voyage est « tout une affaire » (*negotium*), comme il le dit. Dans un sermon qui commente Sg 9, 15, « l'âme est appesantie par le corps », il écrit : « Un homme en chair et en os (*in corpore constitutum*) désire voir un ami en chair et en os ; il sait que celui-ci est au loin, que de nombreuses étapes le séparent de lui : par l'âme (*animo*), il

---

12 « On distingue deux sortes de litières. La *basterna* avait la forme d'une chaise à porteurs ; elle était fermée et fixée à deux perches généralement attelées à des mulets, mais parfois aussi portées par des hommes. La *lecticta* avait la forme d'un lit, d'une couchette » (O. Perler, *Les Voyages de saint Augustin*, p. 39, n. 5). « Basterna » n'apparaît que dans le latin tardif (cf. *TLL* 2, 1782.63-1783.9).

13 G. Lawless, *Augustine of Hippo and his Monastic Rule*, p. 54.

14 « At hoc neque simul ex sententia uiuere est » (Daur). Dans l'édition Goldbacher, on lit : « At hoc neque simul neque ex sententia uiuere est » (p. 23, 14) (« Mais ce n'est pas là vivre ensemble ni vivre conformément à notre résolution »). L'ajout d'un second « neque » est judicieux : il signifierait qu'une telle solution ne serait satisfaisante *pour aucun des deux*, dans la mesure où Augustin ne serait pas pleinement avec Nebridius et où il contreviendrait au mode de vie qu'il a fait sien. L'ajout est néanmoins sans garant.

15 On en trouve le descriptif dans O. Perler, *op. cit.*, p. 131.

16 O. Perler, *ibid.*, p. 148.

a déjà pris les devants (*iam praecessit*), mais quand il arrive avec son corps, il sent alors de quel fardeau il est chargé. Le poids de la chair n'a pas pu obéir à la volonté en respectant cette vitesse présomptueuse : il n'a pas pu être emporté à la vitesse à laquelle l'âme voulait être emportée par lui. Il est lent et lourd » (*Serm.* 277, 6, 6).

Augustin formule en outre à l'encontre de la troisième option une considération personnelle qui retient l'attention : « À cela s'ajoute ma faiblesse corporelle, qui fait que moi non plus, comme tu le sais, je ne peux pas ce que je veux, à moins de cesser entièrement de vouloir plus que ce que je peux » (« Huc accedit infirmitas corporis qua ego quoque, ut nosti, non ualeo quod uolo, nisi omnino desinam quidquam plus uelle quam ualeo ») (p. 23, 17-19)[17]. L'opposition entre le vouloir et le pouvoir est un grand thème qui traverse toute l'œuvre d'Augustin. On lit dans le traité *Sur le bonheur* : « Elle est tout à fait vraie cette maxime (*sentientia*) du poète comique : "Puisque tu ne peux pas faire ce que tu veux, veuille ce que tu peux" (*Quoniam non potest id fieri quod uis, id uelis quod possis*) (Térence, *Andrienne*, 305-6) » (*De beat. uit.* 4, 25). En se conformant à cette maxime, le sage ne peut pas être malheureux, puisque rien n'arrive contre sa volonté. Plus tard, Augustin utilisera de façon polémique la maxime de Térence pour critiquer les philosophes antiques (en particuliers stoïciens), qu'il accuse d'avoir finalement voulu ce qu'ils pouvaient, à défaut de pouvoir ce qu'ils voulaient, pour pouvoir se rendre eux-mêmes heureux dans cette vie, quitte à renoncer au vrai bonheur (cf. *De ciu. Dei*, XIV, 25, qui cite le même vers de l'*Andrienne*). Pour lors, dans notre passage de la *Lettre* 10, en précisant qu'il ne peut pas faire ce qu'il veut, Augustin apporte un nouveau témoignage du fait qu'il n'est pas encore sage (cf. *Ep.* 3, 1 ; 5 ; *Ep.* 4, 2). Mais il s'agit aussi pour nous d'un intéressant constat relatif à sa *santé*[18] : en jouant sur « uelle » et le double sens de « ualere » (être en bonne santé, pouvoir), « il confessait à Nebridius (...) les limitations que lui imposait ce qu'il appelait son "infirmitas corporis" »[19]. Le jeu de mot est malheureusement intraduisible.

---

[17] On lit dans Goldbacher « plus uelle, quam non ualeo ». La négation est supprimée par les autres éditeurs.

[18] Sur ce sujet, cf. B. Legewie, « Die Körperliche Konstitution und die Krankheiten Augustin's », in *Miscellanea Agostiniana*, II, Rome, Typografia Poliglotta Vaticana, 1931, p. 5-21 : p. 10. L'auteur écrit que ce « non breuis est uia » étonne le médecin car Augustin a fait le long voyage en Italie ; il doit en fait s'expliquer par « une indisposition physique temporaire », sinon on ne comprendrait pas qu'Augustin ait fait plus tard jusqu'à un âge avancé le voyage d'Hippone à Carthage pour se rendre à des conciles. Il me semble que le médecin ne contextualise pas l'affirmation d'Augustin, qui se dit en l'occurrence incapable de faire des *allers-retours continuels*, en sous-estimant peut-être ses capacités physiques, qui seraient par la suite mises à l'épreuve.

[19] S. Lancel, *BA* 40 A, p. 132.

Au total, comme l'a bien vu André Mandouze, ce qui frappe, dans ce passage, c'est que le refus opposé à Nebridius tient essentiellement à la nature même de la vie cénobitique, qui exige la stabilité : « L'option monastique qu'a prise Augustin avec d'autres frères l'oblige à la *résidence*, même si doivent en souffrir les relations individuelles et les liens avec des amis très chers »[20].

Dans l'esprit d'Augustin, un tel choix de vie se justifie en fin de compte par une des notions les plus « lourdes » de la métaphysique, celle de la permanence ou plus exactement de la « manence » (*manentia* / μονή) (cf. *Ep.* 11, 3) : il faut demeurer avec les siens dans son « monastère » (c'est un des sens de « μονή ») pour demeurer dans le Principe, en l'occurrence le Saint-Esprit[21].

Cette apologie radicale de la sédentarité ne doit cependant pas nous faire oublier qu'Augustin fit des voyages dès cette époque. L'*Ep.* 15 fait allusion à une longue absence de Thagaste, on ne sait où. L'*Ep.* 19 mentionne une visite à un certain Gaius (inconnu). Bref, comme l'indique Charlotte Köckert, qui est attentive à ce qu'elle appelle la « selfstilization » dans notre lettre, Augustin ne vivait pas complètement retiré du monde, contrairement à l'image qu'il présente de lui dans l'*Ep.* 10[22].

2   Le loisir et l'assimilation à Dieu (§2)

2.1   *Le loisir et la mort*

2.1.1   La recherche de la familiarité avec la mort

Augustin exclut de faire des déplacements incessants au motif qu'ils détournent de penser « à ce dernier voyage qu'on appelle la mort », « le seul auquel il faille vraiment penser » (p. 23, 20-23). La comparaison de la mort avec un voyage

---

20   *Saint Augustin, l'aventure de la raison et de la grâce*, p. 210, n. 1.
21   Une curieuse étymologie illustre cette intuition dans le *De fide* : elle fait dériver « sanctitas » (la sainteté) de « sanciri » (être sanctionné), dans l'idée que l'on est toujours sanctionné en étant assigné à demeure (« ad permanendum ») et que l'Esprit-Saint est l'amour qui fait demeurer dans la Sagesse de Dieu : « Frui autem sapientia Dei, nihil est aliud quam ei dilectione cohaerere : neque quicquam in eo quod percipit permanet nisi dilectione ; et ideo Spiritus sanctus dicitur, quoniam ad permanendum sanciuntur quaeque sanciuntur, nec dubium est a sanciendo sanctitatem uocari » (*De fide et symb.* 9, 19). E. P. Meijering traduit « ad permanendum sanciuntur » par « are sanctified in order to last » et renvoie à Marius Victorinus, *Adv. Ar.* 3, 15 : « Ipse uero Spiritus sanctus dictus quod sanciat sanctos, id est sanctos faciat » (*De fide et symbolo, Introduction, Translation, Commentary*, Amsterdam, J. C. Gieben, 1987, p. 128). Augustin indique pourtant qu'il joue sur les mots.
22   Ch. Köckert, « Augustine and Nebridius », p. 251. Sur les voyages d'Augustin à cette époque, cf. O. Perler, *op. cit.*, p. 149-51.

(ἀποδημία, πορεία) est un lieu commun de la philosophie platonicienne (*Apol.* 40e ; *Phédon*, 61d ; 67b ; 107d ; 111e ; *Phèdre*, 256d ; *Rép.* X, 614a). Elle est reprise par Plotin (*Enn.* VI, 2 [43], 4, 27 ; VI, 9 [9], 4, 15 ; VI, 9 [9], 11, 43)[23], puis par Porphyre, qui affirme qu'elle se trouvait déjà chez Pythagore : « L'un de ses préceptes était de "ficeler son paquetage chaque jour", dans l'idée que la mort est un voyage (ἀποδημία) et qu'il faut toujours attendre en ayant fait nos bagages le moment du départ vers là-bas » (fr. 381 Smith).

S'il faut penser à cet ultime voyage, c'est, comme le précise un peu plus loin notre lettre, pour « créer » une « familiarité avec la mort » (*cum morte familiaritatem facere*) (p. 24, 4). L'expression évoque la μελέτη θανάτου de Platon (cf. *Phédon*, 81a ; cf. aussi 67e ; 80e)[24], qu'Augustin a peut-être connue par la formulation que Cicéron en a donnée dans les *Tusculanes* : « Toute la vie des philosophe est, comme le dit Platon, une préparation à la mort (*tota enim philosophorum uita, ut ait idem, commentatio mortis est*). Car que faisons-nous, quand nous séparons notre âme du plaisir c'est-à-dire du corps, ou d'un bien personnel qui est le serviteur et le domestique du corps, ou de la politique, ou de toutes nos affaires (*negotio omni*), que faisons-nous, dis-je, si ce n'est rappeler l'âme à elle-même, la forcer à s'appartenir et surtout la détacher du corps ? Or dissocier l'âme du corps, ce n'est pas autre chose qu'apprendre à mourir. Par conséquent, entraînons-nous à cela, crois-moi, et désunissons-nous d'avec nos corps, c'est-à-dire habituons-nous à mourir (*consuescamus mori*) » (*Tusc.* I, 30, 74-31, 75)[25].

On note cependant que l'expression même de « familiaritas cum morte » ne paraît pas être courante dans l'antiquité car « nous ne connaissons qu'un seul autre exemple, chez Augustin lui-même (*Soliloques* II, 19, 33) »[26] ; encore faut-il préciser que la « familiarité avec la mort » dont il est question dans ce passage est celle que les malheurs de la vie ont produite en nous, en nous remplissant de troubles. À cause d'elle, il ne suffit pas d'avoir démontré que l'âme est immortelle pour supprimer la crainte de mourir (« Quid, quaeso, de animi perpetua uita, nescio qua mortis familiaritate dubitamus ? »)[27]. Au contraire,

---

23   Pour d'autres référence à ce thème, cf. G. Folliet, « "Deificari in otio". Augustin, *Epistula* 10, 2 », *Recherches Augustiniennes*, 2, 1962, p. 225-236 : p. 227, n. 8. L'article est richement documenté sur les sources de cette lettre.

24   On note à l'appui de ce rapprochement que μελέτη peut être complément de ποιεῖσθαι ; cf. Porphyre, *De abst.* II, 61, 8, à propos précisément de la préparation à la mort (cf. aussi *De abst.* I, 30, 5 : « δύο μελέτας ποιησαμένους »).

25   Cf. aussi Épictète, *Manuel*, 21 ; Marc-Aurèle, II, 5 ; II, 17 ; IX, 3 ; XI, 3, qui reproche aux chrétiens de se préparer à la mort avec une franche opiniâtreté (κατὰ ψιλὴν παράταξιν).

26   G. Folliet, *op. cit.*, p. 227, n. 9.

27   Voir *supra* « Une objection à la preuve de l'immortalité de l'âme : le cas des âmes ignorantes [*Sol.* II, 14, 25] », *Lettre* 3.

dans notre lettre, la « familiarité avec la mort » est présentée comme un grand bien (cf. « hoc tantum bonum »).

2.1.2   De la crainte au désir de la mort

Son bienfait est de libérer l'âme de la crainte de mourir et même de l'amener à désirer la mort (p. 23, 5 ; p. 24, 19-20). La *Lettre* 10 témoigne de la façon dont Augustin est parvenu à réaliser cette transformation dans sa propre existence et à la théoriser. Comme on l'a vu, les *Confessions* rappellent qu'à Milan encore sa crainte de la mort et du jugement était le seul frein qui l'empêchait de s'enfoncer dans « le gouffre des plaisirs de la chair » (*Conf.* VI, 16, 26) (cf. *supra* « Les discussions "de finibus" », Introduction). Dans les *Soliloques*, il reconnaît que trois choses peuvent le troubler : la crainte de perdre ceux qu'il aime, la crainte de la douleur et la crainte de la mort (I, 9, 16) (cf. *supra* « Les progrès effectués *à Cassiciacum* ? », *Lettre* 4). Et il explique plus loin qu'il ne craint la mort que dans l'idée qu'elle soit un mal qui le prive de la connaissance divine (« Nunc ergo propterea mori times, ne aliquo peiore malo inuoluaris, quo tibi auferatur diuina cognitio ») (*Sol.* I, 12, 20).

Ce stade éthique correspond au quatrième degré de l'ascension de l'âme présentée dans le *De quantitate animae*, celui de la purification (*purgatio, mundatio*), durant laquelle subsiste une crainte de la mort, qui « tantôt n'est pas grande tantôt est très véhémente », selon la confiance que l'on a dans la providence divine (33, 73). L'absence de toute crainte et une très grande joie caractérisent en revanche le cinquième degré de l'âme, qui est suivi par l'entrée dans la contemplation et enfin le séjour (*mansio*) dans le bonheur. L'ultime transmutation de la crainte naturelle de mourir s'accomplit alors : « Il y a un si grand plaisir dans la contemplation de la vérité, à quelque degré qu'on puisse la contempler, une telle pureté, une telle limpidité, une confiance si indubitable que celui qui se figurait qu'il savait quelque chose ne pense plus qu'il ait jamais su quelque chose ; et pour que l'âme soit moins empêchée de s'attacher toute entière à la vérité toute entière, la mort qui était auparavant crainte, à savoir la fuite de toutes les façons et l'évasion hors de ce corps, est désirée comme la faveur suprême » (*De quant. anim.* 33, 76). Un tel désir de mourir pour contempler la vérité, qui rappelle certains passages pleins de ferveur du *Phédon* (cf. 67e), doit être mis en relation avec les expériences mystiques évoquées dans l'*Ep.* 4 et les *Confessions* (IX, 10, 23 ; X, 40, 65) (cf. *supra* « Exercice philosophique et expérience mystique », *Lettre* 4)[28].

---

[28]   Le thème du désir de la mort, qui a exercé une grande emprise sur le jeune Aristote (Plutarque, *Cons. ad Apoll.* 115 b-e [fr. 44 Rose ; fr. 4 Ross ; fr. 6 Walzer]), est aussi présent

2.1.3   Le loisir comme mort à l'amour du corps

Pour acquérir cette familiarité avec la mort, qui libère de la crainte de mourir, il faut en un sens mourir, mourir à l'amour du corps (cf. « cum amori corporeo animus moritur ») (§3, p. 24-20-21) : c'est le thème spirituel de la *mortification*, qui est un mourir *à quelque chose*, selon la formulation insolite de saint Paul, que Porphyre lui-même semble avoir reprise[29]. Une telle mort se produit lorsqu'on se retire des « affaires » (*negotia*), comme va l'expliquer notre lettre. Le loisir constitue donc en quelque sorte un traitement des affections de l'âme *par le vide*. Cette idée est bien expliquée dans un beau passage du *De uera religione* : « "Vivez dans le loisir (*agite otium*) et vous connaîtrez que je suis le Seigneur" (Ps 45, 11) : non pas le loisir du désœuvrement, mais celui de la pensée (*non otium desidiae, sed otium cogitationis*), de sorte qu'elle soit libre par rapport aux lieux et aux temps (...). Les lieux nous présentent des choses à aimer, les temps nous arrachent ce que nous aimons et ils laissent dans l'âme une foule de représentations imaginaires (*phantasmatum*), qui sont cause du fait que le désir se porte sur telle chose puis sur telle autre. L'âme devient alors inquiète et tourmentée, cherchant vainement à posséder ce par quoi elle est possédée. Elle est donc invitée au loisir, c'est-à-dire à ne plus aimer les choses qui ne peuvent pas être aimées sans labeur (*sine labore*) » (35, 65). Dans le loisir, on se coupe de toute occasion d'éprouver des passions, à la différence de ce qui se produit lorsqu'on est sur les routes. La « retraite » s'apparente à ce que saint Jean de la Croix décrira comme une plongée dans la nuit, à ceci près qu'elle ne concerne ici que les sens, l'esprit étant quant à lui soutenu par le raisonnement et la pratique des arts libéraux (cf. *De ord.* I, 1, 3). Il s'agit de faire dépérir les passions en ne les alimentant plus. Bref, l'*otium* est l'antidote à la *libido*.

2.2   *Trois catégories d'hommes affairés*

Après avoir déclaré qu'il fallait penser au « dernier voyage », Augustin distingue trois catégories d'hommes *affairés* face à la mort (p. 23, 23-p. 24, 4). Le

---

chez Cicéron ; cf. *Tusc.* I, 31, 75-76, qui fait allusion à sa *Consolatio*, et la péroraison du livre I (47, 113 sq.).

[29]   En *De abst.* II, 61, 8, Porphyre signifie son refus de se laisser influencer et conclut : « dans notre vie, nous nous exerçons quotidiennement à mourir aux autres » (καθ' ἡμέραν μελέτην ἐν τῷ βίῳ τὸ ἀποθνῄσκειν τοῖς ἄλλοις πεποιήμεθα). « Porphyre emploie le verbe ἀποθνῄσκειν dans une syntaxe qui, avant lui, est inconnue en dehors de la littérature chrétienne. La construction avec le datif se rencontre en *Romains* 6, 2 : "nous sommes morts au péché" ; *Galates* 2, 19 : "Je suis mort à la loi" (...). Il paraît certain que Porphyre a été séduit par certaines formules scripturaires » (*Porphyre, De l'Abstinence*, texte établi et traduit par J. Bouffartigue et M. Patillon, t. II, p. 124, n. 6).

but de cette tripartition est de légitimer son besoin de loisir, et partant son sédentarisme, en montrant que seuls quelques rares individus sont capables de se déplacer continuellement sans se laisser distraire de la pensée de la mort.

2.2.1   Les « pilotes » de l'Église et les autres

Ces individus forment la première catégorie d'hommes, à savoir ceux « dont Dieu a voulu faire les pilotes de ses Églises » (« quos ecclesiarum gubernatores esse uoluit »)[30] et auxquels il a donné, non seulement d'attendre courageusement la mort, mais même de la désirer tout en supportant les tracas occasionnés par les voyages.

Cette description s'applique particulièrement bien à saint Paul, qui était continuellement sur les routes et qui considérait que mourir était pour lui un avantage (Phil 1, 20). Cependant, Augustin doit plutôt penser à certains évêques et à certains prêtres qui sont ses contemporains[31]. C'est en fait la catégorie à laquelle il allait lui-même bientôt appartenir, à son corps défendant, lorsqu'il se verrait confier à Hippone la « seconde place au gouvernail », en tant que prêtre « coadjuteur » de Valerius, alors qu'il ne savait pas même « tenir une rame », comme il le dit dans la Lettre 21 (§1).

Dans cette même Lettre 21, Augustin insiste sur la « difficulté », le « labeur », le « danger » qui s'attachent à la fonction d'évêque, de prêtre ou de diacre, même si rien n'est « plus heureux » (beatius) qu'elle auprès de Dieu (21, 1) et il demande à Aurelius de lui accorder du temps libre pour lui permettre de se préparer à faire face à des « tâches aussi périlleuses » (ad tam periculosa negotia).

---

30   La métaphore du « pilote » (gubernator/κυβερνήτης) s'applique traditionnellement au dirigeant politique (cf. Platon, Rép. VI, 487e-489c ; Aristote, Pol. III, 4, 1276b20-29 ; Cicéron, Rep. II, 29, 51). Pour parler de la hiérarchie ecclésiastique, celle du pasteur est beaucoup plus fréquente (du fait de son caractère scripturaire).

31   Selon G. Folliet, Augustin pense à Ambroise, qui serait nommé « sous la forme d'un pluriel affectif » (« Une allusion à Ambroise dans l'Epistula 10 de saint Augustin », Augustinus, 38, 1993, p. 231-240 : p. 240). Deux traités de l'évêque de Milan, connus d'Augustin, expriment chez lui un désir de la mort : d'une part le De excessu fratris, qui rassemble deux oraisons funèbres prononcées à l'occasion de la mort de son frère Satyrus (éd. Faller, CSEL 73) et dont un extrait est inséré dans le De gratia Christi, II, 41, 47, et d'autre part le De bono mortis, un sermon de 386 qui affirme que la mort n'est pas un mal (cité longuement par Augustin en 420 dans le Contra duas ep. Pelag. IV, 11, 31). En 8, 35, il est question du gubernator, à qui il revient de conduire le navire au port. Pourtant, on ne saurait soutenir, comme le fait Folliet, que « jusqu'à cette date (388-391), Augustin n'avait guère eu l'occasion de fréquenter beaucoup d'évêques pour en parler en connaissance de cause et d'une manière aussi louangeuse ». Voir l'extrait du livre I du De moribus, cité plus bas.

Il faut encore mentionner un troisième texte, antérieur aux deux autres (388), *De mor. eccl. cath.* I, 32, 69, qui souligne déjà les périls et la grandeur du mode de vie des dirigeants de l'Église[32] : « Que d'évêques, excellents et très saints, j'ai connus ; que de prêtres, de diacres et d'autres ministres des divins sacrements, dont la vertu me semble d'autant plus admirable et plus digne d'éloges qu'il est plus difficile de la produire parmi une grande diversité de personnes et de la conserver dans cette vie fort agitée. Car ils ne sont pas tant préposés à des hommes sains qu'à des hommes qu'il faut rendre sains. Il leur faut endurer les vices du grand nombre pour les soigner et supporter cette peste avant de la calmer. Il est très difficile ici de garder un très bon mode de vie (*optimum uitae modum*) et une âme pacifiée et tranquille. Bref, ceux-ci (*hi*) vivent là où l'on apprend à vivre, les autres (*illi*), là où l'on vit »[33]. « Les autres » sont en l'occurrence les ermites et les cénobites, dont il vient de décrire l'existence (I, 31, 66-68), passée loin des séductions du monde, dans les prières, les lectures et les discussions (I, 31, 67).

À l'élite des dirigeants de l'Église, la *Lettre* 10 oppose deux autres catégories d'hommes : les ecclésiastiques carriéristes, d'une part, qui se jettent sur les charges par amour des honneurs – Augustin les avait vite repérés et critiqués ouvertement (cf. *Ep.* 21, 2)[34] – et d'autre part les individus qui mènent une vie affairée (*negotiosam uitam*) en tant que simples particuliers (*priuati*)[35]. Ni les

---

32   A. Mandouze met en regard les trois textes dans *Saint Augustin, l'aventure de la raison et de la grâce*, p. 217, n. 1. Sur ces textes, cf. A. Grote, « Optimi uiri sanctissimique : Augustins Konzept einer Synthese von Askese und Pastoral in *De moribus* 1, 65-80. Eine Replik auf manichäische Polemik », in J. Albert et al. (ed.), « *In Search of Truth* » : *Augustine, Manichaeism and other Gnosticism*, p. 441-461 : p. 453.

33   J. Coyle écrit au sujet de la fin du passage : « the clerical state might be the "optimus vitae modus" ; but it was not, Augustine believed, the ideal state for him » (*Augustine's « De moribus »*, p. 41). G. Lawless comprend de la même façon : « Augustine here exalts the active life of the minister as the best » (*Augustine of Hippo and his Monastic Rule*, p. 41). Augustin indique plutôt qu'il faut conserver moralement la meilleure forme de vie, à savoir la vie ascétique, dans un environnement défavorable (cf. A. Grote, *op. cit.*, p. 448, n. 48).

34   Voir aussi le témoignage de l'*Ep.* 22 « sur les maladies dont souffre l'Église d'Afrique dans beaucoup de ses membres et dont elle gémit dans fort peu » (22, 2) (l'amour de la gloire est mentionné en 22, 8). Avant de mourir, Augustin désigna lui-même son successeur, Heraclius, afin d'éviter que la cité soit la proie de « ceux qui sont ambitieux et querelleurs » (*Ep.* 213, 1).

35   Sur cette condition (périlleuse), voir l'*Ep.* 15 à Romanianus. Celui-ci avait fait part à Augustin de sa félicité *domestique* (sans doute parce qu'il avait gagné son procès). Dans sa réponse, Augustin avertit Romanianus que ce calme (*quies*) lui est en fait accordé « pour mieux penser » (*ad melius cogitandum*) et il l'instruit sur la façon dont il faut gérer ses affaires : « Une administration juste et utile des biens temporels, qui est aussi plus paisible et plus tranquille en son genre, nous fait mériter de recevoir les biens éternels, si elle

uns ni les autres ne peuvent se familiariser avec la mort au milieu d'incessants déplacements, alors pourtant que « dans le loisir, il était permis aux uns et aux autres de devenir semblables à Dieu » (*deificari enim utrisque in otio licebat*) (p. 24, 4-5). C'est pour ainsi dire la bonne nouvelle de la *Lettre* 10 : tout homme peut « devenir semblable à Dieu » pourvu qu'il fasse choix d'une vie de loisir, c'est-à-dire qu'il se retire des « affaires » pour se soustraire aux passions qu'elles suscitent. Le loisir est le moyen commun, et peut-être universel, de l' « assimilation à Dieu »[36]. Augustin s'insère ici dans une longue tradition.

2.2.2 L'idéal antique de l'assimilation à Dieu

L'idéal de l'ὁμοίωσις θεῷ apparaît, comme on le sait, dans la « digression » du *Théétète* (172c-177c)[37]. Ce célèbre passage, introduit par une réflexion sur la valeur de la σχολή, présente un « contraste » « absolu et sans équivoque » entre d'une part la vie du philosophe, qui sait que le bonheur réside dans la justice parce qu'être juste, c'est se conformer au modèle de la perfection divine, et d'autre part la vie de l'homme d'affaires « faisant marcher le système au mieux de ses avantages, mais qui en réalité est un esclave du système »[38]. La digression culmine dans une exhortation à « fuir d'ici vers là-bas » : « la fuite, c'est l'assimilation à Dieu autant que possible et l'assimilation à Dieu, c'est le fait de devenir juste et saint avec sagesse (μετὰ φρονήσεως) » (176a-b) (cf. aussi *Rép.* X, 613a).

L'idée que la vertu consiste dans une assimilation à Dieu fut reprise par des philosophes de convictions très différentes, païens et chrétiens[39]. Aristote la

---

ne nous possède pas tandis que nous la possédons ... » (§2). Cette dernière expression reprend (à un tout autre propos) le mot d'Aristippe ἔχω καὶ οὐκ ἔχομαι (DL II, 75 ; Athénée, XII, 544d).

[36] Porphyre énonçait, à la fin du livre I du *De regressu animae*, qu'il n'avait jamais pu découvrir une voie universelle pour la délivrance de l'âme, ni dans la philosophie la plus véritable, ni chez les mœurs des Indiens, ni dans l'initiation des Chaldéens (fr. 12 Bidez = fr. 15 Goulet = fr. 302a Smith) (*De ciu. Dei*, X, 32). Dans la pensée de Porphyre, cette déclaration allait de pair avec l'idée que « le vrai est caché » (Macrobe, *In somn. Scip.* I, 3, 18). L'expression de « uera philosophia » ou de « uerissima philosophia » « a fortement frappé le jeune Augustin » (P. Courcelle, *Connais-toi toi-même de Socrate à saint Bernard*, vol. 3, Paris, Études Augustiniennes, 1975, p. 707), qui se l'appropria (cf. par ex. *Cont. Acad.* III, 19, 42 ; *Cont. Iul.* IV, 14, 72).

[37] Cf. M. Burnyeat, *Introduction au* Théétète *de Platon*, tr. fr., Paris, PUF, 1998, p. 51-60 ; J. Annas, *Platonic Ethics, Old and New*, Ithaca, Cornell University Press, 1999, p. 52-71 ; D. Sedley, « The Ideal of Godlikeness », in G. Fine (ed.), *Plato* 2, Oxford, Oxford University Press, 1999, p. 309-328.

[38] M. Burnyeat, *op. cit.*, p. 54.

[39] Cf. M. Burnyeat, *op. cit.*, p. 55. Cf. J. Passmore, *The Perfectibility of Man*, London, Duckworth, 1970.

reprend[40], ainsi que les Stoïciens dans une certaine mesure[41] ; puis elle devient le point le plus important de l'éthique du moyen-platonisme et néoplatonisme[42]. Le traité de Plotin sur les vertus (*Enn.* I, 2 [19]) est un commentaire du passage en question du *Théétète* (cf. aussi *Enn.* I, 6 [1], 8). Plotin systématise le propos de Platon en l'appliquant aux quatre vertus « cardinales ». D'autre part, il rend cette éthique relativement paradoxale dans la mesure où elle nous enjoint à « devenir semblables à Dieu par nos propres vertus, même si celui-ci n'a pas de vertus » (*Enn.* I, 2 [19], 1, 29-31).

Le contenu du *Traité* 19 fut résumé par Porphyre dans la *Sentence* 32, qui indique que l'apathie a pour fin l'assimilation à Dieu (l. 32)[43], puis par Macrobe dans son *Commentaire sur le Songe de Scipion* (I, 8). La transmission à Augustin du thème de l'*homoiôsis theô* est attestée. Dans la *Cité de Dieu*, il cite librement le traité *Sur le beau* de Plotin (*Enn.* I, 6 [1], 8, 16-27), : « Fugiendum est igitur ad carissimam patriam, et ibi pater, et ibi omnia. Quae igitur, inquit, classis aut fuga ? Similem Deo fieri » (*De ciu. Dei*, IX, 17 ; cf. aussi *Conf.* VIII, 8, 19)[44] ; il transpose ensuite le thème plotinien du retour de l'âme sur un mode chrétien en insistant sur la nécessité d'un Médiateur pour que s'opère l'assimilation[45]. Un autre passage de la *Cité de Dieu* nous apprend que le thème de l'assimilation à Dieu était aussi présent dans la *Philosophie tirée des Oracles*, que cite

---

40   Cf. *EN* X, 7 (la contemplation est la seule activité qui soit un loisir).

41   Cf. Th. Bénatouïl, « Le débat entre platonisme et stoïcisme sur la vie scolastique : Chrysippe, la nouvelle Académie et Antiochus », in M. Bonazzi et Ch. Helmig (ed.), *Platonic Stoicism–Stoic Platonism. The Dialogue between Platonism and Stoicism in Antiquity*, Leuven, University Press, 2007, p. 1-21.

42   Cf. H. Dörrie, « Die Frage nach dem Transzendenten im Mittelplatonismus », in Les *Sources de Plotin, Entretiens sur l'antiquité classique*, Genève, 1960, 193-241 : p. 214. Sur l'assimilation à Dieu chez les Médioplatoniciens, cf. G. Reydams-Schils, « "Becoming like God" in Platonism and Stoicism », in T. Engberg-Pedersen, *From Stoicism to Platonism. The Development of Philosophy, 100 BCE-100 CE*, Cambridge, Cambridge University Press, p. 142-158.

43   Voir aussi chez Porphyre, *Ad Marc.* 16 : « Tu honoreras Dieu de la meilleure façon en assimilant à Dieu ta pensée (διάνοιαν) ; or l'assimilation s'opère seulement au moyen de la vertu. En effet, seule la vertu attire l'âme vers le haut et vers ce qui lui est connaturel » ; *De abst.* II, 34, 3 ; 43, 3 ; 45, 4. Ces deux œuvres reprennent des sentences pythagoriciennes, notamment des *Sentences de Sextus* (un recueil du début du IIIe siècle, d'inspiration pythagoricienne, qui a été très diffusé parmi les chrétiens latins dans la traduction de Rufin). Voir les extraits présentés en tableau par J. Bouffartigue et M. Patillon (*Porphyre, De l'abstinence*, II-III, p. 11-16).

44   Comme on l'a fait remarquer, les mots « similem deo fieri » n'appartiennent pas à la citation ou au centon de citations littérales (cf. G. Bardy, dans La *Cité de Dieu* VI-X, « Note complémentaire » 72, « Sur une citation de Plotin », BA 34, p. 614-616 : p. 614).

45   Cf. P. Henry, *op. cit.*, p. 110. Sur l'art avec lequel Augustin adapte le texte de Plotin, cf. *ibid.*, p. 107 sq.

Augustin : « imitatio deificat affectionem ad ipsum operando » (« L'imitation [de Dieu] déifie en produisant un état en rapport avec lui ») (*De Ciu. Dei*, XIX, 23, 4 (= fr. 346 Smith)[46]. Mais dès sa jeunesse, Augustin avait eu accès à des textes qui contenaient cette doctrine. En *Cont. Acad.* III, 17, 37, il mentionne la distinction néoplatonicienne entre les vertus politiques et les « vraies vertus » et la *Sent.* 15a (= *Sent.* 19b) présente une tripartition des vertus (*ciuiles, purgatoriae, exemplares*) dont la source est très vraisemblablement la *Sentence* 32 de Porphyre[47].

2.2.3 Une contribution au thème des « genres de vie »

Il semble qu'en adoptant le mot d'ordre de la digression du *Théétète*, Augustin n'ait jamais été aussi proche de promouvoir l'« éthique de la fuite » que nous avons évoquée plus haut à propos de Nebridius (cf. *supra* « Une tentative pour arracher Augustin à une emprise locale ? », *Lettre* 5) ; ce sentiment est accru par l'absence des dirigeants politiques dans la tripartition des modes de vie qu'il a présentée. À l'exception des « pilotes » de l'Église, qui sont toujours « sur le pont », tout le monde semble invité à déserter les affaires, comme Augustin lui-même a démissionné de son poste de professeur de rhétorique à Milan (après avoir enseigné pendant 13 ans).

On atténuera cette impression en soulignant d'abord que l'éthique mise ici en avant est une éthique de la *présence* : comme Plotin, qui « est aussi intensément présent aux autres qu'à l'Esprit »[48], Augustin montre bien, dans notre lettre, que le loisir ne dispense pas de prendre soin de ses proches, bien au contraire (cf. §1, p. 23, 10-11). D'autre part, si le politique semble ici évacué, on note que l'existence des dirigeants politiques est indiquée « en creux » par la précision que les hommes de la troisième catégorie s'affairent en tant que *simples particuliers*, c'est-à-dire en étant à leur compte (*cum sunt priuati*). On peut penser que ceux qui occupent des charges *politiques* sont quant à eux

---

46 R. Teske traduit : « imitation divinises us, by producing love for him » (« Augustine's *Epistula* X : Another Look at *Deificari in otio* », p. 294). « Affectio » me paraît avoir un sens plus large. En *Ep.* 10, 3, l'impavidité est qualifiée d'« affectio » « qua nititur ratio ». Le terme traduit sans doute διάθεσις ; cf. Porph., *Ad Marc.* 17 : « On se rend soi-même agréable à Dieu et l'on se divinise (ἐκθεοῖ) soi-même par la ressemblance de sa disposition propre (τῆς ἰδίας διαθέσεως) avec ce qui est incorruptiblement heureux ».

47 Cf. F. Dolbeau, « Le *Liber XXI sententiarum* », p. 136, n. 92.

48 P. Hadot, *Plotin ou la simplicité du regard*, p. 158. Selon D. O'Meara, l'éthique plotinienne de la fuite est une éthique du don : « La *Vie* de Porphyre laisse entendre que Plotin était actif presque uniquement au niveau individuel, faisant office de modèle ou de guide pour ses amis et ses disciples. Nous pouvons considérer son activité d'enseignement et d'écriture comme un aspect de cette éthique du don » (*Plotin. Une introduction aux Ennéades*, p. 147-48).

astreints (dans l'idéal) à un genre de vie semblable à celui des dirigeants (vertueux) de l'Église. Au reste, n'est-ce pas le modèle traditionnel du *sage* engagé dans la vie active (*De off.* III, 1, 1) qui permet à Augustin de théoriser la vie des dirigeants de l'Église et de se rattacher ainsi à la réflexion antique sur les différents genres de vie[49] ? Différentes écoles ont popularisé le modèle d'une *vita activa* philosophique[50] ; Augustin connaît ce modèle traditionnel, qu'il mentionne par exemple en *De ord.* II, 20, 54[51] ; il l'utilise ici d'une façon spécifiquement chrétienne.

Par la suite, il ne manqua pas d'approfondir le sujet sur un plan à la fois théorique et pratique. Durant ses années de prise en charge progressive de l'Église d'Hippone, « Augustin fut acculé à concevoir ou plutôt à inventer de façon très empirique l'organisation pratique d'une vie de moine-prêtre, puis d'une vie de moine-évêque appelée enfin à devenir, à la mort de Valerius, une vie d'évêque-moine »[52]. Aguerri par cette longue expérience, il condense l'essentiel de sa doctrine sur ce sujet dans le livre XIX de la *Cité de Dieu*, qui a pour fil conducteur l'analyse varronienne des 288 définitions *a priori* possibles de souverain bien et de la vie bonne[53]. Il faut citer longuement ce texte fondamental : « Quant aux trois genres de vie : celui de la vie de loisir, celui de la vie active et celui qui est composé des deux autres, bien que chacun puisse, la foi étant sauve, vivre et parvenir aux récompenses éternelles dans celui qu'il veut, ce qui importe, c'est ce qu'il tient par amour de la vérité et ce à quoi il se consacre par devoir de charité. Personne ne doit être dans le loisir de façon telle qu'il ne pense pas dans son loisir à ce qui est utile à son prochain, ni dans l'action de façon telle qu'il ne cherche pas la contemplation de Dieu. Dans le loisir, ce n'est pas un repos inerte qui doit plaire, mais soit la recherche soit la découverte de la vérité, pour que chacun progresse en ce domaine sans jalousie vis-à-vis des autres. Mais dans l'action, il ne faut pas aimer la fonction ou le pouvoir

---

49 Cf. R. Joly, *Le Thème philosophique des genres de vie dans l'Antiquité classique*, Bruxelles, Palais des Académies, 1956 ; T. Bénatouïl et M. Bonazzi (ed.), *Theoria, praxis, and the contemplative life after Plato and Aristotle*, Leiden-Boston, Brill, 2012, qui contient notamment un article de G. Catapano sur Augustin : « Leah and Rachel as Figures of the Active and the Contemplative Life in Augustine's *Contra Faustum Manichaeum* », p. 215-28.

50 Cf. Ch. Köckert, « Augustine and Nebridius », p. 248, qui renvoie à Sénèque, *Ep.* 25, 6-7 ; *Ep.* 68 ; *Ep.* 94, 72 ; Marc-Aurèle, IV, 3 ; Cicéron, *Tusc.* V, 25, 72. Sur l'idéal de la vie mixte chez les Romains, cf. R. Joly, *op. cit.*, p. 159-170 (« Penseurs latins ») ; W. A. Laidlaw, « Otium », *Greece and Rome*, 15, n. 1, 1968, 42-56.

51 Pythagore enseignait en dernier l'art politique à ses disciples, une fois que ceux-ci étaient savants, accomplis, sages, heureux, tant il voyait de « tempêtes » auxquels ils seraient exposés.

52 A. Mandouze, *Saint Augustin, l'aventure de la raison et de la grâce*, p. 219.

53 Cf. G. O'Daly, *Augustine's* City of God, p. 196 sq.

qui s'attachent à cette vie, parce que tout est vain sous le Soleil, mais l'œuvre (*opus*) elle-même, qui est accomplie au moyen de cette fonction ou de cette puissance, si elle est accomplie de façon droite et utile, c'est-à-dire si elle peut être utile au salut voulu par Dieu de ceux qui y sont soumis ; nous en avons déjà parlé plus haut. C'est pourquoi l'Apôtre dit : "Celui qui désire l'épiscopat désire une bonne œuvre (*bonum opus*)" (...). C'est pourquoi personne ne se voit interdire l'étude et la recherche de la vérité : cela fait partie d'un loisir utile ; mais une haute charge, indispensable au gouvernement du peuple, même si elle est tenue et exercée comme il convient, il est indécent de la désirer. C'est pourquoi l'amour de la vérité cherche un saint loisir ; le devoir de la charité fait que l'on s'affaire justement (*negotium iustum*). Si personne ne nous impose ce fardeau, il faut consacrer son temps à la vision et à la contemplation de la vérité ; si on se la voit imposer, il faut la supporter comme un devoir de la charité. Mais même alors, il ne faut pas entièrement renoncer à la joie de la vérité, de peur que cette suavité ne nous fasse défaut et que le devoir ne nous accable » (*De ciu. Dei*, XIX, 19).

Dans cette page très riche (« trente-cinq ans de vie s'inscrivent ici ; trente-cinq ans de labeur et de contemplation »[54]), Augustin développe une vision qui prend en compte les deux grands commandements de l'amour de Dieu et du prochain et le principe platonicien fondamental en vertu duquel tout commandement doit s'exercer dans l'intérêt de ceux sur lesquels il s'exerce (*Rép.* I, 342e). Cette vision paraît plus libérale et plus complète que celle de la *Lettre* 10, même si elle n'en diffère guère sur le fond : les trois genres de vie sont éligibles ; la vie de loisir (qui inclut par définition le souci du prochain) est cependant *préférable*[55] ; mais il faut être prêt à accepter une vie « active » par devoir, au service du peuple, en tant qu'évêque ou que dirigeant politique[56] ; et ne pas le faire sans conserver un peu de loisir, car il est indispensable même à l'exercice d'une vie active.

2.3   *Le loisir est indispensable pour atteindre l'impavidité et le bonheur*

Dans la suite de la *Lettre* 10, Augustin produit une *première* justification de sa conduite en réponse à l'accusation de Nebridius : ce n'est pas *par paresse* qu'il refuse les déplacements incessants (p. 24, 5-13). En effet, le loisir (entendu ici comme genre de vie) est la *condition sine qua non* de l'assimilation à Dieu

---

54   A. Mandouze, *op. cit.*, p. 220.

55   Contrairement à ce qu'on lit parfois, Augustin ne privilégie pas la vie mixte (*pace* R. Joly, *op. cit.*, p. 175).

56   Le cas du dirigeant politique n'est pas explicitement mentionné mais il est inclus dans la « différence » varronienne des « genres de vie ».

pour le commun des hommes (auquel il se rattache lui-même) et « un grand retrait (*secessione*) loin du tumulte des choses qui passent est nécessaire pour que ce ne soit pas par dureté, ni par intrépidité, ni par amour d'une vaine gloire, ni par une crédulité superstitieuse que se produise dans un homme l'absence de crainte » (p. 24, 8-11). Dans ce passage transparaît l'admiration du jeune Augustin pour l'idéal stoïcien de l'apathie[57], qui fut repris par les autres écoles hellénistiques et par Plotin (cf. *Enn.* I, 4 [46],11-16). Cicéron écrit dans les *Tusculanes* : « uolumus enim eum qui beatus sit tutum esse, inexpugnabilem, saeptum atque munitum non ut paruo metu praeditus sit, sed ut nullo » (*Tusc.* V, 14, 41). Augustin écrit à son tour dans le *De beata uita* : « Tout sage est courageux ; aucune personne courageuse ne craint quoi que ce soit. Le sage ne craint donc ni la mort du corps, ni les douleurs qu'on ne peut repousser, éviter ou différer que par des choses dont il peut lui arriver de manquer » (4, 25).

Plus originale est l'affirmation, dans notre lettre, que l'impavidité est accompagnée de joie et que, sans loisir, elle ne peut être produite que par une autre passion que la peur, de sorte que la mort n'est pas attendue « fortiter » (cf. §2, p. 23, 25). L'*otium* joue ici exactement le même rôle que la *phronèsis* chez Platon, ce qui n'est pas étonnant dans la mesure où le loisir est essentiellement de l'ordre de la *pensée* (*cogitatio*), comme nous l'avons vu (cf. *De uera relig.* 35, 65). Dans le *Phédon*, Socrate affirme qu'il ne suffit pas de ne pas craindre la mort pour être courageux et qu'en fait seul le philosophe est courageux (cf. 68b-69e). Dans le cas des autres hommes prétendument courageux, c'est la peur d'être déshonoré ou vaincu, soit une autre peur, qui chasse chez eux la crainte de mourir parce qu'elle l'emporte sur elle. Le philosophe, en revanche, est étranger à ce « trafic » d'affections : contre une passion, il échange, non pas une autre passion plus grande qu'elle, mais la sagesse[58]. Bref, pour paraphraser Platon, d'après la *Lettre* 10, l'*otium* est « la bonne monnaie » (69a) qui permet, à l'instar de la *phronèsis*, de sortir de l'enfermement dans les passions et d'acquérir la vertu.

---

57 Cf. G. O'Daly, *Augustine's Philosophy of Mind*, p. 51, n. 139, qui renvoie à *De beat. uita*, 4, 25 ; *De mor.* I, 27, 53 sq. (qui affirme toutefois la valeur de la miséricorde) ; *Sol.* I, 1, 4. Sur l'évolution de la doctrine augustinienne concernant les passions, cf. T. Van Bavel, *Recherches sur la christologie de saint Augustin*, p. 119-23.

58 Augustin reprendra plus tard de façon polémique la doctrine platonicienne des fausses vertus. Comme on le sait, au livre V de la *Cité de Dieu*, il explique que l'amour de la gloire a été le principe de toutes les prétendues vertus des Romains. En s'appuyant sur le témoignage de Salluste (*Catilina*, 7, 6), il déclare à leur sujet : « Cette gloire, ils l'aimèrent de tout leur cœur, elle fut leur raison de vivre, et ils n'hésitèrent pas à mourir pour elle. Toutes les autres passions, ils les endiguèrent à l'aide de cette unique et immense passion (*libido*) » (*De ciu. Dei*, V, 12).

2.4   Le « loisir de la vie chrétienne » (Retract. 1, 1, 1)

Certains spécialistes – fort estimables au demeurant – se sont mépris sur le caractère de l'*otium* partagé à Thagaste[59]. A. van der Meer juge le propos d'Augustin « égoïste et présomptueux »[60]. Selon G. Folliet, « Augustin parle en chrétien converti, mais sa description de l'ascèse à laquelle il vise, et les expressions dont il se sert, laissent soupçonner que son idéal de vie présent est beaucoup plus proche de celui du sage, tel que le présentent les philosophes néo-platoniciens, que de celui de l'Évangile : la préoccupation de la mort, la possession dès ici-bas de l'*apatheia* et du bonheur, la purification qui à elle seule nous "rend semblables à Dieu", sont des traits de l'ascèse néo-platonicienne »[61].

Ces « traits » ne sont assurément pas des ornements. Ils caractérisent bien, aux yeux d'Augustin, le mode de vie philosophique auquel il aspire – il parle de façon très caractéristique d'« état sur lequel la raison prend appui » (*affectionem qua nititur ratio*) au §3 (p. 24, 25). Pour autant, comme le dit bien Adolar Zumkeller, « Augustin n'établit aucune opposition entre l'anachorèse philosophique de la philosophie néoplatonicienne, interprétée chrétiennement par lui, et la retraite du monachisme chrétien »[62] : le « loisir de philosopher » s'accomplit selon lui dans le « loisir d'une vie chrétienne » (cf. *supra* « Philosophie et religion en théorie et en pratique », Introduction)[63]. Plus précisément, au temps de la *Lettre* 10, l'*otium philosophandi* était vécu à Thagaste dans l'ascèse monastique ou quasi-monastique (en l'absence d'une règle écrite). Dans ces conditions, la « déification » ou la « divinisation » à laquelle tend Augustin ne saurait être l'apathie que le sage acquiert par sa seule

---

59   Cf. A. Mandouze, *op. cit.*, p. 207, qui est à ma connaissance le premier auteur à avoir remis sur le bon chemin les interprètes de la *Lettre* 10.

60   A. van der Meer, *Saint Augustin pasteur d'âmes*, Colmar/Paris, Éd. Alsatia, 1955, vol. 1, p. 325.

61   G. Folliet, « "Deificari in otio". Augustin, *Epistula* 10, 2 », p. 225-236 : p. 226. À la décharge de Folliet, on citera ce jugement de R. Teske : « Mis à part la référence à ceux qui ont des aptitudes telles qu'ils deviennent familiers avec la mort tout en gouvernant des églises, il n'y a rien de spécifiquement chrétien dans le langage de cette lettre. Des thèmes stoïciens et néoplatoniciens dominent la lettre, tels que l'atteinte d'un état de liberté par rapport à la crainte et aux soucis, d'un état de retrait du corps et des amours corporels, de contemplation et de désir de la mort, d'adoration de Dieu dans les retraits de l'esprit. Sans le témoignage d'autres sources, on ne peut pas reconnaître dans cette vie les débuts de la vie monastique » (« Augustine's *Epistula* X : Another Look at *Deificari in otio* », p. 292).

62   A. Zumkeller, *L'Idéal monastique de saint Augustin*, p. 42.

63   La proximité entre le loisir et la vie religieuse est encore bien perçue à la Renaissance par Pétrarque. Après une brève retraite parmi les chartreux de Montrieux, en 1347, il présente, dans le *De otio religioso*, l'*otium* comme un espace commun au moine et au laïc et qui fait le pont entre le siècle et le religieux (cf. A. Lee, *Petrarch and St. Augustine. Classical scholarship, Christian Theology, and the Origins of Renaissance in Italy*, Brill, 2012, p. 116).

ascèse *sans la grâce*⁶⁴. Porphyre concevait la divinisation comme l'effet d'un « travail sur soi » : le philosophe « s'efforce de parvenir seul à seul de son propre fait auprès de Dieu, sans s'embarrasser d'accompagnateurs » (*De abst.* II, 49, 1). Pourtant, dans le cas d'Augustin, le verbe « deificari » a un sens *passif*, et non pas réfléchi, comme on a pu l'affirmer⁶⁵. L'idéal poursuivi consiste à « être déifié » ou « rendu semblable à Dieu » par Dieu lui-même.

Roland Teske l'a clairement montré, une enquête lexicale permet d'établir que « chaque occurrence où Augustin lui-même utilise le verbe *deificare*, mise à part l'*Ep.* 10, réfère clairement au changement que Dieu produit dans les êtres humains en les justifiant et en les rendant enfants de Dieu ou bien en transformant leurs corps mortels en corps ressuscités »⁶⁶. En outre, d'un point de vue *interne* à notre lettre, Augustin a affirmé que Dieu « a donné » (*dedit*) à certains évêques d'assumer leur charge « sans angoisse », tandis qu'un « si grand bien » n'est pas « accordé » (*concedi*) à ceux qui manquent de loisir ; par quoi il faut conclure que « certainement, si ce bien est accordé dans le loisir, c'est Dieu qui l'accorde »⁶⁷.

---

64   *Pace* G. Folliet, *op. cit*, p. 235. L'auteur conclut : « Augustin n'a pas encore découvert toute la richesse de la grâce du Christ ; la purification, l'assimilation à Dieu par les vertus, sans le secours de la grâce, sont à ses yeux chose possible pour l'homme. Et c'est un des grands reproches qu'il adressera plus tard à Porphyre qui l'avait entraîné dans cette voie, "de n'avoir pas voulu reconnaître le Christ Seigneur comme le Principe dont l'incarnation nous purifie" (*De civitate Dei*, X, 24) » (p. 236).

65   Selon Folliet, « nul doute que le mot *deificari* ne peut s'entendre ici de l'élévation à l'ordre surnaturel par la grâce, vu le sens réfléchi qu'a ce verbe dans la phrase et le complément 'in otio' qui est adjoint (...) » (*op. cit.*, p. 226). Voir la réaction sur ce point de Mandouze, *op. cit.*, p. 208, n. 1, qui critique également l'abus des rapprochements textuels opérés notamment avec Porphyre.

66   R. Teske, *op. cit.*, p. 294. À la liste des textes recensés par l'auteur, p. 293-294, on ajoutera deux références. *De quant. anim.* 3, 4 affirme que l'assimilation à Dieu restaure la ressemblance originelle avec lui : « Il renonce à ce monde, qui est corporel comme on le voit, celui qui désire être rendu tel qu'il a été fait par Dieu, c'est-à-dire semblable à Dieu ». Un passage d'un sermon Dolbeau commente en ces termes Ps 81 [82], 1 (« Dieu a siégé dans l'assemblée des dieux ») : « Notre Dieu, le vrai Dieu, le Dieu unique a siégé dans l'assemblée des dieux, qui sont nombreux assurément, non pas des dieux par nature, mais des dieux par adoption, par grâce. Car il y a bien de la différence entre le Dieu qui existe, le Dieu toujours Dieu, le vrai Dieu qui n'est pas seulement Dieu, mais aussi Dieu *déificateur*, c'est-à-dire pour parler ainsi, Dieu *déifiant*, Dieu qui n'a pas été fait et qui fait des dieux (il y a bien de la différence entre lui) et ceux qui *deviennent des dieux*, mais non pas par un fabriquant » (c'est-à-dire un sculpteur d'idoles) (*Serm.* Dolbeau 6, 2, p. 460) (traduit et cité par cité par G. Madec dans *Le Dieu d'Augustin*, Paris, Le Cerf, 1998, p. 37). Pour d'autres textes sur ce thème, cf. G. Bonner, « Augustine's Conception of Deification », *Journal of Theological Studies*, 37, 1986, p. 369-386 ; Id., « Deificare », *Augustinus-Lexikon*, 2, 265-67.

67   R. Teske, *op. cit.*, p. 296.

Ajoutons que l'« aide » de Dieu pour que l'on s'élève jusqu'à lui a déjà été mentionnée en *Ep.* 4, 2, p. 10, 21 (« cum deo in auxilium deprecato ») et que, de façon générale, sans poser encore à cette époque le problème de l'accord du libre arbitre et de la grâce, Augustin s'exprime toujours dans ses premiers écrits « comme si tout en nous était un don divin, non seulement la conversion du cœur et la pratique du bien mais encore la foi et la prière même »[68]. Dans le traité sur le bonheur, il écrit à Mallius Theodorus : « Nous avons discuté entre nous du bonheur et je ne vois rien d'autre qui mérite plus le nom de don de Dieu (*nam de beata uita quaesiuimus inter nos nihilque aliud uideo quod magis Dei donum uocandum sit*) » (*De beat. uit.* 1, 6) et il conclut : « bien que Dieu déjà nous aide, nous ne sommes pas encore sages et heureux » (*De beat. uit.* 4, 35).

Enfin, le passage déjà mentionné du *De uera religione* sur le loisir (35, 65)[69] montre bien comment la pensée augustinienne de l'*otium* se conforme à des données scripturaires et repose fondamentalement sur la doctrine paulinienne de l'υἱοθεσία (Rm 8, 15 ; Gal 4, 5). Le loisir est d'emblée présenté comme l'objet d'un commandement divin car le Psalmiste dit : « Demeurez dans le loisir (*agite otium*) et vous reconnaîtrez que je suis le Seigneur » (Ps 45, 11). Après avoir expliqué comment ce loisir doit nous permettre de ne pas aimer les choses que nous ne pouvons pas aimer sans labeur (*sine labore*), Augustin cite Mt 11, 30 : « Mon joug est léger »[70]. Ce verset signifie que « celui qui se soumet à ce joug tient tout le reste en sa sujétion ; il ne connaîtra donc plus le labeur ». « Mais malheureux sont les amis de ce monde », poursuit Augustin, « qui en seront les maîtres s'ils veulent être enfants de Dieu, parce qu'il leur a donné le pouvoir de devenir enfants de Dieu (*filios Dei fieri*) (Jn 1, 12) »[71]. Cette phrase, qui fait penser au « deificari enim utrisque in otio licebat » de la *Lettre* 10, montre bien que l'assimilation à Dieu dans le loisir consiste à devenir enfant de Dieu (par adoption dans le baptême). Comme l'écrit R. Teske, « nous voyons les thèmes du retrait du monde et des craintes du monde liés au fait de devenir enfants de Dieu, tout comme dans la *Lettre* 10 ils étaient liés au fait de devenir des dieux ou semblables à Dieu. Ici, les mêmes thèmes sont développés en dépendance consciente des Écritures, tandis que dans la *Lettre* 10 de telles allusions bibliques sont absentes. Au lieu de supposer que le but qui consiste à devenir semblables à Dieu dans le loisir est purement naturel et égoïste, on

---

68   J. Chéné, *La Théologie de saint Augustin. Grâce et prédestination*, Le Puy-Lyon, Éditions Xavier Mappus, 1962, p. 90-91.

69   Voir *supra* « Le loisir comme mort à l'amour du corps ».

70   On trouve la même citation de Mt 11, 30 en *De mus.* VI, 14, 44 : « L'amour de ce monde est plus laborieux car ce que l'âme cherche en lui, à savoir la constance et l'éternité, elle ne le trouve pas ».

71   Sur ce texte, voir R. Teske, *op. cit.*, p. 296-298.

ferait certes mieux de lire l'*Epistula* x à la lumière de l'idéal clairement chrétien qui consiste à devenir enfants de Dieu dans le loisir, comme on le trouve dans le texte contemporain, le *De uera religione* »[72]. Et Teske de conclure que la haute teneur philosophique de la *Lettre* 10 s'explique par le fait qu'une lettre personnelle « est naturellement faite sur mesure en fonction de l'esprit et du cœur de son destinataire »[73].

3 Il est possible de connaître le bonheur *dans cette vie* (§3)

3.1 *Le retour en soi*

Après s'être d'abord défendu d'être paresseux, Augustin apporte une *seconde* justification du mode de vie qu'il a choisi de suivre à Thagaste : il n'est pas *dans l'erreur* en soutenant que l'assimilation à Dieu est possible dans cette vie grâce au loisir (p. 24, 14-26). Un peu comme Aristote avant lui (cf. *EN* X, 7, 1177b26-1178a2), il considère qu'il est faux que les hommes n'aient pas part à la vie divine. Un *climax*, dont les degrés sont marqués par l'anaphore de « cur », redit que l'homme peut de fait être libéré de toute crainte en atteignant la « sécurité » (cf. aussi « secura cessatio », §2)[74], puis il affirme (1) que cela se produit surtout dans la prière, (2) que cet état subsiste dans l'action et (3) qu'il peut faire naître le désir de mourir.

(1) Le loisir par excellence, qui produit l'impavidité et l'assimilation à Dieu, c'est l'adoration – ou la prière ou le sacrifice[75] – dans son cœur, ici désigné comme le sanctuaire de l'esprit (*in mentis penetralibus*)[76]. Le thème du

---

72 R. Teske, *op. cit.*, p. 297-298.

73 R. Teske, *op. cit.*, 298.

74 « Securitas » est un synonyme de « tranquillitas » d'après Cicéron (*De fin.* v, 8, 23 ; *De off.* 1, 20, 69 ; 21, 72) ; les deux termes sont utilisés pour traduire l'εὐθυμία de Démocrite. Même équivalence entre « tranquillitas » et « euthymia » chez Sénèque en *De tranquil. anim.* 11, 3, où ils signifient le fait de n'être pas ébranlé (*non concuti*). Cf. aussi, *Ep.* 92, 3 : « Quid est beata uita ? Securitas et perpetua tranquillitas ». Sur la « securitas » comme apathie, cf. C. Somenzi, « Ambrogio e Scipione l'Africano : la fondazione cristiana dell'otium negotiosum », in *Nec timeo mori*. Atti del Congresso internazionale di studi ambrosiani nel XVI centenario della morte di Sant'Ambrogio, Milano, 4-11 aprile 1997, a cura di Luigi F. Pizzolato e Marco Rizzi, Milano, Vita e pensiero, 1998, p. 751-768.

75 En *De mag.* 1, 2, les « penetralia mentis » sont identifiés à la chambre dans laquelle il faut prier, selon la recommandation du Christ formulée en Mt 6, 6. Cf. E. Bermon, *La Signification et l'enseignement*, p. 154-56 (« La prière du cœur »).

76 Sur cette expression, cf. G. Folliet, « "In penetralibus mentis adorare Deum" (Augustin, *Epistula* 10, 3) », *Sacris erudiri*, 33, 1992-1993, p. 125-133. L'auteur indique notamment, p. 127 sq., que le stoïcisme considérait déjà que l'esprit est un « sanctuaire divin », lorsqu'il s'applique à connaître Dieu (cf. Épiphane, *De fide*, GCS 37, p. 508, 16-18 ; PG 42, 796 C).

retour en soi, qui traverse notre correspondance[77], trouve ici son expression la plus développée et se conjugue naturellement avec celui de l'élévation vers Dieu (cf. « itinera in superna »)[78]. Nebridius est rendu semblable à Dieu en « séjournant » « agréablement » « dans son esprit » (cf. aussi « tu enim potes et apud tuam mentem suauiter habitare », §1, p. 23, 11-12) et en « se tenant au plus intime de [lui]-même ». L'esprit est le lieu où, à part du sensible, on se conforme à Dieu, qui est esprit.

On peut voir ici aussi un témoignage de la découverte de l'intériorité initiée par la lecture des « livres des Platoniciens » (cf. *supra* « Augustin et le néoplatonisme latin », Introduction). En *Conf.* VII, 10, 16, Augustin écrit que ces livres l'« avertirent » de revenir à lui-même, de sorte qu'il entra dans l'intimité de son être sous la conduite de Dieu et qu'il vit avec l'œil de son âme la lumière immuable de la vérité. D'après le *Contra Academicos*, l'effet immédiat de sa lecture fut que tous les honneurs et toutes les charges lui semblèrent désormais vains et qu'il rentra tout entier en lui-même « au pas de course » (*cursim*) (*Cont. Acad.* II, 2, 5). On a donc deux témoignages différents (mais non pas opposés) du même événement. Dans le texte des *Confessions*, la perspective est théorétique. Dans le *Contra Academicos*, elle est plutôt éthique : le retour en soi s'accompagne d'un renoncement à toutes les « affaires ». La *Lettre* 10 conjoint les deux perspectives : dans le loisir, la pensée est libérée du sensible par une forme de « mortification » pour contempler Dieu dans l'intériorité.

(2) Sans se comparer aux hommes d'Église capables de mener une vie active tout en restant imperturbables, Augustin soutient que la tranquillité éprouvée en soi-même « demeure » dans l'action humaine lorsque celle-ci « procède » (*procedat*) « de ce lieu sacré (*ex illo adyto*) pour agir » (p. 24, 17-18). Cette affirmation évoque l'idée plotinienne selon laquelle l'action est un accompagnement (παρακολούθημα) de la contemplation (lorsqu'elle n'en est pas un affaiblissement) (cf. par ex. *Enn.* III, 8 [30], 4, 40-43) : le sage produit une action vertueuse, qui est l'expression naturelle de sa contemplation, comme l'Intellect ou l'Âme produisent une manifestation externe de leur pouvoir interne[79].

Le terme grec d'« adytum » (qui désigne la partie d'un sanctuaire où l'on ne pénètre pas) retient cependant l'attention. Plotin l'emploie à la fin du *Traité* 9 *Sur le Bien ou l'Un*, soit dans le dernier chapitre des *Ennéades*. Il explique que

---

77 Cf. G. Folliet, « La correspondance entre Augustin et Nébridius », p. 194-200.

78 Voir aussi les autres formulations : « Recueille-toi dans ton âme (*animus*) et élève-la vers Dieu autant que tu le peux ! » (*Ep.* 9, 1, p. 20, 9-10) ; « Pourquoi ne nous élèverions-nous pas nous-mêmes tout entiers, après avoir prié Dieu, vers la sérénité souveraine de la nature souverainement vivante ? » (*Ep.* 13, 2, p. 31, 2-5).

79 Cf. A. Smith, *Philosophy in Late Antiquity*, London-New York, Routledge, 2004, p. 64-66 (« Contemplation as a universal and individual activity »).

celui qui contemple l'Un est parvenu au-delà de toutes choses, sensibles et intelligibles, et qu'il lui a même fallu dépasser le « chœur des vertus », de même que dans un sanctuaire, avant de pénétrer dans l'*aduton*, on laisse derrière soi le *naos* contenant les statues des dieux, que l'on retrouve en sortant (ἐξελθόντι τοῦ ἀδύτου) (*Enn.* VI, 9 [9], 11, 17-20). D'après cette belle comparaison, lorsqu'on agit vertueusement, on *sort* de la contemplation de l'Un, à la différence du précédent modèle où l'action est pensée comme un « accompagnement » de la contemplation des intelligibles. C'est pourtant bien ce modèle de l'« accompagnement » qu'il faut maintenir dans l'interprétation de la *Lettre* 10. En effet, à la différence de Plotin, qui distingue le *naos* et l'*aduton*, Augustin utilise comme des synonymes « penetralia » et adytum », comme l'indique l'expression « ille adytum », qui renvoie à « penetralia »[80].

Le fait que l'action (vertueuse) ne supprime pas la tranquillité sera plus tard signifié par le concept de « paix de l'âme rationnelle », dans le livre XIX de la *Cité de Dieu* (qui porte sur la paix entendue comme « tranquillitas ordinis ») : l'homme « contemple quelque chose par son esprit et agit en fonction de cela, de façon que se produise pour lui cet accord de la pensée et de l'action que nous avons appelé la paix de l'âme rationnelle » (*De ciu. Dei*, XIX, 14). Cependant, la vie peut être essentiellement contemplative ; c'est une telle vie qu'Augustin dit désirer pour lui-même dans notre lettre, et qu'il continuera en fait de désirer toute sa vie (*De ciu. Dei*, XIX, 19).

Enfin (3), l'affirmation selon laquelle le désir de mourir survient « lorsque nous ne parlons pas de la mort » (p. 24, 19-20) s'explique par le fait que, lorsqu'elle goûte l'absence de crainte et « la joie stable », l'âme ne parvient pas à nommer ce qu'elle éprouve. Augustin précise dans le traité *Sur le libre arbitre* que pareille expérience lui arrive lorsqu'il considère la vérité des nombres ou bien la sagesse : « Trouvant quelque chose que je peux sans doute penser, mais ne trouvant pas quelque chose que je sois en mesure de proférer par des mots, je reviens comme par fatigue aux choses qui sont les nôtres pour parler » (*De lib. arb.* II, 11, 30).

3.2 *Une thèse sur le bonheur et sa rétractation*

Ce qui est frappant dans cette argumentation, c'est l'affirmation très claire que le bonheur est possible *dans cette vie*[81]. Cette thèse se retrouve dans les autres œuvres de jeunesse ; elle sera plus tard rétractée de façon systématique.

---

80 On note que l'emploi métaphorique d'« adytum » n'est pas propre au néoplatonisme (cf. Lucrèce, I, 737 : « ex adyto tamquam cordis »).

81 Cette thèse n'a pas toujours été perçue par les commentateurs. Si les « excès d'Augustin » sont signalés par F. Cayré (*La Contemplation augustinienne*, Paris, André Blot Éditeur,

Dans la dédicace du *De beata uita*, Augustin flatte en ces termes Mallius Theodorus : « Si j'obtiens ton aide, un petit effort me permettra de parvenir très facilement au bonheur, auquel tu es déjà uni, je présume » (1, 5). Plus loin, il déclare que la vie heureuse réside dans l'âme du sage, en quelque état que se trouve son corps (2, 25). Il désavouera ces propos : « Il me déplaît d'avoir dit que dans le temps de cette vie, le bonheur habite seulement l'âme du sage, quel que soit l'état de son corps » (*Retract.* I, 2).

Le *De ordine* formule la même thèse, avec la précision remarquable que le bonheur qui peut être atteint dans cette vie est insurpassable *même après la mort* : « Ad quam cognitionem in hac uita peruenire pauci, ultra quam uero etiam post hanc uitam nemo progredi potest » (*De ord.* II, 9, 26). Comme l'écrit John Rist, « Augustin a espéré et cru un bref moment que sa conversion lui ferait atteindre le "port de la philosophie" (...). Si la vérité est atteignable, le bonheur l'est aussi. Mais quand ? Suivant la tradition classique standard, Augustin a supposé qu'il existe un groupe, un petit groupe, de personnes qui peuvent atteindre le bonheur parfait dans cette vie »[82].

Il faut ensuite mentionner un passage des *Soliloques* qui assure « que déjà dans cette vie, l'âme est heureuse par l'intelligence de Dieu » (*Sol.* I, 7, 14). Les *Retractations* objecteront qu'une âme ne peut être ainsi heureuse qu'en espérance (*Retract.* I, 4, 3). Enfin, d'après le *De utilitate credendi* (391-392), « il y a en matière de religion deux sortes de personnes dignes d'éloges : celles qui ont déjà trouvé et qu'il faut juger parfaitement heureuses (*beatissimos*) et celles qui cherchent avec la plus grande ardeur et la plus grande droiture possibles. Les premiers ont déjà la pleine possession, les seconds sont sur le chemin qui y mène très certainement » (*De ut. cred.* 11, 25). Là encore, Augustin se corrige : « Si j'ai laissé croire que ces hommes sont ou ont été parfaitement heureux dans cette vie, cela ne me paraît pas vrai ; ce n'est pas que dans cette vie il soit absolument impossible de trouver quelque chose de vrai, que l'on voit par l'esprit au lieu de le croire par la foi ; c'est parce que cette chose, quelle qu'elle soit, n'est pas de nature à rendre parfaitement heureux ». Pour justifier ce

---

1927, p. 44-47), curieusement, É. Gilson les ignore par principe : « La pensée d'Augustin est arrêtée sur ce point dès ses premières œuvres : la béatitude parfaite n'est pas de ce monde. Si donc il a rétracté plus tard certaines expressions équivoques, on ne peut en conclure qu'il ait eu à changer d'avis quant au fond » (*Introduction à l'étude de saint Augustin*, Paris, Vrin, 1949³, p. 6, n. 1). G. Bardy, qui passe pourtant en revue les textes dans lesquels la béatitude est présentée comme accessible dès cette vie (Saint Augustin, *Les Révisions*, Paris, Desclée de Brouwer, 1950, BA 12, p. 158-59), écrit : « Il est vrai que saint Augustin n'a jamais écrit que la béatitude pourrait être obtenue ici-bas ; mais il s'est maintes fois exprimé comme s'il avait voulu le dire et nous aurions préféré trouver dans ses premiers ouvrages, les seuls qui soient ici en question, des formules plus claires » (*ibid.*, p. 166-67).

82   J. Rist, *Augustine. Ancient thought baptized*, p. 49-50.

changement, il cite l'Apôtre : « Nous voyons actuellement à travers un miroir, en énigme » (1 Co 13, 12) (*Retract.* I, 14, 2). Sous l'influence de saint Paul, dont il intensifie l'étude vers 394, Augustin acquiert une conception exclusivement *eschatologique* du bonheur[83].

À partir de ce moment, il ne cessera pas de répéter qu'il n'est pas donné à l'homme de jouir dès ici-bas du bonheur. Il est on ne peut plus clair sur ce point dans la seconde lettre à Januarius (ca. 400) : « Souviens-toi de ce que je t'ai si souvent répété : nous ne devons pas penser que nous deviendrons heureux dans cette vie et libres de toutes les difficultés ; gardons-nous donc, dans les tracas des choses temporelles, de murmurer d'une bouche sacrilège contre Dieu comme s'il ne tenait pas sa promesse. Il a promis, certes, les choses nécessaires à cette vie, mais les consolations des malheureux sont une chose, les joies de ceux qui sont heureux en sont une autre » (*Ep.* 55, 14, 26)[84].

3.3   *Exhortation à Nebridius*

Après avoir insisté sur le fait que le loisir permet d'accéder à la tranquillité, Augustin prend à partie Nebridius pour l'exhorter et lui faire comprendre qu'il n'a pas besoin de son ami à ses côtés pour être heureux (p. 24, 20-26). Il lui rappelle qu'il connaît bien « ses voyages vers les hauteurs » (*itinera in superna*), qu'il sait qu'il a « souvent fait l'expérience de la douceur de la vie de l'âme lorsqu'elle meurt à l'amour du corps (*amori corporeo*) » et lui demande : « Oseras-tu affirmer que tu as jamais atteint cet état (*affectio*) sur lequel la raison prend appui (*qua nititur ratio*) à un autre moment que lorsque tu t'es tenu au plus intime de toi-même (*cum in intimis tuis egeris*) ? »[85]. Si l'on prend ce

---

83   R. Holte, *Béatitude et sagesse : Saint Augustin et le problème de la fin de l'homme dans la philosophie ancienne*, p. 205.

84   « Quod memento quam saepe commemarem, neque iam nunc in ista uita nos beatos fieri debere arbitremur et ab omnibus difficultatibus liberos ac sic in angustiis rerum temporalium aduersus Deum ore sacrilega murmuremus, quasi non exhibeat quod promisit. Promisit quidem etiam huic uitae necessaria sed alia sunt solatia miserorum, alia gaudia beatorum ».

85   La phrase comporte deux difficultés. (1) « Qua nititur ratio » est la leçon de Daur, que je suis. Il me paraît difficile de lire « quam nititur », avec Goldbacher, du fait que « nitor » est intransitif. J. Baxter, dans *Augustine, Selected Letters*, p. 12, adopte la conjecture d'A. Souter (sans en indiquer la provenance) : « ad quam » (« ... cet état vers lequel tend la raison »). (2) « Egeris » me paraît préférable à « ageres » (J. Baxter, *op. cit.*, p. 12) et à « ageris » (Goldbacher et Daur) (certains mss omettent le « in »). « Chez Sall., Liv., Tac. et les poètes *agere* est pris absolument au sens de *vivere* (...) || [avec des sens très variés] être, se trouver, se tenir » (Gaffiot, p. 92, col. b). Les Mauristes, et Lancel après eux, ont retenu « angeris » (peut-être en raison du « sine ullo angore » qui caractérise l'action des évêques). Pourtant, le sens ainsi obtenu (« lorsque tu te débats dans tes anxiétés ») n'est guère satisfaisant dans cette évocation d'une vie *sans crainte*.

passage au sens littéral (et rien n'indique qu'il faille le lire autrement, malgré les conventions rhétoriques du genre épistolaire), il suggère que Nebridius lui aussi a eu part, dans une certaine mesure, aux expériences contemplatives qu'Augustin évoque dans la *Lettre* 4 et dans les *Confessions* et que ce n'est donc pas seulement avec Monique que de telles expériences ont été partagées (de façons diverses).

3.4   *Une solution pour vivre ensemble ?*

Augustin invite enfin son correspondant à examiner lui-même ce qu'il convient de faire pour qu'ils puissent tous deux vivre ensemble (p. 24, 26-25, 3). À défaut d'être résolu, le problème s'est déplacé : « quid tecum agam ? », demandait Augustin au début de sa lettre ; il conclut : « quid enim cum matre agendum ? ». Autrement dit, le problème n'est plus Nebridius, c'est sa mère[86] ; mais il y a peut-être une solution, d'autant que Victor, le frère de Nebridius, restera près d'elle, quoi qu'il arrive. En fin de compte, la meilleure option semble être celle de la « chaise à porteurs ».

---

86   Ce passage est un témoignage sur le soin que les enfants doivent à leurs parents (M. E. Keenan, *The Life and Times of Saint Augustine as revealed in his Letters*, Washington D.C., Catholic University of America, 1935, p. 53).

Pourquoi est-ce le Fils qui s'est incarné (II) (*Lettre* 11) ?

1 Un nouveau point sur les échanges en cours (§1)

Dans la *Lettre* 11, Augustin fait d'abord part à Nebridius de sa satisfaction que « l'incident » évoqué par la *Lettre* 10 soit réglé (p. 25, 6-14). Puis il refait le bilan de leur correspondance (suite à ceux de la *Lettre* 4 de la *Lettre* 12) et insiste sur le grand nombre et la difficulté des requêtes encore en souffrance. Visiblement débordé, il tente à nouveau de mettre un frein à l'afflux des questions de son ami qui s'accumulent chez lui[1] en lui demandant de ne plus en poser de nouvelles tant que le compte des réponses dues n'aura pas été apuré.

2 Reformulation de la question théologique de Nebridius (§2)

Après ce préambule (*prooemium*), Augustin revient au sujet de l'Incarnation, soit qu'il estime en avoir traité trop rapidement, soit que Nebridius l'ait relancé : « Écoute donc ce que je pense du mystère de l'assomption de l'homme qui s'est accomplie pour notre salut, comme la religion dont nous avons été imprégnés (*qua imbuti sumus*) le déclare (*commendat*) pour que nous le croyions et le comprenions » (p. 25, 25-26, 2)[2]. C'est en raison de son importance éthique que ce thème est retenu de préférence aux questions physiques et cosmologiques qui ont par ailleurs été soulevées[3]. Cette fois, la question théologique que Nebridius devait élucider « très facilement » (*facillime*) (*Ep.* 12, p. 29, 23) est prise très au sérieux et elle reçoit une explication si développée qu'on a pu écrire, au sujet de cette seconde lettre, que « nulle part la pensée trinitaire

---

[1] Voir *supra* « Le manque de disponibilité d'Augustin », Introduction.
[2] Littéralement : « Écoute donc ce que je pense de l'assomption mystique de l'homme ». T. Van Bavel voit ici une allusion à la « discipline de l'arcane » (*Recherches sur la christologie de saint Augustin*, p. 6, n. 3). « L'Arcane, la discipline de l'Arcane, est un mot par lequel on désigne une loi qui, dans les premiers siècles, aurait obligé les fidèles et le clergé à ne parler jamais ouvertement de la foi et du culte devant les catéchumènes ou les infidèles » (P. Batiffol, *Études d'histoire et de théologie positive : la discipline de l'Arcane, les origines de la pénitence, la hiérarchie primitive, l'agapè*, Paris, Lecoffre, 1904, p. 3).
[3] Sur ce passage, cf. *supra* « La science et le bonheur », *Lettre* 3 ; « Les questions les plus récentes de Nebridius », *Lettre* 14. En l'occurrence, il doit s'agir de questions physiques qui sont différentes de celles qui ont été abordées dans la *Lettre* 3 et dans la *Lettre* 14 et dont nous ignorons malheureusement la nature.

d'Augustin ne s'est exprimée de façon aussi ferme et systématique dans les écrits antérieurs à son ordination »[4].

La reformulation de la question de Nebridius, au §2 de la *Lettre* 11, pose cependant des difficultés. Augustin écrit : « ... prius miror te esse commotum, cur non pater et filius dicatur hominem suscepisse, sed etiam spiritus sanctus » (Goldbacher [p. 26, 10, 12], Daur) ou « cur non Pater sed Filius dicatur hominem suscepisse, sed etiam Spiritus sanctus » (suivant les Mauristes)[5]. Comment comprendre ? Trois interprétation différentes de ce passage ont été proposées.

(1) La première doit être écartée. Augustin ne dit pas : « Je m'étonne tout d'abord que tu sois troublé du fait qu'on dise que, non seulement le Père et le Fils ont assumé la nature humaine, mais aussi l'Esprit saint »[6]. Quelques lignes plus loin, dans notre lettre, Augustin réaffirme clairement que l'assomption de l'homme est attribuée (de façon orthodoxe) *au Fils* (*hominis susceptio filio tributa*) (p. 26, 22-23). Seul le Fils a assumé la nature humaine, bien que l'Incarnation soit l'œuvre de la Trinité toute entière[7].

(2) On peut penser que Nebridius demande pourquoi on ne dit pas que le Père et le Fils *et aussi le Saint-Esprit* ont assumé l'homme. C'est ainsi que Wilfried Parsons traduit : « In the first place, I am surprised at your finding it hard to understand why the Son is said to have become man, and not the Father or even the Holy Spirit »[8]. Michel Barnes comprend de la même façon : « Nebridius demande à Augustin de lui expliquer *pourquoi, si la Trinité fait toute chose ensemble dans l'unité, c'est le Fils seulement qui est dit s'être incarné et*

---

4 O. du Roy, *L'Intelligence de la foi en la Trinité selon saint Augustin*, p. 391. Selon G. Madec, l'*Ep.* 11 est un « des grands textes christologiques » d'Augustin (« Christus », *Augustinus-Lexikon*, 1, 846). Il ne semble pourtant pas avoir eu une grande postérité. Nous savons que Roscelin de Compiègne prétendait (en se réclamant de Lanfranc et d'Anselme) que si les trois personnes divines étaient une seule chose et non pas trois, à cause de leur unité de volonté et de puissance, alors le Père et le Saint-Esprit se sont incarnés avec le Fils (cf. Anselme, *Ep.* 128 [ab Iohanne monacho], éd. Schmitt, II, vol. 3, p. 270-271). Mais Augustin n'est pas mentionné dans ce débat. Thomas d'Aquin ne fait pas non plus appel à Augustin lorsqu'il traite de problèmes semblables dans la *Somme théologique* (cf. IIIa, q. 3, a. 5 : « Une personne divine autre que celle du Fils aurait-elle pu assumer la nature humaine ? ; a. 8 : « Convenait-il mieux au Fils de Dieu de s'incarner qu'au Père ou au Saint-Esprit ? »).

5 Ceux-ci se fondent sur deux manuscrits importants du XVe siècle : le mss. 38* (Vat. lat. 495) (après correction) et le ms. 39* (Vat. lat. 499).

6 *Pace* L. Wankenne, BA 40/A, p. 281.

7 Cf. par ex. *Serm.* 71, 16, 27 : « Sic enim et solum filium uerissime dicimus ipsam suscepisse carnem, non patrem aut spiritum sanctum ; et tamen hanc incarnationem ad solum filium pertinentem, quisquis negat cooperatum patrem aut spiritum sanctum, non recte sapit ».

8 *Saint Augustine Letters, vol. 1 [1-82]*, Washington, The Catholic University of America Press, 1951, p. 26.

non le Père et l'Esprit-Saint aussi »⁹. Le même auteur explique que « le point de départ de la question de Nebridius est la théologie "nicéenne", telle qu'elle s'est développée, à la fois en Orient et en Occident, au moment des années 380 »¹⁰. Cette théologie se caractérise par l'accent mis sur l'unité des Trois, en vertu de laquelle toute action de l'un des membres de la Trinité est une action des trois inséparablement¹¹. Par conséquent, la question à laquelle Augustin est invité à répondre « reflète la tentative de la part de Nebridius de comprendre la foi de "Nicée" »¹².

Cette interprétation appelle deux remarques. Premièrement, la question ainsi formulée n'est plus exactement la même que celle qui était posée dans la *Lettre* 12, où Nebridius demandait : « Pourquoi c'est lui [le Fils], plutôt que le Père, qui est dit avoir assumé l'homme » (« cur ipse [Filius] potius dicatur hominem suscepisse quam Pater, cum simul uterque sit ») (p. 29, 21-22). De la *Lettre* 12 à la 11, on passe d'un « modèle disjonctif » (exclusif) (pourquoi l'un plutôt que l'autre) à un « modèle conjonctif »¹³ (pourquoi pas l'un et l'autre voire les trois). Il faudrait donc penser que Nebridius a formulé deux questions différentes ou du moins deux variantes de son problème. Deuxièmement, on peut objecter à l'encontre de la traduction (2), que l'on ne comprend pas bien l'*étonnement* que la question de son ami suscite chez Augustin (cf. *miror*), si celui-ci ne fait qu'alléguer la doctrine néonicéenne, en vertu de laquelle il semble naturel de penser que les Trois se soient incarnés, comme Augustin lui-même l'explique très précisément au paragraphe suivant. Pour cette raison,

---

9   M. R. Barnes, « Rereading Augustine's Theology of the Trinity », p. 155. Sur la l'*Ep.* 11, cf. p. 154-165 (« The Theology of *Epistle* 11 »).

10 M. R. Barnes, *op. cit.*, p. 155. Les guillemets qui entourent l'adjectif *nicéen* signifient que nous sommes en présence de la doctrine « néonicéenne ». En effet, le concile de Nicée (325) affirme seulement la *consubstantialité* du Fils au Père. La formule « μία οὐσία, τρεῖς ὑποστάσεις » (qui a pour équivalent latin « una essentia uel substantia, tres personae ») a été adoptée plus tard au synode d'Alexandrie en 362, en réaction à de nouvelles formes de l'arianisme. Sur le « néonicénisme », cf. Ch. Markschies, « Was ist lateinischer 'Neunizänismus' ? Ein Vorschlag für eine Antwort », *Zeitschrift für antikes Christentum*, 1, 1997, p. 73-95.

11 Cf. par ex., Hilaire de Poitiers, *De Trin.* VII, 17-18 : « omnia quae Pater facit, eadem omnia similiter facit et Filius ». Sur ce thème, cf. aussi L. Ayres, « "Remember That You Are Catholic" (*serm.* 52.2) : Augustine on the Unity of the Triune God », *Journal of Early Christian Studies*, 2000, 8/1, p. 39-82 : p. 45-55 (« Augustine's Earliest Trinitarian Theology : Letter 11 »).

12 M. Barnes, *op. cit.*, p. 156. L. Ayres propose la même interprétation de ce passage dans « "Remember That You Are Catholic" (*Serm.* 52.2) », p. 46 sq.

13 J'emprunte ces expressions à J. Brunschwig, qui les utilise à un tout autre propos dans l'article « En quel sens le sens commun est-il commun ? », in C. Viano (dir.), *Corps et âme : Sur le* De anima *d'Aristote*, Paris, Vrin, 1996.

une autre traduction paraît préférable, bien qu'elle soit moins évidente d'un point de vue grammatical.

(3) D'après Olivier du Roy et d'autres commentateurs après lui, Augustin s'étonne que son ami, qui demandait pourquoi c'était le Fils et non le Père qui était dit s'être incarné, n'ait pas mentionné aussi le Saint-Esprit comme un candidat éligible à l'Incarnation[14].

Dans cette hypothèse, nous nous trouvons face à une alternative, selon que l'on suppose que le « modèle conjonctif » était déjà formulé par Nebridius (qui demandait « pourquoi pas le Père *et* le Fils ? » après avoir dit « pourquoi le Fils *plutôt que* le Père ? ») ou (plus vraisemblablement) qu'il est introduit par Augustin, qui fait alors mention du Saint-Esprit et substitue au « modèle disjonctif » le « modèle conjonctif » pour poser le problème dans les coordonnées de l'orthodoxie que M. Barnes a précisément rappelées.

Dans l'hypothèse (3), la leçon des Mauristes paraît la plus satisfaisante. Bien que le latin ne soit pas évident, on pourra traduire de la façon suivante : « … je m'étonne tout d'abord que tu aies été troublé en te demandant pourquoi ce n'est pas le Père, mais le Fils qui est dit avoir assumé l'homme ; mais pourquoi pas aussi le Saint-Esprit ? ». Augustin reformule d'abord dans les mêmes termes la question mentionnée dans la *Lettre* 12, il s'étonne que Nebridius ait oublié le Saint-Esprit, puis il explique qu'en bonne théologie, il faudrait se demander pourquoi ce ne sont pas les Trois qui se sont incarnés, du fait de leur inséparabilité (p. 26, 12-22). Bref, le fait que les trois personnes *sont* inséparables par nature implique qu'elles *agissent* inséparablement ; mais dans ce cas, comment le Fils peut-il s'incarner sans que la Trinité toute entière fasse de même[15] ?

Le problème ayant été ainsi reformulé, Augustin précise qu'il se contentera de livrer à Nebridius une intuition qu'il développera lui-même avec sa propre intelligence (comme il l'a déjà fait dans le cas du problème sur les rêves inspirés) (p. 26, 22-28). Mais d'abord, il élucide la difficulté, en produisant une « intelligence de la foi » dans l'inséparabilité de l'être et de l'opération de la Trinité. Il le fait en mobilisant l'« ontologie trinitaire » qu'il a déjà élaborée et qui trouve ici une de ses expressions les plus approfondies. Il faut sur ce point interrompre le cours de l'explication de notre lettre pour présenter les grandes lignes de cette ontologie.

---

14 Cf. O. du Roy, *L'Intelligence de la foi en la Trinité selon saint Augustin*, p. 391 ; G. Madec, *La Patrie et la voie. Le Christ dans la vie et la pensée de saint Augustin*, p. 76 ; R. Teske, *Letters*, p. 36 (« I am first of all surprised that you are disturbed at why not the Father, but the Son is said to have assumed the man, and not also disturbed about the Holy Spirit »).

15 Augustin ne précise pas ce qui se passerait dans cette hypothèse de « théologie-fiction ». Sans doute les Trois s'incarneraient-ils dans le même individu, Jésus-Christ.

3   La formation de l'ontologie trinitaire

3.1   *Anagogie, ontologie, analogie*

Pour rendre compte de la formation de la théologie trinitaire augustinienne, Olivier du Roy distingue clairement trois approches auxquelles Augustin a recouru : l'anagogie, l'ontologie de la création et l'analogie mise en jeu par la « théorie psychologique » des « trinités » de l'« homme intérieur »[16]. En trois mots, la voie *anagogique* est l'élévation et le retour de l'âme, à partir du multiple, vers la Trinité ; l'*ontologie trinitaire*, quant à elle, repose sur la théorie des « uestigia », qui postule que le Dieu créateur a imprimé sa propre marque dans ses créatures. Cette théorie était depuis longtemps un bien commun des Écritures et de la philosophie[17], notamment néoplatonicienne, pour laquelle chaque degré de la procession est comme une image, toujours moins parfaite, du degré supérieur dont elle émane. Augustin en produit une version *trinitaire*, qui met au jour dans toutes les créatures, visibles et invisibles, des « ressemblances » de la « Trinité créatrice ». Ce faisant, il fait s'échelonner différentes triades vestigiales aux différents niveaux de la création : « ce qui, dans les corps, est mesure, beauté et ordre, devient, dans les animaux, vie, sensation et désir, dans les âmes raisonnables, existence, connaissance et amour »[18]. Ainsi s'articule à l'ontologie créatrice le troisième schème trinitaire, *analogique et réflexif*, celui de l'*image* (unique) de la Trinité dans l'« homme intérieur ». Si les créatures manifestent des structures trinitaires de façon graduée, selon leur place dans l'univers, alors il est possible de s'approcher de la Trinité en réfléchissant sur la créature qui est la plus proche de Dieu, c'est-à-dire l'esprit humain. Cette troisième voie est ouverte par la *Question* 38, qui ordonne les trois éléments constitutifs de la *paideia* (« natura », « disciplina », « usus ») aux trois Personnes de la Trinité ; elle s'affirme en *Conf.* XIII, 11, 12 et trouve son aboutissement dans le *De Trinitate*[19].

---

16   Cf. O. du Roy, *L'Intelligence de la foi en la Trinité selon saint Augustin*, p. 413-19.
17   Cf. A. S. Pease, « Caeli Enarrant », *Harvard Theological Review*, 34/3, 1941, p. 163-200.
18   Du Roy, *op. cit.*, p. 423.
19   Il importe de savoir que les trois « schèmes » de du Roy sont mobilisés par cet auteur au service d'une thèse : celui d'un échec programmé de la théologie d'Augustin du fait de ses présupposés, qui tiennent eux-mêmes en dernière instance au rôle joué par le néoplatonisme dans sa conversion (cf. notamment « Logique d'une entreprise », *op. cit.*, p. 450-8). Ce n'est pas ici le lieu de développer cette interprétation ni d'en faire la critique. Il est cependant possible d'utiliser ces « schèmes », dont la valeur heuristique est indéniable, sans faire sienne la thèse de du Roy.

3.2 Les fondements scripturaires et philosophiques de l'ontologie trinitaire

L'ontologie trinitaire est un genre spéculatif exigeant qu'Augustin a pratiqué sans relâche. La prolifération chez lui des triades vestigiales fait à la fois l'admiration et le désespoir du commentateur[20]. Pour s'orienter dans cet univers touffu, on peut d'abord en présenter les fondements scripturaires. L'ontologie trinitaire nous semble en effet s'être développée en référence à deux versets qui en constituent la matrice, à savoir Sg 11, 21 : « omnia in mensura et numero et pondere disposuisti » et Rm 11, 36 : « Deus ex quo omnia, per quem omnia, in quo omnia ... ».

3.2.1   Sg 11, 21

Sg 11, 2[21] distingue trois « dispositions » (cf. « disposuisti ») de l'être créé, qui tirent chacune leur origine d'une des personnes de la Trinité. Augustin leur proposa cependant des équivalents, plus ou moins éloignés. On observe chez lui une tendance de fond en vertu de laquelle au poids s'associe ou se substitue l'ordre ; puis à la mesure, la limite (*modus*), et au nombre, la forme. En bref, l'ordre remplace le poids en *De gen. cont. man.* I, 16, 26, en *Sent.* 18 et en *De lib. arb.* II, 20, 54[22]. D'autre part, la triade de Sg 11, 21 et la triade *modus-species-ordo* (ou *quies*) sont clairement mises en équivalence en *De nat. boni*, 18, dans le *Contre Faustus*[23] et au livre IV du *De genesi ad litteram* (3, 7-7, 14). Ce dernier passage réaffirme qu'être créé signifie fondamentalement avoir une mesure, un nombre et un poids, c'est-à-dire respectivement une limite, une forme et un ordre, et il établit une claire opposition entre d'une part la mesure, le nombre et le poids qui sont ceux des choses créées et d'autre part la mesure, le nombre

---

20 Voir par ex. la « Table des triades », dans du Roy, *op. cit.*, p. 537-540.

21 Sur Sg 11, 21, cf. W. Beierwaltes, « Augustins Interpretation von *Sapientia* 11, 21 », *Revue des Études Augustiniennes*, 15, 1969, p. 51-61, qui demeure fondamental, notamment sur les sources néoplatoniciennes (et néopythagoriciennes) d'Augustin ; O. du Roy, *L'Intelligence de la foi en la Trinité selon saint Augustin*, p. 279-80 ; 421-24 ; A.-M. La Bonnardière, *Biblia Augustiniana, Le Livre de la Sagesse*, p. 90-98 ; E. TeSelle, *Augustine the Theologian*, p. 118 sq. ; Agaësse et Solignac, « Note complémentaire » 18, « Mesure, nombre et poids (3, 7-7, 14) », BA 48, p. 635-39 ; L. Ayres, « Mensura », *Augustinus-Lexikon*, 3, 1280-1284.

22 On note aussi l'apparition, dans ce même dialogue, des triades « naturae ... moderatae, formatae, ordinatae » (III, 12, 35) et « deus auctor et formator et ordinator » (III, 21, 60).

23 Les trois caractéristiques de l'être sont ordonnées à la Trinité en XX, 14 : « quia nescientes omnem modum naturarum numerumque formarum et ordinem ponderum non esse posse nisi a patre et filio et spiritu sancto » ; Sg. 11, 21 est cité en XXI, 6 : « ... cuncta distincta et concordi unitate contexta *moderatione mensurarum, parilitate numerum, ordine ponderum* nonne indicant artificem suum Deum uerum, cui uere dictum est : "omnia in mensura et numero et pondere disposuisti" ? ».

et le poids incréés selon lesquels les choses sont faites et qui existent *en Dieu lui-même* avant la création[24].

On trouve en outre une multitude d'autres triades, dont les termes semblent analogues à ceux de Sg 11, 26, comme *esse-species-ordo* (*De uera relig.* 7, 13), *esse-hoc esse-sibi amica esse* (*Quaest.* 18) ou *ut sit-ut hoc sit-ut in eo quod est maneat* (dans notre lettre). Il n'est pas toujours facile de voir dans quelle mesure elles sont équivalentes à Sg 11, 26. Une règle semble pourtant présider à leur choix, celle de leur compatibilité avec Rm 11, 36.

3.2.2   Rm 11, 36

Bien que « Deus ex quo omnia, per quem omnia, in quo omnia … » ne réfère qu'à Dieu, l'usage des trois prépositions suggère que celui-ci est pour ainsi dire triplement créateur. Les trois « facteurs » de la création, qui sont pour Augustin les personnes divines[25], ne sont pas spécifiés (pas plus que leurs « vestiges » dans la créature). Pourtant leur *modus operandi* est indiqué par le jeu des prépositions « ex », « per » et « in », qui témoigne à la fois de leur *distinction* et de leur *inséparabilité*. Ce ne sont pas tant les Trois qui agissent, que l'un qui agit *par l'intermédiaire* du deuxième, *dans* le troisième. C'est dans ce cadre formel déterminé par Rm 11, 36 qu'interviennent les trois éléments de Sg 11, 21 ou leurs analogues. En bref, toute créature existe (1) *à partir* d'une Mesure, qui lui confère sa limite ; (2) *par* un Nombre qui lui confère sa forme et (3) *dans* un Poids, c'est-à-dire un Ordre qui la fait perdurer dans son ordre propre et l'ordonne à sa fin. Cette « immanence » à l'Ordre, dont Augustin a très tôt fait un thème fondamental de sa philosophie[26], s'appelle précisément dans la *Lettre* 11 et la *Sent.* 7 la « manence » ; elle désigne le fait, pour toute créature, de tendre vers et de persister dans son être propre (ou spécifique), qu'il soit spatial, temporel, voire « quasi-éternel » (pour le « caelum caeli »),

---

24   On note cependant que dans ce développement qui est le plus long qu'Augustin ait consacré à Sg 11, 21, la signification trinitaire de ce verset n'est plus visible. Elle réapparaît cependant en *De ciu. Dei*, v, 11 (cf. du Roy, *op. cit.*, p. 422-24) : « Deus itaque summus et uerus cum Verbo suo et Spiritu sancto, quae tria unum sunt, Deus unus omnipotens, creator et factor omnis animae atque corporis … a quo est omnis *modus*, omnis *species*, omnis *ordo* ; a quo est *mensura, numerus, pondus* », qui témoigne à nouveau du caractère superposable des deux triades ou des deux versions de la triade.

25   De manière générale, Augustin voit une mention de la Trinité dans l'adresse de chacune des Épîtres de Paul (cf. *Ep. ad rom. inch. exp.* 11-13 et sur ce texte F. Cavallera, « Les premières formules trinitaires », *Bulletin de littérature ecclésiastique*, 31, 1930, p. 97-123 : p. 113 ; V. Drecoll, « Trinitätslehre », in Id., *Augustin-Handbuch*, Tübingen, Mohr Siebeck, 2007, p. 448).

26   Voir le début du *De ordine* : « Ordinem rerum, Zenobi, consequi ac tenere cuique proprium » (« Suivre l'ordre, Zenobius, et s'y conformer, c'est le propre de chaque chose »).

en étant en Dieu, et plus précisément dans le Saint-Esprit, qui est co-créateur. Cet être en Dieu explique la bonté intrinsèque de toute créature. Ce qui est en cause, c'est donc la *qualité* d'un être (bon), inséparable de son existence (*esse*) et de son essence (*esse aliquid*).

3.2.3 Les paradigmes « scientifiques » et philosophiques

Augustin s'est également appuyé sur des paradigmes « scientifiques » ou proprement rationnels pour élaborer son ontologie trinitaire – ce qui ne va pas de soi, d'un point de vue théologique. Dans la *Question* 18 et dans la *Lettre* 11, il mobilise les trois questions connexes que distinguait la rhétorique ancienne : « an sit ? », « quid sit ? » et « qualis sit ? »[27]. Plus tard, cette division sera relayée par la tripartition stoïcienne de la philosophie en physique, logique et éthique[28].

Il est difficile cependant d'apprécier la contribution exacte des « libri disciplinarum » à l'élaboration de l'ontologie trinitaire, en raison de l'état dans lequel ce corpus nous est parvenu. On sait qu'Augustin pratiqua les arts libéraux « per corporalia cupiens ad incorporalia quibusdam quasi passibus certis uel peruenire uel ducere » (*Retract*. I, 6). La fin du *De mus*. est instructive en ce qu'elle contient un développement sur la création trinitaire (VI, 17, 56) (voir *infra*), mais il est difficile de juger dans quelle mesure ce développement est dépendant d'une *théorie* du nombre. Il semblerait que l'étude des disciplines ait tendu à remonter à partir du sensible jusqu'à la Trinité mais que les disciplines elles-mêmes aient fourni peu de paradigmes pour penser la Trinité, puisqu'il n'y a guère que les trois questions rhétoriques qui sont invoquées à ce propos – on ne trouve (heureusement) pas chez Augustin d'application arithmétique ou géométrique à la Trinité[29]. Pour pouvoir en dire plus sur les éventuelles implications trinitaires de l'encyclopédie augustinienne, il faudrait savoir (1) si chaque traité accomplissait une *reductio ad philosophiam*, comme le *De musica* ; (2) le cas échéant, comment la philosophie mettait en jeu, à chaque fois, la Trinité et (3) quel était le contenu du *De philosophia*. Après ces généralités, nous pouvons en venir à l'examen des principaux textes dans lesquels s'élabore l'ontologie trinitaire.

---

27 Voir *infra* « *De diu. quaest. 83*, 18 (une preuve par les effets de l'existence de la Trinité) ».
28 Cf. *Cont. Faust*. XX, 7 ; *De ciu. Dei*, XI, 24-28.
29 L'exégèse arithmologique trinitaire (par ex. en *De diu. quaest*. 83, 58, qui affirme que les trois mois que Marie a passés auprès d'Élisabeth signifient la foi dans la Trinité et le baptême) ne mobilise pas un savoir mathématique (il suffit de savoir compter jusqu'à trois). Par ailleurs, Augustin s'est bien sûr fondé sur sa connaissance des arts du langage pour acquérir une intelligence de la Trinité mais les disciplines sont alors appliquées à l'Écriture, elles ne livrent pas des paradigmes *a priori*.

3.3 De gen. cont. man. *1, 16, 26 : Sg 11, 21 et l'unité de la concorde*

Ces textes sont difficiles à dater avec précision. Nous pouvons considérer, avec du Roy, que le premier d'entre eux se trouve dans le *Commentaire sur la Genèse contre les Manichéens*. Bien qu'il dise peu de chose à ce propos, il est significatif qu'il apparaisse dans un ouvrage d'exégèse. Dans un éloge du Dieu artisan ou artiste (*artifex*), Augustin tente de justifier l'existence des bêtes réputées nuisibles, comme les rats. Il affirme que le corps de tout vivant a des mesures, des nombres et un ordre qui concourent « ad unitatem concordiae » et qui proviennent eux-mêmes respectivement d'une mesure, d'un nombre et d'un ordre suprêmes qui consistent dans la sublimité immuable et éternelle de Dieu (*Gen. cont. man.* 1, 16, 26)[30]. Plus tard, dans le livre IV du *De gen. ad litt.*, Augustin affirmera l'existence d'une *analogie* des trois éléments de Sg 11, 21, qui existent au niveau des corps, de l'âme et en Dieu (4, 8). On remarque que, dans le passage du *De gen. cont. man.* que nous avons cité, l'ordre s'est substitué au poids : « La substitution n'est pas justifiée mais elle se comprend facilement : les poids des corps les mènent en leurs lieux spécifiques et les font ainsi entrer dans l'ordre »[31]. Cela dit, si la « summa mensura » correspond au « summus modus » (selon une équivalence déjà formulée en *De uit. beat.* 4, 34), quel lien existe-t-il entre l'Ordre et le Saint-Esprit et entre le Nombre et le Fils ? Et en quoi les trois éléments de Sg 11, 21 entretiennent-ils entre eux des relations proprement trinitaires ? Sur ces questions, la *Sent.* 18 dispense une obscure clarté.

3.4 Sent. *18 : la Trinité de Sg 11, 21*

C'est le texte qui témoigne le plus d'un effort (peu concluant) de faire correspondre les trois éléments de Sg 11, 26 aux trois personnes de la Trinité[32]. Bien que Sg 11, 21 se réfère explicitement à la Trinité *créatrice*, on a l'impression, au début de la sentence, que mensure, nombre et poids permettent de penser la Trinité *ad intra*. On lit en effet : « On peut comprendre que la mesure, c'est l'Un, car les nombres sont mesurés par lui, de sorte qu'on peut comprendre que la mesure est le Père et le nombre est le Fils. Le poids, c'est le Saint-Esprit, car celui-ci est amour. En effet, de celui qui aime, on dit qu'il est suspendu à son amour (*pendet ab amore*). Et celui qui est suspendu doit parvenir à quelque chose. Et de fait, le nombre viendra de la mesure et de là (*inde*), l'ordre lui même

---

30 « Non enim alicuius animalis corpus et membra considero ubi non mensuras et numeros et ordinem inueniam ad unitatem concordiae pertinere. Quae omnia unde ueniant non intelligo nisi a summa mensura et numero et ordine, quae in ipsa Dei sublimitate incommutabili atque aeterna consistunt ». Sg 11, 21 est cité quelques lignes plus loin.
31 O. du Roy, *op. cit.*, p. 280.
32 Sur ce texte, cf. A.-I. Bouton-Touboulic, *L'Ordre caché : la notion d'ordre chez saint Augustin*, Paris, IEA, 2004, p. 149-51.

s'ensuit » (p. 158-59, 351-55)[33]. Les deux premières équivalences sont relativement compréhensibles (même si on hésite à les prendre littéralement)[34] : l'Un, mesure des nombres (du fait que tout nombre est l'unité d'une multiplicité), est le Père ; le Nombre mesuré est le Fils. Il faut ensuite comprendre que l'Ordre s'ensuit de la génération du Nombre qu'est le Fils à partir de l'Un-Mesure qu'est le Père, c'est-à-dire que l'on déduit l'existence de l'Ordre de la consécution des deux premiers termes[35].

La suite du texte explicite le lien existant entre le Saint-Esprit, qui a été présenté jusqu'ici comme amour auquel on est « suspendu »[36], et l'ordre, troisième « disposition » fondamentale de l'être : « On parle d'"être suspendu" en référence au poids. L'effort (*nisus*) se rapporte à l'ordre. En effet, l'ordre peut aussi être compris comme poids. Le poids peut être la tendance (*conatus*) vers un lieu ; il se produit comme la tendance vers le lieu de l'impulsion (*appetitus*) ; le poids se rapporte donc à l'ordre » (p. 159, 355-57)[37]. L'ordre, en tant qu'il met en jeu un effort (*nisus*), doit être compris comme un poids, qui est lui-même caractérisé comme « tendance » (*conatus*). L'équivalence manifeste une conception dynamique de l'ordre, qui assigne à toute chose sa place (comme par exemple le poids de l'huile et celui de l'eau sont cause du fait que l'huile demeure ou remonte toujours au-dessus de l'eau)[38].

---

33 « Mensura unum potest intellegi : numeri enim ab eo mensurantur, ut mensura possit pater intellegi et numerus ipse filius. Pondus spiritus sanctus : amor est enim. Nam qui amat dicitur : pendet ab amore ; et qui pendet, ad aliquid uenturus est. Erit namque numerus de mensura, et inde ipse ordo sequitur ».

34 Il arrive qu'Augustin identifie le nombre et la sagesse (selon Eccl 7, 26 : « Circumiui ego, ut scirem et considerarem et quarerem sapientiam et numerum »). Il affirme ailleurs que les nombres intelligibles sont « dans la vérité immuable » (*Retract.* I, 11, à propos de *De mus.* VI), c'est-à-dire dans le Fils. Voir aussi *De lib. arb.* II (11, 30) (qui cite également Eccl 7, 26 en 8, 24).

35 La même idée est reprise dans la partie « de uerbo » de la sentence : « Unum enim antecedit duo, et his duobus est aliquis ordo, et fiunt tria, quae Trinitas dicitur » (p. 158, 392-3).

36 Plotin établissait déjà un lien entre le fait de désirer et d'être suspendu (ἀναρτᾶσθαι). Cf. *Enn.* I, 7 [54], 1, 20-22 : « Il faut admettre le Bien comme ce à quoi toutes les choses sont suspendues, alors que lui n'est suspendu à rien. Car ainsi il est vrai de dire qu'il est "ce que toutes choses désirent" (Ar., *EN* I, 1, 1094a3) ».

37 « A pondere dicitur pendet. Ad ordinem nisus pertinet. Ordo enim potest etiam pondus accipi : pondus conatus esse potest ad locum, conatus ad locum appetitus occurrit ; pondus ergo ad ordinem pertinet ».

38 La présentation du Saint-Esprit dans la *Sent.* 18 appelle cependant deux « correctifs ». L'Esprit est l'ordre qui résulte de la relation de consécution entre le Père et le Fils. On lit pourtant en *De ord.* II, 1, 2 qu'il n'y a pas d'ordre en Dieu. Il faut donc penser que l'ordre en Dieu est un ordre qui n'implique aucune inégalité. D'autre part, l'Esprit est le poids qui mène toute chose vers son bien comme vers son lieu naturel, en étant lui-même Poids. Néanmoins, comme Dieu est à lui-même son propre bien, il est un poids sans poids (cf. *De Gen. ad litt.* IV, 3, 8).

3.5 De mus. VI, 17, 56 : la structure trinitaire du nombre, de la substance créée et de Dieu

À la fin du livre VI du *De musica*, Augustin met au jour un *isomorphisme* trinitaire entre (1) la structure intrinsèque du nombre, (2) celle de la créature et (3) celle de Dieu, dont l'action créatrice révèle l'intimité. Il écrit : « Le nombre, c'est par l'*un* qu'il commence ; par son *égalité* et sa *ressemblance* qu'il est beau et par l'*ordre* qu'il est uni. C'est pourquoi, si l'on admet qu'il n'y a aucune nature qui, pour être ce qu'elle est, ne manque de désirer l'unité, de s'efforcer de demeurer semblable à elle-même, autant que possible, et de maintenir son ordre propre, dans le lieu et le temps, ou son intégrité, par une sorte de poids incorporel, si l'on admet cela, il faut admettre aussi que c'est par un Principe un, au moyen d'une Forme qui lui est égale et semblable par les richesses de sa bonté – bonté grâce à laquelle l'Un et l'Un qui vient de l'Un sont joints par un amour pour ainsi dire très aimé – que toutes les choses ont été faites et fondées chacune dans la mesure où elles sont » (VI, 17, 56)[39].

À propos de (1), Augustin ne précise pas s'il parle d'abord du nombre intelligible (comme le suggère l'emploi du singulier) ou bien des nombres créés[40]. Quoi qu'il en soit, les trois conditions de possibilité du nombre sont également constitutives de toute nature (2). Il s'agit (i) de l'*unité*, qui est voulue par toute nature car c'est en étant une que celle-ci *est*, en vertu du principe selon lequel « nihil est autem esse, quam unum esse » (*De mor.* II, 6, 8) ; (ii) de la *ressemblance*, ici comprise comme ressemblance *à soi* à la différence du cas où elle intervient *ad aliud* à propos de la Forme *i.e.* du Fils en (3) ; (iii) du fait de tenir ou conserver son *ordre* propre, c'est-à-dire d'occuper un certain lieu[41] et de durer. La préservation (*salus*) est une nouvelle interprétation du « poids » de Sg 11, 21. Avec les deux précédentes conditions, elle rend compte de l'*amour*

---

39 « Numerus autem et ab uno incipit, et aequalitate ac similitudine pulcher est, et ordine copulatur. Quamobrem quisquis fatetur nullam esse naturam, quae non ut sit quidquid est, appetat unitatem, suique similis in quantum potest esse conetur, atque ordinem proprium uel locis uel temporibus, uel incorporeo quodam libramento salutem suam teneat ; debet fateri ab uno principio per aequalem illi ac similem speciem diuitiis bonitatis eius, qua inter se unum et de uno unum carissima, ut ita dicam, caritate iunguntur, omnia facta esse atque condita quaecumque sunt, in quantumcumque sunt ». « Incorporeo quodam libramento » est la leçon retenue par Érasme, les Lovanistes et Jacobsson (CSEL, 102) de préférence à « in corpore quodam libramento » (éd. bénédictine).

40 O. du Roy parle incidemment du « nombre créé » (*op. cit.*, p. 293).

41 Il ne s'agit pas seulement d'une allusion à la théorie des « lieux naturels » des éléments. *De ciu. Dei*, XI, 27, 1 prend l'exemple de l'arbre qui, pour élever ses branches et préserver en hauteur ses semences, enfonce dans le sol ses racines par lesquelles il se nourrit et assure ainsi sa conservation.

de soi de la créature (même inanimée), qui ajoute une dimension éthique à des triades déjà bien chargées.

(3) La triade constitutive de toute nature a pour principe et prototype la procession trinitaire elle-même. Augustin affirme en effet que « la reconnaissance de ces trois tendances constitutives de toute nature oblige à reconnaître sa dépendance par rapport à une triple cause »[42].

3.6   De uera relig. 7, 13 : *esse-habere speciem-administrari*

Le début du *De uera relig.* affirme également la dépendance de toute créature par rapport à la Trinité créatrice : « La Trinité étant connue, autant qu'il est donné de la connaître en cette vie, on perçoit sans aucun doute que toute créature, intelligente, animale, corporelle, tient son *être*, autant qu'elle est, de cette même Trinité créatrice, qu'elle tient d'elle sa *forme* et le fait d'être administrée de manière parfaitement ordonnée ; ce n'est pas qu'il faille comprendre que le Père ait fait une partie de toute la création, le Fils une autre, et l'Esprit-Saint encore une autre, mais bien que le Père a fait toutes choses simultanément [cf. Sir 18, 1 : "creauit omnia simul"] et chaque nature particulière, par le Fils, dans le don de l'Esprit-Saint. En effet, toute chose, ou substance, ou essence, ou nature, quel que soit le nom qu'on lui donne si l'on en trouve un meilleur, possède simultanément ces trois propriétés, à savoir qu'elle est quelque chose d'un, qu'elle se distingue de toutes les autres choses par une forme qui lui est propre, et qu'elle ne sort pas de l'ordre » (7, 13)[43]. Dans ce texte qui contient

---

42   O. du Roy, *op. cit.*, p. 292. La phrase qui exprime la dépendance envers le Saint-Esprit est cependant difficile à interpréter. Du Roy écrit que tous les traducteurs interprètent à tort « diuitiis bonitatis » comme un datif dépendant de « similem » (sur le modèle de « aequalem illi ») (*op. cit.*, p. 292, n. 1). Selon lui, « diuitiis », à l'ablatif, exprime la cause efficiente, à savoir les richesses de la Bonté de Dieu ; il traduit : « tout a été fait par l'Un, Principe, au moyen de la Beauté égale et semblable à lui, grâce aux richesses de sa bonté, charité pour ainsi dire la plus chère par laquelle sont unis l'Un et l'Un de l'Un ». Cette construction peu évidente paraît dictée par la volonté de trouver dans la formulation d'Augustin une énumération qui mette sur le même plan les trois personnes de la Trinité. D'après la traduction que j'ai proposée, l'action du Saint-Esprit n'est pas rapportée *immédiatement* à la créature : elle l'est en tant qu'il est l'amour qui unit le Père et le Fils du fait de leur bonté commune. C'est la première occurrence de cette caractérisation de l'Esprit que l'on retrouvera dans le *De fide* (9, 19).

43   « … qua Trinitate quantum in hac uita datum est cognita, omnis intellectualis et animalis et corporalis creatura, ab eadem Trinitate creatrice esse in quantum est, et speciem suam habere et ordinatissime administrari, sine ulla dubitatione perspicitur ; non ut aliam partem totius creaturae fecisse intellegatur Pater, et aliam Filius, et aliam Spiritus Sanctus, sed et simul omnia et unamquamque naturam Patrem fecisse per Filium in dono Spiritus Sancti. Omnis enim res, uel substantia, uel essentia, uel natura, uel si quo alio uerbo melius enuntiatur, simul haec tria habet ; ut et unum aliquid sit, et specie propria

la première occurrence de « Trinitas creatrix », le « couplage » entre Sg 11, 21 et Rm 11, 36 est clairement perceptible. Il signifie que la création est l'œuvre des Trois qui agissent à la fois inséparablement et distinctement. La Trinité ne connaît donc pas la « division du travail ». Les Trois n'agissent pas à la façon dont Pierre, Paul et moi pouvons par exemple creuser ensemble un trou, mais plutôt à la façon dont je creuse un trou au moyen d'une pelle dans la terre. En effet, je ne peux pas creuser un trou sans le faire au moyen d'une pelle (ou de tout autre instrument) et dans la terre (ou dans une autre matière), et la pelle ne creuse pas toute seule, ni dans rien, etc.

La doxologie finale du *De uera religione* développe puissamment le schéma paulinien de l'ontologie trinitaire : « Deum a quo sumus, per quem sumus, in quo sumus : a quo discessimus, cui dissimiles facti sumus, a quo perire non permissi sumus : principium ad quod recurrimus, et formam quam sequimur, et gratiam qua reconciliamur : unum quo auctore conditi sumus, et similitudinem eius per quam ad unitatem formamur, et pacem qua unitati adhaeremus : (…) unum Deum quo creatore uiuimus, per quem reformati sapienter uiuimus, quem diligentes et quo fruentes beate uiuimus : unum Deum ex quo omnia, per quem omnia, in quo omnia, ipsi gloria in saecula saeculorum ». Dans cette adresse à Dieu, l'ordre de la création et celui de la grâce se superposent clairement : « la création comme événement du Dieu trinitaire trouve sa perfection dans la rédemption, qui est aussi un événement trinitaire »[44].

3.7 De diu. quaest. 83, 18 : une preuve par les effets de l'existence de la Trinité

La *Question* 18 produit une preuve *par les effets* de l'existence de la Trinité. Toute créature, en tant qu'elle présente simultanément trois dispositions ontologiques, doit avoir une cause trine (*causam trinam*) : « Pour tout ce qui est, autre est le fait d'exister, autre celui d'être distinct, autre celui d'être en accord. Si donc toute créature est d'une certaine façon et diffère beaucoup de ce qui n'est absolument rien et est en accord avec elle-même par ses parties, il faut que sa cause soit elle aussi trine ; celle en vertu de laquelle elle est, celle en vertu de laquelle elle est ceci, celle en vertu de laquelle elle est amie d'elle-même. Or la cause de la créature, c'est-à-dire son auteur, nous disons que c'est Dieu. Il faut donc qu'il existe une Trinité, qui est telle que la raison parfaite ne peut rien trouver de plus élevé, de plus intelligent et de plus heureux. C'est

---

discernatur a ceteris, et rerum ordinem non excedat » ; « et speciem suam habere » est la leçon adoptée par les Mauristes ; rejetée par Green, qui supprime ce membre de phrase, elle est maintenue par Daur.

44   V. Drecoll, « Trinitätslehre », in *Augustin-Handbuch*, p. 452-53.

aussi pourquoi, lorsqu'on recherche la vérité, il ne peut pas y avoir plus de trois sortes de questions : une chose est-elle bel et bien ? Est-elle ceci ou cela ? Faut-il l'approuver ou la réprouver ? »[45]. Comme on le voit, Augustin apporte une justification à sa preuve en mobilisant la tripartition traditionnelle des questions en rhétorique, qui portent respectivement sur l'existence d'une chose, son essence et sa qualité (ou sa valeur)[46].

Aux yeux d'Augustin, il s'agit d'une division *a priori*, que l'esprit trouve dans la mémoire, à l'instar des notions arithmétiques : « Lorsque j'entends qu'il y a trois espèces de questions : une chose est-elle (*an sit*) ? qu'est-elle (*quid sit*) ? quelle est-elle (*quale sit*) ? », je comprends certaines choses qui étaient déjà dans ma mémoire (*Conf.* X, 10, 17). Ne sommes-nous pas dès lors en présence d'une approche *purement rationnelle* de la Trinité ? Loin de là : il s'agit d'une *confirmation* de la preuve de l'existence de la Trinité[47], laquelle est en outre une preuve *a posteriori*. Augustin considère sans doute son raisonnement comme une application de Rm 1, 20 (« inuisibilia enim ipsius a creatura mundi per ea quae facta sunt intellecta conspiciuntur »), qui guide même son approche des disciplines libérales (cf. *Retract.* I, 11, 1).

4 Comment est comprise l'inséparabilité de la Trinité (§3)

4.1 *Une preuve par les effets de l'inséparabilité de la Trinité*

Dans la *Lettre* 11, Augustin met au jour, une fois de plus, trois traits qui sont inséparablement ceux de tout être créé, en vue de montrer « de quelle façon subtile et vraie on comprend l'inséparabilité de la Trinité dans l'Église catholique »

---

45 « Omne quod est aliud est quo constat, aliud quo discernitur, aliud quo congruit. Uniuersa igitur creatura si et est quoquo modo, et ab eo quod omnino nihil est plurimum distat, et suis partibus sibimet congruit, causam quoque eius trinam esse oportet : qua sit, qua hoc sit, qua sibi amica sit. Creaturae autem causam, id est auctorem, deum dicimus. Oportet ergo esse Trinitatem, qua nihil praestantius, intellegentius et beatius inuenire perfecta ratio potest. Ideoque etiam cum ueritas quaeritur, plus quam tria genera quaestionum esse non possunt : utrum omnino sit, utrum hoc an aliud sit, utrum adprobandum improbandumue sit ».

46 Cf. Cicéron, *Orator*, 14, 45 (« quicquid est quod in controuersia aut in contentione uersetur, in eo aut sitne aut quid sit aut quale sit ») ; *De or.* I, 31, 139 ; II, 24, 104 ; Quintilien, *Inst. or.* III, 6, 80 ; Mart. Cap. V, 444 ; Marius Victorinus, *De def.*, p. 3, 4-5 ; Augustin [?], *Rhet.* 9, p. 51, 4-5 Giomini.

47 « Augustin montre que la métaphysique trinitaire est plus fondamentale que ce schème [des questions], qui en est seulement déduit » (O. du Roy, *op. cit.*, p. 388). En l'occurrence, on déduit que la recherche de la vérité (en rhétorique ou en quelque domaine que ce soit) met en jeu trois questions *et pas plus* en se fondant sur le caractère exhaustif de cette métaphysique.

(p. 26, 29-27, 5). Toute nature se caractérise par le fait « premièrement qu'elle est ; ensuite qu'elle est ceci ou cela ; troisièmement qu'elle demeure (*maneat*) dans ce qu'elle est autant qu'elle le peut ». Chacune de ces propriétés s'ordonne respectivement à l'une des personnes de la Trinité et à son action : « La première propriété fait voir la Cause (*causa*) même de cette nature, de laquelle (*ex qua*) viennent toutes les choses ; la seconde, la Forme (*species*) par laquelle (*per quam*) toutes les choses sont fabriquées et en quelque sorte formées[48] ; la troisième, une certaine Manence (*manentia*), pour ainsi dire, dans laquelle (*in qua*) sont toutes les choses ».

Bien qu'Augustin ne prenne pas la peine de signaler la référence paulienne qui structure discrètement toute l'analyse, on reconnaît ici clairement la mise en relation caractéristique de l'ontologie trinitaire de (i) trois « dispositions » de l'être créé (l'existence, l'essence et la « manence »[49]), analogues à celles de Sg 11, 21 (mesure, nombre et poids), avec (ii) les trois « facteurs » de Rm 11, 36 (« causam ... *ex* qua sunt omnia », « speciem *per* quam fabricantur », « manentiam ... *in* qua sunt omnia »), auxquels seront encore référées au §4 (iii) les trois questions rhétoriques.

Le raisonnement ne consiste pas à présenter une *analogie* en vertu de laquelle les Trois agissent inséparablement à la façon dont les « dispositions » ontologiques de toute chose (être, être telle chose et demeurer) sont indissociables. Il s'agit de produire une *preuve par les effets* de l'*inséparabilité* de la Trinité (plus que de son existence, cette fois), en montrant que, s'il est vrai que l'existence, l'essence et la « manence » de toutes choses sont indissociables, alors les Trois dont elles dépendent chacune respectivement – à savoir la Cause, la Forme et la Manence divines – ne font rien qu'ils ne fassent *ensemble* (p. 27, 6-15). Si *par impossible* une chose qui est, cessait d'être ceci ou cela, ce serait la preuve que le Fils s'est désolidarisé de l'action du Père, etc. ... Bref, du fait que les trois propriétés de l'être créé sont inséparables, on infère respectivement l'inséparabilité de leurs trois « facteurs » conjoints *ex quo*, *per quem* et *in quo*.

---

48   En lisant : « alterum speciem per quam fabricantur et quodammodo formantur omnia » (Daur). Goldbacher conjecture ici une lacune : « alterum speciem, per quam fabricantur et quodam modo .... formanturque omnia » (p. 27, 3-4).

49   Comme précédemment, j'utilise ici le terme de « manence » pour désigner la disposition en vertu de laquelle l'être créé demeure (*manet*) (dans son genre ou dans l'ordre), comme le fait Augustin lui-même dans la *Sent.* 7 (cf. *infra*). Dans notre lettre, « manentia » désigne explicitement le Saint-Esprit. Le fait de demeurer est lui aussi une notion *analogique*, à l'instar de la forme et de l'être.

4.2   La « *métaphysique des prépositions* »

Bien qu'Augustin n'utilise ici le terme de « cause » qu'*au singulier*, en référence au Père[50], de sorte qu'il serait faux de parler d'une théorie des trois causes augustiniennes, il s'inspire ici de modèles antiques de *causalité différenciée* en les adaptant à ses besoins, à savoir l'élaboration d'une causalité *trine* (cf. « causam trinam » en *Quaest*. 18). Plus précisément, il dépend de certaines analyses médioplatoniciennes qui cherchaient à rendre compte de la création du monde telle qu'elle est présentée dans le *Timée*. En bref, ces analyses identifiaient d'une part le Démiurge à la divinité suprême et d'autre part l'« animal intelligible » (*Tim*. 30c) aux Formes platoniciennes, qui étaient elles-mêmes conçues comme étant les pensées de Dieu. Comme l'écrit G. O'Daly, « La terminologie médioplatonicienne de la causalité étend et formalise des tendances que l'on observe déjà chez Platon. En particulier ce qu'on a appelé la "métaphysique des prépositions" est développée et, dans le processus, des concepts causaux péripatéticiens et stoïciens sont amalgamés avec des aspects de la théorie platonicienne »[51].

La *Lettre* 65 de Sénèque témoigne de ce phénomène syncrétique[52]. Après avoir indiqué que les Stoïciens n'admettent qu'une seule cause, à savoir la raison, qui « forme » la matière (cf. §1), Sénèque mentionne les quatre causes aristotéliciennes (§4-6) : la matière, l'ouvrier (*opifex*), la forme (*forma*) et le but (*propositum*). Puis il indique que Platon en ajoute une cinquième, « le modèle, qu'il appelle une *idea* (*exemplar quam ipse idean uocat*) : c'est ce vers quoi l'artisan regarde pour faire ce qu'il se propose de faire » (§7) ; « plus précisément, selon Platon, il y a cinq causes : ce à partir de quoi (*id ex quo*) [cause matérielle], ce par quoi (*id a quo*) [efficiente], ce en quoi (*id in quo*) [formelle],

---

50   De la même façon, il n'admet de parler de « principe » qu'au singulier et corrige sur ce point Porphyre (cf. *De ciu. Dei*, x, 23-24 : « nos itaque ita non dicimus duo uel tria principia, cum de deo loquimur, sicut nec duos deos uel tres nobis licitum est dicere »). Eu égard à la création, le Père, le Fils et le Saint-Esprit sont un seul principe ; eu égard à la vie trinitaire, le Père est le seul principe sans principe ; il est le principe du Fils et le Père et le Fils sont l'unique principe du Saint-Esprit (cf. *De gen. ad litt. lib. imp.* 3, 6 ; *De fide et symb.* 9, 19 ; *De Trin.* v, 14, 15).

51   G. O'Daly, *Augustine's Philosophy of Mind*, p. 191-92. Cf. H. Dörrie, « Präpositionen und Metaphysik. Wechselwirkung zweier Prinzipienreihen », *Museum Helveticum*, 26, 1969, p. 217-28. Cf. aussi J. Pépin, « Le livre xii des *Confessions* », in *"Le Confessioni" di Agostino d'Ippona. Libri x-xiii, Commento di Aimé Solignac, Eugenio Corsini, Jean Pépin, Alberto di Giovanni*, Palermo, Ed. « Augustinus », 1987, p. 67-95 : p. 91-95 (« Le choix des prépositions dans l'analyse de l'acte créateur »).

52   Cette lettre est traduite est commentée par B. Inwood dans *Seneca. Selected Philosophical Letters*, Oxford, Clarendon, 2007 (p. 136-55). Cf. aussi D. Sedley, « Stoic Metaphysics at Rome », in R. Salles (ed.), *Metaphysics, Soul, and Ethics in Ancient Thought*, Oxford, Oxford University Press, 2005, p. 117-42.

ce conformément à quoi (*id ad quod*) [paradigmatique], ce en vue de quoi (*id propter quod*) [finale] ». Dans le cas d'une statue, « le "ce à partir de quoi", c'est le bronze ; le "ce par quoi", c'est l'artisan ; le "ce en quoi", c'est la forme qui est adaptée à la matière ; le "ce conformément à quoi" est le modèle que l'artisan imite et le "ce à cause de quoi" est le but de l'artisan » (§8). Sénèque ajoute que ce schéma s'applique à la création du monde : « Il y a son créateur : Dieu ; ce à partir de quoi il est fait : la matière ; une forme : l'aspect et l'ordre du monde (*habitus et ordo mundi*) ; un modèle, à savoir ce conformément à quoi Dieu a fait cet ouvrage grand et très beau ; le but : ce à cause de quoi il l'a fait. Tu demandes quel est le but de Dieu ? C'est la bonté » (§9-10) » (cf. *Tim.* 29e-30a : comme « il est bon », le Démiurge veut faire les choses aussi bonnes que possible).

Sans prétendre qu'il s'agisse d'une source[53], ce texte nous permet de voir à quel travail de recomposition Augustin a pu se livrer. Si l'on juge (anachroniquement) dans la perspective de la théologie trinitaire le modèle « platonicien » présenté par Sénèque, il est possible d'éliminer la matière et la forme (des composés)[54], en tant qu'elles sont créées, et de retenir le Dieu créateur, la Forme exemplaire et le dessein de Dieu. Ces trois termes peuvent être pensés comme consubstantiels, de sorte que leur action causale n'est pas numériquement distincte mais conjointe et inséparable.

On s'approche de ce type de causalité conjointe dans un fragment d'Atticus (bien que le modèle soit ici « binitaire » seulement). Platon comprend que Dieu, « le Père et le Démiurge de toutes choses » (*Tim.* 41a), est un ouvrier qui a d'abord conçu le modèle d'après lequel il va faire son ouvrage ; Platon a même été capable « d'embrasser du regard » les pensées (νοήματα) de Dieu, les « modèles des choses qui deviennent, modèles incorporels et intelligibles, "qui sont toujours mêmes qu'eux-mêmes et semblables à eux-mêmes" [*Phédon*, 78c], qui sont souverainement et primordialement et qui sont aussi, pour les choses, causes auxiliaires de ce qu'elles sont chacune telles qu'elles sont (παραίτια δὲ καὶ τοῖς ἄλλοις τοῦ εἶναι τοιαῦθ᾽ ἕκασθ᾽ οἷάπερ ἐστί) » (fr. 9, p. 169,

---

53   On pourrait redire à ce propos ce que J. Pépin dit au sujet de la doctrine augustinienne des idées, à savoir que la question des sources « reste du domaine de la pure conjecture » (« Augustin et Atticus. La *quaestio "De ideis"* », in R. Brague et J.-F. Courtine (éd.), *Herméneutique et ontologie. Hommage à P. Aubenque*, Paris, PUF, 1990, p. 163-180 » : p. 164).

54   Il importe de bien distinguer la forme nommée *idos*, qui est la forme entrée dans le réceptacle (*Tim.* 50b-51a) ou dans la matière, comme la forme aristotélicienne, et l'*idea*, qui est l'Idée ou Forme platonicienne qui guide l'action de Dieu.

43-44 des Places). « Cette notion de "causes auxiliaires" signifie que seul Dieu est véritablement cause »[55].

Bref, l'analyse médioplatonicienne a pu fournir à Augustin un modèle : Dieu, les Formes ou les Idées qui sont ses pensées, et la bonté, qui est la cause finale de la création, parce qu'il est lui-même bon. Si l'on se souvient qu'Augustin lui-même, lorsqu'il commente le récit de la Création de la Genèse – toujours dans une perspective trinitaire – approprie la bonté créatrice de Dieu au Saint-Esprit[56], il apparaît qu'à son regard, certaines analyses médioplatoniciennes ne sont pas loin d'être « trinitaires », une proximité que la « métaphysique des prépositions » devait renforcer. C'est pourquoi, si Augustin a lu dans l'*Asclepios* « omnia enim ab eo et in ipso et per ipsum »[57], il a dû rapprocher ce passage de Rm 11, 36 (tel qu'il le comprenait).

Pourtant, dans la *Lettre* 11, à la différence de nombreux autres textes, le troisième « facteur » n'est pas désigné comme étant la bonté de Dieu mais plutôt sa Manence, qui donne à l'être créé de demeurer lui aussi. Il s'agit cette fois d'un emprunt au néoplatonisme.

5   La « manence »

5.1   *La μονή néoplatonicienne comme modèle causal*

5.1.1   La manence et Sg 7, 27b d'après *Conf.* VII, 9, 14

Selon un axiome néoplatonicien, le fait qu'il demeure en lui-même est ce en vertu de quoi un principe – à commencer par le Premier – est cause de quelque chose d'autre, qui vient après lui[58]. On lit par exemple dans le traité *Sur le souverain Bien et les autres biens* : « ... le Bien ne doit regarder vers rien d'autre ni désirer rien d'autre, mais rester dans la tranquillité et être "la source et le principe" (*Phaedr.* 245c) des activités conformes à la nature et rendre les autres

---

[55]   J. Pépin, « Augustin et Atticus », p. 173-74. Dans cette même ligne de pensée, mais en des termes distincts, cf. Proclus, *Éléments de théologie*, 157.

[56]   Cf. *De gen. ad litt. op. imp.* 5, 22 : « in eo, quod dixit, imperium eius intellegatur, in eo, quod factum est, potentia, in eo, quod placuit, benignitas » (« Dans "il dit", on comprend son pouvoir ; dans "cela fut fait" sa puissance, dans "cela lui plut", sa bienveillance »). Même interprétation dans la doxologie finale du *De uera religione* (55, 113) et en *De gen. ad litt.* I, 4, 11 (voir *infra* « Être et demeurer (*De gen. ad litt.* I, 8, 14) »).

[57]   Cf. [Apulée], *Asclepios, Corpus hermeticum*, t. II, p. 344, 26 Nock-Festugière. H. Dörrie établit le rapprochement avec Rm 11, 36 (*op. cit.*, p. 220). Augustin connaissait l'*Asclepios*, qu'il cite en *De ciu. Dei*, VIII, 23.

[58]   Sur cet axiome, cf. C. d'Ancona Costa, « Plotinus and later Platonic philosophers on the causality of the First Principle », in L. P. Gerson (ed.), *The Cambridge Companion to Plotinus*, Cambridge, Cambridge University Press, 1996, p. 356-385.

choses conformes au Bien, sans diriger vers elles son activité – car ce sont elles qui dirigent leur activité vers lui – ; il ne doit pas être le Bien en vertu d'une activité ni en vertu d'une intellection, mais en vertu de sa manence même[59] » (*Enn.* I, 7 [54], 1, 14-19). Le traité *Sur la liberté et la volonté de l'Un* va jusqu'à affirmer que l'Un s'auto-constitue en vertu de sa propre manence, anticipant ainsi l'intuition qui sera au fondement de la métaphysique porphyrienne[60] : « Qu'une telle inclination de soi vers soi, qui est comme son acte et une manence en lui-même (οἷον ἐνέργεια οὖσα αὐτοῦ καὶ μονὴ ἐν αὐτῷ), produit l'être qu'il est, l'hypothèse contraire en témoigne, à savoir que, s'il inclinait vers ce qui lui est extérieur, il perdrait son être » (*Enn.* VI, 8 [39], 16, 24-27). De nombreux autres textes pourraient être cités sur la manence de l'Un[61].

Plotin emploie aussi « μένειν » au sujet des Formes, pour signifier que « l'immutabilité n'est pas un trait supplémentaire des modèles intelligibles mais la nature même de leur causalité »[62]. Pour expliquer qu'une réalité intelligible peut être cause, il prétend que « l'idée ne s'étend pas à travers [la matière] et qu'elle ne la parcourt pas, mais qu'elle demeure en elle-même » (*Enn.* VI, 5 [23], 8, 20-22) (cf. aussi *Enn.* III, 2 [47], 1, 40-45, sur la manence de l'Intellect et des « êtres bienheureux »). Bref, comme le dira Proclus, « toute cause productive produit ce qui vient après elle et tout ce qui s'ensuit en demeurant en elle-même » (*Elem. theol.* 26)[63].

Le thème plotinien de la manence des causes intelligibles apparaît dans la *Sentence* 34 [39, 3-4 Lamb. = 15-16 Brisson et al.] comme l'explication de l'omniprésence de l'être vrai dans l'univers physique (voir aussi *Sent.* 36, 9-10 : l'Être « agit tout en restant ce qu'il est » [ἐνεργεῖ μένον ὃ ἔστιν])[64]. Chez Marius Victorinus, « Dieu est décrit comme *manens vel mansio, quies, quietus* [*Adu. Ar.* IV, 24, 32-36], qui, par son repos même, donne naissance à toutes

---

59   En lisant « αὐτῇ μονῇ », dans H-S ed. minor. Cf. Plotin, *Traités* 51-54, Paris, GF, p. 251, n. 10.
60   Cf. P. Hadot, « La métaphysique de Porphyre », in *Porphyre. Entretiens sur l'Antiquité classique*, XII, Vandœuvres-Genève, 1966, p. 127-163 (repris dans Id., *Plotin, Porphyre. Études néoplatoniciennes*, Paris, Les Belles Lettres, 1999, p. 317-353).
61   Cf. *Enn.* VI, 5 [23], 10, 1 ; 8-11 (l'Un suffit à tous ceux qui l'aiment parce qu'il demeure en lui-même) ; V, 3 [49], 12, 33-38, qui cite *Tim.* 42e, où « μένειν » est employé à propos du Démiurge (c'est la source de Plotin) ; V, 1 [10], 6, 4-6 : « ... comment de l'Un, s'il est tel que nous le disons être, quelque chose comme une multiplicité, une dyade, un nombre, peut tirer son existence (ὑπόστασιν) ? » ; I, 8 [51], 2, 21-22 ; VI, 9 [9], 5, 36-37 ...
62   C. d'Ancona Costa, *op. cit.*, p. 360.
63   Sur la systématisation de la notion de « manence » chez Proclus, cf. J. Trouillard, « La μονή selon Proclos », in *Le Néoplatonisme*, Paris, Éd. du CNRS, 1971, p. 229-238.
64   Cf. C. d'Ancona Costa, *op. cit.*, p. 363.

choses (...). Ainsi, un trait plotinien très caractéristique du Premier principe s'est transmis aux lecteurs latins de l'époque d'Augustin »[65].

Un passage célèbre des *Confessions* nous apprend qu'Augustin découvrit ce « trait plotinien », dans les mois qui ont précédé son baptême en 386, et qu'il l'attribua d'abord *au Fils*. En effet, dans le bilan qu'il dresse des concordances et des discordances entre le Prologue de l'*Évangile de Jean* et les « livres des Platoniciens » qu'il put lire[66], il écrit au sujet de ces derniers : « Qu'avant tous les temps et au-dessus de tous les temps demeure (*manet*) de façon immuable ton Fils unique, qui t'est coéternel, et que les âmes reçoivent de sa plénitude (Jn 1, 16) pour être heureuses et qu'elles sont renouvelées par leur participation à la sagesse qui demeure en elle-même (*manentis in se sapientiae*) (Sg 7, 27b) pour être sages, cela s'y trouve. Mais qu'au temps marqué, il est mort pour les impies, et que tu n'as pas épargné ton Fils mais l'as livré pour nous tous (Mt 11, 25), non, cela ne s'y trouve pas » (*Conf.* VII, 9, 14). Augustin affirme donc avoir retrouvé dans le néoplatonisme une doctrine de la manence qui apparaît en Sg 7, 27b : « in seipsa manens innouat omnia »[67]. « C'est le verset qui exprime le mieux l'immutabilité divine, qu'il s'agisse de l'éternité de Dieu ou de son être. Mais le verset s'applique surtout au Fils de Dieu, en tant qu'il est Verbe »[68].

Il est difficile de savoir à quel texte philosophique Augustin se réfère précisément dans les *Confessions*. Selon James O'Donnell, « le texte de Sg est similaire à Plot. VI, 5 [23], 10, 1, μένει οὖν ἐν ἑαυτῷ σωφρονοῦν »[69]. Roland Teske suggère de retenir le passage suivant du traité *Sur le beau* (dont on s'accorde généralement à penser qu'Augustin l'a lu) : « Si donc on le voit lui, qui pourvoit à tout et qui donne en demeurant auprès de lui-même (ἐφ' ἑαυτοῦ δὲ μένον), sans rien recevoir en lui, si l'on demeure dans la contemplation de cette sorte de beauté et si l'on se réjouit d'être rendu comme elle, comment pourrait-on avoir besoin d'une autre beauté ? » (I, 6 [1], 7, 25-28)[70]. Le fait pourtant qu'Augustin forge dans l'*Ep.* 11 le terme « rarissime »[71] de « manentia » (cf. aussi *Sent.* 7) incline

---

65 C. d'Ancona Costa, *op. cit.*, p. 364.

66 Cf. *supra* « Augustin et le néoplatonisme latin », Introduction.

67 Ce verset réapparaît en *Conf.* VII, 11, 17, pour illustrer l'opposition entre l'être absolu de Dieu et l'être relatif des créatures, dont « on ne peut dire ni absolument qu'elles sont, ni absolument qu'elles ne sont pas ».

68 A.-M. La Bonnardière, *Biblia Augustiniana. A.T. Le livre de la Sagesse*, p. 157-8.

69 J. O'Donnell *Augustine : Confessions*, vol. 2, p. 447. L'auteur se réfère à R. J. O'Connell, « *Ennead* VI, 4-5 in the Works of St. Augustine », *Revue des Études Augustiniennes*, 9, 1963, p. 1-39 : p. 22.

70 R. Teske « St. Augustine's Use of "Manens in Se" », *Revue des Études Augustiniennes*, 39, 1993, p. 291-307 : p. 305.

71 F. Dolbeau, « Le *liber XXI Sententiarum* [CPL 373] : édition d'un texte de travail », p. 132.

à penser qu'il eut aussi sous les yeux un passage où figurait le terme même de μονή[72].

Quoi qu'il en soit, « à partir d'un échantillonnage de textes des *Ennéades* qu'Augustin a certainement lus, ou très probablement lus, il est clair qu'Augustin a pu avoir trouvé – ou au moins a pu penser avoir trouvé – dans la philosophie une idée à peu près semblable à celle qu'il trouva dans sa Bible en Sg 7, 27b (...) ; une idée qui pourrait, dans presque tous les cas, se résumer en disant qu'une réalité supérieure peut agir sur l'inférieure tout en demeurant inchangée, ou que le Dieu immuable peut agir sur le monde tout en demeurant en lui-même absolument inchangé »[73]. Armé de cette doctrine, il put à son tour affronter un problème que tout philosophe ou théologien dans la « tradition théiste » rencontre : comment peut-on affirmer que Dieu est immuable et qu'il agit néanmoins dans le monde en des lieux et des temps particuliers[74] ?

5.1.2   Le Saint-Esprit comme Manence

Si Augustin reprend le principe néoplatonicien de la manence en l'appliquant d'abord à l'action du Fils, qui rend les âmes heureuses et sages, il a par la suite varié[75], comme l'atteste le fait que, dans la *Lettre* 11, le Saint-Esprit soit la Manence en personne, qui fait demeurer toutes les créatures. Or, en procédant à de telles identifications, Augustin fait quelque chose qui est exceptionnel

---

[72]   Le *Lexicon Plotinianum* de J. H. Sleeman et G. Pollet (Leiden, Brill, 1980) mentionne cinq occurrences du terme dans le corpus plotinien : I, 7 [54], 1, 18 (sec. H-S ed. minor) (cité *supra*) ; II, 1 [40], 1, 20, qui affirme que les corps terrestres ont seulement une manence selon l'espèce (κατ' εἶδος) (cf. *supra* « Le clivage antique entre le supra-lunaire et le sublunaire », *Lettre* 14) (voir aussi en II, 1 [40], 2, 25 l'*hapax* διαμονή : la permanence) ; VI, 8 [39], 16, 25 (cité *supra*) ; IV, 3 [27], 26, 52 et IV, 3, 30, 11 (à propos respectivement de la mémoire et du concept). W. Theiler suppose qu'Augustin a emprunté ce terme à Porphyre (*Porphyrios und Augustin*, in *Schriften der Königsberg gelehrten Gesellschaft*, t. X/1, Halle, 1933, p. 34 [= *Forschungen zum Neuplatonismus*, Berlin, De Gruyter, 1966, p. 201]), sans donner de référence.

[73]   R. Teske « St. Augustine's Use of "Manens in Se" », p. 305-6.

[74]   Cf. R. Teske, *op. cit.*, p. 306, qui précise que, pour un théologien chrétien, l'Incarnation du Verbe pose le problème dans sa forme la plus radicale.

[75]   À l'issue d'un relevé systématique des différentes occurrences de Sg 7, 27b dans le corpus augustinien, R. Teske conclut : « Augustin utilise clairement la phrase "manens in se" dans ses différentes formes principalement en référence à la Parole de Dieu, souvent sous le titre de Sagesse ou de Vérité, bien qu'il utilise aussi la phrase en référence à Dieu ou à la nature divine et quelques rares fois en référence explicite au Père ou en référence à l'Esprit-Saint » (*op. cit.*, p. 304) (pour une référence à l'Esprit-Saint en tant qu'il est créateur, cf. par ex. *De Trin.* V, 13, 13).

chez lui : il assimile une personne de la Trinité à un moment de la procession néoplatonicienne, le premier en l'occurrence[76].

Si la procession exige la manence du principe en lui-même, elle implique également la manence de l'*être dérivé* dans le principe qui le fonde et dans lequel il s'efforce de se maintenir. Comme on le sait, dans le néoplatonisme, la manence est le premier moment du processus métaphysique, dont Proclus a donné la forme canonique : μονή, πρόοδος, ἐπιστροφή. « Tout ce qui est causé demeure dans sa cause, procède d'elle et se convertit vers elle » (« Πᾶν τὸ αἰτιατὸν καὶ μένει ἐν τῇ αὐτοῦ αἰτίᾳ καὶ πρόεισιν ἀπ' αὐτῆς καὶ ἐπιστρέφει πρὸς αὐτήν ») (Proclus, *Elem. theol.* 35 ; cf. aussi *In Tim.*, t. II, p. 223, 14-20 Diehl). La manence est donc en quelque sorte « le moment non-processif de la procession »[77].

Un tel schéma, qui apparaît déjà chez Porphyre[78], a donné sa forme à la théologie trinitaire de Marius Victorinus (bien avant Proclus). Or sur ce point, Victorinus et Augustin s'opposent, comme P. Hadot l'a magistralement montré : « Victorinus conçoit la génération comme une manifestation hors d'un état de préexistence, comme une auto-définition. Augustin tout au contraire ramène la génération à une pure relation, sans aucun passage de la puissance à l'acte »[79]. Autrement dit, chez lui, les Personnes divines ne se distinguent pas comme les différents moments d'un « mouvement », c'est-à-dire d'un processus théogonique, mais comme des termes consubstantiels qui diffèrent de façon relative, comme l'expliquent les livres V à VII du *De Trin*. En somme, la théorie aristotélicienne des *Catégories* a prévalu sur la métaphysique porphyrienne : Augustin met pour ainsi dire *les choses à plat* en formulant des

---

76   Je ne connais qu'une autre exception, en *De beat. uit.* 4, 34, qui affirme que « pour être, la Vérité se produit par (*per*) une Mesure suprême, de laquelle elle procède et vers laquelle elle se convertit dans sa perfection (*perfecta*) » (« ueritas autem ut sit, fit per aliquem summum modum, a quo procedit et in quem se perfecta conuertit »).

77   J. Trouillard, « La μονή selon Proclos », p. 229.

78   Dans le fragment du *Commentaire sur le Parménide* qui expose le mouvement triadique de l'Intellect, on peut mettre en relation la triade Père-Vie-Intellect avec les « moments » du repos en soi de la procession et de la conversion, tels qu'ils sont mentionnés par Proclus (cf. P. Hadot, *Porphyre et Victorinus*, vol. I, p. 322). Dans la phrase « κατὰ μὲν ὕπαρξιν ἑστῶσα ἂν εἴη ἡ ἐνέργεια » (considéré selon l'existence, l'acte est immobile) (*In Parm.* XIV, 22-23), « ἑστῶσα » fait allusion à la μονή (cf. S. Lilla, « Un dubbio di S. Agostino su Porfirio », *Nuovi annali della Facoltà di Magistero dell'Universita di Messina*, 5, 1987, p. 319-331, p. 325). Par ailleurs, comme le signale P. Hadot, Dodds estimait que la systématisation proclusienne s'ébauchait déjà dans les *Sentences* de Porphyre (Proclus, *The Elements of Theology*, p. 225) (le témoignage de *Sent.* 41 n'est cependant guère évident).

79   P. Hadot, *op. cit.*, vol. I, p. 477. Cf. aussi du Roy, *L'intelligence de la foi en la Trinité*, p. 407-408 ; Y. Meessen, « Platon et Augustin : mêmes mots, autre sens », *Revue des Sciences Philosophiques et Théologiques*, 89/3, 2005, p. 433-457 : p. 442-43.

jugements qui mettent en jeu des relations entre des termes d'une même essence parfaite.

On peut supposer qu'Augustin a abandonné l'identification qu'il postule dans la *Lettre* 11 entre le Saint-Esprit et le « moment » de la Manence parce qu'elle ne repose sur aucun fondement scripturaire ; tout au plus la Manence, qui est un attribut divin, peut-elle être *appropriée* au Saint-Esprit (à défaut d'être un de ses propres), même si l'appropriation convient mieux au Fils, dans la mesure où la Sagesse (qui « demeure en elle-même ») lui est déjà appropriée. Malgré cela, il est remarquable qu'Augustin n'ait pas cessé de rattacher à l'Esprit-Saint la manence des créatures, comme le montre le *De genesi ad litteram*.

5.2   *Être et demeurer* (De gen. ad litt. *1, 8, 14*)

Les grands commentaires sur la Genèse présentent l'aboutissement de l'ontologie trinitaire. S'ils opèrent d'importants remaniements par rapport aux textes de jeunesse, en raison d'une part de l'exégèse littérale du récit biblique de la création et d'autre part du perfectionnement de la théologie trinitaire d'Augustin, la manence y est toujours présentée comme une disposition fondamentale de l'être créé. C'est le point que nous nous proposons de mettre maintenant en évidence.

De l'avis d'Aimé Solignac, « c'est après les *Confessions*, dans le *De Genesi ad litteram*, que les fonctions appropriées aux trois Personnes [dans la création] seront exposées brièvement, mais avec une parfaite cohérence, au double plan de la *creatio* et de la *formatio* »[80]. La thèse selon laquelle les trois Personnes opèrent à chacun de ces deux « plans » – et non pas le Père, comme Cause, au plan de la création et le Fils, comme Forme, à celui de la formation – informe tout le commentaire d'Augustin.

Celui-ci trouve une attestation de ce « double plan » constitutif de toutes les créatures, corporelles et incorporelles, dans le fait que la formule « Dixitque Deus fiat [lux] » n'apparaît qu'au troisième verset de la *Genèse* (1, 4, 9). « Il en tire la conclusion, assez inattendue pour nous mais capitale pour lui, que l'Écriture signifie par là l'intervention du Verbe *comme Verbe*, et non plus *comme Principe*, pour rappeler à lui la créature encore informe afin qu'elle trouve sa forme en lui » (*De Gen. ad litt.* 1, 4, 9-5, 10)[81]. Autrement dit, lorsque l'Écriture

---

[80]   *Les Confessions* VIII-XIII, « Note complémentaire » 17, « La création », BA 14, §5, p. 578-9 : p. 579. Cf. S. Dunham, *The Trinity and Creation in Augustine. An Ecological Analysis*, Albany, SUNY Press, 2008, p. 65 sq.

[81]   A. Solignac, « Note complémentaire » 27 : « Conversion et formation », BA 14, p. 613-17 : p. 613 (cf. *ibid.*, « Conversion et formation dans le "De Genesi ad litteram" », p. 613-14 et, sur les sources plotiniennes de cette doctrine, p. 614-15).

se réfère au Principe, elle « nous présente une ébauche de créature qui reçoit de lui une existence encore imparfaite. En revanche, lorsqu'elle fait mention de lui comme Verbe, elle nous présente la perfection d'une créature qui a été tournée vers lui pour recevoir sa forme en s'unissant au créateur et en imitant, selon son degré d'être, la Forme éternellement et immuablement unie au Père de qui aussitôt elle tient d'être ce qu'Il est » (*De gen. ad litt.* 1, 4, 9)[82].

L'explication du rôle du Saint-Esprit dans les *deux moments* de la création et de la formation est introduite, elle aussi, par une remarque textuelle : le récit biblique mentionne que « l'Esprit de Dieu était porté au-dessus des eaux » *avant* de rapporter que « Dieu dit : "Que la lumière soit" ». Cet ordre s'explique par le fait que les eaux symbolisent la matière, soit de toute créature corporelle, soit de la créature spirituelle à l'état d'ébauche. Augustin peut récapituler son analyse en mettant au jour une *double occurrence* de la Trinité dans le récit de la création (1, 5, 11-6, 12). Au moment de la *création*, le verset « In Principio fecit Deus caelum et terram » (Gn 1, 1) signifie que le Père fait dans son Fils, le Principe, la création à l'état informe ; « Et spiritus Dei ferebatur super aquam » (Gn 1, 2) réfère au Saint-Esprit et signifie que la matière était soumise à la volonté bienveillante du créateur. Au moment ensuite de la *formation*, la même Trinité est manifestée ; « Dixit Deus : fiat lux » (Gn 1, 3) veut dire que le Père rappelle à lui la créature informe par son Verbe qui la forme à sa ressemblance et « Vidit Deus lucem quia bona est » (Gn 1, 4) marque l'achèvement de chaque créature, *qui demeure en son genre* et plaît à son Créateur : « Il s'est complu dans la chose faite avec la même bonté que celle par laquelle il s'est plu à la faire. Car il y a deux motifs pour lesquels Dieu aime sa création : il l'aime pour qu'elle soit et pour qu'elle demeure (*duo quippe sunt propter quae amat Deus creaturam suam : ut sit et ut maneat*). Pour qu'elle fût ce qu'elle demeurerait, "l'Esprit de Dieu était porté au-dessus des eaux" ; pour qu'elle demeurât, "Dieu vit que cela était bon " » (1, 8, 14).

Comme l'explique Aimé Solignac à propos de ce texte, la générosité créatrice appropriée à l'Esprit « se manifeste déjà dans le premier moment de la création, celui qui concerne l'appel à l'existence d'un être encore indéterminé ; mais elle apparaît surtout dans ce qu'Augustin appelle le *manere*, la *permanence* (...). La permanence n'est pas une simple "conservation" de la créature, pas davantage une "création continuée" à la manière de Descartes (quoique l'origine lointaine de ce schème cartésien soit à chercher dans la pensée d'Augustin). Il s'agit bien plutôt du *déploiement* de l'existence, des manifestations et activités par lesquelles l'être créé réalise les possibilités spécifiques de sa

---

82   Sur le double caractère du Fils comme Principe et comme Verbe, cf. O. Lechner, *Idee und Zeit in der Metaphysik Augustins*, München, A. Pustet, 1964, p. 184.

nature, tient sa place dans l'univers et atteint la fin qui lui est proportionnée. Si l'existence correspond à *mensura* et *modus*, l'information à *numerus* et *species*, la permanence correspond à *pondus* et *ordo* (cf. IV, 3, 7-7, 14) »[83].

Augustin précise enfin que certaines créatures demeurent au-dessus des vicissitudes du temps (il pense à la créature spirituelle), tandis que d'autres sont assujetties au temps qui leur est imparti et se succèdent les unes aux autres pour « tisser la beauté des siècles » (I, 8, 14). Il souligne ainsi le caractère *éphémère* des créatures temporelles. La *Lettre* 11 précisait déjà que toute nature « demeure dans ce qu'elle est autant qu'elle le peut » ou « selon les forces qui appartiennent à son espèce » (*pro ipsius sui genris uiribus*). Ces restrictions indiquent clairement que la nature en question finit par être détruite. Elles ne doivent pourtant pas occulter les perspectives eschatologiques qu'envisage la pensée augustinienne. La création toute entière a été faite pour durer *toujours*. Sa manence implique donc une forme de dépassement de sa corruptibilité. En ce sens, elle signifie sa *pérennité*. Tentons d'élucider ce point en nous référant à l'explication du repos du septième jour de la création dans le *De genesi*. Nous montrerons ensuite que l'affirmation d'une manence *pérenne* se trouvait déjà dans la *Sentence* 7, qui est contemporaine de la *Lettre* 11.

5.3   *La manence comme pérennité*

5.3.1   Le repos du septième jour (*De gen. ad litt.* IV, 18, 34-35)

Augustin est attentif au fait que le récit de la création ne mentionne ni matin ni soir le septième jour, à la différence des précédents (IV, 18, 31). Il explique cette absence en produisant une distinction entre deux modes d'être qui s'applique à toute créature (considérée dans son espèce) et à la création tout entière (*uniuersitas creaturae*) : la créature « est autre dans sa nature propre, autre dans l'ordre par lequel elle est en Dieu » (*aliud habet in sua natura, aliud in ordine quo in Deo est*) (§34). Lorsqu'elle est dans sa nature propre, la créature a sa propre stabilité (de même qu'elle a sa propre forme), mais « le repos de sa propre stabilité est seulement dans le repos de Dieu » (*quies propriae stabilitatis non sit, nisi in illius quiete*). Augustin résume son explication en affirmant clairement la pérennité de la manence de toutes choses, à l'instar du repos sans fin qui s'offre à elles ; « En ce commencement, la créature trouva Dieu qui se repose en lui-même ; c'est là qu'elle aussi put se reposer de façon d'autant plus stable et d'autant plus ferme qu'elle avait besoin de lui – mais non pas lui d'elle – pour trouver son repos. Mais puisque, quoi que devienne la

---

[83]   *La Genèse au sens littéral*, I-VII, « Note complémentaire 3 », « La bonté créatrice et le rôle de l'Esprit dans la création », BA 48, p. 584-86 : p. 584. Cf. aussi O. Lechner, *op. cit.*, p. 186 (4.2.6).

création toute entière (*uniuersa creatura*), avec tous ses changements, elle ne sera jamais néant, de ce fait la création toute entière demeurera toujours dans son Créateur (*sed quoniam quidquid erit uniuersa creatura quibuslibet mutationibus suis non utique nihil erit, ideo creatura uniuersa in creatore suo semper manebit*) : voilà pourquoi après ce matin, il n'y eut aucun soir » (IV, 18, 35).

Comme l'expliquent Agaësse et Solignac, « la créature est essentiellement *relative à Dieu* dans sa fin comme elle l'est dans son origine : Dieu "ramène à lui tout ce qui procède de lui" (18, 34). La conception augustinienne du repos de Dieu comme ultime fondement de la stabilité de l'être créé reprend sur un mode originel l'idée néoplatonicienne du *retour à l'Un* de tous les êtres qui procèdent de lui. On remarquera que ce retour vaut également pour la créature corporelle et matérielle. Augustin ne précise pas ici comment il conçoit ce retour ni par quelles transformations se fera le passage du monde corporel contingent à la permanence et à la stabilité de ce monde associé au repos de Dieu ; il se fait un peu plus précis sur ce point dans la *Cité de Dieu* (XX, 16) »[84]. Là, il cite l'*Apocalypse*, qui annonce « un ciel nouveau et une terre nouvelle » (Apo 21, 1), précédés par le jugement dernier ; alors, explique-t-il, la « figure de ce monde » passera, du fait de l'action du feu : « En raison de cette conflagration du monde dont j'ai parlé, les qualités des éléments corruptibles, qui s'accordaient à nos corps corruptibles, périront entièrement en brûlant et leur substance, par un étonnant changement, aura les qualités qui conviennent à des corps immortels ». Plus loin, il cite sa source sur ce point, à savoir la *Seconde Épître de Pierre* 2 P 3, 7-13 : « Puisque toutes les choses périssent, quels hommes devez-vous être par la sainteté de votre conduite, attendant et préparant l'avènement du jour du Seigneur, où les cieux enflammés se dissoudront et les éléments seront volatilisés par l'ardeur du feu ? Mais nous attendons, selon ses promesses, de nouveaux cieux et une nouvelle terre, en lesquels habite la justice » (2 P 3, 11-13) (cité en *De ciu. Dei*, XX, 18).

5.3.2 La « manence » et la résurrection des morts (*Sent.* 7)

L'idée selon laquelle la manence des créatures a pour ainsi dire *deux durées* – l'une finie et l'autre sans fin – se trouve déjà formulée dans la septième des XXI *Sentences*[85]. Pour des raisons pédagogiques que l'on comprendra plus loin, nous lirons *Sent.* 7 à la lumière d'un passage parallèle dans le *De immortalitate animae*, qu'il nous faut d'abord examiner.

---

84   Agaësse et Solignac, *op. cit.*, « Note complémentaire » 19, p. 643.
85   Le début de cette *Sent.* a déjà été cité *supra* dans « La question de la taille du monde est-elle d'origine exégétique ? », *Lettre* 3.

5.3.2.1 *L'inamissibilité de la forme en vertu de laquelle un corps est un corps* (De immort. anim. *8, 13-15*)

Le passage en question (8, 13-15) est une nouvelle preuve de l'immortalité de l'âme, établie en réponse à l'objection selon laquelle l'âme (*animus*) est mortelle parce que, lorsqu'elle est insensée (*stultus*), elle est privée de sa forme[86]. Augustin formule l'argument *a fortiori* suivant : s'« il ne peut pas même arriver à un corps d'être privé de la forme en vertu de laquelle il est un corps » (« ne corpori quidem hoc posse accidere, ut etiam ea specie priuetur qua corpus est ») (*De immort. anim.* 8, 13), l'âme ne saurait perdre sa forme.

L'inamissibilité de la forme en vertu de laquelle un corps est un corps s'explique par l'action d'une « nature incorporelle » qui « maintient (*tenet*) l'univers par la puissance de sa présence » et qui semble être l'âme du monde, bien qu'elle ne soit pas nommée[87]. « Cette force fabricatrice ne peut manquer de protéger ce qui a été fait par elle et elle ne permet pas qu'il soit privé de la forme par laquelle il est, autant qu'il est ». La forme en question est la forme (générique) en vertu de laquelle un corps est un corps. Son caractère inamissible est ensuite mis à l'épreuve d'une analyse de la mutabilité. Celle-ci « n'enlève pas au corps le fait d'être un corps, mais elle le fait passer d'une forme à une autre par un mouvement parfaitement ordonné » (« quare illa mutabilitas non adimit corpori corpus esse, sed de specie in speciem transire facit motu ordinatissimo ») (8, 15). Il importe de percevoir ici l'équivocité de la notion de « species ». Il était jusque-là question de la « species » en vertu de laquelle un corps est *et demeure* un corps ; ce corps est maintenant dit changer de « species ». Il ne s'agit pas d'une contradiction : Augustin signifie que le corps conserve sa forme générique de corps lorsqu'il revêt successivement telle et telle forme spécifique. Le « mouvement très ordonné » qu'il considère – et qui ne s'oppose à rien car rien n'est en-dehors de l'ordre (cf. *De ord.* I, 3, 8 : « ... praeter ordinem nihil mihi fieri uidetur ») – est le mouvement selon la substance (pour parler comme Aristote), c'est-à-dire la destruction ou la mort, qui conserve le substrat matériel, et non pas le changement accidentel. Bref, un certain corps devient un autre corps, tout en restant un corps. Il ne reste plus à Augustin qu'à conclure que l'âme elle aussi ne peut pas cesser d'être une âme.

---

86 Sur ce texte et ses sources présumées, cf. O. du Roy, *L'Intelligence de la foi dans la Trinité*, p. 192-193 ; G. Watson, *Saint Augustine, Soliloquies and Immortality of the Soul*, p. 206-208 ; Ch. Tornau, *Augustinus, De immortalitate animae*, p. 251 sq.

87 Cf. Ch. Tornau, *op. cit.*, p. 253-54.

5.3.2.2   Sent. 7, *De la résurrection du corps*

Nous pouvons en venir, à partir de là, à la *Sentence* 7. Ce texte est présenté en ces termes pas son dernier éditeur : « Essai de justification, par un raisonnement philosophique, de la résurrection des corps. Ce dogme était l'une des cibles favorites des philosophes néoplatoniciens (cf. *Epist.* 102, 2-7), et Augustin fut contraint d'aborder le thème à plusieurs reprises, y compris dans sa pastorale (cf. *Serm.* 240-242, 361-362, etc.) »[88].

Voici une traduction de ce long texte étrange : « De la résurrection du corps. Abstraction faite de ce qui est digne de la foi de tous, à savoir que rien n'est impossible à Dieu (Mt 19, 26), on peut aussi inférer à partir du raisonnement suivant qu'il n'est pas contre-nature que ce corps qui est le nôtre (*hoc corpus*) ressuscite. Le corps de l'univers, qui est également signifié du nom de Terre et Ciel de ce monde sensible, *est* en vertu d'une certaine mesure (*aliquo modo*). Or tout ce qui *est* en vertu d'une certaine mesure, sans pourtant que cette mesure soit la Mesure souveraine, *est*, autant qu'il est, en vertu de sa participation à une Forme (*species*), qui *est* en vertu de la mesure souveraine (*summo modo*) ; lorsqu'il est maintenu (*tenetur*) par elle, il peut subir tous les changements de l'ordre (*ordinatas quasque commutationes pati potest*). Mais n'être plus du tout un corps, il ne le peut pas. Car s'il n'est plus du tout un corps, soit il ne sera rien, soit il sera quelque chose de meilleur ; mais il ne lui est pas permis (*non sinitur*) de n'être rien, du fait qu'une Forme qui demeure toujours et qui est véritablement et souverainement (*uere summeque est*) le maintient ; quant à être quelque chose de meilleur qu'un corps, il ne le peut pas, parce que d'une part la mesure du corps de l'univers est elle aussi déterminée et que d'autre part le nombre des êtres qui ont été créés incorporels n'a pas besoin d'être augmenté ; et il n'est pas besoin qu'une nouvelle nature soit faite, comme si ou bien toutes les choses n'avaient pas déjà été faites ou bien, à la place d'une chose qui s'en va, une autre devait survenir[89], puisque d'une part toutes les choses ont été faites de façon parfaite et que d'autre part elles sont gouvernées par la Providence selon une Forme qui demeure toujours, de telle sorte que la nature sensible se plie (*cedat*) à la mutabilité de l'ordre – conformément, par là-même, à une certaine manence de ce qui change (*et per hoc in mutantis quandam manentiam*) – et qu'elle est ainsi maintenue (*teneatur*) dans son genre et qu'elle conserve sa mesure propre. Il s'ensuit qu'un corps

---

88   F. Dolbeau, « Le *liber XXI Sententiarum* [*CPL* 373] : édition d'un texte de travail », p. 132. Sur la problématique des *Serm.* 240-242, l'auteur réfère à J. Pépin, *Théologie cosmique et théologie chrétienne (Ambroise, Exam. I 1, 1-4)*, Paris, 1964, p. 423, 433-447 et 537, et à M. Alfeche, « Augustine's Discussions with Philosophers on the Resurrection of the Body », *Augustiniana*, 45, 1995, p. 95-140, spéc. p. 95-112.

89   Je mets ici une virgule plutôt qu'un point-virgule.

peut être autrement et encore autrement mais qu'il ne peut pourtant pas cesser d'être un corps : ainsi sont préservées toutes les choses de la nature entière qui s'éloignent (*discedunt*) de nos sens et dont on pense qu'elles périssent entièrement. Il n'est donc pas étonnant si ce corps qui est le nôtre (*hoc corpus*) retrouve sa mesure, en vertu de laquelle il est maintenant, autant qu'il est, ou bien si une meilleure mesure lui échoit en partage, puisque ce qu'on appelle le trépas est un éloignement (*discessio*) vers d'autres mesures (*in alios modos*) et non pas une destruction complète » (*Sent.* 7, p. 149, 163-150, 185).

Le raisonnement de *Sent.* 7 est sous-tendu par l'ontologie trinitaire (sans l'intervention de l'âme du monde). Cette ontologie est appliquée aux corps, en commençant par le corps du monde (*uniuersum corpus*), conçu comme un *continuum* dont les différents corps sont des parties. On retrouve d'abord l'idée que tout ce qui est (sans être Dieu) *est* en vertu d'une certaine mesure, qui lui est conférée par la Mesure souveraine, c'est-à-dire Dieu le Père, selon la terminologie du *De beata uita* (4, 34), et que, être en vertu d'une certaine mesure, c'est participer à une Forme, qui *est* elle-même en vertu de la Mesure souveraine. Cette Forme est le paradigme de la chose (et non pas sa forme « aristotélicienne » immanente) : c'est son Idée, contenue dans le Verbe engendré par le Père[90]. Comme dans notre précédent extrait du *De immort. anim.*, la Forme est dite « maintenir » (cf. « tenetur ») dans l'être « tout ce qui est » et lui permettre de surmonter tous les changements voulus par l'ordre (*ordinatas quasque commutationes pati potest*) (c'est-à-dire, encore une fois, tous les changements). La Forme en question doit être, comme en *De immort. anim.* 8, 15, la forme *générique* qui assure l'impérissabilité du corps en tant que corps lorsqu'il subit des changements selon la substance. La suite immédiate du texte le montre, qui prouve que, quels que soient les changements qu'il subit, un corps ne peut pas ne plus du tout être un corps. En effet, il faudrait alors admettre qu'il devienne soit rien du tout soit quelque chose de meilleur qu'un corps[91]. La première conséquence est niée en invoquant à nouveau la thèse selon laquelle le corps est « maintenu » par une « Forme qui demeure toujours et qui est véritablement et souverainement (*uere summeque est*) »[92], à savoir la Forme de la corporéité en général. La seconde conséquence est niée pour une double raison.

---

90   Bien qu'Augustin ne le précise pas, si tout ce qui a une mesure a une forme, et si l'univers a une mesure, alors ce dernier a sa propre forme, ce qui est important dans la suite de notre démonstration.

91   Dans « Non autem esse omnino corpus non potest » et dans « Si enim omnino corpus non erit » (l. 170-71), « corpus » est attribut. Cette fonction apparaît clairement l. 180 : « ... corpus ... corpus tamen esse non desinat ».

92   « La *inctura* adverbiale "uere summeque" est typique des premiers traités d'Augustin » (F. Dolbeau, *op. cit.*, p. 132).

Premièrement, « la mesure du corps de l'univers est elle aussi déterminée » ; or, si le corps qui change cessait d'être un corps, il diminuerait la mesure de l'univers[93]. Deuxièmement, le nombre des êtres qui ont été créés incorporels n'a pas besoin d'être augmenté. Si un substrat corporel devenait incorporel, il contredirait donc le postulat selon lequel il existe un « numerus clausus » des créatures incorporelles.

Un argument supplémentaire est ensuite formulé, qui opère par la perfection de la création : la providence ne saurait autoriser la formation d'une « nouvelle nature » – c'est-à-dire d'une nature qui viendrait s'ajouter à la nature corporelle et à la nature incorporelle déjà créées – en laquelle se transmuteraient les corps qui disparaissent. En effet, elle gouverne toutes choses (*omnia*) « selon une Forme qui demeure toujours ». Cette Forme me paraît être celle de la création toute entière ; sa perfection explique que la nature sensible soit maintenue dans son genre et qu'elle conserve sa mesure propre, c'est-à-dire qu'elle demeure un corps, quoi qu'il lui arrive.

À la différence de *De immort. anim.* 8, 13-15, où la manence du corps en tant que corps sert à prouver l'immortalité de l'âme, la *Sent.* 7 se conclut sur la résurrection des morts, qui est son objet propre. Les choses de la nature dont nous pensons qu'elles disparaissent ne font que « s'éloigner » (*discedunt*). Elles s'éloignent d'une part *de nos sens* parce que nous ne les voyons plus, alors même qu'elles subsistent ; elles s'éloignent d'autre part « vers d'autres mesures » (*in alios modos*) et c'est en ce sens qu'elles « trépassent », quand nous pensons qu'elles s'anéantissent. On remarque que « modus », à l'instar de « species » en *De immort. anim.* 8, 15, a un double sens, générique ou spécifique. Tout corps « est maintenu dans son genre et il conserve sa mesure propre (*modumque proprium custodiat*) » (l. 179) en demeurant un corps ; pourtant, lorsqu'il change selon la substance, il change de mesure spécifique. Ainsi le corps humain gagne la mesure spécifique de la poussière, mais il conserve sa mesure générique en tant que corps devenu poussière[94]. Dans ces conditions, il est possible de penser que les corps retrouveront au dernier jour leur précédente configuration et que le corps humain ressuscitera, soit dans l'état qui était le sien soit dans un état supérieur.

Pour conclure, on perçoit comment Augustin combat le feu par le feu : au dogme de la résurrection des morts, qui était la cible des Néoplatoniciens, comme on l'a rappelé, il oppose en *Sent.* 7 un raisonnement qui repose sur le

---

93   On perçoit ici une opposition entre la *Sent.* 7 et l'*Ep.* 3, où Augustin admet à titre d'hypothèse que le monde puisse diminuer.

94   Sur la décomposition du corps après la mort, voir le témoignage éloquent de *De ciu. Dei*, XIX, 12, qui fait intervenir les éléments corporels, à la différence de *Sent.* 7.

concept de μονή (tel que Plotin l'utilisait en *Enn.* II, 1 [40], 1, 20), sur l'affirmation d'un « numerus clausus » des âmes et sur le principe selon lequel « rien ne se perd, rien ne se gagne, tout se transforme », dont la première formule remonte à Anaxagore (D15 Laks-Most)[95].

5.3.2.3 *Mort, conflagration et immutabilité du corps* (Sent. *19*)

Nous pouvons nous référer à un dernier texte, qui complète la vision que le jeune Augustin avait de la fin du monde. La perspective de *Sent.* 19 est très différente de celle de *Sent.* 7 : contrairement à l'idée d'une manence du corps en tant que corps, elle insiste sur le fait que tout meurt à tout moment en attendant sa mort ultime. Néanmoins, Augustin y affirme, en réutilisant le concept stoïcien d'ἐκπύρωσις[96], que les corps surmontent finalement l'épreuve de la conflagration universelle pour atteindre l'immutabilité, à la faveur d'une sorte d'apocatastase définitive. Nous traduisons ce texte d'une grande force évocatrice : « Le ver est né de la mort et il se nourrit de la mort ; il est né de la pourriture et il se nourrit de la pourriture.

Toutes les choses muables changent même en un instant et surtout les corps qui ne demeurent pas du tout mais qui sont sans arrêt mus par leur durée. En effet, toute chose a ses durées propres, de manière qu'une plus longue durée est comme une éternité par rapport à une brève étant donné que ceux qui sont encore vivants subissent certaines morts qui sont celles de leurs durées et que la mort ultime est en quelque sorte la mort la plus grande, quand les accumulations des durées subissent elles-mêmes leurs morts (*mortes*). Lorsque les montagnes s'effondrent, lorsque les îles s'effondrent et naissent, c'est comme si des morts survenaient dans l'univers de sorte que le monde aussi subisse une mort ultime, que l'on appelle du nom de conflagration.

Car il y a donc trois choses : l'une est toujours immuable : c'est Dieu ; ce qui est toujours muable : le corps ; ce qui est médian : l'âme, qui, tout comme elle peut être muable, peut être immuable. Mais après ce changement [de la conflagration], le corps ne change plus » (*Sent.* 19, p. 159, 429-160, 441).

---

95   Il convient de nuancer le jugement de Bréhier selon lequel « le dogme de l'incorruptibilité du monde est la thèse qui, dans l'antiquité finissante, a séparé, de la manière la plus tranchée, les derniers tenants de l'"hellénisme" de la pensée chrétienne envahissante » (Plotin, *Ennéades*, t. II, p. 3).

96   Sur l'embrasement de l'univers, à la fin de chaque « Grande année », cf. *SVF* II, 596, 598, 600, 603, 605, 618-20.

6 Le rôle du Fils (§4)

En montrant, comme il l'a fait jusqu'à présent dans la *Lettre* 11, l'inséparabilité des opérations des Trois, Augustin n'a fait que « creuser » le problème qui « troublait » Nebridius. Il le résout maintenant en montrant que, parmi les actions attribuées en propre à chacune des personnes divines, celle du Fils est en quelque sorte *première* du point de vue des hommes, sur lesquels elle s'exerce, de sorte qu'il convenait que ce soit Lui qui s'incarne pour pouvoir l'accomplir « au moyen de l'homme qui a été assumé » (*per susceptum illum hominem*), comme le disait la conclusion de la *Lettre* 12.

6.1 *Le Fils comme Forme, Art et Discipline*

L'explication est cependant assez sinueuse (p. 27, 19-27). Le Fils joue un rôle particulier dans l'économie de la création trinitaire en tant qu'il est la Forme, la Discipline ou l'Art de Dieu. L'ajout ici de l'« Art » indique comment Augustin comprend la création du monde en mettant en relation la Parole créatrice de Dieu avec le Démiurge du *Timée*[97]. Le rôle du Fils est donc de former tous les êtres, à la façon dont un artisan ou un artiste met en forme une certaine matière. Cependant, dans le cas de l'*homme* – et plus largement de toute créature rationnelle –, être formé, c'est avoir sa pensée formée *intellectuellement* par le Fils en tant qu'il est l'Intelligence ou la Discipline de Dieu[98]. Dans ce cas, l'action formatrice du Fils est « épistémique » (pour reprendre une expression utilisée par Michel Barnes[99]). Or, le but de l'Incarnation étant en lui-même (c'est-à-dire « avant » même de savoir à quelle Personne elle devait incomber) d'offrir aux hommes, pour leur formation intellectuelle et morale, « une discipline de vie et un exemple de ce qui est commandé » (*disciplina uiuendi et exemplum praecepti*) (p. 27, 24-25), c'est à juste titre qu'elle est attribuée au Fils, pour qu'il accomplisse comme un homme ou par un homme l'opération qui lui est propre et qu'il accomplissait déjà comme Verbe. Cette explication, qui

---

97 Cf. *De ciu. Dei*, XI, 21, 1, qui cite le *Timée* de Platon, sans doute dans la traduction de Cicéron (M. Testard, *Saint Augustin et Cicéron*, vol. II, p. 57). Sur le Fils comme « ars », cf. G. Madec, *Saint Augustin, Le Maître. Le Libre arbitre*, « Note complémentaire » 15, « La Sagesse, art de Dieu », BA 6, p. 567-70 ; A. Kraleva, « *De diversis quaestionibus* LXXXIII. Sur la question LXXVIII : *De pulchritudine simulacrorum* », in « *De diversis quaestionibus octoginta tribus* » « *De diversis quaestionibus ad Simplicianum* », Padova, Città Nuova Editrice, 1996, p. 113-127 : p. 114-116 (« Ars Dei »).

98 Le thème de la « formation » intellectuelle n'est pas développé ici comme dans les commentaires sur la *Genèse*. Il présuppose que l'on applique à l'esprit une conception *hylémorphiste* de l'être, héritée d'Aristote (cf. *De anima*, III, 5) par l'intermédiaire du néoplatonisme.

99 M. Barnes, « Rereading Augustine's Theology of the Trinity », p. 162.

ne fait encore que reprendre ce qui a été brièvement dit dans l'*Ep.* 12, reçoit un approfondissement. Il s'agit de rendre compte d'une certaine préséance *pour nous* de l'action « épistémique » du Fils (comme Verbe) par rapport à l'action du Père et à celle du Saint-Esprit, tout en maintenant le caractère inséparable de ces trois actions.

6.2 *Les trois questions rhétoriques* (an sit ? quid sit ? qualis sit ?)

Pour cela, Augustin recourt aux trois questions de la rhétorique antique, qui apparaissent également dans la *Question* 18[100]. Cependant, avant de les introduire, il précise : « ... dans de nombreux cas, que je confie à ta réflexion et à ta sagesse, bien qu'on soit en présence d'une pluralité de choses, il y a pourtant quelque chose (*aliquid*) qui se distingue (*eminet*) et qui peut légitimement revendiquer pour lui un certain caractère propre (*proprietatem*) » (p. 27, 27-28, 1). On reconnaît là le schéma trinitaire : le « caractère propre » est le critère distinctif d'un terme, par lequel il se distingue sous un certain rapport des autres termes qui lui sont connexes, parce qu'ils lui sont consubstantiels. Ce caractère propre, par lequel un terme se distingue par rapport aux autres (*eminet*)[101] n'est pas un primat hiérarchique ; il s'agit plutôt du primat d'un « primus inter pares », ou d'un primat qui « tourne », selon le rapport considéré, comme doit le montrer l'exemple des trois questions. Augustin ne prendra pas d'autre exemple. Cependant, lorsqu'il évoque les « nombreux cas » où nous sommes en présence d'un tel cas de figure, il pense sans doute aux facultés de l'esprit humain (cf. par ex. *Serm.* 52, 8, 20 ; *De Trin.* IX-X), aux éléments de la *paideia* (*Quaest.* 38) ou à l'être, au connaître et au vouloir de l'esprit humain (*Conf.* XIII, 11, 12).

Cette précision faite, Augustin développe donc l'exemple des trois questions-types de la rhétorique, celle de l'existence, de l'essence et de la qualité, qui constituent évidemment un modèle beaucoup plus approprié à son dessein que celui des *quatre* questions aristotéliciennes (τὸ ὅτι, τὸ διότι, εἰ ἔστι, τί ἐστιν)[102], bien qu'elles soient moins immédiatement insérées dans le champ philosophique (p. 28, 1-10).

---

100 Cf. *supra* « *De diu. quaest. 83*, 18 : une preuve par les effets de l'existence de la Trinité ».

101 Gaffiot donne à « emineo » les sens suivants : « l'emporter, se distinguer, dominer : *Demosthenes unus eminet inter omnes* Cic. *Or.* [29] 104, Démosthène l'emporte sur tous || [impers.] être évident : Aug. *Conf.* v, 5, 8 ».

102 « Nous nous posons quatre sortes de question : le fait, le pourquoi, est-ce que cela est ? qu'est-ce que c'est ? » (*Anal. post.* II, 1, 89b24-25). Sur les difficultés posées par ce texte, cf. D. Ross, *Aristotle's Prior and Posterior Analytics*, Oxford, The Clarendon Press, 1957, p. 609-610. Plotin a repris cette distribution des questions en la modifiant. Il écrit : « Il faut penser que toute recherche est soit celle du "qu'est-ce que c'est ?" (τοῦ τί ἐστιν) soit celle du

Si l'exemple des questions a été retenu de préférence à d'autres, c'est parce qu'il s'articule clairement à l'ontologie trinitaire esquissée au §3 : *an sit* ? porte sur l'être ou l'existence d'une nature (cf. « ut sit »), *quid sit* ? sur ce qu'elle est (« ut hoc uel illud sit »), c'est-à-dire sur son genre ou son espèce, et – de façon moins évidente – *quale sit* ?, la question de la valeur (*aestimatio*), porte sur la manence de cette nature (« ut in eo ipso, quod est, maneat ») en vertu de sa bonté reçue de l'Esprit.

On perçoit en outre la même connexion entre les trois questions qu'entre les « dispositions » ontologiques sur lesquelles elles portent. En effet, si je demande (1) si une chose existe (*an sit* ?), la question de l'essence de cette chose (*quid sit* ?) est aussi implicitement posée, car une chose ne peut pas exister sans avoir telle ou telle essence, et il en va de même de la question de sa valeur (*quale sit* ?). Le même raisonnement vaut lorsqu'on demande (2) ce qu'est une chose et que de ce fait même on fait aussi intervenir la question de son existence et celle de valeur, ou lorsqu'on demande (3) quelle est la valeur d'une chose, ce qui implique que la chose soit quelque chose et qu'elle existe[103].

Le second « enchaînement » des trois questions (« lorsqu'on demande "Qu'est-ce que ... ?", il est nécessaire que la chose soit aussi et qu'elle soit évaluée par un jugement de valeur ») appelle une précision : si tout ce qui est quelque chose *est* par là même (comme l'affirmait déjà le §3), on voit que les questions *quid sit* ? et *an sit* ? ne sont pas celles de ce que *nous* appelons l'essence et l'existence. En effet, l'essence et l'existence sont pour nous dissociables (sauf dans le cas exceptionnel de Dieu, si l'on admet le célèbre « argument ontologique »)[104]. Si l'existence qui est corrélée à la question *an sit* ? est impliquée par l'essence, quelle est-elle ? On peut penser qu'il s'agit de l'existence d'une chose matérielle (en prenant au sens large la notion de « matière »), dont l'être indéterminé est spécifié par la forme qui lui est liée.

"comment est-ce ?" (τοῦ οἷον) soit celle du "à cause de quoi est-ce ?" (τοῦ διὰ τί) soit celle du "est-ce que cela est ?" (τοῦ εἶναι) » (*Enn.* VI, 8 [39], 11, 5-7). La question du οἷον, qui se substitue à celle du ὅτι, est celle des accidents, comme le précise plus loin Plotin (cf. Plotin, *Traités* 38-41, Paris, GF, n. 198, p. 287).

103 Daur indique ici « <et hoc uel illud est> » (« et elle est ceci ou cela »).

104 Il faut cependant préciser qu'Aristote formule la distinction entre le sens existentiel ou absolu (ἁπλῶς) du verbe « être », d'une part, et son sens prédicatif, d'autre part : « Nous cherchons par exemple, au sujet d'un centaure ou d'un dieu, s'il est ou s'il n'est pas. La formule "s'il est ou non", je la dis au sens absolu, mais ce n'est pas le cas quand je cherche "s'il est blanc ou non". Mais après avoir reconnu que la chose est, nous cherchons ce qu'elle est ; par exemple "qu'est-ce donc qu'un dieu ?" ou "qu'est-ce que l'homme ?" » (*An. post.* II, 1, 89b32-35). La question de l'existence est donc première et conditionne celle de l'essence. Sur ce texte, cf. Ch. Kahn, *The Verb « Be » in Ancient Greek*, Dordrecht-Boston, D. Reidel, 1973, p. 303-5.

Quoi qu'il en soit, bien que l'existence, l'essence et la qualité (ou la valeur) soient inséparables, les questions qui les mettent respectivement en jeu reçoivent chacune un nom distinct (*an sit* ? *quid sit* ? ou *quale sit* ?), selon l'« intention » (*intentio*) de celui qui les pose et qui choisit, en fonction de son propos, de faire ressortir l'une ou l'autre des trois « dispositions » ontologiques[105].

6.3   Le « caractère propre » de l'action du Fils

Augustin peut en revenir à son problème. Il réaffirme le besoin, pour les hommes, d'une discipline qui les forme, en précisant que cette formation s'effectue « dans une certaine mesure » (*ad modum*) (p. 28, 10-11) (il s'agit peut-être d'une allusion au Père, qui est appelé « summus modus » en *De beat. uit.* 4, 34). « Pourtant », poursuit-il, « nous ne pouvons pas dire que ce qui advient aux hommes par cette discipline (*id ipsum quod per hanc disciplinam fit in hominibus*) n'est pas ou qu'il ne doit pas être désiré » (p. 28, 11-13)[106]. « Ce qui se produit dans les hommes par cette discipline », c'est la formation de l'esprit ou de la pensée, en laquelle consistent l'intelligence et la vertu. Certes, cette formation de l'esprit accomplie par le Fils *existe* (c'est la réponse à la question connexe *an sit* ?), du fait qu'elle tire son origine du Père (qui en est la Cause), et elle est *désirable* parce qu'elle est *bonne*, en vertu de l'action du Saint-Esprit (réponse à la question *qualis sit* ?).

Vient ensuite un passage épineux : « sed scire prius intendimus et per quod coniciamus aliquid et in quo maneamus » (p. 28, 13-15). Les trois « dispositions » ontologiques inséparables ont été jusque-là mises sur le même plan ; l'une d'entre elles est maintenant mise en avant (cf. *prius*). Il s'agit donc d'expliquer le primat *pour nous* de l'action « épistémique » du Fils, qui justifie son incarnation, sans remettre en cause le fait que cette action demeure inséparable de celles des deux autres personnes de la Trinité. Mais comment comprendre l'explication qui vient d'être donnée ?

O. du Roy traduit : « Mais nous cherchons d'abord à savoir, et par là nous conjecturons une existence en laquelle nous puissions nous reposer »[107]. Cette traduction n'est cependant guère possible grammaticalement sans supprimer

---

105   O. du Roy note qu'« intentio » est un terme rhétorique, employé dans la théorie des « états de cause », et il renvoie notamment à Quintilien, *Inst. orat.* III, 6, 7 (à propos du « genus quaestionis ») ; Martianus Capella, *De nupt.* v, 445 ; [Augustin], *Princ. rhet.*, 7, PL 37, 1444 (*op. cit.*, p. 399, n. 2).

106   À la place de « non » dans « non tamen id ipsum » (éd. bénédictine, Daur), Goldbacher lit « num » (« Pourtant, pouvons-nous dire que ... »).

107   O. du Roy, *op. cit.*, p. 396.

les deux « et »[108]. L. Ayres traduit quant à lui : « But first we strive to know that it is, through which we grasp what it is, and that we may remain in it »[109]. Outre, là encore, des difficultés grammaticales, l'affirmation selon laquelle l'existence précède l'essence (pour ainsi dire) serait plutôt un argument en faveur d'une Incarnation du Père. Enfin, on lit dans la traduction de R. Teske : « But we, first of all, desire to know both the means by which we might attain some knowledge and that in which we might remain ». Mais dans ce cas, si l'on doit *aussi* savoir de façon prioritaire dans quoi demeurer, ne faut-il pas que le Saint-Esprit *lui aussi* s'incarne ? Pour des raisons à la fois linguistiques et philosophiques, il me paraît préférable de penser que, dans la phrase litigieuse, « quod » et « quo » ont le même antécédent, à savoir le complément d'objet (sous-entendu) de « scire » et donc de traduire : « Mais tout d'abord (*prius*) nous cherchons (*intendimus*) à savoir ce par quoi nous conjecturons quelque chose et dans quoi nous demeurons »[110].

Si je comprends bien, en vertu d'une priorité pour nous de la question de l'*essence*, nous avons tout d'abord besoin de connaître une chose pour pouvoir d'une part conjecturer qu'elle existe à partir d'une certaine cause – la question *an sit* ? traite des « signes » (*Orator*, 14, 45) et elle appelle une « conjecture » (*Part. orat.* 9, 33) – et d'autre part pour demeurer dans cette connaissance, parce que nous l'apprécions à sa juste valeur. On perçoit donc comment l'action du Fils s'insère pour ainsi dire dans le jeu des trois questions *a priori* que nous nous posons à propos de toute chose et qui se posent ici en particulier *au sujet de notre formation*.

Cette interprétation s'accorde, semble-t-il, avec la phrase précédente : Augustin vient de dire que nous ne pouvons pas prétendre que la formation de notre pensée par le Fils n'est pas et qu'elle n'est pas désirable. Il explique maintenant qu'elle doit cependant être assurée *d'abord*, pour que nous déduisions son existence et sa valeur, qui engagent elles-mêmes respectivement l'opération du Père et celle du Saint-Esprit.

---

108   En dépit de cette réserve sur sa traduction, du Roy commente de façon pertinente ce passage : « Dans toute recherche, en effet, nous devons commencer par la connaissance et être formés par un enseignement. Ce que réalise cet enseignement a aussi un être et une valeur, mais l'intention première est la connaissance (*scire prius intendimus*). Elle nous fait poser un être (*conicere*, encore un terme de la rhétorique) et nous y fait demeurer, en lui ou en sa connaissance (le texte ne permet guère de trancher, mais cela revient au même), c'est-à-dire nous complaire en lui (*in quo maneamus*) » (*op. cit.*, p. 400).

109   L. Ayres, « "Remember That You Are Catholic" (*Serm.* 52.2) », p. 52.

110   Ou, pour le dire comme L. Wankenne, que je rejoins : « Mais nous tendons d'abord à acquérir une connaissance qui nous permette de conjecturer quelque chose et dans laquelle nous puissions demeurer » (BA 40/A, p. 285).

De l'action formatrice du Fils *renforcée* par l'œuvre (*dispensatio*) de l'Incarnation[111] découlent deux conséquences (p. 28, 15-22). D'une part, l'esprit formé par le Fils connaît *par les effets* le Père en tant qu'il est l'origine de tous les êtres (cf. le « id est ») ou leur seul principe. D'autre part, l'esprit demeure (cf. « permanendi ») dans cette connaissance du Père, qui fait sa joie, et dans le mépris du sensible (on reconnaît là le thème porphyrien de la « fuite du sensible »)[112], grâce à un don de l'Esprit[113].

Cette joie est ici présentée comme étant d'une « tonalité affective » exceptionnelle (elle est dite « ineffable »). Il importe pourtant de préciser que la joie de demeurer doit sans doute être comprise, de manière générale, comme l'expression d'une « disposition » inaliénable de l'être créé, dont l'amour de soi atteste qu'il lui est impossible de vouloir ne pas être[114]. Comme Augustin l'écrira dans un passage du livre XI de la *Cité de Dieu*, qui offre une saisissante image *biologique* de la Trinité, « par une force naturelle, le fait même d'être est agréable (*iucundum*), de sorte que, rien que pour être, les malheureux eux-mêmes ne veulent pas mourir ». Et il va jusqu'à affirmer, par un étonnant passage à la limite : « Si l'on offrait [aux hommes les plus malheureux] l'immortalité, en vertu de laquelle leur misère même ne mourrait pas, alors qu'on leur propose, s'ils ne veulent pas être pour toujours dans cette misère, de n'être plus personne, nulle part, et de périr entièrement, assurément, ils tressailliraient de joie, et ils choisiraient d'être pour toujours tels qu'ils sont (*sic*), plutôt que ne n'être plus du tout » (XI, 27, 1)[115].

---

111   « Dispensatio » est un mot latin pour οἰκονομία. Gaffiot renvoie à Augustin, *Ep.* 136, 1 : « dispensatio dominicae incarnationis ».

112   Un passage du *De mus.* qui cite Ps 33, 9 : « Goûtez et voyez que le Seigneur est suave », affirme que « l'amour des choses temporelles ne serait pas vaincu sans la suavité des choses éternelles » (VI, 16, 52).

113   La connaissance qui est ici désirable est la connaissance du Père, alors que plus haut, c'était « ce qui advient aux hommes par cette discipline (*id ipsum quod per hanc disciplinam fit in hominibus*) » (c'est-à-dire l'intelligence) qui était désiré ; on peut penser que la formation de la pensée est désirée en tant qu'elle permet d'accéder à la connaissance du Père, qui est elle-même la source d'une joie donnée par l'Esprit-Saint.

114   Sur l'impossibilité de vouloir ne pas être, cf. *De lib. arb.* III, 8, 22, que j'ai présenté et traduit dans J. Laurent et C. Romano (éd.), *Le Néant. Contribution à l'histoire du non-être dans la philosophie occidentale*, p. 173-74 ; 184-86.

115   Sur le problème métaphysique ici mis en jeu, et l'opposition de Malebranche à Augustin sur ce point, cf. J.-L. Chrétien, « La joie d'être », in *La Voie nue : phénoménologie de la promesse*, Paris, Minuit, 1990, p. 275-294.

6.4 *Inséparabilité et distinction de l'action des trois Personnes*

Augustin conclut qu'en dépit de leur inséparabilité, toutes les actions des Trois devaient nous être montrées de façon distincte « en raison de notre faiblesse, car nous sommes tombés de l'un dans le multiple » (p. 28, 22-25). Nous l'avons vu, « une discipline était nécessaire aux hommes » pour leur formation ; cette discipline leur a été donnée par l'Incarnation du Fils, qui est la « Discipline » et la Forme de Dieu. De ce fait, l'action de la Trinité devait nécessairement apparaître comme séparée[116], bien que l'homme ne puisse pas être formé par l'enseignement du Fils sur Terre sans qu'en même temps le Père lui donne d'être (comme sujet intelligent) et le Saint-Esprit de demeurer. L'Incarnation « est présentée comme une adaptation à notre faiblesse, une action distincte ou apparemment distincte, qui nous permette de saisir distinctement ce qui, en fait, est réalisé inséparablement par toute la Trinité. (...) Elle est donc une accommodation de ce mode d'unité intelligible (*unitas*) à notre régime d'extériorité (*uarietas*) dans lequel il faut bien commencer par quelque chose »[117]. Dieu relève donc ainsi l'homme de sa « chute dans le multiple », car « personne n'élève quelqu'un à son propre niveau sans descendre quelque peu au niveau où celui-ci se trouve » (*nemo enim quemquam erigit ad id in quo ipse est, nisi aliquantum ad id in quo est ille descendat*) (p. 28, 25-26)[118].

L'allusion à la chute de l'homme « de l'un dans le multiple » fait écho à celle de la *Lettre* 7, qui déclarait que « nous nous sommes laissés entraîner (*defluximus*) loin des choses qui demeurent » (*Ep.* 7, 2, p. 14, 8). De telles formulations semblent évoquer la chute de l'âme selon Plotin plutôt que le péché en Adam. Pourtant, elles se retrouvent dans les *Confessions*, où Augustin écrit que « par la continence, nous sommes ramassés et nous sommes ramenés à l'unité que nous avions perdue en glissant dans le multiple » (*Conf.* X, 29, 40), ou plus simplement déclare avec force, et en référence explicite à saint Paul (Phil 3, 12-14), que notre vie est une « distension » (cf. *Conf.* XI, 29, 39 : « Ecce distentio est uita mea »).

On peut compléter l'explication donnée à Nebridius en citant la *Question* 43 : « Pourquoi le Fils de Dieu est-il apparu dans un homme et l'Esprit-Saint dans une colombe ? Parce que celui-là [le Fils] est venu pour donner un exemple de vie aux hommes ; celui-ci [l'Esprit-Saint] est apparu pour signifier le don même auquel on parvient en vivant bien. Mais l'un et l'autre se sont rendus

---

116 Augustin emploie ici l'adverbe « distincte » comme un synonyme de « separabiliter », et non pas pour indiquer la « propriété » d'une personne divine (dans l'unité de la substance).

117 O. du Roy, *op. cit.*, p. 401.

118 Prosper d'Aquitaine a repris cette formule dans son *Liber sententiarum* (*Sent.* 319, CC 68A, p. 337) (signalé par Daur dans son apparat critique).

visibles à cause des charnels, qui devaient être menés, à partir des choses qui sont perçues par les yeux, à celles qui sont comprises par l'esprit ». Ce texte remarquable produit une brève justification de la mission du Saint-Esprit, qui complète les considérations trinitaires de notre lettre (bien que rien ne soit dit du Père) : la colombe des théophanies du baptême du Christ et de la Pentecôte signifie la munificence de l'Esprit, qui donne aux hommes d'être heureux s'ils vivent droitement[119]. D'autre part, la mission de l'Esprit, dont l'action *semble* séparée de celle des deux autres personnes de la Trinité, s'explique de la même manière par le régime « sensible » de la connaissance humaine, qu'il s'agit de surmonter.

La *lettre* 11 s'achève sur une exhortation à la piété (p. 28, 27-31). Ce sont sans doute les dernières paroles d'Augustin qui parvinrent à Nebridius.

6.5 *Enseignement, révélation et rédemption*

Que penser de l'affirmation selon laquelle le but de l'Incarnation était d'offrir aux hommes une « discipline de vie » et « un exemple de ce qui est commandé » ? Faut-il en conclure, comme le fait O. du Roy à la suite d'autres commentateurs (O. Scheel, P. Alfaric, J. Turmel …), au « caractère moralisant de la sotériologie augustinienne à cette époque »[120] ? L'auteur a certes raison de d'affirmer qu'il est question, dans notre lettre, d'une « manifestation du Père » « attribuée au Fils comme une convenance déduite de son rôle créateur et illuminateur ». Bien que le mot de « convenance » soit bien faible, Augustin affirme bien que de « l'œuvre de l'Incarnation » découle une connaissance *par les effets* du Père et du Saint-Esprit en tant qu'ils coopèrent à l'action du Fils. Il ne dit donc pas que le Christ a fait connaître la Trinité parce que, dans son enseignement à ses disciples, il a révélé son Père et l'Esprit-Saint ; il dit que « l'esprit lui-même est formé par la pensée *des choses* ». L'enseignement du Christ porte très généralement sur des « choses », en commençant par celles qui sont à faire et à ne pas faire (même si les « choses » enseignées peuvent aussi être théologiques).

Or que l'enseignement du Christ n'ait pas porté explicitement sur la Trinité elle-même, dans la présentation qu'en donne Augustin, est précisément le grand reproche qu'O. du Roy adresse à ce dernier : « Il s'agit de savoir finalement si, oui ou non, c'est le Christ qui, par son Incarnation, sa Passion, sa

---

[119] Augustin ne précise cependant pas ici que l'Esprit-Saint ne s'incarne pas dans la colombe, à la différence du Fils qui devient homme (cf. *De Trin*. II, 6, 11).

[120] O. du Roy, *op. cit.*, p. 398. On peut aussi citer le jugement postérieur de G. Folliet : « Dans la pensée d'Augustin, à cette date, le salut, apporté à l'homme par le Fils de Dieu, se réalise au plan de la connaissance ou de la pédagogie, et non pas sur celui de la rédemption » (« La correspondance entre Augustin et Nébridius », p. 211).

Résurrection et l'envoi de l'Esprit, en un mot par sa Pâque, révèle la Trinité, si donc cette histoire du salut est révélation en acte du Père par son Fils dans l'Esprit »[121]. Ce reproche est largement tributaire de la thèse soutenue par le même auteur – et partiellement erronée – selon laquelle Augustin a identifié *sic et simpliciter* les trois hypostases chrétiennes avec les trois hypostases plotiniennes dans l'idée qu'il existe un accès naturel à la connaissance de la Trinité[122]. Il faut pourtant dire à la décharge d'Augustin qu'en l'occurrence, soutenir, conformément au souhait de du Roy, que le Fils est venu révéler la Trinité comme telle n'expliquerait aucunement pourquoi c'est *lui* qui a assumé ce rôle plutôt qu'une autre personne de la Trinité ou que les Trois ensemble.

Si maintenant on fait observer que la « sotériologie moralisante » de la *Lettre* 11 apparaît à d'autres propos, chez Augustin, la critique ne souffre-t-elle pas de ce que G. Madec appelle « le préjugé du "plein doctrinal", selon lequel Augustin n'aurait cru et n'aurait rien d'autre à dire que ce qu'il écrivait au fur et à mesure, comme s'il était, dans tous ses ouvrages, en acte de confession permanente sur l'ensemble de ses convictions »[123] ? En effet, d'autres textes de jeunesse mettent en évidence d'autres aspects de l'Incarnation et invitent à porter un jugement plus nuancé sur la christologie augustinienne. Formulons à ce propos quelques remarques.

Tout d'abord, il ne faut pas perdre de vue que la vie dont le Christ donne l'exemple est celle qui permet à ceux qui l'imitent « d'être rendus semblables à Dieu » (cf. *Ep.* 10, 2), c'est-à-dire « enfants de Dieu ». La perspective n'est donc pas moralisante mais morale (mais peut-être du Roy utilise-t-il les deux termes comme des synonymes).

Ensuite, la prégnance du paradigme pédagogique – pour ne pas dire philosophique, au sens où il met en jeu le *sage* – s'explique sans doute pour une large part par le fait que la représentation du Christ comme Maître était commune tout au long de l'ère patristique[124]. Comme l'écrit Peter Brown, « dans l'imagination populaire le Christ n'était pas alors un Sauveur souffrant (il n'y avait pas de crucifix au IVe siècle). Plus que l'humiliation du Fils de Dieu dans l'incarnation, la crucifixion et la mort, on aimait à célébrer la grandeur du Verbe de Dieu, Puissance de Dieu, Sagesse de Dieu. Les sarcophages de cette époque

---

121 O. du Roy, *op. cit.*, p. 453.
122 Sur ce point, cf. E. Bermon, « Trinitas », à paraître dans l'*Augustinus-Lexikon*.
123 G. Madec, *La Patrie et la voie. Le Christ dans la vie et la pensée de saint Augustin*, nouvelle édition, Paris, Desclée, 2001, p. 67.
124 Cf. F. Normann, *Christos Didaskalos. Die Vorstellung von Christus als Lehrer in den christlichen des ersten Literatur und zweiten Jahrhunderts*, Münster i. W., Aschendorf, 1966.

le représentent toujours sous la forme d'un Maître enseignant sa Sagesse à un groupe de disciples, comme un Philosophe formant des philosophes »[125].

En dépit d'une telle représentation du Christ, la christologie augustinienne engage une critique de la philosophie ou plus exactement une critique de la philosophie sans l'autorité. C'est un thème très important chez le jeune Augustin : on lit à la fin du *Contra Academicos* que la véritable philosophie « n'est pas la philosophie de ce monde, que notre religion rejette à très juste titre (cf. Col 2, 8), mais celle de l'autre, le monde intelligible, auquel la raison avec toute sa subtilité n'aurait jamais ramené les âmes aveuglées par les ténèbres multiformes de l'erreur et enfouies sous l'amas énorme de souillures corporelles, si le Dieu très haut n'avait, dans un geste de clémence à l'égard du peuple, incliné et abaissé jusqu'au corps humain l'autorité de l'Intellect divin, pour que les âmes, incitées non seulement par ses préceptes, mais aussi par ses actes, pussent rentrer en elles-mêmes et reconnaître leur patrie, même sans les débats de la dialectique » (*Cont. Acad.* III, 19, 42).

Suivant la même inspiration, dans le *De uera religione*, Augustin imagine Platon interrogé par un disciple qui lui demanderait si un homme capable de persuader le grand nombre des vérités qu'il enseignait, lui, Platon, ne mériterait pas des honneurs divins, et il prête à ce dernier la réponse « qu'il n'est pas possible que cela soit accompli par un homme, à moins que quelqu'un qui aurait été soustrait à la nature par la Force et la Sagesse de Dieu (1 Co 1, 24) et qui aurait été éclairé, non pas par un enseignement humain, mais par une illumination intérieure dès le berceau, ne produise une telle beauté morale par sa grâce, un tel ascendant par sa fermeté, une telle élévation enfin par sa majesté, que, en méprisant tout ce que désirent les hommes mauvais, en endurant tout ce qui les effraie et en accomplissant tout ce qu'ils admirent, il convertisse le genre humain à une foi aussi salutaire, grâce à son très grand amour et à sa très grande autorité (*genus humanum ad tam salubrem fidem summo amore atque auctoritate conuerteret*) » (3, 3). Le Christ ne donne donc pas tant un enseignement nouveau que son amour et son autorité, en vue d'affirmer une doctrine que les philosophes connaissaient déjà (pour les meilleurs d'entre eux). Cet amour et cette autorité se manifestent par des actions, qui témoignent à la fois du fait qu'il est Dieu (les miracles) et qu'il est homme (sa Passion).

Cette explication est reprise plus loin (*De uera relig.* 16, 31-32). Le Christ est présenté comme ayant voulu être pauvre, à l'inverse des hommes qui aspirent à la richesse, et comme supportant les outrages et l'injustice, qui inspirent la répugnance ; « les douleurs du corps étaient maudites : il fut flagellé et crucifié ; mourir faisait peur : il fut condamné à mort ; la mort en croix était considérée

---

[125] P. Brown, *La Vie de saint Augustin*, Paris, Le Seuil, 1971, p. 45.

comme la plus ignominieuse : il fut mis en croix »[126]. Nous sommes loin de la « fadeur de l'édification ». Le passage se conclut sur une de ces brèves systématisations dont Augustin a le génie : « Tout ce qui nous empêche de vivre droitement si nous désirons le posséder, il l'a rendu vil en s'en privant ; tout ce qui nous éloigne de l'amour de la vérité si nous désirons l'éviter, il l'a écarté en le subissant. Car on ne saurait commettre de péché, si ce n'est en désirant ce qu'il a méprisé ou en fuyant ce qu'il a enduré » (16, 31). Faut-il penser que, là encore, « cet exposé de la rédemption reste foncièrement et exclusivement moralisant »[127] ? Tarsicius van Bavel n'avait-il pas répondu d'avance à un tel reproche ? « Certes, le Christ-Rédempteur est présenté de préférence comme *Magister Veritatis* et c'est la Vérité qui nous libérera. Mais est-ce là vraiment tout ? L'autre aspect n'est-il supposé plutôt que méconnu ? Il ne faut pas trop se laisser impressionner par la place prépondérante de l'aspect néoplatonicien. Les données de la tradition chrétienne y figurent également. D'abord, le péché tient dans les premiers écrits une place beaucoup plus grande qu'on ne le penserait, et les observations d'Augustin ne sont pas toujours de caractère purement anthropocentrique. Les textes montrent clairement l'aspect théocentrique : la culpabilité de l'homme pécheur à l'égard de Dieu (cf. *De lib. arb.* I, 5, 13 ; *De Gen. c. Man.* II, 17, 25 ; *De mor. Eccl. Cath.* 19, 35 : nous sommes tous morts en Adam ; *De Gen. c. Man.* II, 21, 31 : le péché comme mort spirituelle ; *De Gen. c. Man.* II, 29, 43, où il est explicitement question de notre obligation de faire pénitence et de la rémission par Dieu). À côté du concept de péché, on trouve l'idée de notre libération de l'esclavage des sens. Bien que cette libération suscite des réminiscences du Néoplatonisme et paraisse encore trop attribuée à nos propres forces, elle est déjà décrite sous les termes chrétiens de "salut, rénovation, réconciliation avec Dieu" (*De Quant. An.* 3, 4 ; *De Mor. Eccl. Cath.* 35, 78 : cette rénovation est opérée par le baptême). Mais la divergence la plus grande est sans doute que toute l'économie de l'Incarnation, à savoir la doctrine que le Christ nous manifesta tant par son enseignement que par ses actes, est présentée comme cause de cette rédemption (*De Mor. Eccl. Cath.* 19, 36 ; *De Gen. c. Man.* II, 8, 10). Pour la période d'après 391, il n'est plus nécessaire d'insister. La doctrine de la rédemption va occuper une place de plus en plus

---

126   La *Question* 25 (« de cruce christi ») reformule la même idée ; cf. aussi *De diu. quaest.* 71, 3. Ces textes, et d'autres comme *De Gen. contra man.* II, 22, 34, méritent une attention particulière car le jeune Augustin mentionne assez rarement la crucifixion. Cf. J. M. Dewart, « Augustine's Developing Use of the Cross : 387-400 », *Augustinian Studies*, 15, 1984, p. 15-33.

127   O. du Roy, *op. cit.*, p. 323, n. 5.

notable dans les œuvres d'Augustin, mais l'aspect doctrinal de l'Incarnation côtoiera toujours chez lui l'aspect rédempteur »[128].

7 Développements ultérieurs du problème de Nebridius : l'inséparabilité de la Trinité et l'Incarnation du Fils

7.1 *L'Incarnation est l'œuvre inséparable de la Trinité* (Serm. *52*)
« La question de Nebridius continue de résonner à travers les écrits d'Augustin sur la Trinité, bien après la mort de Nebridius »[129]. Au début du *De Trinitate*,

---

[128] T. van Bavel, *Recherches sur la christologie de saint Augustin*, p. 9-10. Pour juger de la christologie du jeune Augustin par rapport à l'ensemble de son œuvre et à la sotériologie de la maturité, on peut reprendre le résumé de J. Tixeront, que nous citons longuement en raison de son caractère exhaustif : « La venue de Jésus-Christ sur la terre avait un but précis, le rachat de l'homme coupable et sa délivrance du péché, car "si homo non periisset, Filius hominis non venisset" (*Serm.* 164, 2). Augustin a relevé la part qui revient, dans cette œuvre générale de notre salut, à l'enseignement et aux exemples du Rédempteur (*De uera relig.* 3, 30-32 ; *De agone christ.* 12, *De Trin.* XIII, 21-22). Il a fait ressortir la sagesse de Dieu choisissant pour nous ramener à lui – alors qu'il en pouvait prendre un autre – le moyen de l'incarnation de son Fils, notre modèle et notre maître. Mais il a bien marqué aussi que la mort de Jésus-Christ n'avait pas seulement pour nous une valeur d'exemple : elle a, par elle-même, et cela de par la volonté de Dieu, une valeur rédemptrice (*In Ioh.* 98, 3). Comment comprend-il cette rédemption ? Saint Augustin en a successivement présenté toutes les diverses conceptions que l'on rencontre dans les écrivains antérieurs. C'est d'abord l'idée de la *substitution* : "Confitere (Christum) suscepisse poenam peccati nostri sine peccato nostro" (*Cont. Faust.* XIV, 6, 7) ; "Non enim ipse ulla delicta habuit ; sed nostra portavit" (*Tract. adv. Iud.* 6). C'est ensuite l'idée de *rachat* : le premier Adam, par le péché et la mort qu'il nous a transmis, nous avait liés par des maux héréditaires ; le second Adam paie pour nous ce qu'il ne devait pas lui-même et nous délivre : "quo pro nobis solvente quod non debebat, a debitis et parternis et propriis liberati sumus" (*De Trin.* XIII, 21 ; *En. in Ps.* 129, 3). Puis c'est l'idée de *satisfaction* : "Suscepit Christus sine reatu supplicium nostrum ut inde solveret reatum nostrum et finiret etiam supplicium nostrum" (*Cont. Faust.* XIV, 7). C'est enfin l'idée du *sacrifice expiatoire et propitiatoire* : Jésus-Christ est prêtre et victime (*En. in ps.* 122, 7), victime et sacrifice pour nos péchés (*Serm.* 152, 10, 11). Aussi donne-t-il librement sa vie pour nous (*In Ioh.*, 47, 11 ; cf. *De Trin.* XIII, 18). Il meurt, et par sa mort, vrai sacrifice, il efface, il détruit nos péchés : "Morte sua quippe uno vero sacrificio pro nobis oblato quidquid culparum erat … purgavit, abolevit, extinxit" (*De Trin.* IV, 17 ; *Serm.* 134, 5). Il apaise la colère de Dieu et nous réconcilie avec lui : "Hoc holocaustum (Christum) obtulit Deo : extendit manus in cruce … et impietates nostrae propitiatae sunt … Propiatis autem peccatis nostris et impietatibus per illud sacrificium vespertinum, transimus ad Dominum, et aufertur velamen" (*En. in ps.* 64, 6 ; *De nat. et grat.* 2 ; *Ench.* 33 ; 41). Quant à la théorie stricte des droits du démon, saint Augustin ne l'admet pas (il y conforme cependant au moins une fois son langage, *De Trin.*, XIII, 19) » (*Histoire des dogmes*, vol. II, *De Saint Athanase à saint Augustin (318-430)*, 2ᵉ éd., Paris, Gabalda, 1909, p. 81-2).

[129] M. Barnes, « Rereading Augustine's Theology of the Trinity », p. 172.

divers épisodes du *Nouveau Testament* qui se rapportent à une personne divine en particulier sont mentionnés : l'incarnation *du Fils*, la descente *de l'Esprit-Saint* sous la forme d'une colombe au moment du baptême du Christ, la profération de la voix *du Père* à ce même moment (1, 4, 7). Comment certaines actions peuvent-elles être attribuées *en propre* à telle ou telle personne de la Trinité, alors que les trois personnes agissent inséparablement du fait qu'elles *sont* inséparables ? Voilà ce que les gens demandent à Augustin et ils le fatiguent avec de telles questions (« et taedio nobis sunt ») (1, 5, 8). Dans la suite de l'œuvre, le thème de l'inséparabilité demeure un « vrai leitmotive »[130]. Cependant l'explication la plus développée de cette difficulté se trouve dans le *Sermon* 52 (ca. 410)[131]. Là, écrit Lewis Ayres, « il prête attention au problème précis auquel nous avons été confrontés dans la question de Nebridius de nombreuses années auparavant »[132] – même si la perspective change dans la mesure où il ne s'agit plus tant de montrer pourquoi c'est le Verbe qui s'est incarné, que d'expliquer que l'Incarnation du seul Fils est l'œuvre inséparable des Trois (et de même pour la mission du Saint-Esprit).

Commentant le récit du baptême du Christ en Mt 16, 17, Augustin déclare qu'avec le Père dans la voix, le Fils dans l'homme et l'Esprit dans la colombe, « nous avons pour ainsi dire une Trinité séparable » (*quasi separabilem trinitatem*) : les Trois sont « pour ainsi dire séparées par les lieux qu'ils occupent, par leurs fonctions et par leurs actions ». Mais Augustin imagine aussitôt qu'un auditeur s'adresse à lui en ces termes : « Montre que la Trinité est inséparable : souviens-toi que tu es catholique et que tu t'adresses à des catholiques ! » (52, 2, 2). Comment la foi dans l'inséparabilité de la Trinité peut-elle s'accorder avec le récit de Mt 3, 13, qui nous présente une Trinité séparée ?

Augustin annonce qu'il va d'abord se concentrer sur la relation entre le Père et le Fils. Il réaffirme d'abord qu'il n'y a rien que le Père fasse, que le Fils ne fasse pas aussi et *vice versa*. Cette doctrine pose toutefois un problème (« occurit quaestio »). Dans ces conditions, ne s'ensuit-il pas que le Père est *lui aussi* né de la Vierge ? *Absit* ! C'est le Fils, et non pas le Père (contrairement à ce que disent les Sabelliens, qui sont appelés pour cette raison « Patripassiens »), qui est né, a souffert la passion, est mort. D'où le dilemme suivant : « Il faut soit convenir que le Fils fait quelque chose que le Père ne fait pas, soit convenir que le Père aussi est né, a souffert, est mort, est ressuscité. Soutiens soit une

---

[130] L. Gioia, *The Theological Epistemology of Augustine's* De Trinitate, Oxford, Oxford University Press, 2008, p. 159, qui renvoie à *De Trin.* I, 17 ; I, 12, 25 ; IV, 30 ; V, 14, 15.

[131] Sur ce sermon, voir l'analyse de L. Ayres dans « "Remember That You Are Catholic" (*Serm.* 52.2) ».

[132] L. Ayres, *op. cit.*, p. 57.

proposition, soit l'autre ; choisis l'une des deux ». Augustin refuse pourtant de se laisser enfermer dans ce dilemme : « Je ne choisis ni l'une ni l'autre des deux propositions » car elles sont toutes deux fausses.

La solution qui doit permettre de penser à la fois que le Père et le Fils agissent toujours inséparablement et que certaines actions sont propres au Fils ou propres au Père, est la suivante : « C'est le Fils qui est né de la Vierge Marie, pas le Père, mais cette naissance (*natiuitatem*) même, qui est celle du Fils et non du Père, a été l'œuvre et du Père et du Fils (*operatus est*). Ce n'est pas le Père qui a souffert, mais le Fils ; pourtant la souffrance du Fils a été l'œuvre et du Père et du Fils. Ce n'est pas le Père qui est ressuscité, mais le Fils ; pourtant la résurrection du Fils a été l'œuvre et du Père et du Fils » (*Serm.* 52, 8, 20). Bref, seul le Fils naît, souffre et ressuscite comme homme, mais tout ce qu'il fait ou subit est l'œuvre de la Trinité, qui agit inséparablement. La règle suivante est ailleurs formulée : « La Trinité accomplit aussi les œuvres de chacune des personnes dans la Trinité, les deux autres personnes coopérant à chacune qui accomplit une œuvre » (« Ita singulorum quoque in trinitate opera trinitas operatur, unicuique operanti cooperantibus duobus ») (*Serm.* 71, 16, 27).

Augustin a ensuite soin de citer des témoignages scripturaires qui autorisent cette solution abstraite et relativement contre-intuitive. Pour montrer d'abord que l'Incarnation du Fils est l'œuvre du Père et du Fils, il cite Gal 4, 5 : « Lorsque les temps furent accomplis, Dieu a envoyé son Fils, formé d'une femme » ; c'est donc le Père qui fait naître son Fils d'une Vierge. Mais cette naissance est également l'œuvre du Fils lui-même car, selon Phil 2, 6-7, « le Fils s'est anéanti lui-même en prenant la condition de serviteur ». Cependant, si cette explication rend bien compte du fait que seul le Fils s'incarne, bien que l'Incarnation soit l'œuvre de la Trinité toute entière, elle n'apporte pas de nouvelle réponse à la question de Nebridius (pourquoi *le Fils* ?).

7.2 La « mission » du Fils (De Trin. IV, 20, 27-28)

À la fin du chapitre 11 du livre XV du *De Trinitate*, on lit : « Ce n'est pas Dieu le Père ni l'Esprit-Saint ni la Trinité elle-même, mais seulement le Fils, le Verbe de Dieu, qui s'est fait chair, bien que ce soit la Trinité qui l'ait fait chair (*quamuis trinitate faciente*), et cela afin que, si notre verbe suit et imite son exemple, nous vivions droitement, c'est-à-dire que nous n'ayons aucun mensonge soit dans la contemplation soit dans l'action de notre verbe » (*De Trin.* XV, 11, 20). C'est la reprise de l'explication de la *Lettre* 11, « augmentée » de la théorie du « verbe mental ».

Cette explication coexiste pourtant, dans le *De Trinitate*, avec une autre solution, qui livre sans doute le dernier mot d'Augustin sur cette question, à la fin de sa vie. Celle-ci se trouve dans la *seconde* réponse apportée à l'objection arienne des « missions », en *De Trin*. IV, 20, 27-28, l'un des derniers passages du traité qui aient été rédigés. L'objection consistait, comme on le sait, à soutenir que celui qui envoie (*mittit*) quelqu'un est plus grand que celui qu'il envoie ; or le Fils dit lui-même qu'il est l'« envoyé » du Père ; le Père est donc plus grand que lui (II, 4, 7).

Augustin avait *une première fois* répondu aux Ariens que l'« envoi » ou la « mission » du Fils consistait dans son Incarnation et qu'elle était l'œuvre non seulement du Père mais de la Trinité tout entière, qui agit inséparablement, même si c'est le Fils seul qui est envoyé comme homme (II, 5, 9). Le Fils est donc également envoyé par lui-même ; il est à la fois « mittens » et « missus ». Il « envoie » avec le Père, dont il partage et conserve l'invisibilité divine ; il est « envoyé » en tant qu'il est rendu visible *comme homme*.

La lecture du *Sermo arianorum* en 419 conduisit Augustin à envisager le problème des missions sous un nouvel angle[133] et ouvrit la voie d'une nouvelle réponse à la question de Nebridius. La doctrine homéenne découverte par Augustin « lui a montré que le Fils lui-même, *dans sa nature divine*, pouvait être appelé envoyé et lui a appris que les Ariens tiraient parti de cette mission du Fils pour proclamer son infériorité par rapport au Père ; cf. *Sermo Arian*. 4 ; 14 ; 32 »[134]. Autrement dit, Augustin se rendit compte que les Ariens considéraient que le Fils était envoyé *en tant que Verbe divin*, et non pas en tant qu'il s'est fait homme, et qu'il fallait donc leur expliquer que cet « envoi » du Fils par Dieu le Père n'impliquait aucune hiérarchie entre eux.

Il semble qu'Augustin n'ait pas tout de suite découvert la véritable réponse à l'objection[135]. Il affirme d'abord que le Fils est envoyé tout en restant uni à celui qui l'envoie et il illustre sa pensée à l'aide d'une prosopopée de la lumière (d'allure plotinienne), qui dit qu'elle n'est pas venue sur le mur sans le feu qui l'a envoyée (*Cont. Serm. arian*. 3, 4) (cf. aussi *Tract. in Ioh. euang*. 21, 17). La « véritable réponse », qu'il développe en *De Trin*. IV, 20, 27-28 et qu'il rappellera en *Cont. Maxim*. II, 14, 8, consiste à *ordonner les missions aux processions divines*.

« Si le Fils », écrit-il, « est dit "envoyé" par le Père eu égard au fait que l'un est le Père et l'autre le Fils, rien ne nous empêche de croire que le Fils est égal, consubstantiel et coéternel au Père et que pourtant le Fils est envoyé par le Père » (IV, 20, 27). Que le Fils soit envoyé par le Père *pour s'incarner* s'explique par le fait qu'il vient du Père, en tant qu'il est engendré par lui. Or, cette façon

---

133   Cf. J.-L. Maier, *Les Missions divines selon saint Augustin*, p. 131.

134   M.-F. Berrouard, Saint Augustin, *Homélies sur l'Évangile de saint Jean*, « Note complémentaire » 25 : « L'originalité de la mission du Fils par le Père » ; BA 72, p. 757-9 : p. 757. Cf. aussi « Note complémentaire » 8 : « La mission du Fils est son incarnation », BA 73A, p. 471.

135   Cf. M.-F. Berrouard, BA 72, p. 758.

de parler n'implique aucune infériorité car la naissance n'implique aucune infériorité. Augustin poursuit : « C'est le Fils qui vient du Père et non pas le Père qui vient du Fils. Eu égard à cela, on peut désormais comprendre que le Fils n'est pas seulement dit "envoyé" parce que le Verbe s'est fait chair, mais qu'il est envoyé pour que le Verbe se fasse chair et pour accomplir par sa présence corporelle les Écritures ; c'est-à-dire que l'on peut comprendre que ce n'est pas seulement comme homme qu'il est envoyé du fait que le Verbe s'est fait chair, mais qu'il est aussi envoyé comme Verbe pour qu'il se fasse chair ; parce que ce n'est pas en vertu d'une inégalité de puissance ou de substance ou de toute autre inégalité avec le Père qu'il a été envoyé, mais eu égard au fait que c'est Fils qui vient du Père, non le Père du Fils » (IV, 20, 27). L'expression d'« envoyé » n'est donc plus seulement prédiquée du Fils comme homme (et inférieur au Père), mais du Fils comme Verbe éternel. Le fait que le Fils vienne du Père le destine comme tel à être envoyé et à devenir homme ; l'Incarnation est comme un prolongement de sa naissance éternelle dans l'égalité. Bref, comme l'écrit Jean-Louis Maier, « loin d'être la preuve d'une infériorité par rapport au Père, la mission du Verbe nous révèle la procession éternelle de Celui qui est le Fils dans l'unité de la nature divine »[136]. Et Maier d'ajouter : « Nous avons, maintenant, la réponse exacte à la difficulté soulevée naguère par Nebridius (...) et répétée par saint Augustin au début de son grand traité, *De Trin*. I, 5, 8 »[137]. Cela dit, si l'argument rend bien compte du fait que c'est le Fils qui s'est incarné et non pas le Père, et s'il répond de ce fait à ce qui était la question originelle de Nebridius (cf. *Ep.* 12 : « cur ipse potius dicatur hominenm suscepisse quam pater »), on peut se demander dans quelle mesure il permet d'exclure la possibilité d'une incarnation du Saint-Esprit, qui procède du Père et du Fils. De ce point de vue, l'argumentation de la *Lettre* 11 reste indépassée.

---

136   J.-L. Maier, *op. cit.*, p. 133.
137   J.-L. Maier, *op. cit.*, p. 133, n. 5.

Conclusion

Avec Alypius, Nebridius a été en Afrique le témoin privilégié des aspirations et des tribulations du jeune Augustin, qu'il tenta d'éloigner de l'astrologie et du manichéisme. Il rejoint ensuite son ami en Italie afin de vivre avec lui et Alypius « dans le désir le plus ardent de la vérité et de la sagesse » (*in flagrantissimo studio ueritatis atque sapientia*) (*Conf.* VI, 10, 17) (l'expression est un « marqueur » cicéronien de la notion de philosophie). Il participe à l'élaboration d'un premier projet de vie commune (le « phalanstère philosophique ») (*Conf.* VI, 14, 24) et aux discussions sur les « termes extrêmes des biens et des maux » (*de finibus*) évoquées en *Conf.* VI, 16, 26. Après la conversion d'Augustin, il est séparé de son ami pendant toute la période de sa retraite à Cassiciacum, de son second séjour romain et de son retour en Afrique. Tous deux restent pourtant unis par le lien épistolaire. Nebridius complimente Augustin pour ses premiers succès littéraires à Cassiciacum (cf. *Ep.* 3), s'enquiert des progrès qu'il fait (*Ep.* 4), suit depuis Carthage son installation avec ses proches à Thagaste et l'invite à le rejoindre dans sa campagne pour le soustraire à l'emprise de ses concitoyens (*Ep.* 5). Plus tard, il lui fait part de la difficulté qu'il éprouve à vivre loin de ses amis, que la maladie l'empêche de rejoindre (cf. *Ep.* 10).

L'intérêt de notre correspondance ne se limite pas à l'éclairage biographique qu'elle apporte. Si Nebridius a vécu avec d'autres dans l'intimité d'Augustin, sa singularité réside dans le fait que ce grammairien de formation est son seul interlocuteur véritablement compétent en matière de philosophie parmi ses proches. Ses lettres montrent qu'il a partagé la découverte des « libri platonicorum » faite par Augustin et l'effervescence intellectuelle qu'elle a suscitée chez lui. Chercheur infatigable, comme on le lit à plusieurs reprises (cf. *Conf.* VI, 10, 17 ; IX, 3, 6 ; *Ep.* 98, 8), il presse Augustin de questions. Pour autant que nous pouvons en juger (car nous ne les connaissons malheureusement pas toutes), celles-ci portent sur le monde, l'âme et Dieu : le souvenir implique-t-il nécessairement l'imagination ? L'imagination peut-elle être *a priori* (*Ep.* 6) ? Comment les « puissances supérieures » peuvent-elles nous faire voir en rêve les images qu'elles veulent nous montrer (*Ep.* 8) ? Pourquoi est-ce le Fils plutôt que le Père qui s'est incarné (*Ep.* 11-12) ? Pourquoi le soleil est-il plus différent des autres astres qu'un homme d'un autre homme ? Existe-t-il des formes intelligibles des individus (*Ep.* 14) ?

Grâce à ses questions et aux réponses qu'il reçoit, nous comprenons mieux ce moment incandescent de la vie d'Augustin où il se convertit à la philosophie et au christianisme – une conversion qui a suscité beaucoup d'interrogations et qui continue de le faire[1]. Ce qui frappe, dans ces lettres croisées, c'est l'importance de la philosophie, dont on peut distinguer trois grandes « strates ».

(1) La première est celle des fondements platoniciens : l'opposition omniprésente entre le sensible et l'intelligible (cf. *Ep.* 3 , 1 : le quasi-cercle et le vrai cercle ; *Ep.* 4 : le progrès dans la distinction des deux natures ; *Ep.* 6-7 : la *phantasia* et l'intelligence ; *Ep.* 13, 4 : les deux modes de la compréhension *versus* la sensation ; *Ep.* 14, 2 : les deux types de critères distinctifs entre les individus), l'opposition et l'interaction entre l'âme et le corps (*Ep.* 3, 4 ; *Ep.* 9), le rôle primordial des idées pour penser à la fois la création (*Ep.* 3, 3 ; *Ep.* 11, 3), la connaissance (*Ep.* 4, 2 ; *Ep.* 7, 2 ; *Ep.* 14, 4) et la morale (*Ep.* 4 ; *Ep.* 10), l'anthropologie qui distingue l'homme et l'« homme intérieur » (*Ep.* 3 ; *Ep.* 10), l'éthique de l'éloignement des affaires, de la mort au corps et de l'assimilation à Dieu (*Ep.* 10).

(2) Outre ces « fondamentaux » platoniciens, on perçoit la reprise de thèmes néoplatoniciens et souvent porphyriens, comme la double présence de soi à soi et aux intelligibles (*Ep.* 4, 2), l'opposition entre la richesse et la pauvreté (*Ep.* 3, 2), l'attachement à Dieu (*Ep.* 5), le mépris du sensible (*Ep.* 7, 7 ; *Ep.* 11, 4), la définition de la *phantasia* comme « coup » (*Ep.* 7, 3), la « manence » (*Ep.* 11) – et un engouement pour certains philosophèmes créés ou développés par les Néoplatoniciens (même si Augustin n'hésite pas, comme nous l'avons constaté à plusieurs reprises, à prendre ses distances par rapport à eux) : le « véhicule » de l'âme (*Ep.* 13) (qui est finalement congédié), l'âme du monde (*Ep.* 7), l'âme des astres (*Ep.* 14) et les « puissances supérieures » (*Ep.* 9).

(3) On décèle enfin la présence de problèmes hérités de la philosophie hellénistique et qui ont été dans une certaine mesure intégrés au néoplatonisme : l'attention au degré de certitude qu'il est possible d'atteindre dans le traitement d'un problème (*Ep.* 3 sur la taille du monde ; *Ep.* 9 sur les rêves inspirés ; *Ep.* 11 sur l'incarnation du Fils) – une attention qui s'explique par l'emprise exercée sur Augustin par les « grands hommes » de la Nouvelle Académie –, la discussion du principe stoïcien de l'identité des indiscernables (*Ep.* 14, 2), l'intérêt pour la question du progrès et bien sûr la figure du sage stoïcien, qui

---

1 Voir par exemple B. Dobell, *Augustine's Intellectual Conversion. The Journey from Platonism to Christianity*, Cambridge, Cambridge University Press, 2009 : « My book invites the reader to consider afresh the unjustly maligned problem of Augustine's conversion in 386 : was it to Platonism or to Christianity ? I must confess that I am not entirely sure how to answer that question. But I am convinced, as against the legions of modern scholars who have taken their cue from Pierre Courcelle's *Recherches sur les Confessions de saint Augustin* (1950), that the question itself is a legitimate one » (p. vii).

a laissé son empreinte sur tous les courants philosophiques hellénistiques et tardo-antiques.

Face à cette présence massive de la philosophie, on note la rareté des références scripturaires dans notre correspondance. Les seules allusions explicites aux Écritures se trouvent dans l'*Ep.* 12 (« forma dei, per quam facta sunt omnia, quae facta sunt », d'après Jn 1, 3 [p. 29, 26-27]) et dans l'*Ep.* 14, 4 (où l'expression « summa illa ueritas et summa sapientia, forma rerum per quam facta sunt omnia » fait aussi allusion à Jn 14, 6 et à 1 Co 1, 30 [p. 34, 13-14]). Ce déséquilibre signifie-t-il qu'Augustin et son correspondant adhèrent à la philosophie plus qu'au christianisme ?

S'agissant d'abord de Nebridius, pour être philosophe, il n'en est pas moins chrétien, même s'il s'est converti plus tardivement qu'Augustin (cf. *Conf.* IX, 3, 6). Nous en avons de multiples preuves dans nos lettres : le beau prologue de l'*Ep.* 6 dans lequel il déclare que les lettres de son ami lui feront tour à tour entendre les voix du Christ, de Platon et de Plotin, son intérêt pour la théologie chrétienne (*Ep.* 11-12), sa profession de foi dans le Christ, Vérité souveraine et Sagesse souveraine (*Ep.* 14, 3), son désir d'être instruit de ce qui semblera « saint et bon » à son ami (*Ep.* 6), le fait qu'il partage la même foi et la même discipline chrétiennes que lui (*Ep.* 7, 6), et le fait qu'Augustin en appelle à sa piété (*Ep.* 11, 4), qu'il considère qu'il est capable de mener une vie spirituelle autonome et qu'il évoque l'expérience mystique en s'adressant à lui comme à son égal (*Ep.* 10).

Chez Augustin maintenant, on relève assurément des thèses philosophiques qui sont excessives du point de vue de l'orthodoxie chrétienne, comme celles de l'équivalence entre la vertu et le bonheur (*Ep.* 3, 1), de la possibilité d'être heureux sur terre (*Ep.* 10, 3) et du mépris dans lequel le sensible doit être tenu. Elles seront plus tard rétractées. D'un autre côté, Augustin mentionne deux fois la nécessité de la grâce pour s'élever vers Dieu et atteindre le bonheur (*Ep.* 4, 2 ; *Ep.* 10, 2), tout comme il affirme la nécessité de l'Incarnation divine pour relever l'homme (*Ep.* 11-12). Il apparaît aussi que les Écritures jouent un plus grand rôle dans ses lettres qu'il y paraît à première lecture. Lorsqu'il déclare qu'« il n'y a rien en bas en-dehors du monde » (*Ep.* 3, 2), il pense peut-être à Col 3, 2 : « Quae sursum sunt sapite ». La réflexion cosmologique sur la taille du monde est sans doute inspirée par Sg 11, 21 (« omnia in mensura et numero et pondere disposuisti »). Dans la *Lettre* 11, la preuve par les effets de l'inséparabilité de la Trinité est entièrement structurée par Rm 11, 36 : « Deus ex quo omnia, per quem omnia, in quo omnia ... ». Ces références scripturaires ne sont pas explicitées ; mais Virgile n'est pas mentionné à propos de la « gens Daucia », ni non plus Cicéron, lorsqu'il est question de Naevius[2].

Plutôt que d'inquiéter Augustin pour ses opinions philosophiques, comme certains commentateurs ont pu le faire par le passé, on peut être sensible à l'effort qu'il accomplit pour s'approprier sa foi à l'aide des outils intellectuels les plus puissants dont il disposait à son époque. La fuite du sensible et l'accès aux intelligibles sont considérés comme le moyen de la conversion à Dieu (avec l'aide de Dieu) et un raisonnement philosophique typiquement platonicien sur la supériorité de l'intelligence par rapport à la vision devient le point d'appui de l'expérience mystique (*Ep.* 4) ; l'idéal de l'assimilation à Dieu formulé dans le *Théétète* est l'expression philosophique du don de l'adoption filiale par Dieu (*Ep.* 10) ; dans la *Lettre* 11, le Christ comme Art joue le même rôle que le Démiurge du *Timée*, la métaphysique ancienne des prépositions permet d'acquérir l'intelligence de la création trinitaire, les trois questions de la rhétorique ancienne servent de modèle pour penser la Trinité et la « manence » néoplatonicienne définit la Personne du Saint-Esprit. Certains thèmes philosophiques qui peuvent à première vue sembler suspects ne seront pas désavoués : la réminiscence platonicienne, dont l'*Ep.* 7 fait l'apologie, restera un paradigme du savoir, à côté de ceux de l'illumination et de l'enseignement par le Christ-Maître ; l'idée néoplatonicienne d'une chute à partir de l'Un dans le multiple se retrouve couplée, en *Conf.* XI, 29, 39, avec saint Paul, Phil 3, 12-14, dans l'analyse de l'existence comme « distentio ».

Tout en menant ces recherches théoriques qui, pour certaines d'entre elles, étaient déjà anciennes (l'*Ep.* 12 fait allusion à des conversations passées sur le Christ et l'*Ep.* 13 au fait que la question du « véhicule » de l'âme n'est pas « nouvelle »), tandis que d'autres resteraient présentes à l'esprit d'Augustin tout au long de sa carrière, Augustin et Nebridius ont cherché, sur le plan pratique, à réaliser leur projet d'une vie commune alliant philosophie et christianisme, « otium philosophandi » et « christianae uitae otium ».

Témoin de la jeunesse d'Augustin, de son effort pour articuler en théorie et en pratique la philosophie et la religion chrétienne, la correspondance avec Nebridius constitue une contribution singulière au genre épistolaire dans l'antiquité[3]. On ne voit guère d'autres exemples desquels la rapprocher. Elle

---

2 Cf. aussi *Ep.* 15, 2 à Romanianus, qui cite *Aen.* V, 848-49, sans indiquer la provenance de ces vers.

3 Pour une introduction à ce genre littéraire, cf. M. Trapp, *Greek and Latin Letters, an Anthology with Translation*, Cambridge, Cambridge University Press, 2003 ; A. Morrison et R. Morello, *Ancient Letters : Classical and Late Antique Epistolography*, Oxford, Oxford University Press, 2007. Pour la littérature latine en particulier, cf. R. Martin et J. Gaillard, *Les Genres littéraires à Rome*, tome II, Paris, Scodel, 1981, p. 204-220 (« La lettre ») et les travaux d'É. Gavoille.

se distingue clairement, ne serait-ce que par sa taille, de ces deux monuments littéraires latins que sont les *Lettres à Atticus* et les *Lettres à Lucilius*. À la différence de la correspondance de Cicéron, elle se concentre essentiellement sur la philosophie ; d'autre part, elle se constitue d'échanges entre deux individus réels, contrairement au recueil de Sénèque, qui est « unilatéral » et fictif pour large part[4]. Par sa liberté de ton et le mélange qu'on y trouve de données biographiques et philosophiques, elle fait penser à la correspondance entre Wittgenstein et Russell – à ceci près que cette dernière met aux prises *deux* esprits de premier ordre[5].

La correspondance avec Nebridius est sans équivalent même dans le corpus augustinien. « Les lettres échangées entre Augustin et Nebridius ont une profondeur et une intimité que nous ne rencontrons pas dans le reste des lettres de la correspondance d'Augustin »[6]. Serge Lancel parle d'un « petit paquet de lettres » « qui est, dans la correspondance conservée d'Augustin, le plus fourni des dossiers de ce genre et sans doute aussi le plus émouvant »[7]. Ce « dossier » constitue comme un dialogue philosophique en marge de ceux de Cassiciacum et d'une tout autre nature qu'eux. Aux prises avec les questions difficiles de Nebridius, Augustin met en œuvre sa capacité à élaborer rapidement – presque de chic – une réponse à un problème philosophique qui lui est posé. Il propose moins un traitement exhaustif que des « pistes » que son interlocuteur est appelé à développer lui-même en usant de son intelligence. En dépit de l'aridité de certains passages, on apprécie son style souvent raffiné et parfois son humour (une denrée précieuse également présente dans les dialogues philosophiques et qui tendra ensuite à disparaître) : Augustin plaisante sur la taille de ses lettres (*Ep.* 7, 3 ; *Ep.* 14, 1 ; 4), s'amuse avec les formes grammaticales *iaci* et *capi* (*Ep.* 3, 5) et joue (sérieusement) avec la figure du sage (*Ep.* 3, 5) et avec le sorite (*Ep.* 4, 1). Par la suite, il n'écrira plus de dialogues et sa correspondance se transformera en prenant un tour « professionnel ». « Les vingt premières lettres sont introduites par des intitulés brefs, d'un type cicéronien qui a longtemps prévalu et qu'on trouve encore dans la correspondance d'Ambroise : "Augustin à Nebridius", "Augustin à Maximus", etc. C'était l'adresse d'un particulier, certes chrétien, mais laïc, écrivant à un autre particulier dans le cadre d'une correspondance privée où les formules protocolaires n'ont pas cours (...).

---

4   Cf. B. Inwood, *Seneca. Selected Philosophical Letters*, p. xii-xv (« The Nature of Seneca's letters ») ; Id., « The Importance of Form in the Letters of Seneca the Younger », in A. Morrison & R. Morello, *Ancient Letters*, p. 133-48.

5   On pourra se reporter aux extraits traduits par G. Granger et publiés en appendice des *Carnets 1914-1916*, Paris, Tel, 1971, p. 217-236.

6   F. Navarro Coma, « La correspondencia entre Agustín y Nebridio », p. 272.

7   S. Lancel, *Saint Augustin*, p. 191.

CONCLUSION 437

Entré dans la prêtrise à Hippone, Augustin entre aussi pour sa correspondance dans les codes d'un protocole épistolaire qu'il contribuera lui-même à enrichir, régi par une étiquette précise »[8].

Déjà dans notre correspondance, on perçoit qu'Augustin est en train de changer de vie. De retour en Afrique, il fait choix de se consacrer entièrement à ses recrues dans le « monastère » de Thagaste, ce qui l'empêche de se rendre à Carthage ; dès lors, les questions de Nebridius arrivent de plus en plus à contretemps, bien que jusqu'au bout Augustin s'acquitte sans faiblir de sa tâche épistolaire.

Dans les *Lettres* 3, 4 et 10, Augustin affirme son espoir de continuer à progresser ; il progressera, mais pas comme il l'escomptait. L'enseignement de saint Paul et sans doute sa confrontation avec les limites de la nature humaine, en commençant par la sienne propre, l'ont fait renoncer à l'idéal du sage hellénistique heureux en cette vie ; d'autre part, il n'eut pas la possibilité de jouir longtemps de la vie contemplative érémitique à laquelle il aspirait, du fait de son ordination sacerdotale puis épiscopale. Nebridius n'a pas pu accompagner longtemps son ami dans cette mutation dont il est le témoin. On peut cependant s'interroger sur le rôle qui aurait pu être le sien aux côtés d'Augustin et se demander si cet esprit indépendant aurait suivi ses amis dans la carrière ecclésiastique, dans l'hypothèse où sa situation familiale et sa santé lui auraient permis de les rejoindre à Thagaste. Mais pour finir, au lieu de spéculer sur ce qu'aurait pu être son sort, il convient de laisser son ami l'évoquer « tel qu'en lui-même l'éternité le change » : « Et maintenant, il vit dans le sein d'Abraham (...). C'est là qu'il vit, à l'endroit au sujet duquel il me posait de nombreuses questions, à moi, un pauvre homme sans expérience. Il n'applique plus son oreille à ma bouche, mais la bouche de son esprit à ta source, et il boit autant qu'il peut la sagesse à la mesure de son avidité dans un bonheur sans fin ; mais je ne pense pas qu'il s'en enivre au point de m'oublier, puisque toi, Seigneur, qui lui donnes à boire, tu te souviens de nous » (*Conf.* IX, 3, 6).

---

8 S. Lancel, BA 40/A, p. 184-85. Pour une présentation des différents types de lettres écrites par l'évêque d'Hippone, cf. *ibid.*, p. 31-47 (« Du court billet à la lettre-livre ») ; P. Descotes, « Les lettres-traités d'Augustin et la controverse pélagienne », in *L'Étude des correspondances dans le monde romain de l'Antiquité Classique à l'Antiquité Tardive : permanences et mutation*. Actes du colloque international du 20-22 novembre 2008, Villeneuve d'Ascq, 2010, p. 429-447. Sur l'étiquette épistolaire, cf. C. Fry, *Lettres croisées de Jérôme et Augustin*, p. XXXIII-XL (« Jérôme et Augustin devant le rituel littéraire »). L'ouvrage contient en appendice une traduction de l'*Ars rhet.* de Caius Julius Victor, qui traite des conventions du genre.

Bibliographie

Augustin

Éditions de référence de la correspondance avec Nebridius

S. *Aurelii Augustini hipponiensis episcopi epistulae*. Recensuit et commentario critico instruxit Al. Goldbacher, Pars I, Praefatio, Ep. I-XXX, Vindobonae, F. Tempsky, 1895, *Corpus Scriptorum Ecclesiasticorum Latinorum*, vol. 34/1.

Sancti Aurelii Augustini, Epistulae 1-LV. Cura et studio Kl. D. Daur, Turnhout, Brepols Publishers, 2004, *Corpus Christianorum, series latina*, vol. 31.

Principales traductions de la correspondance avec Nebridius
En allemand

Des heiligen Augustinus ausgewählte Briefe I, aus dem Lat. übers. von A. Hoffmann, Kempten, München, 1917.

En anglais

BAXTER (J. H.), *Saint Augustine, Select Letters*, London, Heidemann, 1930 (trad. des Lettres 4 et 10).

PARSONS (W.), *Fathers of the Church : Saint Augustine Letters*, vol. 1 (1-82), Washington, The Catholic University of America Press, 1951.

TESKE (R.), *The Works of Saint Augustine, Letters* 1-99, Hyde Park, New York, New City Press, 2001.

En espagnol

Obras de San Augustín en edición bilingüe, t. VIII, *Cartas 1-140*. Introducción, traducción y notas del padre L. Cilleruelo, Madrid, Biblioteca Agostiniana, 1967.

En français

Saint Augustin, Lettres 1-30/Epistulae I-XXX. Traductions, introductions et notes de Serge Lancel et collaborateurs. Introduction et notes des Lettres 1-14 par Emmanuel Bermon, Paris, IEA, « La Bibliothèque Augustinienne », vol. 40A, 2011 (tr. fr. des Lettres 3-14 par Luc Wankenne).

En italien

Opere di Sant'Agostino, Le Lettere. Testo latino dell'edizione mauriana confrontato con il Corpus Scriptorum Ecclesiasticorum Latinorum. Introduzione di Michele Pellegrino. Traduzione di T. Alimonti (1-30) e L. Carrozzi (31-123). Note di Luigi Carrozzi, Città Nuova Editrice, Roma, 1969.

PICCOLOMINI (R.), *Sant'Agostino, Verso la verità, corrispondenza tra Agostino e Nebridio*, Città Nuova Editrice, Roma, 1990.

En portugais

OLIVEIRA E SILVA (P.), « Agostinho de Hipona, Carta a Nebrídio (Carta 3), Introdução e tradução », *Civitas Augustiniana*, 3, 2014, p. 107-115.

Autres œuvres d'Augustin

AUGUSTIN, *Contra Academicos*, ed. Fuhrer, Bibliotheca Teubneriana, 2017.

AUGUSTIN, *Acta contra Fortunatum Manicheum liber unus*, éd. bénédictine, PL 42.

AUGUSTIN, *De agone christiano*, éd. bénédictine, PL 40.

AUGUSTIN, *De animae quantitate*, ed. Hörmann, CSEL 89, 1986.

AUGUSTIN, *De beata uita*, ed. Adam, Bibl. Teubneriana, 2017.

AUGUSTIN, *De ciuitate Dei*, ed. Dombart et Kalb, Bibl. Teubneriana, 1928-1929 ; reprise in BA 33-37, DDB, 1959-1960.

AUGUSTIN, *Confessiones*, ed. Skutella, Bibl. Teubneriana, 1934 (corrigée, 1969) ; reprise in BA 13-14, DDB, 1962.

AUGUSTIN, *Confessiones*, ed. Verheijen, CC 27, 1981.

AUGUSTIN, *Conlatio cum Maximino*, éd. bénédictine, PL 42.

AUGUSTIN, *De cura pro mortuis*, ed. Zycha, CSEL 41, 1900.

AUGUSTIN, *De dialectica*, edited by J. Pinborg, translated with Introduction and Notes by B. Darrell Jackson, Dordrecht/Boston, D. Reidel Publishing Company, 1975.

AUGUSTIN, *De diuersis quaestionibus LXXXIII*, éd. Mutzenbecher, CC 44, 1975.

AUGUSTIN, *De diuinatione daemonum liber unus*, éd. bénédictine, PL 40.

AUGUSTIN, *De doctrina christiana*, ed. Martin, CC 32, 1962 ; revue et corrigée in BA 11/2, IEA, 1997.

AUGUSTIN, *Enarrationes in psalmos*, ed. Dekkers et Fraipont, CC 38-40, 1956.

AUGUSTIN, *Enchiridion ad Laurentium de fide et spe et caritate*, ed. Evans, CC 46, 1969.

AUGUSTIN, *Epistulae*, ed. Daur, CC 31, 31A, 31B, 2004.

AUGUSTIN, *Epistulae*, ed. Goldbacher, CSEL 34/1, 34/2, 44, 57, 58, 1895-1923.

AUGUSTIN, *Expositio quarundam propositionum ex epistola ad Romanos*, ed. Divjak, CSEL 84, 1971.

AUGUSTIN, *De fide et symbolo*, ed. Zycha, CSEL 41.

AUGUSTIN, *De Genesi ad litteram*, ed. Zycha, CSEL 28/1 ; reprise in BA 48-49, DDB, 1972.

AUGUSTIN, *De Genesi ad litteram imperfectus liber*, ed. Zycha, CSEL 28/1, 1894.

AUGUSTIN, *De Genesi contra Manichaeos*, ed. Weber, CSEL 91, 1998.

AUGUSTIN, *De immortalitate animae*, ed. Hörmann, CSEL 89, 1986.

AUGUSTIN, *Tractatus in Iohannis euangelium*, ed. Berrouard, BA 71-75, IEA, 1969-2003.

AUGUSTIN, *De libero arbitrio*, ed. Green, CC 29, 1970 ; revue et corrigée in BA 6, DDB, 1976.

AUGUSTIN, *De magistro*, ed. Daur, CC 29, 1970.

AUGUSTIN, *De moribus catholicae ecclesiae et de moribus Manichaeorum*, éd. Bauer, CSEL 90, 1992.

AUGUSTIN, *De musica*, ed. Jacobsson, CSEL 102, 2017.

AUGUSTIN, *De ordine*, ed. Fuhrer, Bibl. Teubneriana, 2017.

AUGUSTIN, *Retractationes*, ed. Mutzenbecher, CC 57, 1984.

AUGUSTIN, *Contra sermonem Arianorum*, PL 42.

AUGUSTIN, *Sermones*, PL 38-39.

AUGUSTIN, *Vingt-six Sermons au peuple d'Afrique*, édités par François Dolbeau, Paris, Études Augustiniennes, 1996.

AUGUSTIN, *Ad Simplicinum de diuersis quaestionibus*, ed. Mutzenbecher, CC 44, 1970.

AUGUSTIN, *Soliloquia*, ed. Hörmann, CSEL 89, 1986.

AUGUSTIN, *De Trinitate*, ed. Mountain, CC 50-50A, 1968.

AUGUSTIN, *De uera religione*, ed. Green, CSEL 77, 1961.

Œuvres attribuées à Augustin

[AUGUSTIN], *Aurelii Augustini Ars grammatica breviata*, ed. C. F. Weber, Marburgi, 1861.

[AUGUSTIN], « Le *liber XXI Sententiarum* [*CPL 373*] : édition d'un texte de travail », ed. F. Dolbeau, in *Recherches augustiniennes et patristiques*, 1997, 30, p. 113-165.

[AUGUSTIN], « S. Augustinus "*De rhetorica*" », ed. R. Giomini, in *Studi Latini e Italiani*, IV, 1990, p. 7-82.

Traductions et commentaires d'œuvres d'Augustin

Saint Augustin, *Les Confessions*. Texte de l'édition de M. Skutella, introduction et notes par A. Solignac, traduction de E. Tréhorel et G. Bouissou, Paris, DDB, 1962, 2 vol., BA 13-14.

Saint Augustin, *La Genèse au sens littéral*. Traduction, introduction et notes par A. Agaësse et A. Solignac, Paris, DDB, 1972, 2 vol., BA 48-49.

Saint Augustin, *La Vie heureuse*. Introduction, texte critique, traduction, notes et tables par Jean Doignon, Paris, DDB, 1966, BA 4/1.

Saint Augustin, *Dialogues philosophiques. L'Ordre*. Introduction, texte critique, traduction, notes complémentaires par Jean Doignon, Paris, IEA, 1997, BA 4/2.

BALIDO (G.), *Agostino d'Ippona, De immortalitate animae – L'immortalità dell'anima*. Introduzione, traduzione, note e appendice di G. Balido, Napoli, Editrice Domenicana Italiana, 2010.

BERMON (E.), *La Signification et l'enseignement*. Texte latin, traduction française et commentaire du *De magistro* de saint Augustin, Paris, Vrin, 2007.

BONNET (G.), *Abrégé de la Grammaire de saint Augustin*. Texte établi, introduit et commenté par Guillaume Bonnet, traduit par Emmanuel Bermon et Guillaume Bonnet, Paris, Les Belles Lettres, CUF, 2013.

CATAPANO (G.), *Agostino, Sull'anima : L'immortalità dell'anima, La grandezza dell'anima*. Testo latino a fronte. Introduzione, traduzione, note e apparati di G. Catapano, Milano, Bompiani, 2003.

FRY (C.), *Lettres croisées de Jérôme et Augustin*. Traduit, présenté et annoté par Carole Fry, Paris, Les Belles Lettres, 2010.

FUHRER (Th.), *Augustin, Contra Academicos vel de Academicis, Bücher 2 und 3*. Einleitung und Kommentar von Therese Fuhrer, Berlin/New York, Walter de Gruyter, 1997.

FUHRER (Th.), Augustinus, *De Magistro – Der Lehrer*, zweisprachige Ausgabe unter Mitarbeit von P. Schulthess und R. Rohrbach eingeleitet, kommentiert und herausgegeben von Th. Fuhrer, F. Schöning, Paderborn/München/Wien/Zürich, 2002.

MEIJERING (E. P.), *Augustine, De fide et symbol*. Introduction, Translation, Commentary by E. P. Meijering, Amsterdam, J. C. Gieben, 1987.

O'DONNELL (J.), *Augustine : Confessions*, Oxford, The Clarendon Press, 1992 (3 vol.).

TORNAU (Ch.), *Augustinus, De immortalitate animae – Über die Unsterblichkeit der Seele*. Herausgegeben, übersetzt und kommentiert von Christian Tornau. Mit Beiträgen von Giovanni Catapano, Emmanuel Bermon, Lenka Karfíková und Giuseppe Balido, Paderborn, Brill, Schöningh, 2020.

TRELENBERG (J.), *Augustins Schrift* De ordine. Einführung, Kommentar, Ergebnisse, Tübingen, Mohr Siebeck, 2009.

WATSON (G.), *Saint Augustine, Soliloquies* and *Immortality of the Soul*, with an introduction, translation, and commentary by G. Watson, Warminster, Aris & Phillips, 1990.

WOLFSKEEL (C. W.), *De immortalitate animae of Augustine*. Text, Translation, and Commentary by C. W. Wolfskeel, Amsterdam, Grüner, 1977.

Auteurs antiques et médiévaux

ALCINOOS, *Enseignement des doctrines de Platon*. Introduction, texte établi et commenté par J. Whittaker et traduit par P. Louis, Paris, Les Belles Lettres, 1990.

ANSELME, *Opera omnia, tomus secundus*, ed. Schmitt, Stuttgart, Friedrich Frommann Verlag, 1968.

APULÉE, *Opuscules philosophiques*, texte établi, traduit et commenté par J. Beaujeu, Paris, Les Belles Lettres, 1973.

ARISTOTE, *Premiers Analytiques*, trad. J. Tricot, Paris, Vrin, 1947.

ARISTOTE, *Aristotle's Prior and Posterior Analytics*. A Revised Text with Introduction and Commentary by David Ross, Oxford, Clarendon Press, 1965.

ARISTOTE, *Aristotle's Physics*. A Revised Text with Introduction and Commentary by D. Ross, Oxford, The Clarendon Press, 1936.

ARISTOTE, *Aristotle's Physics III and IV*. Translated with Introduction and Notes by E. Hussey, Oxford, The Clarendon Press, 1983.

ARISTOTE, *Physique*. Traduction, introduction et notes par P. Pellegrin, Paris, GF, 2000.

ARISTOTE, *Traité du ciel suivi du Traité pseudo-aristotélicien du monde*. Traduction et notes par J. Tricot, Paris, Vrin, 1949.

ARISTOTE, *Aristotle's De anima*. A Revised Text with Introduction and Commentary by D. Ross, Oxford, Clarendon Press, 1961.

ARISTOTE, *De l'Âme*, texte établi par A. Jannone, trad. et notes d'E. Barbotin, Paris, Les Belles Lettres, 1966.

ARISTOTE, Aristotle, *Parva naturalia*. A Revised Text with Introduction and Commentary by sir David Ross, Oxford, Clarendon Press, 1955.

ARISTOTE, *Petits Traités d'histoire naturelle*. Traduction, introduction et notes par P.-M. Morel, Paris, GF, 2000.

CICÉRON, *Academicorum reliquiae cum Lucullo*, ed. O. Plasberg, Leipzig, Teubner, 1922.

CICÉRON, *Cicero, On Academic Scepticism*. Translated, with Introduction and Notes, by Charles Brittain, Hackett, 2006.

CICÉRON, *M. Tulli Ciceronis De divinatione libri duo*, ed. A. S. Pease, Darmstadt, Wissenschaftliche Buchgesellschaft, 1973.

CICÉRON, *Le Destin*, texte établi et traduit par A. Yon, Paris, Les Belles Lettres, 1933.

CICÉRON, *Des Termes extrêmes des biens et des maux*, texte établi et traduit par J. Martha, 2 vol., Paris, les Belles Lettres, 1928-1930 ; cinquième tirage revu, corrigé et augmenté par C. Lévy et C. Rambaux, 1989-1990.

CICÉRON, *De l'Invention*, texte établi et traduit par G. Achard, Paris, Les Belles Lettres, 1994.

CICÉRON, *De natura deorum*, ed. A. S. Pease, 2 vol., Cambridge Mass., Harvard University Press, 1955, 1958.

CICÉRON, *Tusculanes*, texte établi et traduit par G. Fohlen et H. Humbert, 2 vol., Paris, Les Belles Lettres, 1931.

CLAUDIEN, *Claudiani panegyricus de consulatu M. Theodori*, ed. W. Simon, Berlin, Teubner, 1975.

CLÉOMÈDE, *Théorie élémentaire (De motu circulari corporum caelestium)*. Tr. fr. et commentaire par R. Goulet, Paris, Vrin, 1980.

ÉPICURE, *Lettres et maximes*. Texte établi et traduit avec une introduction et des notes par Marcel Conche, Paris, PUF, 1987.

JAMBLIQUE, *Réponse à Porphyre*. Texte établi, traduit et commenté par H. D. Saffrey et A.-P. Segonds, Paris, Les Belles Lettres, 2013.

NEMESIUS D'ÉMÈSE, *Nemesius, On the Nature of Man*. Translated with an introduction and notes by R. W. Sharples and P. J. Van Der Eijk.

NICOMAQUE DE GÉRASE, *Introduction arithmétique*. Introduction, traduction et notes par Janine Bertier, Paris, Vrin, 1978.

Philosophes hellénistiques, A. A. Long et D. Sedley, tr. fr. par J. Brunschwig et P. Pellegrin, 3 vol., Paris, GF, 2001.

PLATON, *Œuvres complètes*, Paris, Les Belles Lettres, 1920 s.

PLATON, *Plato, Republic 10*. With Translation and Commentary by S. Halliwell, Warminster, Aris & Phillips, 1988.

PLOTIN, *Ennéades*, texte établi et traduit par É. Bréhier, 7 vol., Paris, Les Belles Lettres, 1924-1938.

PLOTIN, *Plotins Schriften*, R. Beutler & W. Theiler (Hrsg.), 11/2, Hamburg, F. Meiner, 1962.

PLOTIN, *Opera*, ed. P. Henry et H. Schwyzer, 3 vol., Oxford, Oxford University Press, 1964, 1977, 1982.

PLOTIN, *Traité sur les nombres*, par J. Bertier et al., Paris, Vrin, 1980.

PLOTIN, *Traité 38*. Introduction, trad. commentaire et notes par Pierre Hadot, Paris, Le Cerf, 1988.

PLOTIN, *Traités*. Traductions sous la dir. de L. Brisson et J.-F. Pradeau, Paris, GF, 2002-2010 (9 vol.).

PLUTARQUE, *Œuvres morales*, t. XV, 1ère partie, *Traités 70-71, Sur les contradictions des Stoïciens – Synopse du traité « Que les Stoïciens tiennent des propos plus paradoxaux que les poètes »*. Texte établi par Michel Casevitz et traduit par Daniel Babut, Paris, Les Belles Lettres, 2004.

PORPHYRE, *Sur la manière dont l'embryon reçoit l'âme [Ad Gaurum.]*, Paris, Vrin, 2012.

PORPHYRE, *Vie de Pythagore, Lettre à Marcella*. Texte établi et traduit par Édouard des Places, s.j. avec un appendice d'A.-Ph. Segonds (les fragments de l'*Histoire de la philosophie*), Paris, Les Belles Lettres, 1982.

PORPHYRE, *De l'Abstinence*. Texte établi par J. Bouffartigue et M. Patillon, Paris, Les Belles Lettres, 1977-1995 (3 vol.).

PORPHYRE, « Porphyre de Tyr, *Sur le Retour de l'âme*. Un recueil provisoire des témoignages et des fragments avec une traduction française et des notes » : fragments du *De regressu animae* édités par R. Goulet, in I. Bochet (éd.), *Augustin philosophe et prédicateur. Hommage à Goulven Madec*, Paris, Institut d'Études Augustiniennes, 2013, p. 111-184.

PORPHYRE, *Lettre à Anébon l'Égyptien*. Texte établi, traduit et commenté par H. D. Saffrey et A.-P. Segonds, Paris, Les Belles Lettres, 2012.

PORPHYRE, *Porphyrii Philosophi Fragmenta*, ed. A. Smith, Stuttgart-Leipzig, Bibli. Teubneriana, 1993.

PORPHYRE, *Porphyry, Introduction*. Translated with an Introduction and Commentary by J. Barnes, Oxford, Clarendon Press, 2003.

PORPHYRE, *Sentences*. Études d'introduction, texte grec et traduction française, commentaire sous la responsabilité de L. Brisson, Paris, Vrin, 2005 (2 vol.).

PORPHYRE, H. Dörrie, *Porphyrios' "Symmikta Zetemata": Ihre Stellung in System und Geschichte des Neuplatonismus nebst einem Kommentar zu den Fragmenten*, München, C. H. Beck, 1959.

PORPHYRE, *La Vie de Plotin*, L. Brisson et M.-O. Goulet-Cazé (éd.), Paris, Vrin, vol. 1, 1982 ; vol. 2, 1992.

PORPHYRE, *Porfirio, Sullo Stige*. Testo greco a fronte a cura di C. Castelletti, Milano, Bompiani, 2006.

PORPHYRE, Porphyre (?), *Commentaire sur le Parménide de Platon*, in P. Hadot, *Porphyre et Victorinus*, vol. 2, Paris, 1968, p. 63-113.

PROCLUS, *The Elements of Theology*. A Revised Text with Translation, Introduction and Commentary by E. R. Dodds, Oxford, Clarendon Press, 1933 (2nd ed. 1963).

PROCLUS, *Théologie platonicienne*, Livre II. Texte établi et trad. par H.-D. Saffrey et L.-G. Westerink, Paris, Les Belles Lettres, 1974.

SÉNÈQUE, *Lettres à Lucilius*, texte établi par F. Préchac et traduit par H. Noblot, 5 vol., Paris, Les Belles Lettres, 1945-1964.

SÉNÈQUE, *Seneca. Selected Philosophical Letters*. Translation with an Introduction and Commentary by B. Inwood, Oxford, Clarendon, 2007.

SEXTUS EMPIRICUS, *Outlines of Scepticism*, transl. J. Annas and J. Barnes, Cambridge, Cambridge University Press, 1994.

SEXTUS EMPIRICUS, *Esquisses pyrrhoniennes*, trad. P. Pellegrin, Paris, Le Seuil, 1997.

SEXTUS EMPIRICUS, *Sextus Empiricus with an English translation*, by R. G. Bury, 4 vol., Cambridge Mass./London, The Loeb classical library, 1933-1949.

SIMPLICIUS, *Commentaire sur les Catégories d'Aristote*, Chapitres 2-4, trad. par P. Hoffmann, commentaire par C. Luna, Paris, Les Belles Lettres, 2001.

Stoicorum veterum fragmenta, ed. H. von Arnim, 3 vol., Leipzig, Teubner, 1903-1905 (repr. Stuttgart, 1968).

Auteurs modernes et contemporains

CHATEAUBRIAND, *Voyage au Mont-Blanc*, Œuvres complètes, Paris, Pourrat Frères, 1835, tome VII.

EINSTEIN (A.), *La Relativité*, tr. fr., Paris, Payot, 1956.

FEYNMAN (R.), *The Feynman Lectures*, Definitive edition, Reading, Addison-Wesley publishing Company, 2006.

LEIBNIZ, *The Leibniz-Clarke Correspondence*. Ed. with Introd. and Notes, by H. G. Alexander, Manchester, University of Manchester Press, 1956.

littérature secondaire

ALFECHE (M.), « Augustine's Discussions with Philosophers on the Resurrection of the Body », *Augustiniana*, 45, 1995, p. 95-140.

ANDRÉ (J.-M.), *Recherches sur l'otium romain*, Paris, Les Belles Lettres, 1963.

ANDRÉ (J.-M.), *L'otium dans la vie morale et intellectuelle romaine*, Paris, PUF, 1966.

ANNAS (J.), *Platonic Ethics, Old and New*, Ithaca, Cornell University Press, 1999.

ATKINS (E. M.) & DODARO (R. J.) (ed.), *Augustine, Political Writings*, Cambridge, Cambridge University Press, 2001.

AYRES (L.), « Mensura », *Augustinus-Lexikon*, 3, 1280-1284.

AYRES (L.), « "Remember That You Are Catholic" (*serm.* 52.2) : Augustine on the Unity of the Triune God », *Journal of Early Christian Studies*, 2000, 8/1, p. 39-82.

AYRES (L.), *Augustine and the Trinity*, Cambridge, Cambridge University Press, 2010.

BALTES (M.), « Platonisches Gedankengut im Brief des Evodius an Augustinus (*Ep.* 158) », *Vigiliae Christianae*, 40, 1986, p. 251-260.

BALTES (M.), « Elementum », *Augustinus-Lexikon*, 2, 767-775.

BALTUSSEN (H.), *Acts of Consolation. Approaches to Loss and Sorrow from Sophocles to Shakespeare*, Cambridge, Cambridge University Press, 2010.

BARDY (G.), « Saint Augustin et les médecins », *Année Théologique*, 13, 1953, p. 327-346.

BARNES (J.), « Medicine, experience, and logic », in J. Barnes et al. (ed.), *Science and Speculation: Studies in Hellenistic Theory and Practice*, Cambridge, University Press / Paris, Éditions de la Maison des Sciences de l'Homme, 1982, p. 24-68 ; tr. fr., « Médecine, expérience et logique », *Revue de Métaphysique et de Morale*, 4, 1989, p. 437-481.

BARNES (J.), BOBZIEN (S.) & MIGNUCCI (M.), « Logic », in *The Cambridge History of Hellenistic Philosophy*, Cambridge, Cambridge University Press, 1999, p. 77-176.

BARNES (M. R.), « Rereading Augustine's Theology of the Trinity », in S. Davis (ed.), *The Trinity. An Interdisciplinary Symposium on the Trinity*, Oxford, Oxford University Press, 1999, p. 145-176.

BATIFFOL (P.), *Études d'histoire et de théologie positive : la discipline de l'Arcane, les origines de la pénitence, la hiérarchie primitive, l'agapè*, Paris, Lecoffre, 1904.

BAXTER (J. H.), « Reminiscences of Plautus », *The Classical Review*, 37, 1923, p. 27.

BAXTER (J. H.), *Saint Augustine, Select Letters*, London, Heidemann, 1930.

BEAUJEU (J.), « La médecine », in R. Taton (éd.), *Histoire générale des Sciences*, vol. 1 : *La Science antique et médiévale*, Paris, PUF, 1957, p. 384-408.

BEDUHN (J. D.), « Did Augustine win his debate with Fortunatus ? », in J. A. van den Berg (ed.), *'In Search of Truth': Augustine, Manichaeism and other Gnosticism. Studies for Johannes van Oort at Sixty*, Leiden-Boston, Brill, 2011, p. 463-479.

BEIERWALTES (W.), « Augustins Interpretation von *Sapientia* 11, 21 », *Revue des Études Augustiniennes*, 15, 1969, p. 51-61.

BEIERWALTES (W.), « *Aequalitas numerosa*. Zu Augustins Begriff des Schönen », *Wissenschaft und Weisheit*, 38, 1975, p. 140-157.

BÉNATOUÏL (Th.), « Structure, standards and moral Progress in *De Finibus*, 4 », in J. Annas & G. Betegh (ed.), *Cicero's De Finibus. A New Appraisal*, Cambridge, Cambridge University Press, 2015, p. 198-220.

BÉNATOUÏL (Th.), « Le débat entre platonisme et stoïcisme sur la vie scolastique : Chrysippe, la nouvelle Académie et Antiochus », in M. Bonazzi & Ch. Helmig (ed.), *Platonic Stoicism–Stoic Platonism. The Dialogue between Platonism and Stoicism in Antiquity*, Leuven, University Press, 2007, p. 1-21.

BERMON (E.), *Le Cogito dans la pensée de saint Augustin*, Paris, Vrin, 2001.

BERMON (E.), « Nebridius », in R. GOULET (dir.), *Dictionnaire des philosophes antiques*, t. IV, Paris, éd. du CNRS, 2006, p. 595-601.

BERMON (E.), « Romanianus de Thagaste », in *Dictionnaire des philosophes antiques*, V, p. 1798-1810.

BERMON (E.), « Saint Augustin », in J. Laurent et C. Romano (éd.), *Le Néant. Contribution à l'histoire du non-être dans la philosophie occidentale*, Paris, PUF, 2006, p. 165-186.

BERMON (E.), « Contra Academicos uel de Academicis » (*Retract.* I, 1) : Augustin et les *Academica* de Cicéron », *Revue des Études Anciennes*, T. 111, 2009, n°1, p. 75-93.

BERMON (E.), « Un échange entre saint Augustin et Nebridius sur la *phantasia* (*Ep.* 6-7) », *Archives de philosophie*, 72-2, 2009, p. 199-223.

BERMON (E.), « Augustine on "why the world is as large as it precisely is" (*Ep.* 3, 2) », in G. Katsiampoura & E. Nicolaidis (ed.), *International Conference 'Science and Religion', Proceedings, 3-5 September 2015*, Project Narses-Aristeia, Institute of Historical Research, National Hellenic Research Foundation, Athens, 2015 (Open Access), p. 220-226.

BERMON (E.), « How is it possible to make one see images in a dream ? *Letters* 8 and 9 from the Correspondence between Augustine and Nebridius », *Augustiniana*, 67, 2017, 1-2, p. 73-99.

BERMON (E.), « Volusianus », *Dictionnaire des Philosophes Antiques*, VII, p. 175-181.

BERMON (E.), « Augustins Argumentation für die Unsterblichkeit der Seele in den *Soliloquia*, in der *Epistula* 3 und in *De immortalitate animae* 5-6 », in *Augustinus, De immortalitate animae – Über die Unsterblichkeit der Seele*. Herausgegeben, übersetzt und kommentiert von Christian Tornau. Mit Beiträgen von Giovanni Catapano, Emmanuel Bermon, Lenka Karfíková und Giuseppe Balido, Paderborn, Brill, Schöningh, 2020, p. 376-407.

BERMON (E.), « Nebridius », *Augustinus-Lexikon*, 4, 191-194.

BERMON (E.), « Persona », *Augustinus-Lexikon*, 4, 693-700.

BERMON (E.), « Phantasia, phantasma », *Augustinus-Lexikon*, 4, 712-716.

BERMON (E.), « Commitment to Public Life and Adherence to God according to a Letter from Nebridius to Augustine (*ap.* Aug., *Ep.* 5) », *Studia Patristica*, CXVII, vol. 14 edited by A. Dupont and G. Partoens, 2021, p. 131-137.

Bermon (E.), « Trinitas », *Augustinus-Lexikon*, 4, à paraître.

Bermon (E.), « Comment pouvons-nous imaginer des choses que nous n'avons jamais vues ? À propos de la *Lettre* 7 d'Augustin à Nebridius », *Mediaevalia. Textos e estudos* 38, 2019, à paraître.

Bermon (E.), « The Days of Creation and God's Rest », in J. Brachtendorf & V. Drecoll (ed.), *Augustinus De Genesi ad litteram*. Ein kooperativer Kommentar, Paderborn, Brill-Ferdinand Schöningh, 2021, p. 141-164.

Beutler (R.), « Porphyrios », *Paulys Realencyclopädie*, XXII/1, 175-313.

Bidez (J.), *Vie de Porphyre, le philosophe néoplatonicien*, Gand-Leipzig, Teubner, 1913.

Bidez (J.), *La Cité du Monde et la Cité du Soleil chez les Stoïciens*, Paris, Les Belles Lettres, 1932.

Blackwood (S.), *The Consolation of Boethius as poetic Liturgy*, Oxford, Oxford University Press, 2015.

Blumenthal (H. J.), *Plotinus' Psychology. His Doctrines of the Embodied Soul*, The Hague, Martinus Nijhoff, 1971.

Bochet (I.), « Imago », *Augustinus-Lexikon*, 3, 507-519.

Bogaert (P.-M.), compte rendu de « Sancti Aurelii Augustini Epistulae I-LV cura et studio Kl. D. Daur, *Revue bénédictine*, 115, 2005, p. 216-17.

Bonner (G.), « Augustine's Conception of Deification », *Journal of Theological Studies*, 37, 1986, p. 369-386.

Bonner (G.), « Augustine and Mysticism », in F. Van Fleteren et al. (ed.), *Collectanea Augustiniana : Augustine, Mystic and Mystagogue*, New York, Peter Lang, 1994, p. 113-157.

Bonner (G.), « Deificare », *Augustinus-Lexikon*, 2, 265-67.

Boulogne (J.), *Plutarque dans le miroir d'Épicure : Analyse d'une critique systématique de l'épicurisme*, Villeneuve d'Ascq, Presses universitaires du Septentrion, 2003.

Bourke (V. J.), *Wisdom from Augustine*, Houston, Center for Thomistic Studies, University of St. Thomas, 1984.

Bouton-Touboulic (A.-I.), *L'Ordre caché : la notion d'ordre chez saint Augustin*, Paris, IEA, 2004.

Bouton-Touboulic (A.-I.), « Origines de l'homme, origines des hommes chez saint Augustin », *Vita Latina*, 172, 2005, p. 41-52.

Bouton-Touboulic (A.-I.), « Alypius, l'ami sceptique d'Augustin ? », in I. Bochet (éd.), *Augustin philosophe et prédicateur. Hommage à Goulven Madec*, Paris, Institut d'Études Augustiniennes, 2013, p. 295-314.

Boyer (Ch.), *Essais sur la doctrine de saint Augustin*, Paris, Beauchesne, 1931.

Boyer (Ch.), *L'Idée de vérité dans la philosophie de saint Augustin*, Paris, Beauchesne, 1941.

BRACHTENDORF (J.), *Die Struktur des menschlichen Geistes nach Augustinus. Selbstreflexion und Erkenntnis Gottes in 'De Trinitate'*, Hamburg, Felix Meiner Verlag, 2000.

BRACHTENDORF (J.), *Augustins "Confessiones"*, Darmstadt, Wissenschaftliche Buchgesellschaft, 2005.

BRÉHIER (É.), *La Théorie des incorporels dans l'ancien Stoïcisme*, Paris, Vrin, 1989^8.

BRENNAN (T.), *The Stoic Life : Emotions, Duties, and Fate*, Oxford, Oxford University Press, 2005.

BRETELL (R. R.), *Impression : Painting Quickly in France, 1860-1890*, New Haven, Yale University Press, 2000 (tr. fr. Paris, Hazan, 2000).

BRETON (S.), *Philosophie et mathématique chez Proclus suivi de Principes philosophiques des mathématiques d'après le Commentaire de Proclus aux deux premiers livres des Éléments d'Euclide par N. Hartmann*, Paris, Beauchesne, 1969.

BRISSON (L.), *Divination et Rationalité*, Paris, Le Seuil, 1974.

BRISSON (L.), (ed.), *Neoplatonic Demons and Angels*, Leiden, Brill, 2018.

BRITTAIN (Ch.), « Posidonius' Theory of Predictive Dreams », *Oxford Studies in Ancient Philosophy*, 40, 2011, p. 213-36.

BRITTAIN (Ch.), « Intellectual Self-Knowledge in Augustine (*De Trinitate* 14.7-14) », in E. Bermon et G. O'Daly (éd.), *Le De Trinitate de saint Augustin : exégèse, logique et noétique*, Paris, IEA, 2012, p. 313-30.

BROUWER (R.), *The Stoic Sage. The Early Stoics on Wisdom, Sagehood and Socrates*, Cambridge, Cambridge University Press, 2014.

BROWN (P.), *La Vie de saint Augustin*, Paris, Le Seuil, 1971.

BROWN (P.), *Augustine of Hippo : A Biography. A New Edition with an Epilogue*, Berkeley and Los Angeles, University of California Press, 2000.

BRUNSCHWIG (J.), « En quel sens le sens commun est-il commun ? », in C. Viano (dir.), *Corps et âme : Sur le De anima d'Aristote*, Paris, Vrin, 1996, p. 1889-218.

BUENACAS PÉREZ (B.), « El epistolario de Agustín como muestra de la extensa actividad pastoral de un obispo en el África tardoantigua (siglos IV-V) », in *Comunicazione e ricezione del documento cristiano in epoca tardoantica. XXXII Incontro di studiosi dell'antichità cristiana, Roma, 8-10 maggio 2003*, Institutum Patristicum Augustinianum, Roma, 2004, p. 455-481.

BURNABY (J.), *Amor Dei. A study of St. Augustine's teaching on the Love of God as the motive of Christian Life*, London, Hodder & Stoughton, 1938.

BURNYEAT (M.), « Gods and heap », in M. Schofield et M. Nussbaum (ed.), *Language and Logos*, Cambridge, Cambridge University Press, 1982, p. 315-38.

BURNYEAT (M.), « Postscript on Silent Reading », *Classical Quarterly*, 47, 1997, p. 74-6.

BURNYEAT (M.), *Introduction au Théétète de Platon*, tr. fr. par M. Narcy, Paris, PUF, 1998.

BURNYEAT (M.), « Archytas and Optics », *Science in Context*, 18/1, 2005, p. 35-53.

Burton (Ph.), « The Vocabulary of the Liberal Arts in Augustine's *Confessions* », in K. Pollmann et M. Vessey (ed.), *Augustine and the Disciplines. From Cassiciacum to Confessions*, Oxford, Oxford University Press, 2005, p. 141-164.

Butler (C.), *Western Mysticism*, London, Constable and Company, 1922.

Cary (Ph.), *Augustine's Invention of the Inner Self. The Legacy of a Christian Platonist*, Oxford, Oxford University Press, 2000.

Cassin (M.), *Augustin est-il mystique ?*, Paris, Le Cerf, 2017.

Castagnoli (L.), *Ancient Self-Refutation. The Logic and History of the Self-Refutation Argument from Democritus to Augustine*, Cambridge, Cambridge University Press, 2010.

Castagnoli (L.), « The *Phaedo* on Philosophy and the Soul », in G. Fine (ed.), *The Oxford Handbook of Plato*, Oxford, Oxford University Press, 2019^2, p. 183-206.

Castelletti (C.), « Le traité *Sur le Styx* du philosophe néoplatonicien Porphyre », *Les Études Classiques*, vol. 75, n° 11-2, 2007, p. 23-36.

Caston (V.), « Epiphenomenalisms ancient and modern », *Philosophical Review*, 106, 1997, p. 309-61.

Catapano (G.), « Augustine », in L. Gerson (ed.), *The Cambridge History of Philosophy in Late Antiquity*, Cambridge, Cambridge University Press, 2010, p. 552-581.

Catapano (G.), « Leah and Rachel as Figures of the Active and the Contemplative Life in Augustine's *Contra Faustum Manichaeum* », in T. Bénatouïl & M. Bonazzi (ed.), *Theoria, praxis and the contemplative life after Plato and Aristotle*, Leiden-Boston, Brill, 2012, p. 215-28.

Catapano (G.), « Philosophia », *Augustinus-Lexikon*, 4, 719-742.

Catapano (G.), « Ratio », *Augustinus-Lexikon*, 4, 1069-1084.

Catapano (G.), « Nobilissimus philosophus paganorum / falsus philosophus : Porphyry in Augustine's Metaphilosophy », *Studia graeco-arabica*, 8, 2018, p. 49-65.

Catapano (G.), « Il volo di Medea e la voce della ragione. Metaletteratura e autoriflessività nei *Soliloquia* di Agostino », in J. Hernández Lobato & Ó. Prieto Domínguez (ed.), *Literature Squared: Self-Reflexivity in Late Antique Literature*, Turnhout, Brepols, 2020, p. 151-174.

Cavallera (F.), « Les premières formules trinitaires », *Bulletin de littérature ecclésiastique*, 31, 1930, p. 97-123.

Cavallera (F.), « La contemplation d'Ostie », *Revue d'ascétique et de mystique*, 20, 1939, p. 181-196.

Cayré (F.), *La Contemplation augustinienne*, Paris, André Blot Éditeur, 1927.

Ceresola (G.), *Fantasia e illusione in S. Agostino dai* Soliloquia *al* De Mendacio, Genova, Il Melangolo, 2001.

Charles-Picard (G.), *La Carthage de saint Augustin*, Paris, Fayard, 1965.

Chéné (J.), *La Théologie de saint Augustin. Grâce et prédestination*, Le Puy-Lyon, Éditions Xavier Mappus, 1962.

CHRÉTIEN (J.-L.), *La Voie nue : phénoménologie de la promesse*, Paris, Minuit, 1990.

COLISH (M.), *The Stoic Tradition From Antiquity to the Early Middle Ages*, vol. 2, Leiden, Brill, 1985.

CORNFORD (F.), *Plato's Cosmology : The* Timaeus *of Plato*, London, P. Kegan, 1937.

COURCELLE (P.), *Les Lettres grecques en Occident de Macrobe à Cassiodore*, Paris, De Boccard, 1943.

COURCELLE (P.), *Histoire littéraire des grandes invasions germaniques*, Paris, Hachette, 1948.

COURCELLE (P.), *Recherches sur les* Confessions *de saint Augustin*, Paris, De Boccard, 1950.

COURCELLE (P.), « La colle et le clou de l'âme (*Phédon* 82e-83d) », *Revue belge de philologie et d'histoire*, 36, 1958, p. 72-95.

COURCELLE (P.), « Propos anti-chrétiens rapportés par saint Augustin », *Recherches Augustiniennes*, 1, 1958, p. 149-186.

COURCELLE (P.), *Les* Confessions *de saint Augustin dans la tradition littéraire*, Paris, Études Augustiniennes, 1963.

COURCELLE (P.), *Connais-toi toi-même de Socrate à saint Bernard*, vol. 3, Paris, Études Augustiniennes, 1975.

COURTÈS (J.), « Saint Augustin et la médecine », *Augustinus Magister*, Paris, 1943, Études Augustiniennes, vol. 1, p. 43-51.

COYLE (J. K.), *Augustine's "De moribus ecclesiae catholicae". A Study of the Work, its Composition, and its Sources*, Fribourg Switzerland, The University Press, 1978.

CROSSON (F.), « Structure and Meaning in St. Augustine's *Confessions* », in G. B. Matthews (ed.), *The Augustinian Tradition*, Berkeley/Los Angeles/London, University of California Press, 1999, p. 27-38.

CRUBELLIER (M.), « Platon, les nombres et Aristote », in J. P. Le Goff (éd.), *La Mémoire des nombres*, actes du 10ᵉ Colloque d'Épistémologie et d'Histoire des Mathématiques, Université de Caen, Cherbourg (27-28 mai 1994), Caen, 1997, p. 81-100.

CRUBELLIER (M.) & PELLEGRIN (P.), *Aristote. Le philosophe et les savoirs*, Paris, Le Seuil, 2002.

CUMONT (F.), « Les anges du paganisme », *Revue de l'Histoire des religions*, 12, 1915, p. 159-82.

D'ANCONA COSTA (C.), « Plotinus and later Platonic philosophers on the causality of the First Principle », in L. P. Gerson (ed.), *The Cambridge Companion to Plotinus*, Cambridge, Cambridge University Press, 1996, p. 356-385.

DALES (R. C.), « The De-Animation of the Heavens in the Middle Ages », *Journal of the History of Ideas*, 41/4, 1980, p. 531-550.

DALEY (B. E.), « The Giant's Twin Substances. Ambrose and the Christology of Augustine's *Contra Sermonem Arrianorum* », in J. T. Lienhard et al., *Collectanea Augustiniana. Augustine : Presbyter Factus Sum*, New York, 1993, p. 477-95.

DE GHELLINCK (J.), « Notes sur l'expression "Geminae Gigas substantiae" », *Recherches de science religieuse*, 5, 1914, p. 416-21.

DE GONZAGUE (M.), « Un correspondant de Saint Augustin : Nebridius », *Augustinus Magister*, Paris, Études Augustiniennes, 1953, I, p. 93-99.

DE LIBERA (A.), *Archéologie du sujet*, vol. 1, *Naissance du sujet*, Paris, Vrin, 2007.

DECRET (F.), *Aspects du manichéisme dans l'Afrique romaine*, Paris, Études Augustiniennes, 1974.

DECRET (F.), *L'Afrique manichéenne (IVe-V siècles). Étude historique et doctrinale*, vol. 1, Paris, Études Augustiniennes, 1978.

DEICHGRÄBER (K.), « Vindicianus », 2, *Paulys Realencyclopädie*, IX A 1, 1961, 29-36.

DEN BOEFT (J.), « Daemon(es) », *Augustinus-Lexikon*, 2, 213-222.

DESCOTES (P.), « Les lettres-traités d'Augustin et la controverse pélagienne », in *L'Étude des correspondances dans le monde romain de l'Antiquité Classique à l'Antiquité Tardive : permanences et mutation*. Actes du colloque international du 20-22 novembre 2008, Villeneuve d'Ascq, 2010, p. 429-447.

DEWART (J. M.), « Augustine's Developing Use of the Cross : 387-400 », *Augustinian Studies*, 15, 1984, p. 15-33.

DEWITT (N.), « Epicurus and his perpendicular universe », *The Classical Journal*, 44, 1948, p. 58-59.

DEWITT (N.), *Epicurus and his Philosophy*, Minneapolis, University of Minneapolis, 1964.

DI BERARDINO (A.), « Nebridio », *Dizionario patristico e di antichità cristiane*, 2, 1983, 2351.

DI CAPUA (F.), « Il ritmo prosaico in S. Agostino », in *Miscellanea Agostiniana*, Roma, 1931, vol. 2, p. 607-764 (repris dans *Scritti minori*, I, Roma, Parigi, Desclée et Cie, 1959, p. 189-352).

DI PASQUALE BARBANTI (M.), *Ochema-Pneuma e Phantasia nel Neoplatonismo. Aspetti psicologici e prospettive religiose*, Catania, CUECM, 1998.

DILLON (J.), « Plotinus and the Transcendendal Imagination », in J. P. Mackey (ed.), *Religious imagination*, Edinburgh, Edinburgh University Press, 1986, p. 55-64.

DIVJAK (J.), « Epistulae », *Augustinus-Lexikon*, 2, 893-1057.

DOBELL (B.), *Augustine's Intellectual Conversion. The Journey from Platonism to Christianity*, Cambridge, Cambridge University Press, 2009.

DODDS (E.), *The Ancient Concept of Progress and other Essays on Greek Literature and Belief*, Oxford, Clarendon Press, 1973.

DOIGNON (J.), « L'apologue de Philocalie chez saint Augustin (*Cont. Acad.* 2, 3, 7) », *Revue des Études Augustiniennes*, 30, 1984, p. 100-106.

DOIGNON (J.), « Le "progrès" philosophique d'Augustin dans l'*otium* de Cassiciacum d'après la Lettre 4 », *Fructus centesimus. Mélanges offerts à G. J. M. Bartelink à l'occasion de son soixante-cinquième anniversaire*, Instrumenta Patristica, 19, Steenbrugis, 1989, p. 141-154.

DOLBEAU (F.), « Un poème philosophique de l'Antiquité tardive : *De pulchritudine mundi* : remarques sur le *Liber XXI Sententiarum* (CPR, 373) », *Revue des Études Augustiniennes*, 42, 1996, p. 21-43.

DÖRRIE (H.), « Die Frage nach dem Transzendenten im Mittelplatonismus », *Les Sources de Plotin, Entretiens sur l'antiquité classique*, Genève, 1960, p. 193-241.

DÖRRIE (H.), « Präpositionen und Metaphysik. Wechselwirkung zweier Prinzipienreihen », *Museum Helveticum*, 26, 1969, p. 217-28.

DÖRRIE (H.), « Une exégèse néoplatonicienne du prologue de l'Évangile de saint Jean (Amélius chez Eusèbe, *Prép. év.* 11, 19, 1-4) », in J. Fontaine et Ch. Kannengiesser (éd.), *Epektasis : Mélanges patristiques offerts au cardinal Jean Daniélou*, Paris, Beauchesne, 1972, p. 75-87.

DOUCET (D.), « *Speculum cogitationis* : Sol. II, 20, 35 », *Revue de Philosophie ancienne*, 10, 2, 1992, p. 221-245.

DOUCET (D.), « L'*Epistula* XI, le *Livre des XXIV philosophes* et *idipsum* », *Revue thomiste*, 113, 2013, p. 379-397.

DOYLE (D. E.), *The Bishop as Disciplinarian in the Letters of St. Augustine*, New York, Peter Lang, 2002.

DRECOLL (V. H.), « Immortalitate animae (De) », *Augustinus-Lexikon*, 3, 530-535.

DRECOLL (V. H.), « Trinitätslehre », in Id. (ed.), *Augustin-Handbuch*, Tübingen, Mohr Siebeck, 2007.

DU ROY (O.), *L'Intelligence de la foi en la Trinité selon saint Augustin*, Paris, Les Études Augustiniennes, 1966.

DUHEM (P.), *Le Système du monde*, vol. II, Paris, Hermann, 1965.

DULAEY (M.), *Le Rêve dans la vie et la pensée de saint Augustin*, Paris, Études Augustiniennes, 1973.

DUNHAM (S.), *The Trinity and Creation in Augustine. An Ecological Analysis*, Albany, SUNY Press, 2008.

DUPRÉEL (E.), *La Légende socratique et les sources de Platon*, Bruxelles, Sand, 1922.

DUVAL (Y.-M.), « Consolatio », *Augustinus-Lexikon*, 1, 1244-47.

EBBELER (J.), *Disciplining Christians. Correction and Community in Augustine's Letters*, Oxford, Oxford University Press, 2012.

EBBELER (J.), « The Letter Collection of Augustine of Hippo », in C. Sogno (ed.), *Late Antique Letter Collections. A Critical Introduction and Reference Guide*, Oakland, Ed. J. Watts, 2017, p. 239-53.

EBOROWICZ (W.), « Les énigmes de la VIIème lettre de St. Augustin », *Filosofia oggi*, 10, 1987, p. 39-42.

ERLER (M.), « Epicurei, Epicurus », *Augustinus-Lexikon*, 2, 858-861.

EXON (C.), « Latin verbs in –io with infinitives in –ere », *Hermathena*, 11, 1901, p. 382-402.

FERRON (J.) & LAPEYRE (G.), « Carthage », *Dictionnaire d'Archéologie chrétienne et de Liturgie*, vol. 2/2, 1149-1233.

FOLLIET (G.), « Aux origines de l'ascétisme et du cénobitisme africain », *Studia Anselmiana*, 46, 1961, p. 25-44.

FOLLIET (G.), « "Deificari in otio". Augustin, *Epistula* 10, 2 », *Recherches Augustiniennes*, 2, 1962, p. 225-236.

FOLLIET (G.), « La Correspondance entre Augustin et Nébridius », in *L'Opera letteraria di Agostino tra Cassiciacum e Milano. Agostino nelle terre di Ambrogio*, Palermo, Ed. Augustinus, 1987, p. 191-215.

FOLLIET (G.), « "In penetralibus mentis adorare Deum" (Augustin, *Epistula* 10, 3) », *Sacris erudiri*, 33, 1992-1993, p. 125-133.

FOLLIET (G.), « La Correspondance entre Augustin et ses amis à Thagaste », in *« De magistro » di Agostino d'Ippona, commento di Frederick J. Crosson, Giuseppe Balido, Georges Folliet, Antonio Pieretti*, Città Nuova, Ed. Augustinus, 1993, p. 73-107.

FOLLIET (G.), « Une allusion à Ambroise dans l'*Epistula* 10 de saint Augustin », *Augustinus*, 38, 1993, p. 231-240.

FOLLIET (G.), « Le monachisme en Afrique de saint Augustin à saint Fulgence », in *Il monachesimo occidentale dalle origini alla "Regula Magistri"*, Rome, Institutum patristicum augustiniarum, 1998, p. 291-315.

FOLLON (J.) & MCEVOY (J.), *Sagesses de l'Amitié* II, Anthologie de textes philosophiques patristiques, médiévaux et renaissants, Fribourg, Le Cerf, 2003.

FORTIN (E.), *Christianisme et culture philosophique au cinquième siècle. La Querelle de l'âme en Occident*, Paris, 1959.

FREND (W. H. C.), *The Donatist Church*, Oxford, The Clarendon Press, 1952.

FUHRER (Th.), « Das Kriterium der Wahrheit in Augustins *Contra Academicos* », *Vigiliae Christianae*, 46, 1992, p. 257-275.

FUHRER (Th.), « Der Begriff veri simile bei Cicero und Augustin », *Museum Helveticum*, 50, 1993, p. 107-124.

FUHRER (Th.), « Zwischen Skeptizismus und Platonismus : Augustins Auseinandersetzung mit der epikureischen Lehre in *conf.* 6 », in M. Erler (ed.), *Epikureismus in der späten Republik und der Kaiserzeit*, Stuttgart, F. Steiner, 2000, p. 231-242.

FUHRER (Th.), « Die Cassiciacumszeit », in V. H. Drecoll (ed.), *Augustin-Handbuch*, Tübingen, Mohr Siebeck, 2007, p. 164-68.

FUHRER (Th.), « Augustin in Mailand », in Ead. (ed.), *Die christlich-philosophischen Diskurse der Spätantike : Texte, Personen, Institutionen*, Stuttgart, Franz Steiner, 2008, p. 63-79.

FUHRER (Th.), « "Denkräume" : Konstellationen von Texten, Personen und Gebäuden im spätantiken Mailand », in Ead. (ed.), *Rom und Mailand in der Spätantike. Repräsentationen städtischer Räume in Literatur, Architektur und Kunst*, Berlin, Boston, De Gruyter, 2011, p. 357-377.

FUHRER (Th.), « Das Interesse am menschlichen Scheitern – Antike Konstruktion des 'Niedergangs' einer Kultur », in M. Formisano & Th. Fuhrer (ed.), *Décadence : 'Decline and Fall' or 'Other Antiquity'?*, Heidelberg, Winter, 2014, p. 19-33.

FUHRER (Th.), « Augustine's Rhetorics of Theology. Religious debates in late antique Carthage », in J. R. Stenger (ed.), *Learning Cities in Late Antiquity : The Local Dimension of Education*, London, Routledge, 2019, p. 70-86.

FURLEY (D.), *Cosmic problems : Essays on Greek and Roman Philosophy of Nature*, Cambridge, Cambridge University Press, 1989.

FURLEY (D.), « Cosmologie », in J. Brunschwig et G. Lloyd (éd.), *Le Savoir grec*, Paris, Flammarion, 1996, p. 315-337.

GABILLON (A.), « Romanianus, alias Cornelius. Du nouveau sur le bienfaiteur et l'ami de saint Augustin », *Revue des Études Augustiniennes*, 24, 1978, p. 58-70.

GARNSEY (P.), *Thinking about Property From Antiquity to the Age of Revolution*, Cambridge, Cambridge University Press, 2007.

GAVIGAN (J. J.), « St. Augustine's friend Nebridius », *The Catholic Historical Review*, 32, 1946, p. 47-58.

GAVRILOV (A.), « Techniques of Reading in Classical Antiquity », *Classical Quarterly*, 47, 1997, p. 56-73.

GEERLINGS (W.), « Die Belehrung eines Heiden. Augustins Brief über Christus an Volusianus », *Augustiniana*, 41, 1991, p. 451-468.

GENEQUAND (C.), « La mémoire de l'âme : Porphyre et la *Théologie d'Aristote* », *Bulletin d'Études orientales*, 48, 1996, p. 103-113.

GILSON (É.), *Introduction à l'étude de saint Augustin*, Paris, Vrin, 1949³.

GILSON (É.), « L'infinité divine chez saint Augustin », *Augustinus Magister*, 1, Paris, Les Études Augustiniennes, 1953, p. 569-574.

GIOIA (L.), *The Theological Epistemology of Augustine's* De Trinitate, Oxford, Oxford University Press, 2008.

GIRARD (J.-M.), *La Mort chez saint Augustin : grandes lignes de l'évolution de sa pensée telle qu'elle apparaît dans ses traités*, Fribourg, Éditions universitaires, 1992.

GLUCKER (J.), *Antiochus and the Late Academy*, Göttingen, Vandenhoeck & Ruprecht, 1978.

GOULD (S. J.), *Ever Since Darwin*, New York, W. W. Norton & Company, 1977.

GOULD (S. J.), *Darwin et les grandes énigmes de la vie*, Paris, Le Seuil, 1997.

GRANT (E.), « Medieval and Seventeenth-Century Conceptions of an Infinite Void Space beyond the Cosmos », *Isis : A Journal of the History of Science*, 60, 1969, p. 39-60 (repris in *Studies in Medieval Science and Natural Philosophy*, London, Variorum Reprints, 1981).

GROSSER (M.), *The Painter's Eye*, tr. fr. *L'Œil du peintre*, Verviers, Marabout, 1965.

GROTE (A.), « Optimi viri sanctissimique : Augustins Konzept einer Synthese von Askese und Pastoral in *De moribus* 1, 65-80. Eine Replik auf manichäische Polemik », in J. Albert & al. (ed.), *« In Search of Truth » : Augustine, Manichaeism and other Gnosticism. Studies for Johannes von Oort at sixty*, Leiden-Boston, Brill, 2011, p. 441-461.

HADOT (I.), *Arts libéraux et philosophie dans la pensée antique*, Paris, Vrin, 2005.

HADOT (P.), « Citations de Porphyre chez Augustin », *Revue des Études Augustiniennes*, 6, 1960, p. 205-244.

HADOT (P.), Compte rendu de H. Dörrie, « Porphyrios' 'Symmikta Zetemata' », *The Journal of Hellenic Studies*, 81, 1961, p. 195-196.

HADOT (P.), « La métaphysique de Porphyre », in *Porphyre, Entretiens sur l'Antiquité classique*, XII, Vandœuvres-Genève, 1966, p. 127-163 (repris dans Id., *Plotin, Porphyre. Études néoplatoniciennes*, Paris, Les Belles Lettres, 1999, p. 317-353).

HADOT (P.), « "Numerus intelligibilis infinite crescit", Augustin, *Epistula* 3, 2 », in *Miscellanea André Combes, Divinitas*, t. XI, 1967, p. 181-191.

HADOT (P.), « La notion de nombre infini chez saint Augustin », *Annuaire de l'École pratique des Hautes Études*, V^e section, Sciences religieuses, tome 75, 1967/1968, p. 176-181.

HADOT (P.), *Porphyre et Victorinus*, Paris, Études Augustiniennes, 1968 (2 vol.).

HADOT (P.), « Le "Contra Academicos" de saint Augustin et l'histoire de l'Académie », *Annuaire de l'École pratique des Hautes Études, Section des Sciences religieuses*, 77, 1969-1970, p. 291-297.

HADOT (P.), *Plotin ou la simplicité du regard*, Paris, Études Augustiniennes, 1989^3.

HADOT (P.), « La notion d'infini chez saint Augustin », *Philosophie*, 26, 1990, p. 59-72.

HADOT (P.), *Plotin, Porphyre. Études néoplatoniciennes*, Paris, Les Belles Lettres, 1999.

HALLIBURTON (R. J.), « The Inclination to Retirement. The Retreat of Cassiciacum and the "Monastery" of Thagaste », *Studia patristica*, 1962, p. 329-40.

HANKINSON (R. J.), « Science », in J. Barnes (ed.), *The Cambridge Companion to Aristotle*, Cambridge, Cambridge University Press, 1995, p. 140-167.

HANKINSON (R. J.), « Self-Refutation and the Sorites », in D. Scott (ed.), *Maieusis. Essays in Honour of Myles Burnyeat*, Oxford, Oxford University Press, 2007, p. 351-73.

HANSON (J. H.), « Dreams and Visions in the Graeco-Roman World and Early Christianity », *Aufstieg und Niedergang der römischen Welt*, II.23.2, 1395-1427.

HENRY (P.), *Plotin et l'Occident*, Louvain, Specilegium Lovaniense, 1934.

HENRY (P.), *La Contemplation d'Ostie*, Paris, Vrin, 1938.

HOBSON (P.), *The Cradle of Thought*, Oxford, Oxford University Press, 2004.

HOFFMANN (Ph.), « Simplicius : corollarium de loco », in G. Aujac (éd.), *L'Astronomie dans l'Antiquité classique*, Paris, Les Belles Lettres, 1979, p. 143-161.

HOFFMANN (Ph.), « Temps et éternité dans le livre XI des *Confessions* : Augustin, Plotin, Porphyre et saint Paul », *Revue d'études augustiniennes et patristiques*, 63, 2017, p. 31-79.

HOLTE (R.), *Béatitude et sagesse : Saint Augustin et le problème de la fin de l'homme dans la philosophie ancienne*, Paris, Études Augustiniennes, 1962.

HORN (Ch.), « Augustins Philosophie der Zahlen », *Revue des Études Augustiniennes*, 40, 1994, p. 389-415.

HORN (Ch.), « Welche Bedeutung hat das Augustinische Cogito ? (Buch XI 26) », in Ch. Horn (ed.), *Augustinus, De civitate dei*, Berlin, 1997, Akademie Verlag, p. 109-129.

HORN (Ch.), « Numerus », *Augustinus-Lexikon*, 4, 226-236.

JENKINS (C.), « Augustine's Classical Quotations in his Letters », *The Journal of Theological Studies*, vol. 39, n° 153, 1938, p. 59-66.

JOHNSON (W. A.), *Readers and reading Culture in the High Roman Empire : A Study of Elite Communities*, Oxford, Oxford University Press, 2010.

JOLY (R.), *Le Thème philosophique des genres de vie dans l'Antiquité classique*, Bruxelles, Palais des Académies, 1956.

KAHN (Ch.), *The Verb « Be » in Ancient Greek*, Dordrecht-Boston, D. Reidel, 1973.

KALLIGAS (P.), « Individuals in Plotinus », *Phronesis*, 47, 1997, p. 206-27.

KANNENGIESSER (J.), « La Bible dans les controverses ariennes en Occident », in J. Fontaine et Ch. Pietri (éd.), *Le Monde latin antique et la Bible*, Paris, Beauchesne, 1985, p. 543-564.

KANY (R.), *Augustins Trinitätsdenken. Bilanz, Kritik und Weiterführung der modernen Forschung zu 'De Trinitate'*, Tübingen, Mohr Siebeck, 2007.

KARFÍKOVÀ (L.), « Augustine to Nebridius on the Ideas of Individuals (*ep.* 14, 4) », *Studia Patristica*, LXX, vol. 18, 2013, p. 477-486.

KARFÍKOVÀ (L.), « The soul and life – the soul and *ratio* : Augustine's criticism of the final proof in Plato's *Phaedo* », in G. Cornelli et al. (ed.), *Plato's Phaedo*. Selected Papers from the Eleventh Symposium Platonicum, Baden-Baden, Academia Verlag, 2018, p. 188-192.

KASSEL (R.), *Untersuchungen zur griechischen und römischen Konsolationsliteratur*, Munich, Beck, 1958.

KASTER (R. A.), *Guardians of Language : The Grammarian and Society in Late Antiquity*, Berkeley / Los Angeles / London, University of California Press, 1988.

KEENAN (M. E.), *The Life and Times of Saint Augustine as revealed in his Letters*, Washington D.C., Catholic University of America, 1935.

KENDEFFY (G.), « Pourquoi Augustin a-t-il écrit le *Contra Academicos* ? », *Acta Antica Hungariana*, 36, 1995, p. 177-183).

KLEIN (R.), « L'imagination comme vêtement de l'âme chez Marsile Ficin et Giordano Bruno », *Revue de Métaphysique et de Morale*, vol. 61, n° 1, 1956, p. 18-39.

KLINGSHIRN (W. E.), « The Figure of Albicerius the Diviner in Augustine's *Contra Academicos* », *Studia Patristica*, 38, 2001, p. 219-23.

KNORR (W.), « The geometry of Burning-Mirrors in Antiquity », *Isis*, 74/271, 1998, p. 53-73.

KÖCKERT (Ch.), « Augustine and Nebridius (Augustine, *epp.* 3-14) : Two Christian Intellectuals and Their Project of a Philosophical life », *Revue des Études Augustiniennes*, 62, 2016, p. 235-62.

KONSTAN (D.), « Epicurus on "Up" and "Down" (*Letter to Herodotus* §60) », *Phronesis*, 17, 3, 1972, p. 269-78.

KRALEVA (A.), « *De diversis quaestionibus LXXXIII*. Sur la question LXXVIII : *De pulchritudine simulacrorum* », in « *De diversis quaestionibus octoginta tribus* » « *De diversis quaestionibus ad Simplicianum* », Padova, Città Nuova Editrice, 1996, p. 113-127.

KROLL (W.), Compte rendu de « Sancti Aurelii Augustini Hipponiensis episcopi Epistulae, Pars I. Ep. I-XXX, recensuit et commentario critico instruxit Al. Goldbacher, Corpus scriptorum ecclesiasticorum latinorum, 34, Vindobonae, Pragae, Tempsky, 1895 », *Berliner Philologische Wochenschrift*, 1899, p. 718.

LA BONNARDIÈRE (A.-M.), *Biblia Augustiniana. A.T. Le livre de la Sagesse*, Paris, Études Augustiniennes, 1970.

LABARRIÈRE (J.-L.), « *Phantasia, phantasma* et *phainetai* dans le traité *Des rêves* », *Revue de Philosophie Ancienne*, 20, 2002/1, p. 89-107.

LAGOUANÈRE (J.), « Temps et éternité dans *les Dialogues philosophiques* d'Augustin », in *Tempo di Dio tempo dell'uomo*, XLVI Incontro di Studiosi dell'Antichità Cristiana (Roma, 10-12 maggio 2018), Roma, Institutum Patristicum Augustinianum, 2019, p. 119-33.

LAGOUANÈRE (J.), « Y a-t-il un lieu de l'intime chez Augustin ? », in G. Puccini (dir.), *L'Intime de l'Antiquité à nos jours. 1. Espaces de l'intime*, Pessac, Presses universitaires de Bordeaux, 2019, p. 109-121.

LAGOUANÈRE (J.), « *Et quid mihi proderat ... ?* Augustin et le bon usage des arts libéraux en *Conf.* I-IV », *Vita Latina*, 201, 2021, p. 23-42.

LAIDLAW (W. A.), « Otium », *Greece and Rome*, 15, n°1, 1968, 42-56.

LAIN ENTRALGO (P.), *The Therapy of the Word in Classical Antiquity*, New Haven, Yale University Press, 1970.

LAMARRA (A.) & PROCESI (L.), *Lexicon philosophicum : quaderni di terminologia filosofica e storia delle idee*, Roma, Edizioni dell'Ateneo, 1985 (vol. 34 du « Lessico intellettuale europeo »).

LANCEL (S.), *Saint Augustin*, Paris, Fayard, 1999.

LANCEL (S.), « Carthago », *Augustinus-Lexikon*, 1, 759-771.

LANCEL (S.), « Sancti Aurelii Augustini, Epistulae I-LV, cura et studio Kl. D. Daur, coll. "Corpus Christianorum, series latina", vol. XXXI (*Aurelii Augustini opera*, *pars* IV, 1), Turnhout, Brepols Publishers, 2004, XXXVIII-268 p. », *Revue des Études Augustiniennes*, 50/2, 2004, p. 453-55.

LANE FOX (R.), « Movers and Shakers », in A. Smith (ed.), *The Philosopher and Society in Late Antiquity*, Swansea, The Classical Press of Wales, 2005, p. 19-50.

LANE FOX (R.), « Augustine's *Soliloquies* and the Historian », *Studia Patristica*, 43, 2006, p. 173-90.

LANE FOX (R.), *Augustine : Conversions to Confessions*, New York, Basic Books, 2015.

LANGSLOW (D. R.), *Medical Latin in the Roman Empire*, Oxford, Oxford University Press, 2000.

LAPEYRE (G.), « Saint Augustin et Carthage », in *Miscellanea Agostiniana*, vol. 2, Rome, Typografia Poliglotta Vaticana, 1931, p. 91-148.

LAWLESS (G.), *Augustine of Hippo and his Monastic Rule*, Oxford, Clarendon Press, 1987.

LEBRETON (J.), *Histoire du dogme de la Trinité. Des origines au concile de Nicée*, vol. 2, Paris, Beauchesne, 1928.

LECHNER (O.), *Idee und Zeit in der Metaphysik Augustins*, München, A. Pustet, 1964.

LEE (A.), *Petrarch and St. Augustine. Classical scholarship, Christian Theology, and the Origins of Renaissance in Italy*, Leiden-Boston, Brill, 2012.

LEGEWIE (B.), « Die Körperliche Konstitution und die Krankheiten Augustin's », in *Miscellanea Agostiniana*, vol. 2, Rome, Typografia Poliglotta Vaticana, 1931, p. 5-21.

LENAIN DE TILLEMONT (S.), *Mémoires pour servir à l'histoire ecclésiastique des six premiers siècles*, Paris, 1710, vol. XIII.

LEPELLEY (C.), *Les Cités de l'Afrique romaine*, Paris, Études Augustiniennes, 1979 et 1981 (2 vol.).

LEPELLEY (C.), « Les *munera publica* pesant sur les fils de curiales : le témoignage d'une lettre de Nebridius, correspondant de saint Augustin », in J.-N. Guinot et F. Richard (éd.), *Empire chrétien et Église au IVᵉ et Vᵉ siècles. Intégration ou « concordat » ? Le témoignage du Code Théodosien*, Paris, Le Cerf, 2008, p. 431-442.

LERNOUD (A.) (éd.), *Études sur le Commentaire de Proclus au premier livre des* Éléments *d'Euclide*, Villeneuve d'Ascq, Presses Universitaires du Septentrion, 2010.

LICHACZ (J.), « Robert Kilwardby sur la perception sensitive et l'imagination (II) », *Studia antyczne i mediewistyczne*, vol. 11 (46), 2013, p. 145-202.

LIENHARD (J. T.), « Friendship, Friends », in A. D. Fitzgerald (ed.), *Augustine through the Ages. An Encyclopedia*, William B. Eerdmans Publishing Company, Grand Rapids, Michigan/Cambridge, U.K., 1999, p. 372-373.

LIETZMANN (H.), « Zur Entstehungsgeschichte der Briefsammlung Augustins », in *Kleine Schriften* I (ed. K. Aland), Berlin, 1958, p. 260-304.

LIEU (S. N. C.), *Manichaeism in the Later Roman Empire and Medieval China*, Tübingen, J. C. B. Mohr, 1992².

LILLA (S.), « Un dubbio di S. Agostino su Porfirio », *Nuovi annali della Facoltà di Magistero dell'Universita di Messina*, 5, 1987, p. 319-33.

LORIMER (W. L.), *The Text Tradition of Pseudo-Aristotle 'De Mundo'*, London, Oxford University Press, 1924.

LÖSSL (J.), « Augustine's *Confessions* as a Consolation of Philosophy », in J. Albert & al. (ed.), *« In Search of Truth » : Augustine, Manichaeism and other Gnosticism. Studies for Johannes von Oort at sixty*, Leiden-Boston, Brill, 2011, p. 47-73.

LÖSSL (J.), « Augustine's Use of Aristotle's *Categories* in Light of the History of the Latin Text of the *Categories* before Boethius », in E. Bermon et G. O'Daly (éd.), *Le De Trinitate de saint Augustin : exégèse, logique et noétique*, Paris, Études Augustiniennes, 2012, p. 99-122.

LUSCHNAT (O.), « Das Problem der ethischen Fortschritts in der alten Stoa », *Philologus*, 102, 1958, p. 178-214.

MACDONALD (S.), « The divine nature », in E. Stump et N. Kretzmann (ed.), *The Cambridge Companion to Augustine*, Cambridge, Cambridge University Press, 2001, p. 71-90.

MADEC (G.), « Ex tua castitate (*Confessiones* IV, II, 3). Adulescens ... valde castus (*Ibid.* IV, III, 6) », *Revue des Études Augustiniennes*, 7, 1961, p. 245-7.

MADEC (G.), « Augustin et Porphyre. Ébauche d'un bilan des recherches et des conjectures », in Σοφίης μαιήτορες, *« Chercheurs de sagesse ». Hommage à Jean Pépin*, Paris, IEA, 1992, p. 367-382.

MADEC (G.), « Christus », *Augustinus-Lexikon*, 1, 846.

MADEC (G.), *Petites Études augustiniennes*, Paris, IEA, 1994.

MADEC (G.), *Le Dieu d'Augustin*, Paris, Le Cerf, 1998.

MADEC (G.), *Lectures augustiniennes*, Paris, IEA, 2001.

MADEC (G.), *La Patrie et la voie. Le Christ dans la vie et la pensée de saint Augustin*, nouvelle édition, Paris, Desclée, 2001.

MAIER (J.-L.), *Les Missions divines selon saint Augustin*, Fribourg, Éd. universitaires, 1960.

MANDOUZE (A.), « "L'extase d'Ostie". Possibilités et limites de la méthode des parallèles textuels », *Augustinus Magister*, vol. 1, Paris, 1953, p. 67-84.

MANDOUZE (A.), « Où en est la question de la mystique augustinienne », *Augustinus Magister*, vol. 3, Paris, 1953, p. 103-63.

MANDOUZE (A.), *Saint Augustin, l'aventure de la raison et de la grâce*, Paris, Études Augustiniennes, 1968.

MANDOUZE (A.), « Nebridius », *Prosopographie chrétienne du Bas-Empire*, vol. 1 : *Afrique (303-533)*, Paris, 1982, p. 774.

MARASCO (G.), « Littérature et réalité dans l'œuvre de Vindicien », in A. et J. Pigeaud, *Les Textes médicaux latins comme littérature, Actes du VIe colloque international* sur les textes médicaux latins du 1er au 3 septembre 1998 à Nantes, Nantes, Institut Universitaire de France, Université de Nantes, 2000, p. 166-171.

MARKSCHIES (Ch.), « Was ist lateinischer 'Neunizänismus' ? Ein Vorschlag für eine Antwort », *Zeitschrift für antikes Christentum*, 1, 1997, 73-95.

MARROU (H.-I.), *Saint Augustin et la fin de la culture antique*, Paris, De Boccard, 1938.

MARTIN (J.), Compte rendu de « Sancti Aurelii Augustini Hipponiensis episcopi Epistulae, Pars I. Ep. I-XXX, recensuit et commentario critico instruxit Al. Goldbacher, Corpus scriptorum ecclesiasticorum latinorum, 34, Vindobonae, Pragae, Tempsky, 1895 », *Gnomon*, 1926, p. 274.

MARTIN (R.) & GAILLARD (J.), *Les Genres littéraires à Rome*, tome II, Paris, Scodel, 1981.

McEVOY (J.), « Liberty, Finitude and Transcendance. An Augustinian Hypothesis », in F. O'Rourke (ed.), *At the Heart of the Real. Philosophical Essays in Honour of the Most Reverend Desmond Connell, Archbishop of Dublin*, Blackrock (Co. Dublin), Irish Academic Press, 1992, p. 373-380.

McLYNN (N.), « Disciplines of Discipleship in Late Antique Education : Augustine and Gregory Nazianzen », in K. Pollmann & M. Vessey (ed.), *Augustine and the Disciplines. From Cassiciacum to* Confessions, Oxford, Oxford University Press, 2005, p. 25-48.

McNAMARA (M. A.), *L'Amitié chez saint Augustin*, Paris, Lethielleux, 1961.

MEESSEN (Y.), « Platon et Augustin : mêmes mots, autre sens », *Revue des Sciences Philosophiques et Théologiques*, 89/3, 2005, p. 433-457.

MERLEAU-PONTY (J.) & MORANDO (B.), *Les Trois étapes de la cosmologie*, Paris, Robert Laffont, 1971.

MONCEAUX (P.), « Saint Augustin et les monastères africains : III, Monastères d'hommes à Hippone », *Revue des cours et conférences*, XXI, 2e série, 1912-1913, p. 719-734.

MONCEAUX (P.), « Saint Augustin et saint Antoine. Contribution à l'histoire du monachisme », *Miscellanea Agostiniana*, II, Rome, Typografia Poliglotta Vaticana, 1931, p. 60-89.

MONCEAUX (P.), *Les Intellectuels carthaginois*, Carthage, Éditions carthaginoiseries, 2009 (1894).

MORGENSTERN (M.), *Die Briefpartner des Augustinus von Hippo, Prosopographische, sozial- und ideologiegeschichtliche Untersuchungen*, Bochumer historische Studien, Alte Geschichte 11, Bochum, 1993.

MORISON (B.), *On Location : Aristotle's Concept of Place*, Oxford, Oxford University Press, 2011.

MORRISON (A.) & MORELLO (R.), *Ancient Letters : Classical and Late Antique Epistolography*, Oxford, Oxford University Press, 2007.

MUELLER (I.), « Aristotle's Doctrine of Abstraction in the Commentators », in R. Sorabji (ed.), *Aristotle Transformed*, Ithaca, Cornell University Press, 1990, p. 463-479.

MUELLER (I.), « Mathematical method and philosophical truth », in R. Kraut (ed.), *The Cambridge Companion to Plato*, Cambridge University Press, 1999, p. 170-199.

MÜLLER (Ch.), « Die kritischen Editionen der Epistulae Augustins – Philologische Analyse ausgewählter Briefe und ihrer Textausgaben », H-Soz-u-Kult, H-Net Reviews. February, 2013 (https://www.h-net.org/reviews/showpdf.php?id=38290).

MÜNZER (F.), « Naevius 17 », *Paulys Realencyclopädie*, XVI 2, 1564.

NAVARRE-DOMERC (J.), *Alypius de Thagaste, évêque africain*, Mémoire de diplôme d'études supérieures, Alger, 1953.

NAVARRO COMA (F.), « La Correspondencia entre Agustín y Nebridio. La cronología de la *ep.* 4 », in G. Bosch Jiménez et al. (ed.), *Santos, obispos y reliquias*, Álcala de Henares, 1998, p. 267-280.

NAVARRO COMA (F.), « La Correspondencia de Agustín durante su estancia en Casiciaco : una reconstrucción », *Augustinus*, 45, 2000, 191-213.

NEUE (F.) & WAGENER (C.), *Formenlehre der lateinischen Sprache*, rééd. Hildesheim, G. Olms, 1985.

NORMANN (F.), *Christos Didaskalos. Die Vorstellung von Christus als Lehrer in den christ-lichen des ersten Literatur und zweiten Jahrhunderts*, Münster i. W., Aschendorf, 1966.

OBERHELMAN (S. M.), « Dreams in Graeco-Roman Medicine », *Aufstieg und Niedergang der römischen Welt*, II.37.1, 121-156.

O'CONNELL (R. J.), « *Ennead* VI, 4-5 in the Works of St. Augustine », *Revue des Études Augustiniennes*, 9, 1963, p. 1-39.

O'CONNELL (R. J.), « Preexistence in Augustine's Seventh Letter », *Revue des Études Augustiniennes*, 15, 1969, p. 67-73.

O'DALY (G.), « Did St. Augustine ever believe in the Soul's Pre-existence ? », *Augustinian Studies*, 5, 1974, p. 227-235 (repris dans *Platonism Pagan and Christian*).

O'DALY (G.), « Memory in Plotinus and two early texts of St. Augustine », *Studia Patristica*, 14, 1976, p. 461-469 (repris dans *Platonism Pagan and Christian*).

O'DALY (G.), *Augustine's Philosophy of Mind*, London, Duckworth, 1987.

O'DALY (G.), « Cassiciacum », *Augustinus-Lexikon*, 1, 771-781.

O'DALY (G.), *Augustine's City of God. A Reader's Guide*, Oxford, Oxford University Press, 1999 (Second Edition in 2020).

O'DALY (G.), *Platonism Pagan and Christian. Studies in Plotinus and Augustine*, Aldershot, Variorum Ashgate, 2001.

O'DALY (G.), « Friendship and Transgression : *luminosus limes amicitiae* (Augustine, *Confessions* 2.2.2) and the themes of *Confessions* 2 », in S. Stern-Gillet & K. Corrigan (ed.), *Reading Ancient Texts, volume II : Aristotle and Neoplatonism. Essays in Honour of Denis O'Brian*, Leiden-Boston, Brill, 2007, p. 211-223.

OLIVEIRA E SILVA (P.), « L'âme à l'état de béatitude connait-elle Dieu dans le corps ou hors du corps ? La réponse d'Augustin dans le Livre XII du *De genesi ad Litteram* », *Mediaevalia. Textos e estudos*, 38, 2019, à paraître.

O'MEARA (D.), *Pythagoras revived: Mathematics and Philosophy in Late Antiquity*, Oxford, Clarendon, 1989.

O'MEARA (D.), *Plotin. Une introduction aux Ennéades*, Éditions Universitaires de Fribourg, Paris, Le Cerf, 1992.

O'MEARA (D.), « Forms of Individuals in Plotinus : A Preface to the Question », in J. J. Cleary (ed.), *Traditions of Platonism : Essays in Honour of J. Dillon*, Aldershot, Ashgate, 1999, p. 263-269.

ONIGA (R.), « La teoria delle conexiones nella grammatica agostiniana e la sua orgine in Varrone », *Augustinianum*, 47, 2007, p. 171-78.

ÖNNERFORS (A.), « Das Medizinische Latein bis Cassius Felix », *Aufstieg und Niedergang der römischen Welt*, II.37.1, 227-392.

ORLANDO (A.), « Seneca on Prolēpsis : Greek Sources and Cicero's Influence », in J. Wildberger & M. Colish (ed.), *Seneca Philosophus*, Berlin-Boston, De Gruyter, 2014, p. 43-63.

PASSMORE (J.), *The Perfectibility of Man*, London, Duckworth, 1970.

PEASE (A. S.), « Caeli Enarrant », *Harvard Theological Review*, 34/3, 1941, p. 163-200.

PÉPIN (J.), « Recherches sur le sens et les origines de l'expression *caelum caeli* dans le livre XII des *Confessions* de Saint Augustin », *Archivium Latinitatis Medii Aevi*, 23, 1953, p. 185-274 (repris dans « Ex Platonicorum persona ». *Études sur les lectures philosophiques de saint Augustin*).

PÉPIN (J.), *Théologie cosmique et théologie chrétienne (Ambroise, Exam. I 1, 1-4)*, Paris, PUF, 1964.

PÉPIN (J.), « Une nouvelle source de saint Augustin : le ζήτημα de Porphyre "Sur l'union de l'âme et du corps" », *Revue des Études Anciennes*, 1964, 66, p. 53-107 (repris in *Ex persona Platonicorum : Études sur les lectures philosophiques de saint Augustin*, Amsterdam, A. M. Hakkert, 1977, p. 211-268).

PÉPIN (J.), « Influences païennes sur l'angélologie et la démonologie de saint Augustin », in *Entretiens de Cerisy-la-Salle sur l'homme et le diable*, Paris/The Hague, Mouton & Co., 1965, p. 51-59 (repris dans *Ex persona Platonicorum : Études sur les lectures philosophiques de saint Augustin*, p. 29-37).

PÉPIN (J.), « Héraclès et son reflet dans le néoplatonisme », in *Le Néoplatonisme*, Éd. du CNRS, Paris, 1971, p. 167-192.

PÉPIN (J.), *Ex persona Platonicorum : Études sur les lectures philosophiques de saint Augustin*, Amsterdam, A. M. Hakkert, 1977.

PÉPIN (J.), « Le traité de Plotin *Sur les nombres* (VI 6 [34]) : traces de son influence à la fin de l'Antiquité », in J. Danek, *Vérité et éthos : recueil commémoratif dédié à Alphonse-Marie Parent*, Québec, Presses de l'Université de Laval, 1982, p. 87-91.

PÉPIN (J.), « Le livre XII des *Confessions* », in *"Le Confessioni" di Agostino d'Ippona. Libri X-XIII*, Commento di Aimé Solignac, Eugenio Corsini, Jean Pépin, Alberto di Giovanni, Palermo, Ed. « Augustinus », 1987, p. 67-95.

PÉPIN (J.), « Augustin et Atticus. La *quaestio "De ideis"* », in R. Brague et J.-F. Courtine (éd.), *Herméneutique et ontologie. Hommage à P. Aubenque*, Paris, PUF, 1990, p. 163-180.

PÉPIN (J.), « Attitudes d'Augustin devant le vocabulaire philosophique grec. Citation, translittération, traduction », in *La Langue latine, langue de la philosophie*, Rome, École Française de Rome, 1992, p. 277-307.

PÉPIN (J.), « *De diversis quaestionibus LXXXIII* : Les questions philosophiques (I-L) », in *« De diversis quaestionibus octoginta tribus » « De diversis quaestionibus ad Simplicianum »*, Padova, Città Nuova Editrice, 1996, p. 45-66.

PÉPIN (J.), « La hiérarchie par le degré de mutabilité (nouveaux schèmes porphyriens chez saint Augustin, I) », *Documenti e studi sulla tradizione filosofica medievale*, 10, 1999, p. 89-107.

PÉPIN (J.), « Pourquoi l'âme automotrice aurait-elle besoin d'un véhicule ? (Nouveaux schèmes porphyriens chez saint Augustin, II) », in J. J. Cleary (ed.), *Traditions of Platonism : Essays in Honour of J. Dillon*, Aldershot, Ashgate, 1999, p. 293-305.

PERLER (O.), *Les Voyages de saint Augustin*, Paris, Les Études Augustiniennes, 1969.

PETIT (J.-F.), *Saint Augustin et l'amitié*, Paris, Desclée de Brouwer, 2008.

PHILLOTT (H. W.), « Nebridius », *Dictionary of Christian Biography*, IV, p. 9-10.

PIETSCH (C.), « Imaginatio(nes) », *Augustinus-Lexikon*, 3, 504-507.

PINCHERLE (A.), « Quelques remarques sur les *Confessions* de saint Augustin », *La Nouvelle Clio*, 7-9, 1955, p. 189-206.

PINÈS (S.), « Saint Augustin et la théorie de l'*impetus* », *Archives d'Histoire doctrinale et littéraire du Moyen Âge*, 44, 1969 (1970), p. 7-21 (repris in Id., *Collected Works*, vol. 2, Jerusalem, The Magnes Press, 1986).

PINGREE (D.), « Astrologia, astronomia », *Augustinus-Lexikon*, 1, 482-490.

PLUMER (E.), *Augustine's Commentary on Galatians*, Oxford, Oxford University Press, 2003.

POLANSKY (R.), *Aristotle's De Anima*, Cambridge, Cambridge University Press, 2007.

POLCAR (P.), « A Sting in the Tail ? Augustine's Send-Off to Nebridius in *Ep. 3* », in P. Nehring, M. Stróżynski & R. Toczko (ed.), *Scrinium Augustini. The World of Augustine's Letters*, Turnhout, Brepols, 2017, p. 249-271.

QUINN (J. M.), « Mysticism in the *Confessiones* : Four passages Reconsidered », in F. Van Fleteren et al. (ed.), *Collectanea Augustiniana : Augustine, Mystic and Mystagogue*, New York, Peter Lang, 1994, p. 251-86.

REYDAMS-SCHILS (G.), « "Becoming like God" in Platonism and Stoicism », in T. Engberg-Pedersen (ed.), *From Stoicism to Platonism. The Development of Philosophy, 100 BCE-100 CE*, Cambridge, Cambridge University Press, p. 142-158.

RIES (J.) & LIMET (H.) (dir.), *Anges et Démons*, Louvain-la-Neuve, Centre d'histoire des religions, 1989.

Rist (J.), « Forms of individuals in Plotinus », *Classical Quarterly*, H. S., 13, 1963, p. 223-231.

Rist (J.), « Ideas of Individuals in Plotinus : A Reply to Dr. Blumenthal », *Revue Internationale de Philosophie*, 92, 1970, p. 298-303.

Rist (J.), *Augustine. Ancient thought baptized*, Cambridge, Cambridge University Press, 1996.

Rosa (F.), « Appunti sulla presenza di Terenzio nell'opera di Sant'Agostino », *Quaderni Urbinati di Cultura Classica*, vol. 33, n° 3, 1989, p. 119-133.

Roskam (G.), *On the Path to Virtue. The Stoic Doctrine of Moral Progress and Its Reception in (Middle-)Platonism*, Leuven, University Press, 2005.

Russell (D. A.), *On Prophecy, Dreams and Human Imagination. Synesius, De insomniis*, Tübingen, Mohr Siebeck, 2014.

Saffrey (H. D.) & Segonds (A.-P.), « Le témoignage de saint Augustin dans la reconstitution de la *Lettre à Anébon l'Égyptien* par Porphyre », *Comptes rendus de l'Académie des Inscriptions et Belles Lettres*, 2009, p. 163-194.

Sambursky (S.), *The Concept of Place in Neoplatonism*, Jerusalem, Israel Academy of Sciences and Humanities, 1987.

Schofield (M.), « Academic epistemology », in *The Cambridge History of Hellenistic Philosophy*, Cambridge, Cambridge University Press, 1999, p. 323-351.

Sedley (D.), « Le critère d'identité chez les Stoïciens », *Revue de Métaphysique et de Morale*, 4, 1989, p. 513-533.

Sedley (D.), « The Ideal of Godlikeness », in G. Fine (ed.), *Plato 2*, Oxford, Oxford University Press, 1999, p. 309-328.

Sedley (D.), « Stoic Metaphysics at Rome », in R. Salles (ed.), *Metaphysics, Soul, and Ethics in Ancient Thought*, Oxford, Oxford University Press, 2005, p. 117-42.

Sfrizo (S. D.), *Adhaerere deo. L'unione con Dio. Filologia e storia di una locuzione biblica*, Brescia, Paideia Editrice, 1980.

Shanzer (D.), « Evodius' Strange Encounters with the Dead. Questions and Answers in Augustine, *Epp.* 158-159 », in P. Nehring, M. Stróżynski & R. Toczko (ed.), *Scrinium Augustini. The World of Augustine's Letters*, Turnhout, Brepols, 2017, p. 273-304.

Sheppard (A.), « *Phantasia* and Inspiration in Neoplatonism », in M. Joyal (ed.), *Studies in Plato and the Platonic Tradition*, Aldershot, Ashgate, 1997, p. 201-210.

Sheppard (A.), « *Phantasia* and Mathematical Projection », *Sullecta Classica*, 8, 1997, p. 113-120.

Sieben (H. J.), « "Quies" et "Otium" », *Dictionnaire de Spiritualité*, 12, 2748-51.

Sieben (H. J.), « Otium-negotium », *Augustinus-Lexikon*, 4, 406-9.

Sizoo (A.), « Augustiniana », *Mnemosyne*, New Series, 57/2, 1929, p. 125-130.

Sizoo (A.), « The year of Alypius' birth », *Vigiliae christianae*, 2, 1948, p. 106-108.

Slaveva-Griffin (S.), *Plotinus on number*, Oxford, Oxford University Press, 2009.

Sleeman (J. H.) & Pollet (G.), *Lexicon Plotinianum*, Leiden, Brill, 1980.

Smith (A.), *Porphyry's Place in the Neoplatonic Tradition. A Study in Post-Plotinian Neoplatonism*, The Hague, Martinus Nijhoff, 1974.

Smith (A.), *Philosophy in Late Antiquity*, London-New York, Routledge, 2004.

Smith (A.), « Porphyrius », *Augustinus-Lexikon*, 4, 795-804.

Smither (E. L.), *Augustine as Mentor: A Model for Preparing Spiritual Leaders*, Nashville, B&H Academic, 2009.

Soler Merenciano (A.), « De Agustín à Nebridio y de Nebridio à Agustín », in *Comunicazione e ricezione del documento cristiano in epoca tardoantica. XXXII Incontro di studiosi dell'antichità cristiana, Roma, 8-10 maggio 2003*, Institutum Patristicum Augustinianum, Roma, 2004, 425-454.

Solère (J.-L.), « Les images psychiques selon S. Augustin », in D. Lories & L. Rizzerio (éd.), *De la phantasia à l'imagination*, Louvain, Peeters, 2003, p. 103-136.

Solignac (A.), « Réminiscences plotiniennes et porphyriennes dans le début du "De ordine" de saint Augustin », *Archives de Philosophie*, 20, 1957, p. 446-465.

Solignac (A.), « Doxographies et manuels dans la formation philosophique de saint Augustin », *Recherches Augustiniennes*, 1, 1958, p. 113-148.

Solignac (A.), « Il circolo neoplatonico milanese al tempo della conversione di Agostino », in *Agostino a Milano. Il Battesimo. Agostino nelle terre di Ambroggio (22-24 aprile 1987)*, Palermo, Ed. Augustinus, 1988, p. 43-56.

Somenzi (C.), « Ambrogio e Scipione l'Africano: la fondazione cristiana dell'otium negotiosum », in *Nec timeo mori*. Atti del Congresso internazionale di studi ambrosiani nel XVI centenario della morte di Sant'Ambrogio, Milano, 4-11 aprile 1997, a cura di Luigi F. Pizzolato e Marco Rizzi, Milano, Vita e pensiero, 1998, p. 751-768.

Sorabji (R.), *Time, Creation and the Continuum. Theories in Antiquity and the Early Middle Ages*, The University of Chicago Press, 1983.

Sorabji (R.), *Matter, Space and Motion: Theories in Antiquity and their Sequel*, London, Duckworth, 1988.

Sorabji (R.), *The Philosophy of the Commentators*, A Sourcebook, London, Duckworth, 2004 (3 vol.).

Sorabji (R.), *Self. Ancient and Modern Insights about Individuality, Life, and Death*, Chicago, The University Press of Chicago, 2006.

Stark (J. C.), *Feminist Interpretations of Augustine*, University Park, The Pennsylvania State University Press, 2007.

Stead (C.), « Accidens », *Augustinus-Lexikon*, 1, 52.

Stern-Gillet (S.), « Singularité et ressemblance: le portrait refusé », in M. Fattal (éd.), *Études sur Plotin*, Paris, L'Harmattan, 2000, p. 13-45.

Stock (B.), *Augustine the Reader*, Cambridge, Belknap, 1996.

Stock (B.), *The Integrated Self. Augustine, The Bible, and Ancient Thought*, Philadelphia, University of Pennsylvania Press, 2017.

STUART (J. A.), « The Augustinian "Cause of Action" in Coleridge's "Rime of the Ancient Mariner" », *The Harvard Theological Review*, vol. 60, n° 2, 1967, p. 177-211.

TESELLE (E.), *Augustine the Theologian*, New York, Herder and Herder, 1970.

TESKE (R. J.), « Augustine's *Epistula* X : Another Look at *deificari in otio* », *Augustinianum*, 32, 1992, p. 289-299.

TESKE (R. J.), « St. Augustine's Use of "Manens in Se" », *Revue des Études Augustiniennes*, 39, 1993, p. 291-307.

TESKE (R. J.), *Paradoxes of Time in Saint Augustine*, Milwaukee, Marquette University Press, 1996.

TESKE (R. J.), « The Definition of Sacrifice in the *De ciuitate Dei* », in D. Kries & C. Brown Tkacz (ed.), *Nova Doctrina Vetusque : Essays on Early Christianity in Honor of Fredric W. Schlatter, S.J.*, New York, Peter Lang, 1999, p. 153-167 (repris dans R. Teske, *Augustine of Hippo Philosopher, Exegete, and Theologian*, Milwaukee, Marquette University Press, 2009, p. 253-69).

TESTARD (M.), *Saint Augustin et Cicéron*, Paris, Études Augustiniennes, 1958 (2 vol.).

TEUBNER (J.), *Prayer after Augustine : A Study in the Development of the Latin Tradition*, Oxford, Oxford University Press, 2018.

THEILER (W.), *Porphyrios und Augustin*, in *Schriften der Königsberg gelehrten Gesellschaft*, t. X/1, Halle, 1933 (repris dans *Forschungen zum Neuplatonismus*, Berlin, De Gruyter, 1966).

THEILER (W.), « Plotin zwischen Platon und Stoa », dans *Les Sources de Plotin, Entretiens sur l'antiquité classique*, Genève, 1960, p. 63-103.

TIMOTIN (A.), *La Démonologie platonicienne. Histoire de la notion de "daimôn" de Platon aux derniers néoplatoniciens*, Leiden, Brill, 2012.

TIXERONT (J.), *Histoire des dogmes, vol. 2, De Saint Athanase à saint A. (318-430)*, 2ᵉ éd., Paris, Gabalda, 1909.

TORNAU (Ch.), « Qu'est-ce qu'un individu ? Unité, individualité et conscience de soi dans la métaphysique plotinienne de l'âme », *Les Études philosophiques*, n°3, 2009, p. 333-360.

TORNAU (Ch.), « Happiness in this Life ? Augustine on the Principle that Virtue Is Self-sufficient for Happiness », in Ø. Rabbås et al. (ed.), *The Quest for the Good Life : Ancient Philosophers on Happiness*, Oxford, Oxford University Press, 2015, p. 265-280.

TORNAU (Ch.), « *Ratio in subiecto* ? The Sources of Augustine's proof for the Immortality of the Soul in the *Soliloquia* and its defense in *De immortalitate animae* », *Phronesis*, 62, 2017, p. 319-354.

TORNAU (Ch.), « Saint Augustine », *The Stanford Encyclopedia of Philosophy* (Winter 2019 Edition), Edward N. Zalta (ed.), URL = <https://plato.stanford.edu/archives/win2019/entries/augustine/>.

TORNAU (Ch.), « Spiritus », *Augustinus-Lexikon*, 5, 551-559.

Tortorelli (K. M.), « Cicero as a Point of Reference for Appreciating *Confessions* IV, 4-9 : Consolatio », *Vetera Christianorum*, 28, 1991, p. 375-385.

Toszko (R.), « Debating through the Letters vs. Live Discussions. The Patterns of *ars disputandi* in Augustine's Correspondance », in P. Nehring, M. Strózynski & R. Toczko (ed.), *Scrinium Augustini. The World of Augustine's Letters*, Turnhout, Brepols, 2017, p. 149-178.

Toulouse (S.), *Les Théories du véhicule de l'âme : genèse et évolution d'une doctrine de la médiation entre l'âme et le corps dans le néoplatonisme*, thèse de doctorat inédite, École Pratique des Hautes Études, 2001 (résumé dans *École Pratique des Hautes Études, Section des sciences religieuses. Annuaire*, Tome 109, 2000-2001, p. 521-524).

Toulouse (S.), « Le véhicule de l'âme chez Plotin : de la réception d'une hypothèse cosmologique à l'usage dialectique de la notion », *Études platoniciennes*, 3, 2002, p. 103-128.

Trapè (A.), *Saint Augustin. L'homme, le pasteur, le mystique*, tr. fr., Paris, Fayard, 1988.

Trapè (A.), *La Règle d'Augustin commentée*, Abbaye de Bellefontaine, Ed. Monastique, 1993.

Trapp (M.), *Greek and Latin Letters, an Anthology with Translation*, Cambridge, Cambridge University Press, 2003.

Trouillard (J.), « La μονή selon Proclos », in *Le Néoplatonisme*, Paris, Éd. du CNRS, 1971, p. 229-238.

Trout (D. E.), « Augustine at Cassiciacum : *otium honestum* and the social dimension of conversion », *Vigiliae Christianae*, 42, 1988, p. 132-146.

Uhle (T.), « Das Unsagbare sagen ? Die Grenzen sprachlicher Vermittlung des wahren Wesens Gottes in Augustinus' frühen Schriften », in Ch. Müller & G. Förster (ed.), *Augustinus als Pädagoge und als Sprachtheoretiker*, Würzburg, Friedrich Pustet, 2020, p. 179-198.

Van Bavel (T. J.), *Recherches sur la christologie de saint Augustin. L'humain et le divin dans le Christ d'après saint Augustin*, Fribourg, Éditions universitaires, 1954.

Van der Meer (A.), *Saint Augustin pasteur d'âmes*, Colmar/Paris, Éd. Alsatia, 1955 (2 vol.).

Van Fleteren (F.), « Immortalitas », *Augustinus-Lexikon*, 3, 525-529.

Van Fleteren (F.), « Mysticism in the *Confessiones* – A controversy Revisited », in F. Van Fleteren et al. (ed.), *Collectanea Augustiniana : Augustine, Mystic and Mystagogue*, New York, Peter Lang, 1994, p. 309-336.

Verbeke (G.), *L'Évolution de la doctrine du pneuma du stoïcisme à s. Augustin*, Paris/Louvain, Desclée de Brouwer, 1945.

Verbeke (G.), « Spiritualité et immortalité de l'âme chez saint Augustin », in *Augustinus magister*, I, Paris, 1954, p. 329-334.

Verbeke (G.), « Augustin et le stoïcisme », *Recherches Augustiniennes*, 1, 1958, p. 67-89.

Voss (B. R.), « Vernachlässigte Zeugnisse klassischer Literatur bei Augustin und Hieronymus », *Rheinisches Museum*, 112, 1969, p. 154-166.

Wallis (R.), *Neoplatonism*, Second Ed., London, Bristol Classical Press, 1995.

Watson (G.), *Phantasia in Classical Thought*, Galway, Galway University Press, 1988.

Whittaker (J.), « Does God Have a Soul ? », *Documenti e studi sulla tradizione filosofica medievale*, 10, 1999, p. 1-23.

Wilberding (J.), *Plotinus's Cosmology. A Study of Ennead II.1 (40)*, Oxford, Oxford University Press, 2006.

Zangara (V.), « Il 'vehiculum animae' e le apparizioni dei morti nell' *Ep.* 158 di Evodio a Agostino », *Rivista di storia e letteratura religiosa*, 25, 2, 1989, p. 234-58.

Zangara (V.), *Exeuntes de corpore. Discussioni sulle apparizioni dei morti in epoca agostiniana*, Firenze, L. S. Olschki, 1990.

Zumkeller (A.), *L'Idéal monastique de saint Augustin*, Paris, Régnier, 1995.

Zurli (L.), « L'epistola a Pentadio (e altre reliquie) di Vindiciano », in *Prefazioni, prologhi, proemi di opere tecnico-scientifiche latine, a cura di C. Santini e N. Scivoletto*, II, Roma, 1992, p. 455-462.

Sommaire

Table des matières v
Remerciements ix

Introduction 1
1   Néoplatonisme et christianisme 1
     1.1   *Augustin et le néoplatonisme latin* 1
     1.2   *Questions sur le monde, l'âme et Dieu* 3
     1.3   *L'appropriation des textes philosophiques* 5
     1.4   *Philosophie et religion en théorie et en pratique* 7
2   Aspects littéraires et philosophiques 9
     2.1   *Nebridius écrivain* 9
     2.2   *Une rhétorique de l'effervescence* 10
     2.3   *Philosopher vite* 11
3   La vie de Nebridius 14
     3.1   *Un ami de jeunesse* 14
         3.1.1   Une origine carthaginoise aisée 14
         3.1.2   La rencontre avec Augustin 16
         3.1.3   « Adulescens ualde castus » : la critique de l'astrologie 17
         3.1.4   Le dilemme de Nebridius contre le manichéisme 18
     3.2   *Le séjour en Italie* 20
         3.2.1   « Trois bouches affamées » à Milan 20
         3.2.2   Le premier projet de vie commune à Milan 21
         3.2.3   Les discussions « de finibus » 23
         3.2.4   Assistant du grammairien Verecundus 25
         3.2.5   L'attachement au docétisme (*Conf.* ix, 3, 6) 26
         3.2.6   Cassiciacum 28
     3.3   *L'otium en Afrique* 29
         3.3.1   Le retour de Nebridius en Afrique et son baptême 29
         3.3.2   L'épreuve de la séparation et de la maladie 30
         3.3.3   Le manque de disponibilité d'Augustin 31
         3.3.4   L'adieu des *Confessions* (ix, 3, 6) 32
         3.3.5   Le dernier hommage (*Ep.* 98, 8) 34
4   État du corpus et chronologie 35
     4.1   *La constitution du corpus* 35
     4.2   *Un corpus lacunaire* 36
     4.3   *La chronologie* 38

4.4   *L'ordre des lettres*   40
4.5   *Essai de reconstitution de la correspondance*   42
5   Le texte latin des *Lettres* 3-14   44
   5.1   *Note sur le texte latin utilisé dans ce livre*   44
   5.2   *Éléments de critique textuelle par Dominique Poirel*   45

Epistulae 3-14 (texte latin)   52

Lettres 3-14 (traduction française)   53

La finitude du monde et l'immortalité de l'âme (*Lettre* 3)   96
1   Augustin est-il heureux (§1-2) ?   96
   1.1   *Le quasi-bonheur (§1)*   96
   1.2   *« Augustin avec Augustin » (§1)*   97
   1.3   *La science et le bonheur (§2)*   99
2   Trois connaissances élémentaires en physique (§2)   101
   2.1   *Le rejet de l'atomisme*   101
   2.2   *Le bas*   102
      2.2.1   L'« univers perpendiculaire » d'Épicure   102
      2.2.2   « Y a-t-il quelque chose en haut ou en bas dans l'univers ? » (*Question* 29)   105
         2.2.2.1   Le haut comme lieu des « choses spirituelles » (*spiritualia*)   105
         2.2.2.2   « Le monde n'a pas de haut ou de bas »   106
         2.2.2.3   « Le haut et le bas sont dans les parties du monde »   108
         2.2.2.4   Une totalité n'a pas de haut ou de bas   109
         2.2.2.5   La divergence entre les conceptions augustinienne et aristotélicienne du haut et du bas   112
   2.3   *La rotation de la sphère céleste*   113
3   Pourquoi le monde a-t-il la taille qu'il a (§2) ?   114
   3.1   *L'hypothèse d'une croissance homothétique du monde à l'infini*   114
   3.2   *Le problème d'Augustin à la lumière de la physique contemporaine (excursus)*   116
      3.2.1   L'accroissement du monde et l'expansion de l'univers   116
      3.2.2   La forme sphérique de l'univers   117

		3.3	*Le nombre sensible et le nombre intelligible* 121

- 3.3 *Le nombre sensible et le nombre intelligible*   121
  - 3.3.1 Une doctrine secrète   121
  - 3.3.2 La finitude de la grandeur corporelle chez Aristote et chez Augustin   122
  - 3.3.3 Les propriétés contraires du sensible et de l'intelligible   123
- 3.4 *La croissance à l'infini du nombre intelligible*   126
  - 3.4.1 Une notion plotinienne ?   126
  - 3.4.2 Richesse et pauvreté   130
  - 3.4.3 L'amour de la monade   132
  - 3.4.4 Conclusion : l'infini corporel et l'imagination   133
- 3.5 *La question de la taille du monde est-elle d'origine exégétique ?*   134
  - 3.5.1 Une question plotinienne ?   135
  - 3.5.2 Sg 11, 21 dans *Sent.* 7   136
  - 3.5.3 La solution de Galilée au problème d'Augustin   136

4 Pourquoi le monde est-il là où il est (§2) ?   137
- 4.1 *L'univers est-il dans un lieu ?*   137
- 4.2 *Un univers fini dans le temps et dans l'espace*   139
  - 4.2.1 Une analogie entre la durée et le lieu du monde (*De ciu. Dei*, XI, 5)   139
  - 4.2.2 L'utilisation d'une controverse suscitée par un argument d'Archytas en faveur de l'infinité de l'univers   141
  - 4.2.3 Conclusion : une question dépourvue de sens ?   143

5 La comparaison des miroirs (§3)   144

6 Une démonstration de l'immortalité de l'âme (§4)   145
- 6.1 *Un raisonnement « chéri »*   145
- 6.2 *La structure commune des preuves formulées en* Sol. *II, 13, 24,* Ep. *3, 4 et* De immort. anim. *4, 5-6*   150
  - 6.2.1 Les trois termes et les trois réquisits de la preuve   150
  - 6.2.2 La question de la validité de la preuve   155
  - 6.2.3 L'« alicubité » : « Tout ce qui est doit être quelque part » (*Sol.* I, 15, 29)   158
  - 6.2.4 Une objection à la preuve de l'immortalité de l'âme : le cas des âmes ignorantes (*Sol.* II, 14, 25)   161
- 6.3 *Un raisonnement* a fortiori (*Ep. 3, 4*)   162
- 6.4 *Les raisons de l'abandon de la preuve de l'immoralité de l'âme*   162

7 Ce qui doit « être désiré » : *cupi* ou *cupiri* ? (§5)   165
- 7.1 *Le prix de l'amitié*   165
- 7.2 *Trois points de grammaire*   166

Le progrès dans la distinction entre le sensible et l'intelligible (*Lettre* 4)   168

1   Le progrès (§1-2)   168
    1.1   *La distinction entre le sensible et l'intelligible (§1)*   168
        1.1.1   Les progrès effectués à Cassiciacum ?   168
        1.1.2   La distinction fondamentale du platonisme   169
    1.2   *La force de l'accoutumance (§1)*   170
    1.3   *Le progrès et le Sorite (§2)*   171
        1.3.1   Augustin et le Sorite   172
        1.3.2   « Être sage » est-il un prédicat soritique ?   173
    1.4   *Augustin et la théorie stoïcienne du progrès*   175
        1.4.1   Il n'y a pas d'état intermédiaire entre la sottise et la sagesse (*De beat. uit.* 4, 24 ; *De ut. cred.* 12, 27)   175
        1.4.2   Le jugement des *Rétractations* sur *De ut. cred.* 12, 27 et *De lib. arb.* III, 24, 71   177
        1.4.3   La critique de la théorie stoïcienne du progrès dans la *Lettre* 167 à Jérôme   178
2   L'élévation vers Dieu (§2)   181
    2.1   *Les « coups du sensible » et leurs remèdes*   181
    2.2   *Un « petit raisonnement » (*ratiuncula*) sur la supériorité de l'intelligible par rapport au sensible*   182
    2.3   *Existence et présence des intelligibles*   184
        2.3.1   L'« anticipation » de ce qui demeure   184
        2.3.2   La double présence à soi de soi et des intelligibles   186
    2.4   *Exercice philosophique et expérience mystique*   188
        2.4.1   La contemplation d'Ostie : état de la question   189
        2.4.2   L'apport de la *Lettre* 4   192

L'hypothèse d'un quasi-corps qui serait le véhicule de l'âme (*Lettre* 13)   195

1   Un ancien sujet de conversation (§1-2)   195
2   Le πνεῦμα-ὄχημα   196
    2.1   *Les origines de la doctrine*   196
    2.2   *L'ὄχημα chez Plotin et Porphyre*   198
    2.3   *Augustin et la théorie du « véhicule » : le témoignage de la Lettre* 13   200
3   Le problème de l'existence du « véhicule » de l'âme (§2-4)   202
    3.1   *Le congédiement de la question (§2)*   202
    3.2   *Peut-on inférer que le « véhicule de l'âme » existe (§3) ?*   203
        3.2.1   Peut-on savoir qu'un corps existe ?   204
        3.2.2   L'inférence que le « véhicule » existe   206

    3.3   *Les deux façons de comprendre que quelque chose existe (§4)*   207
    3.4   *La théorie de l'inférence de l'existence d'après la* Lettre 13   208
          3.4.1   L'existence de l'âme et de celle de Dieu   209
          3.4.2   Le cas de trois d'objets « non-standards » autres que le « véhicule »   209
4   Le maintien du refus du « véhicule » de l'âme   212
    4.1   *L'hypothèse d'un corps qui individualise l'âme après la mort (la* Lettre *158 d'Evodius)*   212
    4.2   *L'âme et la « ressemblance de son corps » d'après le* De genesi ad litteram (XII, 32, 60 sq.)   215
          4.2.1   L'hypothèse d'une « ressemblance du corps »   216
          4.2.2   Porphyre et Augustin sur les peines de l'enfer   218
          4.2.3   Le « spiritus » augustinien   219
    4.3   *Conclusion*   220

L'attachement à Dieu et l'engagement dans la vie publique (*Lettre* **5 de Nebridius)**   222
1   La fondation à Thagaste d'une communauté religieuse   222
2   Une exhortation à revenir au loisir   223
    2.1   *« Servir Dieu »*   224
    2.2   *« S'attacher à Dieu »*   225
3   La situation à Thagaste   229
    3.1   *Une tentative pour arracher Augustin à une emprise locale ?*   229
    3.2   *Augustin sous le poids des « munera publica » ?*   230
    3.3   *Concitoyens* (ciues) *et coreligionnaires*   231

Deux questions sur la *phantasia* **(***Lettre* **6 de Nebridius)**   234
1   Le prologue (§1)   234
2   La mémoire peut-elle exister sans la *phantasia* ?   235
    2.1   *Une double thèse de Nebridius*   235
    2.2   *Un problème aristotélicien repris par Plotin*   236
          2.2.1   Une difficulté sur l'âme (*Enn.* IV, 3 [27], 30)   236
          2.2.2   La mémoire par accident des intelligibles (Aristote, De mem. 1)   237
          2.2.3   L'imagination comme miroir de la pensée (*Enn.* I, 4 [46], 10)   238
          2.2.4   L'« autre explication » de Plotin : le langage comme véhicule de la pensée (*Enn.* IV, 3 [27], 30)   239

	2.3	*La* phantasia *comme passion de l'intellect ?* 240

       2.3   *La* phantasia *comme passion de l'intellect ?*   240
             2.3.1   La théorie néoplatonicienne de la « projection »   240
             2.3.2   Une identification opérée par Porphyre ?   242
3   La *phantasia* tient-elle d'elle-même ses images ? (§2)   244
       3.1   *Existe-t-il une réminiscence des choses empiriques ?*   244
       3.2   *Une hypothèse inspirée par la* Sentence *16 de Porphyre ?*   245

L'imagination, la mémoire et l'intellection (*Lettre* 7)   248

1   « Il peut y avoir une mémoire de certaines choses sans aucune imagination » (§1-2)   248
       1.1   *« Phantasia » et « imaginatio »*   248
       1.2   *Le passé de la mémoire (§1-2)*   252
       1.3   *La réminiscence platonicienne (§2)*   253
             1.3.1   Une objection des nouveaux Académiciens contre la théorie de la réminiscence ?   253
             1.3.2   Augustin et la préexistence de l'âme   256
             1.3.3   L'exemple de l'éternité   257
2   L'âme ne peut pas former d'images avant d'avoir usé des sens (§3-7)   258
       2.1   *Les images dérivent des sensations (§3)*   259
             2.1.1   L'imagination n'est pas antérieure à la sensation   259
             2.1.2   La *phantasia* comme « coup »   260
       2.2   *Les trois espèces de* phantasiae *(§4)*   261
             2.2.1   Les fictions   262
                    2.2.1.1   *Les fictions en vue de l'argumentation*   262
                    2.2.1.2   *Les images des personnages historiques et des personnages de fiction*   262
                    2.2.1.3   *Les fictions philosophiques*   263
                    2.2.1.4   *Les « affabulations des poètes et des hérétiques »*   264
                    2.2.1.5   *Les « adynata » ?*   266
             2.2.2   Les images des choses sur lesquelles on raisonne   267
                    2.2.2.1   *La φαντασία λογιστική*   267
                    2.2.2.2   *Les images en physique et dans les arts libéraux*   268
                    2.2.2.3   *Augustin et les Néoplatoniciens sur l'intelligence*   270
       2.3   *Derechef, qu'il n'existe pas d'imagination* a priori *(§5)*   272

- 2.4 *La formation des images fictives (§6)*   273
  - 2.4.1   Le « pouvoir de diminuer et d'augmenter »   273
  - 2.4.2   La mémoire comme « limite » de la pensée   273
- 2.5 *Les « images » corporelles des émotions et l'union de l'âme et du corps (§7)*   275
  - 2.5.1   L'âme du monde n'a pas d'images *a priori* des réalités physiques   275
  - 2.5.2   Les mimiques comme « images » des émotions   278
  - 2.5.3   Une mise en garde contre les images   280

Comment les « puissances supérieures » font-elles voir des images en rêves (*Lettre* 8 de Nebridius) ?   282

1. La suite des questions de Nebridius sur la *phantasia*   282
2. Une question suscitée par la *Lettre à Anébon* ?   283
3. Trois hypothèses sur le mode opératoire des « puissances supérieures »   286
   - 3.1 *Les « puissances supérieures »*   286
   - 3.2 *Les trois hypothèses*   288
   - 3.3 *Une action immédiate des « puissances » sur la pensée du dormeur ([1])*   289
   - 3.4 *Une monstration d'images formées par les « démons » sur leurs propres corps ([2a])*   290
     - 3.4.1   L'impression des représentations de l'imagination sur le corps des démons   290
     - 3.4.2   Les organes de la vision imaginaire   292
     - 3.4.3   Une « synthèse porphyrienne » ?   294
   - 3.5 *Un « transfert » d'images d'imagination à imagination ([2b])*   294

Une explication du mode d'action des « puissances supérieures » sur l'âme (*Lettre* 9)   296

1. La chronologie de l'échange sur les rêves (§1-2)   296
   - 1.1 *La Lettre 8 + 1 de Nebridus à propos de sa solitude*   296
   - 1.2 *« Avoir » son ami en Dieu et être ensemble* (simul) *par la pensée (§1)*   297
   - 1.3 *Trois modes différents de l'*ars disputandi *(§2)*   299
   - 1.4 *La* Lettre 8 – 1 *de Nebridius*   300
2. Une explication « probable » fondée sur l'interaction de l'âme et du corps (§3-5)   300
   - 2.1 *Les « traces » corporelles de l'activité imaginative (§3)*   301

		2.2	*La manipulation des « traces » corporelles de la pensée (§3)* 302

- 2.2 *La manipulation des « traces » corporelles de la pensée (§3)* 302
- 2.3 *L'analogie avec la bile (§4)* 303
- 2.4 *Une explication d'inspiration aristotélicienne ?* 305
- 2.5 *Conclusion* 307

3 Un problème demeuré irrésolu 308
- 3.1 *Les premières interrogations* 308
- 3.2 *L'explication du* De diuinatione daemonum *et sa rétractation* 309
- 3.3 *La résurgence de l'alternative de Nebridius dans le* De Genesi ad litteram *et l'*Ep. 162 310
- 3.4 *Le « mélange » des esprits comme « union sans confusion »* 314
  - 3.4.1 L'ἀσύγχυτος ἕνωσις 315
  - 3.4.2 Trois hypothèses de Porphyre 316
- 3.5 *Conclusion* 319

L'individualité (*Lettre* 14) 320

1 Les questions les plus récentes de Nebridius (§1-2) 320
2 Des astres et des hommes (§2-3) 321
- 2.1 *Une question théologique ?* 321
- 2.2 *Les disparités dans le ciel et sur la terre* 323
  - 2.2.1 Co 15, 41 324
  - 2.2.2 Le clivage antique entre le supra-lunaire et le sublunaire 325
  - 2.2.3 Le problème des « espèces monadiques » 327
- 2.3 *L'homogénéité entre le ciel et la terre* 328
  - 2.3.1 Récusation de l'opposition de Nebridius 328
  - 2.3.2 Les actions intellectuelles des hommes et des astres (l'exemple de la contemplation) 329
  - 2.3.3 Les actions physiques (l'exemple de la marche) 331
- 2.4 *Les propriétés individuelles* 332
  - 2.4.1 L'individu comme collection de propriétés 332
  - 2.4.2 Les jumeaux sosies de Daucus 333
  - 2.4.3 Le problème des indiscernables 334
  - 2.4.4 Augustin et l'indiscernabilité 336
  - 2.4.5 La question du principe de l'individuation chez Plotin 337
  - 2.4.6 Le géant Naevius et les disparités de taille entre les hommes et les astres (§3) 339
  - 2.4.7 L'« homme Christ » et les disparités qualitatives 340

3   Dieu contient-il la forme des différents individus humains ou seulement celle de l'homme (§4) ?   342
      3.1   *De quoi y a-t-il des formes ?*   342
      3.2   *Plotin et les formes des individus*   343
      3.3   *La réponse à la « grande question »*   344
            3.3.1   Le point de vue de la création et le point du vue du temps   345
            3.3.2   Une analogie géométrique pour éclairer un « point très obscur »   348
            3.3.3   L'individu comme partie d'une totalité   350
            3.3.4   De la géométrie à l'histoire   351
            3.3.5   La « réduction » à l'un   352
            3.3.6   Conclusion   353

Pourquoi est-ce le Fils qui s'est incarné (1) (*Lettre* 12) ?   355
   1   La gestion de la correspondance avec Nebridius   355
   2   Une nouvelle question de Nebridius sur le Christ   356

L'assimilation à Dieu dans le loisir (*Lettre* 10)   359
   1   Comment vivre ensemble (§1) ?   359
      1.1   *Une accusation de Nebridius*   359
      1.2   *Le loisir, le bonheur, l'amitié*   359
      1.3   *Une consolation*   360
      1.4   *Trois options*   362
   2   Le loisir et l'assimilation à Dieu (§2)   364
      2.1   *Le loisir et la mort*   364
            2.1.1   La recherche de la familiarité avec la mort   364
            2.1.2   De la crainte au désir de la mort   366
            2.1.3   Le loisir comme mort à l'amour du corps   367
      2.2   *Trois catégories d'hommes affairés*   367
            2.2.1   Les « pilotes » de l'Église et les autres   368
            2.2.2   L'idéal antique de l'assimilation à Dieu   370
            2.2.3   Une contribution au thème des « genres de vie »   372
      2.3   *Le loisir est indispensable pour atteindre l'impavidité et le bonheur*   374
      2.4   *Le « loisir de la vie chrétienne »* (Retract. *1, 1, 1*)   376
   3   Il est possible de connaître le bonheur *dans cette vie* (§3)   379
      3.1   *Le retour en soi*   379
      3.2   *Une thèse sur le bonheur et sa rétractation*   381

SOMMAIRE   479

    3.3   *Exhortation à Nebridius*   383
    3.4   *Une solution pour vivre ensemble ?*   384

Pourquoi est-ce le Fils qui s'est incarné (II) (*Lettre* 11) ?   385
1   Un nouveau point sur les échanges en cours (§1)   385
2   Reformulation de la question théologique de Nebridius (§2)   385
3   La formation de l'ontologie trinitaire   389
    3.1   *Anagogie, ontologie, analogie*   389
    3.2   *Les fondements scripturaires et philosophiques de l'ontologie trinitaire*   390
        3.2.1   Sg 11, 21   390
        3.2.2   Rm 11, 36   391
        3.2.3   Les paradigmes « scientifiques » et philosophiques   392
    3.3   *De gen. cont. man. I, 16, 26 : Sg 11, 21 et l'unité de la concorde*   393
    3.4   *Sent. 18 : la Trinité de Sg 11, 21*   393
    3.5   *De mus. VI, 17, 56 : la structure trinitaire du nombre, de la substance créée et de Dieu*   395
    3.6   *De uera relig. 7, 13 : esse-habere speciem-administrari*   396
    3.7   *De diu. quaest. 83, 18 : une preuve par les effets de l'existence de la Trinité*   397
4   Comment est comprise l'inséparabilité de la Trinité (§3)   398
    4.1   *Une preuve par les effets de l'inséparabilité de la Trinité*   398
    4.2   *La « métaphysique des prépositions »*   400
5   La « manence »   402
    5.1   *La μονή néoplatonicienne comme modèle causal*   402
        5.1.1   La manence et Sg 7, 27b d'après *Conf.* VII, 9, 14   402
        5.1.2   Le Saint-Esprit comme Manence   405
    5.2   *Être et demeurer* (De gen. ad litt. *I, 8, 14*)   407
    5.3   *La manence comme pérennité*   409
        5.3.1   Le repos du septième jour (*De gen. ad litt.* IV, 18, 34-35)   409
        5.3.2   La « manence » et la résurrection des morts (*Sent.* 7)   410
              5.3.2.1   *L'inamissibilité de la forme en vertu de laquelle un corps est un corps* (De immort. anim. *8, 13-15*)   411
              5.3.2.2   *Sent. 7, De la résurrection du corps*   412
              5.3.2.3   *Mort, conflagration et immutabilité du corps* (Sent. *19*)   415

6   Le rôle du Fils (§4)   416
    6.1   *Le Fils comme Forme, Art et Discipline*   416
    6.2   *Les trois questions rhétoriques* (an sit ? quid sit ? qualis sit ?)   417
    6.3   *Le « caractère propre » de l'action du Fils*   419
    6.4   *Inséparabilité et distinction de l'action des trois Personnes*   422
    6.5   *Enseignement, révélation et rédemption*   423
7   Développements ultérieurs du problème de Nebridius : l'inséparabilité de la Trinité et l'Incarnation du Fils   427
    7.1   *L'Incarnation est l'œuvre inséparable de la Trinité* (Serm. 52)   427
    7.2   *La « mission » du Fils* (De Trin. IV, 20, 27-28)   429

Conclusion   432
Bibliographie   439
Sommaire   470
Index des Auteurs Modernes   481
Index des Sujets   486
Index Locorum   494

Index des Auteurs Modernes

Agaësse (P.) & Solignac (A.)   100n16, 219n68, 219n69, 278n83, 288n21, 303n26, 311n45, 312, 312n51, 312n52, 324n11, 324n12, 330n25, 330n27, 330n28, 390n21, 410, 410n84
Alfeche (M.)   412n88
Annas (J.)   370n36
Armstrong (A. H.)   239n15
Atkins (E. M.)   296n3
Ayres (L.)   322n9, 357n8, 387n11, 387n12, 420, 428, 428n131, 428n132

Babut (D.)   104n40
Balido (G.)   149n174
Baltes (M.)   102n26, 212n50, 213, 214, 214n53, 214n54
Baltussen (H.)   361n10
Bardy (G.)   303n26, 371n44, 382n81
Barnes (J.)   172n17, 174
Barnes (M. R.)   321, 321n4, 322n5, 322n7, 329n19, 386, 387n9, 387n10, 388, 416, 427n129
Batiffol (P.)   385n2
Baxter (J. H.)   39n146, 383n85
Beaujeu (J.)   302n26
Beduhn (J. D.)   20n66
Beierwaltes (W.)   146n157, 390n21
Bénatouïl (Th.)   175n26, 371n41, 373n49
Bermon (E.)   7n20, 44n162, 152n182, 156n196, 162n214, 163n219, 165n222, 166n228, 194n85, 278n84, 342n62
Berrouard (M.-F.)   430n134, 430n135
Beutler (R.)   126n87, 240, 243n30
Bidez (J.)   326n15
Blackwood (S.)   234n2
Blumenthal (H. J.)   129n99, 267n57, 343n66, 343n68
Bochet (I.)   248n2
Bonner (G.)   189n54, 377n66
Boulogne (J.)   185n41
Bourke (V. J.)   210n46
Bouton-Touboulic (A.-I.)   25n89, 354n94, 393n32
Boyer (Ch.)   188n64, 190, 345n73, 346n75

Brachtendorf (J.)   164, 164n221, 165n222, 189n65
Bréhier (É.)   129, 135, 138n131, 415n95
Brennan (T.)   174n25
Bretell (R. R.)   11n27
Breton (S.)   242n25
Brisson (L.)   128n94, 238n12, 338n42
Brittain (Ch.)   158n203, 255n23, 289n22, 335n41, 339n49, 359n1
Brouwer (R.)   175n25, 175n26, 175n27
Brown (P.)   225n10, 424
Brunschwig (J.)   387n13
Buenacas Pérez (B.)   32n118
Burnaby (J.)   193, 193n81, 194n82
Burnyeat (M.)   172n17, 234n2, 370n37, 370n38, 370n39
Burton (Ph.)   32n119
Butler (C.)   118n67, 191n73

Cary (Ph.)   151, 151n181, 152n182, 155, 155n193, 155n194, 156, 156n195, 158n203
Cassin (M.)   189n64
Castagnoli (L.)   13n33, 151n179
Castelletti (C.)   218n66, 219n67
Caston (V.)   307n37
Catapano (G.)   3n13, 149n174, 255n22, 263n47, 321n2, 373n49
Cavallera (F.)   188n64, 191, 391n25
Cayré (F.)   381n81
Ceresola (G.)   235n4
Cézanne   146n158
Charles-Picard (G.)   15, 41
Chateaubriand   333n36
Chéné (J.)   378n68
Chrétien (J. L.)   421n115
Coleridge   251n13
Colish (M.)   175n28
Conche (M.)   103n35
Cornford (F. M.)   107n44
Courcelle (P.)   1, 1n4, 2n9, 19n65, 20n67, 21, 21n74, 22n75, 24n85, 25n89, 34n125, 34n127, 34n128, 171n13, 184n56, 191n78, 308n40, 318n68, 361n11, 370n36
Courtès (J.)   303n26

Coyle (J. K.)   23n79, 369n33
Crosson (F.)   14n36
Crubellier (M.)   185n85
Cumont (F.)   286n12

D'Ancona Costa (C.)   402n58, 403n62, 403n64, 404n65
Dales (R. C.)   329n24
Daley (B. E.)   341n57
Daur (K.-D.)   38n142, 40, 44, 149, 299n16, 333n35, 356, 383n85
De Ghellinck (J.)   341n57
De Libera (A.)   164n220
Decret (F.)   18n59, 20n66, 27n98
Deichgräber (K.)   303n26
Den Boeft (J.)   286n14
Descartes   408
Descotes (P.)   437n8
Dewart (J. M.)   426n126
DeWitt (N.)   102n30, 103n33
Di Capua (F.)   10n23
Di Pasquale Barbanti (M.)   196n8
Dillon (J.)   267n57
Divjak (J.)   38n142, 40
Dobell (B.)   433n1
Dodaro (R. J.)   296n3
Dodds (E.R.)   196n8, 198, 294n35, 308n41, 406n78
Doignon (J.)   165n223, 168n2, 184n56, 264n49
Dolbeau (F.)   138n133, 330n25, 404n71, 412n88, 413n92
Dörrie (H.)   6, 6n16, 27n97, 154n191, 371n42, 400n51
Doucet (D.)   259n62
Doyle (D. E.)   357n9
Drecoll (V. H.)   391n25, 397n44
Dufour (R.)   135n121
Du Roy (O.)   132n110, 357n7, 357n8, 386n4, 388, 388n14, 389, 389n16, 389n18, 390n20, 390n21, 393n31, 395n40, 396n42, 398n47, 406n79, 411n86, 419, 419n105, 419n107, 420n108, 422n117, 423, 426n127
Duhem (P.)   100n18
Dulaey (M.)   282n1, 282n3, 287n18, 288n21, 295n42, 305n30, 314n56
Dunham (S.)   407n80

Dupréel (E.)   99
Duval (Y.-M.)   361n9

Ebbeler (J.)   36n132
Einstein   116, 119n73
Erler (M.)   24n84
Exon (C.)   166n229, 167n230

Feynman (R.)   101n25, 117
Ficin   221
Folliet (G.)   14n35, 16n47, 41, 223n4, 365n23, 365n26, 368n31, 376n61, 377n64, 377n65, 379n76, 380n77, 423n120
Follon (J.)   17n51, 299n15, 360n8
Fortin (E. L.)   316n62
Frend (W. H. C.)   231n33
Fry (C.)   179n36, 437n8
Fuhrer (Th.)   15n41, 20n68, 24n84, 28n104, 169n4, 205n32, 264n49
Furley (D.)   103n31, 103n32, 104n36

Gabillon (A.)   18n58
Galilée   136
Garnsey (P.)   22n76
Gavigan (J. J.)   5n14, 14n35, 37, 39n147, 98n7, 166n226, 195n2, 280n92
Gavoille (É.)   435n3
Gavrilov (A.)   234n2
Geerlings (W.)   316n62
Genequand (C.)   243n31, 243n32
Gilson (É.)   129n101, 382n81
Gioia (L.)   428n130
Giordano Bruno   221
Girard (J.-M.)   360n7
Glucker (J.)   8n20
Goldbacher (A.)   34n126, 38, 39, 39n148, 40, 44, 299n16, 333n35, 356, 356n5, 383n85, 399n48
Gould (S. J.)   136n123
Goulet (R.)   104n39, 283n5
Grant (E.)   142n141
Grosser (M.)   11n27
Grote (A.)   369n32, 369n33
Guyot (M.)   278n82

Hadot (I.)   15n42, 160n210
Hadot (P.)   1n4, 8n20, 10n25, 22n77, 102n28, 113n54, 115, 122, 122n79, 125n86, 126, 126n88, 126n89, 127, 127n92, 129n98,

INDEX DES AUTEURS MODERNES

131n105, 134, 144n149, 154n191, 186, 186n60, 186n61, 188n63, 245n35, 275n75, 283n5, 284n9, 286n12, 298n12, 347n79, 372n48, 403n60, 406, 406n78, 406n79
Halliburton (R. J.)   223n4
Halliwell (S.)   264n50
Hankinson (R. J.)   122n80, 172n17
Hanson (J. H.)   282n1,
Hegel   129, 169n100
Henry (P.)   1n1, 1n6, 2n10, 3n13, 97n4, 146, 146n160, 147n161, 188n64, 191, 214n57, 361n11, 371n45
Hobson (P.)   277n80
Hörmann (W.)   158n203
Hoffmann (Ph.)   138n129, 252n14, 255n22
Holte (R.)   226n16, 383n83
Horn (Ch.)   122n78
Hubble   116
Hussey (E.)   112n52

Igal (J.)   260n36
Inwood (B.)   400n52, 436n4

Jenkins (C.)   43n160
Johnson (W. A.)   234n2
Joly (R.)   373n49, 377n50, 374n55

Kahn (Ch.)   418n104
Kalligas (P.)   260n36, 343n67
Kannengiesser (J.)   9n21
Kant   242n25
Kany (R.)   297n8
Karfíková (L.)   145n153, 345n73, 348, 349n81, 350n83, 350n84, 353, 353n92
Kassel (R.)   361n10
Kaster (R. A.)   25n91
Keenan (M. E.)   384n41
Kendeffy (G.)   13n32
Klein (R.)   221n73
Klingshirn (W. E.)   308n141
Knorr (W.)   144n48
Köckert (Ch.)   35n131, 38, 38n143, 38n144, 44n164, 195n2, 280, 364, 364n22, 373n50
Konstan (D.)   103n35
Kraleva (A.)   416n97
Kroll (W.)   45n165
Kühn (W.)   158n203

La Bonnardière (A.-M.)   202n25, 390n21, 404n68
Labarrière (J.-L.)   202n25
Lagouanère (J.)   255n22
Laidlaw (W. A.)   373n50
Lain Entralgo (P.)   361n10
Lancel (S.)   15n38, 15n41, 17n52, 19n64, 23n83, 28n105, 30n114, 36n132, 38, 40, 44, 44n162, 212, 212n3, 223n4, 229, 257n27, 358n10, 363n19, 383n85, 436, 437
Lane Fox (R.)   3n11, 6n15, 26n93, 168n2
Langslow (D. R.)   305n21
Lapeyre (G.)   15n41
Lawless (G.)   23n80, 30n114, 212n3, 223n4, 225n11, 233, 233n36, 362n13, 369n33
Lebreton (J.)   26n96
Lechner (O.)   408n82, 409n83
Lee (A.)   376n63
Legewie (B.)   363n18
Leibniz   143n145, 221, 221n74
Lenain de Tillemont (S.)   14n35, 38, 280
Lepelley (C.)   15n41, 230, 231, 231n33
Lernoud (A.)   241n23
Lichacz (J.)   261n41
Lienhard (J. T.)   17n51
Lietzmann (H.)   36n132
Lieu (S. N. C.)   18n59
Lilla (S.)   416n78
Lloyd (A. C.)   271n67
Löhr (W.)   44n164
Long (A.) & Sedley (D.)   98n8, 103n35, 177n32, 315n60, 332n32
Lorimer (W. L.)   265n50
Lössl (J.)   153n188, 360, 361n9
Luna (C.)   328n21
Luschnat (O.)   174n25

Madec (G.)   2n7, 18n56, 28n106, 29n108, 154n191, 251n11, 316n62, 341n57, 377n66, 386n14, 388n14, 411n97, 424
Maier (J.-L.)   356n5, 430n133, 431
Malebranche   421n115
Mandouze (A.)   16n45, 21n70, 23n78, 29n109, 36n134, 188n64, 223n4, 232, 233n36, 359n3, 364, 369n32, 373n52, 374n54, 376n59, 377n65
Marasco (G.)   303n26
Markschies (Ch.)   387n10

Marrou (H.-I.)   99n12
Martin (J.)   45n165
Martin (R.)   435n3
McEvoy (J.)   17n51, 165n224, 299n15, 360n8
McLynn (N.)   16n50
McNamara (M. A.)   17n51, 165n224
Meessen (Y.)   406n79
Meijering (E. P.)   364n21
Merleau-Ponty (J.)   113n56
Monceaux (P.)   15n42, 212, 223n4, 233, 233n36
Morel (P.-M.)   237n10
Morison (B.)   112n52, 112n53, 158n202
Mueller (I.)   243n28, 271n67
Müller (Ch.)   44n164
Münzer (F.)   339n52

Navarre-Domerc (J.)   23n78
Navarro Coma (F.)   38, 40n153, 41n155, 223n4, 229, 230, 280n92, 436n6
Newton   117n64
Nietzsche   153, 153n185
Normann (F.)   424n124

O'Connell (R. J.)   265n26, 404n69
O'Daly (G. J. P.)   17n51, 28n104, 39n148, 148n168, 174n23, 200, 200n19, 204n30, 208n41, 210n46, 212n50, 214n56, 228n20, 235n4, 236n7, 248n2, 249n5, 250n7, 250n9, 253, 256n26, 259, 277n80, 279n98, 282n1, 289n23, 291n28, 294n38, 295n43, 307, 307n38, 309n43, 311n48, 312n49, 313, 314n55, 314n56, 314n57, 342n63, 344n70, 344n71, 345, 345n72, 345n74, 348, 350n83, 350n84, 351n87, 352n90, 353n91, 353n93, 354n96, 373n53, 400
O'Donnell (J.)   14n37, 16n49, 17n54, 21n69, 22n75, 23n82, 25n89, 25n91, 132n111, 266n52, 404n69
O'Meara (D.)   132n111, 229n128, 242n26, 372n48
Oberhelman (S. M.)   282n1
Oliveira e Silva (P.)   267n54
Oniga (R.)   167n232
Önnerfors (A.)   303n26
Orlando (A.)   185n59

Parsons (W.)   350n83, 386
Pascal   134
Passmore (J.)   370n39
Pease (A. S.)   289n22, 389n17
Pellegrin (P.)   125n85, 143n140
Pépin (J.)   6, 6n16, 27n102, 100n118, 105n42, 107, 107n43, 108n45, 110n50, 127n91, 139n135, 149, 149n172, 154n188, 154n191, 159n209, 201n19, 201n20, 201n21, 202n23, 204, 204n30, 216, 216n59, 216n60, 216n61, 216n62, 217, 239n15, 239n16, 245n35, 245n36, 248n2, 250n8, 261n38, 286, 287n15, 287n16, 294n37, 302n21, 315n59, 400n51, 401n53, 402n55, 412n88
Perler (O.)   30n113, 30n115, 39n148, 362n12, 362n15, 362n16, 364n22
Phillott (H. W.)   166n226
Pietsch (C.)   248n2
Pincherle (A.)   19n60
Pinès (S.)   126n87
Pingree (D.)   18n57
Plumer (E.)   31n117
Poirel (D.)   45
Polansky (R.)   306n34
Polcar (P.)   167n233, 167n233, 167n234

Quinn (J. M.)   189n64

Reydams-Schils (G.)   371n42
Rist (J. M.)   343n66, 354n95, 382, 382n82
Rivière (J.)   319n71
Rosa (F.)   263n48
Roskam (G.)   175n25, 175n26, 175n27, 176n29, 177n33, 179n36, 180n39, 180n39, 180n40, 180n41
Ross (D.)   112n53, 124n82, 142n140, 237n10, 267n56, 417n102
Russell   436
Russell (D. A.)   199n14

Saffrey (H. D.)   283n6
Sambursky (S.)   138n129
Schofield (M.)   335n42
Sedley (D.)   335, 335n43, 370n37, 400n52
Sfrizo (S. D.)   226n13
Shanzer (D.)   212n50, 212n51

Sheppard (A.)   243n27, 245n38, 247n39, 267n57
Schlapbach (K.)   196
Sieben (H. J.)   360n6
Sizoo (A.)   12n29, 16n48, 45, 45n165, 340, 355
Slaveva-Griffin (S.)   128n96
Smith (A.)   196n8, 199, 245n35, 380n79
Smither (E. L.)   17n53
Solère (J.-L.)   248n2, 249n4, 250n7, 250n9
Solignac (A.)   18n56, 19n61, 22n75, 29n96, 27n98, 27n100, 28n103, 98n8, 100n18, 100n19, 101n24, 114n58, 125n86, 128n94, 131n108, 141n139, 181n45, 184n56, 188n63, 188n64, 189n65, 189n66, 189n67, 191, 192, 192n80, 210n45, 257n29, 258, 407, 407n81, 408
Somenzi (C.)   379n74
Sorabji (R.)   33, 33n121, 33n123, 126n87, 137n128, 140n137, 142, 142n141, 142n142, 143n145, 197n8, 234n3, 238n12, 241n21, 241n23, 241n24, 242n27, 247n40, 267n57, 283n4, 294n36, 306n35, 307n37, 315n59, 332n31, 332n33, 333n34, 338n48
Souter (A.)   383n85
Stark (J. C.)   24n87, 25n88
Stead (C.)   153n186
Stern-Gillet (S.)   337n46
Stock (B.)   174n22, 235n4, 300n18
Stuart (J. A.)   251n13

TeSelle (E.)   7n19, 100n18, 342n61, 390n21
Teske (R. J.)   34n127, 45, 102n28, 195n3, 210n46, 214n56, 228n19, 265n50, 268n58, 269n61, 295n39, 297n9, 298n10, 299n17, 350n83, 350n84, 353n91, 355n3, 357n8, 372n46, 376n61, 377, 377n66, 377n67, 378, 378n71, 379, 379n72, 379n73, 388n14, 404, 405n73, 405n75
Testard (M.)   21, 24n85, 146n159, 416n97
Teubner (J.)   226n15
Theiler (W.)   240, 405n72
Timotin (A.)   286n13

Tixeront (J.)   427n128
Tornau (Ch.)   96n4, 140n150, 145, 149n174, 154, 156n197, 163n216, 183n54, 194n82, 195, 196n5, 225n12, 226n14, 271n66, 338n47, 343n67, 344n69, 352, 352n89, 411n86, 411n87
Tortorelli (K. M.)   360n9
Toszko (R.)   35n129, 300n18
Toulouse (S.)   196n8, 198n10, 200n17, 218, 293n34
Trapè (A.)   191n81, 212n1, 212n3, 223n4, 233n36
Trapp (M.)   435n3
Trouillard (J.)   403n63, 406n37
Trout (D. E.)   225n11

Uhle (T.)   189n64

Van Bavel (T. J.)   179n36, 341, 342n60, 342n62, 385n2, 426
Van der Meer (A.)   376n60
Van Fleteren (F.)   189n64
Verbeke (G.)   175n28, 176n31, 179n36, 180n41, 196n8, 219n69, 220, 220n70, 220n71, 221n72, 261n39
Voss (B. R.)   340

Wallis (R. T.)   129n98, 194n82
Wankenne (L.)   39n146, 45, 185n58, 299n16, 350n83, 350n84, 355n3, 357n8, 386n6, 420n110
Watson (G.)   149n174, 153n187, 234n3, 235n4, 237n10, 238n12, 241n21, 241n23, 251, 259n13, 267n57, 280n90, 282n1, 305n31, 411n86
Whittaker (J.)   154n189
Wilberding (J.)   326n16, 326n18, 343n65
Wittgenstein   270n64, 277n80, 436
Wolfskeel (C.)   156n195

Zangara (V.)   212n50
Zumkeller (A.)   9n21, 22n77, 212n1, 212n2, 223n4, 376n62
Zurli (L.)   303n26

Index des Sujets

Académie   7, 8, 287 ; nouvelle   13, 173, 205, 334, 433
accident   153, 332
accoutumance   170, 171
Adam   177, 177n34, 343n79, 354, 422
Adeodat   29, 168, 222, 262
aestimare   202
affections, cf. émotions
Albiceríus (devin)   308, 308n41
Alcinoos   107n43, 342
Alexandre d'Aphrodise (?)   142
« alicubité »   158 sq.
Alypius   8, 16, 17, 18, 19n62, 20, 21, 21n70, 22n78, 24, 25, 26, 28, 28n103, 29, 121, 165n225, 183n53, 212, 212n2, 225, 230, 232, 297n8, 432
Ambroise   2n10, 25n90, 26n92, 341, 368n31, 436
âme   3 sq., 126, 199, 220, 291, 297 ; immortelle   4, 24, 145 sq., 411 ; indivisible   214 ; impassible   261 ; muable selon le temps   138, 139n135, 202, 202n23 ; comme nombre   126n88 ; occupe une position médiane   132, 132n110 ; son existence   209 ; sa préexistence   256 ; son origine   354, 354n97 ; unicité ou pluralité ?   126, 126n88, 213, 214, 214n58, 215, 297, 298 ; union avec le corps   376, 279 sq. ; interaction avec le corps   279, 301 sq. ; individualisée par le corps   212 sq., 297n9 ; âme universelle   297, 354 ; nombre fini ou infini des âmes   347n79, 415 ; âme du monde   148n168, 201n20, 210, 210n46, 211, 211n48, 275, 276, 276n77, 277n82, 278, 325, 326n18, 411, 413, 433 ; âme des astres, cf. astres
Amelius Gentilianus   1, 1n1, 27n97, 130n103
amitié   17n51, 165, 296, 296n2, 297n8, 299n15, 359 sq.
Ammonius Saccas   316
amour   179, 231, 299n15, 374, 393 ; amour de soi   395

anges   187, 208n42, 211, 213, 228, 278n84, 286, 286n12, 287n17, 292, 292n29, 319, 346n77, 347n79 ; cf. corps
Anselme   386n4
anticipatio, cf. prénotion
antipodes   111, 111n51
Antoninus   31
apathie   260, 375, 376
Aphrodite   227
apollinarisme   28n103
Apulée   107n43, 125n86, 144n148, 174n22, 176n29, 180n41, 265n50, 318n68
Archimède   144n148, 202, 339n49
Archytas   141, 142, 142n141
arianisme   387n10, 430
Aristippe   370n35
Aristote   34n124, 103, 104n37, 105, 107, 107n45, 108, 112 sq., 124, 128, 130, 137, 141, 153, 158n201, 164, 197, 198, 204, 214n55, 237, 238, 239n16, 242, 253, 267, 293, 304n28, 305 sq., 317n65, 325, 330n27, 370, 371, 400, 406, 416n98, 417, 418n104
arts libéraux   148, 161, 163, 176, 181, 181n44, 182, 182n48, 182n50, 264, 268, 269, 280, 367, 398 ; cf. encyclopédie
astres   148n168, 197, 320, 321 sq. ; âme des astres   329, 330, 331, 433
astrologie   17, 18n57
astronomie   100, 268n60, 339n49
Atlas   264n50
atomisme   101 sq.
Atticus   107n43, 401
Aurelius   30
Ausone   13
autorité   2n10, 8, 166n228, 170n11, 176, 176n30, 425
Avienus   15n42

beauté   145, 146, 147, 187n62, 276n77
Benoît de Nursie   9n22
Bible, cf. Écritures
Bien   325, 402, 403n83
bile   303, 304, 304n27
Boèce   221, 249n4, 332

INDEX DES SUJETS 487

Bonaventure   353n93
bonheur   96, 99, 225, 228, 238, 297n6, 359 sq., 374 sq., 381 sq., 434
Boniface de Cataquas   34

Caelestinus   31
Caius Julius Victor   437
Calcidius   1, 201n21, 249n4, 251n12
Carthage   15, 16, 296, 308, 318n68, 359, 362, 363n18
Cassiciacum   22, 22n78, 23, 26n94, 28, 29, 38, 39, 162, 168, 195, 222, 262n42, 432
Castorius   297n8
Castricius   1, 101
Caton   166
cause   399, 400 ; causes auxiliaires   401, 402
Caverne de Platon   180, 265
« cercle de Milan »   1, 25n90
certitude   13, 170, 187, 200, 205n34, 319, 433
Christ   3, 27, 106, 234, 281, 340, 341, 342, 356 sq., 425, 434 ; union des deux natures   322n9 ; maître   207, 256, 424 ; son assomption par Dieu est différente de celle des saints   318, 341 sq. ; cf. Fils, Verbe, Incarnation
Chrysaorius   1n1
Chrysippe   27n101, 104, 148, 172, 177, 330n27, 335
chute   256, 258, 258n31, 354, 422, 435
Cicéron   13, 21, 22, 24, 99, 100n15, 111n51, 146, 162, 171, 175n26, 176n31, 201n21, 208n39, 252n14, 254, 255, 255n22, 262n43, 263n47, 268, 280n89, 305n30, 333, 339, 339n49, 360n9, 365, 367n28, 375, 379n74, 398n46, 416n97, 432, 435, 436
ciel   198, 264n50, 329n24 ; ciel du ciel (*caelum caeli*)   331n29, 391
ciues   231, 232
Claudien Mammert   299n15
Cléanthe   325
Cléomède   104, 104n39, 107n45, 111n51, 120n74
cogitatio   235n6, 249n4, 277, 298, 300, 360, 375
cogito   207
colère   304, 304n28

compréhension, intrinsèque et extrinsèque   207, 208
concubine d'Augustin   24, 25
concupiscentia (en bonne part)   224
conexiones   167, 167n232
conflagration   410, 415
connaissance de soi   131, 181, 254, 299n15, 346, 347
conscience   238
consolation   360, 360n9, 367n28, 383
Constantius   21, 21n72
consubstantialité   297n7, 387n10
contemplation   329, 330, 331, 366, 380 ; contemplation d'Ostie   33n120, 188 sq., 384
Cornelius   19
Cornelius Celse   145n154
Cornelius Labo   1
corps   34, 146, 160, 362, 365 ; divisibilité à l'infini, 114, 122, 126 ; quasi-corps, corps astral, cf. véhicule de l'âme ; corps individualisant l'âme après la mort   212 sq., 297n9 ; son action sur l'âme 301 sq. ; sa forme est inamissible   411 sq. ; corps des anges   221, 74, 303 ; des démons   286, 288, 290, 302, 303 ; action des démons sur le corps humain   302 sq. ; corps de l'univers   136, 138, 413 ; ressemblance du corps (*similitudo corporis*)   216 sq. ; cf. résurrection
couleur   146, 146n158, 274, 275n75
Crantor   360n9
création et formation   407 sq., 408
croyance   206
crucifixion   424, 426n126

Dante   221
De pulchro et apto   6n14, 132
Démiurge   197, 325, 326n18, 400, 401, 403, 416, 435
Démocrite   379n74
démonique   282, 283
démons   4, 200, 201n22, 207, 213, 228, 282 sq., 286, 300 sq., 309 sq. ; cf. corps
dialectique   133, 151, 152, 152n182, 268, 425

Dieu   2, 4, 5, 8, 9, 19, 106, 185, 207 ; son existence   209 ; immatériel   19, 26n92 ; vérité   153, 156, 157 ; n'est pas quelque part   159 ; est quelque part   160 ; en lui-même   160 ; créateur   139 ; immuable   404, 405 ; serviteurs de Dieu   224, 225 ; assimilation à Dieu   8, 9, 227, 285, 360, 370 sq., 377n66, 435, cf. divinisation ; attachement à Dieu   4, 225 sq., 297n6, 433 ; élévation vers Dieu   181 sq., 185, 203, 297n5, 298, 380, 389 ; cf. Trinité
Dion Cassius   15n42
disciplina   357, 357n8, 357n9
divination   282 sq., 310 sq., 317
docétisme   18, 19n60, 26, 26n96, 27, 244
douleur   98n10

Écritures   2n10, 23n80, 101, 208, 210, 219n79, 220n70, 225, 287, 330, 368n30, 389, 407, 434
Église   100, 221n1, 229, 398 ; sa gouvernance   368, 369
éléments   102n26, 108, 212, 287, 287n16, 410, 414n94
Elisabeth   390n29
embryons   290, 291
émotions   181, 277, 278, 279, 301
encyclopédie   6n14, 152, 167, 268n60, 392
Énée   263
enfer   216, 21 ; cf. Hadès
enthousiasme   284, 304n27
Épictète   365n24
Épicure, épicuriens   24, 122n79, 134, 140, 142n141, 330n27 ; univers perpendiculaire d'Épicure   102 sq., 109, 111n51
Erasistrate   303n26
erreur   173, 263, 334, 265n51, 270, 336
Ésope   264n49
espèces monadiques   327
éternité   257
éther   107n45, 108, 198, 200n19, 212, 286, 287n16, 287n17, 294, 302
être   396, 399n49, 409, 421 ; être et demeurer   407 sq.
Eusèbe   27n97, 284n6

Ève   354n94
évidence   187, 206n36, 335
Evodius   29, 29n110, 34, 195n4, 201, 212 sq., 230
existence   203n29, 204, 208, 209

Fabiola   261n40, 299
Faustus de Milev   14n36, 19n62, 27n99
faux   309
Favonius Eulogius   132n111
fictions   9, 262 sq., 273
Fils, art, forme et discipline de Dieu   356 sq., 416 sq., 435
Firmicus Maternus   1
Firminus   18
Flaccianus   309, 309n42
Fonteius de Carthage   314n57
forme(s)   136, 163, 183, 187, 209, 246, 271n67, 390, 391, 395, 411, 412, 413 ; finies en nombre   129, 130n103 ; pensées de Dieu   400 ; des individus   7, 339, 342 sq. ; cf. Fils
Fortunatus   20, 20n66
fuite du sensible   147, 148, 165, 171n13, 298, 421, 434

Gaius   31, 364
Galien   172, 303n26, 307n37
Gedalius   1n1
Gennadius   293n32
genre épistolaire   435, 436, 437
genres de vie   4, 372, 373
géométrie   97, 118, 154, 201n21, 237, 241, 348 sq. ; cf. mathématiques
grâce   184n55, 188 sq., 377, 377n64, 378, 434
grammaire   6n14, 9, 152, 166, 167, 224, 224n7, 264, 265, 432

habitus   307n36
Hadès   33n122, 200, 207n34, 218, 219, 273n71, 281, 291
Henri de Gand   353n93
Heraclius   369n34
Hermias   294
Hermogenianus   98
Hésiode   103n31
Hierius   6n14
Hilaire de Poitiers   387n10

INDEX DES SUJETS

Hipparque   126n87
Hippocrate   295n42
Hippone   233, 362, 363n18
histoire   351
homme, sa définition   145 ; « homme véritable »   96, 97 ; idée de l'homme   320, 377 ; création de l'homme   345 sq., 353n93 ; « homme intérieur »   389
Honoratus   18, 18n59, 26n95
humeurs   302n26, 303
humour   436

Idées   169, 169n5, 185, cf. formes
Ignace d'Antioche   26n96
illumination   163, 256
images, dans les miroirs   144 ; mise en garde contre les images   280 sq.
imagination   133sq., 235n4, 248 sq., 253, 270, 282 ; miroir de la pensée   238, 239, 269 ; traces corporelles de l'imagination   301 sq. ; cf. *phantasia*
immutabilité   415
impavidité   374 sq.
impetus   126n87
Incarnation   316, 318, 318n68 ; attribuée au Fils   5, 11, 355 sq., 385 sq., 416 sq. ; son rôle rédempteur   423 sq., 426, 427, 427n128
incorporels   138, 138n133, 170, 170n35
indiscernables   5, 323, 334 sq., 335, 335n42, 338 sq., 433
individu(s), collection de propriétés   332 sq., 337 ; partie d'une totalité   350 sq. ; principe d'individuation   194n82, 321, 337 sq., 347, 347n79 ; en nombre fini ou infini ?   347
inférence   204, 205, 208
infini   128, 129 ; croissance à l'infini du nombre intelligible   7 ; infinité du nombre des âmes   347n79
inhabitation   342
intellectualis/intelligibilis   354n72
intelligible   181, 201n21 ; distinct du sensible   4, 123 sq., 168 sq. ; supérieur au sensible   182 sq., 435 ; cf. monde, nombre
intentio   213, 291, 311, 311n48, 419, 419n105

intentionnalité   164
intériorité   380, 383 ; cf. retour en soi
intermédiaire entre l'âme et le corps   211
intermédiaire entre la sottise et la sagesse   175, 177, 177n34, 178

Jacob   291
Jacques   179
Jamblique   3n33, 242, 247n39, 267n57, 284n6, 284n9, 285n9, 287, 294, 316n18
Jean Cassien   9n22
Jérôme   179, 329n24
joie   381, 421, 421n115
Julien d'Éclane   153n188
jumeaux sosies de Daucus   9, 333, 334n39, 339, 348, 349

Kallipolis   22
Kilwardby   261n41

langage, véhicule de la pensée   239, 240, 257, 258
Lazare   213, 215
lecture   234n2
libre arbitre   177
libri platonicorum   2, 6, 25n90, 193, 380, 432
Licentius   21n70, 121, 168, 232, 253n16, 264
lieu   158, 159, 159n208, 160, 207, 213, 215, 216, 298, 299, 332, 336 ; définition   137, 138 ; lieux naturels   107, 108, 122, 395n41
limite (*modus*)   390, 391
loi éternelle   163
loisir   8, 9, 9n22, 23, 23n80, 32, 35, 38, 40, 100, 162, 195, 223, 224, 359 sq., 360n4, 360n6, 376n63, 378 ; comme mort à l'amour du corps   367 sq. ; indispensable pour atteindre le bonheur   374 sq. ; loisir de la vie chrétienne   376 sq., 435
Lucinianus   37n136, 224, 229, 362
Lucrèce   166, 295n42

Macrobe   1, 15n42, 97n4, 132n111, 200n18, 295n42, 371
maladie   5, 27, 30, 42, 238, 361
Mallius Theodorus   2, 21n69, 25n90, 97, 170n10, 330, 330n26, 378, 382

manence   7, 364, 391, 399, 399n49, 402 sq., 433, 435 ; comme pérennité   409 sq. ; et résurrection   410, 412 sq. ; cf. Saint-Esprit
manichéisme   12, 17, 18, 19, 134, 173, 200n19, 249n5, 263n46, 265, 280
Marc-Aurèle   365n25
marche   331, 332
mariage   8, 21
Marie   392n29, 429
Marius Victorinus   1, 281, 364n21, 398n46, 403, 406
Martianus Capella   132n111, 398n46
mathématiques   157, 240, 241. sq., 246, 271n67
matière   209, 210, 214, 214n55, 261, 400, 418
Médée   263, 263n47, 265, 266
mélange(s), trois formes   315 sq. ; du corps et de l'âme   316 ; des esprits humains et des « puissances »   313 sq.
mémoire   4, 235 sq., 237, 248 sq., 252 sq., 274, 279, 280, 398
menteur (paradoxe)   172, 173
mesure   135, 390, 391, 393, 412, 413, 414, 419 ; cf. limite
métaphysique des prépositions   186 sq.
Milan   2, 8, 9, 20, 20n68, 21, 23, 25, 166, 167, 212, 296, 356, 366
mimiques   277, 278, 279
miséricorde   375
misologie   13
missions (du Fils et de l'Esprit)   423 sq.
Moïse   190n7
monachisme   9, 23, 376 ; cf. monastère
monade   123, 124n83, 132, 133 ; cf. un
monastère, vie monastique   23, 212n1, 223, 225, 225n11, 233, 364, 437
monde, image de l'intelligible   144 ; sa taille   4, 99, 114 sq., 136 ; son lieu   137 sq. ; créé par Dieu   139 sq. ; sa destruction   410, 415 ; n'a ni haut ni bas   105 sq. ; fini dans l'espace et dans le temps   139 sq. ; sa forme sphérique   103, 107, 109, 269 ; monde intelligible   344n71, 425
Monique   2n10, 14n36, 20, 20n67, 34, 168, 189

mort   169, 216, 360, 360n7, 361, 413, 414n94, 415 ; familiarité avec la mort   364 sq. ; crainte de la mort   24, 366, 375 ; désir de la mort   366, 366n28, 368, 381 ; mort à l'amour du corps   367
moyen-platonisme   176, 180n41, 214n53
munera publica   229, 230, 231
mutabilité   138, 139n135, 202, 202n23, 210, 411, 412, 415 ; cf. immutabilité
mystique   133n112, 186, 188 sq., 366, 434

Naevius (géant)   9, 320, 339, 339n50, 340, 435
Narcisse   281
Navigius   22n78
Nemertius   1n1
Nemesius   154n191, 245, 315
néonicénisme   387n19
Nicée   387, 388
Nicomaque de Gerasa   125n86
nombre(s)   125, 184n56, 202n28, 268, 273, 279, 390, 391, 392, 393, 394n34, 395 ; sensible et intelligible   4, 121 ; structure trinitaire du nombre   395 ; croissance à l'infini du nombre intelligible   126 ; nombrant et nombré   127 ; monadique et essentiel   128
non-être   159, 186, 410, 421

Olympiodore   285n9
omniprésence   102n29, 127n93, 135, 140, 157, 160, 161
ontologie trinitaire   389 sq., 407, 413, 418
opinion   181, 183
Orata   165n223
ordre   181, 390, 394, 412, 413 ; cf. manence, poids
Origène   100n18
otium, cf. loisir
Ovide   166

Pacuvius   263n47
paix   381
passion(s)   165, 181n43, 367, 375, 375n57, 357n58
Patricius (père d'Augustin)   230, 252, 252n15

INDEX DES SUJETS

Paul   105, 106, 190n71, 216n59, 262, 266, 324, 367, 368, 383, 391, 391n25, 392, 422, 435, 437
Paulin de Nole   25n89, 98
péché originel   354
perception intellectuelle   203
perfection   129, 129n98
Pétrarque   376n63
peuple   346, 348, 351, 351n88
phantasia   97, 181n43, 199, 234, 234n3, 235n5, 248 sq., 249n4, 282 ; ne peut pas être *a priori*   4, 6, 244, 258, 259 sq., 272 ; comme « coup »   260, 266n36, 433 ; et mémoire   235 sq., 248 sq., 257 ; comme passion de l'intellect   6, 240 sq. ; et *imaginatio*   248 sq. ; *phantasia kataleptikè*, cf. représentation compréhensive ; *phantasia logistikè*   267, 268 ; *phantasia* supérieure et inférieure   239n17, 267, 268 ; trois types de *phantasiae*   120, 261 sq. ; action des démons sur les *phantasiae*   4, 282 sq., 300 sq. ; cf. *phantasma*
phantasma(ta)   236n9, 249, 249n5, 250, 262, 265, 269, 273, 285n11, 289,   306
phantasticum   10
phénix   327
Philon d'Alexandrie   159n209
Philopon   126n87, 206n35, 329n24
philosophie   3, 40, 147, 169, 169n4, 344, 425, 430, 433 ; sa tripartition   99, 357n9, 392 ; véritable   8, 165, 370n36, 425 ; et religion   7, 8
Pierre   217
plaisir   25, 365
Platon   3, 8, 22, 96, 105, 129, 137n128, 144, 153, 154, 154n1899, 158, 162, 183, 196 sq., 221, 226, 234, 234n3, 253, 278n82, 282, 318n68, 329, 332, 342, 343, 344n71, 365, 370, 374, 400, 401, 416n97, 425, 434
Platonopolis   22
Plaute   166, 355n3
Pline l'Ancien   251n12, 340
Plotin   3, 3n13, 6, 8, 33, 95, 121n76, 126, 128, 129, 130, 130n104, 135, 138n132, 146, 147, 151, 154, 170n10, 181n43, 194n82, 198, 214, 226, 228, 229, 234, 235n5, 236, 238, 239, 239n16, 253, 253n16, 256, 257, 260, 267, 268n59, 271n66, 277n82, 278n82, 279n87, 281, 282, 284n9, 285n9, 297, 316, 326, 327, 337, 338, 343, 344, 344n69, 347, 352, 354, 361n11, 365, 371, 372, 375, 380, 381, 394n36, 403, 405n72, 415, 417n102, 422, 430, 434
Plutarque   104, 105, 174, 175n27, 317n65
pneuma   197, 198, 199, 200n19, 219, 220, 220n70, 221, 291, 291, 292, 306n35, 317n65 ; cf. *spiritus*, véhicule de l'âme
poids   108, 390, 391, 393, 394, 395
Ponticianus   9, 9n21, 23, 28
pores intelligibles   204, 210
Porphyre   1, 3, 6, 8n20, 15, 107n45, 108n48, 121n76, 123n81, 126, 126n87, 131, 131n105, 132n110, 135n120, 138, 138n132, 138n135, 148n168, 154n191, 169, 185, 186, 188, 199, 200, 201n19, 201n20, 207, 207n34, 214n58, 218, 219, 220, 227, 228, 228n20, 242, 243 sq., 246n36, 250, 250n8, 260n36, 261n38, 275n75, 283 sq., 285n9, 287, 290, 291n26, 294, 298, 304n27, 310, 311n45, 311n46, 315n19, 327, 328, 332, 347n79, 365, 365n24, 367, 367n29, 370n36, 371, 371n43, 372, 372n46, 377, 377n64, 400n50, 403, 405n50, 403, 405n72, 406, 433
Posidonius   288n22
Possidius   222, 223, 225, 230, 232, 361n11
praesumptio, cf. prénotion
prénotion   184, 185, 186n60
présence à soi   186 sq., 298, 433
présocratiques   122
prière   23n80, 223, 232, 257, 292, 297, 379
principe   395, 400n50, 402, 407, 408, 408n82
Priscien de Lydie   247n39
procession néoplatonicienne   406
Proclus   137n128, 200, 221, 240, 241, 242, 270, 285n9, 291n26, 294, 402n55, 406, 406n78
progrès   168 sq., 433
projection   240 sq., 243n28, 270
prophétie   294
Prosper d'Aquitaine   422n118
Ptolémée   324

puissances supérieures   282 sq., 286 sq., 300 sq., 433 ; cf. démons
purification   200, 314n57, 366
Pythagore, pythagoriciens   22, 112, 132n111, 212n3, 365, 371n43, 373n51
Pythonisse d'Endor   283, 287n19

Quintilien   250n9

raison, raisonnement   4, 13, 111n51, 133, 145sq., 170, 176, 182 sq., 186, 188, 193, 261, 268, 321n2, 337, 359, 376, 383n85 ; cf. inférence, misologie
rationabilis/rationalis   202, 203
rationes, cf. formes, idées
réminiscence   4, 154, 161, 163, 244, 253 sq., 256, 257, 435
repos   409, 410
représentation compréhensive   173, 203, 282n2, 334, 334n40, 336
résurrection   108n48, 213, 324, 410, 412 sq.
retour en soi   2, 5, 380
rêves   217, 259, 272, 305 sq., 282 sq., 289n24, 295n42
rhétorique, ses trois questions fondamentales   12, 392, 398, 398n47, 417, 418, 419, 420
« révolution socratique »   99
richesse et pauvreté   7, 130, 131, 132, 433
Rogatius   1n1
Romanianus   2, 18, 21n70, 30n115, 98, 223, 224, 229, 231, 232, 369n35
Rome   14, 15, 15n40, 21, 27, 30, 40, 221n1
Roscelin de Compiègne   386n4

sacrifice   228, 228n19
sage, sagesse   8, 20, 26, 165, 169, 173, 176, 224, 226, 238, 363, 375, 382, 433, 437 ; sagesse divine   129
Saint-Esprit   297, 297n8, 364, 388, 394n38, 399n49, 402 ; comme Manence   405 sq., 408
Salvien de Marseille   15
Samuel   287, 287n19
sanctuaire de l'esprit   379, 379n75, 379n76, 380
science   151, 152, 154, 156, 177n33, 205
Scipion   360n4

sein d'Abraham   32, 32n120, 213, 273n71, 437
Sénèque   173n20, 180n41, 182n48, 185, 304n28, 373n50, 379n74, 400, 401, 436
sens commun   293, 307n38
sens intérieur   307n38
Severus   212, 261n40
Sextus Empiricus   176n31
signes naturels   204, 206
silence   186, 189
Simplicianus   25, 25n90
Simplicius   142
Socrate   99, 100n14, 162, 332
soleil   113n55, 200n19, 320, 324, 325, 326, 327, 328, 339n49, 340
solitude   148, 181, 182, 182n47, 296
sorite   171 sq.
species   411 ; cf. forme
spiritus   219, 219n69, 220, 261n39, 311n48
station droite   110
Stoïciens   98, 111n51, 122n79, 138, 142n141, 147, 158n205, 172, 174, 175, 176, 177, 178, 179n37, 198, 203, 238, 250, 273, 273n70, 315, 325, 332, 379n76, 400
Styx, cf. enfer
sujet   153 sq., 164, 314
Symmaque   15n42
sympathie   295n39, 314n56
Synesius   221, 246, 281, 292, 293
Syrianus   130n103, 241, 270, 285n9, 294

Tacite   251n12
temps   252n14, 255n22, 409
Térence   263, 263n48, 363
Tertullien   27n96
Thagaste   3, 4, 6n14, 9, 16, 22, 23, 30, 31, 36, 37, 40, 222 sq., 296, 359, 364, 376, 432
Themistius   137n128, 241n21
Theodore Priscianus   303n26
théophanies   287, 292, 423
Théophraste   22n76, 241n21
théurgie   282, 283, 284n9, 294
Thomas d'Aquin   221, 304n28, 386n4
Tiberianus   130n107
Trinité   5, 194, 385 sq. ; inséparabilité et distinction de l'action des trois personnes   5, 321, 322, 323, 388, 422 sq. ; preuve par les effets de son existence   397 sq. ; preuve de son

inséparabilité 398 sq. ; Trinité créatrice 389, 396, 408 ; Trinité de Sg 11, 26, 393, 394 ; *trinitas concordiae* 393 ; *natura-disciplina-usus* 389 ; *modus-species-ordo* 390 ; *mensura-numerus-pondus* 390, 391 ; *esse-hoc esse-sibi amica esse* 391 ; *esse-species-ordo* 391 ; *esse-habere-administrari* 396, 397 ; *causa-species-manentia* 399
Trygetius 21n70, 121, 168, 232

Ulysse 255
un 133, 133n112, 352, 353, 381, 393, 395, 403, 410, 422 ; cf. monade
union hypostatique 342
union sans confusion 314sq.
univers, cf. monde

Valerius 233, 368, 373
Varron 22n75, 98n10, 99n11, 145n154, 206n36, 278n82, 287, 373, 374n56
véhicule de l'âme (*ochèma*) 5, 7, 195 sq., 283, 292, 293, 294, 433
véhicule de la pensée 239, 271
verbum, et imagination 251 ; divin 357n7, 407, 408 ; mental 429

Verecundus 21n70, 25, 26, 26n95, 28, 28n105, 40, 166, 262, 262n42
vérité 151, 152, 153, 156, 157, 159, 205n32, 380
vertu(s) 170, 175, 179, 371, 372, 375n58
Victor (frère de Nebridius) 15n39, 384
vide 104, 138n133 ; vide extra-cosmique 137, 140, 141, 143
vie après la mort et souvenirs de sa vie passée 33, 33n121 ; cf. sein d'Abraham
vie communautaire 8, 9, 21, 23, 24, 29, 222 sq., 296, 432
Vindicianus 15n42, 17n55, 18, 303n26
Virgile 255, 265n51, 309, 333, 435
vision béatifique 185, 187
visions 217, 311, 314, 319 ; trois espèces 186, 250, 251
Volusianus 35n129, 316n62, 318n68
vouloir et pouvoir 363
voyage(s) 362, 364, 367
vrai, distinct de la vérité 152

Xénocrate 126n88, 287n16

Zacharie 293n32
Zenobius 21n69, 165, 261n40
Zénon 173, 177n33, 203, 326, 334n40

Index Locorum

(1) Index scripturaire
Ancien testament

Genèse
- Gn 1, 1 — 408
- Gn 1, 2 — 278, 408
- Gn 1, 3 — 408
- Gn 1, 4 — 408
- Gn 18, 4 — 319
- Gn 19, 2 — 319
- Gn 30, 41 — 291

Livres des Rois
- 1 R 28, 7-20 — 287

Job
- Jb 25, 4-6 — 330

Psaumes
- Ps 1, 2 — 147n164, 223
- Ps 18, 6-7 — 341
- Ps 33, 9 — 421n112
- Ps 35, 10 — 33n120
- Ps 45, 11 — 367, 378
- Ps 72, 28 — 4, 225, 226, 227, 228, 228n20
- Ps 81, 1 — 377n66
- Ps 103, 27 — 20
- Ps 118, 22 — 106
- Ps 146, 5 — 130
- Ps 148, 8 — 219n69

Ecclésiaste
- Ecc 3, 21 — 220n69
- Ecc 7, 26 — 394n34

Isaïe
- Is 7, 9 — 209

Sagesse
- Sg 6, 21 — 224
- Sg 7, 27b — 402, 404, 405, 405n75
- Sg 9, 15 — 362
- Sg 11, 21 — 136, 328, 390, 390n21, 390n23, 391, 391n24, 393, 393n30, 395, 397, 399, 434
- Sg 11, 26 — 391, 393
- Sg 13, 8-9 — 202

Ecclésiastique
- Sir 18, 1 — 396

Zacharie
- Zach 1, 9 — 319

Nouveau testament

Matthieu
- Mt 1, 20 — 287
- Mt 3, 13 — 428
- Mt 6, 6 — 379n75
- Mt 11, 25 — 404
- Mt 11, 30 — 378, 378n70
- Mt 16, 17 — 428
- Mt 19, 14 — 174n22
- Mt 19, 26 — 412

Luc
- Lc 2, 37 — 223
- Lc 2, 40 — 179n36
- Lc 16, 19 — 213

Jean
- Jn 1, 1 — 2
- Jn 1, 3 — 357
- Jn 1, 12 — 378
- Jn 1, 16 — 404
- Jn 4, 24 — 220n69
- Jn 8, 23-24 — 106
- Jn 13, 2 — 310n44
- Jn 14, 6 — 434
- Jn 18, 36 — 169

Actes des Apôtres
- Ac 4, 11 — 106

Ac 4, 32-35	222n3
Ac 10, 11-12	217
Ac 12, 7-9	217

Épître aux Romains

Rm 1, 18-23	202n25
Rm 1, 20	398
Rm 5, 5	297n8
Rm 6, 2	367n29
Rm 6, 11	223
Rm 7, 25	220n69
Rm 8, 15	378
Rm 8, 20	334n39
Rm 11, 36	160, 161n213, 390, 391, 397, 399, 402, 402n57, 434
Rm 13, 10	179

1ère Épître aux Corinthiens

1 Co. 1, 24	425
1 Co 1, 30	434
1 Co 13, 12	296n3, 383
1 Co 15, 41	324
1 Co 15, 44	219n69

2ème Épître aux Corinthiens

2 Co 12, 2-4	216n59, 266

Épître aux Galates

Gal 2, 19	367n29
Gal 4, 5	378, 429

Épître aux Éphésiens

Eph 4, 23-24	220n69

Épître aux Philippiens

Phil 1, 20	368
Phil 2, 6-7	429
Phil 2, 7	307n36
Phil 3, 12-14	422, 435

Épître aux Colossiens

Col 2, 8	425
Col 3, 2	105, 113, 434

Épître de Jacques

Jc 2, 10	179, 179n39
Jc 3, 2	179

2ème Épître de Pierre

2 P 3, 7-13	410
2 P 3, 11-13	410

1ère Épître de Jean

1 Jn 1, 8	179

Apocalypse

Apo 21, 1	410

(2) Index augustinien

Adn. Iob.

Adn. Iob. 38	18n57

Cont. Acad.

Cont. Acad. I, 1, 1	182n51
Cont. Acad. I, 1, 3	40, 147n166, 182
Cont. Acad. I, 6, 16	176
Cont. Acad. I, 6, 17-8, 22	308
Cont. Acad. I, 7, 19	177n33
Cont. Acad. I, 9, 22	183n53
Cont. Acad. II, 2, 4	9, 28, 182n51
Cont. Acad. II, 2, 5	2, 380
Cont. Acad. II, 3, 7	171n13, 264, 264n49
Cont. Acad. II, 3, 9	174, 224
Cont. Acad. II, 5, 11	173
Cont. Acad. II, 11, 25	40n151
Cont. Acad. III, 2, 4	2n8, 162
Cont. Acad. III, 4, 7	152n183
Cont. Acad. III, 5, 12	98, 174
Cont. Acad. III, 8, 17	98, 174
Cont. Acad. III, 11, 25-12, 28	282n2
Cont. Acad. III, 11, 25	266
Cont. Acad. III, 11, 26	205
Cont. Acad. III, 13, 29	173
Cont. Acad. III, 17, 37-20, 43	7
Cont. Acad. III, 17, 37	144, 169, 235, 372
Cont. Acad. III, 18, 41	3n13
Cont. Acad. III, 19, 42	370n36, 425

(2) **Index augustinien** (cont.)

De agone christ.
De agone christ. 12 — 427n128

De anim. et eius orig.
De anim. et eius orig. IV, 18, 27 — 218
De anim. et eius orig. IV, 21, 35 — 292n29

De anim. quant.
De anim. quant. 3, 4 — 377n66, 426
De anim. quant. 5, 9 — 144n147
De anim. quant. 8, 13 sq. — 146n156, 146n158
De anim. quant. 15, 25 — 187n62
De anim. quant. 16, 28 — 174n23
De anim. quant. 22, 37 — 108, 126n87
De anim. quant. 23, 41 — 208n39
De anim. quant. 32, 68 — 214
De anim. quant. 32, 69 — 215, 297
De anim. quant. 33, 71 — 289n24
De anim. quant. 33, 73 — 366
De anim. quant. 33, 76 — 148n167, 226, 366
De anim. quant. 34, 77 — 161n213

Ars breuiata
Ars breuiata, 53 [IV, 8] — 166
Ars breuiata, 81 [IV, 36] — 167n232
Ars breuiata, 82 [IV, 37] — 167n232
Ars breuiata, 99 [X, 2] — 224

De beat. uit.
De beat. uit. 1, 4 — 2, 3n13
De beat. uit. 1, 5 — 170n10, 382
De beat. uit. 1, 6 — 378
De beat. uit. 2, 11 — 176, 225, 297n6
De beat. uit. 2, 16 — 97
De beat. uit. 2, 25 — 375, 382
De beat. uit. 4, 24 — 175, 176
De beat. uit. 4, 25 — 363, 375, 375n57
De beat. uit. 4, 26 — 165n223
De beat. uit. 4, 33 — 131n106
De beat. uit. 4, 34 — 393, 406, 413, 419
De beat. uit. 4, 35 — 174, 378

De ciu. Dei
De ciu. Dei, V, 11 — 391n24
De ciu. Dei, V, 12 — 375n58
De ciu. Dei, V, 12, 1 — 359n2
De ciu. Dei, VII, 6 — 287
De ciu. Dei, VII, 23 — 278n82
De ciu. Dei, VII, 25 — 3n13
De ciu. Dei, VIII, 8 — 225
De ciu. Dei, VIII, 12 — 3n13
De ciu. Dei, VIII, 12 — 284n6
De ciu. Dei, VIII, 14 — 287
De ciu. Dei, VIII, 18 — 18n56
De ciu. Dei, VIII, 18-20 — 318n68
De ciu. Dei, VIII, 21 — 108
De ciu. Dei, VIII, 23 — 402n57
De ciu. Dei, VIII, 24 — 284n6
De ciu. Dei, IX, 4, 2 — 250n7
De ciu. Dei, IX, 9 — 201n22, 286n14
De ciu. Dei, IX, 17 — 371
De ciu. Dei, X, 1 — 228
De ciu. Dei, X, 1, 5 — 102n29
De ciu. Dei, X, 2 — 228, 276n77
De ciu. Dei, X, 3 — 228
De ciu. Dei, X, 6 — 228
De ciu. Dei, X, 9 — 199, 200, 285, 285n9, 285n10, 294
De ciu. Dei, X, 11 — 284, 284n9, 285, 287, 294, 317
De ciu. Dei, X, 14 — 169n4
De ciu. Dei, X, 16, 1 — 146n160, 225, 228
De ciu. Dei, X, 18 — 228
De ciu. Dei, X, 23-24 — 400n50
De ciu. Dei, X, 24 — 377n64
De ciu. Dei, X, 25 — 228n20
De ciu. Dei, X, 27 — 200
De ciu. Dei, X, 29 — 25
De ciu. Dei, X, 29, 2 — 147, 148n168
De ciu. Dei, X, 32 — 370n36
De ciu. Dei, XI, 2, 1 — 318

INDEX LOCORUM

De ciu. Dei, XI, 5	134, 139, 139n136, 140	*Conf.* *Conf.* I, 3, 3 *Conf.* I, 6, 9	160 172n15
De ciu. Dei, XI, 21, 1	416n97	*Conf.* I, 8, 13	172n15, 277n80
De ciu. Dei, XI, 24-28	392n28		
De ciu. Dei, XI, 26	207	*Conf.* I, 19, 30	174n22
De ciu. Dei, XI, 27, 1	395n41, 421	*Conf.* II, 1, 1 *Conf.* II, 3, 5	298n11 230
De ciu. Dei, XII, 13	173	*Conf.* III, 1, 1	281
De ciu. Dei, XII, 15, 9	173	*Conf.* III, 4, 7	224, 252n15
De ciu. Dei, XII, 19	130, 347n		
De ciu. Dei, XII, 21, 1		*Conf.* III, 6, 10	249n5, 262n46, 266
De ciu. Dei, XII, 21, 3	347n		
De ciu. Dei, XII, 21, 4	347n		
De ciu. Dei, XII, 22	353	*Conf.* III, 6, 11	263n47, 280
De ciu. Dei, XII, 24	353n94		
De ciu. Dei, XII, 26	113n55	*Conf.* IV, 1, 1	18
De ciu. Dei, XII, 27	147	*Conf.* IV, 3, 5	17n55, 303n26
De ciu. Dei, XIII, 14	354		
De ciu. Dei, XIII, 16, 1	329n23	*Conf.* IV, 3, 6	14n36, 16n46, 16n49, 18, 18n56, 280, 281
De ciu. Dei, XIII, 17, 2	147		
De ciu. Dei, XIII, 18	108n48		
De ciu. Dei, XIII, 19	147		
De ciu. Dei, XIV, 7, 2	224		
De ciu. Dei, XIV, 15, 2	304	*Conf.* IV, 4, 7	16, 297n8
De ciu. Dei, XIV, 23, 3	303n24	*Conf.* IV, 7, 12	14n36, 16
De ciu. Dei, XIV, 25	363	*Conf.* IV, 8, 13	17, 360
De ciu. Dei, XVI, 8	351n88	*Conf.* IV, 14, 21	6n14
De ciu. Dei, XVI, 9, 1	111n	*Conf.* IV, 15, 24	132
De ciu. Dei, XIX, 2-3	98n10	*Conf.* IV, 16, 28	6n14, 153n188, 269n61
De ciu. Dei, XIX, 3, 1	99n11, 145n154		
De ciu. Dei, XIX, 12	414n94	*Conf.* V, 3, 3	19n62, 101n24, 202, 339n49
De ciu. Dei, XIX, 14	381		
De ciu. Dei, XIX, 18	206n36		
De ciu. Dei, XIX, 19	374, 381		
De ciu. Dei, XIX, 22	3n13	*Conf.* V, 5, 8	417n101
De ciu. Dei, XIX, 23	351n88	*Conf.* V, 6, 10 sq.	19n62
De ciu. Dei, XIX, 23, 4	372	*Conf.* V, 8, 14	14, 20n68
De ciu. Dei, XX, 16	410	*Conf.* V, 9, 16	27
De ciu. Dei, XX, 18	410	*Conf.* V, 10, 20	19n61, 27
De ciu. Dei, XXII, 8, 3	30, 225	*Conf.* V, 14, 25	101n24
De ciu. Dei, XXII, 11	108n48	*Conf.* VI, 1, 1	20n67
De ciu. Dei, XXII, 12	148	*Conf.* VI, 3, 3	234n2
De ciu. Dei, XXII, 19, 2	145n155	*Conf.* VI, 3, 4	2n10
De ciu. Dei, XXII, 26	148	*Conf.* VI, 6, 10	21
De ciu. Dei, XXII, 29	208n42	*Conf.* VI, 7, 11	16, 21
De ciu. Dei, XXII, 30, 4	34	*Conf.* VI, 7, 11-10, 16	25n89
De ciu. Dei, XXIII, 18, 1	309n42		

(2) Index augustinien (cont.)

Conf. VI, 10, 17	6, 14, 15n39, 16, 20, 20n67, 25n89, 432
Conf. VI, 11, 18	26
Conf. VI, 11, 19	24
Conf. VI, 14, 24	21, 22n77, 23, 432
Conf. VI, 15, 25	24
Conf. VI, 16, 26	24, 366, 432
Conf. VII, 1, 1	172n15
Conf. VII, 1, 2	19
Conf. VII, 2, 3	12, 19
Conf. VII, 6, 8	18, 281, 303n26
Conf. VII, 9, 13	2, 3n13
Conf. VII, 9, 14	402, 404
Conf. VII, 10, 16	2, 187, 191n78, 193, 194n83, 318n69, 380
Conf. VII, 11, 17	404n67
Conf. VII, 17, 23	184n56, 191n78
Conf. VII, 19, 25	28n103
Conf. VII, 20, 26	3n13, 184, 191n78
Conf. VIII, 2, 3	3n13, 25
Conf. VIII, 4, 9	281
Conf. VIII, 6, 13	16n43, 25, 262n42
Conf. VIII, 6, 14	26
Conf. VIII, 6, 15	23, 320
Conf. VIII, 6, 15-16	9
Conf. VIII, 8, 19	371
Conf. IX, 2, 3	28
Conf. IX, 3, 5	26, 26n95, 40, 262n42
Conf. IX, 3, 6	6, 15, 18, 18n56, 26, 28, 30, 31, 32, 33, 212, 225, 236n9, 244, 321, 331, 341, 432, 434, 437
Conf. IX, 4, 7	26n94, 29, 36, 37, 98
Conf. IX, 4, 8	98
Conf. IX, 5, 13	28
Conf. IX, 6, 14	29, 168
Conf. IX, 8, 17	9, 29, 222n3, 225, 359n3
Conf. IX, 8, 17 sq.	29
Conf. IX, 10, 23	33n120, 193n, 366
Conf. IX, 10, 23-26	188
Conf. IX, 10, 24	191n78
Conf. IX, 10, 25	33
Conf. X, 1, 1	296n3
Conf. X, 5, 7	187
Conf. X, 8, 14	267n55, 273n70
Conf. X, 8, 15	134
Conf. X, 9, 16	257
Conf. X, 10, 17	398
Conf. X, 12, 19	128n94, 268n59
Conf. X, 14, 21	279
Conf. X, 14, 21-15, 23	279
Conf. X, 14, 22	280
Conf. X, 15, 23	280
Conf. X, 17, 26	134, 279, 280
Conf. X, 29, 40	422
Conf. X, 33, 53	147n164
Conf. X, 40, 65	190, 191n76, 192, 193, 366
Conf. X, 40, 65	302n22
Conf. XI, 10, 12	140
Conf. XI, 12, 14	143
Conf. XI, 17, 22	6n14
Conf. XI, 29, 39	133n112, 422, 435
Conf. XII, 2, 2 sq.	331n29
Conf. XII, 6, 6	209, 210, 263n46
Conf. XII, 10, 10	201
Conf. XII, 13, 16	33
Conf. XIII, 2, 3	226
Conf. XIII, 8, 9	226
Conf. XIII, 9, 10	108
Conf. XIII, 11, 12	389, 417
De cons. euang.	
De cons. euang. I, 7, 12	22n75
De cons. euang. I, 15, 23	3n13
De cons. euang. I, 23, 35	201n20, 211n48
Cont. Cresc.	
Cont. Cresc. II, 18, 23	173
De cura pro mort.	
De cura pro mort. 13, 16	34
De dial.	
De dial. X, 118, 14-15	12n30
De diu. daem.	
De diu. daem. 5, 9	309, 310

De diu. quaest. LXXXIII		*En. in ps.* 64, 6	427n128
De diu. quaest. LXXXIII, 7	145n154	*En. in ps.* 73, 18	18n57
De diu. quaest. LXXXIII, 9	204n32	*En. in ps.* 86, 3	106
De diu. quaest. LXXXIII, 12	315n57	*En. in ps.* 93, 19	27n100
De diu. quaest. LXXXIII, 14	27	*En. in ps.* 122, 7	427n128
De diu. quaest. LXXXIII, 15	130n102	*En. in ps.* 129, 3	427n128
De diu. quaest. LXXXIII, 18	391, 392, 392n27, 397, 400, 417, 417n100	*En. in ps.* 129, 5	173
		Ench.	
		Ench. 7, 20	334
		Ench. 7, 22	334n39
De diu. quaest. LXXXIII, 20	138n134, 159	*Ench.* 9, 29	347n79
		Ench. 15, 58	330
De diu. quaest. LXXXIII, 25	426n126	*Ench.* 15, 59	303, 319
De diu. quaest. LXXXIII, 29	105, 106, 108, 113, 120, 138, 269	*Ench.* 16, 59	208n42, 312
		Ep.	
		Ep. 1	7n20, 36n131, 121n76
De diu. quaest. LXXXIII, 31, 1	254		
De diu. quaest. LXXXIII, 35, 2	225	*Ep.* 1, 1	170n9
De diu. quaest. LXXXIII, 38	389, 417	*Ep.* 1, 3	98
De diu. quaest. LXXXIII, 43	422	*Ep.* 2	165, 261n40
De diu. quaest. LXXXIII, 46, 1	169n5, 344	*Ep.* 2, 1	360n5
De diu. quaest. LXXXIII, 46, 2	321n2, 345	*Ep.* 15	30n115, 45, 171n13, 364, 369n35
De diu. quaest. LXXXIII, 54	211, 226		
De diu. quaest. LXXXIII, 58	392n29	*Ep.* 15, 2	370n35, 435n2
De diu. quaest. LXXXIII, 71, 3	426n126	*Ep.* 17	351n86
De diu. quaest. LXXXIII, 73, 1	307n36	*Ep.* 17, 2	32n118
De diu. quaest. LXXXIII, 75, 2	179n36	*Ep.* 18	31
De diu. quaest. LXXXIII, 79, 5	341n59	*Ep.* 18, 2	132n110, 139, 202
		Ep. 19	31, 364
De diu. quaest. ad Simpl.		*Ep.* 20	31
De diu. quaest. ad Simpl. II, 1, 1	315n58	*Ep.* 20, 3	31
De diu. quaest. ad Simpl. II, 1, 5	278n83	*Ep.* 21, 1	368
De diu. quaest. ad Simpl. II, 3	287n19, 288n20	*Ep.* 21, 2	369
		Ep. 21, 3	32n118, 233
		Ep. 22, 2	369n34
De doct. christ.		*Ep.* 22, 8	369n34
De doct. christ. II, 32, 50	27n101	*Ep.* 23, 1	31
De doct. christ. IV, 10, 24	167	*Ep.* 27, 1	165n224
		Ep. 27, 4	99
Contra duas ep. Pelag.		*Ep.* 36, 2, 3	32n118
Contra duas ep. Pelag. IV, 8, 35	368n31	*Ep.* 36, 5, 9	222n1
Contra duas ep. Pelag. IV, 11, 31	368n31	*Ep.* 40, 1, 1	32n118
		Ep. 48, 1	32n118
En. in ps.		*Ep.* 55, 1	32n118
En. in ps. 3, 3	341	*Ep.* 55, 14, 26	383
En in ps. 38, 26	27n100	*Ep.* 69, 2	297n8

(2) **Index augustinien** (cont.)

Ep. 78	361n9	*Ep.* 167, 4	179
Ep. 79	20n66	*Ep.* 167, 10	179
Ep. 82, 33	96n3	*Ep.* 167, 11	179
Ep. 88, 3	222n3	*Ep.* 167, 12	180
Ep. 89, 5	356n4	*Ep.* 167, 13	180
Ep. 92	361n9	*Ep.* 167, 14	179
Ep. 98, 1	354	*Ep.* 169	29n110
Ep. 98, 8	6, 16n49, 32n118, 34, 35, 224, 432	*Ep.* 187	161
		Ep. 187, 4, 14	160
		Ep. 187, 6, 18	160
Ep. 99	361n9	*Ep.* 187, 13, 40	342
Ep. 102, 2-7	412	*Ep.* 203	361n9
Ep. 109, 1	261n40	*Ep.* 204	361n9
Ep. 111	361n9	*Ep.* 208	361n9
Ep. 118	102n27	*Ep.* 213, 1	369n34
Ep. 118, 3, 18	330n27	*Ep.* 246, 2 sq.	18n57
Ep. 118, 5, 33	1	*Ep.* 248	361n9
Ep. 126, 7	15n38	*Ep.* 249	361n9
Ep. 130, 4	296n2	*Ep.* 259	361n9
Ep. 132	35n129	*Ep.* 263	361n9
Ep. 136, 1	421n111	*Ep.* 267	261n40, 299
Ep. 137	316n62		
Ep. 137, 2, 5	171	*Cont. Ep. fund.*	
Ep. 137, 2, 6	102n29	*Cont. Ep. fund.* 16, 20	127n93
Ep. 137, 3, 11	316, 318n68	*Cont. Ep. fund.* 17, 20	134
Ep. 140, 2, 3	132n110	*Cont. Ep. fund.* 18, 20	273n70
Ep. 158	34, 201, 212, 212n50, 214n53, 215, 297n9	*Cont. Ep. fund.* 28, 31	264
		Ep. ad Rom. inchoat. exp.	
Ep. 158-159	29n110, 212n50	*Ep. ad Rom. inchoat.*	
Ep. 158-164	29n110	*exp.* 11-13	391n25
Ep. 158, 3	212		
Ep. 158, 5	213, 214	*Exp. ep. ad gal.*	
Ep. 158, 6	213	*Exp. ep. ad gal.* 27	341
Ep. 158, 8-10	213		
Ep. 158, 11	34, 212, 213	*Exp. quar. prop. ex. ep. ad Rom.*	
Ep. 159	293n32, 308n40	*Exp. quar. prop. ex. ep.*	
Ep. 159, 1	215	*ad Rom.* 3	394-395
Ep. 159, 4	293n32		202n25
Ep. 162	310, 314		
Ep. 162, 1	195	*Cont. Faust.*	
Ep. 162, 3	215	*Cont. Faust.* III, 1	27n99
Ep. 162, 4	314	*Cont. Faust.* V, 5	21n72
Ep. 162, 5	273n70, 293n32	*Cont. Faust.* VIII, 2	249n5
Ep. 166, 2, 4	209	*Cont. Faust.* XIV, 2	27n99
Ep. 167	178, 179, 179n36	*Cont. Faust.* XIV, 4	427n128
Ep. 167, 1	179	*Cont. Faust.* XIV, 7	427n128

Cont. Faust. XX, 7	249n6, 392n28	De gen. ad litt. VIII, 20, 39	139n135
		De gen. ad litt. VIII, 21, 42	275n76
Cont. Faust. XX, 14	390n23	De gen. ad litt. VIII, 25, 47	292n29
Cont. Faust. XXI, 6	390n23	De gen. ad litt. XI, 30, 58	295n41
		De gen. ad litt. XII, 3, 8	267
De fide et symb.		De gen. ad litt. XII, 6, 15-22, 61	215
De fide et symb. 9, 19	364n21, 396n42, 400n50	De gen. ad litt. XII, 9, 20	220n69
		De gen. ad litt. XII, 10, 21	345n72
		De gen. ad litt. XII, 12, 25	251n10
		De gen. ad litt. XII, 13, 27-22, 48	310, 312n51
Cont. Fort.		De gen. ad litt. XII, 13, 27	311, 311n45, 317
Cont. Fort. 7	20n66		
Cont. Fort. 8	20n66	De gen. ad litt. XII, 13, 28	315n58
Cont. Fort. 16	20n66	De gen. ad litt. XII, 14, 29	302n23
Cont. Fort. 20	20n66	De gen. ad litt. XII, 17, 34	302n23
Cont. Fort. 22	20n66	De gen. ad litt. XII, 19, 41	295n41
Cont. Fort. 28	20n66	De gen. ad litt. XII, 20, 42	288
Cont. Fort. 37	19, 20n66	De gen. ad litt. XII, 20, 43	311n48
		De gen. ad litt. XII, 21, 44	315n58
De gen. ad litt.		De gen. ad litt. XII, 22, 45	315n58
De gen. ad litt. I, 4, 9-5, 10	407	De gen. ad litt. XII, 22, 46 sq.	18n57
De gen. ad litt. I, 4, 9	408	De gen. ad litt. XII, 22, 48	288, 312, 313, 314
De gen. ad litt. I, 4, 11	402n56		
De gen. ad litt. I, 8, 14	402n56, 407, 409	De gen. ad litt. XII, 23, 49	220n69, 315n58
De gen. ad litt. I, 9, 17	278n84	De gen. ad litt. XII, 26, 54	190n71
De gen. ad litt. II, 1, 2	100	De gen. ad litt. XII, 30, 58	288, 313
De gen. ad litt. II, 4, 8	114n59	De gen. ad litt. XII, 32, 60	216
De gen. ad litt. II, 5, 9	114n58	De gen. ad litt. XII, 32, 60 sq.	215, 273n71
De gen. ad litt. II, 10, 23	100, 101n20, 113n55, 114	De gen. ad litt. XII, 32, 61	217n7, 218, 219
De gen. ad litt. II, 16, 33	324, 339n49		
De gen. ad litt. II, 16, 34	100	De gen. ad litt. XII, 33, 61-62	218
De gen. ad litt. II, 18, 38	330	De gen. ad litt. XII, 33, 62	219
De gen. ad litt. III, 10, 14	287n17	De gen. ad litt. XII, 34, 66	219
De gen. ad litt. III, 12, 20	354n94	De gen. ad litt. XII, 36, 69	186
De gen. ad litt. IV, 2, 3	123		
De gen. ad litt. IV, 3, 7-7, 14	399, 409	De gen. ad litt. imp. liber	
De gen. ad litt. IV, 3, 8	394n38	De gen. ad litt. imp. liber, 3, 6	400n50
De gen. ad litt. IV, 4, 8	393	De gen. ad litt. imp. liber, 4, 17	210n47, 278
De gen. ad litt. IV, 18, 31	409		
De gen. ad litt. IV, 18, 34-35	409	De gen. ad litt. imp. liber, 5, 22	402n56
De gen. ad litt. IV, 18, 34	409, 410	De gen. ad litt. imp. liber 8, 29	329n24
De gen. ad litt. IV, 18, 35	410	De gen. ad litt. imp. liber 13, 38	323
De gen. ad litt. IV, 22, 39-26, 42	278n84	De Gen. cont. man.	
De gen. ad litt. VII, 15, 21	220n71	De Gen. cont. man. I, 2, 3	357n7
De gen. ad litt. VIII, 5, 9	215	De Gen. cont. man. I, 11, 17	329n24

(2) Index augustinien (cont.)

De Gen. cont. man. 1, 16, 26	390, 393
De Gen. cont. man. II, 8, 10	426
De Gen. cont. man. II, 17, 25	426
De Gen. cont. man. II, 20, 30	258n31
De Gen. cont. man. II, 21, 31	426
De Gen. cont. man. II, 22, 34	426n126
De Gen. cont. man. II, 24, 37	342
De Gen. cont. man. II, 29, 43	426

De grat. christ.
De grat. christ. II, 41, 47	368n31

De haer.
De haer. 46, 15	27n102

De immort. anim.
De immort. anim. 1, 1	145, 150n176
De immort. animae 3, 3	252n14
De immort. anim. 4, 5	150, 150n177, 158n204, 163
De immort. anim. 4, 5-6	145, 150
De immort. anim. 4, 6	162, 162n214
De immort. anim. 5-6	148n170
De immort. anim. 6, 10	203n28
De immort. anim. 7, 12	114, 131
De immort. anim. 8, 13-15	162n214, 411, 414
De immort. anim. 8, 13	411
De immort. anim. 8, 15	411, 413, 414
De immort. anim. 9, 16	163n217
De immort. anim. 10, 17	39, 183
De immort. anim. 15, 24	210
De immort. anim. 16, 25	127n93

In Ioh. euang.
In Ioh. euang. 10, 11	354
In Ioh. euang. 21, 17	430
In Ioh. euang. 33, 4	296n3
In Ioh. euang. 38, 4	106
In Ioh. euang. 47, 11	427n128
In Ioh. euang. 55, 4	310n44
In Ioh. euang. 98, 3	427n128

Cont. Iul.
Cont. Iul. IV, 14, 72	370n36
Cont. Iul. V, 14, 51	153

De lib. arb.
De lib. arb. I, 4, 10	165
De lib. arb. I, 5, 13	426
De lib. arb. I, 6, 14	351
De lib. arb. I, 6, 15	163
De lib. arb. I, 7, 16	98n10, 351n88
De lib. arb. I, 7, 17	209n43
De lib. arb. II, 2, 6	209
De lib. arb. II, 3, 7 sq.	209
De lib. arb. II, 3, 8 sq.	307n38
De lib. arb. II, 8, 22	114n59, 133n114
De lib. arb. II, 8, 24	394n34
De lib. arb. II, 11, 30	381, 394n34
De lib. arb. II, 13, 35	225
De lib. arb. II, 15, 39	157n198
De lib. arb. II, 19, 52	226
De lib. arb. II, 20, 54	390
De lib. arb. III, 8, 22	421n114
De lib. arb. III, 12, 35	390n22
De lib. arb. III, 15, 42	163
De lib. arb. III, 21, 60	390n22
De lib. arb. III, 24, 71	177, 177n34
De lib. arb. III, 24, 73	178

Cont. litt. Pet.
Cont. litt. Pet. III, 25, 30	30

De mag.
De mag. 1, 2	258, 379n75
De mag. 2, 3	143n144
De mag. 3, 5	125n84
De mag. 5, 16	262
De mag. 12, 39	207, 207n39, 253n19

Cont. Maxim.
Cont. Maxim. II, 14, 8	430

De mor. eccl. cath. et de mor. man.
De mor. I, 11, 19	161n212
De mor. I, 15, 25	179n38
De mor. I, 19, 35	426
De mor. I, 19, 36	426
De mor. I, 24, 45	173

De mor. I, 27, 53 sq.	375n57	De ord.	
De mor. I, 31, 66-68	369	De ord. I, 1, 3	131, 148, 227n17, 260n37, 367
De mor. I, 31, 66	182n47, 226		
De mor. I, 31, 67	23, 369	De ord. I, 2, 4	162
De mor. I, 32, 69	369	De ord. I, 3, 6	39n147, 98
De mor. I, 33, 70	9	De ord. I, 3, 8	102n29, 411
De mor. I, 33, 70-73	222n1	De ord. I, 4, 10	168
De mor. I, 35, 78	426	De ord. I, 5, 13	174n22
De mor. II, 6, 8	133n115, 395	De ord. I, 6, 16	168
De mor. II, 12, 25	19n65	De ord. I, 8, 21	168, 264
De mor. II, 12, 26	20n65	De ord. I, 8, 24	264, 266
De mor. II, 17, 64	173	De ord. I, 9, 27	29n107
De mor. II, 20, 74	21n72	De ord. I, 10, 29	168, 181
		De ord. I, 11, 32	169
De mus.		De ord. I, 11, 33	121n77, 168
De mus. I, 12, 21	321n3	De ord. II, 1, 2	394n38
De mus. V, 5, 10	170	De ord. II, 2, 6	253n16
De mus. V, 7, 13	133n113	De ord. II, 5, 13	173
De mus. V, 9, 19	14n37	De ord. II, 6, 19	161
De mus. V, 12, 25	114n59	De ord. II, 9, 26	176n30, 382
De mus. VI, 4, 7-5, 10	260n35	De ord. II, 9, 27	341n59
De mus. VI, 5, 8	261	De ord. II, 10, 28	226
De mus. VI, 5, 12	261	De ord. II, 11, 30	276n77
De mus. VI, 6, 16	279	De ord. II, 11, 33	146
De mus. VI, 7, 19	115	De ord. II, 11, 33 sq.	203
De mus. VI, 9, 23	202, 202n26	De ord. II, 11, 34	203n27
De mus. VI, 9, 24	202n26	De ord. II, 12, 35	208n39
De mus. VI, 11, 32	205n33, 248, 249, 252n15, 274n774, 289	De ord. II, 12, 37	264
		De ord. II, 13, 38	152, 152n182
		De ord. II, 15, 42	97n6, 146n156
De mus. VI, 13, 38	146n158, 226	De ord. II, 15, 43	121n77, 184n56
De mus. VI, 13, 42	226	De ord. II, 16, 44	159
De mus. VI, 14, 4	226	De ord. II, 17, 45	167n231, 262n43
De mus. VI, 14, 44	276n77, 378n70	De ord. II, 18, 47	353
De mus. VI, 14, 46	226	De ord. II, 18, 48	121, 133
De mus. VI, 16, 5	226	De ord. II, 20, 53	22n75
De mus. VI, 16, 52	421n112	De ord. II, 20, 54	373
De mus. VI, 16, 53	226		
De mus. VI, 17, 56	131n107, 133n112, 392, 395	Quaest. evang.	
		Quaest. evang. II, 33, 1	266n52
De nat. boni.		Reg.	
De nat. boni. 18	390	Reg. I, 2	222n3
De oper. mon.		Retract.	
De oper. mon. 29, 37	23n80	Retract. I, 1, 1	7n20, 9, 376
		Retract. I, 1, 3	264n49
		Retract. I, 2	382

(2) **Index augustinien** (cont.)

Retract. I, 3	169n6
Retract. I, 3, 1	182n49
Retract. I, 3, 2	344n71
Retract. I, 3, 3	22n75
Retract. I, 4, 3	148, 382
Retract. I, 4, 4	163, 256
Retract. I, 5	167
Retract. I, 5, 1	39
Retract. I, 5, 2	163
Retract. I, 5, 3	210
Retract. I, 6	182n50, 268n60, 392
Retract. I, 7, 1	222n1
Retract. I, 11	394n34
Retract. I, 11, 1	398
Retract. I, 11, 2	260n35
Retract. I, 11, 4	210, 276n77
Retract. I, 14, 2	383
Retract. I, 14, 3	206n35
Retract. I, 14, 4	177
Retract. I, 26, 1	31, 208n42, 315n57
Retract. II, 30, 57	310

De rhet.

Rhet. 9, 51, 4-5	398n46

Cont. Secund.

Cont. Secund. 11	131
Cont. Secund. 26, 2	315n58

Sent. XXI (Dolbeau)

Sent. 6, p. 148, 129	145n154
Sent. 7	391, 399n49, 404, 409, 410, 412, 413, 414, 414n2, 415
Sent. 7, p. 149, 163-150, 185	413
Sent. 7, p. 149, 166-170	136
Sent. 7, p. 149, 173	136
Sent. 7, p. 150, 173-174	348n79
Sent. 9, p. 151, 107-108	138
Sent. 9, p. 151, 108	178n
Sent. 15a (=*Sent.* 19b)	372
Sent. 16, v. 26-38	330
Sent. 17a	361n11
Sent. 18	390, 393, 394, 394n38
Sent. 18, p. 158, 397-402	342
Sent. 18, p. 159, 415-418	329
Sent. 18, p. 159, 415-424	263
Sent. 19, p. 159, 429-160, 441	415
Sent. 19, p. 160, 439-441	132n110
Sent. 19, p. 160, 439-443	139n135
Sent. 19a, p. 159, 408-412	178

Serm.

Serm. 4, 4	27n100
Serm. 12, 8, 8	27n100
Serm. 12, 10, 10	27
Serm. 37, 12, 10	27
Serm. 52, 2, 2	428
Serm. 52, 8, 20	417, 429
Serm. 71, 16, 27	386n, 429
Serm. 75, 7, 8	27, 27n100
Serm. 116, 1, 1	27n100
Serm. 116, 1, 4	27
Serm. 116, 4, 4	27n100
Serm. 134, 5	427n128
Serm. 143	361n9
Serm. 152, 10, 11	427n128
Serm. 164, 2	427n128
Serm. 172	361n9
Serm. 172, 2, 3	27n100
Serm. 173	361n9
Serm. 178, 7, 8	25n91
Serm. 182, 1, 3	27
Serm. 223A, MiAg 1, p. 15, 22 sq.	221
Serm. 238, 2	27, 27n100
Serm. 240-242	412n88
Serm. 241 6-7	148
Serm. 241, 7	148n168, 276n79
Serm. 241, 8	329n23
Serm. 255, 6	133n112
Serm. 277, 6, 6	363
Serm. 278, 12	173
Serm. 280, 3	260n37
Serm. 355, 1, 2	233, 233n36
Serm. 355, 6	222n3
Serm. 396	361n9

Cont. Serm. Arian.

Cont. Serm. Arian. 3	430
Cont. Serm. Arian. 4	430

Cont. Serm. Arian. 14	430	Sol. II, 15, 29	147n163, 151, 263n47
Cont. Serm. Arian. 32	430	Sol. II, 18, 32	97, 147n163, 151, 157
Serm. Guelf.		Sol. II, 19, 33	157n199, 161, 365
Serm. Guelf. 22, 1	341	Sol. II, 20, 34	97, 249n5, 269
Sol.		Sol. II, 20, 35	97, 161, 163, 240n20, 249n4, 269, 269n62, 270, 298
Sol. I, 1, 1	98, 232		
Sol. I, 1, 2	161n213		
Sol. I, 1, 4	375n57		
Sol. I, 1, 5	224		
Sol. I, 1, 6	232	De Trin.	
Sol. I, 3, 8	165n225	De Trin. I, 4, 7	428
Sol. I, 4, 9	3n13, 169, 201n21, 270n65	De Trin. I, 5, 8	428, 431
		De Trin. I, 12, 25	428n130
Sol. I, 4, 10	272	De Trin. II, 4, 7	430
Sol. I, 7, 14	382	De Trin. II, 5, 9	430
Sol. I, 9, 16-10, 17	169	De Trin. II, 6, 11	423n119
Sol. I, 9, 16	29n107, 165n225, 366	De Trin. III, 1, 5	220n71, 292
		De Trin. III, 8, 15	291n28
Sol. I, 9, 17		De Trin. IV, 1, 3	351n85
Sol. I, 11, 18	8, 169	De Trin. IV, 11, 14	288n20, 303n24, 309n43
Sol. I, 12, 20	8, 169, 170n10, 366		
		De Trin. IV, 20, 27-28	429, 430
Sol. I, 12, 21	145n154	De Trin. IV, 20, 27	430, 431
Sol. I, 13, 22	145n150	De Trin. V, 7, 8	339n51
Sol. I, 13, 23	180	De Trin. V, 13, 13	405n75
Sol. I, 14, 24	148n167, 171, 171n13	De Trin. V, 14, 15	400n50, 428n130
		De Trin. VI, 4, 6	179
Sol. I, 14, 25	98	De Trin. VII, 6, 11	171n12, 321n3, 322n8
Sol. I, 15, 27	151, 152		
Sol. I, 15, 29	158, 182n52	De Trin. VII, 17-18	387n11
Sol. I, 15, 30	224	De Trin. VIII, 4, 7	262
Sol. II, 1, 1	99	De Trin. VIII, 6, 9	209, 251
Sol. II, 2, 2	149, 151	De Trin. IX, 4, 5	164
Sol. II, 6, 10-12	282n2	De Trin. IX, 6, 9	347
Sol. II, 6, 10	336	De Trin. IX, 7, 12	202
Sol. II, 6, 11	309	De Trin. X, 3, 5 sq.	347
Sol. II, 7, 14	96n3	De Trin. X, 7, 9	163n217
Sol. II, 8, 15	336	De Trin. X, 11, 18	254
Sol. II, 11, 20	152	De Trin. XI, 1, 1 sq.	260
Sol. II, 11, 21	152	De Trin. XI, 2, 2	275n76
Sol. II, 12, 22	153n188, 155	De Trin. XI, 2, 4	336
Sol. II, 13, 23	156	De Trin. XI, 2, 5	291
Sol. II, 13, 24	149, 150, 150n177, 151, 153	De Trin. XI, 5, 8	273n70
		De Trin. XI, 8, 13	274
Sol. II, 14, 25	161, 365n27	De Trin. XI, 8, 14	274
Sol. II, 15, 28	151	De Trin. XI, 8, 15	274

(2) Index augustinien (cont.)

De Trin. XI, 10, 17	113n57, 249n4, 272, 273
De Trin. XII, 15, 24	162, 163, 256
De Trin. XIII, 4, 7	347
De Trin. XIII, 14, 18	427n128
De Trin. XIII, 18, 23	341
De Trin. XIV, 2, 4	34
De Trin. XIV, 6, 9	254
De Trin. XIV, 7-14	255n23
De Trin. XIV, 7, 9	257
De Trin. XIV, 11, 14	254, 255
De Trin. XV, 6, 11	220
De Trin. XV, 7, 12	254
De Trin. XV, 11, 20	429
De Trin. XV, 12, 21	127n90, 206n36
De uera relig.	
De uera relig. 3, 3	187n, 425
De uera relig. 3, 30-32	427n128
De uera relig. 4, 7	139n136
De uera relig. 5, 9	7
De uera relig. 7, 13	391, 396
De uera relig. 10, 18	273n70
De uera relig. 10, 18-19	281n94
De uera relig. 16, 31	426
De uera relig. 16, 31-32	425
De uera relig. 16, 32-17, 33	357n9
De uera relig. 20, 40	134
De uera relig. 30, 54	203n27
De uera relig. 32, 59	151n178
De uera relig. 34, 64	274, 281n94
De uera relig. 35, 65	162n215, 171, 260n37, 360, 367, 375, 378
De uera relig. 43, 80	115
De uera relig. 46, 96	134
De uera relig. 49, 97	127n90
De uera relig. 55, 108	281n94
De uera relig. 55, 113	402n56
De ut. cred.	
De ut. cred. 1, 2	26n59, 184
De ut. cred. 4, 10	265n51
De ut. cred. 11, 25	206n35, 382
De ut. cred. 12, 27	175, 176, 177

(3) Autres auteurs anciens et médiévaux

Aétius
Plac.
Plac. I, 7, 30	287n16

Alcinoos
Did.
Did. 9, p. 163, 23-31	343
Did. 30, p. 183, 31-35	176
Did. 12, p. 168, 5-6	107n43
Did. 14, p. 170, 13-15	107n43
Did. 20, p. 175, 13-18	107n43

Alexandre d'Aphrodise (?)
Quaest.
Quaest. 3, 12, p. 106, 37-107, 4	142

Anselme
Ep.
Ep. 128	386n4

Apulée
Apol.
Apol. 16	144n48
Apol. 44	174n22
De deo Socr.	
De deo Socr. 4	318n68
De deo Socr. 6	318n68
De mund.	
De mund. 1, 290	265n50
De Plat. dogm.	
De Plat. dogm. I, 8, 198	107n43
De Plat. dogm. II, 3, 223-224	176n29
De Plat. dogm. II, 19, 246	176n29

[Apulée]
Asclepios, corpus herm., t. II, p. 344, 26	402n57

Athénée
Deipn.
Deipn. XII, 544d	370n35

INDEX LOCORUM

Aristote

Eudème

fr. 44 Rose (4 Ross ; 6 Walzer)	366n

Cat.

Cat. 1a24	153

An. post.

An. post. II, 1, 89b24-25	417n102
An. post. II, 1, 89b32-35	418n104

Phys.

Phys. III, 1, 200b20	102
Phys. III, 4, 203b25-28	141
Phys. III, 5, 204a34 sq.	122
Phys. III, 5, 204b5	122
Phys. III, 5, 205b31-35	112
Phys. III, 6, 206a9-10	123
Phys. III, 6, 206a14-17	122
Phys. III, 6, 206b3-4	124
Phys. III, 6, 206b5-6	124
Phys. III, 6, 206b18-25	122
Phys. III, 6, 206b20-24	123
Phys. III, 7, 207b1-8	124
Phys. III, 7, 207b28 sq.	128n97
Phys. IV, 1, 208a29	158
Phys. IV, 1, 208a30-1	158n201
Phys. IV, 1, 208b13-14	112n53
Phys. IV, 1, 208b14-22	112
Phys. IV, 4, 211a15-17	137n124
Phys. IV, 4, 212a20	137
Phys. IV, 5, 212b9-10	137
Phys. IV, 8, 215a6-9	104n37
Phys. IV, 11, 219b5-9	128n94
Phys. VI, 2, 232a24-25	102

Cael.

Cael. I, 2, 268b 20-24	107n45
Cael. II, 2, 284b6-7	112
Cael. II, 2, 285a 27-31	107n45
Cael. II, 2, 285b14-16	112
Cael. IV, 1, 308a 15-29	107n45

DA

DA I, 1, 403a 19-23	307
DA I, 1, 403a30-31	304n28
DA I, 4, 408b15-18	306
DA II, 6, 418a18	125
DA III, 2, 425b12-25	293n33
DA III, 3, 428a1-2	236n9, 250n8
DA III, 4, 430a2-9	151n180
DA III, 5, 430a23	33
DA III, 7, 431a16-17	4, 237n11
DA III, 7, 431b2	237n11
DA III, 8, 432a8-9	237n11
DA III, 10, 433b13-21	197
DA III, 10, 433b29	267
DA III, 11, 434a5-8	267n55

De mem.

De mem. 1, 449b30	237
De mem. 1, 450a1-2	237
De mem. 1, 450a5	237, 267
De mem. 1, 450a12-13	237
De mem. 1, 450a13a-14	237
De mem. 1, 450a19-21	253
De mem. 1, 450a22-23	237
De mem. 1, 450a23-25	237
De mem. 1, 450a24	237
De mem. 2, 453a14	236n7

De somn.

De somn. 2, 455a12 sq.	293n33

De ins.

De ins. 2, 459a24-b1	305
De ins. 2, 459b5-7	306
De ins. 2, 459b7-18	305
De ins. 2, 460b2-3	305n32
De ins. 3, 461a8-11	306
De ins. 3, 461b11-13	306
De ins. 3, 461b21	306

MA

MA, 8, 702a 18-19	267
MA, 10, 703a4-9	197

GA

GA II, 3, 736b29-31	197
GA II, 3, 736b35-737a1	198

Met.

Met. Z, 8, 1034a2-8	214n55

Aristote (cont.)
   Met. M, 8, 1084a2-4   130
   Met. M, 8, 1084a7, p. 147, 1   130n103
   Met. L, 9, 1074b36-38   151n180

   EN
   EN I, 1, 1094a3   394n36
   EN I, 11, 1101a35-1101b5   34n124
   EN X, 7   371n40
   EN X, 7, 1177b26-1178a2   379

   Pol.
   Pol. III, 4, 1276b20-29   368n30

Pseudo-Aristote
   De mund.
   De mund. 391b 19-392a5   265n50

Ambroise
   Hexaem.
   Hexaem. I, 1, 1-4   100n18, 412n88

Atticus
   fr.
   fr. 9, p. 169, 43-44   401

Ausone
   Opusc.
   Opusc. XI, 286, 1-14   15

Basile
   Hexaem.
   Hexaem. V, 10, 1-2   329n24

Boèce
   Cons. phil.
   Cons. phil., III, m. 9, 19-20   221

   De Trin.
   De Trin. 1, 24-31   333

Calcidius
   In Tim.
   In Tim. 36, 20   201n21
   In Tim. 41, 4   201n21
   In Tim. 112, 9   113n54
   In Tim. 395, 25 sq.   291n26

Catulle
   106, 1   174n

Cicéron
   Acad. prior.
   Acad. prior. II, 11, 33   250n22
   Acad. prior. II, 17, 54   335
   Acad. prior. II, 18, 56   335, 336n45
   Acad. prior. II, 18, 57   335
   Acad. prior. II, 18, 58   335
   Acad. prior. II, 24, 77   334n40
   Acad. prior. II, 26, 82   339n49
   Acad. prior. II, 26, 84-27, 87   335n42
   Acad. prior. II, 26, 85   335, 338
   Acad. prior. II, 29, 92   172
   Acad. prior. II, 36, 116   339n49
   Acad. prior. II, 39, 123   111n
   Acad. prior. II, 41, 127   100n15
   Acad. prior. II, 47, 145   177n33
   Acad. prior. II, 48, 147   173

   Acad. post.
   Acad. post. I, 4, 15   100
   Acad. post. I, 6, 24   158, 158n203
   Acad. post. I, 10, 38   179n37
   Acad. post. I, 11, 40   250n7

   Admiranda
   fr. 6 Müller (5 Garbarino)   339

   Ad Att.
   Ad Att. I, 12, 4   43n
   Ad Att. VII, 1   43n
   Ad Att. XIV, 7, 2   43n

   De diu.
   De diu. I, 3, 5-6   311n45
   De diu. I, 30, 64   289n22
   De diu. II, 60, 124   314
   De diu. II, 68, 140   305n30

   De fat.
   De fat. 1, 1   268
   De fat. 3, 5   295n39

   De fin.
   De fin. I, 6, 18   103n34
   De fin. III, 14, 48   175n26

De fin. IV, 24, 65	175n26
De fin. V, 8, 23	379n74
De inu.	
De inu. I, 19, 27	263n47
De inu. II, 53, 160	254
De leg.	
De leg. I, 12, 33	22n75
De nat. deor.	
De nat. deor. II, 15, 40	326
De nat. deor. II, 15, 41	326
De nat. deor. II, 19, 49	326
De nat. deor. II, 21, 56	326n14
De nat. deor. II, 36, 92	326
De nat. deor. II, 56, 140	208n39
De off.	
De off. I, 1, 1	360n4
De off. I, 16, 51	22n75
De off. I, 20, 69	379n74
De off. I, 21, 72	379n74
De off. II, 2, 5	176n31
De off. III, 1, 1	373
Or.	
Or. 14, 45	398n, 420
Or. 29, 104	417n101
Or. 41, 139	262n43
Or. 55, 183	280n89
De or.	
De or. I, 31, 139	398n46
De or. II, 24, 104	398n46
De or. II, 87, 358	280n89
Part. orat	
Part. orat. 9, 33	420
Rep.	
Rep. I, 10, 15	274n73
Rep. I, 17, 28	97
Rep. II, 29, 51	368n30
Tusc.	
Tusc. I, 12, 26-33, 81	162

Tusc. I, 16, 38	171
Tusc. I, 24, 57	162
Tusc. I, 27, 66	255n22
Tusc. I, 30, 74-31, 75	365
Tusc. I, 31, 75-76	367n28
Tusc. I, 34, 82-46, 111	162
Tusc. I, 47, 113 sq.	367n28
Tusc. I, 24, 57	184n56
Tusc. III, 5, 11	304n28
Tusc. III, 9, 19	304n28
Tusc. III, 34, 84	202n24
Tusc. IV, 9, 21	304n28
Tusc. IV, 13, 31	146
Tusc. IV, 26, 57	176n31
Tusc. V, 4, 10	100
Tusc. V, 14, 41	375
Tusc. V, 25, 72	373n50
Verr.	
Verr. 1, 13	296n3
Verr. 5, 167	296n3

Pseudo-Cicéron
Rhet. ad Her.
Rhet. ad Her. IV, 50, 63   280n89

Claudien Mamert
De stat. anim.
De stat. anim. I, 27   299n15

Cléomède
De motu circ.
De motu circ. I, 1, 9	104, 107n45
De motu circ. I, 2, 6	111n51
De motu circ. I, 8, 1-8	120n74

Damascius
In Phaed.
In Phaed. I, §266-273	244n34
In Phaed. I, §268	244n34
In Phaed. I, §269	244n34
In Phaed. I, §270	244n34
In Phaed. I, §284	245
In Phaed. I, §285	245
In Phaed. I, §288	245
In Phaed. II, §26	245, 275n75

Dante
Purgat.
Purgat. XXV, 79 sq. — 221

Diogène Laërte
DL II, 75 — 370n35
DL V, 37 — 22n76
DL V, 53 — 22n76
DL VII, 52-53 — 273n70
DL VII, 58 — 332
DL VII, 80 — 27n101
DL VII, 127 — 176
DL VII, 156 — 111n51
DL VIII, 76 sq,

Épictète
Ench.
Ench. 21 — 365n25

Épicure
Lettre à Hérodote
Lettre à Hérodote, 56 sq. — 122n79
Lettre à Hérodote, 60 — 103, 103n35

Eusèbe
Praep. euang.
Praep. euang. IV, 8, 1 — 121n76
Praep. euang. XI, 19, 1 — 1n1
Praep. euang. XI, 19, 1-4 — 27n97
Praep. euang. XI, 19, 3 — 27n97
Praep. euang. XIV, 10, 1 — 284

Favonius Eulogius
Disp.
Disp. 5-6 — 132n111

Galien
Quod animi mores
Quod animi mores, 79, 4-7 — 307n37

De exp. med.
De exp. med. XVII, 1-3, 115-116 — 172

Hermias
In Phaedr.
In Phaedr. 69, 7 sq. — 294n35

Hippocrate
Regim.
Regim. 4, 93, 444 — 295n42

Homère
Il.
Il. VI, 21-28 — 333n36

Od.
Od. I, 53 — 264n50
Od. XI, 601-602 — 33n122

Horace
Epod.
Epod. 2, 1-4 — 14n37

Jamblique
De comm. math. scient.
De comm. math. scient. 34, 9 sq. — 240n20

De uita Pyth.
De uita Pyth. 17, 72, p. 41, 9 — 22n75

De myst.
De myst. I, 2, p. 7, 1 sq. — 284
De myst. I, 3, p. 8, 14-9, 1 — 286
De myst. I, 4, p. 10, 12 sq. — 286
De myst. I, 5, p. 18, 4-6 — 286
De myst. I, 8, p. 23, 9-13 — 287
De myst. I, 15, p. 46, 15-18 — 292
De myst. II, 3, p. 70, 8-10 — 286
De myst. III, 2, p. 102, 14-103, 2 — 284
De myst. III, 2, p. 103, 8-9 — 284
De myst. III, 3, p. 109, 4-9 — 284
De myst. III, 9, p. 114, 6 sq. — 284
De myst. III, 9, p. 117, 13-16 — 284
De myst. III, 14, p. 132, 3-8 — 284, 311n46
De myst. III, 14, p. 133, 21-22 — 284n8
De myst. III, 20, p. 148, 1-3 — 317
De myst. III, 20, p. 151, 1 sq. — 317
De myst. III, 21, p. 150, 3-5 — 317
De myst. III, 21, p. 150, 8-16 — 318
De myst. III, 21, p. 151, 1 sq. — 317
De myst. III, 22, p. 152, 6-10 — 317n63
De myst. III, 22, p. 155, 1-3 — 284
De myst. III, 23, p. 155, 1-7 — 284
De myst. III, 25, p. 158, 3-10 — 304n27
De myst. X, 1, p. 285, 10-12 — 285

INDEX LOCORUM

Jérôme
  Cont. Ioan. Hier.
  Cont. Ioan. Hier. 17   329n24

  Ep.
  Ep. 22, 35, 1   23n79
  Ep. 124, 4   329n24

Lucain
  Phars.
  Phars. III, 603 sq.   333n36

Lucrèce
  De nat. rer.
  De nat. rer. I, 7   166
  De nat. rer. I, 737   381n80
  De nat. rer. I, 951 sq.   122n79
  De nat. rer. I, 970   142n141
  De nat. rer. I, 1061-1082 111n
  De nat. rer. IV, 269-323 144n148
  De nat. rer. IV, 1097   295n42

Macrobe
  In somn. Scip.
  In somn. Scip. I, 3, 4   295n42
  In somn. Scip. I, 3, 18   370n36
  In somn. Scip. I, 6, 7-9 132n111
  In somn. Scip. I, 12, 13 200n18
  In somn. Scip. II, 7, 15 264n50

Marc-Aurèle
  Pensées, II, 5   365n25
  Pensées, II, 17   365n25
  Pensées, IV, 3   373n50
  Pensées, IX, 3   365n25
  Pensées, XI, 3   365n25

Marius Victorinus
  Adu. Ar.
  Adu. Ar. III, 15   364n21
  Adu. Ar. IV, 24, 32-36   403

  De def.
  De def. 3, 4-5   398n46

Martianus Capella
  De nupt.
  De nupt. V, 444   398n46
  De nupt. VII, 731-732   132n111

Nemesius
  De nat. hom.
  De nat. hom. 3, 39, 16-20   316
  De nat. hom. 7, 182, 4   245n35

Olympiodore
  In Phaed.
  In Phaed. 123, 4   285n9

Ovide
  Met.
  Met. XIV, 215   166

Philon
  De agric.
  De agric. 160-161   175n27

Philopon
  In de anim.
  In de anim. 158, 7-20   306n35

  De opif. mundi
  De opif. mundi, VI, 2   329n24

Platon
  Alc.
  Alc. 130c   96n4

  Apol.
  Apol. 40c   162
  Apol. 40e   365

  Lois
  Lois, X, 898a   328
  Lois, X, 899a   330n27

  Men.
  Men. 82b-86b   162
  Men. 86a-b   154
  Men. 100a   97n5

  Parm.
  Parm. 130c   342
  Parm. 132b   246
  Parm. 143a-144a   129
  Parm. 144a   128

  Phaed.
  Phaed. 61d   365
  Phaed. 67b   365

Platon (cont.)

Phaed. 67e	365, 366
Phaed. 68b-69e	375
Phaed. 69a	375
Phaed. 76c	256
Phaed. 78c	401
Phaed. 80e	365
Phaed. 81a	365
Phaed. 82e-83d	171n13
Phaed. 83d	227n18
Phaed. 107d	365
Phaed. 111e	365
Phaed. 113d	197

Phaedr.

Phaedr. 245c	402
Phaedr. 245e	128n96
Phaedr. 246a-248c	5
Phaedr. 246a-248c	197
Phaedr. 247b	197
Phaedr. 247c	268n59
Phaedr. 250c	196
Phaedr. 256d	365

Phil.

Phil. 30c	154n189
Phil. 38b sq.	278n82

Pol.

Pol. 285e sq.	271

Rep.

Rep. I, 342e	374
Rep. II, 382e	234n3, 283
Rep. IV, 424a	22n76
Rep. V, 449c	22n76
Rep. V, 473a	233
Rep. V, 477c	184
Rep. V, 478a-b	184
Rep. VI, 487e-489c	368n30
Rep. VI, 509b	325
Rep. VI, 509d	325
Rep. VI, 510b	271
Rep. VI, 510c	270
Rep. VII, 529a	106
Rep. VII, 529b-c	106
Rep. VII, 529d	268n59
Rep. X, 596a	343
Rep. X, 611e	4, 226
Rep. X, 613a	370
Rep. X, 614a	365
Rep. X, 616b-c	264n50
Rep. X, 616b	264n50

Soph.

Soph. 248e-249a	154n189
Soph. 260c	234n3
Soph. 264a-b	278n82
Soph. 266b	285n11

Symp.

Symp. 202e	282
Symp. 203a	283
Symp. 203b-e	131
Symp. 203c	318n68

Théét.

Théét. 152c	234n3
Théét. 153c-d	325n13
Théét. 157b-c	332
Théét. 172c-177c	370
Théét. 176a-b	370
Théét. 208d	325
Théét. 209c	332

Tim.

Tim. 28a-b	144n146
Tim. 29e-30a	401
Tim. 30b	154n189
Tim. 30c	400
Tim. 32b	108n48
Tim. 33c	276, 278n82
Tim. 34a	328
Tim. 35d	325
Tim. 36e	277n82
Tim. 37c-d	144n146
Tim. 38c sq.	325
Tim. 38c-40b	329n23
Tim. 39b	325
Tim. 39d-e	144n146
Tim. 40b	264n50
Tim. 40d	325
Tim. 41a	401
Tim. 41b	329n23
Tim. 41b-d	329n23
Tim. 41d-e	197

INDEX LOCORUM

Tim. 41e	197, 201n21
Tim. 42d	325
Tim. 42e	403n61
Tim. 43e	110n
Tim. 44e	221
Tim. 46a-c	144n148
Tim. 46d	154n189
Tim. 48e-49a	144n146
Tim. 50b-51a	401n54
Tim. 51b-c	342
Tim. 51d-e	184
Tim. 52b	158n200
Tim. 62c	107
Tim. 62c-d	107
Tim. 62c-63a	107n43, 107n44
Tim. 62c-63e	107n43
Tim. 63a	107
Tim. 63b-e	107n46
Tim. 69c	197, 221
Tim. 69e	325
Tim. 70e sq.	238

[Platon]
Epinomis
Epinomis, 984d-e	287, 287n16
Epinomis, 984d	302
Epinomis, 984e-985a	302

Ep.
Ep. 2, 312d-e	121n76

Pline l'Ancien
Hist. nat.
Hist. nat. XVI, 16, 74	340, 340n53
Hist. nat. XX, 68	251n12

Plotin
Enn.
Enn. I, 1 [53], 7, 16 sq.	271n66
Enn. I, 1 [53], 7, 20	96n4
Enn. I, 1 [53], 10, 7	96n4
Enn. I, 1 [53], 12, 13-17	226
Enn. I, 2 [19], 1, 29-31	371
Enn. I, 2 [19], 5, 21-24	181n43
Enn. I, 3 [20], 3, 5-7	170n10
Enn. I, 4 [46], 7, 22-24	361n11
Enn. I, 4 [46], 9, 1-2	238
Enn. I, 4 [46], 9, 15-16	238
Enn. I, 4 [46], 10	238
Enn. I, 4 [46], 10, 15-16	238
Enn. I, 4 [46], 10, 17-21	
Enn. I, 4 [46], 11-16	375
Enn. I, 6 [1], 1, 6	147
Enn. I, 6 [1], 1, 20-23	146
Enn. I, 6 [1], 1, 50	147
Enn. I, 6 [1], 7, 25-28	404
Enn. I, 6 [1], 7, 34	146n160
Enn. I, 6 [1], 8	371
Enn. I, 6 [1], 8, 12-17	281
Enn. I, 6 [1], 8, 16-27	371
Enn. I, 7 [54], 1, 14-19	403
Enn. I, 7 [54], 1, 18	405n72
Enn. I, 7 [54], 1, 20-22	394n36
Enn. I, 8 [51], 2, 21-22	403n61
Enn. I, 8 [51], 15, 18	260, 276n78
Enn. II, 1 [40], 1, 20	326, 405n72, 415
Enn. II, 1 [40], 2, 25	405n72
Enn. II, 1 [40], 5, 1-14	327
Enn. II, 1 [40], 5, 18-21	327
Enn. II, 2 [14], 3, 1-6	277n82
Enn. II, 4 [12], 4, 7-8	144n146
Enn. II, 9 [33], 4, 25-26	144n146
Enn. II, 9 [33], 8, 15-29	144n146
Enn. III, 2 [47], 1, 40-45	403
Enn. III, 4 [15], 4, 7-13	278n82
Enn. III, 7 [45], 1, 20-24	257
Enn. III, 7 [45], 4	151n180
Enn. III, 7 [45], 11, 27-30	144n146
Enn. III, 8 [30], 4, 8	270
Enn. III, 8 [30], 4, 40-43	380
Enn. IV, 2 [4], 1, 73-74	214
Enn. IV, 3 [27], 9	198
Enn. IV, 3 [27], 11, 17-21	132n110
Enn. IV, 3 [27], 15, 1-3	198
Enn. IV, 3 [27], 20	138n132
Enn. IV, 3 [27], 24, 1	33n121
Enn. IV, 3 [27], 24, 4	198
Enn. IV, 3 [27], 24, 20-21	198
Enn. IV, 3 [27], 24, 24-25	198
Enn. IV, 3 [27], 25, 10 sq.	253
Enn. IV, 3 [27], 25, 17-20	254n20
Enn. IV, 3 [27], 25, 32-34	257
Enn. IV, 3 [27], 26	279n87
Enn. IV, 3 [27], 26, 52	405n72
Enn. IV, 3 [27], 28-32	267
Enn. IV, 3 [27], 29, 31	236
Enn. IV, 3 [27], 30	236, 239

Plotin (cont.)

Enn. IV, 3 [27], 30-31	239n17
Enn. IV, 3 [27], 30, 1-2	236
Enn. IV, 3 [27], 30, 2-5	237
Enn. IV, 3 [27], 30, 5-7	258
Enn. IV, 3 [27], 30, 5-11	240
Enn. IV, 3 [27], 30, 11	405n72
Enn. IV, 3 [27], 32, 1-3	3
Enn. IV, 4 [28], 5, 13-17	198
Enn. IV, 4 [28], 6, 1	254
Enn. IV, 4 [28], 6, 2	253, 253n16
Enn. IV, 4 [28], 6, 3-4	256n25
Enn. IV, 4 [28], 8, 8-13 sq.	235n5
Enn. IV, 4 [28], 8, 16-19	235n5
Enn. IV, 6 [41], 3, 5-10	132n110
Enn. IV, 6 [41], 3, 12-14	245n35
Enn. IV, 6 [41], 17, 1	127n91
Enn. IV, 6 [41], 18, 6	127n91
Enn. IV, 7 [2], 8, 38-45	154
Enn. IV, 7 [2], 8[1]	135n120
Enn. IV, 8 [6], 7, 5-7	132n110
Enn. V, 1 [10], 6, 4-6	403n61
Enn. V, 1 [10], 11, 10-15	227n17
Enn. V, 3 [49], 3, 27-29	271n66
Enn. V, 3 [49], 3, 31	271n66
Enn. V, 3 [49] 10, 41	186n60
Enn. V, 3 [49] 12, 33-38	403n61
Enn. V, 5 [32], 4-5	128n94
Enn. V, 5 [32], 3, 1 sq.	151n180
Enn. V, 7 [18] 1, 1-3	343
Enn. V, 7 [18], 1, 18-23	337
Enn. V, 7 [18], 1, 25-26	130
Enn. V, 7 [18], 3, 4-13	338
Enn. V, 7 [18], 3, 6-13	338
Enn. V, 8 [31], 1, 24	147n162
Enn. V, 8 [31], 1, 27-28	135
Enn. V, 8 [31], 7, 14-15	144n146
Enn. V, 8 [31], 8, 20	144n146
Enn. V, 9 [5], 3, 30 sq.	338n47
Enn. V, 9 [5], 12, 5-11	337n47
Enn. VI, 2 [43], 4, 27	365
Enn. VI, 2 [43], 22, 40-41	144n146
Enn. VI, 4 [22], 2, 30-46	135
Enn. VI, 4 [22], 4, 37-39	214
Enn. VI, 4 [22], 14, 22-26	96n4
Enn. VI, 5 [23], 7, 1-8	271n66
Enn. VI, 5 [23], 8, 20-22	403
Enn. VI, 5 [23], 9, 12	126n88
Enn. VI, 5 [23], 10, 1	403n61, 404
Enn. VI, 5 [23], 10, 8-11	403n61
Enn. VI, 5 [23], 12, 20	352
Enn. VI, 6 [34], 6	128n94
Enn. VI, 6 [34], 9	128n94
Enn. VI, 6 [34], 9, 34-35	128
Enn. VI, 6 [34], 9, 35	128n96
Enn. VI, 6 [34], 15-16	128n94
Enn. VI, 6 [34], 17, 7	128
Enn. VI, 6 [34], 17, 25	268n59
Enn. VI, 7 [38], 6, 9-11	96n4
Enn. VI, 8 [39], 11, 5-7	418n102
Enn. VI, 8 [39], 16, 24-27	403
Enn. VI, 8 [39], 16, 25	405n72
Enn. VI, 9 [9], 4, 15	365
Enn. VI, 9 [9], 5, 36-37	403n61
Enn. VI, 9 [9], 8, 8-10	226
Enn. VI, 9 [9], 9, 11-13	131n104
Enn. VI, 9 [9], 9, 50-55	227
Enn. VI, 9 [9], 10, 14-17	227
Enn. VI, 9 [9], 11, 17-20	381
Enn. VI, 9 [9], 11, 43	365

Plutarque
Virt. prof.

Virt. prof. 75c-f	175n27
Virt. prof. 75d-e	174

Cons. ad Apoll.

Cons. ad Apoll. 115b-e	366n

De defect. orac.

De defect. orac. 425d	104

Stoic. repug.

Stoic. repug. 1042f-3a	175n27
Stoic. repug. 1054b-c	104

Comm. not.

Comm. not. 1062b	175n27
Comm. not. 1063a-b	174
Comm. not. 1077c	336

Porphyre
In Cat.

In Cat. 30, 20-34	333n34
In Cat. 55, 8-15	327
In Cat. 55, 29-31	327
In Cat. 82, 29-37	327

INDEX LOCORUM

Isag.
Isag. 7, 22-24   332

Vita Plot.
Vita Plot. 3, 25 sq.   121n76
Vita Plot. 3, 38   1
Vita Plot. 7   1
Vita. Plot. 12   22
Vita Plot. 51-58   188

Sent.
Sent. 5, 2   132n110
Sent. 15   243n28
Sent. 16   245, 245n35, 250n8
Sent. 16, 7-11   246n36
Sent. 18   261n38
Sent. 26   186n60
Sent. 29   219
Sent. 29, 1-4   207n37
Sent. 29, 8-9   199
Sent. 29, 9-11   199
Sent. 29, 12-14   199, 291
Sent. 29, 15   221
Sent. 29, 18, 6 sq.   199
Sent. 29, 18, 10-12   218
Sent. 29, 26   199, 243n28
Sent. 31   158n203
Sent. 32   298n11
Sent. 32, 15-18   170
Sent. 33   123n81
Sent. 33, 3-6   138
Sent. 33, 31-38   170
Sent. 35   123n81
Sent. 36, 9-10   403
Sent. 36, 21-22   138n132
Sent. 37   126
Sent. 37, 1-5   214n58
Sent. 37, 11-15   131
Sent. 37, 15-20   131
Sent. 37, 45-49   131
Sent. 39   123n81
Sent. 40, 1-5   207n37
Sent. 40, 30-33   188
Sent. 40, 59-61   131n105
Sent. 40, 67-68   227

Sent. 41   406n78
Sent. 42, 4-5   138n133

Ad Gaurum
Ad Gaurum, IV, 8, 8   260n36
Ad Gaurum, IV, 86-88   260n36
Ad Gaurum, IV, 102 sq.   260n36
Ad Gaurum, VI, 1, 42, 6-10   199, 290
Ad Gaurum, VI, 1, 42, 7-9   250n8
Ad Gaurum, X, 5, 47, 22   316
Ad Gaurum, XI, 3, 49, 16-18   199

De abst.
De abst. I, 30, 5   365n24
De abst. I, 36, 1   182n47
De abst. I, 57, 1   227
De abst. II, 34, 3   371n43
De abst. II, 38, 2   207
De abst. II, 39, 2   201n20
De abst. II, 43, 3   371n43
De abst. II, 45, 4   371n43
De abst. II, 49, 1   227, 377
De abst. II, 61, 8   365n24, 367n29
De abst. III, 4, 7   15n40
De abst. III, 27, 4   131n105

Ep. ad Marc.
Ep. ad Marc. 10   298
Ep. ad Marc. 16   371n43
Ep. ad Marc. 17   372n46
Ep. ad Marc. 26   186

De regressu anim. (Goulet)
fr. 1 B   199, 285n10
fr. 1 C   200, 294
fr. 8   200
fr. 10   200, 318
fr. 12 B   199, 370n36
fr. 12 D-F   147
fr. 15   370n36
fr. 15 E   199
fr. 18   147
fr. 20*C-E   147
fr. 21   148
fr. 22   148

Porphyre (cont.)
fr. 23*	148
fr. 27* B-C	148

Ep. ad Aneb. (Saffrey-Segonds)
fr. 1, Eusèbe, *praep. euang.* 14, 10, 1, p. 286, 14-17	284
fr. 4, Jamblique, *De myst.* 1, 4, p. 10, 12-13	286
fr. 8, 1, 5, p. 18, 4-6.	286
fr. 9, 1, 8, p. 23, 9-13	287
fr. 18, 1, 15, p. 46, 15-18	292
fr. 28a, II, 3, p. 70, 8-10	286
fr. 34, III, 2, p. 102, 14-103, 2	284
fr. 35, III, 2, p. 103, 8-9	284
fr. 36, III, 3, p. 109, 4-9	284
fr. 37, III, 9, p. 114, 6 sq.	284
fr. 38, III, 9, p. 117, 13-16	284
fr. 41, III, 14, p. 132, 3-8	284
fr. 48, III, 20, p. 148, 1-3	317
fr. 49, III, 21, p. 150, 3-5	317
fr. 50, III, 21, p. 150, 3-5	317
fr. 50, III, 21, p. 150, 8-16	318
fr. 51, III, 22, p. 152, 6-10	317n63
fr. 52, III, 23, p. 155, 1-7	284
fr. 55, III, 25, p. 158, 3-10	304n27
fr. 65a, Aug., *Ciu. Dei*, X, 11, p. 418, 18-20	285
fr. 65b-c, X, 11, p. 418, 20-23	287
fr. 65i, X, 11, p. 419, 6-11	317
fr. 65j, X, 11, p. 419, 12-20	285, 294
fr. 65k, X, 11, p. 419, 4-9	284
fr. 65k, X, 11, p. 419, 20-25	294
fr. 65t, X, 11, p. 420, 32-421, 5	285
fr. 65v, X, 11, p. 421, 5-16	285
fr. 65w, X, 11, p. 421, 16-18	284n9

De ant. nymph
De ant. nymph. 11	199

Oracles chald. (Des Places)
fr. 163	281

Fragments (Smith)
fr. 180	132n110
fr. 259	315
fr. 264	246
fr. 290	199, 285n9
fr. 290c	199
fr. 302a	370n36
fr. 346	372
fr. 377, 10-14	219
fr. 377, 36-45	218
fr. 381	365
fr. 436	243n29

Porphyre (?)
In Parm.
In Parm. II, 16-21	186
In Parm. IX, 8-26	275n75
In Parm. X, 25-29	275n75
In Parm. XIV, 22-23	406n78

Possidius
Vita Aug.
Vita Aug. 1	230
Vita Aug. 3	31
Vita Aug. 3, 1	222, 225, 232
Vita Aug. 3, 2	222n3, 223
Vita Aug. 4	233n36
Vita Aug. 28	361n11

Proclus
Elem. theol.
Elem. theol. 26	403
Elem. theol. 35	406

In Eucl.
In Eucl. 1, 45, 10 sq.	246n37
In Eucl. 1, 51, 20-53, 5	240n20
In Eucl. 1, 52, 3-4	240
In Eucl. 1, 52, 8	241
In Eucl. 1, 52, 10-12	241
In Eucl. 1, 54, 5-6	241
In Eucl. 1, 54, 22-55, 23	240n20
In Eucl. 1, 54, 24	241
In Eucl. 1, 54, 27	241
In Eucl. 1, 55, 11	241
In Eucl. 1, 55, 24	242n25
In Eucl. 1, 55, 27-56, 2	242n25
In Eucl. 1, 56, 4-22	242
In Eucl. 1, 121, 2-7	

In Remp.
In Remp. I, 39, 9	294n35
In Remp. I, 263, 26-264, 2	327
In Remp. II, 52, 6	241n22

INDEX LOCORUM

In Tim.
In Tim. I, p. 395, 25 sq.   291n26
In Tim. II, p. 11, 10-13   294, 303
In Tim. II, p. 223, 14-20   406
In Tim. III, p. 158, 9-11   241n22

Prosper d'Aquitaine
Sent.
Sent. 319   422n118

Quintilien
Inst. or.
Inst. or. III, 6, 7   419n105
Inst. or. III, 6, 80   398n46
Inst. or. VI, 2, 29   250n9

Salluste
Catil.
Catil. 7, 6   375n58

Salvien de Marseille
De gub. Dei
De gub. Dei, VII, 16, 67-68   15

Sénèque
De benef.
De benef. V, 19, 9   173n20

Cons. ad Hel.
Cons. ad Hel. 17, 3   182n48

Ep.
Ep. 25, 6-7   373n50
Ep. 65, 1   400
Ep. 65, 4-6   400
Ep. 65, 7   400
Ep. 65, 8   401
Ep. 65, 9 10   401
Ep. 92, 3   379n74
Ep. 117, 6   185

De ira
De ira, I, 2, 4 sq.   304n28

De tranquil. anim.
De tranquil. anim. II, 3   379n74

Sextus Empiricus
Adv. math.
Adv. math. VII, 408-410   335n42
Adv. math. VII, 410   335
Adv. math. VIII, 57 sq.   273n70

Hyp. pyr.
Hyp. pyr. II, 97-98   204

Silius Italicus
Pun.
Pun. II, 636-649   333n36

Simplicius
In Cael.
In Cael. 284, 28-285, 2   142n141
In Cael. 285, 21-27   143n144

In Phys.
In Phys. 467, 26-32   142
In Phys. 467, 26-35   142
In Phys. 468, 2-3   143
In Phys. 587, 8-15   107n45
In Phys. 612, 24-613, 1   137n128

Simplicius (?)
In de anim.
In de anim. 214, 18-20   267n57

Stobée
Ecl.
Ecl. I, 161, 8-9   138n131
Ecl. II, 113, 12-16   175n27

Stoïciens
SVF
SVF I, 199   179n37
SVF I, 499   326
SVF II, 35   176n31
SVF II, 36   176n31
SVF II, 54 sq.   250
SVF II, 397   334n37
SVF II, 482-491   122n79
SVF II, 503   138n131
SVF II, 535   142n141
SVF II, 539   104
SVF II, 579   330n27
SVF II, 596   415n96
SVF II, 598   415n96
SVF II, 600   415n96
SVF II, 603   415n96

Stoïciens (cont.)

SVF II, 605	415n96
SVF II, 618–620	415n96
SVF II, 649	111n
SVF II, 677	330n27
SVF II, 687	330n27
SVF II, 774	198
SVF II, 885	198
SVF III, 240	238
SVF III, 510	175, 177
SVF III, 536	176
SVF III, 539	175, 175n27
SVF III, 540	175n27
SVF III, 541	175n27

LS

LS 10C	103
LS 28D	322
LS 28I	322
LS 28J	322
LS 28O	336
LS 28P	334n37
LS 36A	148n171
LS 37G	172
LS 49A	138n131
LS 49F	142n141
LS 59I	175, 177
LS 61S	175, 175n27
LS 61U	175n27

FDS

FDS 698	172

Synésius
De ins.

De ins. 4, 134a-b, 149, 16-150, 12	246
De ins. 4, 134c, 150, 13-16	292
De ins. 5, 135d, 152, 19-153, 2	293
De ins. 5, 136a, 153, 9-11	293
De ins. 5, 136b, 153,17-18	293
De ins. 7, 137c, 156, 6-8 [157]	199
De ins. 7, 137d, 156, 8-9	199
De ins. 7, 138b, 157, 8-11	199
De ins. 7, 138c, 158, 4	281
De ins. 8, 139d-140a, 160, 4-12	281

Syrianus
In Met.

In Met. 91, 11 sq.	240n20, 241
In Met. 147, 1	130n103
In Met. 147, 30	130n102

Tacite
Agr.

Agr. 12	359n2

Ann.

Ann. XII, 5	359n2
Ann. XV, 36	251n12

Térence
Andria

Andria, 305-306	363
Andria, 548	359n2

Tertullien
Cont. Marc.

Cont. Marc. 3, 8	27n96

Themistius
In Phys.

In Phys. 121, 1-4	137n128

In de anim.

In de anim. 102, 18-24	33n122

Thomas d'Aquin
Somma theol.

Summa theol. II IIae, q. 46, a. 2	304n28
Summa theol. IIIa, q. 3, a. 5	386n4
Summa theol. IIIa, q. 3, a. 8	386n4

De spirit. creat.

De spirit. creat. VII	221

Virgile
Aen.

Aen. III, 628-629	255
Aen. V, 848-849	435n2
Aen. VI, 551	265n51
Aen. VI, 566-569	265n51
Aen. X, 390-393	333

Xénocrate

fr. 64 Heinze	126n88

Printed in the United States
by Baker & Taylor Publisher Services